父が息子に語る
マクロ経済学

齊藤 誠

勁草書房

はじめに：対話の試み

　『父が息子に語るマクロ経済学』を執筆した由来のようなものを簡単に書いてみたい。

　私は，対話（dialogue）の形式で，若い人たちに向けて「大学における学問」のことを語ってみたかった。対話の設定は，さしあたって，大学生の「息子」と彼の「父」としてみよう。

　そんなフィクションを借りた理由の第1に，大学で勉強することの大切さを，具体例をもって若い人たちに語ってみたかった。といっても，私の描く「父」が語る内容に相当程度の学問規律を持たそうとすれば，私の専門であるマクロ経済学を語る設定しかありえなかった。

　第2に，大学で学ぶ「息子」には，「一を聞いて十を知る」ような賢さではなくて，「一を聞いて十繰り返す」ような根気が必要であることを伝えたかった。世の中には，賢い人間はたくさんいるが，根気のある人間は案外に少ない。大学にも，自らの賢さに溺れて身を崩した人間はたくさんいるが，自らの根気で愚かさを補った人間は多くない。

　第3に，若い人たちには，歴史の中で現代の経済社会を見つめる癖をつけてほしいという願いもあった。といっても，「過去の英雄伝に現在の救済を求める」というような精神的な態度をいっているわけではない。私たちが，今，社会の現実に向き合っているように，私たちの先輩たちが，かつて，社会の現実に向き合っていたという，当たり前のことに，少しだけ思いを寄せてほしいと考えているだけである。

　第4に，若い人たちには，未来に向かって，どのような可能性が私たちの社会に開かれているのかを見つめてほしいという思いもあった。といっても，

「予想を的中させる」というような実際的な効用をいっているわけではない。私たちの先輩たちが，かつて，さまざまな可能性から1つの選択を行ってきたように，私たちが，これから，さまざまな可能性から1つの選択を行っていかなければならないという，当たり前のことを，あらためて考えてほしいだけである。

　当然ながら，本書に出てくる「息子」は，私の実際の息子ではなく，「父」でさえ，実際の私とは大きくかけ離れている。実際の私は，「息子」のような若い人に語るときに「父」のように根気と忍耐があるわけではない。ただ，私の息子とは，本書の執筆前から，経済のことを話し合い，執筆中には，原稿を読んでもらい，執筆後も，依然として経済のことを語り合った。息子には「『息子』が自分ではない」という気持ちが強いと思うが，経済学研究者である父（「父」）の，「語る」という試みに付き合ってもらったことに深く感謝している。

2014年1月，飛騨高山にて
齊藤　誠

本書の読み方

　まず最初にお断りしなければならないことは，本書がマクロ経済学の入門書でないという点である。入門書のような教科書であれば，どのような前提知識を想定しているのか，どのような学習目的に合っているのかを明らかにして，入門レベルの読者にふさわしいように書物を著さなければならない。そういう意味からすると，本書は，入門レベルの教科書が求められているものから大きく逸脱している。

　本書が前提としている数学知識は，経済学部のような文系学部の平均的な新入生が有しているものをかなり超えてしまっているかもしれない。といっても，本書で使う数学は，決して高度なものでなく，文系の高校生でも 2 年生までに学ぶものばかりである。しかし，今の文系教育を取り巻く環境を考えると，そうしたレベルの数学を文系学生に前提とするのは，かなり厳しい現実がある。

　また，本書が取り扱っているトピックスは，大学 1 年生や 2 年生が受講するマクロ経済学入門で取り扱われているトピックスと重ならない部分の方がはるかに大きい。マクロ経済学入門で必ず取り扱われる経済モデル（たとえば，IS-LM モデルや AS-AD モデル）がまったく出てこない一方で，学部 4 年間の講義では決して出会うことがないトピックスも少なくない。実は，大学院の講義ではじめて目にする題材も含まれている。

　だからというわけではないが，一冊の教科書というよりも，単に一冊の本として，要するに，読書の対象として，本書を手に取っていただければ，著者としては大変にありがたい。

この本のしくみ

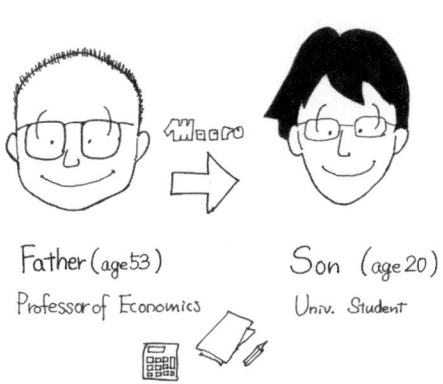

読者は，読み進んでいくと，すぐに理解できない数式展開や，すっと頭に入ってこないような文章に出くわすかもしれない。そんな数式や文章を全部読み飛ばしてしまえば，さっぱり分からなくなるが，少々だったら，最初は読み飛ばしてもいいし，しばらく，分からないままにしておいてもいい。そうした読み方をしていっても，読者が，何かを得られるように，私の方でも，題材を選び，記述や配列を工夫してきたつもりである。

　みなさんは，普段，小説を読んでいるときでさえ，作家が長い時間かけて考えて，調べて，書いた文章を平気で読み飛ばしている。それでも，読者は，読書の醍醐味を満喫することができる。小説は，その読者の数だけ，読み方があるといってもいいかもしれない。そこで，小説や戯曲を楽しむように，本書を読んでいただければ，著者としてうれしいかぎりである。

　通常の読書とほんのちょっと違う味わい方としては，2Bの鉛筆と計算用紙，できれば，四則演算だけでなく，さまざまな関数計算のできる電卓（関数電卓は，1回分のコンパ代，2, 3千円で購入できる！）を脇に置いて，本書を読み進むのも結構楽しいかもしれない。

　いずれにしても，読者ならではの方法で，読書を楽しんでください！

本書のデータについて

　本書で用いている経済統計データは，すべて公表データである。ただし，本書の性格から，出典などの説明は最小限にしている。より詳しいことを知りたい読者は，齊藤誠・岩本康志・太田聡一・柴田章久著『New Liberal Arts Selection マクロ経済学』（2010年，有斐閣）と，そのデータ付録を参考にしてほしい。なお，後者は，有斐閣のウェッブページからダウンロードすることができる（http://yuhikaku-nibu.txt-nifty.com/blog/2012/08/new-liberal-art.html）。

謝辞

　本書の原稿については，多くの方々から貴重なコメントをいただいた。特に，安達貴教，荒戸寛樹，有野和真，伊佐洋一朗，小野哲生，北川章臣，郡司大志，白塚重典，新関剛史，楡井誠，藤木裕，堀敬一，宮崎憲治，山田知明の各氏からは，詳細なコメントをいただいた。山崎幸恵さんには，入稿前の原稿を丁寧に校正していただいた。勁草書房の宮本詳三さんには，いつもながらに手堅い編集をしていただいた。妻・晶子は，なかなか素敵なイラストを描いてくれた。息子・肇は，この出版プロジェクトに辛抱強くつきあってくれた。ここに謝辞を申し上げたい。

父が息子に語るマクロ経済学　目次

はじめに：対話の試み

プロローグ：高校までの勉強って役に立つんだ！ ……………………………1

準備編
第1講　「過去，現在，未来の時間のレール」を走りぬけていく経済というイメージ ……………………………………………………9
【講義の前に】9
1　マクロ経済って何？　11
2　ストックとフロー　12
3　時間を通じた変化を数式で表してみよう　16
4　対数で変化率を表してみよう　21
5　ネイピア数と利子率のただならぬ関係　28
【講義の後で】35

データ編
第2講　GDPって何なの？（所得から見たGDP）……………………39
【講義の前に】39
1　GDPとは？　40
2　「生産＝所得」なの？　43
3　「生産＝所得」までの長い，長い道のり　46
4　2011年の国民純所得　50
5　ストック変数・フロー変数再訪　55
6　固定資本の物理的な評価と経済的な評価　60
【講義の後で】63

第3講　GDPって何なの？（支出から見たGDP） ……………………65

【講義の前に】　65
1　「生産＝支出」に向かって　66
2　人生いろいろ♪♪　支出いろいろ♪♪　70
　2-1　家計の支出とは？　70
　2-2　企業の支出とは？　74
　2-3　政府の支払とは？　75
3　時間の流れを無視してモデルを作ってみると…　77
【講義の後で】　83

第4講　物価の物語（「生産＝所得」の再検討） ……………………84

【講義の前に】　84
1　再び「生産＝所得」について…　85
2　デフレーターと物価指数　92
3　外国との交易があると…　98
4　GDPデフレーターの意味するところ　109
5　データを見てみよう：デフレ感覚とは？　112
【講義の後で】　120

モデル編

第5講　消費と設備投資の微妙なバランス（消費を支える生産という考え方）…125

【講義の前に】　123
1　万能財の世界　124
2　生産関数とは？　128
3　NDPが意味するもの　133
4　運用資産としての万能財　137
【講義の合間に】　142
5　消費と設備投資の微妙なバランス　143
【講義の後で】　161

第6講　金融市場の物語（その1）：金利と株価 ……………………162

【講義の前に】　162
1　金融市場とは？　163

1-1　カネの貸し手とカネの借り手を結び付ける場所　163
　　1-2　通貨の値段を決める場所：貨幣市場　164
　　1-3　なんで，マクロ経済なの？　170
　2　金利の物語　172
　　2-1　名目金利と実質金利　172
　　2-2　短期金利と長期金利　180
　　2-3　金利リスクとは？　185
　【講義の合間に】　195
　3　株価の物語　196
　　3-1　ファンダメンタルズとバブル　196
　　3-2　PERという指標（米国の場合）　199
　　3-3　PERという指標（日本の場合）　209
　【講義の後で】　213

第7講　金融市場の物語（その2）：外国為替レートと物価　　214
　【講義の前に】　214
　1　外国為替レートの物語　215
　　1-1　通貨の価値が釣り合うとは？：購買力平価の考え方　215
　　1-2　名目為替レートと実質為替レート　220
　　1-3　金利平価　228
　【講義の合間に】　233
　2　物価の物語　234
　　2-1　貨幣鋳造収入と貨幣発行収入　234
　　2-2　貨幣を保有するコストとは？　243
　　2-3　日本の紙幣需要関数　249
　【講義の後で】　253

政策編

第8講　「現在⇒未来」の経済モデルで政策課題を考える　　257
　【講義の前に】　257
　1　自然失業率とは？：簡単な労働市場モデル　258
　　1-1　失業率の定義　258

1-2　日本経済の自然失業率　263
　【講義の合間に】　268
　2　資本蓄積の質とは？：簡単な資本蓄積モデル　269
　【講義の合間に】　277
　3　国債は返済できるのか？：簡単な財政モデル　278
　【講義の後で】　288

第9講　これまでの経済成長，これからの経済成長 ……………………289
　【講義の前に】　289
　1　成長会計という重宝な道具　290
　2　日本経済の成長会計　297
　3　解明！　マジックナンバー　$\alpha=0.4$　302
　【講義の後で】　309

第10講　厳しい国際環境にある日本経済：21世紀の試練 ……………310
　【講義の前に】　310
　1　円相場と原油価格の動向　311
　　　1-1　交易条件って，何だったけ？　311
　　　1-2　円相場の動向　313
　　　1-3　原油価格の動向　316
　2　交易条件の動向　318
　3　交易利得・損失の規模：21世紀の特異性　326
　4　まとめてみると…　336
　【講義の後で】　343

エピローグ：かならず，人生の知的訓練になる！ ……………………345
おわりに：手作業の楽しみ ………………………………………………355
索　　引 ……………………………………………………………………357

プロローグ：高校までの勉強って役に立つんだ！

父：わが家の母娘女子組は，ジャニーズのコンサート…
　　今日は，外に食べに行かないで，君と夕飯を作ってみるか。

息子：何を作るの？

父：冷蔵庫を眺めてみると，麻婆豆腐ならいけそうだけど。

息子：激辛お願い！

父：お願いじゃなくて，君が作るんだよ。

息子：そんなの無理。

父：そうでもないさ。
　　まずは，ご飯を炊かないと。麻婆豆腐のブッカケ飯だと，2人で2合かな。

息子：僕がご飯を炊くよ。

父：今あるコメは無洗米だから，コメはとがなくていいよ。
　　でも，水は，こころもち大目かな。

息子：そうなんだ…

父：その調子。
　　大学はどうだ？

息子：面白いよ。
　　高校では習わなかった教科も多いし，第二外国語のロシア語は，なんだかとても新鮮。

父：そうか…

息子：友達と話すのも楽しい。

男子校とちがって，女の子も多いし。結構，かわいい子がいるね。でも，目を引く子って，すでに彼氏がいるみたい。

父：そんなこともないんじゃないかなぁ…

息子：きっと，そんなことあるよぉ…

父：ダメもとで，トライしたらどうかな。

息子：無理，無理。

父：そうかなぁ…
　　　中華は，料理を始める前に，調味料とスープの準備をしておかないとね。

息子：どう調合するの？

父：iPadからクックパッドのどこかをのぞけば，すぐ分かるから。

息子：今，見ているけど，結構，複雑だよ。

父：そんなことないさ。
　　　くれぐれも，豆板醤(とうばんじゃん)は分量どおりにしろよ。入れすぎると，大変なことになるから。

息子：分かった。
　　　砂糖も入れるんだね。

父：すごく辛いものと，すごく甘いものが，ぶつかりあって，味が生まれるってこともあるよ。どうしても辛みがすぎたら，最後に，といた卵を落とすってこともできるけど。
　　　父さんは，ショウガ，ニンニク，ネギをみじん切りしておくよ。

息子：お父さんって，包丁，ちゃんと使えるんだ。

父：そうばかにするな。
　　　ところで，大学の勉強で何かものにしてみようとは思わないか？

息子：どういうこと？

父：たとえば，ロシア語をマスターするとか…

息子：そんなの無理。英語だって，マスターしたっていえるレベルじゃないんだから。

父：それじゃ，英語に本格的に取り組んでみたらいいじゃないか。

息子：だって，高校英語や，大学入試の英語なんて，使い物にならないって，よくいわれているじゃないか。

父：そうでもないさ。
　大学入試までに学んだ英語を土台にして，大学でいっそう精進したら，相当のレベルに行けると思うけどな。

息子：そうかなぁ…

父：中学や高校で英語という外国語を学んだ経験は，第二外国語の学習にも活かせると思うよ。
　父さんの勤めている大学は，戦前，中国大陸で活躍する実業家を養成することが，重要な国家的ミッションだったこともあって，戦前から中国語教育が盛んで，今でも，その伝統を引き継いでいる。
　父さんのゼミナールに参加している学生の中には，2～3年間，みっちりと勉強して，中国語をものにしていくのが，数年に1人ぐらいはいるよ。

息子：そうなんだ。

父：高校で学ぶ数学だって馬鹿にできないよ。

息子：そうなの？
　高校程度の数学なんて，大学で学ぶ学問にまったく役に立たないと思っていた。

父：君は，文系だけど，国立大学も受けたんで，高校では数Ⅱまではやったん

だろ？

息子：そうだけど…
　数学は，結構，好きだった。

父：数Ⅱまでの数学知識があれば，大学院で学ぶ理論的な経済学でも，かなりの程度，理解できると思うな。

息子：そうなの？

父：そうだよ。
　みじん切りしたニンニクたちが十分に炒められて，いい香りがするね。次は，豚のひき肉だ。お母さんがいっていたけど，豚のひき肉，カリカリになるまで炒めないと，おいしくないそうだ。

息子：ちょっとしたことでも，工夫が必要なんだね。

父：さっきの続き。
　英語や数学だけでなく，高校で学んだ現代国語や古典，歴史や地理，物理・化学・生物・地学は，相当なレベルまでいっていると，父さんは思うけどな。
　父さんは，経済学者の中では，一応「教養人」（？）ということになっているけど（まぁ，括弧付きの「教養人」にすぎないけどね），父さんの教養のベースは，高校までの勉強と読書体験だと思うな。

息子：今，お父さんが話していることは，とても驚きっていうか，新鮮というか…　僕たちは，高校までの勉強の目的は，大学に入ることって，当たり前のように考えてきたから。
　僕がキャンパスで出会った先生たちも，「大学の学問は，高校までの勉強とまったく異なる」っていっているし…　高校までに習ったことが，大学でも役立つなんて，どの先生もいっていないんじゃないかなぁ。「大学の勉強は特別だ」って聞かされてばかりだよ。

父：そういう先生って，「大学の勉強は特別だから，受験勉強のようなガリ勉は通じない」っていわないか？

息子：いっているかも…

父：父さんは，そうじゃないと思うな。
　　大学の勉強だって，受験勉強のように猛烈に勉強しないといけないんだよ。「ガリ勉不要，大いに遊べ」なんていう大学教師って，自分自身が猛勉強したことがないんじゃないかって，父さんなんか，勘ぐっちゃうよ。

息子：…

父：父さんが教えている大学でも，「大学では大いに遊べ」って学生に吹聴している教師が結構いるね。

息子：…

父：豚のひき肉も，いい感じの炒まり具合。
　　それじゃ，君が調合した調味料を入れるぞ。

息子：あいよ。

父：次に中華スープを流し込むぞ。それに豆腐もぶち込む。
　　ちょっと，味見してくれないか。

息子：なかなか，いい感じだよ。
　　お父さん，何だか楽しそう。

父：何を話していたっけ？
　　そうそう，高校の勉強と大学の学問の関係，とても密接なんだな。

息子：ということは，高校までにやってきたことを，土台にできるわけ？

父：もちろん！

息子：そうだと，なんだか，勇気が湧く話。
　　「受験勉強に意味があったんか？」って悩むことがときどきあるから。

父：悩むことなんてないさ。
　　大いに意味があるんだよ。

息子：でも，お父さんがいっていること，なんだか実感できない。

父：そうか…

息子：正直な気持ちだよ。

父：父さんにできることは，あんまりないけど，父さんの講義を受けてみないか？

息子：お父さんの大学に通うってこと？

父：そうじゃなくて，君だけのために，家でマクロ経済学を講じてやるよ。

息子：そんなのいいよ…　遠慮するよ…

父：まぁ，そういうな。
　　だまされたと思って，受けてみやさ。

息子：ちょっと，考えておくよ。

父：それじゃ，考えておいてくれ。
　　そろそろ，水溶きした片栗粉を入れないとな。

息子：なんで，そんなのを入れるの？

父：そんなことも知らないのか。トロミをつけるためだよ。

息子：そんなこと，高校では習わなかった…

父：君の高校，何を教えてきたんだか…

息子：どこの高校でも，そんなこと，教えてくれないと思うけど…

父：日本の教育もおしまいだなぁ…
　　最後に鍋肌からごま油をサッと入れて，花山椒をふりかけて，これで，出来上がり！
　　先のこと，考えておいてよ。

息子：…

準備編

第1講 「過去，現在，未来の時間のレール」を走りぬけていく経済というイメージ

【講義の前に】

父：ひょんな思いつきから，10回にわたって息子に向かってマクロ経済学を講じることになった。

　頻度は，1週間か2週間に一度，曜日は，僕とあいつの都合があった水曜日，時間は，夕食後の8時から，場所は，地下の書斎。

　まぁ，相手が一人なので，板書は使わない。数式は，紙の上に書けばいいや。問題は，マクロ経済学の何を教えるのかということ。どうせ僕のことだから，行き当たりばったりになってしまうのは見え見えなんだけど，今，なんとなく考えているのは，マクロ経済モデルの"時間感覚"ってこと。

　通常，時間の流れは，非可逆なので，いや，いや，いけない，こんな難しい言葉を使ってはいけないな。通常，時間は後戻りできないので，過去が現在を決め，現在が将来を決めると，僕たちは考えているわけだ。

過去 ⇒ 現在 ⇒ 将来

っていう感じかな。

　この一連の講義では，「そうした時間の流れだけではない」ということを語ってみたいんだよね。そんなことをいきなりいうと，あいつは，「そんな馬鹿な」というだろうな。

　でも，日常生活でも，将来を見通して，物事を決めることはよくある。少し大げさにいうと，「将来を見通して現時点で意思決定をする」とは，まさに，

現在 ⇐ 将来

という時間の流れ。「現在⇒将来」の時間の流れが反転しちゃっている。

　マクロ経済モデルにおける，そんな時間感覚について語ることができれば

よいかな，と思っているんだが…

　でも，講義の冒頭にこのような講義のねらいをいうつもりはまったくないんだけど。そんなことをいっちゃえば，「マクロ経済モデルの時間感覚を学んで何の役に立つの？」と聞かれるに決まっているから…　でも，経済の見方にコペルニクス的な展開をもたらすんだな，これが。

　ところで，ネイピア数とか，オイラー数とかって呼ばれている無理数は，経済学でも結構便利なんだけど，残念ながら，経済学の講義であまり取り扱われない。今日の第1講では，このネイピア数への関心について，自然に誘導できるといいかな。ネイピア数を底とする自然対数について，正確な知識を持っていると，時間の流れの中にマクロ経済を位置付けるのに重宝な道具を手にすることができるからな。

　さて，さて，どうなることやら。

1　マクロ経済って何？

父：まずは，「経済とは何か」から始めないといけないね。

息子：前置きはいいから，すぐに始めてよ。

父：「経済」とは，「物を作って，それを売って，その稼ぎで何かを買って，残りは貯金をする」という人間の生活を指している。

息子：なんだか当たり前に聞こえるけど。

父：この当たり前の経済の営みを，世界中で，何百人，何千人，何万人，何億人，何十億人の人々が，日々，繰り返しているんだよ。

　「数多くの人間が…」というところがとても大切だね。数多くの人間の経済の営みを一括りにして**マクロ経済**って呼んでいるんだ。「マクロ」は，英語のmacroをそのままカタカナ表記にした単語だけど，発音記号を見ると，[mǽkrou]となっているから，正確には「マ́クロウ」と書かねばならないけど…

　macroは，「巨視的に」を意味していて，マクロ経済は，「数多くの人間の経済の営み」全体を大雑把に見た姿を指している。このマクロ経済を対象とした学問が，**マクロ経済学**というわけさ。

　「人々の経済の営みの全体」を大摑みするのとはまったく逆に，「一人の経済の営み」や「一企業の経済の営み」を対象とする学問，すなわち，微視的に経済をとらえる分野は，**ミクロ経済学**と呼ばれている。microの英語の発音記号は，[máikrou]なので，「マ́イクロウ」の方が適切な表記だが，日本では慣習的に「ミクロ」と呼ばれているんだよ。

息子：発音記号のことはどうでもいいから…

父：本質は細部に宿るんだがなぁ…

　大摑みにする範囲が日本国内の経済活動であれば，**日本経済**となるし，米国国内の経済活動であれば，**米国経済**となる。複数の国の経済活動を合わせてみると，**国際経済**となる。

息子：「日本国内で数多くの人間が営む経済」をひとまとめにしたのが，日本経済ということか。これは，イメージが浮かぶね。

父：それと，人々の経済の営みが「日々繰り返されている」というところも大切だね。

　　たとえば，日本経済という場合，現在の日本経済だけでなく，日本経済がこれまでたどってきた過去もあるし，日本経済がこれから展開する未来もあるわけだ。

息子：日本経済が，「過去，現在，未来にひかれた時間のレール」の上を走っていくイメージかな。

父：君は，案外，詩人なんだ。

　　経済学の主要な道具は，数学だが，それでは，これから，「マクロ経済が時間のレールを走っていく様子」を数式で表現していく準備をしてみよう。

2　ストックとフロー

父：まずは，経済活動の程度を数量的に表す変数，すなわち，**経済変数**を概念的に整理してみよう。

　　「概念的に」なんていうと，仰々しくなるが，恐れる必要はない。

息子：ちっとも，恐れてなんかいないよ。

父：そうか，すまん…

　　今，時間が，月刻みで経過しているとしよう。

　　たとえば，2013年1月から始まって，2月，3月，4月と，1ヶ月単位で時間が過ぎていくようなケースだ。この場合，2013年1月の1ヶ月間にも，さまざまな経済活動が繰り広げられる。

　　たとえば，君がネジ製造工場を経営する親爺だったとしよう。

息子：その設定，最近見たテレビドラマに影響されていない？

父：そうか…

　　ところで，君の工場では，この1ヶ月の間に，特注のネジを1万本作り，

1本100円で販売して，100万円の売り上げがあった。そこから人件費や原材料費を除くと，手許に30万円残った。30万円のうち，20万円を食費や家賃などの消費（生活費）に充て，残りの10万円は貯金したとする。

「ある定まった期間の経済活動」を記述する経済変数は，**フロー変数**と呼ばれている。この場合，100万円の生産，30万円の利潤，20万円の消費，10万円の貯金は，すべて，2013年1月に記録されたフロー変数となる。

息子：ということは，フロー変数以外の経済変数もあるの？

父：あるよ。

「ある定まった時点の経済状態」を記述する経済変数は，**ストック変数**と呼ばれている。たとえば，君は，2012年12月末に500万円貯金をしていたとしよう。金利はゼロだったので，利息は付かないが，2013年1月に10万円貯金をしたので，2013年1月末の貯金残高は510万円となる。2012年12月末の500万円の貯金，2013年1月末の510万円の貯金は，いずれの貯金残高も，各月末時点の貯金の残高状態を示したストック変数ということだな。

時間のレールを走っていくマクロ経済を数式で記述する上で，フロー変数とストック変数を峻別することはとても大切なんだ。

君も，フロー変数とストック変数の具体例を1個作ってごらん。

息子：そんなのお安い御用だよ。

僕は，また，ネジ製造工場の親爺だとするよ。実は，2013年1月中に1万本作ったネジのうち，1,000本が売れ残って倉庫に蓄えた。すでに倉庫には，5,000本の蓄えがあったので，2013年1月末には，蓄えが6,000本に増えた。翌月は，また，1万本のネジを製造したんだけど，売れ行きが良くて，計12,000本の注文があった。そこで，製造が間に合わなかった2,000本分は，倉庫から持ち出してきた。その結果，倉庫の蓄えは，4,000本に減った。

この場合，ストック変数は，倉庫に貯えてあるネジの本数で，2012年12月末時点で5,000本，2013年1月末時点で6,000本，2013年2月末時点で4,000本となるよね。

エヘン！

父：いきなり難しい例を持ち出してきたな。君のいうとおりだ。

では，この例では，何がフロー変数になるのかな？

息子：えぇーと，そんなこと考えてなかったよ。

父：問題に行き詰まったら，かならず，定義に戻ってみよう。フロー変数の定義は，「ある定まった期間の経済活動」だったよね。
　この例では，ネジ製造工場の親爺としての君が 2013 年 1 月の 1 ヶ月間や翌月 1 ヶ月間に行った経済活動って何かな？

息子：えぇーと…　そうか，倉庫にネジを出し入れすることか。2013 年 1 月は，1,000 本を倉庫に入れて，2013 年 2 月は，2,000 本を倉庫から出してきた。

父：正解。
　経済学の用語では，このフロー変数を**在庫投資**と呼んでいる。2013 年 1 月の在庫投資はプラス 1,000 本，翌月の在庫投資はマイナス 2,000 本となる。

息子：マイナスの数字の経済活動って，ピンと来なかったけど，そうか，逆向きの経済活動と考えればよいわけか。「倉庫に入れる」がプラスなら，「倉庫から出す」はマイナスだね！

父：数学の便利なところだね。それでは，フロー変数とストック変数の関係を数式で表してみよう。
　まず，父さんが作った例から。2012 年 12 月末から 2013 年 1 月末の動きは，

$$500 \text{万円} + 10 \text{万円} = 510 \text{万円}$$

だね。

息子：僕の例でも，簡単に表せるよ。まず，2012 年 12 月末から 2013 年 1 月末は，

$$5,000 \text{本} + 1,000 \text{本} = 6,000 \text{本}$$

　同じように，2013 年の 1 月末から 2 月末の動きは，

$$6,000 \text{本} - 2000 \text{本} = 4,000 \text{本}$$

となるよ。

父：少しだけ一般的に表してみようか。

$$\text{前月末のストック変数} + \text{当月のフロー変数}$$
$$= \text{当月末のストック変数}$$

息子：数式で一般的に表すと，なんだか格好いいね。

父：そうか…
　ところで，どちらの例でも，フロー変数とストック変数には，「何年何月の」という**時間のスタンプ**がついているよね。たとえば，2013年1月の貯金10万円とか，2013年1月末の貯金残高510万円とか。こうした時間のスタンプが付いた経済変数は，**時系列データ**と呼ばれているんだ。

息子：スタンプが押されているっていう意味では，上の2つの例では，「（ネジ製造工場の親爺としての）僕の」っていうスタンプも押されているよ。僕の2013年1月の貯金，僕の2013年1月末の貯金残高って具合に。

父：なかなか鋭いポイントを突いてくるなぁ。
　ということは，父さんの2013年1月の貯金，父さんの2013年1月末の貯金残高って具合に，新たな変数を作ることもできる。そうすると，2013年1月には，君の貯金と，父さんの貯金という2つのデータがあることになる。ある期間において同じフロー変数に，あるいは，ある時点において同じストック変数に，「誰々の」というスタンプが付いたデータを**横断面データ**と呼んでいる。英語名のカタカナ書きで**クロスセクション・データ**（cross-section data）と呼ばれることが多いけど。
　「何年何月の」のスタンプと，「誰々の」のスタンプの両方が押されているデータは，**パネル・データ**（panel data）と呼ばれているよ。たとえば，2013年1月から3月の3ヶ月間について，父さんの貯金と君の貯金を記録したデータがパネル・データだね。

息子：ちょっと前に，お父さんは，ミクロ経済学が「一人一人の経済活動」を分析対象とし，マクロ経済学が「全体の経済活動」を分析対象にするといっていたけど，今までに出てきた，時系列データも，クロスセクション・データも，パネル・データも，僕やお父さんの経済活動を表しているんで，ミクロ経済学ってこと。

お父さんは，マクロ経済学者じゃなかったの？

父：でも，簡単にマクロ経済変数もできるよ。

極端な仮定だけど，「日本経済に君と父さんしかいない」としよう。そうすると，各月の君の貯金と父さんの貯金を合計すると，経済全体の貯金について時系列データを作ることができるよ。「誰々の」というスタンプを消して，経済全体の変数をこしらえることを，**集計作業**といって，そうして作られた経済変数は，**集計量**と呼ばれている。

あまり正確ないい方ではないけれど，マクロ経済学は，**集計量の時系列データ**を取り扱う学問といってもよいかもしれないな。

3　時間を通じた変化を数式で表してみよう

父：フロー変数とストック変数の区別がしっかりとできるようになったので，いよいよ，数式で「時間のレールを走り抜ける経済」を本格的に表現してみよう。

これからは，時間間隔を1ヶ月じゃなくて，1年間としてみるので，時間のスタンプも，「何々年の」ということになる。ここでは，t年と表してみよう。t年の翌年は，$t+1$年となるし，その前年は，$t-1$年となる。

まず，ストック変数としては，t年末の経済全体の貯蓄残高をA_tとする。変数の下の方に添えたtが時間のスタンプを意味している。フロー変数としては，t年の1年間に貯められた経済全体の資金をs_tとする。

ここで，s_tが正の値をとるケースは，イメージしやすい。貯蓄を増やしている状態。しかし，s_tが負の値をとるケースは，ピンと来ないかもしれないが，先の在庫投資の例のように，「貯金を増やす」ではなく，「貯金を引き出す」と考えればよい。

今の金利情勢を踏まえて，金利はいっさい付かないとしよう。

息子：お父さんにいわれなくても，時間のレールを走る経済は，次のように表すことができるよ。

(1—1)　　　$A_{t-1} + s_t = A_t$

金利は付かなかったんだよね。

父：そう，金利は付かないよ。

　ところで，これから数式を使うときは，数式番号を付けていこう。その方が議論に便利だからね。今，君の書いた式が，（1—1）式とするよ，第1講に出てくる最初の式という意味で。

　ただし，すべての数式に番号は振らないけれども…

　ここで，時間は，実際の西暦ではなく，0年から始まって，1年，2年，3年，…，と経過して，現在は，t年，そして，将来に向けては，$t+1$年，$t+2$年，…，と経過するとしよう。

息子：ちょっとややこしくなってきた。

　実際の西暦を使って，たとえば，今年2013年末の貯蓄残高はA_{2013}と書いてはいけないの。

父：いけないわけじゃないけど，今年，君と話しているんだったら，2013年が今年だからいいけど，来年，君と話すとしたら，2014年が今年になるよね。

　そこで，「t年が今年だ」と宣言すれば，いつ話すかにかかわらず，かえって議論がすっきりしないか。

息子：それはそうだね。

父：ここで少しおっかない仮定を設けてみよう。

　「この世界は，T年末に終わる」としよう。

息子：世界が終末を迎えることがあらかじめ分かっているなんて，ヨハネ黙示録みたいでおっかないなぁ。

父：こういうおっかないことを平気で仮定できるのも，数学の気楽さだよ。

　ところで，（1—1）式は，隣り合った年で常に成り立つので，次のように何本もの関係式を書くことができるね。

　　（1—1—1）　　$A_0 + s_1 = A_1$

　　（1—1—2）　　$A_1 + s_2 = A_2$

　　（1—1—3）　　$A_2 + s_3 = A_3$

　　　　　　　　…

$$(1\text{—}1\text{—}4) \quad A_{t-2} + s_{t-1} = A_{t-1}$$
$$(1\text{—}1\text{—}5) \quad A_{t-1} + s_t = A_t$$
$$(1\text{—}1\text{—}6) \quad A_t + s_{t+1} = A_{t+1}$$
$$(1\text{—}1\text{—}7) \quad A_{t+1} + s_{t+2} = A_{t+2}$$
$$\cdots$$
$$(1\text{—}1\text{—}8) \quad A_{T-2} + s_{T-1} = A_{T-1}$$
$$(1\text{—}1\text{—}9) \quad A_{T-1} + s_T = A_T$$

息子：なんだか，数学やっているって感じになってきた。

父：そうか。
　(1—1—2) 式を A_1 について解いて ($A_1 = A_2 - s_2$)，(1—1—1) 式の A_1 に代入して，A_1 を消去する。さらに，(1—1—3) 式を A_2 について解いて ($A_2 = A_3 - s_3$)，先ほどの式の A_2 に代入して，A_2 を消去する。こうした作業を繰り返して，(1—1—5) 式から導いた $A_{t-1} = A_t - s_t$ まで代入すると，次のような式を導くことができる。

$$A_t = A_0 + s_1 + s_2 + \cdots + s_{t-1} + s_t$$

息子：お父さんの数式の書き方は汚いよ。

$$(1\text{—}2) \quad A_t = A_0 + \sum_{\tau=1}^{t} s_\tau$$

って書かなきゃ。

父：それはそうだ。「シグマ」と呼ばれている演算記号 Σ は，確かに便利だね。でも，この記号を黒板に書くと，それだけで，引いてしまう学生も多いんだよ。

息子：そうなんだ。

父：それでは，(1—1—6) 式から初めて，繰り返し同じ作業をしてみよう。

息子：簡単だよ。

$$(1\text{—}3) \qquad A_T = A_t + \sum_{\tau=t+1}^{T} s_\tau$$

父：正解。

　（1—2）式は，経済が0年の貯蓄残高 A_0 から始まって，資金を貯めたり，資金を引き出したりした結果，現在の貯蓄残高が A_t となったことを示しているよね。すなわち，「現在の貯蓄残高 A_t は，これまでの貯金の出し入れの記録を1つの数字にまとめている」となる。

　このように，数式の意味することを言葉にいいかえる作業を，「数式を解釈する」というんだよ。

　それでは，（1—3）式は，どのように解釈することができるかな。

息子：お父さんずるいよ。自分で簡単な方をやって，僕に難しい方を回してきて。

父：確かに，（1—3）式の解釈は難しい。少しヒントを与えよう。

　父さんは，「この世界は，T 年末に終末を迎える」と仮定したことを覚えているよね。

息子：うん。

父：もし，今年の末に世界が終末を迎えると分かっていたら，自分の貯金をどうする。

息子：そんなの，使い切ってしまうに決まっているよ。

父：君のいったことは，$A_T=0$ ってことじゃないか。そうすると，（1—3）式は，

$$(1\text{—}4) \qquad A_t = -\sum_{\tau=t+1}^{T} s_\tau$$

と書き換えることができる。これで，（1—4）式を解釈できないか？

息子：うーんと…　（1—2）式と似ているなぁ。「現在の貯蓄残高 A_t は，これからの貯金の出し入れの記録を1つの数字にまとめている」ってことか。待

てよ，貯金の出し入れの前にマイナスの符号がついているぞ。

父：いいぞ。
　現在すでに資金が貯まって $A_t>0$ になっているとしよう。

息子：ということは，(1—4) 式の右辺もプラスにならなければならないから，将来，どこかの時点で貯金を引き出さないと ($s_\tau<0$)，等号が成り立たない。

父：もうチョイ！

息子：どこで貯めて，どこで引き出すか分からんけど，世界が終末を迎えるまでに使い切る資金が，現在の貯蓄残高 A_t に相当するわけか。

父：そう！
　こんなに簡単な式なのに，現在の貯蓄残高 A_t について，2つの，なんだか面白い解釈ができたじゃないか。

息子：確かに。
　現在の貯蓄残高 A_t は，過去の貯金の出し入れの記録を1つの数字にまとめているとともに，将来，世界の終末までに引き出す貯金の量にも対応している。

父：ちょっと格好よくいうと，「現在のストック変数が，過去の経緯を記録しているとともに，将来の動向を予想している」というわけだね。

息子：ちょっと騙されている気もするけど，なんだか面白くなってきた気もする…
　「過去が現在を決めて，現在が未来を決めて」ってことか。

父：おっと…
　教師は，学生や生徒の一言，一言がどうしても気になっちゃうんだけど，「過去が現在を決める」は，よいとして，「現在が未来を決める」は，それでよいかな？

息子：だって，今までに貯めたお金を，世界の終末までに使いきるんだから，「現在から未来へ」の方向でいいんじゃない。

父：そうかな。よく考えてみようよ。

「世界の終末までに貯金を使いきる」っていう判断，経済学では，**意思決定**っていうけれど，そうした意思決定をした根拠はなんだったかな。

息子：それは，お父さんが，「この世界は，T 年末に終わる」なんていうおっかない仮定を勝手に置いたからだよ！

父：そうだね。

ということは，君は，「この世界は，T 年末に終わる」ことを念頭に，世界の終末までに貯金を使いきるという意思決定をしたわけだ。

将来，世界がどうなるかを思い浮かべながら，現在，貯金の取り崩しを決めたわけで，ベクトルの方向は，「現在から未来へ」じゃなくて，「未来から現在へ」じゃないのかな。

息子：若干，誤魔化された気もしないではないけど，お父さんのいうとおり，「未来から現在へ」ということかな。

父：これまでの議論をまとめると，現在の貯蓄残高には，過去の経緯と，将来の終末の両方が反映していて，過去からのことと，未来からのことが，この現在の変数に集約されているわけだ。

大学の教師は，簡単なことを，えらく難しくいうものだと，君は思っているだろうけれど。

息子：そんなことないよ…　いや，ちょっとは，あるかな。

父：実は，君と父さんのやり取りは，「時間のレールを走る経済」を分析するマクロ経済学の本質に触れるぐらい，大切なことを話しているんだよ。

でも，第1講から，全部話しちゃうってのも，講義が成り立たないから，このぐらいでやめておこう。先の講義で，きっと，戻ってくるトピックスだから。

4　対数で変化率を表してみよう

父：第1講の最後に，**対数**の話をしておこう。

実は，経済活動の時間経過を数学で表現するのに，対数って，とても重宝

なんだよ。

息子：僕は，文系だけど，対数関数なら高校数学で習ったよ。掛け算や割り算が，足し算や引き算になって，べき乗が掛け算になったりして，なんだか不思議だったのを覚えている。

父：君が高校で習った対数関数は，10を底とするやつだな。たとえば，

$$y = 10^x$$

の指数関数があったときに，その逆関数で，

$$x = \log_{10} y$$

というのだね。

息子：x が，…，-3，-2，-1，0，1，2，3，…，の整数だと，分りやすいよね。
　たとえば，x が2なら，y が 10^2 で，逆に，10^2 を対数関数の y に代入すると（$\log_{10} 10^2$），x が2で返ってくる。x が0ならば，$y = 10^0 = 1$ なので，1を対数関数の y に代入すると（$\log_{10} 1$），x が0で返ってくる。

父：x がマイナスだとどうなるかな？

息子：たとえば，x が -2 ならば，y が 10^{-2}，すなわち，$\dfrac{1}{100}$ なので，$\dfrac{1}{100}$ を対数関数の y に代入すると $\left(\log_{10} \dfrac{1}{100}\right)$，$x$ が -2 で返ってくる。

父：なんだか得意げだな。

息子：でも，x が，整数じゃないと，最初は戸惑っちゃった。
　たとえば，x が，2分の1の時。でも，よく考えると，難しくないよね。

$$10 = 10^{\frac{1}{2}+\frac{1}{2}} = 10^{\frac{1}{2}} \times 10^{\frac{1}{2}} = \left(10^{\frac{1}{2}}\right)^2$$

ってことだから，

$$10^{\frac{1}{2}} = \sqrt{10}$$

だね。関数電卓で計算すると，

$$\sqrt{10} = 3.16227766...$$

だから，$\sqrt{10}$ を対数関数の y に代入すると $(\log_{10}\sqrt{10})$，x が $\frac{1}{2}$ で返ってくるね。

父：さっき，君がいっていたことだけど，掛け算や割り算が，対数では，足し算や引き算になるというのは？

息子：お父さんは，僕をテストしているの？

$$\log_{10}(xy) = \log_{10}x + \log_{10}y$$
$$\log_{10}\frac{x}{y} = \log_{10}x - \log_{10}y$$

だろ。

父：経済学で便利なのは，10 を対数の底とするのではなく，**ネイピア数**とか，**オイラー数**とかと呼ばれている e を底とする対数なんだ。

ここで，e は，円周率と同じく無理数で，

$$e = 2.7182818284...$$

と続いていく。

ネイピア数（オイラー数）を底とする対数は，**自然対数**と呼ばれ，natural logarithm の最初の n をとって，$\log_e$ ではなく，ln の記号を用いることが多いね。ここでも，この記号を使おう。

自然対数の計算は，1 を引数とする場合を除いて（ln(1)=0），関数電卓でないと計算できないね。

息子：なんで，経済学では，自然対数が便利なの？

父：実は，自然対数は，変化率を表すのに，とても便利なんだよ。

また，君には，ネジ工場の親爺になってもらおう。君の工場の年間ネジ生産本数は，2011 年で 1 万本，2012 年で 1 万 1 千本だったとしよう。2011 年から 2012 年にかけての生産本数の増分は？

息子：1,000 本。

父：それでは，2011年から2012年にかけての本数の増加率は？

息子：10％。お父さん，僕を馬鹿にしているの…

父：そう聞こえたとしたら，ゴメン。
　生産本数の増分を計算するときは，$11{,}000 - 10{,}000 = 1{,}000$ で引き算を，生産本数の増加率を計算するときは，$\dfrac{11{,}000 - 10{,}000}{10{,}000} = 0.1$ で引き算だけでなく，割り算も使ったね。

息子：そんなの小学生でも知っている。

父：自然対数を使うと，増加率の計算も，引き算だけですむんだ。すなわち，

$$\ln(11{,}000) - \ln(10{,}000)$$

を計算すりゃよいわけ。
　ここに関数電卓があるから，計算をやってごらん。自然対数の演算キーは，右上だから。

息子：お父さんが，関数電卓も買っておけっていっていたので，自分の電卓があるよ。2千円もしたけど…

父：安いじゃないか。父さんが学生のころには，何万円もしたぞ。

息子：それじゃ…

$$\ln(11{,}000) = 9.305650552\ldots$$
$$\ln(10{,}000) = 9.210340372\ldots$$

だから，

$$\ln(11{,}000) - \ln(10{,}000) = 0.09531018\ldots$$

　まぁ，約9.5％で10％に近いとはいえ，ピッタシじゃないよね。それに，お父さんがいったように，自然対数の計算は，素手でできないわけだし。

父：なぜ，自然対数の計算をする必要があったんだ。

息子：なぜって，お父さんが，1万本，1万1千本と数字を与えてくれたから

じゃないか。

父：じゃあ，2011 年の生産本数は X_{2011}，2012 年の生産本数は X_{2012} としよう。X_t は，時間のスタンプが押された時系列変数だ。これらの時系列変数で変化率を表してごらん。もう，生産本数が増えたかどうか分からないので，増加率じゃなくて，変化率だね。

息子：変数に置き換えたって同じだよ。

$$\frac{X_{2012} - X_{2011}}{X_{2011}}$$

僕は気が進まないけど，お父さんのお薦めは，

$$\ln X_{2012} - \ln X_{2011}$$

だね。

父：そうだね。
　さらに，$x_t = \ln X_t$ という新しい時系列変数をこしらえてみよう。そうすると，父さんお薦めの変化率は，

$$x_{t+1} - x_t$$

となって，引き算だけだぞ。

息子：そうか。$\dfrac{X_{2012} - X_{2011}}{X_{2011}}$ と $x_{t+1} - x_t$ を比べると，お父さん推奨版の方が簡単な数式だね。
　お父さんのいわんとするところが少しずつ分かってきた気がする。実際の対数計算が面倒だとかということではなくて，数学的な表現として，「すっきりしているかどうか」ってことだね。

父：「すっきり」とはいい言葉だ。
　ある経済現象を数式で記述するってことは，具体的な数字を計算する前の段階。その段階で，できるだけ「すっきりした」数式表現が求められるんだよ。

息子：なんとなく分かる気がする。

でも、お父さん推奨の「自然対数の差が変化率にほぼ等しい」という方法が、お父さんの例でたまたまそうだったのか、いつもそうなのかは、お父さんは明らかにしたわけじゃないよ。

父：それはそうだ。それでは、自然対数で変化率を表すことができる理由を、順を追って説明してみよう。

自然対数については、プラスでも、マイナスでもよいのだけれども、0に十分近い r について、次のような近似式が成立していることが知られている。

(1-5) $\ln(1+r) \approx r$

なお、≈は、「ほぼ等しい」って意味。

息子：「0に十分近い」って、えらくあいまいないい回しだね。

父：論より証拠。ほら、関数電卓があるんだから、自分で計算してみたら。

息子：Yes, Sir!

$$\ln(1+0.001) = +0.0009995...$$
$$\ln(1-0.001) = -0.0010005...$$

0.001しか0から離れていないと、誤差は、0.0000005と、とても小さいね。

$$\ln(1+0.01) = +0.009950331...$$
$$\ln(1-0.01) = -0.010050336...$$

0からの差が0.01だと、誤差は、0.00005で、まだ小さいね。

$$\ln(1+0.1) = +0.09531018...$$
$$\ln(1-0.1) = -0.105360516...$$

でも、0からの差が0.1だと、0.005ばかり違っている。

$$\ln(1+0.5) = +0.405465108...$$
$$\ln(1-0.5) = -0.693147181...$$

0からの差が0.5だと、ぜんぜん違っているね。

父：「0 に十分近い」ってのは，判断に困るといえば困るが，違いが数パーセント台だったら（0.01 のオーダーだったら），(1—5) 式の近似は良好だと考えてよいんじゃないかな。

　経済学には，経済成長率にしても，金利にしても，年率換算で数パーセント台の数字が結構多いんだよ。そこがポイント。

息子：でも，まだ，自然対数が重宝だって話の理由が見えてこないよ。

父：そろそろ，核心に入ろうか。

　今，時間でスタンプされた時系列変数 s_t を，先の例の続きで毎年の預入額としよう。この隣り合った年次の預入額の自然対数値の差をとってみよう。

$$\ln s_{t+1} - \ln s_t$$

息子：お父さん，毎月の預入額は，まずくない？

　預入額は，引き出してマイナスの値となる可能性もあるので，対数がとれなくなってしまうよ。

父：そうだな。父さんがまずかった。

　時間でスタンプされた時系列変数 s_t は，預入額ではなく，生産額と読み替えよう。

　これから，この自然対数値の差が，生産額の変化率にほぼ等しいことを示してみようよ。すなわち，

$$(1\text{—}6) \qquad \ln s_{t+1} - \ln s_t \approx \frac{s_{t+1} - s_t}{s_t}$$

が成り立つことを。君，できるか？

息子：なんだか，できそうな気がする。対数の差は，割り算の対数に書き換えられるので，

$$\ln s_{t+1} - \ln s_t = \ln \frac{s_{t+1}}{s_t}$$

父：なんとかして，(1—5) 式を応用できる形に持っていけないかな。

息子：できると思うよ。

$$\ln s_{t+1} - \ln s_t = \ln \frac{s_{t+1}}{s_t} = \ln \frac{s_t + (s_{t+1} - s_t)}{s_t} = \ln \left(1 + \frac{s_{t+1} - s_t}{s_t}\right)$$

ときて，(1—5) 式を用いると，$\frac{s_{t+1} - s_t}{s_t}$ が 0 に十分近ければ，

$$\ln \left(1 + \frac{s_{t+1} - s_t}{s_t}\right) \approx \frac{s_{t+1} - s_t}{s_t}$$

となるよ。

5　ネイピア数と利子率のただならぬ関係

父：ほほぉ，(1—6) 式が見事に証明できたな。

息子：こんなの，大したことないよ。
　　それより，お父さんずるくない。肝心要の (1—5) 式がどうして成り立つのかを説明しないんだから。
　　いつも「突き詰めて考えろ」といっているお父さんにしては… もしかして，分からないの？

父：そこまでいわれたら，説明するしかないかな。
　　実は，ネイピア数は，利子率の考え方と非常に深い関係があるんで，ネイピア数を説明するってことは，経済学を学ぶ上でも大切なんだ。
　　君は，**複利運用**と**単利運用**という言葉を聞いたことがあるか？

息子：複利運用の方は，聞いたことあるよ。たとえば，元本 1 万円を年 5% で 4 年間運用したら，元利合計は，

$$1 \times (1 + 0.05) \times (1 + 0.05) \times (1 + 0.05) \times (1 + 0.05) \approx 1.2155$$

で，約 12,155 円に増えるよ。

父：単利運用は，再投資して雪だるま式に増えていくっていうんじゃなくて，運用期間に比例して運用金利が決まるって考え方。君の例だと，年 5% であれば，4 年で 5%×4 と 20% になるわけ。1 万円を運用すると，4 年先の元

利合計はちょうど 12,000 円になる。複利運用と単利運用ですごく大きな違いがあるわけでないが，複利運用の方が，単利運用より，割がいいね。1万円あたり 155 円，1.55％ の違いって，多額の資金を運用する人にとっては，結構大きいね。

この複利運用と単利運用の違いを頭に入れておいてほしい。

息子：分かった。

父：まず，ネイピア数 e が，どのように得られたのかを説明しよう。

いろいろな方法があるのだが，経済学に一番馴染みのある方法で。今，年間の金利が，ずいぶんと高く，100％ としよう。その金利で元本 A を 1 年間運用すれば，元利合計は，

$$A(1+1) = 2A$$

と，元本は 2 倍になる。

それでは，年利 100％ の半分の金利が，半年ごとに金利が付くとして，1 年間複利運用するとどうなる？

息子：簡単だよ。ほら，計算すると，

$$A\left(1+\frac{1}{2}\right)^2 = 2.25A$$

なので，元本が 2 倍以上になるね。

父：それじゃ，年利 100％ の 12 分の 1 の金利が，月ごとに金利が付くとして，1 年間複利運用するとどうなる？

息子：電卓がないとできないや。

$$A\left(1+\frac{1}{12}\right)^{12} = 2.61303529\ldots \times A$$

父：それじゃ，年利 100％ の 365 分の 1 の金利が，日ごとに金利が付くとして，1 年間複利運用するとどうなる？

息子：何をやらせるつもりなの？　はい，これ。

$$A\left(1+\frac{1}{365}\right)^{365} = 2.714567485... \times A$$

父：それじゃ，年利 100% を 365 で割って，さらに 24 で割った金利が，時間ごとに付くとして，1 年間複利運用するとどうなる？

息子：えい，どうとでもなれ。はい，これ。

$$A\left(1+\frac{1}{365\times 24}\right)^{365\times 24} = 2.718122811... \times A$$

父：それじゃ，年利 100% を 365 で割って，さらに 24 で割って，さらに 60 で割った金利が，分ごとに付くとして，1 年間複利運用するとどうなる？

息子：なんだか疲れてきた。はい，これ。

$$A\left(1+\frac{1}{365\times 24\times 60}\right)^{365\times 24\times 60} = 2.718282974... \times A$$

父：何か気がつかないか？

息子：えぇーと… おや，元本 A の係数の数字が，ネイピア数に近づいている！ 分ごとの複利計算では，小数点以下第 5 位のところまで，ネイピア数に一致している。

父：実は，もっと，もっと，小刻みに金利を付けていくと，もっと，もっと，ネイピア数に近づいていく。

たとえば，

$$A\left(1+\frac{1}{m}\right)^m$$

として，m の値をとてつもなく大きくすると，ネイピア数にどんどん近づいていく。

数学では，

$$(1\text{—}7) \quad \lim_{m \to \infty} A\left(1 + \frac{1}{m}\right)^m = Ae$$

と表現するんだよ。∞は，無限大の意味で，$\lim_{m \to \infty}$ は，m について，無限大の値をとるという操作を意味している。

息子：でも，まだ，(1—5) 式の話につながってこないよ。

父：そんなに慌てるなよ。
　それでは，年率100％の金利ではなく，年率 r の金利を小刻みにして，1年間複利運用するケースを考えてみよう。

息子：えーと，お父さんに教えてもらった数式を利用すると，

$$\lim_{m \to \infty} A\left(1 + \frac{r}{m}\right)^m$$

となるよ。

父：そこで，$n = \frac{m}{r}$ っていう新しい変数を導入したらどうなる。

息子：えーと…

父：ここは，父さんが手伝うよ。

$$\lim_{m \to \infty} A\left(1 + \frac{r}{m}\right)^m = \lim_{m \to \infty} A\left(1 + \frac{1}{n}\right)^{nr} = \lim_{m \to \infty} A\left\{\left(1 + \frac{1}{n}\right)^n\right\}^r$$

新しい変数 n は，m とともに増加するので，m がとてつもなく大きくなると，n もとてつもなく大きくなる。すると，$\left(1 + \frac{1}{n}\right)^n$ の部分は，ネイピア数に近づいていくよね。その結果，

$$\lim_{m \to \infty} A\left(1 + \frac{r}{m}\right)^m = A\left\{\lim_{n \to \infty}\left(1 + \frac{1}{n}\right)^n\right\}^r = Ae^r$$

となる。いいかな。

息子：大丈夫だと思う。

父：もちろん，e^rについて，底がネイピア数の自然対数をとると，$\ln e^r = r$となる。(1—5) 式と並べてみると，rが十分にゼロに近ければ，

$$\ln e^r = r \approx \ln(1+r)$$

となって，さらに，

$$e^r \approx 1+r$$

となる。

左辺のe^rの方は，年率rの金利を小刻みにして，複利運用をしたもの。一方，右辺の$1+r$の方は，$1+m\dfrac{r}{m}$ と書き直すことができるので，年率rの金利を小刻みにして，単利運用をしたもの。

rが十分に0に近ければ，小刻みにした複利運用と小刻みにした単利運用に大きな違いがないということになる。

息子：お父さんのいいたいことは分かるよ。

論より証拠だろ。年率1.2%の金利で計算してみるよ。

$$e^{0.012} = 1.012072289... \approx 1 + 0.012$$

確かに，近いね。

冒頭で，僕が作った例では，金利設定が年5%と若干高くて，おまけに4年間も運用したので，複利運用と単利運用の間に結構な差ができたんだね。

父：今日の講義で習ったことの応用として，15世紀イタリアの数学者，パチョーリが発見したといわれている「**70の法則**」について，話しておこうか。

息子：まだ，あるの！

父：ほんの少し我慢してほしい。

「70の法則」というのは，複利運用で元利合計が2倍になるのは，パーセント表示の利回り（年率）と運用期間の積がほぼ70になるときだっていうわけ。

息子：本当？

年利回りが 2% で 35 年間運用すると，

$$(1+0.02)^{35} \approx 2.00$$

確かに，2 倍。それでは，年利回りが 7% で 10 年間運用すると，

$$(1+0.07)^{10} \approx 1.97$$

確かに，ほぼ 2 倍。

父：父さんが 1980 年代半ばに銀行に入社した時は，10 年物国債の年利回りが 5% 以上だった。年 5% だと，14 年間，複利運用して，元利合計が 2 倍。

息子：国債の金利，そんなに高かったんだ。うそみたい。
　今の 10 年物国債金利は，年 1% も切って，年 0.5% に近づいているよね。ということは，140 年間，複利運用しないと，元利合計が 2 倍にならない…　14 年間と 140 年間では，だいぶ違うね。

父：ところで，君は，この「70 の法則」を証明できるはずなんだな。

息子：そんなの，できないよぉ…　いや，待てよ。
　パーセント表示の年利回りが R，運用期間が n 年として，

$$(1\text{—}8) \qquad \left(1+\frac{R}{100}\right)^n = 2$$

が成り立つときに，nR が 70 にほぼ等しいことを示せばよいんだよね？

父：そのとおりだよ。

息子：できると思う。
　(1—8) 式の両辺について，自然対数をとると，その左辺は，

$$\ln\left(1+\frac{R}{100}\right)^n = n\ln\left(1+\frac{R}{100}\right) \approx \frac{nR}{100}$$

最後の式展開は，$\frac{R}{100}$ が十分にゼロに近いとして，(1—5) 式を用いて，$\ln\left(1+\frac{R}{100}\right) \approx \frac{R}{100}$ と近似しているよ。

（1―6）式の右辺について自然対数をとった方は，電卓を用いると，

$$\ln 2 = 0.693147181\ldots$$

父：いい調子じゃないか。とんとん拍子だな。

息子：ということは，

$$\frac{nR}{100} \approx 0.693147181\ldots$$

となるから，ざっくりと数字を丸めてしまうと，

$$nR \approx 70$$

ヘーイ！「70の法則」，一丁上がりだい！

父：君が，（1―5）式が近似で成り立つ理由を説明しろというから，説明したつもりだけど，これでよかったか？

息子：ありがとう。でも，ちょっと，後悔している。

父：なぜ？

息子：お父さんのいうことを鵜呑みにしておけば，30分も余分に，お父さんの暑苦しい議論を聞かないですんだから。人生，もっと気楽に生きた方がよいということが，よく分かった。

父：そうか…
　　父さんは，君と，こうして話せてよかったよ。

【講義の後で】

息子：なんだか，お父さんにのせられたような…
　　もちろん，ネイピア数のこと。
　　お父さんが，意味ありげにいうもんだから，ついつい質問したんだけど，今から思えば，あれは，お父さんの巧みな誘導尋問だったと思う。
　　まちがいない。
　　でも，お父さんにまんまとのせられたといっても，いやな気はしない。

　　お父さんから，"しちめんどくさい"説明を受けなければ，「r がゼロに十分近ければ，$\ln(1+r) \approx r$」ということを丸暗記していただけに終わっていたと思うから。やっぱり，そもそもの理屈を知っていた方が，なんだか安心するしね。
　　おやっ？？？
　　"しちめんどくさい"って言葉を，しらずしらずに使ったけど，こんな言葉，自分の言葉でないような… ウィキペディアで調べてみると，"しちめんどくさい"は，多摩方言らしい。僕も，関西から東京多摩地区に移ってきて12年。自分が知らないうちに，自分の言葉使いも，どこかで，だれかに誘導されているのかな。
　　そんなことあるはずないか。

データ編

第2講　GDPって何なの？（所得から見たGDP）

【講義の前に】────────────────────────

息子：お父さんに，「地下の書斎でマクロ経済学を一緒に勉強しないか」といわれたときは，本当にびっくりこいたー。中学受験や大学受験の準備のときでさえ，お父さんと一緒に勉強したことなんて，一度もなかったし。最初は，叱られるのかと思って緊張もしたよ。

　お父さんは，昨日の夕食のときに，僕もニュースや新聞でなじみのあるGDPについて，3回にわたって講義するっていっていたけれど，たったひとつの概念の説明に，そんなに時間をかけるって，どういうことになるのか，見当もつかないや。

　でも，1回しか講義を受けていないけど，"講義のお父さん"って，"普段のお父さん"とは別人って感じ。やさしいっていうわけじゃないけど，ぜんぜんこわくない。物事を噛み砕いて説明してくれて，議論を少しずつ，ゆっくりと進めていく"講義のお父さん"と，「自分で考えろ」，「さっさとしろ」が口癖の"普段のお父さん"は，まったく異なる人格のように思えてしまう。

　お母さんが，数年前までは，"講義のお父さん"も，怒りっぽくて短気な"普段のお父さん"そのままだったっていってたなぁ… 今の"講義のお父さん"が"普段のお父さん"になってくれると，僕や妹にはありがたいんだけど…

1　GDPとは？

父：第2講から第4講までは，マクロ経済活動を記録するための**会計の仕組み**を議論していこうと思っている。

息子：会計？

父：会計とは，経済活動を記録するルール。
　　日常的には，「会計」のことを「勘定」といったりもするけど，やはり，「会計」の方がフォーマルだな。
　　たとえば，企業の活動は，企業会計で記録されているし，国の財政活動も，いくつもの会計で記録されている。

息子："会計"という言葉を，そんなふうには解釈していなかったよ。

父：マクロ経済活動を記録する会計は，「**国民経済計算**」と呼ばれている。

息子：「国民経済計算」には，どこにも，会計って言葉が登場しないよ。

父：「国民経済計算」は，英語で System of National Accounts，略して，SNA と呼ばれているが，英語の accounts が会計という意味。
　　注意してほしいんだけど，accounts が複数形になっているのは，一国の経済活動を記録するには，いくつもの会計が必要だからだよ。

息子：accounts が，"計算"とは，うまい訳じゃないと思うけど…

父：そうかもしれないな。
　　まずは，もっとも重要なマクロ経済統計である **GDP** について一緒に考えていこう。

息子：一緒に考えるたって，お父さんが教えてくれるんだろ。

父：考えながらじゃないと，学べないんだよ。
　　さて，さて，GDP はと…
　　日本語で**国内総生産**と訳されている GDP は，**Gross Domestic Product** の略語。Gross が「総」，Domestic が「国内」，Product が「生産」に対応

している。

　「総」の意味は，実は，結構説明するのが難しいので，後回し。今のところ，「ひっくるめて」というぐらいに受け取ってほしい。何を「ひっくるめている」のかは，後から説明するよ。

　「日本国内」の意味は簡単で，「日本の領土内」でという意味。でも，これも深く考えると，難しい。領土紛争のことを考えれば，非常にデリケートな問題もあるし，沖縄をはじめとして日本国内に数多くある米軍基地は，GDPでは「日本国内」に含まれていないし…

　「生産」は，まさに生産を意味している。

　ということは，GDPは，「日本国内の生産活動で産出された総量」ということになる。

息子：用語の定義を説明しているときのお父さんが，一番嫌い… よく分からんから。

　たとえば，日本国内での生産活動っていっても，米国やヨーロッパの企業が生産しているものも，GDPに入るの？

父：「用語の定義に戻る」が原則だよ。

　定義上では，「誰が生産した」ってことは関係ないから，日本国内で生産されている限り，誰が生産しようと，日本のGDPに含まれるよね。

　逆に，日本の企業が米国国内で生産したものは，日本のGDPではなく，米国のGDPに含まれるよ。

息子：先にもいったように，用語の定義に深入りしたくないんだけど…

父：大事なことを忘れていた。GDPは，フロー変数ということ。すなわち，「ある一定の期間内の生産活動」で産出された総量を指している。

　日本政府だけのことでなく，どこの国の政府もそうだが，3ヶ月間（四半期）ごとに，GDPを計算している。もちろん，四半期のGDPを4つ繋ぎ合わせれば，1年間のGDPを求めることができる。

息子：定義嫌いの僕でも，フロー変数の定義はばっちりだよ。

父：それじゃ，いきなり，生の数字を取ってこよう。

　2012年のGDP，すなわち，2012年の1年間に日本国内の生産活動で産出

された総量は，金銭で換算すると，およそ475兆5725億円。兆とか，億とか使わずに，数字を書いてみると，

$$475{,}572{,}500{,}000{,}000 \text{ 円}$$

となるね。

息子：なんだか，目がくらくらしてきた。

父：もう少し身近な数字に変換してみよう。
　2012年10月1日時点の日本の人口は，1億2751万5千人。億とか，万とか，千とか使わずに，数字を書いてみると，

$$127{,}515{,}000 \text{ 人}$$

となるね。こちらの方が，まだ，ゼロの数が少ない。
　ところで，人口は，フロー変数か，ストック変数か，どっちかな？

息子：お父さん，すでにヒントをいっちゃっているじゃない。
　「2012年10月1日時点の」だから，ストック変数。

父：それじゃ，2012年の日本国内の生産活動が，1億2751万5千人の人で担われていたとして，1人当たりのGDPはいくらになる？

息子：電卓あったよね。

$$\frac{475{,}572{,}500{,}000{,}000 \text{ 円}}{127{,}515{,}000 \text{ 人}} = 3{,}729{,}541 \text{ 円/人}$$

ということは，1人当たり約373万円となるね。

父：日本に住む人々が，2012年の1年間で1人当たりで373万円の生産を行ったことになる。

息子：この数字，なんだかピンと来るんだよ。
　先月，1日だけだけど，予備校で試験監督のバイトをして，1万円もらった。結構働いたんだ。朝の8時から夜の8時まで，1時間の休憩を除いて，11時間，働きづめ。もし，あのバイトを毎日，土日もすれば，1万円×365

日で365万円，373万円に近い数字になるよ。

父：面白い計算するな。

息子：でも，なかなか納得できない数字でもあるんだなぁ。
　　　僕の家族だと，僕と妹は，学校に行っていて働いていない。お母さんは，隣町のNPOで働いて給与をもらっているよね。お父さんは，大学から給与をもらっている。
　　　変なこと聞いていい？

父：いいよ。

息子：先の1人当たり373万円って数字は，働いている人も，働いていない人もひっくるめての数字だから，僕の家族の場合，4人分，373万円×4人で1,492万円の生産をしたことになるね。2012年に生産した分が2012年の取り分だとすると，2012年にお父さんとお母さんが稼いだ給与を合わせると，約1,500万円になるってこと？

父：残念ながら，少し届かないかな。
　　それにしても，経済統計の数字を，自分の身近なところに引きつけて考えるっていうのは，とてもよいことじゃないかな。

息子：久しぶりにお父さんにほめられたような気がする。

父：そうか。

2 「生産＝所得」なの？

父：君が今いろいろと質問してきたことは，大変に重要。
　　どういう直観が働いたのか分からんが，君は，生産の数字を，所得の数字として解釈した。実は，結構，本質を突いているんだ。
　　そのことをじっくりと考えてみよう。

息子：お父さんが，「じっくりと」なんていうと，それだけで，ビビってしまうよ。

父：まず，GDP がどのように計算されているのかをおさらいしてみよう。

息子：そもそも，そんなこと，習ったことないよ。

父：そうか，高校の政治経済で習わなかったのか…

　　まず，生産活動の単位を**企業**としよう。ある期間に日本国内で活動している企業のそれぞれについて，生産額を計算して，日本国内の企業全体で生産額の集計を取れば，それが GDP に等しくなるわけ。

　　ここでいう企業は，非常に広めにとる。東京証券取引所に上場しているような大企業から，中小企業，農家や漁家，そして，家族経営の商店など。

　　生産活動も，広めにとる。実際に形あるものを作る製造業だけでなく，形のないサービスを提供することも，生産活動にひっくるめる。君がお世話になってきた塾や予備校だって，教育サービスを提供するという意味で生産活動に従事している。要するに，ありとあらゆる生産活動に従事している，ありとあらゆる団体をひっくるめて，企業と呼ぶことにしよう。

息子：ということは，**家庭**も，お父さんのいう企業？

　　だって，お母さんは，家で食事を作り，洗濯をしてから，NPO に行っているよ。お父さんだって，大学から帰ってきてから，こうやって僕に教えてくれているじゃないか。

父：君のいうとおり，家庭も生産活動を行っているし，本来であれば，広義の企業に含めるべきだよ。

　　でも，家庭の生産活動は現実の GDP の計算には含めていない。理由は単純，政府が，家庭の生産活動を正確に把握することが難しいからだよ。

　　第一，家庭でどんな生産活動を行ったのかを，いちいち政府に報告するのも，なんだかいやだな。それぞれの家庭のプライバシーが守られているのも，民主主義社会の重要な要件さ。

息子：お父さんは，すぐに難しいことをいう。

　　「家庭の生産活動は，GDP に含まれない」といってくれれば，それでいいのに…

父：そうか。

　　では，仮定の話だけど，2011 年の生産活動を記録した会計帳簿を企業に

提出してもらうことにしよう。

息子：2012年じゃなかったの。

父：理由は直に分かる。続けていくぞ。

それぞれの企業が生産した製品やサービスの生産額は，会計帳簿から求めることができるよね。会計帳簿には，人件費や原材料費の内訳もあるし，儲けに相当する利潤も記録されている。

人件費と**原材料費**を合わせたものが**生産費用**，**生産額**がそれらの生産費用を超えたものが**利潤**。そうすると，生産額は，生産費用と利潤に分解できるね。

すなわち，

$$\text{ある企業の生産額} = (\text{人件費} + \text{原材料費}) + \text{利潤}$$

それでは，日本国内で生産活動をしているすべての企業について，上の式の左辺にあたる生産額の集計をとれば，GDPとなるだろうか。

息子：なるようにも思うけど…

待てよ，原材料費が曲者だよね。というのは，ある企業が買い入れた原材料だって，他のある企業の生産したものだよね。そうだとすると，原材料費も含めて合計をとってしまうと，原材料を提供している企業の生産物が，二重に計算されてしまうよね。

だから，生産額から原材料を差し引いたもの，すなわち，人件費と利潤の合計を，すべての企業で集計したものが，GDPじゃないかな。

父：正解！

原材料は，専門用語で**中間投入物**と呼んでいて，生産額から中間投入額を引いたものを**付加価値**って呼んでいる。

君のいっていることは，各企業の付加価値について集計をとったものが，GDPってことだな。また，君に嫌われるかもしれないが，次のように数式で表現することもできる。

$$\text{GDP} = \sum_i (\text{企業}i\text{の付加価値}) = \sum_i (\text{企業}i\text{の人件費} + \text{企業}i\text{の利潤})$$

息子：そうか！　人件費は，従業員からすれば給与だし，利潤は，企業経営者

の儲けだろ。ということは，人件費も，利潤も，受け取る側からすれば，所得じゃないか。だから，

$$生産＝所得$$

ってこと。
　もちろん，僕は，そんなふうに考えて，生産を所得に関連付けたわけではないのに，生産が所得に対応するって，僕の直観は正しかったってことだよね。
　もしかして，僕って天才？

父：でも，誰でも考えることなのかもしれないな…

3　「生産＝所得」までの長い，長い道のり

父：腰を折ってすまんが，君の主張は，半分正しくて，半分正しくない。

息子：どこが正しくないの…　落ち込んじゃうなぁ…

父：そう落ち込むな。半分正しいだけでも，上出来だよ。次のように考えてみてはどうかな。
　GDPとして集計された付加価値の総額が，そのまますべて，従業員や企業経営者の手許に行くのかな？

息子：実は，先からなんとなく引っかかっていたんだけど，お父さんの書いた式，

$$ある企業の生産額＝（人件費＋原材料費）＋利潤$$

どこかおかしくない？
　というのは，たとえば，ネジ製造工場を企業とするよね。従業員や原材料だけで，ネジが作れるわけがない。さまざまな工作機械が必要だし，その工作機械を設置する建物だって必要だよ。工作機械を購入するんだって，建物を建てるんだって，お金がかかるじゃない。そうした費用は，お父さんの書いた式には，まったく登場しないんだよ。

父：なんだか，本質に迫ってきたな。それでは，そうした工作機械や建物は，全部2011年中に購入するのかな？

息子：もちろん，2011年に購入したものもあるかもしれない。しかし，2011年のGDPはフロー変数で，2011年初からの1年間の生産活動に対応しているから，ほとんどの工作機械や建物は，2010年末までにそろっていなければならないよね。

父：実は，GDPの計算では，2010年末までにそろっていた工作機械や建物が，2011年の生産活動に貢献するって考えている。

　君が気になっているのは，2011年の生産活動に不可欠だった工作機械や建物の費用がどのように計上されるかってことだろう。

息子：まさに，そう。

父：もちろん，工作機械や建物は，何年にもわたって，時には，何十年も，使い続けるので，工作機械の購入費用や建物の建築費用を，2011年の生産活動の費用に計上するのは，おかしいよね。

息子：それは，おかしい。

父：そこで，次のように考えるわけさ。

　たとえば，ネジ製造工場が2010年末までに保有していた工作機械の価値を5000万円，建物の価値を4000万円としよう。工作機械の耐用年数は後10年残っていて，建物は後20年利用することが予定されている。

　この場合，5000万円の価値の工作機械を向こう10年間に均等に活用すると考えて，10分の1の500万円分が2011年の生産活動に用いられたと考える。ただ，実際の会計ルールでは，もっと複雑な計算方法が用いられるけれどね。

　ともあれ，そうすると，500万円分の工作機械が2011年の生産に使われ，その分だけ，工作機械が使い古されたと考えて，2011年末の工作機械の価値は，5000万円マイナス500万円で，4500万円となる。

　同じく，建物についても，4000万円の価値の建物を向こう20年間に均等に活用すると考えて，20分の1の200万円が2011年の生産活動に用いられたと考える。そうすると，200万円分の建物が2011年の生産に使われて，

その分だけ，建物が古びたと考えて，2011年末の建物の価値は，4000万円マイナス200万円で，3800万円となる。
　ここまでついてきているかな？

息子：大丈夫だよ。

父：以上の例では，2011年の生産活動において，工作機械利用の費用が500万円，建物利用の費用が200万円となる。これらの費用は，会計上の用語では**減価償却費**，マクロ経済学の用語では**固定資本減耗**と呼ばれている。
　固定資本減耗は，分かりにくい日本語だが，**固定資本**というのは，工作機械や建物に相当し，それが，ある期間の生産活動に貢献した結果，「減耗する」というわけ。
　「使い古された」とか，「古びた」とかいわないで，「減耗する」というと，なんだかピンとこないけどね。
　もちろん，固定資本は，ある時点の，今の例では，2010年末や2011年末の工作機械や建物の価値を指しているので，ストック変数だよね。

息子：ストック変数の定義もばっちりだよ。

父：要するに，資本設備（固定資本）の減耗分も，生産費用として控除しないといけない。
　GDPから固定資本減耗分を差し引いたものは，**NDP**（Net Domestic Product），**国内純生産**と呼ばれている
　GrossからNetに変わったわけだが，Netには，「差し引いた」という意味があって，この場合，固定資本減耗分が差し引かれている。

息子：とういうことは，GDPから固定資本減耗分を差し引いたNDPが，全体の所得に相当するの。

父：それが，残念ながら，まだ，まだ。
　GDPの説明をしたときに，日本の企業が海外で生産した分は含まれていないといったことを覚えているよね。

息子：覚えている。

父：そこが問題なのさ。

日本の企業や個人が海外の生産活動に貢献した付加価値分は，日本の企業や個人の所得としなければならない。一方，海外の企業や個人が日本の生産活動に貢献した付加価値分は，海外の企業や個人の所得としなければならない。

　こうした調整をしたものは，国内生産（Domestic Product）ではなく，国民所得（National Income）と呼ばれている。

　Income が所得を意味するのは知っているね。

息子：うん。

父：そのため，内外の付加価値のやり取り（移転）を国内総生産（GDP）に反映させると，**国民総所得（GNI）**，国内純生産（NDP）に反映させると，**国民純所得（NNI）**となる。

息子：やっと，所得という言葉が出てきたね。固定資本減耗分や内外の付加価値の移転分を調整した国民純所得（NNI）が全体の所得に相当するんだね。

父：それが，まだなんだよ。

息子：本当に疲れてきた…

父：でも，もう少し。ただ，最後の調整は，一番，分かりにくい。

　これまでの生産額や所得額の計算では，実際に取引された価格（市場価格）を用いてきた。しかし，市場価格は，企業が実際に受け取る製品価格やサービス価格に対応しないんだ。一番典型的なケースが，消費税などの**間接税**。

　消費税は，今後どうなるか分からないが，今は税率が5%。ということは，たとえば，100円の品物が，税込の取引価格では105円になる。けれども，105円の取引価格のうち正味の製品価値は100円で，5円は政府や地方自治体の税収に回ってしまう。したがって，消費税分は控除しないと，正味の付加価値や所得の評価にならない。

息子：めんどうくさいと思うけど，理由はよく分かるよ。

父：間接税とまったく逆の働きをするのが，**補助金**。

　たとえば，ある企業が，政府から補助金を受けていて，正味の製品価値は

100円するところ，1製品当たり5円の補助金があったので，製品の取引価格は，95円となるような場合。この場合，市場価格評価では95円だが，正味の評価では，100円。したがって，補助金分を加えないと，正味の付加価値や所得の評価にならない。

　消費税分と補助金分を調整すれば，これでオシマイ。

息子：これが最後っていうんだったら，後は，僕が引き受けるよ。

　国民純所得（NNI）から間接税分を引いて，補助金分を足せば，これが，全体の所得に対応するわけ？

父：やっとだ。

　間接税や補助金の調整をする前の国民純所得は，「**市場価格表示の国民純所得**」，調整した後は，「**要素費用表示の国民純所得**」というんだよ。

息子：ということは，要素費用表示の国民純所得が，全体の所得に対応するんだね。

　なにか，「やった！」って叫びたくなる気分。

4　2011年の国民純所得

父：ついでだから，実際の数字を見ておこう。実は，まだ，2012年分のデータが公表されていないんだよ。ということで，2011年の数字を見てみよう。

息子：だから，途中から，2012年じゃなくて，2011年の生産活動って，いい直したわけね。

父：そういうこと。それじゃ，2011年について，統計数字を羅列していくぞ（表2-1）。

息子：この9行にわたる数字が，第2講で汗水流した成果だね！

　GDPからNDPに移るところだけど，固定資本減耗が102兆円ととても大きく，471兆円のGDPが，368兆円のNDPに減少しちゃうんだ！

　機械や建物，こうしたものをまとめたものを固定資本っていったっけ，固定資本の生産活動への貢献がそれだけ大きいってことだね。

表 2-1　生産から所得へ

国内総生産（GDP）	470 兆 6232 億円
－固定資本減耗	－102 兆 2881 億円
国内純生産（NDP）	368 兆 3351 億円
＋海外からの所得	＋20 兆 3915 億円
－海外に対する所得	－5 兆 7070 億円
国民純所得（NNI, 市場価格表示）	383 兆 0196 億円
－間接税　など	－40 兆 2210 億円
＋補助金	＋2 兆 9948 億円
国民純所得（NNI, 要素費用表示）	345 兆 7934 億円

父：そうだな。

息子：ちょっと嬉しいのは，日本企業が海外で稼いでいる所得の方が海外企業が日本で稼いでいる所得より多くて，市場価格表示の NNI が，NDP に比べて 15 兆円増えて，383 兆円になっているね。

父：へぇー，君は，結構，ナショナリストなんだ…

息子：お父さんが，自分の国のことを揶揄しすぎなんだよ。
　それは，ともかく，分からないのが，NNI を市場価格表示の 383 兆円から要素費用表示の 346 兆円にもっていくところだよ。「間接税など」がなんで 40 兆円もあるのさ。日本国内で生産されたもの，471 兆円すべてに 5％ の消費税率をかけても，24 兆円程度にしかならないよ。

父：君，数字を見る眼がさえてきたなぁ。
　実は，ここで便宜的に「間接税など」といっている項目は，正式には「**生産・輸入品に課される税**」と呼ばれていて，消費税分は，そのうち，13 兆円にすぎない。消費税の他にも，関税をはじめとした間接税がこの項目には含まれているんだ。

息子：ということは，消費税の対象は，13 兆円 / 0.05 と逆算して，260 兆円ということだね。

父：2011 年の消費支出の総額は 285 兆円なんだ。260 兆円に消費税の 13 兆円を足した 273 兆円でも，消費総額の 285 兆円には若干及ばないけれどね。

息子：話を戻すと，「間接税など」の40兆円から，消費税分の13兆円を差し引いた残りの27兆円には，お父さんが毎年2月に四苦八苦して書いている確定申告の所得税なんかが含まれるの？

父：それが違うんだよ。君のいう所得税や，企業が払う法人税は，「**所得・富等に課される税**」という項目に計上されている。NNIは，たとえ要素費用表示であっても，所得税や法人税が引かれる前の所得なんだよ。

息子：税金って，なんだか難しいな。

父：税金のことについては，第8回の講義でじっくりと話し合おう。

息子：8回以上も講義があるの！ それは大変だ！

父：楽しくないか…
　ところで，346兆円のNNI（要素費用表示）の所得内訳をみてみよう。2011年について，数字を羅列してみるぞ（表2-2）。

表2-2　所得の内訳

雇用者報酬	244兆8033億円
海外からの雇用者報酬	1302億円
営業余剰・混合所得	87兆0361億円
海外からの財産所得	14兆5543億円
その他の所得	−8501億円
計	345兆6738億円

息子：細かいことだけど，要素費用表示のNNIが345兆7934億円なのに対して，所得内訳の合計が345兆6738億円で1000億円以上の開きがあるんだけど。

父：実は，経済統計の数字には，そうした誤差がつきものなんだ。
　特に，日本企業が海外で稼いだ所得は，大概が，ドル表示や，ユーロ表示なので，為替レートで円に換算しないといけないのだけれども，この為替レートが日々大きく変動するので，いつのタイミングで換算するかによって，数字が大きくぶれてしまうんだよ。

息子：難しいんだね。

個人的には，1000億円なんて金額は，誤差ですますなんて気分にならないけれど，300兆円，400兆円の規模の国家の大事を語るんだったら，その程度の誤差は無視するってことかな。

父：なんだか気分が大きくなっているね。
　さて，さて，所得の内訳だけど，これまで，給与といっていたものは，**雇用者報酬**と呼ばれているんだ。この雇用者報酬には，給与だけでなく，退職金や，企業が従業員のために負担している健康保険や公的年金の保険料も含まれている。本当に，広義の給与だね。

息子：企業って，自分の従業員のために保険料まで払ってくれるんだ。気前がいいなぁ。

父：国内の雇用者報酬に，海外からの雇用者報酬（これは，外国人に対する報酬は差し引いているんだが）を加えると，およそ245兆円，NNIの約7割となるね。

息子：雇用者は，2011年にどのくらいいたの。というのは，1人当たりが知りたくて。

父：2011年10月の人口は1億2779万9千人，そのうち，仕事についていた人（就業者）は6308万人。ということは，245兆円を6308万人で割ると，1人当たり雇用者報酬は約388万円。

息子：これって，僕が，土日もなく毎日，予備校の試験監督のバイトをして1年で稼ぐ365万円とあまり変わらないね。
　それと，僕の家族だと，お父さんとお母さんが働き手で，2人分だと，年間776万円かぁ。

父：お母さんとお父さんでそれ以上は稼いでいるかな…

息子：細かいことだけど，2011年10月の人口は，1億2779万9千人っていったよね。2012年10月の人口は，1億2751万5千人だったんで，日本の人口って減っているんだね。

父：細かな数字を覚えているんだなぁ。

息子：まぁね。

父：次は，企業の利潤の方へ行こう。

　実は，経済統計で取り扱われている利潤の概念も，とても，とても広い。単に企業の手許にある収益だけでなく，利潤の中から他の人たちに配ったものも含まれるんだ。

　企業は，自らが作った製品やサービスの売上から，人件費，原材料費（中間投入費），減価償却費（固定資本減耗分）を差し引いた利潤すべてを，企業の手許に残すわけではない。企業活動に必要な資金を提供した人たちに，そのお礼として利潤の中からいくばくかを支払う。株主には，配当を支払うし，銀行や投資家には，利息を支払う。これらのものをひっくるめて，利潤なわけ。

　こうした**財産所得**（利息や配当）の原資となる利潤は，**営業余剰・混合所得**と呼ばれている。営業余剰は企業利潤に相当し，混合所得は自営業主などの利潤が含まれている。海外分も含めると，2011年の広義の利潤は，およそ102兆円，NNI の約3割に達する。細かいことだけど，「海外からの財産所得」は，外国人の投資家や外国の銀行に支払った財産所得があらかじめ差し引いている。

息子：<u>広義の利潤</u>ってやつも，すごく大きな数字だね。

　僕の方も細かいことで申し訳ないけど，雇用者報酬が245兆円，広義の利潤が102兆円，合わせて347兆円，一方で，要素費用表示のNNI は346兆円，1兆円近く差があるね。

父：その差は，先の表の最後の行にある「その他の所得」にマイナス8501億円が計上されているからなんだ。その理由は，聞かんでくれ。父さんも知らん。

息子：この広義の利潤ってやつは，僕の家族には，関係ないの。

父：そんなことはないさ。我が家も，これまでに貯めてきた資金から株式等に投資しているから，配当などは受け取っているよ。

　銀行からお金を借りている企業が銀行に支払う利息は，銀行に預金をしている人たちに金利として支払われているので，広義の利潤のオコボレは，銀

行を通じて，我が家も恩恵を受けているよ．といっても，最近は，金利がほぼゼロなんで，本当にオコボレだけど…

息子：高校の政治経済でカール・マルクスの『資本論』を少しだけ習った聞きかじりなんだけど，あの本に書かれている**資本主義社会**は，労働者（プロレタリアートっていったっけ）が雇用者報酬だけを受け取って，資本家（ブルジョアジーっていったっけ）が利潤だけを受け取っている社会として描かれているんだよね．

父：父さんは，君のような大学生時代に『資本論』を手垢にまみれるほど読んだから，聞きかじりじゃないけど，君のいっていることは，だいたい正しいと思うよ．また，マルクスが生きていた19世紀の資本主義社会は，『資本論』の想定から大きく外れていたわけでないのかもしれない．

マクロ経済学では，雇用者報酬を**労働所得**，広義の利潤を**資本所得**とそれぞれ呼んでいるんだけど，現代の資本主義社会では，たとえ企業経営者でなくても，多くの人たちが，労働所得と資本所得の両方を受け取っているよね．給与の一部を貯金に回して貯めてきた資金を，株式に投資したり，銀行に預金すれば，資本所得も稼げるわけだからね．

息子：ということは，マルクスが描いた資本主義社会の労働者っていうのは，稼いだ給与をすべて生活費に回して，貯金がいっさいできない，大変にみじめな状況だったってこと．

父：そういうことになるね．

資本主義社会って，「資本」を基軸とする経済社会を指しているんだけど，これまでの議論からでも，その「資本」を理解する手掛かりは少しはあるんだよ．

実は，第1回の講義にすでに仕掛けがあって，<u>「資本」というのは，私たちの経済社会のこれまでの経緯の記録であるとともに，私たちの経済社会が今後進んでいく未来を映し出す鏡でもあるんだな</u>．

5 ストック変数・フロー変数再訪

息子：実は，関連するかもしれないことを考えていたんだよ．お父さんが，第

1回の講義と第2回の講義を脈絡なく続けるはずがないと思って，ずっと考えていたんだ。

第1講は，数学の理屈ばかりで，正直，僕には，難しかった。

第2講は，GDPをはじめとした経済統計の約束事ばかりで，正直，僕には，退屈だった。

2つの講義は，難しい数学の理屈と退屈な経済統計の約束事の間に何かつながりがないかって。考えていたことっていうのは，GDPとNDPの違い。GDPは，特定の年の生産活動の合計ということで完全にフロー変数。でも，GDPから固定資本減耗を差し引いたNDPは，フロー変数といいきれない面があると思う。

議論がまとまっていないと思うけど，聞いてくれる？

父：いいよ。

息子：たとえば，2011年のGDPとNDP。

2011年の固定資本減耗分っていうのは，2010年末までに備えていた機械や建物が，2011年の生産活動に貢献した際のコストに相当するんだけど，2011年末までに機械や建物は，固定資本減耗分だけ古びてしまうんだよね。

もちろん，2011年にも，新しい機械を購入して，新しい建物を建築するかもしれないけれど，新品の機械や建物は，2011年の生産ではなくて，2012年以降の生産に貢献するわけだよね。

うまくまとまらないんだけど，「2010年まで」と，「2011年」と，「2012年以降」が，過去，現在，未来にひかれた時間のレールが，おぼろげながら見えてくるんだ。

父：そうか。こういう時こそ，数学の出番だ。今，思い描いたことを，数式に書き表してみよう。

息子：そんなの，僕には無理だよ。

父：手伝うから。

まず，ストック変数から。ここでは，機械や建物の経済的な価値がストック変数。前にも述べたように，機械や建物をひとまとめにして，**固定資本**と呼ぶことにしよう。2010年末の固定資本の価値をK_{2010}とする。同様に2011

年末の固定資本の価値を K_{2011} としよう。

　固定資本の中にはいろいろなものが含まれていて，それぞれ耐用年数が異なっているが，平均的な耐用年数を N 年とすることにしよう。

　このように変数を定義すると，2011年の固定資本減耗分は，どのように書き表されるかな。

息子：固定資本減耗の計算では，2010年末までの固定資本を N 年にわたって使うと考えて，固定資本の費用を割り振るから，そうか，

$$\frac{1}{N} K_{2010}$$

だね。この分，固定資本の価値が2011年の1年間ですり減っちゃうんで，

$$K_{2011} = K_{2010} - \frac{1}{N} K_{2010}$$

だよね。

父：そうかな？

　君は，2011年にも新品の機械を購入して，新しい建物を建てるっていったじゃないか。

　マクロ経済学では，この新品の固定資本の追加購入を，**固定資本形成**っていうんだけど，2011年の固定資本形成を I_{2011} と名付けてみようか。

　ただ，固定資本形成って仰々しすぎるので，日常語では，「資本設備を積み増す」という意味で**粗設備投資**と呼ばれているよ。「純」の反対語である「粗」がつく理由は，直に分かるから。

息子：そうか。

$$K_{2011} = I_{2011} + K_{2010} - \frac{1}{N} K_{2010}$$

だね。

父：第1講のように，2011年を「今年」として，t 年と名付けてしまおう。すると，

$$(2\text{—}1) \quad K_t = I_t + K_{t-1} - \frac{1}{N}K_{t-1} = I_t + \left(1 - \frac{1}{N}\right)K_{t-1}$$

だね。第2講では，はじめて番号を持って登場する数式だね。

少しだけ，両辺をいじくると，

$$(2\text{—}2) \quad K_t - K_{t-1} = I_t - \frac{1}{N}K_{t-1}$$

なるね。

ちなみに，固定資本形成（I_t）から固定資本減耗分$\left(\frac{1}{N}K_{t-1}\right)$を差し引いたものは，**純固定資本形成**と呼ばれていて，正味で固定資本の増加に寄与するわけだ。

純固定資本形成も仰々しく響くので，日常語では，**純設備投資**と呼ばれているよ。

また，毎年，固定資本が減耗している度合いである$\frac{1}{N}$は，**固定資本減耗率**とか，**減価償却率**と呼ばれている。

息子：「呼ばれている」が3回繰り返されたよ。「同じ言葉を繰り返しちゃいけない」って，お父さんよくいっていたよね。

父：ゴメン。

息子：ところで，お父さん，また，0年から始まってT年に終末を終える恐ろしい世界を考えているの？

父：そうだよ。

確かに，0年から始まって今（t年）に至る部分は，簡単にできるよね。(2—1)式は，1年前でも成立しているから，

$$K_{t-1} = I_{t-1} + \left(1 - \frac{1}{N}\right)K_{t-2}$$

上の式を(2—1)式の右辺に代入して，さらに前の年の関係を代入していくようなことを繰り返すと，次のような関係を導き出すことができる。

(2—3)　　　$K_t = \sum_{\tau=t}^{1} \left\{ \left(1 - \frac{1}{N}\right)^{t-\tau} I_\tau \right\} + \left(1 - \frac{1}{N}\right)^t K_0$

(2—3)式によると，K_t は，過去の固定資本形成（I_t）の経緯を1つの数字にまとめていると解釈できるね。$\left(1-\frac{1}{N}\right)$ は，0と1の間の数字をとるから，昔の固定資本形成ほど，$\left(1-\frac{1}{N}\right)^\tau$ が小さくなるので，そのウェイトは低下するが…

たとえば，平均的な耐用年数が10年で，10年前の固定資本形成（I_{t-10}）だと，$\left(1-\frac{1}{10}\right)^{10} = 0.349...$ でウェイトが35％まで低下する。

息子：また，ここでこんがらがっちゃった。

先のネジ製造工場の例では，5000万円の工作機械の耐用年数が10年だったので，5000万円の10分の1の500万円を，毎年，工作機械の費用として計上していくってことだったよね。

そうするとだよ，今，5000万円の価値がある工作機械は，毎年，500万円ずつ減耗していくので，10年で価値がゼロになってしまう。それが，お父さんの例だと，耐用年数が10年の工作機械であっても，10年経っても，約35％の価値が残っていることになるね。

一方は，残りの価値がゼロで，他方は，残りの価値が3割強もある。何が違うんだろう？

父：よく考えてごらん。

確かに，工作機械の例では，耐用年数が10年といったね。一方，ここでの例では，平均的な耐用年数が10年といった。大きな違いがあるんじゃないかな。

息子：そうか，分かったような気がする。

工作機械のケースでは，今からみて耐用年数が10年だから，翌年には，耐用年数が9年になる。本年末の工作機械の価値は，4500万円で，残りの9年にわたって費用を振り分けるので，固定資本減耗分は，4500万円の9分の1で，また，500万円。9年経つと，工作機械の価値は500万円で，耐用年数も1年，10年目には，工作機械の価値はゼロに減ってしまう。

でも，ここでの例では，平均的な耐用年数がいつでも 10 年ってことか。毎年，新しい機械や建物が固定資本に仲間入りしてきても，平均的な耐用年数が常に 10 年ということは，当然，耐用年数が 10 年を超えるものもあるわけだね。

父：そのとおり。こうしたひっかかりって，大切なんだよ。

息子：話の腰を折ってゴメン。

6　固定資本の物理的な評価と経済的な評価

息子：それじゃ，今（t 年）から始まって，T 年末の終末を迎える未来方向は，どうなるの？

父：それが，おかしなことになっちゃうんだよ。

翌年に成立する（2—1）式からは，次のような関係が導出できる。

$$(2\text{—}4) \qquad K_t = \frac{N}{N-1}(I_{t+1} + K_{t+1})$$

さらに，翌々年の（2—1）式からは，次の式が得られるね。

$$K_{t+1} = \frac{N}{N-1}(I_{t+2} + K_{t+2})$$

上の式を（2—4）式の右辺に代入して，さらに 3 年先に成り立つ（2—4）式を代入していくようなことを繰り返すと，次のような関係を導き出すことができる。

$$(2\text{—}5) \qquad K_t = \sum_{\tau=t+1}^{T} \left\{ \left(\frac{N}{N-1}\right)^{\tau-t} I_\tau \right\} + \left(\frac{N}{N-1}\right)^{T-t} K_T$$

ところで，（2—5）式は，奇妙に見えないか。

息子：考えてみるよ。

$\frac{N}{N-1}$ は，1 を上回る値をとるよね。そうすると，終末の T 年に近づく

ほど，$\left(\dfrac{N}{N-1}\right)^{\tau-t}$ は，どんどん大きくなる．その結果，終末に近い固定資本形成や終末の固定資本が，現在の固定資本に襲いかかってくるみたいだね．

父：時間のレールの上を走る関係が（2—5）式のような特性を備えている場合，経済学のモデルの中では，何かおかしいことが起きていることがほとんどなんだ．

この場合，何がおかしいかというと，（2—1）式や（2—2）式には，肝心要のGDPやNDPが登場しておらず，「現在の固定資本が将来の生産活動に貢献する部分」が，すっぽりと抜け落ちてしまっているんだよ．たとえば，t 年のGDPを Y_t とすると，前年までに蓄積した固定資本 K_{t-1} が，今年の Y_t に及ぼすチャンネルが不在なわけだ．

それにもかかわらず，無理矢理，将来に向かって式展開をすると，このようにおかしなことになってしまう．

息子：「現在の固定資本が将来の生産活動に貢献する部分」って，1年前の固定資本 K_{t-1} と今年のGDP（Y_t）の関数関係ってこと．

父：正確にいうと，**生産関数**関係．

固定資本以外にも生産に貢献する要素があって，それを Z_t と名付けると，

(2—6) $\qquad Y_t = F(K_{t-1}, Z_t)$

というような生産関数が必要なんだな．

息子：生産関数関係以外にも，他に考慮しなければならないことはある？

父：今の時点で説明するのは，大変に難しいのだけども，「固定資本の価値」というときの**価値**は，これまでの議論であいまいにしか定義されていなかった．ここについては，父さんの方に責任があるんだけど…

たとえば，「工作機械の価値」では，1台の機械の評価のことで，最初の5000万円の価値から始まって，4500万円，4000万円，3500万円，…と減っていて，10年後に価値がゼロになる．

でも，より一般的に名付けた「固定資本 K_{t-1} の価値」というときは，状況がもっと複雑．

息子：確かに，工作機械の場合と違って，毎年，設備投資をしているので，台

数も変化するよね。

父：固定資本 K_{t-1} というのは，物理的な数量を指していて，固定資本減耗も，まさに物理的な摩耗。1 台当たりの機械が，たとえば，毎年 10 分の 1 ずつ摩耗して，$\frac{9}{10}$ 台，$\frac{8}{10}$ 台，$\frac{7}{10}$ 台，…と減っていくと考えている。

　一方，毎年の設備投資で新しい機械が購入されて，台数が増えるし。
　（2—1）式や，それを 0 年にまで遡った（2—3）式は，固定資本の物理的な数量の側面だけを，純粋に取り扱っているんだよ。

息子：でも，固定資本に価値があるのは，これからの生産活動に貢献するからだよね。もう使えない型落ちパソコンが何台あっても，役に立ちっこないし。

父：そういうこと。固定資本の価値を評価する場合，物理的な数量の側面だけでなく，「これからの生産活動にどれだけ貢献するか」という経済的な評価の側面が欠かせないんだ。

　（2—5）式は，経済的な評価の側面を欠いたままに，物理的な数量の側面だけで，無理やり，将来の T 年に向かって式展開したから，ヘンテコなことになったんだ。

息子：いいかえると，現在の固定資本が将来の経済の鏡になるようなメカニズムが，僕たちがこれまでに議論してきたことでは欠けているってことかな。

父：そうだと思う。

息子：僕がいうのはおかしいけど，あわてることはないと思う。自分がぼんやりと考えたことが，お父さんの力を借りて，ここまで数式に表すことができて，いくつもの問題点が浮き彫りにされただけでも，なんだかうれしい。

　マルクスの『資本論』の「資本」って遠い世界のことだと思っていたけれど，こうして固定資本や固定資本形成の概念を使って考えてくると，「資本」がなんだか身近になってきた。

　「価値」って言葉も，なんだか高級感があるし，少し興奮するよ。

父：そうだったらいいけど…

【講義の後で】

父：今日は，息子の反応がとても面白かった。

　わが家の給与水準について聞いてくるのは，ちょっとまいったけど…。国立大学法人の給与水準は決して高くないし，妻が働いているようなNPOからの給与もずいぶんと低いし。わが家の給与水準について，どんな感想をもったのか，少々気になるところではあるけど…

　息子の方から，マルクスの『資本論』の方向に，議論を飛ばしたのには，とても驚いた。
　マルクスの議論って，過去から積み上げてきた資本（資本蓄積）に焦点が絞られているんで，「**過去⇒現在**」の時間の流れだけ。一方，将来の経済状況を反映して，資本の価格が決まってくる点，すなわち，「**現在⇐将来**」の時間の流れは，すっぽりと抜け落ちている。
　『資本論』は，タイトルで「資本」と銘打っている割には，「未来に開かれた資本主義社会のダイナミズム」をうまく分析していないんだな。だから，読んでいても，ちっとも面白くない。そんなことは，この講義で言及するつもりはないけど…
　でも，そうこう考えてくると，ほんの一瞬，マルクスの『資本論』が話題にのぼったのは，よかったのかもしれない。

　息子の意外な反応に接するにつけ，あいつのことを知っていたつもりが，理解していなかったのかもしれないと，少々考え込んでしまう。さしずめ，「息子発見」かな。
　「父が息子を発見する」っていう機会があるとは，講義をする前は，まったく想像していなかったが…逆に，「息子が父を発見する」っていう機会もあるのかな？
　でも，そんなことはないな。

付記：第 2 講は，2013 年の夏ごろに息子との間で行われた。当時，2012 年の「国民経済計算」確報値は，公表されておらず，2014 年 4 月から消費税税率が 5% から 8% に引き上げられることも決定されていなかった。しかし，講義の雰囲気を壊さないために，あえて，当時のままにしておいた。

なお，「国民経済計算」の 2012 年確報は，2013 年末に公表された。関心のある読者は，ぜひとも「国民経済計算」のウェッブページを訪れてほしい (http://www.esri.cao.go.jp/jp/sna/kakuhou/kakuhou_top.html)。

第3講　GDPって何なの？（支出から見た GDP）

【講義の前に】

父：GDP の議論では，「GDP＝所得」の側面よりも，「GDP＝支出」の側面の方が簡単だと思われがちだが，いやいや，どっこい，「GDP＝支出」の側面も，ほんの少しでも掘り下げて考え始めると，厄介なイシューがいくつも，いくつも出てくるんだな。

　特に，この第3講では，普通のマクロ経済学入門の講義であまり議論されることがない**在庫投資**と**政府消費**も，できるだけ丁寧に議論してみたい。

　ただ，自分でいっておいてなんだけど，「丁寧に」が結構難しい。

　丁寧な説明って，「難しいことをやさしく説明する努力」ではなくて，手をかえ，品をかえ，「難しいことを等身大で伝える努力」なんだ。根気よく，事柄を正確に言い換えているだけなんだけど，「正確な言い換えの連鎖」で，聞き手は，その事柄の意味を正確につかみとっていくわけ。

　それを，「やさしく説明する」と，事柄の一部だけが，ときには，歪んだ形で，聞き手に伝わってしまう。

　教育者が絶対にやっていけないことだよね。特に，若い人に対してはね。

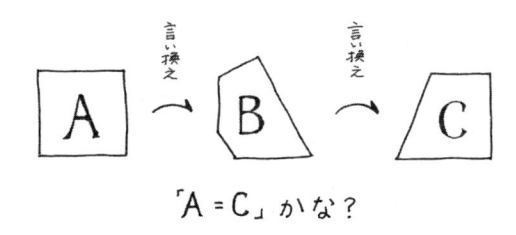

$$A \xrightarrow{\text{言い換え}} B \xrightarrow{\text{言い換え}} C$$

「A＝C」かな？

1 「生産＝支出」に向かって

父：第2回の講義では，経済統計において「生産と所得が一致する」とはどういうことなのかを考えてきたね。「生産＝所得」にたどり着くまでに，いろいろな約束事があって，君は，いい加減飽きたと思う。

息子：ちょっとね。

父：今度は，「生産＝支出」を考えてみよう。

息子：支出って？

父：支出は，ある期間に，製品やサービスを購入するのに誰かが支払った金額のこと。ここでは，期間を1年間としよう。支出も，生産と同様にフロー変数だね。

息子：生産が売る側のことで，支出が買う側のこと？
　そうだとすると，それぞれの製品について，生産者が売る代金と，購入者が買う代金が一致するので，すべての製品についても，同じことじゃないかなぁ。

父：君のいっていることは，正しいんだけど，よく考えてみると，難しい面もある。

息子：いつも思うんだけど，お父さんって，簡単そうなことを，わざと難しくしているってことない。

父：そうかなぁ…　それでは，非常に簡単なケースを考えてみるから。
　購入者としては，**家計，企業，政府，海外勢**としよう。家計というと，少し難しく聞こえるけれど，消費者と考えればよい。
　家計の支出は消費，ここでは，消費の年間総額を**家計消費**と呼ぼう。実は，後から議論することになるが，消費支出と消費は，厳密にいうと違う。

息子：そう，それは，お願いだから後からにして。

父：分かった。

企業の支出は設備投資（正確には，粗設備投資），ここでは，設備投資の年間総額を単に**設備投資**。政府の支出は，1年間のありとあらゆる支出を何もかもひっくるめて**政府支出**。海外勢の支出は，日本側から見れば，輸出だね。1年間の輸出総額を単に**輸出**。

　第2講で習ったように，1年間に日本国内の生産活動で生じた付加価値は，GDPだね。GDPが生産に相当するわけだ。

　それでは，「生産＝支出」というのは，

(3—1)　　　GDP＝家計消費＋設備投資＋政府支出＋輸出

ということになるのかな？

息子：そうじゃないかなぁ…

　いや，待てよ。僕のスキーウェアーは，外国メーカーのものだよ。スキーウェアーを買うのも，消費だよね。GDPは，いってみれば，国産品の総額，外国製は含まれていない。ということは，(3—1)式は，国産品しか含まない左辺と外国製も含む右辺じゃ，釣り合わないね。

父：いきなり本質を突いてくるな。

　外国から輸入した製品の年間総額を単に**輸入**と呼ぼう。すると，(3—1)式の左辺に国産品だけでなく，外国製も含めて，

(3—2)　　　GDP＋**輸入**＝家計消費＋設備投資＋政府支出＋輸出

と書き換えられるね。

息子：でも，左辺は，GDPだけにしたいなぁ。そちらの方が，格好がよいし。

父：いいよ。

(3—3)　　　GDP＝家計消費＋設備投資＋政府支出＋（輸出－輸入）
　　　　　　　＝家計消費＋設備投資＋政府支出＋**純輸出**

とするね。

　輸出から輸入を差し引いたものは，**純輸出**とも呼んでいるんだよ。

息子：輸出を純輸出に置き換えれば，「生産＝支出」ってことだね。

父：それが，そうじゃないんだ。

息子：また，小難しいことにならない…

父：そうかも…
　　（3—3）式の左辺は，国内で生産された付加価値の年間総額，右辺は，家計，企業，政府，海外勢が購入した製品の年間総額。ということは，左辺⇒右辺と考えると，その年に国内で生産されたものは，誰かがその年に買っているということになるね。
　　逆に，右辺⇒左辺と考えると，輸入品を除くと，家計，企業，政府，海外勢がその年に購入したものはすべて，その年に作られた国産品となるね。
　　いつもそうだろうか。

息子：左辺⇒右辺でいうと…　うーん，難しい。
　　そうか！　だれも買わずに売れ残る製品もあるかな。

父：そうだね。売れ残りというと，なんだかネガティブな響きだけど，来年の売上増を見込んで，今年に多めに作っておくということもあるね。

息子：じゃ，右辺⇒左辺だけど，逆を考えればよいわけか。
　　製品の売れ行きがよくて，その年につくられた国産品だけでは，まかないきれない場合か。

父：売れ残りの場合は，左辺＞右辺。売れすぎの場合は，左辺＜右辺。これらの不等号を等号に置き換える工夫はないかな。
　　実は，最初の講義で君がすでに触れているんだけど。

息子：そんなこと，いったっけ？
　　そうか，**在庫**だね。
　　売れ残った製品（ネガティブな表現でゴメン）を倉庫に貯えるケースや，昨年までに作った製品を倉庫から持ち出してくるケースだね。

父：**在庫投資**っていうんだ。在庫投資がプラスだと，倉庫への持ち込み，在庫投資がマイナスだと倉庫からの持ち出し。

息子：ということは，在庫投資を（3—3）式の右辺に加えると，倉庫の持ち込

み（プラスの在庫投資）で左辺＞右辺が左辺＝右辺に，倉庫からの持ち出し（マイナスの在庫投資）で左辺＜右辺が左辺＝右辺になるわけか。

(3―4)　　GDP＝家計消費＋設備投資＋**在庫投資**＋政府支出＋純輸出

父：正解！

(3―3) 式では，今年作った国産品は，すべて今年中にかならず売れて，今年買った製品は，輸入品を除いて，すべて今年作った国産品ということになるけれど，(3―4) 式では，在庫投資があることで，かならずしもそうならない。

息子：ここでも，過去，現在，未来にひかれた時間のレールが垣間見られるね。

父：というと…

息子：去年に作ったものを倉庫に貯えていたものを，今年，持ち出してきたり，今年に作ったものを倉庫に貯えて，来年，売ったりと…

父：第2回の講義で議論したように，(3―4) 式の右辺にある設備投資も，今年の生産活動ではなく，来年以降の生産活動に貢献するから，現在から未来への時間の流れがある。

息子：ということは，(3―4) 式の左辺は，なるほど，今年の生産活動を指しているけれど，(3―4) 式の右辺に現れる在庫投資と設備投資は，去年から今年にかけての経済活動や，今年から来年にかけての経済活動とかかわるんだね。

父：この講義の終わりに，君が今いったことを，まったく逆の角度からもう一度考えてみよう。
　その前に，家計，企業，政府の支出について，詳しく見ていくから。

息子：ゆっくり進むということだね。

父：そういうことかな。

2 人生いろいろ♪♪　支出いろいろ♪♪

2-1 家計の支出とは？

息子：人生いろいろ♪♪って，それ何？

父：君知らんか。島倉千代子だよ。母さんが好きな歌，カラオケでいつも歌っているらしい…

息子：そんなの知るはずないじゃん。

父：まぁ，そういうな。
　先ほど，家計の支出である**消費支出**と**消費**は，厳密には違うといったけど，違いが本当に重要なんだ。
　「消費」は，辞書で引くと「使いつくす」という意味だが，ある年に消費支出をしたからといって，その年に，購入した品物を使いつくすとはかぎらない。
　たとえば，衣服。今年買った冬物は，来年も，再来年も使うよね。机だったら，十年以上使うね。車も，同じこと。

息子：そうでないものも，あるよ。たとえば，さっき，買ってきたアイスクリーム。早く食べないととけちゃうよ。

父：そうかなぁ…　冷蔵庫の冷凍室に入れておけば，1年ぐらいもつんじゃないかなぁ。

息子：それじゃぁ，外食。たとえば，レストランのコックさんが調理した料理は，その場で味わうよね。中華料理だと，持ち帰りもあるけれど，家に帰ったら食べちゃうじゃない。

父：何事も程度の問題かな。すぐに消費される度合いが小さいものから，**耐久消費財**，**半耐久消費財**，**非耐久消費財**，**サービス**と分けている。
　先からの例だと，家具や車は耐久消費財，衣服は半耐久消費財，アイスクリームは非耐久消費財，外食はサービス。

息子：耐久消費財や半耐久消費財は，消費自体が時間を通じた行為ということ

だね。

父：そのとおり。
　フロー変数である家計消費は，本来，1年間で消費した部分に対応する。でも，経済統計では，<u>1年間に支出した部分を消費として計上している</u>んだ。便宜から。

息子：大人が「便宜」っていうと，何だかずるい気がする。

父：君だって，もう直に成人じゃないか。
　便宜は，英語でなんていうか知っているか。

息子：知らない…

父：convenience store の convenience だよ。英語では，けっしてネガティブな意味はないけどね。
　それはともかく，便宜ってのも大切なんだ。
　たとえば，自動車を考えてみよう。今年1年間に乗り回した分だけ，車が減耗する。その減耗分が，今年，消費した部分に対応する。そうすると，その自動車に価値として残っている部分，すなわち，自動車の**残存価値**というストック変数を導入して，

　　（3—5）　　今年末の自動車の残存価値＝昨年末の自動車の残存価値
　　　　　　　　　　　　　　　　　　　　－今年1年間の自動車の減耗分

ということを考えなくてはならない。
　こんな作業を，耐久性がある消費財すべてについて行うのは，とても大変。第一，自分の家の衣服の枚数を正確に把握している人なんて，ほとんどいないじゃないか。「いわんや，政府の統計作成部門をや」だよ。

息子：分かった。便宜も，必要ってことだね。

父：もう1つ注意しなければならないのは，GDPが今年生産した新品の国産品であることに対応して，中古品の売買は，家計消費に含まれないこと。

息子：今は，環境に配慮してリサイクルを進めないといけない時代，そんな経済統計は，時代遅れ！

父：そうあわてるな。経済統計が「リサイクルがいけない」なんて命じるわけないじゃないか。
　中古品の消費財は，過去の家計支出にすでに計上されているわけだし，それを今年の家計支出に再び計上したら，二重計上になってしまう。また，中古品の売買を考えても，経済全体でみれば，中古品の持ち主が変わっただけで，新たな付加価値が生まれているわけではないよね。

息子：理屈としては，お父さんのいっていることはよく分かるんだけど…
　たとえばだよ，モノを大切に使う社会と，モノをポイ捨てしていく社会を比べると，新品がどんどん製造されてGDPが拡大するのは，ポイ捨て社会だよね。でも，僕は，GDPが低くても，モノを大切にする社会の方がいいと思うな。

父：その指摘は，なかなかいいじゃないか。GDP統計の作成方法を深く知ることによって，GDP統計の限界を知ることになっているね。

息子：ェヘン！

父：話を少し進めるよ。
　住居の取り扱いは，とても難しい。まず，住居の消費は，毎年，既存の住居から**住宅サービス**を受けていると考える。
　賃貸住宅の場合は，分かりやすいよね。住宅サービスの対価として，大家さんに**家賃**を払っているので，家賃が，住宅サービスとして家計消費に含まれる。

息子：持ち家はどうするの。家賃なんて払ってないし，持ち家に住んでいたら，住宅サービスがゼロってこと。

父：持ち家の場合，自分が大家であり，同時に店子であるって考えるんだ。
　すなわち，店子である自分が大家である自分に家賃を支払っているって考えるわけ。そうした家賃は，**帰属家賃**って呼んでいる。

息子：帰属家賃って，実際に支払っていない家賃だろう。どうやって計算するの？

父：その家とよく似た，近所の賃貸物件の家賃をもって，帰属家賃とするわけ。

息子：それにしても，そんな家賃がなぜ，「帰属」っていわれるわけ。「帰属」って，従う，属する，という意味だよね。

父：父さんは，誤訳だと思う。
　英語では，imputed rent となるが，impute には，確かに「帰属する」という意味もあるけど，ここでは「計算した価値を割り当てる」という意味の方だと思う。帰属家賃じゃなくて，評価家賃とか，想定家賃とかいえばよかったんじゃないかな。

息子：誤訳だと分かって使い続けるのも，大人のずるさだと思う。

父：そうかもしれないな。肝に銘じておくよ。

息子：ところで，住宅の購入は，どのように扱われるの。まさか，購入代金が丸ごと，家計消費に計上されるわけないよね。だって，住宅サービスの対価として，家賃や帰属家賃が家計消費に含まれているわけだから。

父：実は，住宅購入は，**新規住宅投資**として扱われる。
　各年末時点ですでに存在する住宅をストック変数，新規の住宅購入を新規住宅投資として，既存の住宅ストックも１年間の住居使用で減耗すると考えると，固定資本と同じように考えられる。
　すなわち，

　　(3―6)　　　今年末の住宅ストック＝昨年末の住宅ストック
　　　　　　　　　　　　　　　　　　　＋新規住宅投資－住宅固定資本減耗

となるね。

息子：おっと，ここでも，ストック変数とフロー変数の共演だね。

父：なお，消費財と同じで，**中古住宅の売買**は，新規住宅投資には含まれないね。

息子：住宅ストックの価値には，土地の価値も含まれるの。

父：いい質問だね。一般論としては，土地は含まれないんだ。
　土地は，その年の生産活動で生まれたわけではなく，国土の一部としてす

でに存在していた部分だから．

息子：それは，違うんじゃないかな．
　　たとえばだよ，不動産開発業者が，山野を購入して，宅地造成をして，その土地の上に住宅を建てて分譲したらどう？
　　山野は，国土の一部としてそもそもあったけれど，住宅地は，業者の造成で新しく生まれたのだから．

父：不動産開発業者（英語で developer，片仮名でデブロッパーって変な書き方するが…）が山野から宅地に造成して土地の価値が増加した分は，デブロッパーの行った設備投資（固定資本形成）として支出に計上される．
　　次に議論する企業の設備投資支出として，統計上は取り扱われるわけ．

息子：統計の約束事って，至れり尽くせりだね．

2-2　企業の支出とは？

父：デブロッパーの設備投資という話が出てきたので，企業の支出の方に移ろうか．

息子：企業の生産活動における購入というと，すでに出てきたのは，原材料の中間投入品に対する出費だけど，これは，GDP には含まれないよね，二重計上を避けるために．

父：企業の大きな支出としては，これもすでに出てきたけど，**粗設備投資**，すなわち，**固定資本形成**だね．固定資本形成の中身は，幅広い．機械設備の購入，事務所や工場の建物建設，さらには，宅地造成と同じく工場用地造成なんかも含まれる．

息子：固定資本形成については，ばっちりだよ．ストック変数とフロー変数のデュエットは，

　　（3—7）　　　今年末の固定資本＝昨年末の固定資本＋固定資本形成
　　　　　　　　　　　　　　　　　－固定資本減耗

だったよね．
　　在庫投資も，企業の支出に含まれるよね．

父：そう。そこまで理解していれば，あまり説明することはない。
　　ただ，一言だけ。
　　ここでは，経済主体別に支出をみているが，投資という範疇で見ると，設備投資，在庫投資，住宅投資があるね。

2-3　政府の支出とは？

息子：次は，政府の支出だね。

父：ここで政府（正確には，**一般政府**）というときは，**中央政府**だけでなく，**地方自治体**も含まれると考えてほしい。
　　支出する主体として政府が面白いのは，消費も，設備投資も行う点だね。設備投資の方がイメージがわきやすいから，そちらを先に。

息子：政府の設備投資といえば，**公共投資**や**公共事業**だろう。高校の政治経済で習ったよ。

父：正確には，政府や**公的企業**の設備投資は，**公的固定資本形成**と呼んでいて，民間企業の設備投資である**民間固定資本形成**と対をなしているんだ。

息子：公的企業って，たとえば…

父：政府が運営している事業体・企業だよ。
　　たとえば，国有林野事業。面白いところだと，日本中央競馬会。日本郵便やゆうちょ銀行を傘下に置く日本郵政株式会社は，現在のところ，政府が全額株式を保有しているので，公的企業。
　　JR東海やJR東日本などいくつもの民間企業に分かれる前の日本国有鉄道（国鉄って略されていたけど）も，公的企業だった。
　　では，難しい方の**政府消費支出**に移ってみよう。

息子：**政府消費支出**って，それ何？

父：中央政府や地方自治体は，さまざまな**行政サービス**を住民に提供している。
　　行政サービスが何かといわれると，答えるのに戸惑うほど幅広い。たとえば，国公立の学校，住民登録，裁判所，警察，自衛隊など。また，国民は，公的な保険制度（健康保険や介護保険）を通じて，医療や介護の給付も受け

ているよね。いわば，中央官庁，県庁，市役所，町役場は，行政サービスを生産する一種の企業。

息子：ということは，GDP統計では，お役所が生産した行政サービスを，住民が消費するという形になっているの。

父：なっているといえば，なっているのだけど…
　ただし，通常の消費財やサービスであれば，消費者がどこかで購入してから，消費するよね。しかし，住民は，確かに行政サービスを消費しているけれど，どこかで行政サービスを購入しているわけではない。もちろん，住民も，一部，利用料や授業料の形で支払っているが，全額支払っているわけではない。
　すべての行政サービスに値段がついているわけではないわけ。

息子：頭がこんがらがってきちゃった。

父：<u>政府消費支出というのは，お役所の行政サービス生産活動を支えるあらゆる経費（かなりの部分が人件費だが）を一括して計上しているんだ。</u>

息子：まだ分からない…

父：どうやって説明したらよいかなぁ…
　たとえば，市役所の行政サービスも政府消費支出なんだけど，その行政サービスの提供にかかった人件費（公務員の給与だとか）などの経費が政府消費支出として計上されるわけ。

息子：そうなんだ。

父：他にも，健康保険でカバーされている医療サービスや介護保険でカバーされている介護サービスなども，政府消費支出に含まれている。

息子：少しずつ話が見えてきたんだけど，「生産＝支出」の側面を考えると，政府も，企業と同じく生産者ということになるの？

父：実は，そうなんだ。「国民経済計算」では，政府サービス生産者って呼ばれている。

息子：それでは，「生産＝所得」の側面で考えると，公務員給与は政府消費支出に計上されると同時に，労働者所得としても計上されているんだね。

父：国立大学法人も，政府部門扱いだから，政府サービス生産者。

息子：ということは，お父さんの給与も，政府部門が生み出す付加価値の一部ということ。

父：ほんの一部だけどね。

息子：複雑そうにみえるけど，ひとつずつ，丁寧にみていくと，それぞれに理屈があって，それなりに面白いね。

父：そうだと，いいのだけれど…
　　海外勢の支出に相当する輸出については，次の講義で議論しよう。

息子：実は，輸出や輸入が一番興味があったのだけれど…

3　時間の流れを無視してモデルを作ってみると…

父：第2講で「生産＝所得」，本講で「生産＝支出」の関係を見てきた。
　　冒頭でも議論したけれど，「生産＝支出」の右辺には，過去，現在，未来の時間の流れが垣間見れたよね。

息子：そう。設備投資と在庫投資だよね。ストック変数とフロー変数がコラボする住宅投資も，時間のレールに乗っているね。

父：コラボとは，うまいこというなぁ。
　　ここでは，時間の役割をより深く考えるためにも，<u>時間の流れがまったく取り除かれている経済モデル</u>を作ってみようか。

息子：そんなのできるの？

父：簡単だよ。
　　まずは，GDP（生産）＝所得＝支出が成り立っているとしよう。これらの等式は，まとめて**三面等価**と呼ばれている。生産や所得に Y という記号を割り当てておこう。

時間の要素がないんだから，設備投資，在庫投資，住宅投資は，ゼロだ。話を簡単にするために，輸出も輸入もゼロとしよう。

息子：そんな乱暴な。非現実的だよ。

父：経済モデルには，現実を説明する目的の他にも，極端なケースを想定して思考実験を行う役割もあるんだよ。

息子：支出の項目は，家計消費と政府消費だけ…

父：そう。家計消費はC，政府消費はGとするよ。

息子：「GDP＝支出」の式は，

$$(3\text{—}8) \quad Y = C + G$$

と，簡単になるね。

父：そう。
　消費も，所得（Y）から税金（T）を差し引いた可処分所得に比例するとしよう。

$$(3\text{—}9) \quad C = c(Y-T) + c_0$$

$0 < c < 1$，$c_0 > 0$ にするよ。

息子：経済学者って，そんなに乱暴に物事を決めていく種族なの。
　僕は，(3—9) 式にも反対。今年の消費は，今年の所得だけじゃなくて，来年の所得や再来年の所得にも左右されるんじゃないの。たとえば，来年，再来年，もしかして失業するかもしれないから，それに備えて，消費に使っちゃわないで，貯金ということもあるよね。

父：君のいっていることは，まさに，時間の流れの中で起きること。今は，時間の流れを考慮しないんだから，君の反論は却下。

息子：お父さん，暴君みたい。

父：それと，政府は，今，借金して，将来返済するなんていうこともしない。だって，時間の流れがないんだから。

政府消費も，税収で完全にまかなうとしよう。

(3—10)　　$G=T$

息子：お父さんのこの仮定は，大好き！
　　　僕は，政府の借金が嫌いだね。どうせ返済するのは，若い僕らなんだから。

父：(3—10) 式が君に気に入ってもらってうれしいよ。(3—10) 式は，**均衡財政**って呼ばれている。
　　　それでは，(3—9) 式と (3—10) 式を (3—8) 式に代入して，C と T を消去してみよう。

(3—11)　　$Y=c(Y-G)+c_0+G$

　　　(3—11) 式を Y について解くと…

息子：そんな簡単なことを僕にやらせるの。

父：つべこべいわずに。

息子：暴君お父さん…

(3—12)　　$Y=G+\dfrac{c_0}{1-c}$

だよ。

父：やっとたどり着いたなぁ。それにしても，(3—12) 式が意味するところは，なかなか意味深長だね。
　　　たとえば，政府消費が拡大すると，どうなる。

息子：政府消費が拡大した分だけ，Y で表されている GDP（生産）や所得が増えるよ。

父：家計消費は…

息子：家計消費は，可処分所得 ($Y-T$) に比例するんだよね。
　　　政府消費の G が拡大すると，均衡財政で同じ分だけ増税しなくてはいけないので，所得が上がっても，可処分所得に変わりがないから，家計消費に

変化なし。

父：正解。

　モデルで何が起きているのか，さらに深く考えてみよう。まずは，政府消費がゼロのケースを考えてみようか。

息子：簡単だよ。

$$(3\text{—}13) \quad Y = C = \frac{c_0}{1-c}$$

父：ということは，政府が活動していないケース（$G=T=0$）では，生産（GDP）が $\frac{c_0}{1-c}$ の水準で行われ，それがそのまま消費に充てられているわけ。

　もっと具体的にして，政府が活動していない場合の生産水準は，2億7千万円とする $\left(\frac{c_0}{1-c} = 2\text{億}7\text{千万円}\right)$。

　この国には100人の国民がいて，政府が活動をしていないと，90人が民間企業に就業し，10人が失業しているとしよう。その場合，就業している国民90人には，2億円7千万円の生産水準が分配され，1人当たり300万円の所得を得て，税金がないので，それを丸ごと消費に充てている。

　一方，失業している国民10人は，所得がいっさいないので，消費もできず，飢え死に寸前だとする。

息子：お父さんが，非情な暴君に見えてきた。

父：そこで，この国の政府は，失業者10人を1人当たり300万円で政府部門に雇用するという失業対策を発表した。

　政府部門で新たに雇用された10人は，行政サービスの提供に従事した。政府消費支出は人件費で計上するので，政府消費が3千万円に拡大したことを意味するよね。もちろん，3千万円の政府消費は，3千万円の増税でまかなうことにする。

息子：お父さんが，突然，お釈迦様に見えてきた。

父：そうすると，GDP はどうなる。

息子：GDP は，3千万円の政府消費分だけ増えるので，2億7千万円から3億円に拡大するよ。とてもいいことじゃないか。お父さんは，暴君どころか，賢帝だよ！

父：それでは，「就業者1人当たり」で考えてみようよ。失業対策発前の就業者数は 90 人で，失業対策後の就業者数は 100 人だよ。

息子：失業対策前は，就業者1人当たりの所得も，家計消費も，300 万円。
　次に失業対策後は…と見ると，就業者1人当たりの所得は，依然として 300 万円。でも，3千万円の政府消費をまかなうために，就業者1人当たりで 30 万円の税金を支払わなければならないので，可処分所得は 270 万円に減少。その結果，就業者1人当たりの家計消費も，300 万円から 270 万円に減少。
　一方では，国民は，就業者1人当たり 30 万円の行政サービス（政府消費）を受けることができる。
　ということは，就業者1人当たりで見ると，家計消費は 300 万円から 270 万円に減るけれども，行政セービス（政府消費）はゼロから 30 万円に増えるので，家計消費と行政サービスをあわせて，依然として 300 万円をキープできることになる。
　さらによいことに，失業対策後は，就業者数が 90 人から 100 人に増えて，GDP の規模も 2 億 7 千万円から 3 億円に拡大する。
　素晴らしい！

父：本当に素晴らしいことなのかなぁ…

息子：お父さん，謙遜しているの？

父：そうじゃなくて，君が説明してくれたことに，どこか，おかしなことや，思い込みみたいなことがないかなぁ。

息子：先，お父さんが政府消費について説明してくれたことを，忠実に応用しただけだと思うけど。

父：それじゃ，役所に雇われた 10 人が，職場で仕事もせずにサボっていたら

どうだろうか。

息子：お父さんは，政府消費支出は，役所の人件費をそのまま計上するっていっていたんで，1人当たり300万円で10人雇って3千万円也。だから，GDPも2億7千万円から3億円に拡大している。

　そうか。雇われた人たちが役場でサボっていれば，国民が受けられる行政サービスの価値はゼロ。したがって，失業対策後，国民は家計消費しか享受できない。見せかけのGDPは3億円だけど，正味のGDPは2億7千万円のまま。今度は，それを90人ではなく，100人で分配するので，家計消費の水準が300万円から270万円に減少してしまう。

父：政府消費の拡大でGDPが水増しされる可能性があるわけだけど，何が本質的な原因なのだろうか。

息子：僕は分かったと思う。

　GDP統計では，政府消費支出をコストでしか考えていなくて，人件費をかけた分だけ，GDPが自動的に拡大する。しかし，国民にとって価値のある行政サービスが生み出されているのかどうかは，GDP統計で分からないってことかな。

父：そのとおり。

　常識的に考えれば，行政サービスに対するニーズが国民の側にあれば，役所は，最初から，10人を雇って国民が欲する行政サービスを提供するよね。そうだとすると，そもそも，10人が失業する事態に至らなかった。

　行政サービスへの健全なニーズがあってこそ雇用が生み出されるのであって，政府消費支出を無理矢理に拡大させても，国民にとって価値ある行政サービスが生み出されるわけではないということだと思う。

【講義の後で】

息子：3回の講義を受けて思ったことだけど，お父さんの準備が半端じゃないんだ。

　お父さんは，大学の講義で使っているノートを手もとに置いている。そこには，文字やら，数式やらがギッシリと書き込まれている。といって，僕の前で白い紙に数式を書くときは，ノートをのぞくことなく，すらすら書いていく。全部，頭に入っているみたい。それでも，「手もとに講義ノートがないと，講義ができない」って，お父さんはいうんだな。

　講義中でも，頻繁に講義ノートにメモを書き込んでいる。僕のレスポンスも，ときどき，メモを取っているみたい。

　こんなふうなお父さんを見たことがない。

　居間にいるときは，真剣に見ているんだか，見ていないんだか，よく分からないけれど，ケーブルテレビで昔の「火曜サスペンス」ばかり見ているし，食事も，さっさと食べて，お母さんには，いつも，「ゆっくり食べなさい」と叱られている。お酒を飲みだすと，全然止まらなくなって，直に酔いつぶれてしまう。

　でも，講義中のお父さんは，全然違う。うまく言い表せないんだけど，仕事の顔っていうのかな。もちろん，教えることがお父さんの仕事だから，当然なんだけど，なんだか違うんだよ。ちょっと格好いい。

　いつもお父さんのことを叱ってばかりのお母さんだけど，お父さんの講演の姿，少し格好いいっていっているし。

　不可解なお父さん…

第4講　物価の物語（「生産＝所得」の再検討）

【講義の前に】――――――――――――――――――――――――

父：第4講は，息子にとって，最初の難所かもしれないな。

　講義の題目は，「物価の物語」。物価というと，消費者物価指数でも，GDPデフレーターでも，物価指標そのものの動向に，社会の関心がついつい向いてしまう。経済学者が，世間に向かって「物価指標がもっとも重要な経済指標だ」って繰り返しいってきたので，そうなるのも仕方ないが…

　しかし，だよね，取引された値段のまんまで表示された経済変数は，**名目変数**と呼ばれているが，名目変数から物価の影響を取り除く作業を**実質化**と呼んでいるけど，経済学的にみれば，実質化のほうがはるかに重要。消費者物価指数は，「実質化の途中でこしらえる指標」だし，GDPデフレーターは，「実質化の副産物」。経済学の世界は，実質化があくまで主役で物価指標は脇役。

　…なんてことを伝えようと思えば，実質化の作業を丁寧に説明するしかない。実質化の作業自体は，決して難しい概念でないけど，一つ一つ説明しようとすると，しちめんどくさいというか，辛気臭いというか…

　息子は，直に飽きてしまうと思うな，きっと…

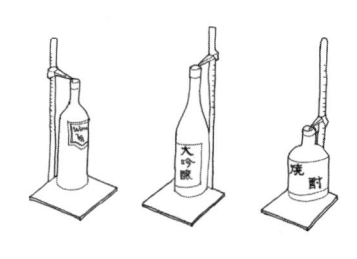

どれが安いかな？

1 再び「生産＝所得」について…

父：「生産＝所得」を再検討するっていったら，おまえは怒るかな。

息子：もちろん，怒るよ。
第2講で，あれだけ苦戦したんだから。

父：だめな父さんだと思って，許してくれ。
実は，第2講と第3講では，君をごまかしていたんだよ。

息子：人をごまかすなんて，一番やっちゃいけないことだって，お父さんはいつもいっていたじゃないか。

父：そうだなぁ… 父親失格かな。

息子：いや，人間失格。

父：手厳しいな。「ごまかす」じゃなくて，「あいまい」っていうよ。
あいまいにしていたところは，**価格の問題**なんだ。少し順を追って説明させてくれ。
今，経済には，2つの消費財しか生産されていないとするよ。リンゴとシャツ。

息子：リンゴとシャツだけなんて，いくら「衣食足りれば」でも，極端すぎない。
まぁ，いいや。お父さんは，経済モデルをこしらえるときは，暴君だからなぁ。

父：次のケースを考えよう。

> 2005年の生産
> 1個100円のリンゴが1,000個，1枚400円のシャツが250枚。
>
> 2010年の生産
> 1個200円のリンゴが1,000個，1枚800円のシャツが250枚。

それぞれの年の総生産額はいくらかな。

息子：簡単だよ，2005 年は 100 円/個×1,000 個＋400 円/枚×250 枚＝20 万円，同じく，2010 年は 40 万円。ということは，2010 年の生産額は，2005 年の生産額の 2 倍。

父：それでは，2010 年の生産は，2005 年の生産の 2 倍といえるかな？

息子：そんなこといえない。
　どちらの年も，リンゴ 1,000 個，シャツ 250 枚で変わらないから。

父：そうだね。生産額が 2 倍になったといっても，リンゴとシャツの価格が 2 倍になっただけだからね。
　それでは，こうした価格が 2 倍になった影響を取り除いて，生産額を計算するにはどうすればよいかな。

息子：それも，簡単だよ。どちらか一方の年の価格で両方の年の生産額を計算すればいい。
　たとえば，2005 年の価格で計算するとすると，2010 年の生産額は，100 円/個×1,000 個＋400 円/枚×250 枚＝20 万円となって，2005 年の生産額と同じ。
　2010 年の価格で計算すると，2005 年の生産額は，200 円/個×1,000 個＋800 円/枚×250 枚＝40 万円となって，2010 年の生産額と同じ。

父：少しだけ経済学用語のこと。
　まず，どちらか選ばれた年は，**基準年**というんだ。2005 年の価格を用いれば，2005 年が基準年，2010 年の価格を用いれば，2010 年が基準年。
　次に，価格変化の影響を取り除いていない生産額を**名目生産額**，価格変化の影響を取り除いた生産額を**実質生産額**というんだ。
　これからは，2005 年を基準年としよう。

息子：2005 年は，名目生産額と実質生産額が 20 万円で一致。リンゴについても，シャツについても，名目と実質で同じ価格を用いているからね。
　2010 年は，名目生産額が 40 万円だけど，実質生産額が 20 万円。こんな風に答えればいいんだろ。

父：ありがとう。
　　それでは，次のようなケースはどうだろうか。

　　　2005 年の生産
　　　　　1 個 100 円のリンゴが 1,000 個，1 枚 400 円のシャツが 250 枚。

　　　2010 年の生産
　　　　　1 個 200 円のリンゴが 1,200 個，1 枚 600 円のシャツが 300 枚。

息子：基準年 2005 年の名目・実質生産額は，20 万円で，先と同じ。2010 年は，名目生産額が 42 万円，実質生産額が 24 万円。
　　今度は，価格変化の影響を取り除いた実質生産額でも，20 万円から 24 万円に増えて，20％ の上昇率。

父：なぜ？

息子：当たり前の答えだけど，リンゴの個数が 1,000 個から 1,200 個に，シャツの枚数が 250 枚から 300 枚にそれぞれ増えているから。

父：前のケースと違うところは，生産数量の変化だけだろうか。

息子：価格の方は，どちらのケースでも，リンゴとシャツの価格が上昇しているから，同じじゃないかな。

父：価格の上昇の程度は。

息子：それは，確かに違う。
　　最初のケースは，リンゴも，シャツも，価格がちょうど 2 倍。でも，2 番目のケースでは，リンゴの価格は 2 倍だけど，シャツの価格は 1.5 倍。

父：実は，価格変化には，2 つの側面があるんだ。
　　1 つは，同じ財について，ある時点と他の時点を比べた価格変化と，もう 1 つは，2 つの時点について，ある商品と他の商品を比べた価格比率の変化。
　　前者の価格変化は，**価格水準の変化**，後者の価格変化は，**相対価格の変化**と呼んでいる。

息子：最初のケースは，価格水準の変化についていうと，リンゴもシャツも価

格が2倍。相対価格の変化については，2005年も2010年もシャツの価格はリンゴの価格の4倍，2つの時点で変化なし。

2番目のケースは，価格水準の変化についていうと，リンゴの価格は2倍だけど，シャツの価格は1.5倍。相対価格の変化は，2005年はシャツの価格はリンゴの価格の4倍だが，2010年はシャツの価格はリンゴの価格の3倍。これは，リンゴに比してシャツの相対価格が低下しているね。

父：価格水準の変化については，リンゴやシャツの個別の財ごとの指標だけでなく，複数の財をまとめた指標もあるよ。

財の種類がたった1つの場合，名目生産額は「価格×数量」に等しいので，<u>名目生産額を数量で割ったものが価格に相当する</u>。同じように，財の種類が複数であっても，数量を実質生産額とすると，<u>名目生産額を実質生産額で割ったものが価格に相当する</u>。こうした価格指標は，**デフレーター**と呼ばれているよ。

$$(4\text{--}1) \quad デフレーター = \frac{名目生産額}{実質生産額}$$

息子：分母の実質生産額が数量に相当するんだね。

父：理由はよく分からないけど，デフレーターはパーセント表示するのが慣行なんだよ。

基準年は，名目生産額と実質生産額が一致するので，基準年のデフレーターは，いつも100%だね。

息子：最初のケースでは，2010年のデフレーターが，40万円/20万円＝200%。すなわち，デフレーターは，100%から200%で100ポイントの上昇率。

2番目のケースでは，2010年のデフレーターが，42万円/24万円＝175%，すなわち，デフレーターは，100%から175%で75ポイントの上昇率。

父：なぜ，2番目のケースの方が物価水準の変化率が低いのだろうか？

息子：それは，最初のケースでは，シャツの値段が2倍になっているのに，2番目のケースでは，シャツの値段が1.5倍だから。

父：そうだね。

息子：デフレーターの変化は，物価水準の変化だよね。
　僕が疑問なのは，なぜ，お父さんがわざわざ相対価格の変化をいい出したのかということ。

父：とてもいい質問。
　ここで再び極端な仮定。分業が徹底されていて，リンゴ生産者はリンゴしか生産せず，シャツ生産者はシャツしか生産しないとしよう。
　そこで，2005年も，2010年も，リンゴ生産者とシャツ生産者の間でリンゴ100個とシャツ25枚が交換されているとするとどうなるかな？

息子：最初のケースでは，2005年にリンゴは100円/個×100個で10,000円，シャツは400円/枚×25枚で10,000円。2010年にリンゴは200円/個×100個で20,000円，シャツは800円/枚×25枚で20,000円。どちらの年も，リンゴ生産者とシャツ生産者の間で等価交換だね。

父：等価交換なんて，難しい言葉を知っているんだ。

息子：馬鹿にしないでよ。
　2番目のケースでは，2005年にリンゴは100円/個×100個で10,000円，シャツは400円/枚×25枚で10,000円。2010年にリンゴは200円/個×100個で20,000円，シャツは600円/枚×25枚で15,000円。2005年はリンゴ生産者とシャツ生産者の間で等価交換だけど，2010年はリンゴ生産者は5,000円の得，シャツ生産者は5,000円の損。

父：なぜ，2番目のケースでは，2010年にシャツ生産者が5,000円の持ち出しになったのだろうか。

息子：リンゴの価格に対して，シャツの価格の値上がりの度合いが小さかったから。
　そうか。お父さんの言葉でいうと，シャツの相対価格が低下したってことだね。

父：ほら，相対価格の登場だ。

息子：でも，経済全体で見れば，シャツ生産者の損は，リンゴ生産者の得でちょうど相殺されるので，マクロ経済学者のお父さんの立場からすれば，気にすることないんじゃないかな。

父：そうでもないさ。
　　たとえば，リンゴ生産が日本で行われ，シャツ生産が外国で行われていて，国際貿易でリンゴとシャツが交換されていたとすれば，どうかなぁ？

息子：そうだとすると，リンゴ生産国の日本が得をして，シャツ生産国の外国が損をするね。
　　そうか。自国産の相対価格が上昇した日本が得をして，自国産の相対価格が低下した外国が損をするんだ。

父：そのとおり！
　　1国の経済を考える場合でも，国際貿易を伴うと，相対価格の変化は影響するね。

息子：それにしても，こんなことが「生産＝所得」の再検討と関係するの？

父：それがするんだな。
　　たとえば，日本経済の所得源が国内生産だけでなく，外国との交易だと考えればどうかな。

息子：そうか。日本経済の所得が，自国産の相対価格が改善したことで，より多くの所得を得ているわけだね。

父：少し，面白い例を考えてみよう。外国の通貨単位も円とするよ。

　　2005年の生産
　　　　日本は，1個100円のリンゴを1,000個生産。
　　　　外国は，1枚400円のシャツを250枚生産。
　　　　ただし，日本と外国は，100個のリンゴと25枚のシャツを交換。

　　2010年の生産
　　　　日本は，1個200円のリンゴを1,000個生産。
　　　　外国は，1枚600円のシャツを250枚生産。

ただし，日本と外国は，100個のリンゴと25枚のシャツを交換。

この場合，2005年，2010年において，日本と外国の生産額や所得は，名目と実質でどうなるかな？

息子：まず，簡単な方の名目で考えるね。

2005年は，日本と外国の名目生産額は，どちらも10万円，海外との貿易で損得なしだから，名目所得もどちらも10万円。

2010年は，日本の名目生産額は，20万円，名目所得の方は，外国との貿易で5,000円得しているんで，205,000円（200,000円＋200円/個×100個－600円/枚×25枚）。外国の名目生産額は，15万円，名目所得の方は，日本との交易で5,000円損をしているんで，145,000円（15,000円＋600円/枚×25枚－200円/個×100個）。

2010年になってシャツの相対価格が低下したので，外国は，日本に比べて名目生産額が縮小し，名目所得はさらに小さくなっちゃった。

父：では，実質は？

息子：実質は，基準年2005年の価格で考えるんだよね。2005年は，名目の計算と同じで20万円。2010年は，実質で見ると，どちらの国も20万円で，2005年の実質と同じ。

そうか，このケースだと，生産も貿易も，数量で見ると2005年から2010年でまったく変わっていないからか。

父：面白くないか。

<u>価格の影響を取り除く実質の計算では，物価水準の変化だけではなく，相対価格の変化の影響も取り除かれている</u>。だから，実質の計算で見ると，相対価格の変化で日本と外国との分け前に及ぼす影響が出てこないんだ。

自国製の相対価格が低下した外国の所得は，名目で見ると日本の所得に比べて大きく下がっているが，相対価格の影響を断ち切った実質で見ると日本とまったく同じ。

息子：「断ち切る」って，なんだか大げさ。

でも，お父さんがいおうとしていることが，なんとなく見えてきた。

父：これ以上の議論は，この講義の最後の方でしようか。

息子：お父さんが最後に持っていくトピックって，いつも難しい。これもそうなんだね。

父：そうかもしれん。

2 デフレーターと物価指数

父：これからは，うーんと一般化した議論にしようか。

息子：一般化？

父：リンゴとか，シャツとかといった具体的な商品のイメージを取り払うことだよ。

息子：具体的なイメージがあった方が分かりやすいけど。

父：一般化した方が分かりやすいということもあるんだよ。
　まず，支出のサイドから見て，**家計消費**に用いられる財，**設備投資**に用いられる財，**在庫投資**に用いられる財，**住宅投資**に用いられる財，**政府消費**に用いられる財をひっくるめた財があるとしよう。とりあえず，輸出や輸入のことは考えない。

息子：それにしても，リンゴとシャツだけの世界から，ずいぶんと飛躍だよ。
　お父さんは，モデルの世界で暴君だからいいけど…

父：続けるよ。
　それぞれの財に，1番から順に番号を付ける。家計消費財の種類は N_C，設備投資財の種類は N_I，在庫投資財の種類は N_{Inv}，住宅投資財の種類は N_R，政府消費の種類は N_G とするね。

息子：添え字の由来聞いていい？

父：もちろん。
　C は，consumption，I は，fixed investment，Inv は，inventory investment，R は，residential investment，G は，government consumption。

息子：設備投資も，在庫投資も，住宅投資も，投資なのに，設備投資だけ，I と名付けるのは，不公平じゃない。

父：君は，在庫投資や住宅投資の肩を持つわけか… 経済学の慣習だから，父さんにはどうしようもない。
　続けるよ。

$$
\begin{aligned}
&\text{家計消費財の番号}: 1 \sim N_C \\
&\text{設備投資財の番号}: N_C+1 \sim N_C+N_I \\
&\text{在庫投資財の番号}: N_C+N_I+1 \sim N_C+N_I+N_{Inv} \\
&\text{住宅投資財の番号}: N_C+N_I+N_{Inv}+1 \sim N_C+N_I+N_{Inv}+N_R \\
&\text{政府消費財の番号}: N_C+N_I+N_{Inv}+N_R+1 \\
&\quad\quad \sim N_C+N_I+N_{Inv}+N_R+N_G
\end{aligned}
$$

とりあえず，

$$N = N_C + N_I + N_{Inv} + N_R + N_G$$

とするよ。

息子：N の大きさのイメージがつかめない。10ぐらい，100ぐらい，それとも，1,000ぐらい？

父：実は，今，日本政府が採用している商品分類数だと，14,000弱だね。

息子：まったく見当がつかないや。

父：具体例をひとつ。今は，母さんに禁止されているけれど，父さんが好きなお酒。お酒は，飲料水の中に分類されているわけだが，同じお酒といっても細かく分かれているんだ。
　まずは，ビール。
　次が，果実酒だけど，果実酒は，ぶどう酒とその他。ぶどう酒も，単にぶどう酒だけでなく，甘みの強いものも，シャンパンのように発泡性のものも。
　その次が，発酵酒。清酒と濁り酒がある。
　その次が，蒸留酒。焼酎，ウィスキー，ブランデー，ジン，ラム，ウォッカなどなど。

その次が…

息子：お父さん，分かったよ。もういいよ。

父：もうやめるよ。

息子：それにしても，煩雑な記述だよね。

父：それが，そうでもないのさ。
2005 年を**基準年**として，それと，2010 年を**比較年**と呼ぶことにしよう。
番号 n の財について，2005 年の価格と数量は，p_{2005}^n, q_{2005}^n，2010 年の価格と数量は，p_{2010}^n, q_{2010}^n とするよ。

息子：財番号 n と来るか…　こりゃ便利だ。

父：これらの変数を使って名目額，実質額，デフレーターを求めてよ。

息子：了解。
合計の演算を表す Σ（シグマ）の記号を使うと簡単だよ。もういちいち説明しないけど，次のとおり。

$\boxed{\text{名目額}}$

2005 年：$\sum_{n=1}^{N} p_{2005}^n q_{2005}^n$

2010 年：$\sum_{n=1}^{N} p_{2010}^n q_{2010}^n$

$\boxed{\text{実質額}}$

2005 年：2005 年名目額に同じ。

2010 年：$\sum_{n=1}^{N} p_{2005}^n q_{2010}^n$

$\boxed{\text{デフレーター}}$

2005 年：$\dfrac{\sum_{n=1}^{N} p_{2005}^n q_{2005}^n}{\sum_{n=1}^{N} p_{2005}^n q_{2005}^n} = 100\%$

$$2010\text{年}: \frac{\sum_{n=1}^{N} p_{2010}^n q_{2010}^n}{\sum_{n=1}^{N} p_{2005}^n q_{2010}^n}$$

父：上出来。

息子：調子よく行きすぎ。

　少し疑問があるんだ。政府消費の価格のイメージがまったくわかないんだ。家計消費だったら，リンゴやシャツの価格だろ。設備投資だったら，工作機械の価格，在庫投資だったら，倉庫にあるねじの単価って具合に具体的なイメージが自然にわくんだけど。

　お父さんが，前回の講義でいっていたように，政府消費については，費用ベースで計算していて，行政サービスの値段で計算したわけじゃないよね？

父：いい質問だね。

　確かに，政府消費支出を計算するのに，行政サービスの価格は使っていないね。

　たとえば，政府消費支出が人件費だけの場合，

　　　　政府消費支出＝公務員1人当たり給与×公務員数

となるね。

息子：公務員の平均給与が政府消費の価格で，公務員の総数が政府消費の数量ということ？

父：そうだね。

　ところで，支出の名目値や実質値，あるいは，デフレーターは，支出グループごとでも，求めることができるよ。たとえば，**家計消費デフレーター**はどうなるかな？

息子：2010年の家計消費デフレーターは，

$$(4\text{—}2) \quad \frac{\sum_{n=1}^{N_C} p_{2010}^n q_{2010}^n}{\sum_{n=1}^{N_C} p_{2005}^n q_{2010}^n}$$

となるよ。N を N_C に置き換えるだけだけどね。だから，簡単。

父：一般的に変数を定義しておくと，便利だろう。

息子：お父さんは，さっき，デフレーターは，多くの財の平均的な価格水準を示すっていっていたけれど，家計消費デフレーターは，家計消費に用いられる財の平均的な価格指標だよね。

父：個別の財の価格ではなくて，さまざまな財の塊の平均的な価格は，**物価**とも呼んでいる。

　　家計消費デフレーターが上昇すれば，物価上昇，急激に上昇すれば，物価高騰。

息子：新聞でよく見る**消費者物価指数**は，家計消費デフレーターのことなの？

父：それが，微妙に違うんだな。

　　家計消費デフレーターは，(4—2) 式が示すように，2005 年と 2010 年の物価を比べるのに，2010 年の数量（q_{2010}^n）を用いてウェートを付けているね。

息子：「ウェートを付ける」って？

父：(4—2) 式の分母の p_{2005}^n，その分子の p_{2010}^n を単に足し合わせるのではなくて，2010 年の数量（q_{2010}^n）の"重み"を付けて足し合わせる作業を指しているんだ。

　　その"重み"が，英語でウェート（weight）に相当するわけ。

　　ところが，消費者物価指数は，次の式が示すように，2005 年と 2010 年の物価を比べるのに，2005 年の数量（q_{2005}^n）を用いてウェートを付けている。

$$(4\text{—}3) \quad \frac{\sum_{n=1}^{N_C} p_{2010}^n q_{2005}^n}{\sum_{n=1}^{N_C} p_{2005}^n q_{2005}^n}$$

息子：なんで，そんなことをするの？

父：非常に実際的な理由から。
　家計消費デフレーターは，四半期（3ヶ月）ごとに計算されて，それも，各四半期末から2ヶ月遅れで公表。これでは，物価動向をタイムリーに把握できない。
　でも，消費者物価指数は，毎月，計算されて，翌月末には公表されるんだ。

息子：消費者物価指数は，なんでそんなことが可能なのかなぁ。

父：考えてごらん。

息子：分からん。

父：ギブアップか。じゃぁ，父さんが。
　それぞれの消費財について，消費者が「いくらで買っているのか」を調査するのに比べて，「どれだけ買っているのか」を調査するのは，時間がかかるからだよ。
　家計消費財の消費量（数量）を基準年で固定しておけば（q_{2005}^n），比較的調査のしやすい価格のデータで（p_{2010}^n），2010年の消費者物価指数を計算できるよね。

息子：データを集める手間なんてこと，まったく考えていなかった。

父：それでは，家計消費デフレーターと消費者物価指数を比較して，実質的な違いってあるんだろうか？　便宜から生じた違いではなくて…

息子：(4—2) 式と (4—3) 式を比べてみると，よく似ているし。実質的な違いといわれても。

父：また，ギブアップか？
　一歩，一歩，考えてみよう。たとえば，他の消費財に比べて，リンゴの相対価格が，2010年にかけて上昇したとしよう。そうするとどうなる。

息子：高くなったリンゴを買わなくなるだけじゃないか。

　そうか！　家計消費デフレーターの場合，リンゴの消費数量が減った水準（$q_{2010}^{リンゴ}$）で，高くなったリンゴの価格（$p_{2010}^{リンゴ}$）を考慮するよね。でも，消費

者物価指数は，リンゴの消費数量が減る前の水準（$q_{2005}^{リンゴ}$）で，高くなったリンゴの価格（$p_{2010}^{リンゴ}$）を考慮する。

ということは，消費者物価指数の方が，家計消費デフレーターよりも高めに出るかな。

父：正解。

いろいろな経済指標の癖を覚えておくのは，大切なことだよ。

3　外国との交易があると…

父：それじゃ，輸出と輸入を考えてみようか。

息子：僕は，国際的なことに関心が高いので，なんだかワクワク。

父：まず，輸出する財と輸入する財に番号を振ってみよう。

ここでは，同じ商品の範疇であっても，国内向けの商品と輸出向けの商品は異なるとするし，同じ商品でも国産品と輸入品も異なるとするね。

$$輸出財の番号：N_C+N_I+N_{Inv}+N_R+N_G+1$$
$$\sim \quad N_C+N_I+N_{Inv}+N_R+N_G+N_{Ex}$$
$$輸入財の番号：N_C+N_I+N_{Inv}+N_R+N_G+N_{Ex}+1$$
$$\sim \quad N_C+N_I+N_{Inv}+N_R+N_G+N_{Ex}+N_{Im}$$

息子：Ex は，export，Im は，import だね。

父：N_{Ex} や N_{Im} も，とても大きい。

TPP（Trans-Pacific Partnership）と略されている**環太平洋戦略的経済連携協定**では，どの貿易品目に関税をかけ，どの貿易品目に関税をかけないかを決めるために，環太平洋の国々が交渉している。その国際交渉で議論されている貿易品目数は，9,000 に達するんだ。

息子：さっき，お父さんは，国内製品の商品分類数が 14,000 弱だっていっていたけれど，その6割を超える商品群が貿易の対象となっているんだね。

父：ただ，番号が煩雑になってきたので，輸出財の番号の集合を L として，その集合に属する番号を $l \in L$ としよう。同じように，輸入財の番号の集合

を M として，その集合に属する番号を $m \in M$ としよう。

こんなふうに輸出財番号と輸入財番号を特別扱いしているんで，

$$N = N_C + N_I + N_{Inv} + N_R + N_G$$

は以前のままとするよ。

息子：そうくるか。

父：これで，生産に相当する GDP に対応する支出項目がすべてそろったので，今度は，名目 GDP，実質 GDP，GDP デフレーターが計算できるね。

息子：簡単。でも，輸入支出は足し算でなくて，引き算だね。注意しないと。

名目 GDP

2005 年：$\sum_{n=1}^{N} p_{2005}^n q_{2005}^n + \left(\sum_{l \in L} p_{2005}^l q_{2005}^l - \sum_{m \in M} p_{2005}^m q_{2005}^m \right)$

2010 年：$\sum_{n=1}^{N} p_{2010}^n q_{2010}^n + \left(\sum_{l \in L} p_{2010}^l q_{2010}^l - \sum_{m \in M} p_{2010}^m q_{2010}^m \right)$

実質 GDP

2005 年：2005 年名目 GDP に同じ。

2010 年：$\sum_{n=1}^{N} p_{2005}^n q_{2010}^n + \left(\sum_{l \in L} p_{2005}^l q_{2010}^l - \sum_{m \in M} p_{2005}^m q_{2010}^m \right)$

GDP デフレーター

2005 年：$\dfrac{\sum_{n=1}^{N} p_{2005}^n q_{2005}^n + \left(\sum_{l \in L} p_{2005}^l q_{2005}^l - \sum_{m \in M} p_{2005}^m q_{2005}^m \right)}{\sum_{n=1}^{N} p_{2005}^n q_{2005}^n + \left(\sum_{l \in L} p_{2005}^l q_{2005}^l - \sum_{m \in M} p_{2005}^m q_{2005}^m \right)} = 100\%$

2010 年：$\dfrac{\sum_{n=1}^{N} p_{2010}^n q_{2010}^n + \left(\sum_{l \in L} p_{2010}^l q_{2010}^l - \sum_{m \in M} p_{2010}^m q_{2010}^m \right)}{\sum_{n=1}^{N} p_{2005}^n q_{2010}^n + \left(\sum_{l \in L} p_{2005}^l q_{2010}^l - \sum_{m \in M} p_{2005}^m q_{2010}^m \right)}$

父：なんだか，仰々しくなってきたなぁ。

ここで，先の議論に戻ってみようか。

これまでは，海外との交易がなかったから，日本の国内で，誰かが得をして，誰かが損をするのは，全体を見れば，完全にならされてしまったよね。

今度は，海外との交易が入ることで，自国の損得を考えないといけなくなるね。

そのようなことを頭に入れて実質 GDP のことを考えてみよう。

息子：お父さんは，少し前に，基準年の価格で実質額を評価すると，基準年以降の相対価格の変化で日本が損をしたり，得をしたりする部分が消えてしまうっていっていたよね。

お父さんの例だと，日本産のリンゴの価格が外国産のシャツの価格よりも高くなって，日本が外国との貿易で得をしているのに，実質額にはそれが表れない。

同じことがここでも起きるのかなぁ…

父：確かに，起きる！

ここでは，何をもって相対価格の変化とするかだよね。

息子：海外と交易しているのは，輸出財と輸入財だから，**輸出デフレーター**と**輸入デフレーター**の比をもって，相対価格とするのが自然じゃないかな。

父：そのためには，そもそも，輸出デフレーターと輸入デフレーターを定義しないといけないね。

息子：それは簡単。

輸出デフレーター

$$2010 年：p_{2010}^{Ex} = \frac{\sum_{l \in L} p_{2010}^{l} q_{2010}^{l}}{\sum_{l \in L} p_{2005}^{l} q_{2010}^{l}}$$

輸入デフレーター

$$2010 年：p_{2010}^{Im} = \frac{\sum_{m \in M} p_{2010}^{m} q_{2010}^{m}}{\sum_{m \in M} p_{2005}^{m} q_{2010}^{m}}$$

父：うまく変数を作るなぁ。
　その調子で実質輸出も実質輸入も名前をつけたら。

息子：こんな具合かな。

　　実質輸出

　　2010 年：$q_{2010}^{Ex} = \sum_{l \in L} p_{2005}^{l} q_{2010}^{l}$

　　実質輸入

　　2010 年：$q_{2010}^{Im} = \sum_{m \in M} p_{2005}^{m} q_{2010}^{m}$

父：君が作った輸出・輸入デフレーターと実質輸出・輸入を用いれば，2010年の名目輸出は，$p_{2010}^{Ex} q_{2010}^{Ex}$，2010年の名目輸入は，$p_{2010}^{Im} q_{2010}^{Im}$ だね。

息子：ついでに他のデフレーターや実質値も変数を割り当てちゃえば，2010 年の実質 GDP は，

$$q_{2010}^{GDP} = q_{2010}^{C} + q_{2010}^{I} + q_{2010}^{Inv} + q_{2010}^{R} + q_{2010}^{G} + (q_{2010}^{Ex} - q_{2010}^{Im})$$

2010 年の名目 GDP は，

$$p_{2010}^{GDP} q_{2010}^{GDP} = p_{2010}^{C} q_{2010}^{C} + p_{2010}^{I} q_{2010}^{I} + p_{2010}^{Inv} q_{2010}^{Inv} + p_{2010}^{R} q_{2010}^{R} \\ + p_{2010}^{G} q_{2010}^{G} + (p_{2010}^{Ex} q_{2010}^{Ex} - p_{2010}^{Im} q_{2010}^{Im})$$

となるね。

父：その調子。
　ところで，輸出財と輸入財の相対価格の議論に戻ろう。どちらを分母に，どちらを分子にするかで迷わないわけではないけど，通常は，輸出デフレーターを分子に，輸入デフレーターを分母に置くね。
　2010 年の相対価格だと，

$$\omega_{2010} = \frac{p_{2010}^{Ex}}{p_{2010}^{Im}}$$

となる。

経済学者は数学者と同じでギリシャ文字の愛好者, ω は,「オメガ」と読むんだ。

この輸出財と輸入財の相対価格 ω は, **交易条件**と呼ばれているね。

息子：交易条件？

父：ω_{2010} が上昇すると, 日本経済から見て「交易条件が改善する」っていうんだ。海外に高い価格で輸出して, 海外から安い価格で輸入しているわけだから, 日本にとっては貿易面で有利になるよね。

一方, ω_{2010} が低下すると, 日本経済から見て「交易条件が悪化する」っていうんだ。海外に安い価格で輸出して, 海外から高い価格で輸入しているのだから, 日本にとっては貿易面で不利になるよね。

息子：先の例だと, 外国製のシャツに対して, 日本製のリンゴの相対価格が上昇したので, 日本の交易条件が改善したわけだね。日本製のリンゴを高く売って, 外国製のシャツを安く買ったので, その分, 日本が得をしたよね。

父：交易条件については, いくつか注意事項があるんだよ。

まずは, **輸出競争力**と混同されるね。

輸出競争力と交易条件は, ある意味, 逆のことを意味しているといえるんだ。「輸出競争力が高まる」というのは, 同じ製品について, 外国製の価格に比べて日本製の価格が安くなって, 日本製の輸出競争力が高まるという意味。交易条件に引き寄せていうと, 交易条件の悪化だね。

ただ, 輸出競争力をいうときは, 同じ範疇の製品について, 外国製と日本製の価格比較。一方, 交易条件をいうときは, 輸出する財と輸入する財がまったく違っていることがほとんど。たとえば, 輸出財が製品で, 輸入財が原材料のようなケースだね。

息子：確かに, 交易条件が良好っていうと, 日本製が, どんどん輸出できるっていう感じに聞こえてしまうよね。でも, 違うんだね。

父：もう1点, 注意をしてほしいのは, ここでいう輸出財の価格も, 輸入財の価格も, **円建て**だということ。

息子：円建てって？

父：円建てというのは，日本円表示の価格ということ。輸出価格でいえば，<u>輸出財が日本から出る前の円表示価格</u>，輸入価格でいえば，<u>輸入財が日本に入った後の円表示価格</u>。

息子：円建て表示以外の価格もあるの？

父：**外貨建て**表示。
　たとえば，貿易相手国が米国であれば，**ドル建て**。英国であれば，**ポンド建て**。中国であれば，**元建て**って感じ。

息子：そもそも，なんで「建てる」なんていうの？　貿易と建築は，関係ないじゃない。

父：「建てる」には，「契約を交わして取引する」という意味があって，「円建て」だと，「円で取引する」，「外貨建て」だと，「外貨で取引する」ってことなんだ。

息子：そうなんだ。

父：それでは，貿易相手国を米国，外貨をドル通貨として，具体的に考えてみよう。

息子：分かった。

父：まずは，**外国為替レート**を定義しよう。円通貨とドル通貨の交換レートである外国為替レートは，通常，「1ドル当たり円表示でいくらか」で表す。
　ドルレートが，100円/ドルから110円/ドルになれば，1ドル当たりの円表示価格が上昇しているわけで，ドル高，逆にいうと，円安。
　一方，ドルレートが，100円/ドルから90円/ドルになれば，1ドル当たりの円表示価格が低下しているわけで，ドル安，逆にいうと，円高。

息子：いつもこんがらがっちゃう。
　100円/ドルから110円/ドルへ数字が上がっているのに，円高じゃなくて，円安なんだよね。
　でも，上がっているのは，円じゃなくて，ドルだと考えると，頭の中で整理がつくね。

父：もうひとつ混乱させてしまうけど，外国為替レートは，たとえば，2010年のレートだと，e_{2010} と表させてほしいんだ。

息子：e は，第1講で習ったネイピア数じゃなかったっけ。

父：我慢してくれ。為替レートの伝統的な表記が e なんだよ。為替レートは，英語で exchange rate なので，e というわけ。

　　今後，ネイピア数は，

$$e^x = \exp(x)$$

と表記させてほしい。

息子：経済学って学問も，いろいろとシキタリや慣習があるんだね。

父：そういうことかな。

　　円建て輸出デフレーターが p_{2010}^{Ex} なので，ドル建て輸出デフレーターは，そこに帽子（ハット）をかぶせて $\hat{p}_{2010}^{Ex}$ としようか。

　　同じく，円建て輸入デフレーターが p_{2010}^{Im} なので，ドル建て輸入デフレーターは，そこに帽子（ハット）をかぶせて $\hat{p}_{2010}^{Im}$ としよう。

息子：ということは，円建てとドル建ての関係は，

$$p_{2010}^{Ex} = e_{2010} \hat{p}_{2010}^{Ex}$$
$$p_{2010}^{Im} = e_{2010} \hat{p}_{2010}^{Im}$$

となるね。

父：そうだな。

息子：ということは，

$$\omega_{2010} = \frac{p_{2010}^{Ex}}{p_{2010}^{Im}} = \frac{e_{2010} \hat{p}_{2010}^{Ex}}{e_{2010} \hat{p}_{2010}^{Im}} = \frac{\hat{p}_{2010}^{Ex}}{\hat{p}_{2010}^{Im}}$$

となって，交易条件は，円建てでも，ドル建てでも，外国為替レートに左右されずに同じことなの？

父：それが，正確にいうと違うんだな。

というのは，ドル建て輸出価格は，ドルレートの動向にも左右されるんだ。輸出企業は円建て価格で採算をとるとすると，円安になると，現地でのドル建て輸出価格を引き下げる余裕が出てくるし，円高になると，現地でのドル建て輸出価格を引き上げざるをえなくなる。
　その結果，ドルレートが変動しても，円建て輸出価格は，あまり変化しない可能性があるんだね。
　すなわち，ドル建て輸出価格は，ドルレートの関数となって，$\hat{p}^{Ex}_{2010}(e_{2010})$ と書き表されるので，君のいうように，分母と分子でドルレート e_{2010} の影響が完全に相殺されるわけではないのだよ。

息子：なんだか，いつも難しいね。

父：ついさっきもいったように，ドル建て輸出価格は，円安（円高）で値下げ（値上げ）をして，円建て輸出価格 p^{Ex}_{2010} の方は，ドルレートに左右される度合いが小さいね。
　そんなこともあって，円建てとドル建てを併用して交易条件を表す場合，輸出価格は，円建てのままで，まずは輸入価格だけをドル建てにしておいて，ドルルートで円換算することがほとんどだね。

$$\omega_{2010} = \frac{p^{Ex}_{2010}}{e_{2010}\hat{p}^{Im}_{2010}}$$

息子：そうなんだ。

父：ずいぶん，神妙だな。

息子：仕方がないよね。

父：それでは，いよいよ，交易条件の変化による貿易の損得で，日本経済の実質的な所得がどのように変化するのかを見ていこう。
　以下では，輸出から輸入を差し引いた純輸出に注目していこう。名目純輸出は，

$$p^{Ex}_{2010}q^{Ex}_{2010} - p^{Im}_{2010}q^{Im}_{2010}$$

となって，当然ながら，2005年から2010年にかけての交易条件の変化を反

映している。その結果，名目 GDP も，交易条件の変化を反映する。

一方，2005 年の価格で評価した実質純輸出は，

$$q_{2010}^{Ex} - q_{2010}^{Im}$$

となって，2005 年から 2010 年かけての交易条件の変化はまったく反映されない。その結果，実質 GDP は，交易条件の変化が反映されない。

ここまでは，いいかな？

息子：いいよ。

父：そこで，実質純輸出に交易条件の変化を反映させるような工夫をしてみよう。工夫というのは，名目純輸出を実質化する際に用いるデフレーターをどうするかだね。

すなわち，

$$\frac{p_{2010}^{Ex} q_{2010}^{Ex} - p_{2010}^{Im} q_{2010}^{Im}}{p_{2010}^{?}}$$

の分母である $p_{2010}^{?}$ をどう選ぶのか。

息子：$p_{2010}^{?}$ の候補として，輸出デフレーターを選択したらどうかなぁ。

$$\frac{p_{2010}^{Ex} q_{2010}^{Ex} - p_{2010}^{Im} q_{2010}^{Im}}{p_{2010}^{Ex}} = q_{2010}^{Ex} - \frac{p_{2010}^{Im}}{p_{2010}^{Ex}} q_{2010}^{Im}$$

となって，交易条件は，ω_{2010} の逆数である $\frac{p_{2010}^{Im}}{p_{2010}^{Ex}}$ を通じて反映されるよ。

父：そうだなぁ…

息子：あまり気が進まないみたい。

じゃ，輸出デフレーターではなくて，輸入デフレーターは，どうかなぁ。

$$\frac{p_{2010}^{Ex} q_{2010}^{Ex} - p_{2010}^{Im} q_{2010}^{Im}}{p_{2010}^{Im}} = \frac{p_{2010}^{Ex}}{p_{2010}^{Im}} q_{2010}^{Ex} - q_{2010}^{Im}$$

となって，交易条件は，$\omega_{2010} \left(= \frac{p_{2010}^{Ex}}{p_{2010}^{Im}} \right)$ がストレートに反映されるよ。

父：どちらも，間違いじゃないんだけど，実際の統計手続きでは，君のいった中間をとって，**貿易財デフレーター**を $p_{2010}^?$ として選択しているんだよ。

息子：輸出デフレーターと輸入デフレーターの中間をとった貿易財デフレーターって？

父：次のように定義するんだ。

$$p_{2010}^{ExIm} = \frac{q_{2010}^{Ex}}{q_{2010}^{Ex} + q_{2010}^{Im}} p_{2010}^{Ex} + \frac{q_{2010}^{Im}}{q_{2010}^{Ex} + q_{2010}^{Im}} p_{2010}^{Im}$$

息子：実質輸出と実質輸入の貿易量でウェートをとっているんだね。

父：そういうこと。
　気をつけなければならないのは，貿易財デフレーターも，基準年の2005年は，100%となること。

息子：貿易財デフレーターで名目純輸出を実質化すると，

$$\frac{p_{2010}^{Ex} q_{2010}^{Ex} - p_{2010}^{Im} q_{2010}^{Im}}{p_{2010}^{ExIm}}$$

なるね。

父：統計手続きでは，新たに実質化した純輸出を用いて，**交易利得・損失** (trading gains/losses) という概念を導入している。
　TG で表された交易利得・損失は，次のように定義されている。右辺第2項で純輸出を差し引いていることに注意してね。

$$TG_{2010} = \frac{p_{2010}^{Ex} q_{2010}^{Ex} - p_{2010}^{Im} q_{2010}^{Im}}{p_{2010}^{ExIm}} - (q_{2010}^{Ex} - q_{2010}^{Im})$$

息子：また，難しそうな概念だね。

父：そんなことないさ。
　交易利得・損失は，いくつかの興味深い性質を備えているんだよ。
　第1に，まず，基準年は，0となる。

第 2 に，交易条件は基準年で 100% になるが，交易条件が基準年よりも改善すれば，交易利得が生じるんだよ．すなわち，$\omega_{2010} = p_{2010}^{Ex} / p_{2010}^{Im} > 100\%$ となれば，$TG_{2010} > 0$．

第 3 に，交易条件が基準年よりも悪化すれば，交易損失が生じるんだよ．すなわち，$\omega_{2010} = p_{2010}^{Ex} / p_{2010}^{Im} < 100\%$ となれば，$TG_{2010} < 0$．

第 2 と第 3 の性質は，簡単に証明できるよ．時間があるとき，君もやってみな．

息子：今，やらなくていいんだ．寝る前にでもやっておくよ．お父さんの助けを借りなくてよいんだから，よほど簡単なんだね．

父：まぁな．

ところで，交易利得・損失を実質 GDP に加えたらどうなるかな．

息子：これも簡単だよ．

実質 GDP に交易利得・損失 (TG) を加えると，実質純輸出 $q_{2010}^{Ex} - q_{2010}^{Im}$ が $\dfrac{p_{2010}^{Ex} q_{2010}^{Ex} - p_{2010}^{Im} q_{2010}^{Im}}{p_{2010}^{ExIm}}$ に入れ替わるね．

$$q_{2010}^{GDP} + TG_{2010} = q_{2010}^{C} + q_{2010}^{I} + q_{2010}^{Inv} + q_{2010}^{R} + q_{2010}^{G}$$
$$+ \frac{p_{2010}^{Ex} q_{2010}^{Ex} - p_{2010}^{Im} q_{2010}^{Im}}{p_{2010}^{ExIm}}$$

父：実質 GDP に交易利得・損失を加えたものは，**実質 GDI**（Gross Domestic Income），すなわち，**実質国内総所得**と呼ばれているんだ．

$$q_{2010}^{GDI} = q_{2010}^{GDP} + TG_{2010}$$

ということだな．

そこで，先の交易利得・損失の 3 つの性質にそって実質 GDP と実質 GDI の関係を考えてみてごらん．

息子：まず，第 1 の性格からは，基準年では，実質 GDI と実質 GDP が一致する．

第 2 の性格からは，交易条件が基準年よりも改善すると，実質 GDI は実質 GDP を上回る．

第3の性格からは，交易条件が基準年よりも悪化すると，実質GDIは実質GDPを下回る。

父：これで，わざわざ交易利得・損失の概念を導入して，新たに実質GDIという指標を作った理由が見えてこないか。

息子：うん，見えてくるね。
　　交易条件が改善して交易で利得を得ると，実質GDPに比して実質GDIが上昇，逆に，交易条件が悪化して交易で損失を被ると，実質GDPに比して，実質GDIが下落だね。

父：ただ，注意しないといけないのは，実質GDPと実質GDIの大小関係だけに目を奪われてしまわないようにすること。
　　大小関係だけであれば，基準年では，実質GDPと実質GDIはかならず一致するわけで，基準年をどこに置くかで左右されるから。

息子：それでは，どこに注目すべきなの？

父：講義の最後で実際のデータを見ていくけれど，実質GDIの時間を通じた変化に着目して，実質GDPの時間を通じた変化と比較すべきなんだ。

息子：正直，お父さんのいっていることは，ピンとこないけど，講義の最後まで待つことにするよ。

4　GDPデフレーターの意味するところ

父：最後に，GDPデフレーターの意味を考えてみよう。
　　GDPデフレーターの定義は？

息子：デフレーターは，名目額を実質額で割って求めた価格指標で，GDPデフレーターは，名目GDPを実質GDPで割ったもの。

$$\text{GDP デフレーター} = \frac{\text{名目GDP}}{\text{実質GDP}}$$

父：君の書いたGDPデフレーターの計算式，分母と分子でバランスがとれて

いないことないか。

　特に，交易条件の点で。

息子：式の分子である名目 GDP は，もちろん，交易条件の変化を反映しているけれど，式の分母である実質 GDP は，基準年の価格で実質化しているので，基準年以降に変化した交易条件を反映していないね。

　そういう意味では，分子と分母でちぐはぐだね。

父：このちぐはぐさが，デフレーターにどんな影響を及ぼすかな？

息子：交易条件の変化を反映している名目 GDP を，交易条件の変化を反映していない実質 GDP で割っているんで，デフレーターにも，交易条件の変化の影響が残ってしまうよね。

父：それでは，分子も，分母も，交易条件の変化を反映しているようなデフレーターを作ってみようよ。

息子：それは，GDI デフレーターだよ。分母に実質 GDI を持ってくれば，交易利得・損失を加えているんで，交易条件の変化は考慮されているよ。

　分子は，名目 GDI。待てよ，これまでの議論では，名目 GDI なんて，出てこなかったよね。

父：実は，名目 GDI は，名目 GDP と一緒。

　名目 GDP は，交易条件の変化を織り込んでいるんで，わざわざ，調整する必要がないんだ。

息子：ということは，

$$\text{GDI デフレーター} = \frac{\text{名目GDP}}{\text{実質GDI}}$$

だね。

父：GDI デフレーターは，分母も，分子も，交易条件の変化が織り込まれているんで，交易条件の影響が相殺されて，純粋に物価動向を表しているといえるね。

　それでは，GDP デフレーターを，GDI デフレーターを使って表現してみ

たら？

息子：簡単。

$$\text{GDP デフレーター} = \frac{\text{名目GDP}}{\text{実質GDP}} = \frac{\text{名目GDP}}{\text{実質GDI}} \times \frac{\text{実質GDI}}{\text{実質GDP}}$$
$$= \text{GDI デフレーター} \times \frac{\text{実質GDI}}{\text{実質GDP}}$$

父：もう一歩。

息子：

$$\text{GDP デフレーター} = \text{GDI デフレーター} \times \left(1 + \frac{\text{交易利得・損失}}{\text{実質GDP}}\right)$$

でどう？

父：上出来。
　このように見てくると，GDPデフレーターの上昇は，GDIデフレーターに表れる価格水準の上昇だけでなく，交易条件の改善によってもたらされるね。

息子：逆に，GDPデフレーターの低下は，物価水準の低下だけでなく，交易条件の悪化によってももたらされるね。

父：物価について，長い，長い講義になってしまった…

息子：結構楽しかったよ。

父：でも，もう少し続くよ。

息子：じぇじぇ！　まだあるの？

父：もう少しだけ…

5　データを見てみよう：デフレ感覚とは？

父：交易条件の変化が日本経済に与えた影響を実際のデータで見てみよう。

息子：実際のデータってどこにあるの？

父：内閣府の「国民経済計算」のホームページにあるよ（http://www.esri.cao.go.jp/jp/sna/menu.html）。

息子：そうなんだ。

父：サンプル期間は，1994年から2012年としよう。年次データだね。
　　まずは，輸出デフレーターを輸入デフレーターで割った交易条件の推移を見てみようか。

息子：比率が上がって交易条件の改善，比率が下がって交易条件の悪化だったよね。
　　図4-1のグラフを見ると，1997年から1998年，2008年から2009年を除くと，交易条件はずっと悪化してきたんだね。

父：本当にずっとだね。特に，21世紀に入っての落ち込みがとても大きいね。

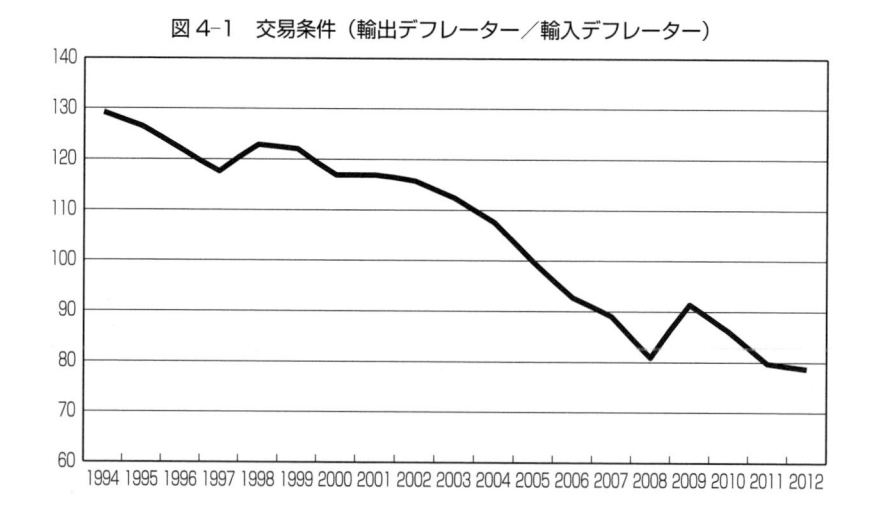

図4-1　交易条件（輸出デフレーター／輸入デフレーター）

この間，円高の時期も，円安の時期もあったんだけど，交易条件はずっと悪化してきた。

その背景には，いろいろな理由があったんだけれども，今は，それをおいて（第10講で議論するから），過去20年あまりにわたって，交易条件が悪化したことを前提に議論を進めてみよう。

交易条件悪化がGDPにもたらす影響は？

息子：交易条件が悪化すると，**交易損失**が生じて，**実質GDP**に比べて，**実質GDI**を引き下げる方向に働くよね。

父：それは，少し正確ではなくて，実質GDPと実質GDIの相対的な大小は，基準年の取り方によるんだ。重要なのは，実質GDPと実質GDPのそれぞれが，時間を通じて，どのように変化したのかという点。

図4-2のグラフで実質GDPと実質GDIの推移を見てみよう。

息子：確かに，2007年までを見ると，実質GDPの伸びの方が，実質GDIよりも大きい。

父：2002年から2007年は，「**戦後最長の景気回復期**」とも呼ばれ，6年あまりにわたって，経済が成長したんだ。でも，実質GDPと実質GDIでは，伸

図4-2 実質GDPと実質GDI

び方が違うね。

息子：そうだね。実質 GDP は，480 兆円から 520 兆円へと 40 兆円も増えた。一方，実質 GDI は，490 兆円弱から 510 兆へと 20 兆円強しか増えていないね。

父：ということは，どういうこと？

息子：日本経済は，交易条件の悪化の結果，貿易で損を被り，所得が日本から逃げて行った。

父：逃げて行ったか，うまいこというな。経済学者は，「**所得が海外へ漏出した**」というね。

息子：所得が日本経済から漏れ出たってこと…

父：そうかな。
　それにしても，実質生産額の増分 40 兆円の半分が海外へ漏出したのは，辛いね…

息子：お父さんは，ナショナリストでなかったよね。

父：少し感傷的になりすぎた。

息子：それにしても，なんだかおかしい。
　失われた 10 年，失われた 20 年っていわれて，日本経済はずっと停滞していたんじゃなかったの。
　新聞にも，今の政権の最重要政策目標は，長期にわたるデフレからの脱却。デフレって，物価が下がることだよね。
　日本経済は，景気停滞とデフレに長らく悩まされていたはずなのに，2002 年から 2007 年が「戦後最長の景気回復期」って，一体全体どうなっているんだろう。

父：その議論に深入りする前に，価格水準の動向を見ておこう。
　まずは，代表的な価格指標である **GDP デフレーター**。GDP デフレーターって何だったけ。

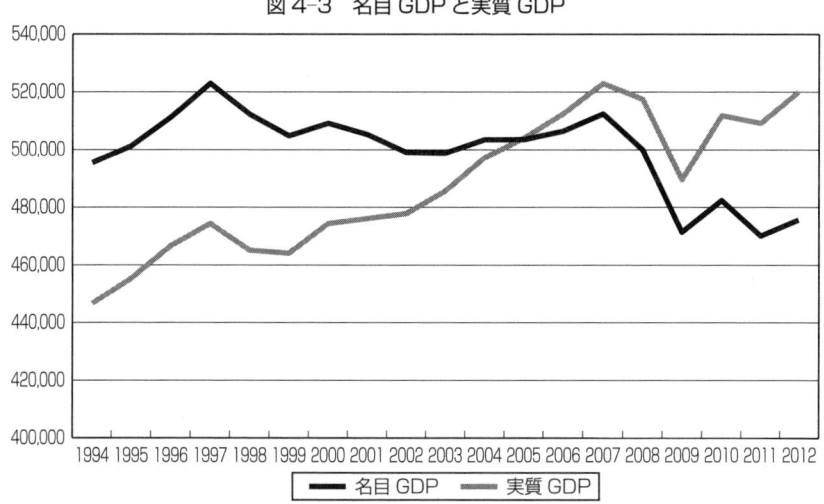

図 4-3　名目 GDP と実質 GDP

息子：名目 GDP を実質 GDP で割ったもの。

父：図 4-3 のグラフは，実質 GDP と名目 GDP の推移を示したものだよ。

息子：2002 年から 2007 年で見ると，分子の名目 GDP は 10 兆円強しか増えていないけれど，分母の実質 GDP は 40 兆円も増えているんで，GDP デフレーターは低下するはずだよね。

　　　デフレっていうのは，正しいわけか。

父：そうあわてるな。

　　今さっき，GDP デフレーターの低下は，2 つの要因に左右されるって習わなかったけ。

息子：そうか。物価下落だけではなくて，交易条件の悪化も。

　　　先から見てきたように，日本経済の交易条件は，長期的に悪化しているわけだし。

父：交易条件の影響を受けない **GDI デフレーター**と比較すれば，交易条件の悪化が影響しているかどうかを確かめられるよね。

　　図 4-4 のグラフが，GDP デフレーターと GDI デフレーターを比較した

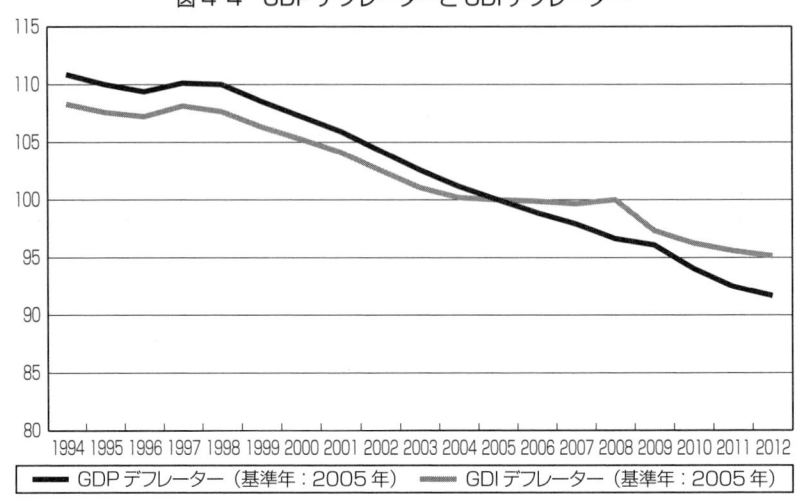

図4-4 GDPデフレーターとGDIデフレーター

凡例: GDPデフレーター（基準年：2005年）／GDIデフレーター（基準年：2005年）

もの。

息子：GDIデフレーターも低下傾向だけど，2004年から2008年は，ほぼ変化なし。価格水準は，安定していたということだね。

　ということは，この間，GDPデフレーターが低下したのは，すべて，交易条件が悪化したことによるわけだ。

父：そうなるね。

　他の物価指数も見てみようか。先の講義では，**消費者物価指数**の話はしたよね。consumer price index の略で **CPI** とも呼ばれている。消費者が実際に手にとる商品やサービスの価格動向をまとめたもの。データは，総務省のホームページ（http://www.stat.go.jp/data/cpi/）にあるよ。

　一方，企業間で取引されている製品や原材料の価格動向をまとめたものは，**企業物価指数**っていわれているんだ。こちらは，corporate goods price index を略して，**CGPI** と呼ばれている。物価指数の作り方は，消費者物価指数と同じ。データは，日本銀行のホームページ（http://www.boj.or.jp/statistics/pi/cgpi_2010/）にあるね。

息子：goods がなければ，どちらも，CPI だね。

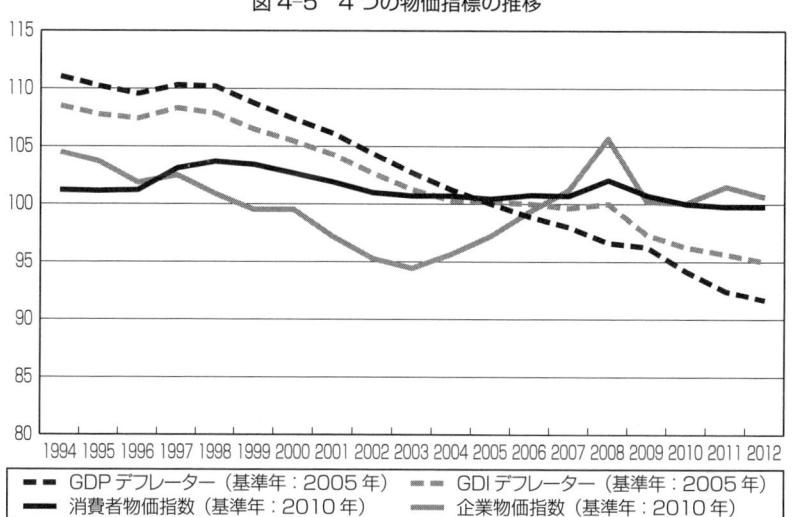

図 4-5 4つの物価指標の推移

凡例：
- - - - GDPデフレーター（基準年：2005年）
- - - - GDIデフレーター（基準年：2005年）
──── 消費者物価指数（基準年：2010年）
──── 企業物価指数（基準年：2010年）

父：そうだな。

図4-5のグラフは，2つのデフレーターとともに，消費者物価指数と企業物価指数をプロットしたもの。

息子：へぇー。企業物価指数は，2002年から2008年にかけて95％から105％へ10ポイントも上昇しているんだ。

父：消費者物価指数の方は，GDIデフレーターが安定していた2004年から2008年にかけて，緩やかに上昇しているね。企業物価指数ほどではないけれど。

ところで，消費者物価指数や企業物価指数は，同じく物価指標であるGDIデフレーターと比べると，価格水準が高めに出るのはなぜなのかなぁ？

息子：基準年の数量で物価指数を計算しているからだろ。

ある商品の値段が上がって需要が減っても，基準年のままの高水準の数量で物価指数を計算するので，値上げが強調されるのだよね。

父：そのとおり。

息子：こうして見てくると，10年だったっけ，15年だったっけ，いや，20年か，日本経済が経済停滞とデフレに悩まされてきたというのは，だいぶ不正確な記述だね。

　交易条件の悪化で所得が海外へ逃げ出したとはいえ（いや，漏れ出たか…），2002年から2007年は，実質GDPは成長している。

　その間，企業物価指数は上昇し，消費者物価指数も緩やかに上昇，物価指標のGDIデフレーターは横ばいだったよね。

　みんな，経済統計をみていないで，経済停滞だ，デフレだって，ただ漠然とした感覚だけで騒いでいたのかなぁ…

父：そうかもしれないね。

　<u>でも，データが示す事実と違うように，人々が感じてきたということは，大変に注目すべきだと思うよ。</u>

　なぜなんだろうか？

息子：そんなの分かんないよ。

父：父さんは，GDPデフレーターが大きく低下したことが，象徴的な現象だと思うんだ。

　分母の実質GDPは大きく伸びたけれど，分子の名目GDPが伸び悩んだから，GDPデフレーターが低下したんだよね。

　それも，2004年から2008年の間，GDPデフレーターの低下は，ほとんどが交易条件の悪化によるわけだ。

息子：実質GDPが増えたということは，日本国内で生産が拡大した。

　その間，名目GDPが伸び悩んだのは，価格水準の低下でなくて，交易条件が悪化して所得が日本から逃げ出したから，いや，漏れ出たから。

父：人々が，そうした事実に悩まされたり，苛立ったりするって，なぜなんだろうか。

息子：ちょっと分からない。

父：<u>人々が一生懸命働いたから，生産が拡大したわけだ。</u>でも，いざ，所得を受け取ろうとする段になって，所得が手からするっと抜けて，海外に漏れ出

てしまった。
　父さんは，人々が，そうした現実に苛立ったんだと思うよ。

息子：働いても，働いても，儲からないってことに，苛立ったってこと…

父：そうだと思うよ。
　それでは，最後に大きな宿題を出すよ。なぜ，21世紀になって日本経済の交易条件は，ひどく悪化したのだろうか？

息子：考えてみるけど，僕に分かるんかな…

父：心配しなくていいよ。第10講で，じっくりと議論するから。

【講義の後で】

息子：今日のお父さんの講義は，なんだか不思議な感覚…
　　なんともいいようのない読後感って気分かな。
　　お父さんの説明は，数式を並べるばかりで，正直，最初は，辛気臭かった。
　　でも，途中からは，数式のほうがよく分かるように思えてきた。おそらく，今日の講義の内容は，言葉だけの説明を受けても，分かったような，分からないような理解のままで終わっていたように思う。
　　「数式を使うから，ややこしくなる」んじゃなくて，「ややこしいから，数式を使わないとダメ」と，お父さんに諭されたのかもしれない…

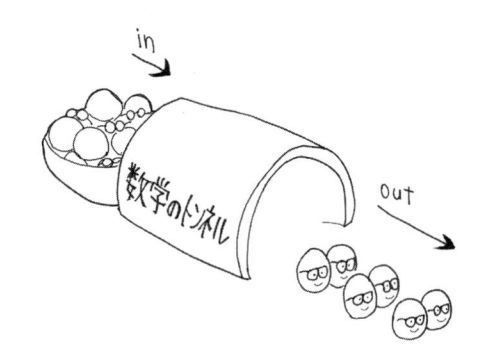

モデル編

第5講　消費と設備投資の微妙なバランス（消費を支える生産という考え方）

【講義の前に】

父：「新入生向けの講義で本格的に取り扱う最初のマクロ経済モデルがラムジー・モデル」と同僚に話せば，「お前は気が狂ったか」とあきれられるに決まっている。英国の哲学者の名前にちなんだラムジー・モデルは，早くても学部上級，多くの場合，修士課程で習うマクロ経済モデルだからなぁ。

　でも，僕は，そうした無謀なことを，第5講で試みてみたいんだな。たとえ試みに失敗しても，自分の息子が犠牲になるだけなんだから，社会的な影響を心配する必要もないし。

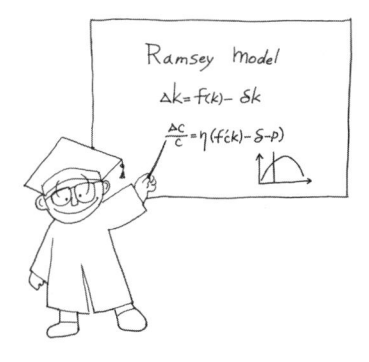

　息子の前では，ラムジー・モデルの「ラ」の字もいうまい。第4講までに積み上げた議論から，さらに一歩，一歩，淡々と進んでいくよ。

　世の中では，マクロ経済モデルを記述する数学のレベルが高いと，「難しい経済モデル」，その数学のレベルが低いと，「簡単な経済モデル」と考えられがちだけど，とんでもない勘違いじゃないだろうか。

　比較的簡単な数学モデルは，しらずしらずのうちに，経済学的に厄介な問題を抱え込んでしまうことが多いんだよね。数学的に簡単な経済モデルは，実は，モデルが取り扱っている経済学的な問題の難度に比べて，過度に簡単な数学を用いていることが多いから。

　簡単なモデルや平易な説明は，難解なことをやさしくしているんではなくて，大切なことをばっさりと切り落として，どうでもいいことについて，おしゃべりしているだけじゃないかな…　こんなことをいうと，叱られるな…

1　万能財の世界

父：第1講が，準備体操みたいなもの。

　　今までの第2講から第4講は，データ編と題しているが，要するに，経済統計のお話。

　　これからの第5講から第7講は，モデル編。いよいよ，マクロ経済学の本番ともいえるかな。

息子：なんだか，楽しみ。

父：といっても，経済モデルは，現実を抽象したものだから，現実とは似ても似つかないものになってしまう。

　　データ編は，現実の経済現象を統計にまとめていくための約束事だったから，現実との距離感もつかみやすかったと思う。

　　モデル編は，そうはいかないんだ。

息子：お父さんは，これまでだって，非現実的な仮定を平気で置いてきたから，今さら，そんなことをいわれても，という気はするが…

父：それが，データ編以上にとんでもない仮定を，どんどん導入していくことになるんだけど…

息子：そんなこと，気にしないよ。

父：それじゃ，いきなりだけど，**万能財**という，とんでもない財を導入するよ。

息子：バンノウザイ？　どう書くの。

父："万能財"さ。

　　万能財っていうのは，どんなタイプの消費にも使えれば，どんなタイプの設備投資にも使える。

息子：なにそれ？？？

　　生産されたものが，消費財の用途にも，設備投資財の用途にも，使えるってこと？

父：実は,もっとすごい世界なんだ。
　　たとえば,今年,生産された万能財を,設備投資財の機械として使ったとするよ。機械は,減耗するとはいえ,来年も,あるよね。
　　来年になって,その機械の一部を,消費財としてかじって食べることができるんだ。ただ,消費された機械の一部は,消費されるやいなや,この世からなくなるけれどね。

息子：お父さんは,気が狂ったの。

$$\text{万能財} \Rightarrow \text{機械} \Rightarrow \text{食料}$$

なんて,ありえない。
　　いや,待てよ。
　　お父さんは,機械の一部が,うまく加工すれば,食用になるってことをいっているの？

父：いや,違うんだ。父さんは,機械を,そのまま,丸ごと,食用に用いることもできると仮定している。

息子：やっぱり,お父さんは狂っている。

父：そうかもしれない。
　　経済モデルを作るってことは,そういうことなんだよ。20世紀初頭にピカソやブラックの画家たちが起こしたキュビズム (cubism) と呼ばれる芸術運動でも,現実には絶対にありえない,抽象的な風景ばかりが描かれた。
　　しかし,彼らの抽象画が,具象画よりも,現実の本質を描いていたという面があったからこそ,世界中の人々は注目したわけ。
　　経済モデルも,現実にはありえない経済を描きながら,現実の経済の本質をとらえるのが,究極の目的なんだ。

息子：経済学が,芸術と同じだとは思わなかったよ。

父：どうか,万能財を受け入れてほしいなぁ。
　　続けるよ。
　　まずは,万能財の数量を測る単位の問題。
　　リンゴだったら1個,シャツだったら1枚が,数量を測る単位だけど,万

能財の単位は，単に"単位"とする。1単位，2単位，3単位，…って感じ。

息子：個でも，枚でも，台でも，艘でも，升でも，石でもなくて，単に"単位"なの？

この世に存在しない財なんだから，しょうがないね。
では，万能財の価格は？

父：価格は，もちろん，万能財1単位当たりの価格となるよね。

息子：同義反復…

父：もう少しだけ，具体的に考えてみよう。
世界は，0年から始まって，T年末に終わるとしよう。現在は，t年とするよ。つまり，$0, \cdots, t, \cdots, T$ということ。

息子：また，終末が到来するという世界観だね。お父さんは，いつも暗いからね…

父：t年の万能財の生産数量は，Q_t単位とするよ。t年の万能財の価格は，p_tとするね。
それでは，生産額は？

息子：$p_t Q_t$だね。

父：その生産額を名目生産と呼ぼう。それでは，実質生産は？

息子：実質額の計算には，基準年を決めないと。

父：経済が始まる0年を基準年とするよ。それも，$p_0 = 100\%$としちゃおう。

息子：基準年の価格が100%だったら，基準年の価格で評価した実質生産は，単にQ_tだよね。
それにしても，お父さんは，価格も勝手に決めちゃうの。

父：数量の単位も抽象的なんだから，価格も，勝手に基準を作ってしまえばよいんじゃないかなぁ…
この仮想的な経済は，円やドルなどの実際の通貨が流通しているわけではないんだし…

息子：あいかわらず，お父さんは，経済モデルの暴君だね。

父：外国との取引はいっさいないとするよ。政府もなし。

　先もいったとおり，生産される万能財は，消費の用途か，設備投資の用途に用いられるとするね。

息子：鎖国した経済ってこと？

父：経済学では，**閉鎖経済**って呼ばれている。

　t年のGDPは，Y_t単位，t年の消費は，C_t単位，t年の設備投資（正確には粗設備投資）は，I_t単位とする。

　基準年0年の価格が100%なので，これらの物理的な生産量，消費量，設備投資量が，そのまま，実質GDP，実質消費，実質設備投資となるよね。

　「実質生産＝実質支出」の関係からは，

　　（5—1）　　　$Y_t = C_t + I_t$

となる。

息子：今，お父さんがいっている経済変数は，すべてフロー変数だよね。

父：それじゃぁ，ストック変数を導入してみよう。

　t年末の固定資本ストックの数量をK_tとする。

　t年の生産に貢献した$t-1$年の固定資本の減耗分は，δK_{t-1}としよう。δは，減耗率だが，たとえば，固定資本の平均耐用年数が10年だと，0.1になるね。なお，ギリシャ文字のδは，「デルタ」って読むよ。

　これらの変数を用いて，フロー変数とストック変数のコラボを表現したら？

息子：お安い御用。

　　（5—2）　　　$K_t = K_{t-1} + I_t - \delta K_{t-1}$

父：これからは，（5—1）式と（5—2）式からなる連立方程式をさらに発展させていくよ。

2　生産関数とは？

父：第2講では，「過去，現在，未来にひかれたレール」を走り抜ける経済を表現するには，現在の固定資本が将来の生産に貢献するチャンネルが必要だって話したよね。

息子：そのチャンネルを**生産関数**って，お父さんはいっていた。

父：今，今年の固定資本だけが来年の生産（すなわち，GDP）に貢献すると仮定して，生産関数を次のように表してみよう。

$$(5\text{—}3) \quad Y_{t+1}=f(K_t)$$

息子：今年の固定資本が来年の生産に貢献するわけだね。

父：固定資本がなければ，生産はまったく行えない。

$$0=f(0)$$

息子：機械がなくても，生産は可能だと思うけど…
　そうか，お父さんの世界は，なんでも，かんでも，機械とみなすことができるから，こんな思い切ったこともいえるんだ。

父：今，時間の添え字を除いて，固定資本が K から $K+\Delta K$ に増加したとする。その際の生産の増分（ΔY）は，

$$\Delta Y=f(K+\Delta K)-f(K)$$

となるね。
　なお，ギリシャ文字の Δ は，「デルタ」と読んで，「少しの変化」を意味している。δ が小文字で，Δ が大文字。

息子：数学で習った微分だと，固定資本が増加したときに，固定資本の増分1単位当たりの生産の増分を計算するよね。

$$\frac{\Delta Y}{\Delta K} = \frac{f(K+\Delta K)-f(K)}{\Delta K}$$

父：厳密にいうと，微分とは，固定資本がほんのわずかに増加したときの変化だよね。

$$f'(K) = \lim_{\Delta K \to 0} \frac{\Delta Y}{\Delta K} = \lim_{\Delta K \to 0} \frac{f(K+\Delta K)-f(K)}{\Delta K}$$

　固定資本がわずかに増加したときに，生産の増分を ΔK で割ったもの，すなわち，固定資本の増分1単位当たりの生産の増分は，固定資本の**限界生産性**って呼んでいる。

息子：お父さんが今いった「固定資本の限界生産性」，仰々しく響くけど…

父：日本語の経済用語の仰々しさって，日本の経済学の悪いところだと思う。
　「固定資本の限界生産性」について，若干だけど，言葉の説明をしておこう。
　限界生産性は，英語で marginal productivity。
　まず，productivity に対応する「生産性」は，生産に貢献する要素（生産要素と呼ばれている）について，生産要素1単位当たりの生産量を指している。ここでは，生産要素が固定資本なので，生産性（正確には，**平均生産性**）は，

$$\frac{Y}{K}$$

となるね。
　厄介なのは，marginal に対応する「限界」。ここは，「限界」よりも，「追加的」の方がよいと思う。すなわち，固定資本が増加したときに「どれだけ生産量が追加されるか」という意味。だから，限界生産性は，

$$\frac{\Delta Y}{\Delta K}$$

となるわけ。

息子：追加的生産性か，限界生産性かのどちらがいいかの議論にあまり関心がないけど，なぜ，平均生産性ではなくて，限界生産性なのかには関心がある。

父：平均生産性の場合，固定資本1単位当たりの生産量というとき，固定資本の<u>0水準からの変化</u>について，1単位当たりの生産量の変化を対応させているわけ。

　でも，限界生産性では，固定資本の0水準からの変化ではなく，<u>現在の水準からのわずかな変化</u>について，1単位当たりの生産量の変化を対応させている。

息子：自分なりに頭を整理するよ。

　いま，固定資本水準が100単位とするね。

　平均生産性は，固定資本が0単位から100単位に増加した場合について，固定資本1単位当たりの生産量（平均生産量）を指している。

　限界生産性は，固定資本が100単位から101単位にわずかに増加した場合について，固定資本1単位当たりの生産量の増分を指しているんだね。

父：君の議論は正確だね。

　そう考えてくると，固定資本の限界生産性の意味が見えてこないか。

　（5—2）式と（5—3）式をじっくりとにらんでみてごらん。

息子：そうか。

　設備投資 I_t で固定資本が増加する分は，0の水準からスタートするんでなくて，K_{t-1} の水準からスタートして K_t の水準へ増加した分が，お父さんの言葉によると<u>追加的</u>に来年の生産 Y_{t+1} に貢献するんだね。

父：そうだね。

息子：細かいことを聞いていい？

父：もちろん。

息子：（5—2）式にあるように，固定資本は，設備投資で増えて，固定資本減耗で減って，$(K_t - K_{t-1})$ の単位だけ増加するよね。

　そうすると，固定資本の増分 $(K_t - K_{t-1})$ に，固定資本1単位当たりの生産の増分である限界生産性を掛ければ，来年の生産量がどれだけ増加するの

か（$Y_{t+1}-Y_t$）を計算できるよね。

でも，限界生産性は，固定資本が増える前の K_{t-1} で計算するのか，増えた後の K_t で計算するのか，迷ってしまうんだ。

父：君がいっているのは，

(5—4—1) $\quad Y_{t+1}-Y_t=f'(K_{t-1})\times(K_t-K_{t-1})$

か，

(5—4—2) $\quad Y_{t+1}-Y_t=f'(K_t)\times(K_t-K_{t-1})$

かということだね。

息子：そう。

父：非常にいい質問。ただ，君に納得してもらえる返答をする自信がないんだが…

固定資本が $t-1$ 年末から t 年末に変化して，生産量が t 年から $t+1$ 年に変化する対応をしてみるんで，**$t-1$ 年→t 年**と**t 年→$t+1$ 年**の時間の流れの中で，重なる年である t **年**で限界生産性を評価する。

したがって，(5—4—2) 式が適切。

息子：納得したことにする。

父：最後に，生産関数の特性について話しておきたいな。

経済学の通常のモデルでは，固定資本の水準が上昇するにしたがって，限界生産性が低下すると仮定している。たとえば，

$$f'(1)>f'(10)$$

となる。

固定資本を工作機械としてみよう。$f'(1)$ は，工作機械がまったくない状態から新たに1台導入した場合の（次期の）生産増分，$f'(10)$ は，すでに9台あったところに，新たに1台追加した場合の（次期の）生産増分に相当するけど，機械設備が不十分な状況で機械を増設する方が，生産性の向上にいっそう寄与することを仮定しているんだ。

この仮定は，**限界生産性の逓減**と呼んでいる。

息子：この仮定のネーミングも，仰々しいね。

父：限界生産性の逓減は，視覚的に理解しておくのがよいかもしれないね。

息子：視覚的って？

父：グラフで生産関数を描いてみるってこと。

　横軸を固定資本水準 K_t，縦軸を生産量 Y_{t+1} として，両者の関係を示す生産関数を描くと，もちろん，固定資本水準が高くなれば，生産量も拡大するのだけど，その拡大のテンポが，固定資本水準が低いと急激で，固定資本水準が高くなると緩やかになるんだ。

　右上がりのグラフを描くときに，原点から急激に上昇するんだけど，横軸の右の方にいくと，傾きが緩やかになるんだな（図5-1）。

息子：でも，このグラフが，なぜ，限界生産性の逓減を意味しているの？

父：よい質問だ。

　限界生産性は，ちょうど，生産関数を表している曲線の**接線の傾き**に対応しているんだ。

　だから，限界生産性の逓減とは，固定資本水準が高いほど，接線の傾きが緩やかになる生産関数の形状を指していることになる。

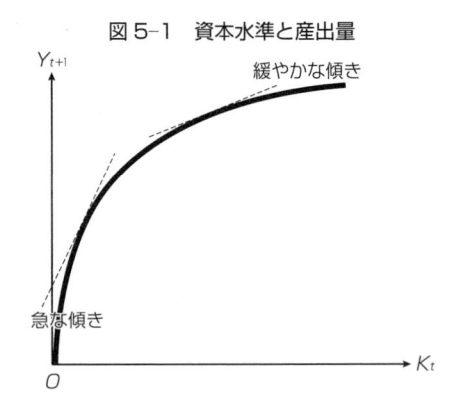

図5-1　資本水準と産出量

息子：そうか。

確かに，グラフでイメージすると，分かりやすいね。

3　NDPが意味するもの

父：（5—3）式や（5—4—2）式では，せっかく現在の固定資本が将来の生産に貢献するチャンネルを導入したので，<u>固定資本が将来の経済を映し出す側面</u>をあぶりだしてみようよ。

息子：「将来の経済を映し出す」ってイメージが今ひとつつかめなくて，なんだか難しそうだけど，なんだか面白そう。

父：ただ，少し回り道をしてみたい。

最終的には，(K_t-K_{t-1}) が将来の経済を映しだす鏡であることを示したいんだけど，まずは，NDP（すなわち，Net Domestic Productで国内純生産）という生産概念を使ってみようと思う。

NDPってなんだったっけ？

息子：NDPは，GDPから固定資本減耗分を差し引いたものだったよね。

$$(5—5) \quad Y_t^{NDP}=Y_t-\delta K_{t-1}$$

父：（5—1）式と（5—2）式を（5—5）式に代入すると，

$$(5—6) \quad Y_t^{NDP}=I_t+C_t-\delta K_{t-1}=(K_t-K_{t-1})+C_t$$

となるね。

（5—4—2）式の Y_t を Y_t^{NDP} に置き換えるとどうなる？

息子：こんなものかな。

$$(Y_{t+1}^{NDP}+\delta K_t)-(Y_t^{NDP}+\delta K_{t-1})=f'(K_t)\times(K_t-K_{t-1})$$

いや，

$$Y_{t+1}^{NDP}-Y_t^{NDP}=(f'(K_t)-\delta)\times(K_t-K_{t-1})$$

父：(5—6) 式を用いると，もっと進めるね。

息子：こういうことかな。

$$Y_{t+1}^{NDP} - Y_t^{NDP} = (f'(K_t) - \delta) \times (Y_t^{NDP} - C_t)$$

父：いっそのこと，Y_t^{NDP} について解いてしまおう。

(5—7)　　$Y_t^{NDP} = \dfrac{(f'(K_t) - \delta) \times C_t + Y_{t+1}^{NDP}}{1 + (f'(K_t) - \delta)}$

息子：なんだか，最初の式とは別人みたい。

父：ここで，ほんの一瞬だけど，大胆な仮定を置いてみよう。限界生産性が一定だということにしてしまうよ。

$$f'(K_t) = \pi$$

また，

$$\pi > \delta$$

とするね。

π（パイ）は，中学時代から円周率でもおなじみだよね。

息子：お父さん，反則だよ。さっき，固定資本の限界生産性は逓減するって想定したばかりじゃないか。

父：思い切った単純化も，時には必要なんだよ。

息子：暴君のお父さんには，したがうしかないね。

父：(5—7) 式は，t 年も，$t+1$ 年も，$t+2$ 年も，成り立つよね。

(5—8—1)　　$Y_t^{NDP} = \dfrac{(\pi - \delta) \times C_t + Y_{t+1}^{NDP}}{1 + (\pi - \delta)}$

(5—8—2)　　$Y_{t+1}^{NDP} = \dfrac{(\pi - \delta) \times C_{t+1} + Y_{t+2}^{NDP}}{1 + (\pi - \delta)}$

(5—8—3)　$Y_{t+2}^{NDP} = \dfrac{(\pi-\delta) \times C_{t+2} + Y_{t+3}^{NDP}}{1+(\pi-\delta)}$

次に，(5—8—2) 式を (5—8—1) 式の右辺に代入して，さらに，(5—8—3) 式を代入するという作業をずっと繰り返していくと，

$$Y_t^{NDP} = (\pi-\delta) \sum_{\tau=1}^{T-t+1} \dfrac{C_{t+\tau-1}}{(1+(\pi-\delta))^\tau} + \dfrac{Y_{T+1}^{NDP}}{(1+(\pi-\delta))^{T-t+2}}$$

となるね。

でも，世界の終末の後に生産活動が行われているはずはないので，$Y_{T+1}^{NDP}=0$，だから，次のように書き換えられる。

(5—9)　$Y_t^{NDP} = (\pi-\delta) \sum_{\tau=1}^{T-t+1} \dfrac{C_{t+\tau-1}}{(1+(\pi-\delta))^\tau}$

息子：(5—9) 式は，すごいなぁ！

今年の NDP は，C_t から C_T の消費，すなわち，将来にかけての消費の流れを反映していることになる。

父：(5—6) 式を (5—9) 式に代入すると，

(5—10)　$K_t - K_{t-1} = (\pi-\delta) \sum_{\tau=1}^{T-t+1} \dfrac{C_{t-1+\tau}}{(1+(\pi-\delta))^\tau} - C_t$

となるから，今年の固定資本の増分は，将来の消費を反映しているという意味で，将来の経済の鏡となるね。

息子：ただ，今年の固定資本の増分には，$C_{t-1+\tau}$ が直接反映するんじゃなくて，$\dfrac{C_{t-1+\tau}}{(1+(\pi-\delta))^\tau}$ という形で，$\dfrac{1}{(1+(\pi-\delta))^\tau}$ がくっついてくる。

$$K_t - K_{t-1} = (\pi-\delta) \sum_{\tau=1}^{T-t+1} C_{t-1+\tau} - C_t$$

の方が，恰好いいんだけど…

父：今，君がいったことを理解するには，**割引**という考え方を説明しておいた方がいいね。

今，元本が A_t として，年利 r で τ 年，複利運用する。もちろん，金利はプラスの水準。すると，τ 年先の元利合計は，

$$A_{t+\tau} = A_t(1+r)^\tau$$

となるね。

複利運用は，現在の元本を将来の元利合計に換算していると考えると，割引は，まったく逆に，将来の元利合計を現在の元本に換算していると考える。

$$A_t = \frac{A_{t+\tau}}{(1+r)^\tau}$$

この場合，t 年先の元利合計 $A_{t+\tau}$ を，年利 r（>0）で現在の価値に割り引くと，A_t となるというように考えるわけ。割引に用いられる金利 r は，**割引率**と呼ばれることもある。

それでは，(5—9) 式や (5—10) 式に戻ってみよう。

息子：お父さんの無謀な仮定では，$\pi - \delta > 0$ なので，$\pi - \delta$ を正の金利，いや，正の割引率と考えられるね。

そうすると，(5—9) 式の右辺は，将来の消費を年利 $\pi - \delta$ で割り引いた総和だね。

父：将来の消費を割り引いたものの総和は，消費の**割引現在価値**と呼んだりする。

息子：ということは，NDP は，将来の消費の割引現在価値に比例することになる。

父：そうなんだ。

<u>社会の豊かさが「将来，どれだけ消費できるか」だとすると，GDP から固定資本減耗分を差し引いた NDP や，さらに NDP から消費を差し引いた純固定資本形成分は，社会の豊かさの尺度</u>ということになるね。まさに，将来の経済を映しだす鏡。

息子：と，ここまで，お父さんの議論についてきたけど，なんだかアップアップって感じ。

　　お父さんのいっていること，だいたい理解しているつもりなんだけど，やはり自信がない。

父：そうかぁ…

　　それでは，(5―10) 式の理解の助けになるようにメモを作っておくから，講義の復習にも使ってよ。

　　メモは，講義の後でプリントアウトするよ。

息子：ありがとう…

　　でも，僕に理解できるかなぁ…

父：きっと，できるよ。

4　運用資産としての万能財

父：限界生産性が一定という想定は，もうやめるね。

　　これからの議論は，限界生産性の逓減の仮定に戻るから。

息子：分かった。

　　ところで，さっき，お父さんは，$\pi-\delta$，いや違うや，$f'(K_t)-\delta$ が，金利に相当するようにいっていたけれど，もう少し説明をしてくれない。

父：金利は，お金を運用する側からと，お金を調達する側からでは，意味がずいぶんと違ってくるけれど，ここでは，資金を運用する側から考えてみよう。

　　金利とは，今年に1単位の資金を投じて，1年先に得られる運用利回りということになるね。

息子：たとえば，年利が5％の預金に1単位の資金を預けると，1年先に0.05単位の運用収益を得ることができる。それが，金利だよね。

父：問題は，父さんたちが議論している経済モデルにおいて，運用資産が何かということ。

　　何だと思う。

息子：僕たちのモデルには，化け物みたいな万能財しかないよ。

父：実は，万能財が運用資産にもなるんだ。

息子：なんだか，頭がこんがらがってきた。

父：君が，万能財を生産する工場のオーナーだとしよう。オーナーの君が，設備投資用途として1単位の万能財を固定資本に追加することが，資金を運用していることになるんだよ。

息子：なんだかピンとこない。

父：昨年末の固定資本ストックの水準が K_t-1 だとして，そこに1単位の固定資本を追加すると，今年末の固定資本ストックは K_t となる。そうすると，来年には，万能財の生産量が $f'(K_t)$ だけ増えるよね。
　でも，この生産量の増分が，そのまま，今年から来年にかけての運用収益とはならない。

息子：確かに。
　今年から来年にかけて固定資本を持ち越すと，1単位当たり δ だけ減耗するからね。

父：まとめてみると，今年，君が1単位の万能財を設備投資用途で運用すると，今年から来年にかけてネットで稼げる運用収益は，$f'(K_t)-\delta$ となるね。
　この1年間の運用収益は，金利に相当すると考えてもよいね。

息子：わざわざ損することが分かって運用することはないから，$f'(K_t)-\delta>0$ って考えていいよね。
　ということは，固定資本の限界生産性は，固定資本減耗率 δ を上回るわけだよね。

父：それが，かならずしもそうとはいえないんだよ。

息子：なぜ？

父：これまでは，0年の価格（$p_0=100\%$）で評価した実質値で運用収益を考えてきたけれど，名目値で運用収益を考えたらどうだろうか。

第5講 消費と設備投資の微妙なバランス（消費を支える生産という考え方）

　もしかしたら，今年から来年にかけて万能財の価格が上昇すると，運用している万能財1単位当たり $p_{t+1}-p_t$ の利益が生まれる。この利益は，**キャピタル・ゲイン**（capital gain）と呼ばれている。

　逆に，今年から来年にかけて万能財の価格が下落すると，運用している万能財1単位当たり p_t-p_{t+1} の損失が生じる。この損失は，**キャピタル・ロス**（capital loss）と呼ばれている。

　キャピタル・ゲインやキャピタル・ロスを考慮すると，万能財を運用した収益はどうなるだろうか。

息子：難しいなぁ。

　今年の1単位の万能財の価格は，$1 \times p_t$ となる。

　一方，生産量が増加するのは来年だから，生産の増分から減耗分を引いた金利分の名目額は，$p_{t+1}(f'(K_t)-\delta)$，キャピタル・ゲインやロスは，$p_{t+1}-p_t$ となるよ。

　まとめてみると，万能財の運用収益は，

$$\frac{p_{t+1}(f'(K_t)-\delta)+(p_{t+1}-p_t)}{p_t}$$

となるかな。

父：正解。

　利息部分の $\frac{p_{t+1}(f'(K_t)-\delta)}{p_t}$ は，インカム・ゲイン（income gain）と呼ばれている。

息子：インカム・ゲインと呼ばれているぐらいだから，利息部分は，やっぱりプラスじゃないの。

父：それが，そうともかぎらない。キャピタル・ゲイン $\left(\frac{p_{t+1}-p_t}{p_t}\right)$ が十分に高ければ，利息分は，マイナスになってインカム・ロス（income loss）になってもかまわないってこともあるんじゃないかな。

息子：そういわれてみればそうだけど…

父：もう少し，考えてみよう。
　　たとえば，君は，投資家として，いつも $\rho>0$ の**収益率**を求めているとしよう。なお，ギリシャ文字の ρ は，「ロー」って読む。

息子：収益率って？

父：ここでいう収益率は，インカム・ゲイン（ロス）とキャピタル・ゲインを合わせた利回り。
　　したがって，投資収益率が，常に投資家の要求利回り ρ を満たしているとすると，

$$(5\text{―}11\text{―}1) \quad \frac{p_{t+1}(f'(K_t)-\delta)+(p_{t+1}-p_t)}{p_t}=\rho$$

が成り立っている。

息子：確かに，この場合だと，$\frac{p_{t+1}-p_t}{p_t}>\rho$ だったら，$\frac{p_{t+1}(f'(K_t)-\delta)}{p_t}<0$ でもかまわないね。

父：(5―11―1) 式は，実は，面白い特徴を持っているんだ。p_t について解いてみると，

$$(5\text{―}11\text{―}2) \quad p_t=\frac{p_{t+1}(f'(K_t)-\delta)+p_{t+1}}{1+\rho}$$

となる。

息子：おやっ，(5―11―2) 式は，(5―8―1) 式とまったく同じ構造だよ。
　　p_t が Y_t^{NDP}，$p_{t+1}(f'(K_t)-\delta)$ が $(\pi-\delta)\times C_t$，ρ が $(\pi-\delta)$ にそれぞれ対応しているね。
　　ということは，(5―9) 式を求めるのと同じ手続きを用いると，

$$(5\text{―}12) \quad p_t=\sum_{\tau=1}^{T-t+1}\frac{p_{t+\tau}(f'(K_{t+\tau-1})-\delta)}{(1+\rho)^{\tau}}+\frac{p_{T+1}}{(1+\rho)^{T-t+1}}$$

となるね。

父：上出来だね。

息子：いけない，世界の終末後の条件で $p_{T+1}=0$ として，(5—13) 式の右辺第2項を消さないと。

父：それは，消さないでおこう。理由は，いずれ分かるから。

息子：でも，右辺第2項がないと，分かりやすいんだけどなぁ。
　今年の万能財の価格 p_t は，ρ を割引率とした場合に，将来の利息額（インカム・ゲイン額）の割引現在価値に相当するよね。今年の万能財の価格も，将来の経済の鏡になるんだけどなぁ。

父：そうだね。
　それにしても，面白くないか。
　(5—3) 式の生産関数によって，現在の固定資本が将来の生産に貢献するチャンネルを導入すると，いくつかの経済変数が，将来の経済の鏡になるんだから。
　ここまで見てきたところでは，現在の NDP（Y_t^{NDP}），固定資本の増分（$K_t - K_{t-1}$），万能財の価格（p_t）が，それぞれ，将来の経済の鏡になっていることが明らかになったね。

【講義の合間に】

息子：お父さん，僕は，少し息切れ気味なんだけど。

父：そうは見えないけどな。
　　でも，君がそう思うんだったら，そういうときこそ，あとから思い返すと，成長しているってことも多いと思うけど。

息子：そういわれてもなぁ…

父：先生のいうことにうまくだまされるのも，生徒の仕事じゃないのかな。

息子：…

5　消費と設備投資の微妙なバランス

父：これまで議論してきた経済モデルで基本となる式は，以下の3本。

(5—1)　　　$Y_t = C_t + I_t$
(5—2)　　　$K_t = K_{t-1} + I_t - \delta K_{t-1}$
(5—3)　　　$Y_{t+1} = f(K_t)$

息子：基本式は，これだけだったんだ。

父：(5—3) 式の生産関数を導入したおかげで，現在の固定資本が将来の生産に貢献するチャンネルを中心に議論できたね。
　いわば，

$$K_t \to Y_{t+1}$$

の経路だね。
　これからは，(5—1) 式にも，注目してみよう。

息子：(5—1) 式は，今年の GDP を消費と設備投資に振り分ける式だよね。

父：そう。消費と設備投資の配分に焦点を当ててみたい。
　ところで，なんで設備投資をするのかなぁ？

息子：さっきから，さんざん議論したことじゃないか。
　設備投資をして固定資本を増やして，将来の生産を拡大させるためだよ。

父：では，なぜ，将来の生産を拡大させるのだろうか？

息子：生産量が増えた方がよいに決まっている。

父：なぜ？

息子：将来，たくさん，消費できるし。

父：そこだよ。
　今年，「消費か，設備投資か」を考えることは，「現在の消費」と「将来の

消費」を天秤にかけていることにならないか。

息子：なるほど，
　今年，設備投資を増やそうと思えば，今年の消費を，ある程度我慢しなければならない。でも，我慢した分，固定資本は増えて，来年の生産が拡大するので，来年の消費も増やすことができる。

父：今から，「今年の消費」と「来年の消費」を，どのように天秤にかけるのかを考えてみよう。

息子：これも，なんだか難しそう。

父：まず，今年，1単位の消費を1単位の設備投資に振り替えるとしよう。そうすると，来年，実質で生産量は，どれだけ増えるだろうか？

息子：実質で考えるということは，名目で表れるキャピタル・ゲインやロスを無視すればいいね。
　簡単だよ。先から，さんざんやってきたこと。
　これだよ！

$$f'(K_t) - \delta$$

父：そうだね。
　$f'(K_t) - \delta$ が「高い」と，設備投資に振り替えるメリットが大きく，逆に，「低い」と，メリットが小さい。

息子：「高い」とか，「低い」とかには，基準が必要じゃないか。

父：それでは，君が投資に求めている運用収益率 ρ を，基準としようじゃないか。

息子：「$f'(K_t) - \delta > \rho$ で『高い』」で，「$f'(K_t) - \delta < \rho$ で『低い』」だね。

父：「今年の消費から今年の設備投資に振り替える」という部分は，先の議論を踏まえて，「今年の消費から来年の消費に振り替える」としようじゃないか。
　要するに，C_t と C_{t+1} を天秤にかけるわけ。

設備投資に振り替えるメリットが大きい場合には，C_t を減らして，C_{t+1} を増やす。逆に，そのメリットが小さいと，C_t を増やして，C_{t+1} を減らす。

息子：なんだか，話がみえてきた。
　$f'(K_t)-\delta>\rho$ だと，$C_t<C_{t+1}$，$f'(K_t)-\delta<\rho$ だと，$C_t>C_{t+1}$ ということ。

父：今，君がいった関係は，次の式として表してみよう。

$$(5\text{—}13) \quad \frac{C_{t+1}-C_t}{C_t}=\eta[(f'(K_t)-\delta)-\rho]$$

ただし，$\eta>0$ と仮定するね。なお，ギリシャ文字の η は，「エータ」って読むよ。

息子：なんだか，ギリシャ文字のオンパレードだね。
　（5—13）式の右辺の大きな括弧の中が正の値だと，消費は，今年から来年にかけて上昇し，逆に，負の値だと，消費は，今年から来年にかけて減少するんだね。
　やっぱり，数学は便利。

父：（5—1）式，（5—2）式，（5—3）式も，一本の式にまとめてしまおう。

$$(5\text{—}14) \quad K_t-K_{t-1}=f(K_{t-1})-C_t-\delta K_{t-1}$$

息子：（5—13）式と（5—14）式は，消費と固定資本だけの式になって，ずいぶんとすっきりしたね。

父：まずは，（5—14）式の方から，詳しく見ていこうかな。
　非常に限定的なケースとして，固定資本に変化がないものとして，$K_{t-1}=K_t=K$ の場合を考えてみよう。

$$(5\text{—}15) \quad C=f(K)-\delta K$$

時間の添え字をなくしているのは，固定資本に時間を通じた変化がないから。
　（5—15）式は，**$\Delta K=0$ 線**と呼んでいるよ。
　ところで，（5—15）式から，消費水準を最大にする固定資本の条件を求めることができないかな。

息子：簡単だよ。

$$\underset{K}{\text{Max}}[f(K)-\delta K]$$

の1階条件を求めて，

(5—16) $f'(K)=\delta$

となるよ。

すなわち，限界生産性が固定資本減耗率に等しい。

父：(5—16) 式を満たす固定資本水準は，**黄金律**（golden rule）と呼ばれていて，K^g と名付けられることが多いね。

$$f'(K^g)=\delta$$

息子：黄金律って，これまた仰々しいね。

父：黄金律のそもそもは，キリストの説教の一節で，「人にしてもらいたいと思うことはなんでも，あなたがたも人にしなさい」を指しているといわれている。

確かに，人間社会の根本原理のひとつだよね。

そうした由来もあって，黄金律は，根本原理や根本規範を意味するようになった。

息子：ということは，「消費を最大にすること」が，経済社会の根本原理ということ？

父：そういうことかな。

それでは，黄金律に相当する固定資本水準を視覚的に示してみようか。

息子：視覚的って，グラフを描くってこと？

父：そういうこと。

固定資本水準と消費水準が時間を通じて一定となる状態で，両者の関係を示すのが，$\Delta K=0$ 線。

横軸を固定資本水準，縦軸を消費とする平面に，$\Delta K=0$ 線を描いてみると，お椀をひっくり返したような形状になるんだ（図5-2）。

図5-2 黄金律の資本水準

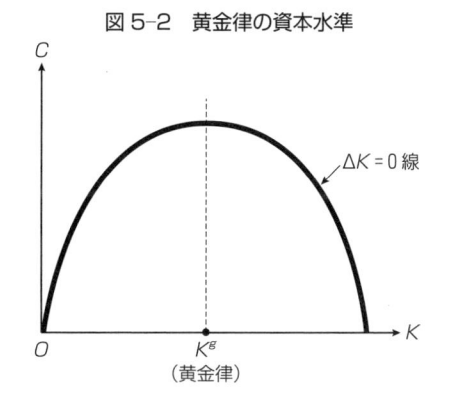

息子：逆さになったお椀の一番てっぺんのところが，黄金律の固定資本水準（K^g）で消費水準が最大になるんだね。

なるほど，グラフにすると，本当に分かりやすいや。

父：もう少し付け加えておこう。

固定資本水準が黄金律を超えてしまうと，「蓄積した資本が消費のさらなる拡大に貢献していない」という意味で「資本が無駄に蓄積されている状態」と考えられている。

そのことから，資本水準が，長期にわたって黄金律を超えている状態は，資本の**過剰蓄積状態**と呼ばれているんだ。

息子：資本も，たくさんあれば，それでいいっていうわけじゃないってことなんだ。

父：そうなるな。

ついでに，固定資本水準が黄金律を超えると，資本の限界生産性はどうなるかな。

息子：簡単だよ。限界生産性は逓減するんだから，

$$f'(K) < \delta$$

父：この辺のこと，よく覚えておいてほしい。

息子：分かったよ。

父：ところで，$\Delta K=0$ 線の上では，固定資本水準は変化しないよね。

$$K_t - K_{t-1} = f(K_{t-1}) - C_t - \delta K_{t-1} = 0$$

それでは，お椀を逆さにしたような $\Delta K=0$ 線の下側では，固定資本水準はどのように変化するかな？　増えると思うか，減ると思うか？

息子：下側ってことは，消費の水準が少ないので，より多くの万能財が設備投資に回って，固定資本は増えるね。
　　　すなわち，

$$K_t - K_{t-1} = f(K_{t-1}) - C_t - \delta K_{t-1} > 0$$

だよ。

父：逆に，お椀の上側では，固定資本は減っていく。
　　すなわち，

$$K_t - K_{t-1} = f(K_{t-1}) - C_t - \delta K_{t-1} < 0$$

だね。では，そのことを視覚的に表してみてよ。

息子：図5-2に描かれた逆さのお椀，すなわち，$\Delta K=0$ 線の下側では，固定資本水準は増えていくよね。

父：横軸の固定資本水準が増えるんだから，水平方向に右向きの矢印を書き入れてみよう。

息子：逆さのお椀の上側では，固定資本水準が減るんで，水平方向に左向きの矢印を書き入れてみればいいんだよね。

父：そうすると，図5-3のように2本の矢印を描くことができるね。

息子：お父さんの意図がだんだん見えてきた。今度は，$\Delta C=0$ 線だろう？　$C_t = C_{t+1} = C$ を（5—13）式に放り込むと，ずいぶんと簡単になるよ。

　　　　（5—17）　　　$f'(K) = \delta + \rho$

父：（5—16）式と似ていることから，（5—17）式を満たす固定資本水準は，**修**

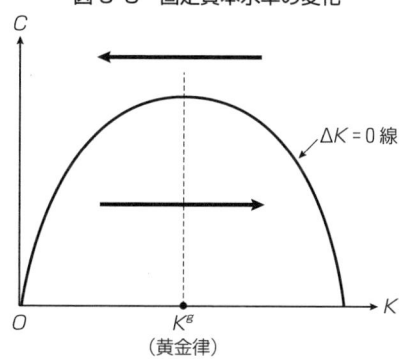

図5-3　固定資本水準の変化

正黄金律（modified golden rule）といって，K^{mg} と名付けられているよ。

$$f'(K^{mg}) = \delta + \rho$$

黄金律と修正黄金律では，どちらの固定資本水準の方が高いかな？

息子：ρ って，正の値だったよね。
　（5—16）式と（5—17）式を比べると，修正黄金律での限界生産性の方が，ρ の分だけ高いので，限界生産性の逓減の仮定から，修正黄金律の方が黄金律よりも固定資本水準が低いね。

父：それでは，$\Delta C=0$ 線も，先の平面に描いてみようか。

息子：$\Delta C=0$ 線の形状が，今ひとつ分からないや…

父：一歩，一歩，考えてみようよ。
　（5—17）式には，消費水準 C が現れないな。ということは，（5—17）式は，C の水準に左右されないわけだ。

息子：そうか。C の水準に左右されないんだから，K^{mg} のところで，垂直になるよね。それも，$K^{mg}<K^g$ だから，K^g よりも左方で垂直な線を引かなければならない（**図5-4**）。

父：そのとおりだ。

息子：お父さんが $\Delta K=0$ 線の上側，下側で展開した議論を，$\Delta C=0$ 線の右側，

図 5-4　$\Delta K=0$ 線と $\Delta C=0$ 線

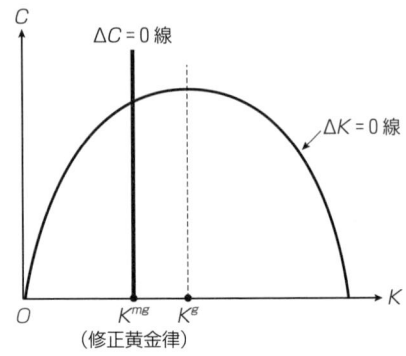

（グラフ：縦軸 C、横軸 K、$\Delta C=0$ 線は K^{mg}（修正黄金律）における垂直線、$\Delta K=0$ 線は山形の曲線、K^g は $\Delta K=0$ 線の頂点に対応）

左側で展開してみるよ。

$\Delta C=0$ 線上では，当然ながら，消費はいっさい動かなくて，

$$\frac{C_{t+1}-C_t}{C_t}=\eta[(f'(K_t)-\delta)-\rho]=0$$

が成り立っている。

問題は，$\Delta C=0$ 線の右側と左側。

たとえば，$\Delta C=0$ 線の右側を見ると，固定資本水準は修正黄金律を少し上回るので，$f'(K_t)<\delta+\rho$ となり，

$$\frac{C_{t+1}-C_t}{C_t}=\eta[(f'(K_t)-\delta)-\rho]<0$$

と不等号になって，消費は減少する。

逆に，$\Delta C=0$ 線の左側は，

$$\frac{C_{t+1}-C_t}{C_t}=\eta[(f'(K_t)-\delta)-\rho]>0$$

となって，消費は増加する。

父：そのとおり。

それでは，消費水準の変化をグラフに表してみよう。

消費水準は，縦軸なので，その変化は，垂直方向の矢印で表すことができ

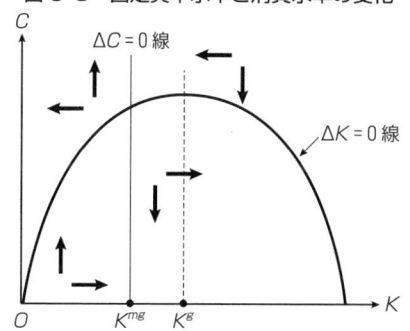

図 5-5　固定資本水準と消費水準の変化

るね。

息子：ということは，垂直の $\Delta C=0$ 線の右側では，消費水準が低下するので，垂直方向に下向きの矢印。

その左側では，消費水準が上昇するので，垂直方向に上向きの矢印。

父：それでは，図 5-3 で描いた水平方向の矢印と，今，君が議論した垂直方向の矢印を同じグラフに書き入れてみようか。

息子：そんなのお安い御用！

図 5-4 で描かれた平面は，$\Delta C=0$ 線と $\Delta K=0$ 線によって 4 つの領域に区切られているよね（図 5-5）。

① 左下の領域では，**右方向**の矢印と**上方向**の矢印の組み合わせだから，固定資本水準も，消費水準も，増えていく。
② 右上の領域では，**左方向**の矢印と**下方向**の矢印の組み合わせだから，固定資本水準も，消費水準も，減っていく。
③ 右下の領域では，**右方向**の矢印と**下方向**の矢印の組み合わせだから，固定資本水準は増えるが，消費水準は減っていく。
④ 左上の領域では，**左方向**の矢印と**上方向**の矢印の組み合わせだから，固定資本水準は減るが，消費水準は増えていく。

父：そのとおりだな。

父さんは，もう少し直観的に考えてみたいな。

まず，左下の領域は，消費水準も決して高くないので，消費も，設備投資も，そこそこに支出して，固定資本が増えていくイメージかな。

息子：それじゃ，僕も。

右上の領域は，消費水準が高くて，消費支出により多く割くので，固定資本が減少していくってこと。

でも，固定資本が減っていくってイメージがつかみにくいね。

父：固定資本も，万能財だということを思い出してみて。

息子：そうか。万能財の固定資本は，取り崩して，消費にも使えるんだった。機械の一部を丸ごと食べちゃうわけだね。

父：右下の領域では，固定資本ばかりが蓄積されていって，消費はまったくさえないね。

息子：逆に，左上の領域は，機械をパクパク食っていって，固定資本を食いつぶしている感じだね。

父：いよいよ，佳境に入ってきたな。

今，0年の固定資本（K_0）が修正黄金律よりも低い水準にあって，そこから経済が始まるとしよう。経済は，（5—13）式と（5—14）式にしたがって，時間のレールを走っていく。

まずは，世界の終末の T 年末を考えてみようか。

息子：前も同じようなことをやったと思うけれど，$T+1$ 年には世界がもうないんだから，T 年末の固定資本にはまったく意味がないので，

（5—18）　　$K_T = 0$

だね。

父：ここでは，非常にテクニカルな議論はスキップさせてくれ。

K_0 から始まって $K_T = 0$ で終わる経路が以下のよう太い実線で描けたとするね（**図5-6**）。

息子：難しいことは，スキップしてくれた方がありがたいよ。

図 5-6 $K_T=0$ となる経路

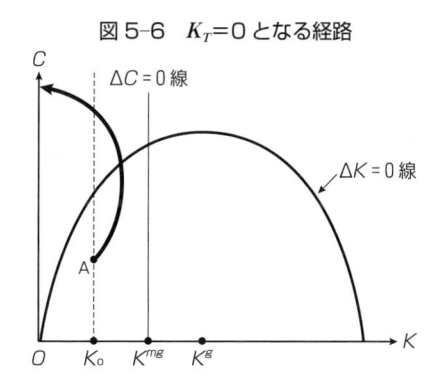

父：父さんがこれから示したいのは，この太い実線の経路を選び出すのは，とても大変なことで，一歩でも間違えると，非常にみじめな結果が待っているってことなんだ。

息子：これからお父さんが話すことは，少し怖い気もするけど…

父：まず，最初のケースとして，1年目の消費を高めに設定してしまったケースを考えてみよう。

　ここでの設定では，0年末の固定資本（K_0）が出発点で，1年目の消費（C_1）を選ぶんだけど，それが，少しでも高すぎて，点Aではなくて，点Bからスタートすると，太い実線の経路になってしまう（図5-7）。

息子：機械をパクパク食いすぎてしまって，固定資本が早めに食いつぶされるってイメージかな。

父：その結果，世界の終末が到来するよりも，早くに，固定資本水準がゼロに至る。

　たとえば，T年末よりも，s年前には，固定資本が完全に食いつくされてしまう。

$$K_{T-s}=0$$

息子：お父さん，もしかすると，$0=f(0)$ って仮定を置いていなかった。

　ということは，$T-s$年の翌年から T年までの期間，何も消費することができない飢餓状態だね。

図 5-7　$K_{T-s}=0$ となる資本食い潰しの経路

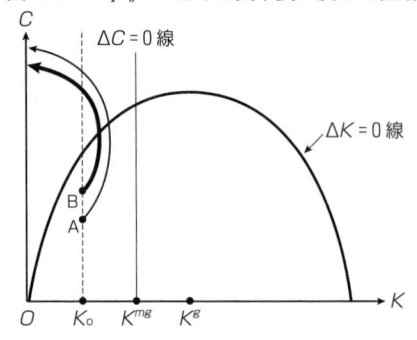

父：大変に悲惨な状況だな。

　　でも，こうした悲惨な状況の到来することが分かっていて，前もって何も起きないというのも，考えにくいね。

　　どんなことが起きるのかな？

　　たとえば，$T-s$ 年の翌年の万能財の価格（p_{T-s+1}）はどうなるかな？

息子：万能財がまったくないんだから，品不足の極み，高騰するね。

父：ということは，万能財に投資する機会があれば，$T-s$ 年から翌年にかけて莫大なキャピタル・ゲイン $\left(\dfrac{p_{T-s+1}-p_{T-s}}{p_{T-s}}\right)$ を手にすることができるね。

　　そのことに気がついたら，君はどうする？

息子：当たり前じゃないか。今から，そっと万能財に投資して，$T-s$ 年まで万能財を持っておくよ。

父：1 年目に万能財の投資の資金はどうするんだ？

息子：1 年目の消費を少しあきらめるかな。

父：君のように考える強欲な人間がたくさんいたらどうなるだろう。

　　みんなが少しずつ，1 年目の消費をあきらめると，1 年目の消費水準が点 B から徐々に減っていって，点 A のところまでたどりつく。点 A が出発点となれば，世界の終末前に飢餓状態が訪れることもなくなるので，ぼろ儲けの機会もなくなるわけだ。

息子：なんだか面白いね。
　面白いというのは，飢餓状態が到来するという社会の危機を，「ぼろ儲けしてやろう」という人々の"強欲"が回避しているから。

父：金儲けしか考えない投機家も，社会の役に立つということかな…

息子：逆にいうと，投機行為を禁じてしまえば，飢餓が到来するかもしれない。

父：似たようなことは，歴史的にも起きていて，社会主義経済では，いっさいの投機行為が禁じられていて，かえって，極度の資本不足に陥ったんだ。

息子：抽象画が物事の本質を捉えているっていうお父さんの言葉が，何となく分かってきたようにも思う。

父：それでは，1年目に消費を控えてしまった場合を考えてみよう。
　すなわち，C_0 が点 A でなくて，点 C からスタートしたケース（図5-8）。

息子：消費がとても控えめに推移する一方，固定資本は，世界の終末の到来（T年末）でも，消費されないままに高い水準で残っている。

$$K_T > 0$$

父：先のケースとはまったく逆に，固定資本を不必要に貯め込んでしまっているね。

息子：僕は，こうしたケースは，絶対に起きないと思う。

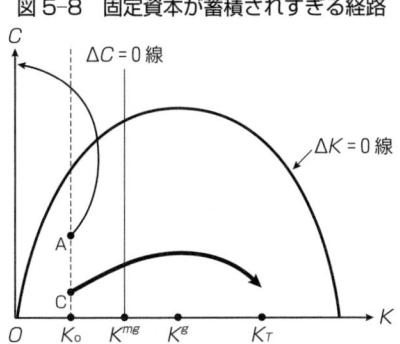

図5-8　固定資本が蓄積されすぎる経路

固定資本水準が，修正黄金律だけでなく，黄金律も超えてしまえば，限界生産性は，固定資本減耗率を下回ってしまうよね。
　そんな低い限界生産性の固定資本にどんどん投資するなんて考えにくい。それこそ，強欲な投資家は，そんな低収益の投資なんてしないよ。

父：それが，そうでもないんだ。
　少し前に，万能財を投資資産と考える場合，実質でなくて，名目で考えて，キャピタル・ゲインやロスを含めると，想定収益率 ρ をクリアーできれば，投資家は満足っていう（5—11—1）式を導いたね。

$$(5\text{—}11\text{—}1) \quad \frac{p_{t+1}(f'(K_t)-\delta)+(p_{t+1}-p_t)}{p_t}=\rho$$

息子：覚えている。

父：（5—11—1）式からは，固定資本水準が黄金律を超えて，$f'(K_t)<\delta$ となっても，

$$\frac{p_{t+1}-p_t}{p_t}=\rho-\frac{p_{t+1}(f'(K_t)-\delta)}{p_t}>\rho$$

が成り立って，ρ を超えるキャピタル・ゲインが生じていれば，投資家の要求する収益率を満たすことができるよな。

息子：そうだね。

父：ただ，ρ を超えるキャピタル・ゲインが継続的に生じると，大変なことが起きてしまう。
　（5—12）式の右辺第1項は，現在の万能財の価格が，将来の限界生産性を反映していることを示していると指摘したけど，右辺第2項も，あえて残しておいたよね。

$$(5\text{—}12) \quad p_t=\sum_{\tau=1}^{T-t+1}\frac{p_{t+\tau}(f'(K_{t+\tau-1})-\delta)}{(1+\rho)^\tau}+\frac{p_{T+1}}{(1+\rho)^{T-t+1}}$$

息子：それも，覚えているよ。

父：右辺第2項をよく見てごらん。

息子：よく見ているけれど…

父：今，t 年から始まって $T+1$ 年まで，万能財価格 p_t が平均的に ρ よりも早いスピードで上昇していったら，右辺第2項はどうなるかな？

息子：そうか！

分母は，ρ の速度で膨らんでいくけど，分子は，それ以上の速度で膨らんでいくので，右辺第2項がとても大きくなるね。

父：ファイナンス理論では，資産価格において，将来の生産性に裏付けられた部分を**ファンダメンタルズ**（fundamentals），将来の生産性に裏付けられていない部分を**バブル**（bubbles）と呼んでいる。

資産価格のバブルは，生産性の裏付けがまったくなくても，投資家たちが，資産価格が将来上昇すると思っているから，現在の資産価格も高いという状態に相当するね。

万能財も運用資産なので，その価格にも，ファンダメンタルズとバブルの両方が含まれる可能性があるね。

息子：(5—12) 式だと，右辺第1項がファンダメンタルズで，右辺第2項がバブルだね。

父：そう。

息子：ということは，資産価格にバブルが発生すると，限界生産性が非常に低い固定資本にも，設備投資が盛んになるということが起きるんだね。

この場合は，投資家の強欲が，無駄な設備投資を生みだしているわけだ。

父：それは，少しいいすぎかな。

資産価格にバブルが発生する背景には，投資家の強欲だけではないから。

たとえば，政府が，無責任にバラ色の将来を描いたビジョンなど出しても，バブルが引き起こされかねないよね。

かといって，バブルのきっかけになった経済環境が，かならずしも経済的な根拠がなかったというわけでもない。第10講で議論するように，日本経済では1980年代後半に資産価格バブルが生じたけど，当時，日本経済を取

り巻く国際環境は，大変に恵まれていた。

息子：火のないところに煙は立たないってこと…

父：うまいこというな。
　いずれにしても，バブルの発生には，いろいろな理由があるから。興味深い歴史的なエピソードもたくさんあるけれど，それは，いつかの機会に。

息子：そんなにもったいぶらないで，面白いエピソードをどんどん語ってくれればいいのに…

父：そうかなぁ…　別の機会に。
　いずれにしても，消費と設備投資の配分，あるいは，「現在の消費」と「将来の消費」の配分は，非常に微妙なバランスの上に立っているということが分かってもらえればいいよ。
　一歩間違えれば，一方では，資本を食い潰して飢餓状態にもなるし，他方では，資産価格バブルにまみれて無駄な投資の山になることもある。
　一番重要なことは，社会の一人ひとりが，資本設備の正味の力量を，過大でもなく，過小でもなく，適切に理解することだと思うよ。

息子：経済社会の安定を，個々人の自覚に委ねるというのは，どうかと思うけど…

父：父さんは，重要なことだと思うがな。
　その辺は，いつか機会があったら議論しようか。

From: 父さん
To: 親愛なる息子
Re: (5—10) 式に関するメモ

まず，(5—10) 式を再掲。

$$(5\text{—}10) \qquad K_t - K_{t-1} = (\pi - \delta) \sum_{\tau=1}^{T-t+1} \frac{C_{t-1+\tau}}{(1+(\pi-\delta))^\tau} - C_t$$

(5—10) 式には，2つの変更を加える。第1に，経済は，T 期で終わることなく，永遠に続く。すなわち，$T \to \infty$。第2に，現在から将来の消費の平均水準を $\overline{C}$ として，(5—10) 式の $C_{t-1+\tau}$ を $\overline{C}$ に置き換える。すると，(5—10) 式は，以下のように簡単に書き換えられる。

$$K_t - K_{t-1} = (\pi - \delta) \sum_{\tau=1}^{\infty} \frac{\overline{C}}{(1+(\pi-\delta))^\tau} - C_t$$

上の式の右辺は，等比級数の和の公式を用いると，次のように簡単になる。

$$K_t - K_{t-1} = \frac{\pi-\delta}{1+(\pi-\delta)} \sum_{\tau=1}^{\infty} \frac{1}{(1+(\pi-\delta))^{\tau-1}} \overline{C} - C_t$$
$$= \frac{\pi-\delta}{1+(\pi-\delta)} \frac{1}{1-\frac{1}{1+(\pi-\delta)}} \overline{C} - C_t = \overline{C} - C_t$$

すなわち，

$$K_t - K_{t-1} = \overline{C} - C_t$$

こうして見てくると，粗設備投資から固定資本減耗を除いた純設備投資 ($K_t - K_{t-1}$) がプラスだと，将来の平均的な消費水準が現在の消費水準よりも高くなり，それがマイナスだと，将来の平均的な消費水準が現在の消費水準よりも低くなる。

ここでは，「国民経済計算」の年報で民間部門と公的部門を合わせた総固定資産形成（粗設備投資）から固定資本減耗を差し引いて純固定資産形成（純設備投資）を計算し，設備投資デフレーター（2005年基準）で実質化し

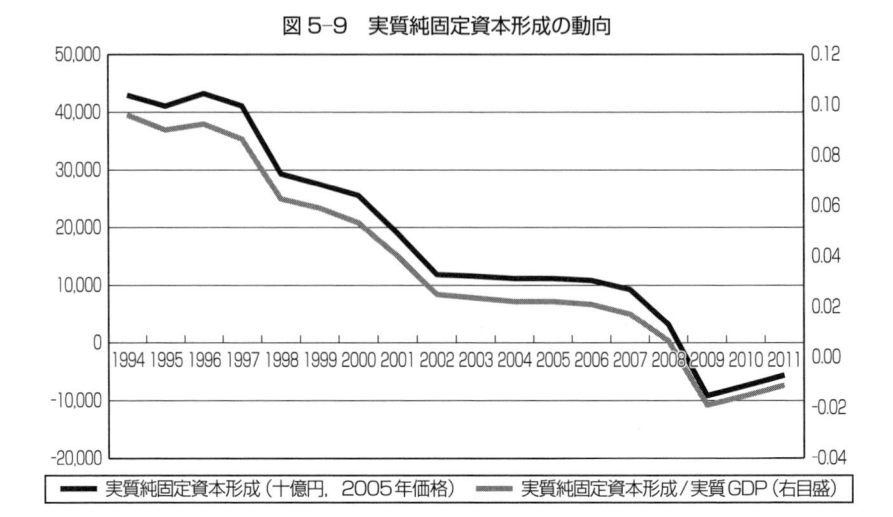

図 5-9 実質純固定資本形成の動向

凡例: 実質純固定資本形成（十億円, 2005年価格）／実質純固定資本形成／実質GDP（右目盛）

たものを，$K_t - K_{t-1}$ に対応するものとする。また，こうして計算した $K_t - K_{t-1}$ の実質 GDP に対する比率も計算する。図 5-9 のグラフは，1994 年から 2011 年について，純固定資産形成とその対実質 GDP 比率（右目盛り）をプロットしたものである。

上で導出した $K_t - K_{t-1} = \bar{C} - C_t$ の式が示すように，純設備投資が将来の平均的な消費動向の改善度合いに対応しているとすると，図 5-9 が描いているパターンは，きわめて示唆的である。1990 年代半ばは，実質純設備投資が 40 兆円，対実質 GDP 比率で 10% 弱で推移していたものが，21 世紀にはいると，10 兆円，対 GDP 比率で 2% まで低下し，2009 年以降は，マイナスになっている。

このように最近の実質純設備投資の動向を踏まえると，将来の消費は改善するどころか，低下する傾向にあるといえる。

第5講　消費と設備投資の微妙なバランス（消費を支える生産という考え方） ├──161

【講義の後で】

息子：今日は，疲れた… 8時から始まって，もうすぐ，12時。途中少し休憩はあったけれど，4時間経ったのか。あっという間だったけど…
　お父さんは，おまけにメモまで置いていったし… お父さんは，僕を買いかぶりすぎていると思うよ。

　でも，今日の講義で習った経済モデルは，とても不思議だったし，お父さんの議論についていくのに必死だったけど，とても面白かった。
　投機家の強欲が飢餓状態を防ぐかと思ったら，投機家の強欲が資産価格バブルの温床になるわけだから。
　こういうのが，知的興奮っていうのかも…

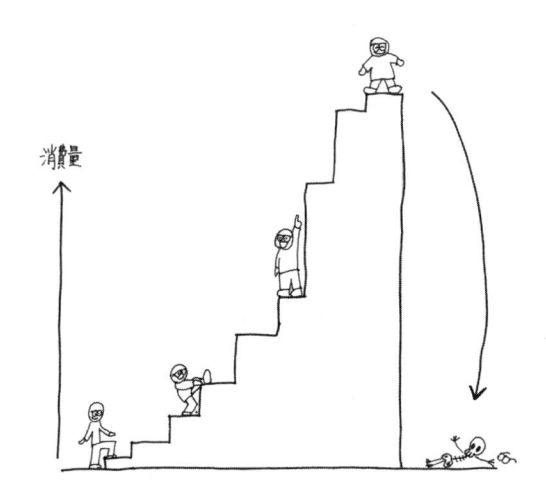

第6講　金融市場の物語（その1）：金利と株価

【講義の前に】

息子：お父さんは，昨日の夕食のときに，今日の講義は，金融市場についてといっていたけど，金融市場って，金利やら，株価やら，為替やらってことだよね。

　でも，金融市場のことが，マクロ経済のことになる理由が，そもそも分からないんだけど…

　なんでそんなことを思うかというと，世間では，お父さんは，マクロ経済学者としてそこそこ有名みたいだけど，僕の家族や親戚の間では，お父さんって，「金融のことは，ど素人じゃないの」といわれ続けてきたから。

　お母さんは，「パパは，お金を殖やすこと，ちっとも教えてくれない」っておこっているし，おばあちゃんは，「お婿さんは，値上がりしそうな株を教えてくれると期待したのに」と落胆気味。亡くなったおじいちゃんは，「あいつは，金儲けがからっきし駄目だから」と実の息子を公然と馬鹿にしていた。

　そんなお父さんが，金融市場のことを語るって，一体全体，どうなるんだろうか…

1 金融市場とは？

1-1 カネの貸し手とカネの借り手を結び付ける場所

父：第6講と第7講では，**金融市場**のことを考えていこう。

息子：そもそもの話でゴメン。金融市場って何？

父：おカネを運用したい人と，おカネを調達したい人が出会う"場所"だよ。
　　お金を運用したい人（**資金運用者**）は，できるだけ高い利回りで資金を貸し付けたいし，おカネを調達したい人（**資金調達者**）は，できるだけ低い利回りで資金を借り入れたい。そうした思惑を持った人たちがぶつかりあう場所。

息子：お父さんは，"場所"っていうけれど，公園みたいな実際の場所なの？

父：公園みたいな場所ってこともある。たとえば，**証券取引所**は，そういう場所だね。
　　資金を必要とする企業が株式を発行し，資金を運用したい投資家が株式を購入する。株式は，企業からすれば，**借用証書**だし，投資家からすれば，**預金証書**みたいなものだね。証券取引所の面白いところは，投資家どうしの間でも，株式を売買するんだ。

息子：「投資家が株式を購入する」のは分かるけれど，「企業が株式を発行する」のが分からない。

父：金融市場では，おカネを借りている方が借用証書を書いて，おカネを貸している方に借用証書を渡すことを，**証書の発行**というんだよ。
　　借用証書には，どのような条件で，どれだけのおカネを借りたのかが記載されている。

息子：「証書の発行」なんていうと，なんだか，おカネを借りていないみたい。

父：そうかなぁ…
　　ところで，金融市場の中で，もっとも身近な"場所"は，**銀行**かな。
　　君が銀行におカネを預けるときは，銀行が君からおカネを借りていること

になる。おカネを預ける君としては，利息が高い方がよいよね。

息子：それは，そうだけど。

父：銀行は，預金者に対して預金証書や預金通帳を発行するね（今は，ネット取引が主流で，証書や通帳はなくなりつつあるけれど…）。この場合，預金者が資金運用者で，銀行は資金調達者。
　一方，貸し手の銀行と借り手の企業の間では，借用証書が取り交わされて，いくらを，いつまでに，どれだけの利息を付けて返すのかが，証書に書かれるわけ。
　この場合，もちろん，銀行が資金運用者で，企業は資金調達者。

息子：預金者 ⇒ 銀行 ⇒ 企業とおカネが流れるんだね。

父：そうとも限らないさ。
　預金者が銀行からおカネを借りることもある。
　たとえば，家を建てるときには，長く付き合ってきた銀行から，土地の購入資金や住宅の建築資金を借りることがあるね。

息子："場所"の話に戻るけど，金融市場が，公園のような"場所"でないこともあるの。

父：あるよ。
　ネットで資金の借り手と資金の貸し手がつながっている場合かな。この場合，金融市場があるのは，実際の場所ではなくて，仮想的な空間だね。

息子：イメージがつかみにくいね。

父：そうかもしれない。

1-2　通貨の値段を決める場所：貨幣市場

父：金融市場は，**通貨の値段**を決める"場所"でもあるんだ。

息子：通貨って，紙幣や硬貨のこと。
　ポケットのお財布には，千円札が1枚あるけど。

父：そうだよ。

息子：通貨の値段って，千円札なら千円ってこと。

父：そうじゃなくて，円通貨の値段というときは，1円なら1円の価値，千円なら千円の価値だよ。

息子：頭がこんがらがってきちゃった。

父：たとえば，千円札でどれだけ商品が買えるかが，通貨の値段。

息子：たとえば，1本100円の缶ジュースだったら，10本買えるけど。

父：それでは，同じ缶ジュースが1本200円になったら。

息子：5本。
この場合，通貨の値段が，10本から5本に下がったってこと？

父：そのとおり。

息子：まだ，こんがらがっている。
缶ジュース1本が100円から200円に上がったんだから，通貨の値段が上がったんじゃないの。

父：落ち着いて考えてごらん。
物価が2倍になって，1枚の千円札で買えるものが，2分の1になったんだから，やっぱり，通貨の値段は下がったんだよ。

息子：ということは，<u>物価が上がると，通貨の値段が下がるわけ</u>。

父：そうだね。
たとえば，物価が急騰する現象は，**ハイパーインフレーション**（hyperinflation）と呼ばれているけれど，これは，通貨の値段が暴落する現象だね。ちなみに，hyperは，「過度の」とか，「極度の」とかという意味。
たとえば，物価が10倍になれば，一万円札で買えるものは，以前だったら千円札で買えたものにしかならない。

息子：だんだん分かってきた。お札で買えるものの数量で，通貨の値段を考えるってこと？

父：お札で品物を買える数量は，お札の**購買力**と呼ばれている。通貨の値段は，通貨の購買力ともいえるね。

　物価と購買力の関係をもう少し整理してみようか。

　缶ジュースの値段で物価を代表させて，pと表すと，千円札の購買力は，

$$千円札の購買力 = \frac{1{,}000}{p}$$

となるね。

息子：ということは，お札の購買力は，物価の逆数ってこと？

父：そうだね。

息子：こんがらがった理由も分かったよ。

　お父さんが「通貨の値段」っていうから，円で測るものと勘違いしちゃったんだよ。ここは，お札の額でなくて，缶ジュースの本数が，千円札の値段なわけだね。

　そうだとしたら，「通貨の値段」でなくて，「通貨の価値」の方が，まだ分かりやすい。

父：それでは，通貨の価値，縮めて，**通貨価値**としよう。

息子：一方で，ますます分からなくなったのは，金融市場が，通貨価値を決める場所だってこと。

父：通貨価値を決める金融市場は，**貨幣市場**と呼ばれているね。

息子：用語を教えてもらっても，サッパリ分からない。

父：日本の通貨である**円通貨**の貨幣市場は，円通貨を売買している場所なんだ。

息子：誰が円通貨を売って，誰が円通貨を買っているの。

父：円を売っているのは，**日本銀行**。

　円を買っているのは，さまざまな人やさまざまな企業というしかないな。

　君だって，立派な円の買い手だよ。

息子：そんな意識はまったくないけど…

父：ところで，君，なんで千円札を持っているんだ？

息子：お母さんが，お小遣いでくれたから。

父：そういう意味ではなくて，なぜ，銀行に預けておかずに，自分で身につけているんだ？

息子：買い物できるし，便利だからだよ。

父：要するに，君は，「千円札の**利便性**を買っている」わけだ。

息子：お父さんは，「買っている」っていうけれど，何の代金も払っていないよ。

父：今の経済状況で説明するのは，大変に難しいんだけど，実は，君は，代金を払っているんだ。
　難しいという理由は，今の金利が低いから。
　そこで，仮定として，金利が年12％，月1％としよう。

息子：1年預けて，1割以上の金利がもらえるんだったら，お母さんは，きっと喜ぶよ。

父：そうか…
　君は，1ヶ月間，千円札10枚を財布に入れていたとしよう。いつでも品物を買えて便利だからという理由で。

息子：それ，仮定の話でないと，うれしいなぁ。

父：もし，1ヶ月間，1万円分を銀行に預けていたらどうなる。

息子：月当たりの金利が1％なので，100円の金利が付くね。

父：その分が，千円札10枚を持ち歩くのに君が支払っている代金だよ。

息子：ずいぶん安いね。

父：それは，君が持ち歩いているお札がたいしたことないからさ。

息子：お父さんの財布は，どうなの？

父：君と変わらんな。

息子：話を元に戻すと，貨幣市場は，円通貨を売買している場所だとして，円の代金が金利だって，お父さんはいったよね。
　　円の代金が高いってことは，金利が高いってことになるね。
　　そこで，こんがらがっちゃうんだ。さっき，お父さんは，千円札の価値は，円で買える品物の量，すなわち，円の購買力っていったよね。だから，千円札の価値は，物価が高くなると，かえって低くなる。

父：確かに。

息子：市場が売り手と買い手の間で品物の値段を決めているところだとすると，貨幣市場は，円通貨を売買することで，円の価値（円通貨の購買力って，いったっけ），あるいは，その逆数の物価を決めている場所ではないの？
　　それが，お父さんが今話してくれたことだと，貨幣市場は，円通貨の代金に相当する金利を決めていることになるね。

父：君の指摘は，鋭い！
　　実は，<u>貨幣市場において，通貨の購買力（あるいは，その逆数の物価）が決まることと，金利が決まることは，同じコインの裏表</u>なんだ。

息子：また，こんがらがっちゃった。
　　物価は，<u>今の円通貨の値段</u>の逆数だよね。
　　金利は，1ヶ月間か，1年間か分からないけれど，<u>ある期間に付いてくる</u>ものだよね。
　　同じはずがないじゃない。

父：今，君のいったことに，すでに答えがあるよ。
　　詳しい議論は，後のお楽しみにしてほしいんだけど，<u>今の物価</u>だけが貨幣市場で決まると考える必要はないね。<u>1ヶ月先の物価</u>も，<u>1年先の物価</u>も，ひっくるめて，<u>将来の物価</u>が貨幣市場で決まると考えればよいじゃないかな。
　　そうすると，なんとなく，現在から将来にかけて運用することで付いてくる金利との関係も，見えてこないかなぁ。

息子：なるほど，なんとなく…
　　　現在から将来への時間のレールが垣間みられたようにも思う。

父：詳しいことは，第7講の最後のところで，じっくりと。

息子：お父さんの「じっくりと」は，いつも怖いけど。

父：ついでに，通貨と通貨が取引される金融市場を考えてみよう。**外国為替市場**と呼ばれているものだね。

息子：こちらは，分かりやすい。
　　　円とドルが交換されている市場ってことだよね。

父：為替レートについては，すでに話したよね。

息子：うん。
　　　たとえば，1ドル80円から100円になったら，円で換算した1ドル当たりの値段が上がったんだから，ドル高，裏返しは，円安だね。

父：君の今いったドルと円の間の為替レートは，**ドルの値段**と考えるわけにはいかないかな。

息子：そう思うよ。
　　　そうか。先の千円札と缶ジュースの交換が円の値段を表していたことと，まったく同じだね。千円札が1ドル紙幣で缶ジュースが1円硬貨と考えればよい。
　　　1ドル紙幣で80枚の1円硬貨が買えていたところが，100枚の1円硬貨が買えるとなれば，ドルの値段が上がって，ドル高・円安になったことになるわけか。

父：君，議論の見通しがよくなったな。

息子：お父さんの説明がうまかったおかげだよ。
　　　それにしても，外国為替市場の話は短かった。

父：君の理解が早かったおかげだよ。でも，外国為替市場にも，まだまだ興味深い話があるよ。それは，後のお楽しみ。

1-3 なんで，マクロ経済なの？

息子：つかぬことを聞いていい？

父：なんだ，あらたまって。

息子：お父さんが「金融市場は…」と切り出したから，それに引きずり込まれて，なかなかいい出せなかったんだけど，なんで，金融市場のことが，マクロ経済学なの？
　なんで，金融市場を勉強することが，マクロ経済学なの？

父：いい質問だな。
　実は，マクロ経済モデルの中では，金融市場は，はっきり，それと分かる形で正体をなかなか現さないんだよ。

息子：そこなんだ。
　確かに，お父さんのこれまでの話（いや，講義だね）には，金利の話はちらっと出たけれど，金融市場で貸し手と借り手が出会うという話は，さっぱりなかったよね。

父：まさにそこなんだ。
　たとえば，前回の講義では，「消費か，設備投資か」の選択が，「現在の消費か，将来の消費か」の選択になるって，何の断りもなくいったけど，父さんがいうのも変だけど，これは，よく考えてみると，何をいっているのか今ひとつ分からない…
　この世の中に「消費か，設備投資か」の選択に直面している人なんていやしない。せいぜい，考えられるのは，「消費か，貯蓄か」の選択だね。これだったら，実際的だ。
　しかし，経済全体から見ると，いいかえると，マクロ的に経済を見ると，人々が，消費する代わりに銀行に預けたり，株式に投資したりした資金が，設備投資をする企業に回っているわけ。
　消費者（裏返しでいうと，貯蓄者）と企業を結び付けているのが，まさに，銀行や証券取引所のような金融市場ということになる。

息子：そうすると，「現在の消費か，将来の消費か」の選択は，いろいろなス

テップを飛ばしているね。
　消費者が消費の代わりに貯蓄をした資金は，銀行を介して企業に回って，企業がその資金を設備投資にあてる。
　企業が，翌年，借りた資金の一部を銀行に返す。翌年，消費者が銀行から預金を引き出して，消費にあてた資金は，企業の返済資金の一部ということ。
　すなわち，

　　　　今年：**消費者（消費の代わりに貯蓄）**⇒ **銀行** ⇒ **企業（設備投資）**
　　　　来年：**企業（返済）** ⇒ **銀行** ⇒ **消費者（消費のために引き出し）**

と，まとめられるよね。

父：そうだな。
　マクロ経済モデルには，消費者や企業は登場しても，金融市場は，影も形もない…

息子：まるで，幽霊。

父：しかし，金融市場がないと，消費者は，「今年の消費か，来年の消費か」という選択を実際に実現することができない。
　そういう意味では，縁の下の力持ちというか，黒子というか…
　金融市場は，マクロ経済モデルに登場しないからといって，マクロ経済モデルの中で役割を果たしていないわけではないんだ。

息子：なんだか，秘密結社めいているね。
　でも，お父さんのいうことは，よく分かった。

父：金融市場がマクロ経済モデルと切っても切り離すことができないもうひとつの事情は，金融市場がマクロ経済にとって重要な価格を決める場所だから。さっきもいったように，金融市場では，金利，株価，物価（通貨価値の逆数），為替レートが決まるよね。

息子：どう決まるか，まだ，分からないけれど。

父：それは，これから。
　今の段階では，金融市場とマクロ経済モデルが，見えにくいところで，深

く結び付いているイメージさえ持ってもらえればいいよ。

息子：「見えにくいところ」なんていうと，ますます秘密結社めいてくる。

父：父さんだったら，"逢引きする場所"っていうかな。

息子：逢引きとは，古めかしいね。

2　金利の物語

2-1　名目金利と実質金利

父：これからは，金融市場にかかわるいくつかの物語（？）を取り扱っていくよ。
　　第6講では，**金利と株価の物語**。
　　第7講では，**外国為替レートと物価の物語**。

息子：物語といわれても…
　　お父さんがさっきいっていた金利と物価が表裏の関係にあるって面は，とても興味があるんだけど，それは，第7講の最後まで分からないってことかな。

父：確かに，長い道中だ。

息子：長い道のり，覚悟しておくよ。

父：金利から始めてみよう。
　　まず，最初に理解しなければならないことは，**名目金利**と**実質金利**の区別。これが，なかなか厄介。

息子：名目と実質の区別って，名目GDPと実質GDPの区別と同じこと。

父：原理的には，同じこと。
　　実質GDPって，何だったっけ。

息子：基準年の価格でGDPを評価したものだろ。

父：そう。

前の講義のモデルでは，**万能財**という仮想の財が登場したよね。

万能財は，消費財にも，設備投資財にも，投資資産にも使えたよね。ということは，消費財の価格も，設備投資財の価格も，投資資産の価格も，万能財の価格となって，まったく一緒。

前の講義を思い出してほしいんだけど，投資資産の価格を p_t として，投資資産の収益率を名目で表すと，

$$\frac{p_{t+1}(f'(K_t)-\delta)+(p_{t+1}-p_t)}{p_t}$$

となるね。

今，基準年を0年として，上の名目収益率を実質で表すと，価格をすべて，基準年の価格とするので，$p_t = p_{t+1} = p_0$ として，

$$\frac{p_0(f'(K_t)-\delta)+(p_0-p_0)}{p_0} = f'(K_t)-\delta$$

と簡単になるね。

この場合，右辺は，万能財の価格にいっさい左右されなくなるね。これは，投資資産の価格と消費財の価格が万能財の価格に等しいからこそ，こんなことができるわけ。

でも，現実の世界は，消費財の価格，設備投資財の価格，投資資産の価格は，ずいぶんと違う動きをするんだ。

息子：そうなの？

父：たとえば，消費者が購入する財の価格を**消費者物価指数**（総務省が公表している）で，企業間で売買する財の価格を**企業物価指数**（日本銀行が公表している）でそれぞれ表してみよう。

また，投資資産として，株式と土地を考えてみる。

株式の価格は，東京証券取引所に上場されているうちの225銘柄の株価の平均動向を表した**日経平均**（日本経済新聞社が公表している）を，土地の価格は，年に1回，政府（具体的には，国土交通省）が実施する地価動向調査である**地価公示**をそれぞれ用いてみよう。

図6-1　諸価格の推移

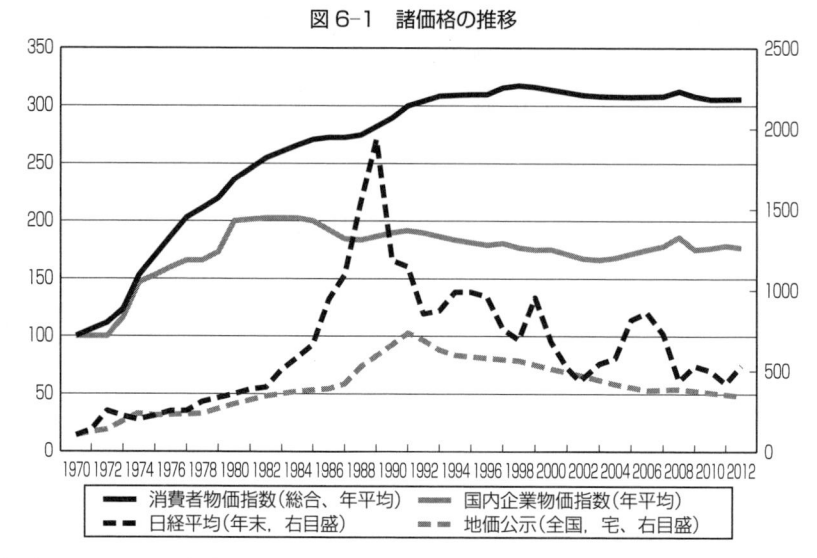

（グラフ：消費者物価指数（総合、年平均）、国内企業物価指数（年平均）、日経平均（年末、右目盛）、地価公示（全国、宅、右目盛））

息子：いろいろな指数があるんだね。

父：図6-1のグラフは，先述の4つの価格指標について，1970年を100として，その後の推移を表したものだよ。なお，株価と地価は，右目盛であることに注意してほしい。

息子：株式や土地の資産の価格と，消費者や企業が売買する財の価格では，まったく違う動きをするね。

　日経平均だっけ，株価は，1980年代後半には1970年の20倍近く。地価公示だっけ，地価は，1990年代初頭に1970年の7倍程度。しかし，その後は，どちらも，落ち込んでいる。

　それに比べると，消費者物価は，徐々に上がっているけれど，最近でも，1970年のせいぜい3倍。

　企業物価は，1970年の2倍になった1980年代初めからほぼ横ばいというか，若干下がり気味だね。。

父：株価や地価は，上がる方向も，下がる方向も，激しい動きをするね。

　もろもろの財の価格がまったく同じように変化する万能財の世界とは，まったく違うんだ。

息子：そうみたいだね。

父：それでは，実質化するには，どうしようかな。

息子：僕に聞かれても…

父：標準的な方法では，ある年を基準年として，その価格で評価するというのではなく，それぞれの年について，消費者物価で評価するという方法がとられているね。

息子：「それぞれの年の消費者物価で評価する」ってどういうこと…

父：「消費財がどれだけ買えるか」で評価すること。

息子：順序を踏んで教えてよ。

父：今が，t 年とするね。
　100円，銀行に預金するとしよう。1年後に，i_t の金利がつくね。1年後の元利合計は，$100(1+i_t)$。
　今年の消費者物価を p_t^C とするよ。
　消費財の価格が他の財や資産の価格と違った独自の動きをする可能性があるので，右肩に consumption の C を付けて，p^C と表すね。

息子：今のところ，オーケー。

父：それでは，今年預けた 100 円で，消費財をどれだけ買えるかな。

息子：$\dfrac{100}{p_t^C}$ でいいかな。

父：いいよ。
　来年の元利合計では。

息子：$\dfrac{100(1+i_t)}{p_{t+1}^C}$ かな。

父：そう。
　すると，消費財の分量で測って今年に $\dfrac{100}{p_t^C}$ を預けて，来年に $\dfrac{100(1+i_t)}{p_{t+1}^C}$ の元利合計をもらえるので，元本部部を除いた実質の利回り（これを，$r_{t,t+1}$ と置くね）は，

$$r_{t,t+1} = \frac{100(1+i_t)/p_{t+1}^C}{100/p_t^C} - 1 = (1+i_t)\frac{p_t^C}{p_{t+1}^C} - 1$$

となる。

息子：金利（i_t）の時は，右下の添え字が t だけだったのに，実質的な利回り（$r_{t,t+1}$）だと，なぜ，添え字が $t, t+1$ となるの。

父：直に分かるよ。
　先の式で，1 を右辺から左辺に移して，両辺について，自然対数をとるとどうなるかな。

息子：こんなんでいいかな。

$$\ln(1+r_{t,t+1}) = \ln\left[(1+i_t)\frac{p_t^C}{p_{t+1}^C}\right]$$

父：少し，いじらせてほしい。

$$\ln(1+r_{t,t+1}) = \ln(1+i_t) - (\ln p_{t+1}^C - \ln p_t^C)$$

息子：おっと。お父さんに教えてもらった公式が使えるよ。
　まず，r が十分に 0 に近いと，$\ln(1+r) \approx r$ だよね。
　自然対数をとって差を求めると，変化率で，$\ln x_{t+1} - \ln x_t \approx \dfrac{x_{t+1}-x_t}{x_t}$ となるね。だから，

$$(6-1) \qquad r_{t,t+1} = i_t - \frac{p_{t+1}^C - p_t^C}{p_t^C}$$

だね。

父：正解。
　経済学の用語では，これまで単に金利と呼んでいた i_t は，**名目金利**，消費財の数量で測った実質的な利回り $r_{t,t+1}$ は，**実質金利**と名付けられている。

息子：$\dfrac{p_{t+1}^C - p_t^C}{p_t^C}$ は，消費財物価指数で測った物価変化率だよね。

父：世の中では「物価は上昇するもの」という思い込みが強くて，**インフレ率**と呼んでいる。

息子：(6—1) 式は，実質金利は，名目金利からインフレ率を引いたものに等しいということだね。

父：間違いではないんだけど，少しだけ，正確さを欠く。
　　名目金利は，今年の金利だよね。インフレ率は，どうかな。

息子：今年から来年にかけて物価が変化する度合い。

父：あくまで，父さんたちは，今年の時点で考えているので，来年は，将来になるね。
　　現在から将来にかけてのインフレ率という意味で，$\frac{p^c_{t+1}-p^c_t}{p^c_t}$ は，**予想インフレ率**と呼ばれているよ。
　　世の中では，予想インフレ率を**期待インフレ率**って呼んだりするけれど，父さんは嫌いだね。この講義でも，予想インフレ率と呼ぶことにするね。

息子：言葉にうるさいお父さんだから…
　　今は，実質金利の添え字の件が理解できたよ。
　　実質金利を $r_{t,t+1}$ としたのは，今年の名目金利だけでなく，今年から来年にかけての予想インフレ率が影響するからだね。

父：そういうこと。
　　いずれにしても，名目金利と実質金利の区別ができたわけだ。
　　ところで，(6—1) 式は，

$$(6-2) \quad i_t = r_{t,t+1} + \frac{p^c_{t+1}-p^c_t}{p^c_t}$$

と書き換えられるね。

息子：「名目金利＝実質金利＋予想インフレ率」といっても，「実質金利＝名目金利－予想インフレ率」といっても，同じように思うけれど…

父：そこで，次のように考えてみたらどうかな。
　　預金をしている消費者は，自分たちが預けた預金の元利合計で，将来，ど

れだけの消費財が買えるかに関心があるとしよう。すなわち，預金者は，実質金利の高さに関心がある。

そこで，消費者物価が来年にかけて上昇すると予想されたとしよう。

実質金利の高さに関心がある預金者としては，どうかなぁ。

息子：名目金利がそのままだったら，来年買える消費財の分量は減っちゃうね。ということは，実質金利が低下する。

父：預金者としては，「あらかじめ分かっているインフレ率であれば，その分が現在の名目金利に反映されて，実質金利が確保された方がよいと考える」というところが，(6—2) 式の意味するところかな。

(6—2) 式は，発見者のアーヴィング・フィッシャーという経済学者の名前にちなんで，**フィッシャー方程式**と呼ばれている。

息子：お父さんがいったことの繰り返しになっちゃうけれど，(6—2) 式のフィッシャー方程式は，あらかじめ予想されているインフレ率は，現在の名目金利に織り込まれるってことだよね。

そうだとすると，インフレ率が高いと思われているときには，本当に，名目金利が高いの。

父：こういうときは，実際のデータを見るのが一番だね。

図6-2のグラフは，それぞれの年について，その年の金利と，その年から翌年にかけてのインフレ率を描いたものだよ，金利（名目金利）には，銀行がお互いに貸し借りしている**コール市場**の金利，**コールレート**を用いている。

期間は，1970年から2012年まで。なお，コール市場の金利は，日本銀行が公表してくれているよ。

息子：なんだか微妙だね。

確かに，大きな流れで見ると，インフレ率が高い時には，名目金利も高く，インフレ率が低い時は，名目金利が低いけれど，よく見てみると，微妙…

1970年代前半は，名目金利が実際のインフレ率をうまく織り込んでいないと思う。実際のインフレ率の方が名目金利よりもかなり高い。

1970年代後半は，実際のインフレにそって，名目金利が推移したけれど，1980年代，1990年代前半は，名目金利が実際のインフレよりも高めに推移

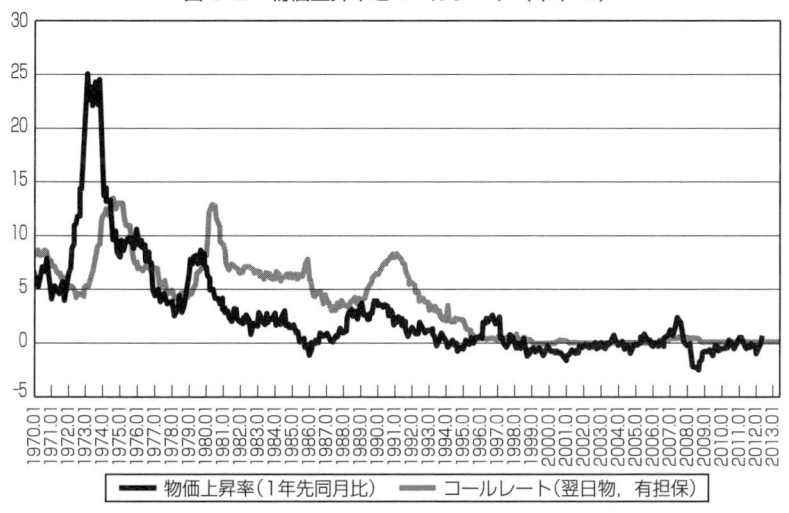

図6-2 物価上昇率とコールレート（年率％）

凡例：物価上昇率（1年先同月比）／コールレート（翌日物, 有担保）

している。

　1990年代半ば以降は，名目金利も，インフレ率も，低くて，フィッシャー方程式どおりのようにも思うけれど。

父：確かに，1年先のインフレ率にそって名目金利が動いていない局面も多いね。

　1973年は，突然，中東戦争が勃発して，石油価格が高騰，その結果，消費者物価も高騰したね。そうした突然の動きは，前もって名目金利が反映することは難しい。

　1980年代から1990年代前半の動きは，もう少し詳しく見てみると，1986年から88年にかけて，名目金利とインフレ率がかなり近づいてくるけれど，1989年から数年は，名目金利がインフレ率から離れてくるよね。

　面白いのは，1997年4月の消費税率が3％から5％に引き上げられ，消費者物価があらかじめ上がると分かっている時。消費税率の上昇は，あらかじめ予想されていたのに，名目金利が上がることはなかったね。

息子：理屈どおりにいかないということかな。

父：そういうこともあるけれど，長い目で見ると，高インフレ・高金利，低イ

ンフレ・低金利の組み合わせは，認められるんじゃないかな。

息子：今は，低インフレ・低金利の組み合わせということ。

父：父さん的には，物価安定・超低金利といいたいところだね。

2-2 短期金利と長期金利

父：今度は，名目金利と実質金利の区別から，短期金利と長期金利の関係に移ってみようかな。

息子：金利に短いのと，長いのとがあるってこと。

父：資金をどれだけの期間借りるかで，名目金利も違ってくる。
　　たとえば，非常に短い貸借契約だと，半日間というのがある。午前中に借りて，午後に返す。1日間というのもあるね。そうかと思うと，10年間や20年間の貸借契約もある。
　　国家の借用証書は**国債**と呼ばれているが，国債は1ヶ月間，2ヶ月間の貸借期間もあれば，10年間，20年間の貸借期間もある。

息子：国家は，10年も，20年も借金するんだ。

父：日本の法律では，国家は，10年間の貸借契約を6回繰り返すことができるので，しめて60年間の貸借期間かな。

息子：還暦だね。

父：君は，古い言葉を知っているんだ。

息子：短期とか，長期の区別は。

父：非常に大雑把にいって，1年以下の貸借期間の金利が**短期**，7年以上が**長期**。20年などは，**超長期**と呼ばれることもある。
　　短期と長期の間が，**中期**だね。

息子：ということは，中期は，1年を超えて，7年未満。

父：そんな見当かな。

息子：お父さんがさっきいっていた短期金利と長期金利の関係って。

父：それが，結構，強い関係がある。

　まずは，簡単に，1年物金利と2年物金利の関係を考えてみよう。

　また，今年が，t 年とする。1年物金利が $i_{1,t}$，2年物金利が $i_{2,t}$ とするね。どちらも1年当たりの利回り。

　今，2年間の運用を考えてみよう。2年物金利の場合の元利合計は簡単だよね。

息子：簡単。

$$(1+i_{2,t})^2$$

だよ。

父：1年物で2年間運用するとどうなるかな。

息子：1年目の金利は，$i_{1,t}$ だけど，2年目の金利はどうなるの。

父：2年目は，新たに1年間の貸借契約を結ぶから，$i_{1,t+1}$ となるね。

息子：そうだったら，

$$(1+i_{1,t})(1+i_{1,t+1})$$

かな。

父：どちらの運用でも，2年間の元利合計で見て，同じだったら，どうなるかな。

息子：それだったら，

$$(1+i_{2,t})^2=(1+i_{1,t})(1+i_{1,t+1})$$

かな。

父：両辺について，自然対数をとると…

息子：それだったら，

$$2\ln(1+i_{2,t}) = \ln(1+i_{1,t}) + \ln(1+i_{1,t+1})$$

かな。

父：先の公式が使えるよね。

息子：お安い御用。

$$2i_{2,t} = i_{1,t} + i_{1,t+1}$$

父：ということは，

$$i_{2,t} = \frac{i_{1,t} + i_{1,t+1}}{2}$$

だね。

息子：むむっと…
　　2年物金利は，現在と1年先の1年物金利の平均に等しい。

父：もっと一般化してみよう。
　　1年物の金利と10年物の金利では。

息子：お父さんがさっきいったと同じ手続きを踏むと，

$$i_{10,t} = \frac{i_{1,t} + i_{1,t+1} + i_{1,t+2} + i_{1,t+3} + i_{1,t+4} + i_{1,t+5} + i_{1,t+6} + i_{1,t+7} + i_{1,t+8} + i_{1,t+9}}{10}$$

だね。

父：ここでも，10年物金利は，向こう10年間の1年物金利の平均に等しい。
　　後からのことも考えて，より一般的なケースとして，1年物金利とN年物金利の関係を見ておくと，

$$(6\text{--}3) \quad i_{N,t} = \frac{1}{N}\sum_{n=1}^{N} i_{1,t+n-1}$$

息子：さっきのお父さんの短期と長期に関する定義とはちょっと違うけれど，最初の例では，2年物金利が相対的に長い金利で，1年物金利が相対的に短

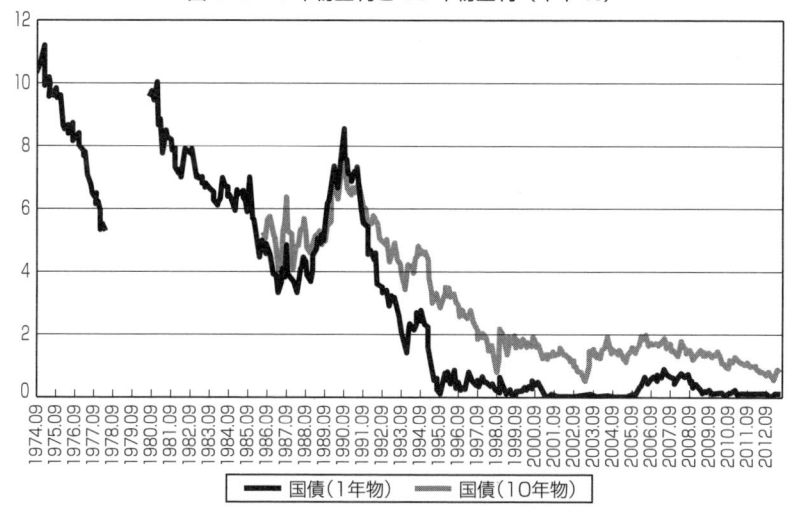

図6-3　1年物金利と10年物金利（年率%）

い金利で，2番目の例では，10年物金利が相対的に長い金利で，1年物金利が相対的に短い金利だよね。

そうみると，現在の"相対的に長い金利"は，将来の"相対的に短い金利"の平均的な動向を反映している。

父：現在の長い金利が，将来の短い金利の鏡ということになるね。

こういう相対的に長い金利と相対的に短い金利の関係は，**金利の期間構造**と呼ばれている。

息子：本当に，実際の金利の世界は，金利の期間構造の理屈どおりなの。

父：実際には，そうならない。

たとえば，**図6-3**のグラフは，国債の10年物金利と1年物金利を比べたもの。なお，国債の金利は，財務省が公表してくれている。

息子：なんで，途切れたところがあるの。

父：1年物や10年物の国債が金融市場で発行されなかったから。

10年物は，1980年代半ばからやっと金融市場で発行されるようになった。

息子：10年物金利は1年物金利よりも，ほとんどの時期で高いよね。

ということは，高い 10 年物金利は，将来の 1 年物金利動向を反映しているはずなのに，実際の 1 年物金利は 1990 年代の頭からずっと低下しているよ。

父：そうだね。

ある意味，当然で，10 年物の金利が形成された後の 10 年間で，当初予想していなかったことが次から次に起きたということだね。

息子：金利期間構造の理屈は，机上の理論…

父：そうでもない。

もっと短い期間だと，案外に成り立っている。たとえば，期間を 1 年ごとでなく，1 ヶ月ごとにして，年率表示でなく，月率表示にしよう。

息子：月率表示って。

父：年率表示の 12 分の 1。

息子：それで，どうなるの。

父：次の式を 1 年物金利を 1 ヶ月物金利に，2 年物金利を 2 ヶ月物金利に置き換えて考えてみよう。

$$i_{2,t} = \frac{i_{1,t} + i_{1,t+1}}{2}$$

息子：それで？

父：この式は，

$$i_{1,t+1} - i_{1,t} = 2(i_{2,t} - i_{1,t})$$

と書き換えられる。

今月の 2 ヶ月物金利が 1 ヶ月物金利を超える時は，1 ヶ月物金利が今月から来月にかけて上昇し，今月の 2 ヶ月物金利が 1 ヶ月物金利を下回るときは，1 ヶ月物金利が今月から来月にかけて低下する。

息子：実際もそうなの。

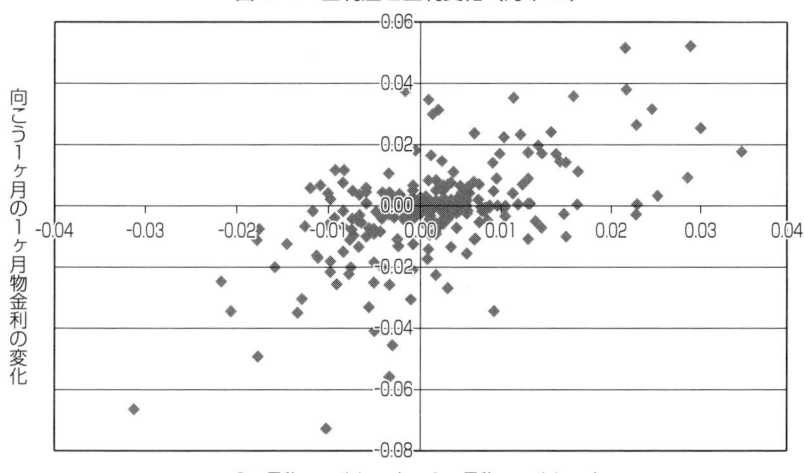

図6-4　金利差と金利変化（月率%）

縦軸：向こう1ヶ月の1ヶ月物金利の変化
横軸：2ヶ月物コールレート−1ヶ月物コールレート

父：図6-4のグラフは，1970年1月から2012年8月までの期間のコール市場の金利について，横軸に $i_{2,t}-i_{1,t}$ を，縦軸に $i_{1,t+1}-i_{1,t}$ をそれぞれとったもの。

息子：確かに右上がりだから，理屈どおりだね。
　　　傾きは2になっているかなぁ。たとえば，横軸が＋0.01のときは，縦軸が＋0.02に，横軸が−0.01のときは，縦軸が−0.02になるはずだけど，そんな感じだね。

父：厳密にいうと，いろいろと問題もあるんだけど，おおむね理屈どおりということにしてくれないかな…

息子：するよ。

父：ありがとう。

2-3　金利リスクとは？

息子：でも，やはり，10年物金利が1年物金利よりもいつも高いという関係が気になっちゃうね。

父：それは，金利期間構造だけでは説明できないといいたいわけだ。

息子：そう。

父：そのことについて，少しだけ考えてみよう。

息子：お願い。

父：これまでは，銀行預金を想定して，あらかじめ決められた金利で複利運用をすると，将来，いくらになるのかで投資の成果を考えてきた。

息子：そうだね。

父：今度は，**債券**を想定してみよう。債券も借用証書であることに変わらないので，おカネを借りる人が発行するもの。
　　国家が発行した債券は，**国債**，企業が発行した債券は，**社債**。

息子：社債という言葉は，初登場だね。

父：債券が特徴的なところは，将来受け取る投資成果があらかじめ決められている点。
　　たとえば，1年ごとや，半年ごとに，債券の発行者から債券の保有者に支払われる利息（クーポン，coupon と呼ばれている）も，債券契約が終わる時（すなわち，**満期**）に支払われる元本も，あらかじめ決まっている。借用証書に相当する債券に，きっちりとそのことが書き込まれている。
　　クーポンと元本が支払われる債券は，**利付債券**と呼ばれている。利息（クーポン）が付いてくる債券という意味で。

息子：債券という言葉を聞くと，なんだか，得体が知れない感じになるけれど，クーポンなんて言葉を聞くと，チラシのクーポンみたいで，親しみがわくね。

父：そうか。
　　ここで，具体的に，3年物利付債券を考えてみよう。3年先に満期が到来して，1年ごとにクーポンが支払われる。すなわち，1年先，2年先，3年先にクーポンが支払われる。3年先の満期には，元本も支払われる。
　　クーポン Cou と元本 B があらかじめ決まっているところが，重要だね。

息子：クーポンの Cou は，coupon で分かるけど，元本の B は…

父：慣行というか… あえていうと，元本は，principal だけど，P だと，価格とこんがらがるので，債券元本の bond principal で B かな。

息子：まだ，金利が出てこないね。クーポンが金利のこと。

父：日常的には，利息やクーポンが金利に相当するように使われることもあるけれど，ここでは，クーポンと金利は別物。

息子：金利はどこに？

父：金利は，金融市場で決まっているとしよう。

息子：なんだか，突然，抽象的だね。

父：君は，あまり意識はしなかったかもしれないけれど，銀行預金を考えた時も，金利は，金融市場で決まっていると考えていた。

息子：預金の金利は，銀行が決めているんじゃないの？

父：確かに，銀行が決めているように見えるけれど，銀行が勝手に決めることはできない。抽象的になって申し訳ないけれど，金融市場で決まった金利動向を鑑みながら，各銀行が，自らの預金の金利を設定しているという方が，正確だと思う。

息子：少し前に，お父さんは，証券取引所や銀行が，借り手と貸し手と出会う金融市場だっていったじゃない。その銀行が決めている金利が，金融市場で決まる金利じゃないの？

父：ただ，注意してほしいのは，個別の銀行が金融市場というわけではなくて，多くの銀行が競っている場所が金融市場っていうこと。金利が1つの銀行の思うがままというわけではないんだよ。

息子：「金利が市場で決まる」というニュアンスが，今ひとつ分からないけれど，分からないままにしておくよ。

父：分からないままにしておくというのも，勉強の秘訣。分からないことを，忘れちゃいけないけど。
　ところで，3年物利付債券の話に戻ろう。

1年物金利 $i_{1,t}$，2年物金利 $i_{2,t}$，3年物金利 $i_{3,t}$ の金利が，今の金融市場で決まっているとしよう。

息子：そうする。

父：ありがとう。
　今，3年物利付債券契約によって将来受け取るクーポンと元本は，決まっているよね。
　利付債券は，そうしたクーポンや元本を受け取る権利だと考えることもできる。
　君だったら，その権利にいくら支払うかな。

息子：そんなこと，分からないよ。

父：まぁ，そんなに早く匙を投げるな。
　知識で飯を食う人間は，いつでも，考えるのをあきらめないということだからね。

息子：そんなに難しいことをいわれても…

父：一歩，一歩，考えてみよう。
　前の講義で，**割引**という考え方を学んだよね。

息子：<u>将来の価値を現在の価値に換算する作業だったと思う。</u>

父：割引の考え方を用いて，将来受け取るクーポンや元本の価値を現在の価値に換算してみようよ。

息子：金利が割引率になるから？

父：そのとおりだよ。

息子：1年先のクーポンはといえば，1年物金利で割り引くので，$\dfrac{Cou}{1+i_{1,t}}$。

父：2年先，3年先のクーポンは。

息子：$\dfrac{Cou}{(1+i_{2,t})^2}$，$\dfrac{Cou}{(1+i_{3,t})^3}$ となるね。

父：3年先に受け取る元本は。

息子：$\dfrac{B}{(1+i_{3,t})^3}$ となるね。

父：それらをすべてひっくるめたものが権利の価値，いいかえると，債券の価値や**債券価格**といえるよね。

この3年物利付債券の価格を $p^B_{3,t}$ としよう。Bond の B で B の添え字を右上に付けたよ。

そうすると…

息子：こんなんかなぁ…

(6—4) $$p^B_{3,t} = \dfrac{Cou}{1+i_{1,t}} + \dfrac{Cou}{(1+i_{2,t})^2} + \dfrac{Cou}{(1+i_{3,t})^3} + \dfrac{B}{(1+i_{3,t})^3}$$

父：これで3年物利付債券価格を求めることができたじゃないか。

息子：そうみたいだね。

父：ここで，金利と債券価格の関係を考えてみよう。

息子：どっち向き。金利から債券価格か，債券価格から金利か？

父：金融市場で金利が決まって，金利が債券価格を決めるとしよう。
　　金利が上がるとどうなるかな。

息子：金利が上がるといっても，3年物利付債券の価格を決める金利は，1年物金利，2年物金利，3年物金利の3本もあるよ。

父：3本の金利がすべて上昇したと考えよう。

息子：僕がさっき書いた3年物債券価格を求める（6—4）式を見れば明らかだけど，クーポンや債券があらかじめ決められているので，割引率に相当する金利が3本ともすべて上昇すると，割り引いた価値は，下がるね。そうすると，金利が上がって債券価格が低下する。

父：そうだね。

息子：なんだか，変だと思う。
　　債券価格が低下するということは，債券に投資をしている人が損をするわ

けだよね。
　でも，預金では，金利が上昇すると，満期までの元利合計が増えて，預金者は得をするよね。まったく逆だね。
　銀行に預けることと，債券に投資することは，まったく違うことなのかなぁ…

父：実は，ちっとも違わないんだ。
　金利が上がるタイミングを，もう少し注意深く考えてごらん。
　今，君の預金についての話で「金利が上がる」のは，預金をする前のことか，預金をした後のことか。

息子：よく考えてなかったけど…

父：たとえば，3年先に満期が到来する定期預金に預けるとするね。
　金利が上がって3年先の元利合計が増える場合，金利が上がるタイミングは，預ける前か，預けた後か？

息子：いったん預けてしまうと，金利は決まってしまうので，預ける直前の話かな。

父：そうだね。
　それでは，君が預金者として，預金を預けた後に金利が上がったら，どうかなぁ。

息子：悔しいと思うし，損したと思うよ。
　自分がすでに預けていた金利よりも，新しい金利の方が，高いんだから。

父：今，預金金利が後から上がって君が感じる悔しさが，金利が上がると債券価格が低下し，債券に投資していた人が損を被るのと対応しているんだ。

息子：分かってきた気がする。
　(6—4) 式に基づいて，3本の金利がすべて上昇すると，債券価格が低下するのは，債券契約でクーポンと元本がすでに決定された後から，金利が上昇したケースだね。

父：そのとおり。

息子：すでに銀行に資金を預けてしまった後の金利上昇と，債券に投資してしまった後の金利上昇を考えれば，どっちも，金利が上がる前に預金や債券を契約して損をしたことになるわけだね．

父：逆に，金利が下がって債券価格が上昇するのも，金利が下がる前に預金や債券を契約して得したと考えれば，預金と債券は同じだね．

息子：でも，長期金利が短期金利よりも高い理由を解明する目的から，ずいぶんと離れてしまったように思うけど…

父：それがそうでもないさ．
　　これまでは，利付債券の価格を考えたけれど，今度は，**割引債**の価格を考えてみよう．

息子：割引債って．

父：クーポンがまったくなく，元本だけの債券．
　　たとえば，3年物割引債だと，3年先の満期に元本だけが支払われる．

息子：それだと，10年物割引債だと，10年先にしか受け取るものがないわけ．

父：そうなるね．

息子：なんだか損…

父：そんなことないさ．
　　10年間，複利運用をして，10年先に元利合計を受け取っていると思えばよいじゃないか．

息子：そうだね．

父：いきなりだけど，N年物割引債の価格はどうなる．

息子：(6—4) 式でいえば，右辺の最初の3つの項が消えちゃうわけだから，

$$(6\text{—}5\text{—}1) \quad p^B_{N,t} = \frac{B}{(1+i_{N,t})^N}$$

だよね．

父：正解。

　それでは，N年物金利がΔi_Nだけ変化した場合の割引債価格の変化をΔp^Bとしよう。すなわち，

(6—6—1) 　　$p^B_{N,t} + \Delta p^B = \dfrac{B}{(1+i_{N,t}+\Delta i_N)^N}$

だね。

息子：さっきまでの議論からすると，$\Delta i_N > 0$なら$\Delta p^B < 0$，$\Delta i_N < 0$ならΔp^Bだね。

父：次に，(6—5—1) 式と (6—6—1) 式の両辺について，自然対数をとってみよう。少し，計算も進めてね。

息子：分かった。

(6—5—2) 　　$\ln p^B_t = \ln B - N\ln(1+i_{N,t})$
(6—6—2) 　　$\ln(p^B_t + \Delta p^B) = \ln B - N\ln(1+i_{N,t}+\Delta i_N)$

だね。

父：さらに進めて，上と下で順序が変わるけれど，それぞれの両辺について，(6—6—2) 式から (6—5—2) 式を引いてみよう。

息子：ということは，

$$\ln(p^B_t + \Delta p^B) - \ln p^B_t = -N\ln(1+i_{N,t}+\Delta i_N) + N\ln(1+i_{N,t})$$

だよね。

父：いつもの近似式を使うとどうかな。

息子：そうか，左辺は，

$$\ln(p^B_t + \Delta p^B) - \ln p^B_t \approx \dfrac{\Delta p^B}{p^B_t}$$

　右辺は，

$$-N\ln(1+i_{N,t}+\Delta i_N)+N\ln(1+i_{N,t})$$
$$\approx -N(i_{N,t}+\Delta i_N)+Ni_{N,t}=-N\Delta i_N$$

だから,

$$\frac{\Delta p^B}{p_t^B}=-N\Delta i_N$$

だね。

ずいぶん,簡単になったよ。

父:父さんとしては,

(6—7)　$$\frac{\dfrac{\Delta p^B}{p_t^B}}{\Delta i_N}=-N$$

としたいな。

　(6—7)式の左辺は,変化の度合いをパーセント表示にすると,N 年物金利の水準が 1% 変化すると,割引債価格の変化率が何 % になるのかを示しているが,(6—7)式の右辺によると,金利上昇(低下)による割引債価格の低下率(上昇率)が満期までの期間 N 年に等しくなる。

　長期の割引債と短期の割引債の比較にひきつけて,(6—7)式を考えて見てみよう。

息子:長期の割引債は N が長く,短期の割引債は N が短い。

父:具体的に 1 年物割引債と 10 年物割引債を比べてみたら。

息子:金利が 1% 上昇すると,1 年物割引債価格は,1 年×1% で 1% しか低下しないが,10 年物割引債価格は,10 年×1% で 10% も低下する。

　金利が 1% 低下すると,1 年物割引債価格は 1% 上昇,10 年物割引債価格は 10% 上昇。

父:今,君がいってくれたように,1% の金利変化に対して,1 年物割引債価格に比べて 10 年物割引債価格は,激しく変化するよね。

10年物割引債の保有者は，割引債価格の激しい変化を被るだけ，大きなリスクを引き受けていることになる。

こうしたリスクは**金利リスク**と呼ばれている。

そのような金利リスクの大きさの分だけ，長期金利は，短期金利よりも高いわけ。

息子：でも，金利が下がったら，長期割引債の方がぼろ儲けでいいじゃない。

父：逆はどうだ。金利が上がったら，長期割引債の方が大損でさんざんだ。

良い方も，悪い方も，両方引き受けている状態が，リスクを引き受けている状態なんだよ。

息子：長期割引債の投資家は，損することがあることも承知の上で，儲けようとしている。

父：そうともいえるかな。

金利リスクを引き受けたくなければ，短期の債券に投資すればよいけど，低い金利に甘んじないといけないね。

金利リスクを引き受ける覚悟があれば，長期の債券に投資すればよくて，金利リスクを引き受けた見返りに，高い金利を得られる。

息子：同じことは，銀行預金の金利にもいえるよね。

1年の預金でなくて，3年の預金だと，向こう3年間，後から金利が上昇して，「しまった」と後悔する可能性が十分にあるんで，その可能性も"込み込み"で3年の預金金利が1年の預金金利よりも高いんだね。

父：そういうことだな。

金利の話だけで，ずいぶんと時間が経ったね。

次は，株価。

息子：それは，楽しみ。

【講義の合間に】

父：講義前半の感想は？

息子：たかが金利，されど金利，って感じかな。

父：講義後半は，たかが株価，されど株価，になるのかな。

息子：そんなこと，分かんないよ。

父：ところで，講義後半も，講義前半に相当する
　　分量があるっていったら，君は怒るかな？

息子：もちろん，怒るよ。
　　　第5講の時ように，深夜12時っていうのは…

父：分かった。
　　それじゃ，講義後半は，来週に延期しよう。

息子：大賛成！

3 株価の物語

3-1 ファンダメンタルズとバブル

息子：第6講後半を今日に延期してくれたことで，僕は，とっても元気！

父：それは，よかった。
　これから，今の株価が「高すぎる」のか，「低すぎる」のか，ちょうどよいのか，を考えるために必要な理屈を考えていこう。

息子：そんな理屈あるの？
　そんな理屈があれば，すごいことじゃない。
　たとえば，「低すぎる」ってことは，「株価がこれから上がる」ってことだから，今のうちに株を買っておこうとなる。
　「高すぎる」ってことは，「株価がこれから下がる」ってことだから，今のうちに株を売っておこうということになるよね。
　お父さんは，相場師みたいな仕事をしていたの。

父：そうした理屈を知っているということと，そうした理屈から金儲けをすることの間には，ずいぶんと距離があるんだよ。
　そんなこと話していたら，時間がいくらあっても足りないけれど，理屈の専門家の経済学研究者が，かならずしも金持ちでないことからも，察しがつくと思うのだけど。
　父さんも，理屈はよく知っているつもりだけど，金持ちじゃないよね。

息子：ということは，理屈は，単なる遊び。

父：「理屈は遊び」と考えた方が，よいかもしれないと，父さんは，内心思っているんだけど…
　ただ，どうせ遊ぶんなら，真剣に遊ばないと，本当に楽しむことはできないよね。
　君のスキーと一緒だ。

息子：スキーと経済学が一緒だとは，思わんかった…

父：それじゃ，株価がどのように決定されるのかを考えていこう。

ここでいう株価は，個別銘柄の株価ではなくて，取引所に上場されている銘柄の**平均的な株価動向**。

東京証券取引所に上場されている株式の平均的な動向は，**日経平均**とか，**東証株価指数**で表されているね。

息子：平均的って，どのくらいの会社数を束ねた平均なの。

父：日経平均だと，225銘柄，東証株価指数は，1,600銘柄前後かな。

息子：たくさんだね。

父：今年の株価は，株式が英語でequityなので，p_t^Eとするね。

今年から来年にかけて，株式保有者，すなわち，**株主**には，d_{t+1}の**配当**が支払われるとする。配当は，英語でdividendだから，dを使うよ。

息子：配当って。

父：債券でいうと，利息やクーポンに相当するものだね。配当は，インカムゲインに分類される。

ただ，クーポンと配当には違いもあって，クーポンはあらかじめ決まっているけれど，配当は，企業収益に応じて年々変化する。

息子：毎年，おカネが株主に支払われるの。

父：通常は，そうだけど，時には，モノの場合も。航空会社だと，株主優待航空券や，鉄道会社だと，株主優待乗車券とか。遊園地を経営している会社だと，株主優待入場券とか。配当として，株主限定のキャラクターグッズを送る会社もあるよ。

息子：そんなの，ウチにはないよね。

父：父さんや母さんが，そんな会社の株式を持っていないからだよ。

息子：そうか…

父：前の講義でも同じ想定をしたけれど，株式の投資家が，株式収益率としてρの水準を要求しているとする。

すると，株式収益率と要求収益率の間の関係は，どう書けるかな。

息子：インカムゲインが来年の配当で，そこにキャピタルゲイン（ロス）が加わるので，

$$\frac{d_{t+1}+(p_{t+1}^E - p_t^E)}{p_t^E} = \rho$$

だよね。

父：前回の講義でおなじみになった関係式に書きかえられるよね。

$$(6\text{—}8) \quad p_t^E = \frac{p_{t+1}^E + d_{t+1}}{1+\rho}$$

息子：(6—8) 式が来年も，再来年も，3年先も，…と成り立つと考えて，将来，T 年先に世界の終末が到来するっていう，お父さん定番のストーリーだと，

$$(6\text{—}9) \quad p_t^E = \sum_{\tau=1}^{T} \frac{d_{t+\tau}}{(1+\rho)^\tau} + \frac{p_{t+T}^E}{(1+\rho)^T}$$

だね。

父：君，調子良いな。

息子：遊びに徹しているから。

父：いうなぁ。

息子：(6—9) 式右辺の第1項が，ファンダメンタルズだよね。ここだと，株価が将来の配当に裏付けられている部分。
　第2項は，バブルだね。ここが，正の値だと，株価には，将来の配当に裏付けられていない部分が含まれることになるよ。

父：そうだね。
　これからは，父さん定番の「世界は，T 年先に終末を迎える」の仮定をやめて，「世界は，永遠に存在する」という仮定に切り替えるよ。

息子:お父さんも,とうとう終末史観から脱したわけだ。

父:そうともいえるかな。
(6—9) 式はどうなる。

息子:簡単だよ。右辺の第1項の T を ∞ に置き換えて,第2項は消えて,

$$p_t^E = \sum_{\tau=1}^{\infty} \frac{d_{t+\tau}}{(1+\rho)^\tau}$$

だよ。

父:そうかな。
いくら世界の終末がなくなったからといって,無限の将来に向かって,(6—8) 式の代入を繰り返していっても,(6—9) 式の第2項に相当する部分が消えるわけではなくて,あくまで,

$$(6\text{—}10) \quad p_t^E = \sum_{\tau=1}^{\infty} \frac{d_{t+\tau}}{(1+\rho)^\tau} + \lim_{\tau \to \infty} \frac{p_{t+\tau}^E}{(1+\rho)^\tau}$$

だよ。
(6—10) 式の右辺第2項は,少し難しい表現だけど,数学の約束事だと思っておいて。

息子:分かった。
世界の終末がなくても,バブルを示す項は,なくならないんだね。

3-2 PERという指標(米国の場合)

父:準備も相当できたので,それでは,最初の議論に戻ってみよう。

息子:これまでは,単に準備ってこと?

父:いま,「ちょうどよい株価」は,ファンダメンタルズに等しい株価とするね。

$$(6\text{—}11) \quad p_t^E = \sum_{\tau=1}^{\infty} \frac{d_{t+\tau}}{(1+\rho)^\tau}$$

「高すぎる株価」は，ファンダメンタルズを上回る株価。

$$p_t^E > \sum_{\tau=1}^{\infty} \frac{d_{t+\tau}}{(1+\rho)^\tau}$$

「低すぎる株価」は，ファンダメンタルズを下回る株価。

$$p_t^E < \sum_{\tau=1}^{\infty} \frac{d_{t+\tau}}{(1+\rho)^\tau}$$

息子：これらの3つの式が，お父さんが最初にいっていた「理屈」のこと？

父：まだまだ。
　（6—11）式は，実際の判断に用いるには，あまりに抽象的だね。

息子：それでは，どうするの？

父：配当が，g のスピードで成長すると仮定する。

$$d_{t+1} = (1+g)d_t$$

この配当成長率の仮定を（6—11）式に放り込んでみよう。

息子：来年の配当 d_{t+1} を出発点とすると，

$$p_t^E = d_{t+1} \sum_{\tau=1}^{\infty} \frac{(1+g)^{\tau-1}}{(1+\rho)^\tau}$$

だね。

父：おそらく，高校の数学で習ったと思うけれど，無限等比級数の公式を知っているか？

息子：習ったと思うけど，忘れた。

父：無限等比級数の公式は，$|a|<1$ の場合に，

$$\sum_{\tau=1}^{\infty} a^{\tau-1} = \frac{1}{1-a}$$

となるね。

息子：その公式，先の式に使えそうだね。
$\dfrac{1+g}{1+\rho}$ を a に見立てればいい。

父：そうなんだけど，何か仮定が必要でないか？

息子：$|a|<1$ だから，$g<\rho$ の仮定がいるね。
これからは，「配当成長率は，要求収益率よりも低い」と仮定するよ。

父：それでは，公式を使ってみてよ。

息子：分かった。

$$p_t^E = \frac{d_{t+1}}{1+\rho}\sum_{\tau=1}^{\infty}\left(\frac{1+g}{1+\rho}\right)^{\tau-1} = \frac{d_{t+1}}{1+\rho}\frac{1}{1-\dfrac{1+g}{1+\rho}} = \frac{d_{t+1}}{\rho-g}$$

だから，

$$p_t^E = \frac{d_{t+1}}{\rho-g}$$

だね。
ずいぶんと簡単になった！

父：そうだな。
翌年の配当が出てきて，少し気色が悪いんで，もう一歩だけ進んで，

$$p_t^E = \frac{(1+g)d_t}{1+\rho}\sum_{\tau=1}^{\infty}\left(\frac{1+g}{1+\rho}\right)^{\tau-1} = \frac{(1+g)d_t}{\rho-g}$$

として，

(6—11) $\quad \dfrac{p_t^E}{d_t} = \dfrac{1+g}{\rho-g}$

が成り立っていれば，「ちょうどよい株価」と判断するね。

息子：ということは，

$$\frac{p_t^E}{d_t} > \frac{1+g}{\rho-g}$$

だと，「高すぎる株価」，

$$\frac{p_t^E}{d_t} < \frac{1+g}{\rho-g}$$

だと，「低すぎる株価」だね。

父：金融の実務では，(6—11) 式の左辺の $\frac{p_t^E}{d_t}$ を近似する指標として，price earnings ratio，略して，PER と呼ばれる指標を用いることが多いね。

息子：PER って，どう読むの。

父：どうも，「パー」と読むらしい。

息子：なんだか，馬鹿にされたみたい。

父：そういうこともあってか（？），「ピーイー」と読むことが多いかな。
　　PER では，分母にくる配当を広めに取っている。配当は，企業の収益を配分する一手段にすぎないから。株主への収益配分手段には，いろいろな方法があるが，企業の中に収益を蓄えておくことも，株主への収益配分手段なんだ。

息子：どうして。
　　収益を企業に貯めておいたら，収益を株主に配分していることにならないじゃない。

父：企業自体が「株主のもの」なんだから，企業に貯めておいても，株主に配っても，同じことと考えるんだ。

息子：企業って「株主のもの」なの，本当に？？？

父：それには，いろいろと議論があるが，今は，そのように考えよう。

息子：釈然としないけど，分かった。

父：(6—11) 式左辺に現れる配当は，企業収益を代表していると考えて，実務上の PER では，分母に「**1株当たり企業収益**」，分子に「**1株当たりの株価**」を考えている。

息子：タイミングは。
　(6—11) 式だと，分子は，今年の株価，分母は，今年の配当となっているけれど。

父：実際の PER でも，分子は，今年の株価，今月の株価，今日の株価だね。
　ただ，分母に出てくる「1株当たり企業収益」は，月次データや四半期データを用いて，過去1年ぐらいの平均を持ってくることが多いな。

息子：「今年の配当」を「今年までの配当」に置き換えてしまうのは，なんだか解せないんだけど。

父：その理由は，「1株当たりの企業収益」は，短期的にさまざまな要因に左右されるので，激しく動きすぎる。
　そうした激しく動く変数を分母に持つ指標だと，かえって実際的な傾向がつかみにくくなるんだ。

息子：この辺は，僕には，数字の感覚がまったくないので，お父さんのいうことにしたがうよ。

父：以下の議論でも用いるんだけど，イェール大学のロバート・シラー教授（Robert Shiller）が考案した PER では，分母の「1株当たり企業収益」には，過去10年間の平均的な動向が踏まえられている。

息子：過去10年もの平均をとらないと，短期的な変動を取り除くことができないなんて，企業収益って，本当に激しく動くんだね。

父：もう少し，シラー式 PER の計算方法に踏み込んでみよう。
　シラー教授は，基本データは，すべて月次。だから，<u>これからの議論は，時間単位が年次ではなくて，月次になるね</u>。
　表示としては，年率表示だね。たとえば，1ヶ月間で生じた「1株当たり

企業収益」も，12 倍して年率表示としている。

また，要求収益率の ρ や配当成長率の g も，年率で換算する必要がある。

息子：データが月次なのに，表示は年率にするって，なんか変。

父：確かに，月次データには月率表示が自然なんだけど，日頃，接する経済統計の数字は，年率がほとんどなので，数字の相場観に慣れた年率表示にするんだよ。

息子：数字の相場観って？

父：たとえば，1ヶ月物金利も，預ける期間が月単位なんだから，月率表示かというと，ほとんどの場合，年率表示だよね。

1ヶ月物金利が月率 0.1% といわれるよりも，年率 1.2% といわれる方が，なぜか，ピンとくる。

息子：こんなことも，説明を受けないと，分からないよ。

お父さんは，こうした細かいことも，大学の講義で説明しているの。

父：全然。

学生が，自分でそうしたことに気がつくのが理想的だよね。

息子：お父さんは，いつも，そんなことをいっているから，大学で人気が出ないんだ。学生にもっとサービスして人気者になって，白熱講義なんて感じで，テレビに出てよ。

父：馬鹿らしい。

息子：馬鹿らしくないと思うけど…

父：ところで，講義の最初にもいったように，もろもろの価格が同じように動いていない。特に，消費者物価と株価は，まったく違う動きをしていたよね。

息子：そうだった。

父：もろもろの価格動向において，マクロ理論モデルが現実からずれてしまっている。そのずれを直すために，消費者物価 (p_t^C) の動きを取り除いて，株価や収益を実質化してみようと思う。

息子：要するに，消費者物価が上がったり，下がったりして，株価が変化した部分は，取り除くということだね。

父：そういうこと。

　まず，シラー式 PER の分子に登場する株価は，消費者物価で実質化して，$\dfrac{p_t^E}{p_t^C}$ とする。

　シラー式 PER の分母の方は，少し厄介。翌年の「1 株当たり企業収益」ではなくて，過去 10 年間，すなわち，120 ヶ月について「1 株当たり実質企業収益」の平均をとる。したがって，分母は，$\dfrac{1}{120}\displaystyle\sum_{\tau=1}^{120}\dfrac{d_{t-\tau+1}}{p_{t-\tau+1}^C}$ だね。

息子：まとめると…

父：まとめてくれるか。

息子：うん。

　シラー式 PER は，

$$(6\text{—}12) \qquad \dfrac{\dfrac{p_t^E}{p_t^C}}{\dfrac{1}{120}\displaystyle\sum_{\tau=1}^{120}\dfrac{d_{t-\tau+1}}{p_{t-\tau+1}^C}}$$

となるね。

父：図 6-5 のグラフは，1881 年 1 月から 2013 年 5 月まで，ニューヨーク証券取引所の株価について，シラー式 PER の推移を描いたものだよ。

息子：米国って，日本でいうと明治のころからのデータがあるの。

父：そうなんだ。

　このグラフを語ることが，そのまま，米国の株式市場の歴史を語ることになるんだね。

　でも，そうした時間は，今はないので，先を急ぐけど。

息子：そういうことこそ，語ってほしいのに…

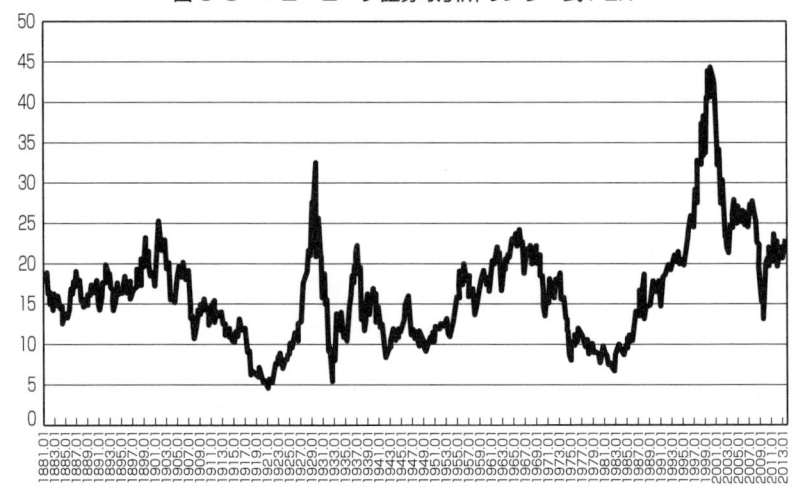

図 6-5 ニューヨーク証券取引所のシラー式 PER

父：父さんとしては，そういうことを自分で調べ，考えるための理屈や道具を，今，君に教えていると思っているんだけど。

息子：自分が関心があることは，自分で考えろということなのかなぁ…

父：先に進もう。
　2013 年 5 月のシラー式 PER は，23.20 の水準だった。すなわち，過去 10 年間の企業収益の 23 倍ほどの株価水準だった。
　これから，2013 年 5 月に観測された 23.20 という水準のシラー式 PER の値から，ニューヨーク株式市場の株価が，高すぎるのか，ちょうどよいのか，低すぎるのかを，(6—11) 式を用いて判断していこう。

息子：いよいよだね。

父：そのためには，配当成長率（g）と要求収益率（ρ）の値に見当をつけないといけないね。

息子：配当成長率や要求収益率も，シラー教授のデータから計算できるの。

父：できるよ。
　この作業でも，消費者物価で実質化する。といっても，変化率や収益率の

実質化は，消費者物価の変化率を引き去ればよいだけだから，そんなに難しくないよ。

たとえば，1年間の実質配当成長率は，次のように近似ができるから。

$$\frac{\dfrac{d_t}{p_t^C} - \dfrac{d_{t-12}}{p_{t-12}^C}}{\dfrac{d_{t-12}}{p_{t-12}^C}} \approx \frac{d_t - d_{t-12}}{d_{t-12}} - \frac{p_t^C - p_{t-12}^C}{p_{t-12}^C}$$

息子：どうやって，そんなことができるの？

父：きっと，今の君だったら，自分で考えることができると思うよ。

息子：それじゃ，寝る前にでも頑張ってみるよ。

父：上で計算した実質配当成長率の平均をもって，g としてみるよ。

息子：それでは，要求収益率の方はどうするの？

父：そうだなぁ…

過去の株式市場のパフォーマンスが投資家のニーズをおおむね満足させていると考えて，実質株式収益率の平均としよう。

インカムゲインとキャピタルゲイン（ロス）を含めた実質株式収益率は，次のように計算できるね。実質配当成長率の計算と同じだね。

$$\frac{p_t^E - p_{t-12}^E + d_t}{p_{t-12}^E} - \frac{p_t^C - p_{t-12}^C}{p_{t-12}^C}$$

ここでは，d_t が12ヶ月分の配当に換算されていることに注意をしてほしい。

息子：そうして計算した実質株式収益率の平均を ρ とするわけだね。

父：そういうこと。

息子：平均をとる期間は，どうするの？

父：2つのケースを考えてみよう。

1つは，非常に長く1881年1月から2013年5月まで，もう1つは，1970年1月から2013年5月までとするね。

計算結果をまとめてみると，次のようになるよ（表6-1）。

表6-1　シラー式 PER の解明

平均をとる期間	実質配当成長率の平均 (g)	実質株式収益率の平均 (p)	(6—11) 式の右辺 $\left(\dfrac{1+g}{\rho-g}\right)$	シラー式 PER の平均
1881年1月から2013年5月まで	1.82%	8.00%	16.47	16.48
1970年1月から2013年5月まで	1.15%	6.51%	18.88	19.23

息子：面白いのは，(6—11) 式の右辺の値と，実際のシラー式 PER の平均が非常に近いことだよね。

父：1番目の期間は，16.47 の計算値に対して，実際の平均が 16.48。2番目の期間は，18.88 の計算値に対して，実際の平均が 19.23。

モデルとして，まんざら悪くないのだと思う。

それでは，2013年5月の株価は，「高すぎる」のか，ちょうどよいのか，「低すぎる」のか。

息子：最初の期間でも，

$$23.20 > \frac{1+0.0182}{0.0800-0.0182} \approx 16.47$$

となるし，2番目の期間でも，

$$23.20 > \frac{1+0.0115}{0.0651-0.0115} \approx 18.88$$

なので，2013年5月の株価は，高すぎるんだね。

父：そういうことだね。

3-3 PERという指標（日本の場合）

息子：次は，日本の株式市場でしょ！

父：君の期待どおりに，日本の株式市場のことを話してみたいんだけど，1つだけ問題があるんだ。

息子：それは何？

父：日本の株式市場は，米国の株式市場のように，1世紀以上の長いサンプル期間のデータを得ることができないんだ。

株式市場のように，値段の変動が非常に大きな資産市場については，サンプル期間が短いというのは致命的だね。

息子：そうなんだ。それでも，お父さんに議論してほしい。

父：分かったよ。

図6-6のグラフは，**日経平均**という株価指標について，各年の高値（タカネと読む，最大値）と安値（ヤスネと読む，最小値）をプロットしたもの。なお，日経平均は，東京証券市場の1部市場に上場しているうちの225銘柄の株価平均をとったもの。

図6-6　日経平均の年中高値と安値

息子：すごい変動だね。1989年には，4万円に迫る勢い。

父：正確には，38,916円。

息子：逆に，2009年には，1万円を大きく割り込んでいる。

父：正確には，7,055円。

息子：最近（2013年後半）は，株価が回復して，再び1万5千円を超えてきている。

父：正確には，2013年末大引け（オオヒケと読む）の終値（オワリネと読む，取引最終日の値段）が，16,291円。

息子：ところで，シラー教授のPERは，日本の株式市場についてできないの。

父：一応できる。
　父さんも，手許資料で計算してみた。
　東京証券取引所のウェッブの統計資料欄（http://www.tse.or.jp/market/data/per-pbr/index.html）が，1部市場に上場している企業について，株価の単純平均だけでなく，1株当たりの当期純利益（単体決済ベース）を公表している。それらのデータを，日本銀行が発表している企業物価指数で実質化してみた。
　図6-7のグラフは，1980年1月から2013年11月まで，こうして計算したシラー式PERをプロットしたもの。

息子：米国の株式市場に比べると，シラー式PERの水準は高いね。

父：上の期間で，PERの平均が，53.2。

息子：先に見てきた米国市場のPERでは，1970年以降の平均でも，20を下回っていたね。

父：ということは？

息子：日本の株式市場に参加している投資家は，あまり高い利回りを要求していないか，あるいは，収益の成長率が高いかになるのかな。

図6-7　東証第1部のシラー式PER

父：ここでは，米国市場との比較の議論は，おいておこう。いろいろと難しい問題があるから。

息子：難しい問題って？

父：データの作り方の面で。
　そこで，日本の株式市場のPERを時系列で検討してみよう。何か気が付いたことがあるか。

息子：1980年代後半の資産価格バブル期は，当然ながら，PERが上昇して，100に迫る勢いだね。

父：そうだな。

息子：僕が驚いたのは，2000年代半ばにPERが100を超えてきていること。日経平均では，2万円を超えることがなかったのに。

父：2002年から2007年の期間，日本経済は，「戦後最長の景気回復」と呼ばれ，景気がよかった。
　株価もそれなりに良かったけれど，バブル期のように，日経平均が4万円に迫るというようなことはなかった。

息子：それにもかかわらず，PER が高いのは，企業収益に比べると，株価が相対的に高かったということになるね。

父：そうだな。

息子：もうひとつ驚いたことは，最近の PER。
　　2009 年に 7 千円を切らんとした日経平均が，それが，今では，その倍以上。
　　それにもかかわらず，PER の値は，それほど上昇していない。

父：ということは…

息子：株価の大幅な上昇は，企業収益が長期的に上昇した範囲にとどまっている。

父：そうだな。感想は？

息子：株価とシラー式 PER の関係については，長期的な企業収益で相対化すると，見方がガラッと変わってくるね。

父：良い指摘だね。

息子：お父さんにほめられると，気味が悪いけれど…

父：理論を組み立てるときでも，データに向き合うときでも，何事も相対化してみるというのは，典型的な経済学の発想だと思うよ。

【講義の後で】

父：1回ですますつもりの講義が，2回分になってしまった…

　金融市場にかかわるトピックって，モデルとデータの間を行き来するのに格好の素材なので，ついつい，これでもか，あれでもかと，講義にデータを押し込んでしまう。度が過ぎると，受講している学生は，お腹をこわしてしまって，かえって逆効果。

　僕の悪い癖だな。気をつけないと…
　それにしても，先週も，今週も，息子は，若干，僕を疑いの目で見ていたなぁ。なぜだろう。
　きっと，気のせいだと思うが…

第7講　金融市場の物語（その2）：外国為替レートと物価

【講義の前に】

父：外国為替市場も，貨幣市場も，話題満載，データ満載。
　　でも，講義に詰め込みすぎないように注意しないと。今度は，午前様になっちゃうや。
　　それでも，息子には，「通貨の価値」について，できるだけ正確な知識を身につけてほしいな。
　　「通貨の価値」っていうと，仰々しいけど，貨幣市場においては，「1万円札でどれだけのものが買えるか？」だし，外国為替市場においては，「1万円札でどれだけのドル紙幣が買えるか？」だから，実のところは，そんなに難しい話でない。
　　そうしたシンプルな議論からどこまでリッチな議論に広げていくことができるかが，教師としての腕の見せどころになるわけだが。

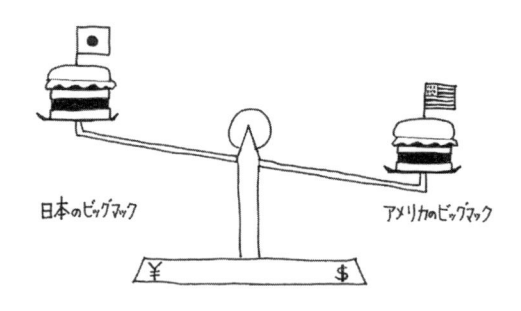

1 外国為替レートの物語

1-1 通貨の価値が釣り合うとは？：購買力平価の考え方

父：君は、「通貨の値段」よりも、「通貨の価値」の方がピンとくるといっていたので、通貨の価値というけど、異なる通貨のペアーを考えて、たとえば、円通貨の価値とドル通貨の価値のどちらが高いのかを考えてみよう。

息子：そんなの簡単だよ。

外国為替レートは、どれだけの円が1ドルと交換できるかで表すので、たとえば、1ドル80円から1ドル100円になれば、ドル高・円安だし、1ドル100円から1ドル80円になれば、ドル安・円高だよね。

最初のケースでは、ドルの価値が高くて、2番目のケースでは、円の価値が高い。

父：そんなに簡単ではないと思うけど…

君は、2つの為替レートの変化を見て、相対的に円安だとか、円高とかといっているけど、たとえば、1ドル100円の相場は、「ドル通貨に比して円通貨が強いのか、弱いのか、あるいは、釣り合っているのか」は、君のやり方じゃ、判断できないよね。

息子：通貨が強いって、通貨の価値が高いということ？

父：そう。

息子：前回の講義で議論した、「配当や収益に比して株価が高すぎるのか、ちょうどよいのか、低すぎるのか」の議論と似ているね。

ということは、ドル通貨に対する円通貨の強さや弱さを測ることができるような基準が必要となる。

なんだか、難しそう…

父：そんなことないさ。

株価の場合より、はるかに簡単だよ。

息子：お父さんの「簡単」は、くせものだから。

父：今，日本と米国でまったく同じ商品が売られていて，今年，日本で円で取引されている価格を p_t^{JP}，米国でドルで取引されている価格（ドル建て）を p_t^{US} とするね。

　　1ドル当たりの円で表した為替レートは，e_t とするよ。以前にも断ったように，e は，ネイピア数でなくて，exchange rate の e を指している。

息子：お父さんは，前も同じことをいっていたね。

父：それでは，ドル表示の米国の商品も，円に換算して，両国の価格を比べてみよう。

息子：簡単。

$$p_t^{JP} > e_t p_t^{US}$$

だったら，日本の商品が高くて，

$$p_t^{JP} < e_t p_t^{US}$$

だったら，米国の商品が高い。

父：君が書いた2つの不等式を，通貨の価値や通貨の強さから考えてみよう。
　　たとえば，

$$p_t^{JP} < e_t p_t^{US}$$

の不等式が成り立っている場合，円とドルでは，どちらが強いかな？

息子：よく分からないや。ヒントをちょうだい。

父：それでは，「同じ商品」をマクドナルドが売っているビッグマックとしよう。
　　君は，今，円を持っているとするね。
　　日本で円でビッグマックを買うのと，円をドルに両替して，米国でドルでビッグマックを買うのとどっちが得かな。

息子：そんなの，計算するまでもないさ。
　　米国に行く飛行機代を考えたら，日本で買う方がいいに決まっている。

父：また，君に怒られそうだけど，君は，ワープができて，日米間を，タダで自由に移動できると仮定しよう。

息子：非現実的だけど，仮定といわれれば，仕方がない。

父：それで，どっちが得かな。

息子：日本で円で買った方が安いよね。

父：同じことだけど，不利な条件でしか円をドルに交換できないので，同じビッグマックでも，米国でドルで買った方が高くついてしまうともいえるね。

息子：ということは，円とドルの交換条件（為替レート）は，円に不利で，ドルに有利となるね。

父：ということは，円の力がドルの力に比べて弱いね。
　　それでは，

$$p_t^{JP} > e_t p_t^{US}$$

だと，どうかな？

息子：逆に，有利な条件で円をドルに交換できるので，同じビッグマックでも，米国でドルで買った方が安く買えるよね。
　　ということは，円の力がドルの力に比べて強い。

父：こうして考えてくると，通貨の強さを測る物差しが見えてこないか？

息子：全然。

父：そういわずに。
　　先の2つの不等式について，両辺を p_t^{US} で割ったらどうかな。

息子：そうか！　$\dfrac{p_t^{JP}}{p_t^{US}}$ が基準になるね。

$$e_t > \dfrac{p_t^{JP}}{p_t^{US}}$$

だと，円の力がドルの力よりも弱くて，

$$e_t < \frac{p_t^{Jp}}{p_t^{US}}$$

だと，円の力がドルの力よりも強いね．

父：経済学では，$\frac{p_t^{Jp}}{p_t^{US}}$ は，**購買力平価**と呼ばれている．

　英語では，purchasing power parity となるので，PPP と呼ばれることも多い．

息子：TPP と混同しそうだね．

　ところで，「購買力」の方はよく分かる．通貨の「力」のことだよね．

　でも，「平価」の意味がよく分からない．

父：平価とは，「何かと何かが等しい状態」のこと．

息子：そうか．2つの通貨の力が釣り合っている状態ってことだね．

父：そのとおり．

　為替レート e_t について，

$$(7\text{—}1) \qquad e_t = e_t^{PPP} = \frac{p_t^{Jp}}{p_t^{US}}$$

が成り立っていれば，円の力とドルの力がちょうど釣り合っているわけだ．

息子：言葉って，少し考えてみると，ずいぶんと理にかなっているんだね．

父：そうだね．もっと具体的に考えてみよう．

　英国で出版されている経済週刊誌，*Economist* 誌は，世界各国のビッグマック価格を集めて，公表しているんだよ．

　たとえば，2013 年 1 月だと，ビッグマックは，日本で 1 個 320 円，米国で 1 個 4 ドル 37 セント．当時の為替レートは，91 円 7 銭/ドル．

　さぁ，どうだ．

息子：購買力平価は，$\frac{320}{4.37} \approx 73.27$．実際の為替レート（91.07 円/ドル）は，

表 7-1 ビッグマック価格から見た購買力平価

	日本での ビッグマック 価格（円）	米国での ビッグマック 価格（ドル）	実際の為替レー ト（円/ドル）	購買力平価
2000 年 4 月	294.00	2.51	106.00	117.13
2001 年 4 月	294.00	2.54	124.00	115.75
2002 年 4 月	262.00	2.49	130.00	105.22
2003 年 4 月	262.00	2.71	120.00	96.68
2004 年 5 月	262.00	2.90	113.00	90.34
2005 年 6 月	250.00	3.06	106.72	81.70
2006 年 1 月	250.00	3.15	114.31	79.37
2006 年 5 月	250.00	3.10	112.11	80.65
2007 年 1 月	280.00	3.22	121.59	86.96
2007 年 6 月	280.00	3.41	122.32	82.11
2008 年 6 月	280.00	3.57	106.86	78.43
2009 年 7 月	320.00	3.57	92.57	89.64
2010 年 1 月	320.00	3.58	91.54	89.39
2010 年 7 月	320.00	3.73	87.18	85.71
2011 年 7 月	320.00	4.07	78.37	78.72
2012 年 1 月	320.00	4.20	76.92	76.24
2012 年 7 月	320.00	4.33	78.22	73.95
2013 年 1 月	320.00	4.37	91.07	73.27

購買力平価に比べて，かなり円安だね。

父：表 7-1 は，2000 年 4 月まで遡って，データをまとめたもの。
何か，感想あるかな。

息子：購買力平価を基準とすると，2000 年 4 月を除いて，$e_t > \dfrac{p_t^{JP}}{p_t^{US}}$ なので，
円の購買力って，ドルの購買力に比べて低いね。

父：そうだな。
2010 年から 2012 年は，「円高」「円高」と声高に叫ばれたけど，購買力平価から見ると，円の力とドルの力が，ほぼ釣り合った相場だった。

息子：数字って，なんだか冷酷だね。

父：なぜ。

息子：実感では「正しい」と思っていたことが，実際は全然違ったってことを

あからさまにするから。

父：そうかもしれないな。

1-2　名目為替レートと実質為替レート

息子：これまで見てきたように，購買力平価を基準に通貨の強さや弱さを測ればよいんだね。

父：そういうことになるね。

　これから，その考えをもっと推し進めてみよう。

息子：もうすでに，十分に考えてきたと思うけど…

父：まだまだ。

　今，実際の為替レートが購買力平価に等しいとすると，(7—1) 式，すなわち，

$$e_t = e_t^{PPP} = \frac{p_t^{JP}}{p_t^{US}}$$

が成り立っていることになるよね。

　左辺は，日常的に為替レートといっているものだけど，ここでは，**名目為替レート**ということにしよう。

息子：ということは，実質為替レートも登場かな。

父：察しのとおり！

　上の式を少し書き直して，

$$(7—1) \quad \frac{p_t^{US}}{p_t^{JP}} e_t = 1$$

とするよ。

息子：この式がどうかしたの？

父：この式の左辺を**実質為替レート**と呼んで，ε_t と名付けようと思うんだ。

$$(7\text{—}2) \qquad \varepsilon_t = \frac{p_t^{US}}{p_t^{JP}} e_t$$

なお，ギリシャ文字の ε は，「エプシロン」って読むよ。

息子：実質為替レートは，名目為替レートを日米の物価で調整した為替レートだね。

父：もう少し面白い解釈として，実質為替レートは，名目為替レートを購買力平価で除したものと考えることもできるね。

$$(7\text{—}3) \qquad \varepsilon_t = \frac{e_t}{\frac{p_t^{JP}}{p_t^{US}}} = \frac{e_t}{e_t^{PPP}}$$

息子：お父さんの手にかかると，数式は，いろいろな顔を見せるね。

父：そうかな。

実質為替レートの便利なところは，1を基準に，そこからの大小で通貨の購買力を測ることができる。

もし，実質為替レートが1より大きかったらどうかな。

息子：簡単だよ。

$$\varepsilon_t = \frac{p_t^{US}}{p_t^{JP}} e_t > 1$$

で，

$$p_t^{JP} < e_t p_t^{US}$$

円の購買力がドルの購買力に比べて弱いね。

逆に，実質為替レートが1を下回れば，円の購買力がドルの購買力に比べて強いね。

父：表7-2は，さっき用いたビッグマックの日米価格から実質為替レートを計算したものだよ。

表7-2 ビッグマック価格から見た実質為替レート

	日本での ビッグマック 価格（円）	米国での ビッグマック 価格（ドル）	実際の 為替レート （円/ドル）	購買力平価	実質為替レート
2000年4月	294.00	2.51	106.00	117.13	0.90
2001年4月	294.00	2.54	124.00	115.75	1.07
2002年4月	262.00	2.49	130.00	105.22	1.24
2003年4月	262.00	2.71	120.00	96.68	1.24
2004年5月	262.00	2.90	113.00	90.34	1.25
2005年6月	250.00	3.06	106.72	81.70	1.31
2006年1月	250.00	3.15	114.31	79.37	1.44
2006年5月	250.00	3.10	112.11	80.65	1.39
2007年1月	280.00	3.22	121.59	86.96	1.40
2007年6月	280.00	3.41	122.32	82.11	1.49
2008年6月	280.00	3.57	106.86	78.43	1.36
2009年7月	320.00	3.57	92.57	89.64	1.03
2010年1月	320.00	3.58	91.54	89.39	1.02
2010年7月	320.00	3.73	87.18	85.71	1.02
2011年7月	320.00	4.07	78.37	78.72	1.00
2012年1月	320.00	4.20	76.92	76.24	1.01
2012年7月	320.00	4.33	78.22	73.95	1.06
2013年1月	320.00	4.37	91.07	73.27	1.24

息子：2000年4月を除いて，実質為替レートは1を上回っていて，円の購買力が，ずっとドルの購買力に比べて弱いね。

父：実質為替レートの概念を用いると，通貨の購買力の強弱が簡単に分かって便利だろ。

息子：それはそうだけど，世の中の商品は，ビッグマックだけでないという気持ちもあるけど…

父：それでは，もろもろの商品価格の動向をまとめた物価指数として，p_t^{JP} や p_t^{US} を考えてみればよいじゃないか。

息子：さっきからそのことを考えていたんだけど，変なことにならない？

父：どういうことだ。

息子：日本も，米国も，物価指数の基準年を2010年とするよ。
そうすると，$p_{2010}^{JP} = p_{2010}^{US} = 100\%$ だから，2010年の実質為替レートは，

$$\varepsilon_{2010} = \frac{p^{US}_{2010}}{p^{Jp}_{2010}} e_{2010} = e_{2010}$$

となって，実質為替レートは，名目為替レートに正確に一致するよ。

円ドルレートでは，名目為替レートは，2010年当時，90円前後だから，1をはるかに上回って，いつでも，円の力が弱いということになってしまう。どの年を基準年にしたって，同じ問題が起きてしまうよ。

父：そうだな。どうしよう？

息子：僕がお父さんに聞きたいぐらいだよ。

父：次のように考えてはどうかな。

実際の物価指数と名目為替レートを用いて作成した実質為替レートを長い目で見ると，購買力平価の周辺に戻ってくるとして，$\varepsilon_t = \frac{p^{US}_t}{p^{Jp}_t} e_t$ の平均をもって，基準としたらどうかな。

息子：たとえば…

父：そうだなぁ，1973年から2012年までの物価指数と名目為替レートから平均実質為替レートを計算するよね。それを，$\bar{\varepsilon}$ と名付けよう。

$$\bar{\varepsilon} = \frac{1}{2012 - 1973 + 1} \sum_{\tau=1973}^{2012} \varepsilon_\tau$$

息子：変数の上に棒をかぶせるのが平均っていうのも，決まりごと？

父：そうかな。

棒ではなくて，バー（bar）と呼んでほしい。$\bar{\varepsilon}$ は，「エプシロン・バー」って読むよ。

息子：でも，お父さんのいうことは見えてきた。

計算した実質為替レート ε_t が，$\bar{\varepsilon}$ を上回れば，円の購買力が弱く，$\bar{\varepsilon}$ を下回れば，円の購買力が強いんだね。

父：そのとおり。

君も，議論の見通しがよくなったなぁ。

息子：お父さんに，そう仕向けられているだけだよ。

父：父さんは，そんなつもりはないんだけど…

息子：実際にデータを見てみたいな。

父：君からそういってくれると，なんだかうれしいな。
　それでは，日本の物価指数として企業物価指数（日本銀行が公表しているもの）を，米国の物価指数として生産者物価指数（米国労働統計局が公表しているもの）をとってみよう。どちらも，商品を製造し，サービスを提供する企業の側からみた物価指数だね。

息子：生産者物価指数って初登場だね。
　企業物価指数と同じだと思っていい？

父：厳密にいうと，違いもあるんだけど，ここでは，同じものと想定しよう。
　基準年は，最新のものを使うから，2010年。期間は，1973年から現在まで。

息子：先から気になっていたんだけど，お父さんは，なぜ，1973年にこだわるの。きりよく，1970年とすればよいのに。

父：歴史的な理由だよ。
　1971年7月までは，日本の円は，ドルに対して相場が固定されていて，1ドル360円だった。それが，米国のニクソン政権は，同年8月にドルの切り下げを宣言した。同年12月には，円の相場が1ドル308円となった。その固定相場がしばらく維持された。
　でも，1973年（正確には，2月から）になって，円を含めて多くの通貨の為替レートが，日々刻々の相場で決まるようになったんだ。

息子：だから，1973年を起点とするんだね。

父：図7-1のグラフは，名目為替レート（日本銀行が公表しているもの）と，日米の物価指数からはじいた実質為替レートを描いたものだよ。
　君がいっていたように，2010年の基準年では，名目為替レートと実質為

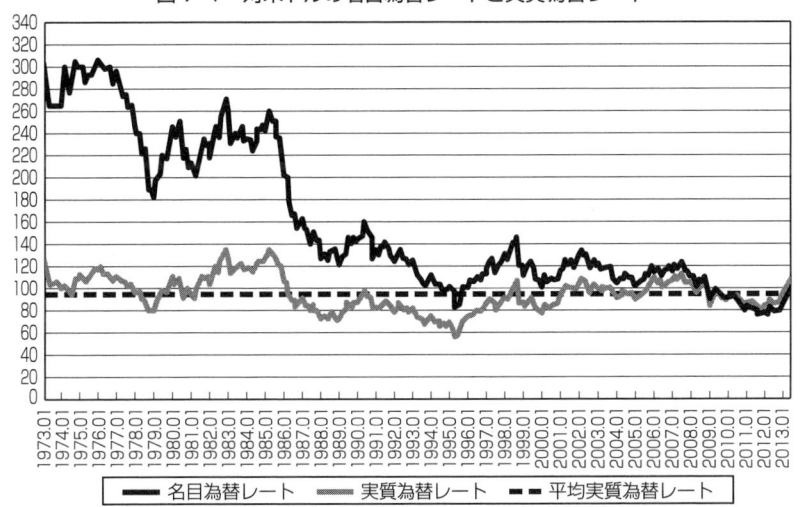

図 7-1　対米ドルの名目為替レートと実質為替レート

替レートが一致するな。

　何か感想は。

息子：ちょっと驚き。

父：何が？

息子：名目為替レートと実質為替レートが全然違う動きをしているから。

　名目為替レートは，1970年代から1990年代半ばまで円高・ドル安の傾向だけど，実質為替レートは，そんな傾向的な動きがまったくないよね。

父：理由を考えてみようよ。

息子：それじゃ，購買力平価から出発するよ。

　購買力平価は，$\dfrac{p_t^{JP}}{p_t^{US}}$ だよね。

父：図7-2のグラフが，君のいった購買力平価に比例する比率の推移を描いたものだよ。

息子：ヒェー。

　1973年の頭のところを除いて，ずっと下がってきている。すなわち，購

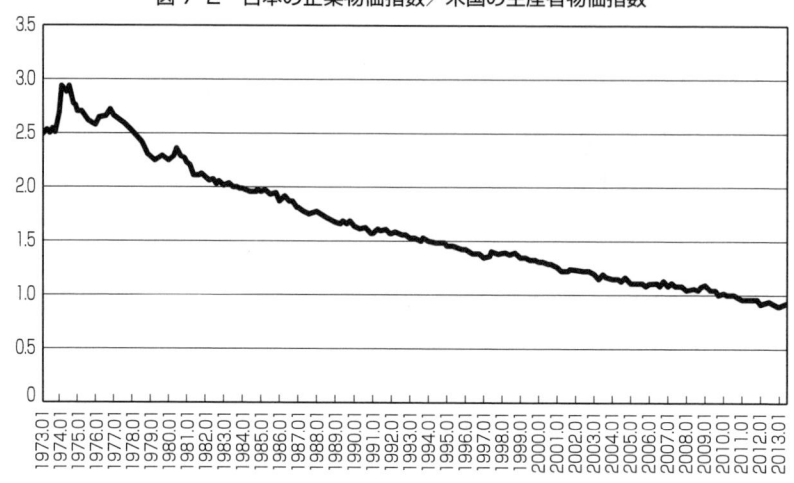

図 7-2　日本の企業物価指数／米国の生産者物価指数

買力平価は，ずっと円高・ドル安基調だね。

父：なぜ，そうなったんだろう。

息子：日本の物価よりも，米国の物価の上昇が激しかったから。

父：そのとおり。
　　2つの通貨の購買力が釣り合うということは，物価上昇の激しい方の通貨が減価する（安くなる）ことを意味しているんだ。
　　逆にいうと，購買力平価が成り立っていれば，物価上昇が穏やかな方の通貨が増価する（高くなる）わけだ。

息子：それで分かった。(7—3)式どおりだね。
　　昔，円の名目為替レートが安かったころは，円の購買力も弱かったので，「円安」の名目為替レートを「弱い」購買力で割って，実質為替レートが求まるよね。
　　最近は，円の名目為替レートが高くなると同時に，円の購買力も強くなったので，「円高」の名目為替レートを「強い」購買力で割って，実質為替レートが求まるね。
　　その結果，「円安」÷「弱い」と「円高」÷「強い」で，実質為替レートは，あまり動かないわけ。

図7-3 対米ドル円の実質為替レート

父：面白く表現するな。

　君のいったことを別の角度からいい直すと，二国間の物価動向の違いが，二国間の名目為替レートに強く影響することになるね。

　それじゃ，実質為替レートの動向をじっくりと味わってみよう。

　図7-3のグラフは，先のグラフから名目為替レートの推移を取り除いて，実質為替レートとその平均だけを描いたものだよ。

息子：お父さんのさっきの話だと，実質為替レート（ε_t）が平均（$\bar{\varepsilon}$）を上回ると，円の購買力が弱く，平均を下回ると円の購買力が強いと考えるわけだね。

父：そう。

息子：びっくりするのは，名目為替レートが300円/ドル近くでずいぶんと円安だった1973年，1974年ころと，名目為替レートが120円/ドル前後でずいぶんと円高だった2007年ごろでは，実質為替レートが同じなんだ！

父：最近も，実質為替レートで見ると，円の購買力は，1970年代前半の水準まで弱くなっているね。

息子：先の感想と同じなんだけど，名目為替レートから得られる日常的な感じと，経済学の議論を積み重ねて計算した実質為替レートから得られる印象では，ずいぶんと違うね。

父：そんなところに，経済学を勉強する意味があるのかもしれない。

1-3　金利平価

父：今度は，外国為替レートの購買力平価ならぬ，外国為替レートの**金利平価**を考えてみよう。

息子：購買力平価が，2つの通貨の購買力が釣り合う状態だよね。
　　　金利平価は，2つの通貨の何が釣り合う状態なんだろう？

父：金利平価は，異なる通貨で運用しても，運用成果が釣り合っている状態なんだ。
　　たとえば，日本で円で運用すると1年物金利は，$i_{1,t}^{jp}$，米国でドルで運用すると1年物金利は，$i_{1,t}^{US}$ とするよ。
　　君は，今，1,000円札を持っているとする。さぁ，どうだ。

息子：日本で1年間運用すると，$1,000(1+i_{1,t}^{jp})$ だね。これは，簡単。
　　　米国で1年間運用する成果を計算するのは，難しそう。

父：そんなことないさ。一歩，一歩，考えていこう。

息子：まず，米国で運用するには，1,000円をドルに換算しないといけない。それで，1年間運用する。
　　すると，$\dfrac{1,000}{e_t}(1+i_{1,t}^{US})$ だね。

父：そうかな。それじゃ，ドルのままじゃないか。

息子：そうか，また，円に換算しないと。
　　1年先に換算するから，為替レートは，e_{t+1} を使って，$\dfrac{1,000}{e_t}(1+i_{1,t}^{US})e_{t+1}$ かな。

父：金利平価は，日米の運用成果が釣り合うから，

$$1,000(1+i_{1,t}^{JP})=\frac{1,000}{e_t}(1+i_{1,t}^{US})e_{t+1}$$

だね。

上の式について，両辺を自然対数をとってみよう。

息子：1,000 は相殺されて，左辺に為替レートを集めて，右辺に金利を集めると，

$$\ln e_{t+1} - \ln e_t = \ln(1+i_{1,t}^{JP}) - \ln(1+i_{1,t}^{US})$$

だね。

右辺におなじみの近似公式を使うと，

(7—4) $\qquad \ln e_{t+1} - \ln e_t = i_{1,t}^{JP} - i_{1,t}^{US}$

左辺におなじみの近似公式を使うと，

(7—5) $\qquad \dfrac{e_{t+1}-e_t}{e_t} = i_{1,t}^{JP} - i_{1,t}^{US}$

となるね。

父：(7—5) 式は，日本の金利が米国の金利より高いと，今年から来年にかけて円安になり，逆に，日本の金利が米国の金利より低いと，今年から来年にかけて円高になることを示しているね。

でも，そう解釈しても，しっくりこないことないか？

息子：そんなことないと思うけど。すっきりとした解釈だと思うけど…

父：それでは，日本の金利が米国の金利より高く，今年から来年にかけて円安となるとして，今年の為替レートと来年の為替レートのどちらが変化するんだろうか。

息子：そうか。

今年から来年にかけて円安となるというと，2つの可能性があって，今年の為替レートが円高になる場合と，来年の為替レートが円安になる場合だね。

父：(7—5)式は，どちらの可能性かということについては，何もいっていないんだ。

ただ，通常は，来年の為替レートを固定して，今年の為替レートが変化すると考える。

だから，日本の金利がより高いと，今年の為替レートが円高になって，日本の金利がより低いと，今年の為替レートが円安になると考える。

息子：なんで，そう考えるの？

父：たとえば，日本の金利がより高いと，高い金利を求めて，日本に資金が集まってきて，円通貨への換金需要が高まって，円高になる。

逆に，米国の金利がより高いと，高い金利を求めて，日本から資金が逃げていって，円通貨への換金需要が低まるので，円安になる。

そう考えれば，自然じゃないかな。

息子：そうだね。

父：ここで，(7—4)式に戻ってみよう。(7—4)式を少しだけ書き換えると，

$$\ln e_t = \ln e_{t+1} + (i^{US}_{1,t} - i^{JP}_{1,t})$$
$$\ln e_{t+1} = \ln e_{t+2} + (i^{US}_{1,t+1} - i^{JP}_{1,t+1})$$

となるね。

こうした式を順次代入して，$\ln e_{t+9} = \ln e_{t+10} + (i^{US}_{1,t+9} - i^{JP}_{1,t+9})$ まで繰り返すと，

$$(7—6) \quad \ln e_1 = \sum_{\tau=0}^{9} (i^{US}_{1,t+\tau} - i^{JP}_{1,t+\tau}) + \ln e_{t+10}$$

を導くことができる。

息子：現在の為替レートは，向こう10年間の将来の日米金利差を反映しているんだ。

父：金利の期間構造の話を思い出してみよう。

10年物金利は，向こう10年間の1年物金利の平均だったよね。ということは，

$$i_{10,t}^{JP} = \frac{1}{10}\sum_{\tau=0}^{9} i_{1,t+\tau}^{JP}$$

$$i_{10,t}^{US} = \frac{1}{10}\sum_{\tau=0}^{9} i_{1,t+\tau}^{US}$$

だね。

息子：そうか，(7—6) 式は，

(7—7)　　　$\ln e_t = 10 \times (i_{10,t}^{US} - i_{10,t}^{JP}) + \ln e_{t+10}$

となるんだ。

　今年の為替レートは，<u>10年先の為替レートを固定しておくと</u>，日米の10年物金利差を反映するね。

父：少し一般的に考えてみよう。

　米国の10年物金利が Δi_{10}^{US} だけ変化し，日本の10年物金利が Δi_{10}^{JP} だけ変化した結果，今年の為替レートが Δe だけ変化したとしよう。

$$\ln(e_t + \Delta e) = 10 \times [(i_{10,t}^{US} + \Delta i_{10}^{US}) - (i_{10,t}^{JP} + \Delta i_{10}^{JP})] + \ln e_{t+10}$$

息子：お父さんがやろうとしていることは分かるよ。

　10年先の為替レートを固定して，上の式から (7—7) 式を差し引くんだね。

$$\ln(e_t + \Delta e) - \ln e_t = 10 \times (\Delta i_{10}^{US} - \Delta i_{10}^{JP})$$

で，左辺に近似公式を用いると，

$$\frac{\Delta e}{e_t} = 10 \times (\Delta i_{10}^{US} - \Delta i_{10}^{JP})$$

となるね。

父：この式が現実に妥当するのかを，少し考えてみよう。

　2013年6月19日に米連邦準備金制度（米国の中央銀行）のバーナンキ議長（日本では日銀総裁だね）が，金融緩和政策から転換することを示唆す

やいなや，米国の 10 年物金利が 0.122% 上昇した。一方，日本の長期金利は，ほとんど動かなかった。すると，円ドル為替レートは，1.6% 円安になった。

息子：お父さんのいったことを先の式に代入すると，$\frac{\Delta e}{e_t} = 10 \times 0.00122 = 0.0122$ だから，理屈どおりだと，1.22% 円安になるはず。しかし，実際は，1.6% の円安で理屈どおりじゃないね。

父：確かに，理屈と実際は，ずれがあるけど，1 ケタ違うというほど，大きなずれではないね。
　父さんの判断では，理屈と実際は，大きな食い違いがないと思うけど…

息子：そうかな。

父：ただ，君のいっていることも，決して間違っているわけではない。
　長期金利と短期金利の関係のときと同じように，現実のデータに照らしてみると，金利平価関係も完全に成立しているとなかなかいえないんだ。
　今までの議論のなかで，何が一番問題だと思う？

息子：僕が一番気になっていたのは，将来の為替レートを固定するという仮定。
　確かに，お父さんのいうように，自然な考え方のようにも思うけど，今年の為替レートだけが変わって，将来の為替レートはまったく動かないというのは，なんだか…

父：その辺は，いろいろと議論の余地があるね。
　一番重要なことは，自分が展開している議論が，どのようなモデルに基づいて，どのような仮定を設けているのかを明らかにすることだね。
　そういう意味では，経済モデルを通して，現実に対する見方を整理するのは，とても大切だな。
　外国為替レートについては，これからも議論する機会がまだあると思うので，次は，貨幣市場に移ってみようと思う。

第7講　金融市場の物語（その2）：外国為替レートと物価　233

【講義の合間に】

息子：お父さんの講義を聞いていて，2007年3月に家族でドイツ旅行に行ったことを思い出したよ。

父：あの時は，本当に楽しかったけど，何を思い出したのかな。

息子：円がユーロに対して，とてつもなく安かったこと。
　　タクシーのワンメーターも，ちょっとしたファストフードの昼食も，美術館や博物館の入場券も，円換算にすると，なんでもかんでも千円以上。
　　ミュンヘンで泊まったおんぼろホテルも，「ここが我が家の予算で精いっぱい」って，お父さんが僕たちに謝っていたよね。

父：そんなこといったっけ？
　　それにしても，自国の通貨が弱いというのは，惨めなことだな。

2 物価の物語

2-1 貨幣鋳造収入と貨幣発行収入

父：いよいよ，貨幣市場。

　　第7講の冒頭から懸案になっていた，物価と金利が表裏一体の関係にあることも，ここで解明されることになる。

息子：長い道のりだった…

父：でも，あせらずにいこう。

　　貨幣市場というからには，まずは，「貨幣とは何か」を考えないとね。

息子：紙幣や硬貨のことではないの…

父：それじゃ，紙幣や硬貨って何だろうか。

息子：貨幣のことだろう。

父：それじゃ，循環論じゃないか。貨幣が紙幣で，紙幣が貨幣であれば，貨幣は貨幣っていっているのと同じだよ。

息子：そうだね。

　　貨幣で，商品の購入代金を支払うことができるよ。

父：いいぞ。それは，貨幣の機能をいっているわけだね。

息子：たとえば，500円硬貨で500円の文庫本が買えるよ。

父：等価交換とは，同じ価値のモノどうしを交換することだけど，500円硬貨と500円の文庫本は，等価交換かな。

息子：500円の価値を持つモノどうしの交換だから，等価交換じゃないの？

父：確かに市場に流通している500円硬貨で買い物する場合は，等価交換だね。でも，500円硬貨が市場にデビューする時は違うんだな。

息子：デビューなんて，500円硬貨が歌手みたいだね。

どんなふうにデビューするの？

父：政府機関である造幣局（正確には，独立行政法人だけど）が硬貨を鋳造しているんだけど，500円硬貨の製造費用は50円以下。日本銀行は，政府から，50円の価値もしないものを500円の価値があるものとして買い取るんだ。

政府の側からすれば，500円硬貨1枚当たり450円以上の儲けになるね。

息子：すごいね。

父：硬貨の額面と硬貨の製造費用の差額は，**貨幣鋳造収入**と呼ばれている。

息子：ちょっとした疑問なんだけど，日銀は，500円硬貨の代金をどうやって支払うの。

金とか銀で支払うの。お父さんが新聞読めっていうから目を通しているんだけど，銀だと1グラム70円の相場だから，7グラムの銀で500円硬貨1枚を買うわけ。

父：それが違うんだ。日本銀行券，日銀券って略されているけど，要するに紙幣で支払う。

100枚の500円硬貨だと，1万円札5枚で支払う。

息子：紙幣の製造費用っていくらなの。

父：券種に限らず，1枚20円ぐらいかな。

息子：それじゃ，政府もひどいけど，日銀はもっとひどいや。

政府は，100枚の500円硬貨の発行で，5,000円のモノを50,000円で売って，45,000円も儲けている。

日銀は，500円硬貨100枚分の価値を，1万円札5枚分の製造費用，20円×5枚＝100円の費用で手に入れているわけで，49,900円の儲けじゃない。

父：君のいい方を信じると，政府も，日銀も，詐欺集団だな。

政府が詐欺集団というわけではないが，「政府が45,000円儲けている」というのは正しい。

しかし，「日銀が49,900円儲けている」というのは，正しくない。

息子：なぜ？

父：日銀には，500円硬貨100枚分の資金を勝手に使うことはできない事情があるんだ。

息子：なぜ？

父：これから話すことは，非常に込み入っているよ。
　　父さんが話すことは，君の持っている常識を逆なでするようなところもあるかもしれない。

息子：いつもそうだから，へっちゃらさ。

父：いうな。
　　実は，日銀券，いや，仰々しくいうのはやめて，紙幣は，実は，日銀の預金証書なんだ。

息子：えっ！　僕のポケットには千円札が2枚入っているけど，僕は，日銀に2千円分の預金をしていることになるの。

父：そうなるな。

息子：お父さんは，預金証書っていうけど，預金者のはずの僕の名前は，お札のどこにもないじゃないか。

父：そのお札を持っている人が，預金者となるね。だから，君。

息子：満期の期日も，お札のどこにも書かれていないよ。

父：満期がないと思えばいい。

息子：紙幣の預金金利はどうなるの？

父：預金金利ゼロ。

息子：預金者の名前も書いていない，満期もない，おまけに利息もゼロとくる。なんで，そんな預金証書を持っているんだろう？

父：なんでだ？

息子：買い物に便利だから。

父：確かに，便利だから紙幣を持つよね。利息がなくてもね。
　　預金者の名前がないのも，かえって便利じゃないか。いちいち，預金者名義を書き換えなくても，持っている人が，預金者となる。
　　でも，「便利だから」だけかな？　君は，お札を単なる紙切れとは考えていないわけだ。

息子：もちろんだよ。
　　日本銀行が発行した預金証書なら，信用できるじゃない。

父：君が今いったこと，頭の隅に置いておいてよ。

息子：ところで，紙幣が日銀の預金証書として，まだ分からないことがある。
　　どうやって，日銀の預金から資金を引き出すんだよ。

父：民間銀行（まぁ，普通の銀行だね）の預金から資金を引き出す時は，どうしている。

息子：簡単だよ。ATMにカードを入れて，暗証番号を入力すれば，それでおしまい。

父：そうなんだけど，銀行預金を紙幣（日銀券）に交換していると考えられないかな。
　　日銀の預金から資金を引き出すのは，その逆を考えていけばよいんだ。

息子：逆というと，銀行預金に紙幣（日銀券）を預けるってこと？

父：そのとおり。
　　でも，それだけでは，日銀の預金から資金を引き出したことにはならない。

息子：そうだよね。

父：民間銀行は，預金者が預け入れた紙幣をまとめて日銀の支店に持ち込む。
　　そして，**日銀の当座預金（準備預金**とも呼ばれている）と呼ばれている預金口座に紙幣を預け入れるんだよ。

息子：それって，日銀の預金から資金を引き出していることになるの？

お父さんは，紙幣が日銀の預金証書だっていったよね。ということは，紙幣という日銀の預金が，当座預金という日銀の預金に振り替わっただけじゃないか。

父：だから，民間銀行は，日銀から資金を引き出したことにならないね。
　　本当の意味で引き出したことになるのは，日銀からなんらかの形で資金が出ていかなければならないから。

息子：なんらかの形って？

父：日銀が保有している債券，多くの場合，国債なんだけど，日銀が保有する国債と民間銀行が日銀の当座預金に預けている資金を交換するんだよ。
　　民間銀行から見ると，日銀の当座預金にある資金が国債に振り替わってはじめて，日銀から資金を引き出したことになる。

息子：ピンとこない。

父：日銀は自らが保有する国債を民間銀行に売って，民間銀行は日銀の当座預金の資金で国債購入代金を支払っているんだ。

息子：了解。

父：こうした流れが見えてくると，日銀が日銀券の発行で得た資金を自由に使うことができないことが分かってくると思うよ。

息子：見えてこないんだけど…

父：1千円札が千円の価値を持つのは，日銀が千円に相当する国債を持っているからなんだ。

息子：少し分かってきた。等価交換の連鎖だね。
　　僕と民間銀行の間では，千円札と千円相当の銀行預金の等価交換。
　　民間銀行と日銀の間では，千円札と千円相当の日銀当座預金の等価交換。
　　さらに，民間銀行と日銀の間では，千円相当の日銀当座と千円相当の国債の等価交換。
　　まとめると，

　　　　千円札　⇔　千円相当の民間銀行預金
　　　　　　　⇔　千円相当の日銀当座預金
　　　　　　　⇔　千円相当の国債

となるね。

父：うまくまとめたな。

息子：千円相当の国債が正味で千円の価値を持たないと，この等価交換の連鎖は破綻するよ。

父：国債の価値は，何に支えられているのかな。

息子：国債は，いずれ返済しなければならなくて，その原資は，結局は税金だね。

父：そう考えてみると，血税がお札の価値を究極で支えているわけだね。

息子：そんなふうに考えたことなんてなかった。

父：そんなことないんじゃないか。
　　君は，「日銀の紙幣を信用している」っていっていたじゃないか。

息子：ということは，僕は，知らず知らずのうちに，国民が国債返済のために税金をきっちりと支払うって信じていたから，日銀の紙幣を信用していたってこと？？？

父：そうなるよな。
　　ここで，少し違った視点から日銀券を考えてみよう。
　　日銀が日銀券で集めた資金で国債を買うということは，日銀券の発行は，国債の発行と重なる部分があるね。
　　それでは，政府が国債を直接発行するのと，日銀が日銀券の発行を経て国債を購入するのとでは，何が違うんだろうか？

息子：政府が国債発行をすると，満期に元本を返すだけでなく，毎年，利息を払うよね。
　　一方，日銀が日銀券を発行しても，いつか元本が引き出されるかもしれな

いけれど，利息はゼロだよね。

父：いいポイントに気がついたね。

　日銀が国債を持とうが，他の投資家が国債を持とうが，政府は，国債を持っているものには利息を支払う。だから，日銀も政府から利息を受け取る。

　しかし，日銀は政府から得た利息を納付金の形で政府に返納するんだ。

息子：えっ！

　ということは，政府は，日銀には，国債利息を支払っていないのと同じだね。

父：そう。ということは…

息子：日銀が日銀券を発行して国債を購入するってことは，日銀も日銀券発行で利息を支払っていないし，政府も日銀には国債利息を支払っていないので，政府は，利息ゼロで国債を発行していることになるよ。

父：そうだね。

　このようにして国債利息支払いが節約される部分は，**貨幣発行収入**と呼ばれている。

　先の硬貨を鋳造して得られる差益の貨幣鋳造収入と似ているし，英語では，どちらも，seigniorage（シニョレッジと仮名がふられていることが多いね）という。

　でも，収入規模は，だいぶ違うね。

息子：確かに。

　もし，紙幣発行に貨幣鋳造収入の考え方をあてはめると，千円札の製造コストは 20 円なので，1 枚の千円札発行で 980 円の貨幣鋳造収入があがってくるね。

父：しかし，貨幣発行収入の考え方だと，国債利息の節約分に相当するので，たとえば，国債金利が年率 1% だと，年間で節約される利息は，1,000 円×1%＝10 円にすぎない。

息子：1 枚の千円札を発行すると，980 円の貨幣鋳造収入が上がってくるっていうのは，間違っているということがよく分かってきた。

日銀は，千円札を発行しても，千円相当の国債を保有するわけで，千円相当の資金を自由に使えるわけじゃないから。

父：確かに，先の前提では，千円札1枚当たりの年間貨幣発行収入は10円にすぎない。

　　でも，人々が千円札を使い続けてくれたら，貨幣発行収入もばかにならないよ。10年使われたら，100円になるわけだから。

息子：100年使われたら，1,000円になるよ。

父：そうだな。

　　ただ重要なことは，千円札の価値は，元本1,000円相当の国債に裏付けられているという点だね。

息子：お父さんの話は，理屈として分かったと思うんだけど，実感としてピンとこない。

　　お父さんの博識を生かして，実例を教えてよ。

父：それじゃ，貨幣鋳造収入と貨幣発行収入で実例をひとつずつあげてみよう。

息子：楽しみ！

父：まず，貨幣鋳造収入の例としては，今年（2013年）の初めに米国で起きた1兆ドル・プラチナコイン騒動が象徴的かな。

息子：途方もないコインだね。

父：米国政府は，借金ができる限度が差し迫ってきて，資金を捻出するために1兆ドルコイン鋳造の案が真面目に議論されたんだ。プラチナは1グラム当たり5,000円しないので，たとえ，100グラムのプラチナを使っても，50万円弱，鋳造費用を加えても100万円とならない。

　　米国政府がこうして鋳造したプラチナコインの額面を1兆ドルにして，連邦銀行（米国の中央銀行）に1兆ドルで買い取ってもらう。1兆ドルに比べれば100万円は無きに等しいので，米国政府は，ほぼ1兆ドルを手にすることができる。

息子：それで，実際に鋳造されたの？

父：議論だけで終わった。

息子：そんなことだと思ったよ。
　　　それでは，貨幣発行収入の方の実例は？

父：1972年の沖縄返還時の出来事。
　　こちらは，実際の話。

息子：沖縄返還って米国が日本に沖縄を返還した，あの返還？

父：そう。
　　返還される前の沖縄は，米国領なので，当然ながら，ドル通貨が流通していた。返還直前で1億4千万ドルほど流通していたといわれている。
　　日本に返還されれば，当然ながら，円通貨がドル通貨に代わって流通する。そのためには，日本銀行が沖縄の住民や企業からドル通貨を買い取って円通貨と交換する必要があるが，沖縄の人々からすれば，できるだけ高い値段でドルを買い取ってほしかった。具体的には，1970年までの相場の1ドル360円で買い取ってほしかった。しかし，実際の交換レートは1ドル305円，沖縄の人々は強い不満を持った。

息子：1ドル360円，円はすごく安かったんだよね。

父：そうだな。
　　不満を抱いたのは，沖縄の住民だけでなく，米国政府も。なぜだと思う？

息子：うーん，分からない。

父：米国政府にとって，ドル紙幣を発行するメリットは何だろう。

息子：そうか。沖縄に流通していたドル紙幣は1億4千万ドルだったけ，その分は，米国政府にとって無利子で資金調達していたので，利息節約分は，米国政府には貨幣発行収入に相当する。それが，沖縄のドル通貨が円通貨に置き換われば，米国政府は，その分，貨幣発行収入を失ってしまう。

父：そうだな。
　　代わりに日本政府が，貨幣発行収入を手にすることができる。
　　米国政府は，その代償を求めてきたんだよ。

息子：どんな？

父：日本政府と日本銀行は，あわせて1億ドルあまりを無利息でニューヨーク連銀（連邦銀行のニューヨーク支店）に預けさせられたんだ。それも，1972年から1999年までの27年間と四半世紀あまり。

息子：その27年間，米国政府は，連邦銀行を通じて無利子の資金調達ができたことになる。

父：そうなんだ。
　1972年から1999年までの1年物米国国債金利は，平均年7.5％。ということは，その間，毎年，1億ドルかける7.5％で750万ドル，27年間で計2億2千万ドルあまりの貨幣発行収入を得たことになる。

息子：なんだか，米国政府がおそろしくなってきた。

父：通貨の主導権争いって，まるで戦争なんだよ。

2-2　貨幣を保有するコストとは？

父：これまで，紙幣（日銀券）を発行する日銀の側から見てきたけれど，今度は，紙幣を保有する消費者や企業の側から，貨幣を考えてみよう。

息子：これまでお父さんの話を聞いてきて，お父さんのいうことに見通しがついてきた。
　紙幣を持ち歩く僕の側から考えれば，買い物に便利な代わりに，利息を受け取れないということだよね。

父：やや小難しくいうと，紙幣保有には，買い物の利便性という**保有便益**がある一方で，利息放棄という**保有コスト**がかかるということになる。

息子：本当に小難しい。

父：それでは，紙幣に対する需要を定式化してみよう。すなわち，**紙幣需要関数**を導いてみる。
　これからは，経済全体の紙幣に対する需要を考えるよ。
　さて，今年の紙幣残高 M_t に対する需要の決定要因は？

息子：まず，買い物の量が多ければ，より多くの貨幣を必要とする。

父：買い物の量か。経済全体の商品やサービスの取引量は，経済全体の産出量，実質 GDP（Y_t）で代表させてみよう。
　紙幣への需要の変化率は実質 GDP の変化率に 1 対 1 で比例するとしよう。他の決定要因は？

息子：モノの価格が高くなれば，より多くの貨幣を必要とする。

父：そうだな。
　紙幣への需要の変化率は物価（p_t）の変化率に 1 対 1 で比例するとしよう。

息子：お父さんは，本当に専制君主だ。なんでも勝手に決めていく。

父：もし，紙幣への需要の変化率が実質 GDP と物価の両方の変化率に比例する場合，$\dfrac{M_t}{p_t Y_t}$ は，一定の値になるね。
　$\dfrac{M_t}{p_t Y_t}$ は，その分母が名目 GDP に相当するので，名目 GDP に対する紙幣保有額の割合と読み替えることもできるね。

息子：でも，これまでの話では，紙幣の保有コストが高まって，紙幣への需要が減少するという側面がまだ出てこないね。

父：紙幣の保有コストは，金利が高い分だけ，紙幣保有コストが高まる。ここでは，1 年物名目金利 $i_{1,t}$ で代表させよう。
　いろいろな事情から（この辺の理由を話すと長くなるから…），$\dfrac{M_t}{p_t Y_t}$ ではなく，その対数変換をしたもの $\left(\ln \dfrac{M_t}{p_t Y_t}\right)$ が，金利上昇にともなって減少するとしよう。
　「名目 GDP に対する紙幣保有額の割合（正確には，その対数）が金利上昇にともなって減少する関係」を次のように表してみよう。

(7—8) $\quad \ln \dfrac{M_t}{p_t Y_t} = -\lambda \times i_{1,t}$

もちろん，λは正値。ギリシャ文字のλは，「ラムダ」って読むよ。

息子：確かに，(7—8) 式だと，金利が上昇すると，紙幣保有割合が低下するね。

この式は，次のように書き換えられるね。

$$\ln \frac{M_t}{Y_t} - \ln p_t = -\lambda \times i_{1,t}$$

父：上の式にフィッシャー方程式を導入してみよう。

すなわち，$i_{1,t} = r_{t,t+1} + \frac{p^e_{t+1} - p_t}{p_t}$ だね。ただ，右辺2項は，対数で近似できるので，$i_{1,t} = r_{t,t+1} + \ln p^e_{t+1} - \ln p_t$ となる。

息子：$\ln p_t$ について解いてみると，次のようになるかな。

$$\ln p_t = \frac{1}{1+\lambda}\left(\ln \frac{M_t}{Y_t} + \lambda r_{t,t+1} + \lambda \ln p^e_{t+1}\right)$$

父：エイヤァで，実質金利はいつも0，実質GDPはいつも1としよう。

息子：じぇじぇ！
暴君お父さん…

父：また，将来の予想物価水準は，実際の物価水準と等しいとするね。

$$p^e_{t+1} = p_{t+1}$$

ということは，次のようになるね。

(7—9)　　$\ln p_t = \dfrac{1}{1+\lambda}(\ln M_t + \lambda \ln p_{t+1})$

(7—9) 式を見ていて，何かピンとこないか。

息子：繰り返し代入していくやつだろう。

$$\ln p_{t+1} = \frac{1}{1+\lambda}(\ln M_{t+1} + \lambda \ln p_{t+2})$$

$$\ln p_{t+2} = \frac{1}{1+\lambda}(\ln M_{t+2} + \lambda \ln p_{t+3})$$

と，次々と代入していくよ。

終末は来ないとすると，次のようになるね。

(7—10) $\quad \ln p_t = \frac{1}{1+\lambda}\sum_{\tau=0}^{\infty}\left[\left(\frac{\lambda}{1+\lambda}\right)^{\tau}\ln M_{t+\tau}\right] + \lim_{\tau\to\infty}\left(\frac{\lambda}{1+\lambda}\right)^{\tau}\ln p_{t+\tau}$

父：そうだな。

さらには，今，日銀が現在から将来にかけての紙幣供給計画を決めるとしよう。$M_t, M_{t+1}, M_{t+2}, M_{t+3}, \ldots$ をあらかじめ決めているとする。

現在の物価（の対数値，$\ln p_t$）は，将来の紙幣供給計画にどのように反応するかなぁ。

まずは，極端な場合で $\lambda=0$ としよう。すなわち，紙幣需要が保有コストの金利にいっさい左右されないケース。

息子：$\lambda=0$ であると，(7—10) 式の右辺第2項は，すぐに消えてしまうよね。

父：それでは，(7—10) 式の右辺第1項は？

息子：これも消えてしまわない？

というのも，$\left(\frac{0}{1+0}\right)^0=0, \left(\frac{0}{1+0}\right)^1=0, \left(\frac{0}{1+0}\right)^2=0, \left(\frac{0}{1+0}\right)^3=0,$ と続くから。

父：実は，最初のところだけ違う。

$\left(\frac{0}{1+0}\right)^0=0$ じゃなくて，$\left(\frac{0}{1+0}\right)^0=1$ なんだよ。どんな数の0乗も1なんだ。

息子：ということは，$\ln p_t = \ln M_t$ となって，現在の紙幣供給が増えると，現在の物価がその分だけ上昇する。

父：このように現在の紙幣供給と現在の物価の関係が1対1となるケースは，**貨幣数量関係**って呼んでいるんだ。

では，逆に，λ が無限大になるとどうかな？

息子：$\lim_{\lambda \to \infty} \dfrac{1}{1+\lambda} = 0$ だよね。

だから，(7—10)式の右辺第1項は，消えてしまうね。

父：うん。

息子：少し引っかかるのは，λ が無限大だと，$\lim_{\lambda \to \infty} \dfrac{\lambda}{1+\lambda} = \lim_{\lambda \to \infty} \dfrac{1}{\frac{1}{\lambda}+1} = 1$ となるので，(7—10)式の右辺第2項は，ゼロに収斂することなく，$\lim_{\tau \to \infty} \ln p_{t+\tau}$ のまんまじゃないの。

父：うん。

息子：ということは，

$$\ln p_t = \lim_{\tau \to \infty} \ln p_{t+\tau}$$

となって，現在の物価は，現在から将来かけての紙幣供給計画にまったく左右されない。

父：貨幣数量関係が完全に失われてしまうね。

息子：…ということは，分かるんだけど，$\ln p_t = \lim_{\tau \to \infty} \ln p_{t+\tau}$ の意味するところが，今ひとつ分からない。

父：確かに難しいけど，右辺の $\lim_{\tau \to \infty} \ln p_{t+\tau}$ を長期的な物価水準と考えると，現在の物価水準（$\ln p_t$）は，長期的な物価水準のところで安定していると解釈できるかな。

息子：次のお父さんの質問は，きっと，$0 < \lambda < \infty$ のケースだよね。

父：そうだね。どうなるかな。

息子：$0 < \lambda < \infty$ であると，$\dfrac{\lambda}{1+\lambda}$ が1を下回るよね。

ということは、$\lim_{\tau \to \infty}\left(\dfrac{\lambda}{1+\lambda}\right)^{\tau}$ がゼロに収斂するので、(7—10) 式の右辺第2項は、ゼロに収束してしまう。

父：うん。
　　それでは、(7—10) 式の右辺第1項は？

息子：λ が大きくなっていくと、(7—10) 式右辺第1項の先頭にある $\dfrac{1}{1+\lambda}$ は低下するので、紙幣供給計画に対する反応が全般的に鈍くなるよね。
　　一方では、λ が大きくなっていくと、$\left(\dfrac{\lambda}{1+\lambda}\right)^{\tau}$ の括弧内が1に近づくので、将来の紙幣供給に反応する度合が高まっていく。
　　どっちの力が強いかよく分からないや。

父：等比級数の和の公式を用いると、
$$\dfrac{1}{1+\lambda}\sum_{\tau=0}^{\infty}\left(\dfrac{\lambda}{1+\lambda}\right)^{\tau}=\dfrac{1}{1+\lambda}\dfrac{1}{1-\dfrac{\lambda}{1+\lambda}}=1$$
となるので、非常に長い目で見ると両方の力は釣り合ってしまう。
　　しかし、近い将来のことを考えると、たとえば、数年先までの紙幣供給計画だけを考えると、λ が高まると、現在の物価が紙幣供給計画に左右される度合いはかえって低くなっていく。

息子：まとめてみると、紙幣需要が金利に左右される度合いが大きくなると（λ が大きくなると）、現在の物価と現在の紙幣供給の関係である貨幣数量関係は弱まる。

父：それでいいと思う。
　　いよいよ、第7講冒頭からの懸案事項、すなわち、物価と金利の表裏一体の関係について考えてみよう。

息子：いよいよだね。

父：ここまでの議論をまとめてみると、次のようになるね。

　① まずは、日銀が現在から将来にかけての紙幣供給計画を決める。すな

わち，$M_t, M_{t+1}, M_{t+2}, M_{t+3}, ...$ をあらかじめ決める。
② 貨幣市場の需給均衡の結果，現在から将来にかけての物価水準が決まってくる。すなわち，貨幣市場の需給均衡で，$p_t, p_{t+1}, p_{t+2}, p_{t+3}, ...$ が決まってくる。
③ 今，実質金利がゼロと仮定しているので，名目金利は予想インフレ率に等しい。すなわち，

$$i_{1,t} = \ln p_{t+1} - \ln p_t,$$
$$i_{1,t+1} = \ln p_{t+2} - \ln p_{t+1},$$
$$i_{1,t+2} = \ln p_{t+3} - \ln p_{t+2},$$
$$i_{1,t+3} = \ln p_{t+4} - \ln p_{t+3}, \cdots$$

と決まる。
　こうして見てくると，物価の系列が決まることと，金利の系列が決まることが表裏一体だということが分かるんじゃないかな。

息子：どうにかこうにか理解できたと思うけど…

2-3　日本の紙幣需要関数

父：ここで，実際の日本の紙幣需要関数を見てみたくないか？

息子：もちろん！

父：サンプル期間を金利が比較的高かった1980年から1996年と，金利が非常に低くなってゼロ近傍で推移するようになった1996年から2005年に分けてみるよ。なお，ここで使うデータは，すべて日本銀行が公表しているものだよ。
　図7-4のグラフは，前半のサンプル期間について，横軸に金利（銀行間の貸借市場であるコール市場の金利），縦軸に紙幣残高（M_t）の名目GDP（$p_t Y_t$）に対する割合の対数値をそれぞれとっている。
　金利が高くなると，$\ln \dfrac{M_t}{p_t Y_t}$ で表される紙幣需要は低下している。この右下がりの関係の傾きが $-\lambda$ に相当する。
　線形回帰式で近似すると，λ は2.271。

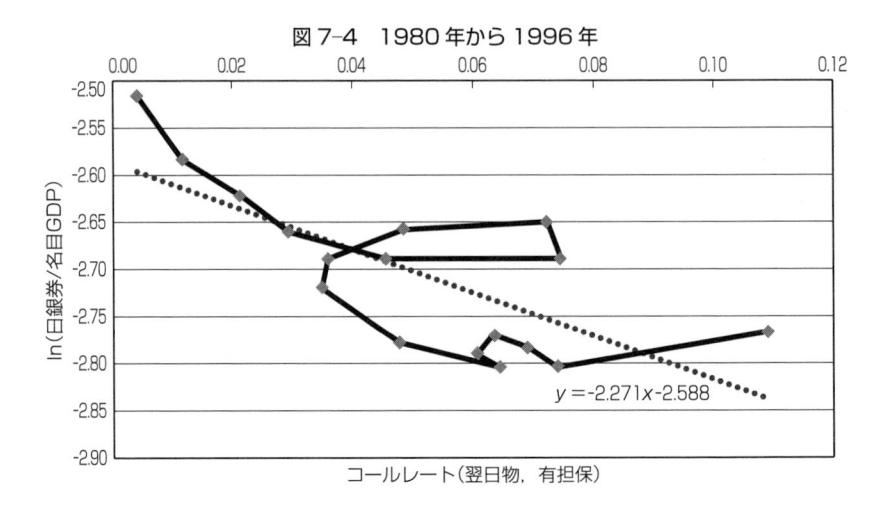

図 7-4　1980 年から 1996 年

縦軸：ln(日銀券/名目GDP)
横軸：コールレート（翌日物，有担保）

$y = -2.271x - 2.588$

息子：少し聞いていい。線形回帰式ってなぁーに？

父：ここで簡単に説明するのは難しいから，計量経済学や統計学の授業で習ってほしいな。
　　曲線の関係を直線の関係で近似する統計的作業というぐらいに理解しいてほしい。

息子：本当に右下がりの関係が表れるんだ。なんだか感動。

父：感動することないさ。当たり前の関係だと思えばいいじゃないか。

息子：お父さんにとっては，そうかもしれないけれど，僕にとっては，新鮮だよ，このグラフは。

父：図 7-5 のグラフは，1996 年から 2005 年のサンプル期間について，まったく同じ図表を描いたもの。
　　こちらのグラフは，先のグラフと同じ目盛幅をとっているんだけど，ずいぶんと衝撃的だな。
　　線形回帰式から得られる λ の値は，108.63。先の値に比べて，飛躍的に大きくなった。

息子：λ が 2.3 から 108.6 か。すごいね。

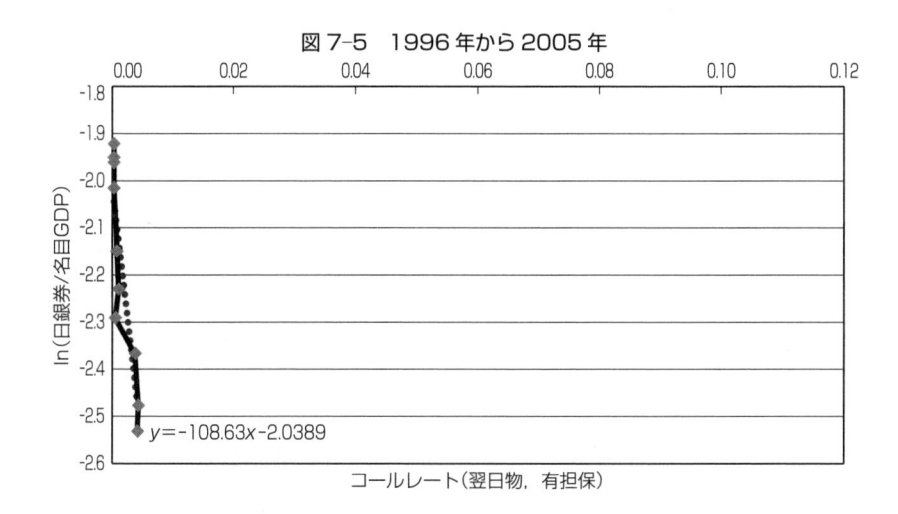

図7-5　1996年から2005年

父：なぜ，金利がゼロ近傍になると，λが飛躍的に高まるんだろうか？

息子：金利がゼロだと，紙幣保有コストはゼロなので，銀行に預けていてもしょうがないから，紙幣を保有するってこと。家や事務所の金庫に紙幣を貯め込んでいるのかな？

父：そういうことかな…
　　実は，金利がゼロ近傍になって，金庫の売れ行きがよくなったんだよ。

息子：じぇじぇ！

父：本当だよ。
　　ところで，λが上昇すると，どうなるんだったけ？

息子：現在の物価と現在の紙幣供給の関係が弱まっていく。

父：λが2.3と108.6で，将来の紙幣供給計画に対する物価感応度である$\frac{1}{\lambda+1}\left(\frac{\lambda}{\lambda+1}\right)^\tau$がどのように違うかを見てみればいいんじゃないかな。

息子：そうだね。グラフをエクセルで描いてみよう（図7-6）。

父：印象的なグラフだね。

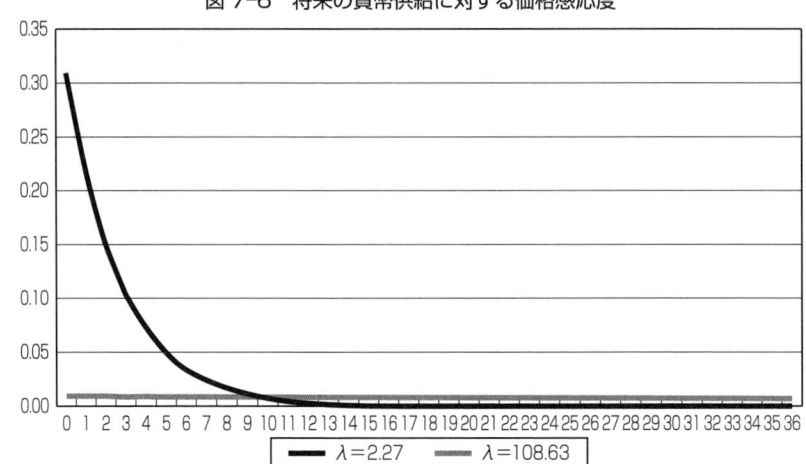

図 7-6　将来の貨幣供給に対する価格感応度

$\lambda=2.27$　　$\lambda=108.63$

息子：そうだね。

　現在の貨幣供給に対する現在の物価の感応度（τがゼロのケース）は，2.3のときは，0.3に達しているのに，108.6になると，0.01とほとんどゼロだよね。

父：確かに，10年先の紙幣供給計画については，感応度は逆転するけれど，感応度の水準自体は依然として低いね。

息子：ということは，現時点で一生懸命に紙幣を刷っても，物価はなかなか上がらないということ…

父：そういうことになるかな。

第7講　金融市場の物語（その2）：外国為替レートと物価　——253

【講義の後で】

息子：「円の価値」って，「千円札でものがどれだけ買えるのか？」が貨幣市場の話で，「千円札でドルがどれだけ買えるのか？」が外国為替市場の話と考えれば，なるほど，よく分かる。

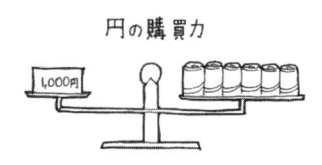

円の購買力

外国為替レート

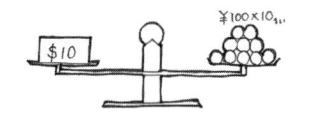

　経済学者のお父さんは，「とても分かりやすいところ」から出発しておきながら，いつのまにか，「なんだか分かりにくいところ」に，僕を連れ込んでしまう。
　「分かりやすいところ」でとどまってくれればよいのに，と思う反面，「分かりにくいところ」は，うっとうしいけど，なんだかわくわくもする。
　たぶん，経済学を一人で勉強していたら，「分かりやすいところ」から離れようとしなかったと思う。僕のようななまくらな人間を，「分かりやすいところ」から「分かりにくいところ」に無理やり引っ張り出すのが，教師としてのお父さんの仕事なのかな…

政策編

第8講 「現在⇒未来」の経済モデルで政策課題を考える

【講義の前に】

父：今日の講義，あいつは，怒るかもしれないな。
　これまで，「現在⇐将来」のマクロ経済モデルの重要性を，さんざん強調しておきながら，今度は，打って変わって，「現在⇒将来」のマクロ経済モデルを，それも3つも紹介するんだから…

　漢詩でいえば，第8講は，起承転結の「転」かな。いったん，まったく逆の視点に立つことで，これまで議論してきたことの意味をより深く理解する契機になってくれればよいのだけどね。

　…というようなことが，伝わればよいのだけれども。

1　自然失業率とは？：簡単な労働市場モデル

1-1　失業率の定義

父：第8講から第10講は，日本経済が抱えている政策課題を取り扱っていく。

息子：それは，それは，大きなことだね。

父：といっても，これまでのデータ編やモデル編と同じ調子で淡々とやっていきたいな。

　ところで，第6講と第7講で取り扱った金融市場のモデルは，債券価格，株価，外国為替などの「現在の資産価格」が「将来の経済の鏡」になっていた。

息子：そうだけど。

　時間の流れからいえば，「未来⇒現在」に"**時間が逆流する**"経済モデルだね。

父："逆流"とは，うまいこといったなぁ。確かに，現実の時間の流れとは真っ逆さまだな。

　ところで，第8講では，時間の流れからいうと，「現在⇒未来」の"**順流**"の経済モデルを用いていくことにしよう。

息子：お父さんの一連の講義のメインテーマは，僕のいい方だと"逆流"の経済モデルじゃないの？

　それが，講義の活況に入って，"順流"の経済モデルに逆戻りっていうのは，なんだか拍子抜け…

父：確かに，数学的な構造からすれば，"順流"の経済モデルは，"逆流"の経済モデルよりも簡単で，理論的な意味で後退だね。

　でも，**失業問題**，**資本蓄積**，**国家財政**といった，重要な政策課題を取り扱うには，"順流"の経済モデルは，なかなか重宝するんだな。

　まずは，失業問題から考えていこう。

息子：**失業者**って，「職を失った人」だよね。

父：そのとおり。もう少し厳密にいうと，「働く意思があって，求職活動をしているにもかかわらず，職に就けていない人」となる。
　日本の政府統計でいう**完全失業者**は，「1週間連続して就職機会がない状態」と定義されている。
　新聞やテレビでしばしば報じられる**失業率**の分子は，完全失業者数。
　それでは，失業率の分母は？

息子：総人口だろ。

父：そうじゃないんだ。
　総人口にしてしまうと，就職能力のない赤ん坊，君のような全日制の大学生，家事に専従している男女，定年退職した老人など，就職していないのが自然な人たちもすべて含まれてしまう。
　失業率の分母は，総人口ではなくて，**労働力人口**。労働力人口とは，「今，働く意思がある人々の総数」に相当する。

息子：そうか。
　今，働く意思がある人々の中で，職に就けていない人々（完全失業者）の割合が，失業率なんだね。

父：働く意思がある人々の中で，職に就けている人々は，**就業者**と呼ばれている。
　インターネットで総務省統計局のホームページにいって，「**労働力調査**」が掲載されているページを開いてみてよ。

息子：確かに，2013年10月の統計が載っているね。
　就業者数は6366万人，完全失業者数は263万人。
　就業者も，完全失業者も，働く意思があるわけなので，働く意思のある人たちの総数である労働力人口は，両者の和，すなわち，6629万人。
　失業率は，6629万人の労働力人口に対する263万人の完全失業者数の割合なので，4.0％。

父：**非労働力人口**も載っていないか。

息子：あるよ。4458万人也！

労働力人口と非労働力人口（法律上働くことができる 15 歳以上の人口に限られているけれど）の和が，15 歳以上総人口で 1 億 1087 万人となるんだね。

父：そうだな。
15 歳以上人口 1 億 1087 万人の 59.8% が「働く意思がある」人たちで，そのうち，4.0% が失業者となるわけだ。
君は，日本の失業率は，高いと思うか，低いと思うか？

息子：失業率 4% とは，100 人の働きたい人のうち，4 人が失業ということだよね。
僕の無責任な感想では，「低い」と思うね。

父：国際比較で見ても，日本の失業率は，確かに低い。
米国は 7%。ギリシャやスペインは 25% 以上で，4 人に 1 人が失業状態。南アフリカも 25% 弱の失業率。

息子：そうなんだ…
ところで，失業率が，どこで"順流"の経済モデルと関係するの？

父：時間が現在から未来の方向に流れる経済モデルで，失業率が，将来，行き着く先を考えてみようと思う。
将来，行き着く先の失業率は，**自然失業率**と呼ばれている。

息子：まだ，お父さんのいうことが見えてこない。

父：一歩，一歩，議論を進めていこう。
まずは，①就業者が職を失って失業者になる流れと，②失業者が職を得て就業者になる流れをモデル化してみよう。

息子：「就業⇒失業」と「失業⇒就業」の双方向なんだね。

父：そういうこと。
では，数学を使っていくよ。
まず，労働力人口は，labor force から L，就業者数は，employment から E，失業者数は，unemployment から U と名付ける。

労働力人口は，時間を通じて一定と仮定するけど，就業者数と失業者数は変化していくので，t時点の就業者数はE_t，同じくt時点の失業者数はU_tとする。
　当然，$L=E_t+U_t$がいつも成り立っている。
　失業率（u_t）は，$\dfrac{U_t}{L}$となる。

息子：これで，就業と失業の双方向の流れが記述できるの？

父：そうあわてるな。
　まず，職に就いている人がある期間に職を失う割合（失業プールに流入するという意味で**失業流入率**ともいう）は，英語の separation rate からsとする。
　また，失業している人がある期間に職に就ける割合（失業プールから流出するという意味で**失業流出率**）は，英語の finding rate からfとする。

息子：少しずつ見えてきたよ。
　まず，「就業⇒失業」の流れでは，失業者数がsE_tだけ増えるね。

父：同じように「失業⇒就業」の流れでは，失業者数がfU_tだけ減るね。
　それでは，失業者数の変化（$U_{t+1}-U_t$）は，どのように書き表すことができるだろうか？

息子：「就業⇒失業」の流れ（sE_t）が「失業⇒就業」の流れ（fU_t）を上回る分だけ，失業者数は増えるので，

　　(8―1)　　　$U_{t+1}-U_t=sE_t-fU_t$

となるよ。

父：正解。
　就業者数も，失業者数も，時間を通じて変化してしまうので，$E_t=L-U_t$で就業者数を消去しておこう。

息子：えーと…

　　(8―2)　　　$U_{t+1}-U_t=s(L-U_t)-fU_t=sL-(s+f)U_t$

かな。

父：これまた，正解。
　それでは，(8—2) 式の両辺を労働力人口（L）で割って，失業率で表現してみようよ。

息子：そんなに難しくないね。

$$\frac{U_{t+1}}{L} - \frac{U_t}{L} = s - (s+f)\frac{U_t}{L}$$

だから，

(8—3)　　　$u_{t+1} - u_t = s - (s+f)u_t$

父：これまた，正解。
　それじゃ，失業率が将来的に行き着く先，自然失業率（u^*）を，(8—3) 式から求めることはできないかな？

息子：「行き着く先」の自然失業率って分からないよ。

父：「そこにたどりついたら，ずっとそこにいる」という意味での失業率。
　経済学では，失業率の**定常状態**って呼ばれているんだ。

息子：「ずっとそこにとどまる失業率」ということは，$u_{t+1} = u_t = u^*$ が成り立てばよいわけだね。それを (8—3) 式に代入して，u^* について解くと，

(8—4)　　　$u^* = \dfrac{s}{s+f}$

となるね。

父：自然失業率の高低は，どうやって決まるかな？

息子：そう来ると思っていた。
　就職者が職を失う比率（失業流入率っていったっけ）の s が高くなると，自然失業率は高くなるし，失業者が職を見つける比率（失業流出率っていったっけ）の f が高くなると，自然失業率は低くなるね。

父：それでは，(8—4) 式を使って (8—3) 式を表し直したらどうなるかな？

息子：こちらの方も，そう来ると思っていたよ。

$$(8-5) \qquad u_{t+1} - u_t = (s+f)\left(\frac{s}{s+f} - u_t\right) = (s+f)(u^* - u_t)$$

父：(8—5) 式を解釈してみようよ。

息子：その質問も想定内。

　まず，当然ながら，現在の失業率が自然失業率に等しいと，$u_t = u^*$ になってしまう。

　$u_t > u^*$ だと，(8—5) 式の右辺は，マイナスになるので，$u_{t+1} - u_t < 0$ となって，失業率は自然失業率に向かって減少していく。

　逆に，$u_t < u^*$ だと，(8—5) 式の右辺は，プラスになるので，$u_{t+1} - u_t > 0$ となって，失業率は自然失業率に向かって上昇していく。

父：まさに，「現在⇒未来」の"順流"経済モデルだね。

　現在の失業率 (u_t) が自然失業率を上回るか下回るかで，将来に向かって，失業率がどちらの方向に変化するのかが決まってしまうんだから。

1-2　日本経済の自然失業率

息子：お父さんが次に展開する議論もだいたい予想がつくよ。

　「日本経済のデータを見てみよう」だろ？

父：正解…

　先もいった総務省統計局が作成している労働力調査には，失業流入率 (s) や失業流出率 (f) の算出に必要なデータである「今月および前月の就業状態」が毎月記録されている。

　失業流入率は，前月に就業していた人のうち，今月になって失業した人の割合に相当する。また，失業流出率は，前月に失業していた人のうち，今月になって就業した人の割合に相当する。

　これまで展開してきた経済モデルと違って，実際の失業流入率や失業流出率は，結構，変動するんだ。

　図8-1 のグラフのように，月ごとに，**過去1年間の移動平均**をとって馴

図 8-1　失業流入率と失業流出率の推移

凡例：失業流出率の1年移動平均　　失業流入率の1年移動平均（右目盛）

らしたとしても，ずいぶんと大きな変化をしている。失業流入率（右目盛り）は，0.4% から 0.7% の間を大きく変動しているし，失業流出率（左目盛り）は，10% から 13% の間で変動している。

息子：移動平均って？

父：たとえば，2001 年 5 月で過去 1 年間の移動平均をとるとすると，2000 年 6 月から 2001 年 5 月の間の平均値を求める作業を指しているよ。

息子：それでは，2011 年のところでグラフが途切れているのは？

父：2011 年 3 月から同年 8 月は，東日本大震災の影響で被災 3 県（岩手県，宮城県，福島県）などで，労働力調査が実施できなくて，全国集計がとれなかったんだ。

息子：大震災の影響ってそんなところにも出るんだね。

父：失業流入率と失業流出率が変化しているので，自然失業率も大きく変化してしまう。

　図 8-2 のグラフは，月ごとに失業流入・流出率の移動平均から計算した自然失業率と，毎月の失業率をプロットしたもの。

図 8-2　自然失業率の実際の失業率

　まずは，自然失業率の動向について，コメントしてみてよ。

息子：お安い御用。

　2002 年から 2007 年にかけて自然失業率 $\left(\frac{s}{s+f}\right)$ が低下しているのは，失業流入率（s）が低下する一方で失業流出率（f）が上昇したからだね。

父：2002 年から 2007 年は，**「戦後最長の景気回復期」**と呼ばれていて，6 年近く景気回復が持続した時期。

息子：逆に，2008 年後半から 2009 年にかけて，失業流入率が上昇する一方で，失業流出率が低下した結果，自然失業率が著しく上昇している。

父：この時期は，2008 年 9 月の**リーマンショック**と呼ばれる金融危機（リーマンブラザーズという米国の投資銀行が破綻したことを起因とする金融ショック）で，日本経済も深刻な不況に陥った。

息子：リーマンショックは，ニュースや新聞でもたびたび登場するね。
　さっきのグラフ（**図 8-2**）を見て僕が意外に感じたのは，日本経済は，リーマンショック以降，ずっとダメだって思っていたんだけど，2009 年末に

は，主として失業流入率が低下したことを反映して，自然失業率が低下し始めていたんだね。

　自然失業率は，2011年3月の東日本大震災で若干上がったけど，2012年に入ると，再び低下しているね。

父：意外というのは？

息子：2012年末に政権が民主党から自民党に移ってはじめて，景気が回復してきたと思っていたから。

父：その辺については，最後の講義（第10講）でもう一度考えてみよう。
　いずれにしても，データを見るということは，大切なことだね。

息子：お父さんの次の質問も，だいたい見当がつくよ。

父：何だ？

息子：「(8—5) 式に沿って，自然失業率の u_t^* と実際の失業率の u_t を比較してみろ」じゃない？

父：そのとおり。
　(8—5) 式に沿って解釈すると，実際の失業率が自然失業率を下回っていると，失業率は悪化するし，逆に，実際の失業率が自然失業率を上回っていると，失業率は改善していく。

息子：2000年から2002年は，まさに前者のケースで，5.5％を超える非常に高い自然失業率に向かって，実際の失業率も5％を超えて上昇していった。

父：でも，前者のケースは，実際の失業率が非常に低い水準だった2006年，2007年にも，起きているね。
　この時期は，どのように解釈すればよいかな？

息子：低位の自然失業率をさらに下回って実際の失業率が低下したのは，景気が過熱して，失業率が改善しすぎたってことかな。

父：そうだと思うよ。
　まったく逆の現象として，リーマンショック後に，高まっていく自然失業

率を越えて実際の失業率が上昇したのは，景気が極端に落ち込んで，失業率が悪化しすぎたってことだね。

息子：いろいろと興味深いね。
　　今回も，多くのことを学んだ気がする。こう見てくると，経済モデルが"順流"か，"逆流"かってことは，本質的なことでないということ？

父：父さんは，それについて，今はコメントを控えようと思う…
　　覚えておくけど。

【講義の合間に】

息子：実は，僕が小学生低学年の頃，お父さんは，失業していたと思ってた。ずっと書斎にいて，一日に何度か，近所を散歩していただけだから。

父：確かに，あの頃は，週1回しか大学に行かず，家でずっと論文を書いていたからなぁ。

息子：大学の先生って，いいなぁ…

父：楽そうにみえて，実は，そうでもないんだけどね。
　「自由に仕事をしなさい」っていわれると，結構つらいこともあるんだよな。

息子：僕には，分からないよ。

父：今は，分からなくていいよ。

2 資本蓄積の質とは？：簡単な資本蓄積モデル

父：これからの議論は，第5講を復習していることを前提に進めるよ。

息子：昨日も，お父さんにそういわれたので，自分のノートを読み返しておいた。

父：それは，どうもありがとう。

息子：どういたしまして。

父：第5講の経済モデルは，

(5—1) $Y_t = C_t + I_t$
(5—2) $K_t = K_{t-1} + I_t - \delta K_{t-1}$
(5—3) $Y_{t+1} = f(K_t)$

から成り立っていて，さらにいくつかの仮定を加えると，まさに君のいう「時間が逆流する経済モデル」になったね。

息子：そうだった。

父：これから，simplifying assumptions って英語ではいうんだけど，モデルを簡略化させるような仮定を置いてみよう。すると，「時間が順流する経済モデル」に"退化"するんだよ。

息子：わざわざ，"退化"なの…

父：まぁ，辛抱しろ。
　まず，(5—3) 式の生産関数を次のように特定化する。

(8—6) $Y_{t+1} = AK_t^\alpha$

と定式化して，

$0 < \alpha < 1, \ A > 0$

と仮定する。ギリシャ文字のアルファ（α）は，おなじみだよね。

図 8-3　資本水準と産出量

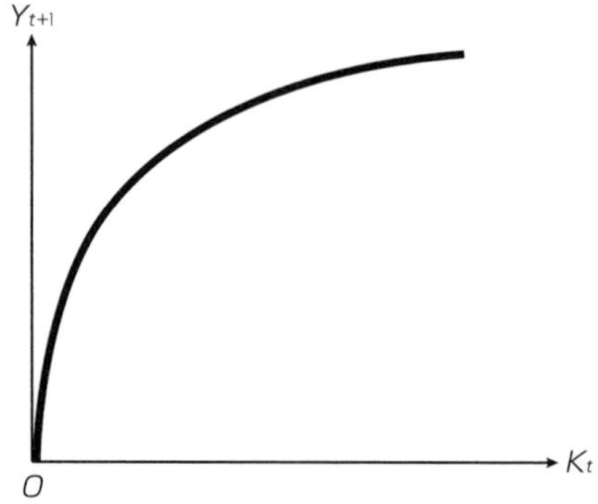

（8—6）式の生産関数は，経済学者の P. H. ダグラスと数学者の C. W. コブの名前にちなんで**コブ・ダグラス型生産関数**と呼ばれている。

　この生産関数は，いくつもの面白い特性を持っているんだけど，そのことは，正規の経済学部の講義で習ってほしい。この講義で何もかもとはいかないから。

息子：「お父さんが教えてくれない」という部分があった方がよいと思うよ。

父：ありがとう。

　コブ・ダグラス生産関数も，生産水準が高くなるほど，限界生産性が逓減するので，**図 8-3** のような形状をしている。

息子：第 5 講で議論したおなじみのグラフだね。

父：なじみになったか…

　ところで，これから話す仮定は，とても大胆。

　（5—1）式が示すように，今期の GDP（Y_t）を消費（C_t）と設備投資（I_t）に割り振るんだけど，その割合を固定してしまおうと思う。

　「エィヤー」と思い切って，c と $1-c$ の割合で GDP（Y_t）を振り分ける。すなわち，

$$C_t = cY_t = cAK_{t-1}^{\alpha}$$
$$I_t = (1-c)Y_t = (1-c)AK_{t-1}^{\alpha}$$

消費に割り振られる割合 c は，**平均消費性向**とも呼ばれている。設備投資に割り振られる割合 $1-c$ は，**平均貯蓄性向**とも呼ばれている。なぜかというと，生産は所得にも対応するので，消費されなかった所得が貯蓄されて，金融市場を通じて設備投資資金として融資されると考えられるから。

平均貯蓄性向 $1-c$ は，ギリシャ文字の σ（シグマと読む）という記号をあててみようと思う。

したがって，

$$I_t = \sigma A K_{t-1}^{\alpha}$$

$0<c<1$ だから，$0<\sigma<1$ になることにも気を付けてほしい。

息子：第5講で議論した消費の決まり方からすると，ずいぶんと簡単になってしまった…

父：そうかもしれん。

これまでの仮定を（5—2）式に代入すると，

(8—7)　　　　　$K_{t+1} - K_t = \sigma A K_t^{\alpha} - \delta K_t$

となる。

次期の資本蓄積の方向（$K_{t+1}-K_t$ の符号）が，今期の資本蓄積水準（K_t）で決まってしまうという意味では，まさに，時間の流れが「現在⇒未来」の経済モデルだね。

息子：(8—7) 式の右辺の符号がどのように決まるのかは，見えにくいんだけど…

父：そんなこともないさ。

一歩，一歩，考えてみよう。

息子：難しそうだけど…

父：まず，(8—7) 式の右辺第1項（$\sigma A K_t^{\alpha}$）は，生産関数 $A K_t^{\alpha}$ を，垂直方向に σ の割合で縮小しただけなので，関数の形状パターンは変わらない。

したがって，$\sigma A K_t^{\alpha}$ は，図8-3で描いた生産関数を，σ の割合で下方にスケールダウンさせたような形状になる（図8-4）。

図8-4 所得（産出量）と貯蓄

（グラフ：縦軸 $Y_{t+1}, \sigma Y_{t+1}$、横軸 K_t。上側の曲線 Y_{t+1}、下側の太い曲線 σY_{t+1}）

息子：確かに。

父：それでは，右辺第2項の δK_t は，どんな形状かな。

息子：それは，簡単。δK_t は，原点を通る線形関数だよね。

父：(8—7) 式右辺の第1項と第2項を同じグラフに描くと，**図8-5** のようになるね。

議論をしやすくするために，第1項の曲線と第2項の直線が交わるところの資本水準を，K^* と名付けよう。K^* の資本蓄積水準では，(8—7) 式の右辺がゼロとなって資本が一定の水準にとどまるので，**定常状態の資本蓄積**と呼ばれることが多いね。

この定常状態の資本水準 K^* の両側で2つの異なったパターンが生じるね。

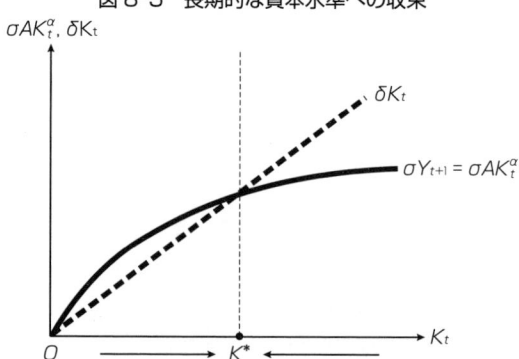

図8-5 長期的な資本水準への収束

（グラフ：縦軸 $\sigma AK_t^{\alpha}, \delta K_t$、横軸 K_t。破線 δK_t と実線 $\sigma Y_{t+1} = \sigma AK_t^{\alpha}$ が K^* で交わる）

(8—7) 式の右辺は，$\sigma A K_t^\alpha$ が δK_t を上回ると，プラスになるので，資本水準は増加していく。グラフでいうと，資本水準 K_t が K^* よりも低いと，実線部分の $\sigma A K_t^\alpha$ が点線部分の δK_t を上回っているので，資本水準が増加していく。

息子：逆に，資本水準 K_t が K^* よりも高いと，実線部分の $\sigma A K_t^\alpha$ が点線部分の δK_t を下回っているので，資本水準が減少していく。
　いずれにしても，資本水準は，長期的には，図 8-5 の K^* に行き着くことになる。
　確かに，そんなに難しくないや。

父：それじゃ，行き着く先の資本水準，すなわち，定常状態にある資本水準 K^* を求めてみようよ。

息子：それは，簡単。
　定常状態では，$K_{t+1} = K_t = K^*$ なので，それを (8—7) 式に代入して，K^* について解くと，

$$(8\text{—}8) \qquad K^* = \left(\frac{\delta}{\sigma A}\right)^{\frac{1}{\alpha - 1}}$$

となるよ。

父：それでは，定常状態の資本水準の"望ましさ"を考えてみよう。

息子：あらためて"望ましさ"なんていわれると，考え込んでしまうな。

父：考え込む必要なんてなさい。資本蓄積の"質"みたいなことさ。第 5 講で資本蓄積の**黄金律**のことを習ったけど，覚えているか。

息子：覚えているよ。
　定常状態の資本水準が黄金律の K^g を超えると，消費の拡大に貢献することがないので，無駄な資本蓄積になるって話だったよね。

父：そうだ。
　資本蓄積の黄金律 K^g の条件は何だったかなぁ？

息子:資本の限界生産性が固定資本減耗率に等しいこと,すなわち,

$$f'(K^g) = \delta$$

父:この条件を,コブ・ダグラス生産関数にあてはめてみると？

息子:これは簡単。

$$f'(K^g) = \alpha A(K^g)^{\alpha-1} = \delta$$

だから,

(8—9) $\quad K^g = \left(\dfrac{\delta}{\alpha A}\right)^{\frac{1}{\alpha-1}}$

となるね。

父:(8—8) 式と (8—9) 式は,とても似てないか？

息子:(8—8) 式の σ が (8—9) 式で α に変わっただけだね。

父:平均貯蓄性向 σ とコブ・ダグラス生産関数のパラメーター α の大小と,定常状態の資本水準 K^* と黄金律 K^g の大小には,対応関係がないかな？
　$\alpha-1$ がマイナスであることに気を付けて。

息子:あるね。ちょっとだけややこしかったけど,次のようになるよ。
　平均貯蓄性向 σ が α を上回ると,定常状態の資本水準 K^* が黄金律 K^g を上回る。
　平均貯蓄性向 σ が α を下回ると,定常状態の資本水準 K^* が黄金律 K^g を下回る。

父:そうだな。
　ということは,平均貯蓄性向 σ が α を上回ると,資本が長期的に無駄に蓄積されていることになるね。

息子:ここまで明確なことが簡単な経済モデルから出てくると,実際のデータを見たくなるね。

父:そうこなくては。

まずは，コブ・ダグラス生産関数のパラメーター α なんだけど，0.4 ぐらいを目安にしてほしい．

$$\alpha \approx 0.4$$

　その理由は，話すと長くなるので，聞かないでくれ．

息子：それじゃ，聞かないよ．
　平均貯蓄性向の方は，どうしよう．

父：国際比較といくか．
　父さんの手許には，36ヶ国について，2009年から2011年の3年間の名目GDP，名目家計消費，名目政府消費のデータがある．総務省が国連統計から作成したものだけど．なお，政府消費には，公的固定資本形式は含まれていないことに注意してほしい．
　あいにく，GDPデフレーター，家計消費デフレーター，政府消費デフレーターのデータがないので，エイヤァで，3つのデフレーターは等しいものとするね．
　すると，平均貯蓄性向は，次のように定義できる．

$$\frac{名目GDP - 名目家計消費 - 名目政府消費}{名目GDP}$$

　この定義にしたがって，36ヶ国について平均貯蓄性向の3年間平均（2009年から2011年）を求めると，**表8-1** のような結果になるよ．

息子：おっと…
　中国，シンガポール，イラン，サウジアラビアの平均貯蓄性向が40%を超えているや．マレーシアの平均貯蓄性向も，ほぼ40%．
　これらの国は，資本が無駄に蓄積されている可能性があるんだね．

父：君の感想は？

息子：シンガポールやマレーシアって，東南アジアの優等生という印象を持っていたけど，資本蓄積の面では，問題を抱えているということなんだ…
　経済成長が目覚ましい中国は，がむしゃらに設備投資をしているってイメ

表8-1　国別の平均貯蓄性向（2009年から2011年の平均）

	平均貯蓄性向		平均貯蓄性向
中国	0.52	ベルギー	0.23
シンガポール	0.50	デンマーク	0.22
イラン	0.46	カナダ	0.20
サウジアラビア	0.43	ポーランド	0.20
マレーシア	0.40	日本	0.20
インドネシア	0.34	フィンランド	0.20
インド	0.31	南アフリカ	0.19
韓国	0.31	ブラジル	0.19
タイ	0.31	イタリア	0.19
スイス	0.31	イスラエル	0.18
ロシア	0.28	フィリピン	0.17
アルゼンチン	0.28	フランス	0.17
オーストラリア	0.28	トルコ	0.14
オランダ	0.26	英国	0.13
オーストリア	0.26	エジプト	0.13
スェーデン	0.25	ポルトガル	0.13
メキシコ	0.23	米国	0.11
ドイツ	0.23	ギリシャ	0.07

ージだったけど，消費の充実にはつながっていないことになるね。

　サウジアラビアは，石油で稼いだ資金が無駄な設備投資に向かっているってこと…

　イランは，僕自身がよく分かっていない国…

　お父さんの感想は？

父：特段ない…

【講義の合間に】

息子：「現在⇒将来」のマクロ経済モデルって，腑に落ちるというか，「現在⇐将来」のマクロ経済モデルより，分かりやすいというか。

父：なぜなんかなぁ？

息子：よく分からないんだけど，人間の自然な考え方に逆らっていないというか…

父：自然な考え方か…
　ということは，お父さんが講じているマクロ経済学のほとんどは，不自然な考え方ってことかな…

息子：そんなこと，いっているわけじゃないんだけど…
　気分を悪くしたとしたら，ゴメン。

父：そんなこと，まったくないよ。

3　国債は返済できるのか？：簡単な財政モデル

父：第8講の最後に，"順流"の経済モデルで国家財政の問題を考えてみよう。

息子：僕が一番関心のある経済問題だよ！

父：そうか。
　　気が重い問題でもあるが…

息子：お父さんがそんなことをいってはいけないよ。
　　経済学者なんだから，前を向いてよ。

父：そうだな。
　　ここでは，国家財政に焦点をあてて，地方自治体の財政は取り扱わないことにする。実は，地方財政も，非常に深刻なんだけど…

息子：お父さん，元気を出してよ。
　　淡々と数式で議論するというのが，お父さんのスタイルだろ。

父：では，いくぞ。
　　これからは，すべて名目値（nominal value）で議論するので，名目変数であることを示すために，Nの文字を冠することにするよ。
　　現在の名目公債残高（名目国債残高のこと）は NB_t，現在の名目GDPは NY_t という感じに。

息子：焦点をあてる変数は，名目GDPに対する名目公債残高の比率だろ。すなわち，$\dfrac{NB_t}{NY_t}$ となる。

父：正解。
　　まず，$\dfrac{NB}{NY}$ を全微分とってみようか。

息子：合点承知。

$$d\left(\frac{NB}{NY}\right) = \frac{1}{NY} dNB - \frac{NB}{NY^2} dNY$$

父：もう一歩進んで，すっきりさせようよ。

息子：分かった。

(8—10) $\quad d\left(\dfrac{NB}{NY}\right) = \dfrac{NB}{NY}\left(\dfrac{dNB}{NB} - \dfrac{dNY}{NY}\right)$

でどう？

父：Excellent!
　　それでは，時間の添え字を付けて，(8—10) 式を書き直してみようよ。
　　たとえば，dx は，$x_{t+1} - x_t$ と考えればいいから。

息子：分かった。

(8—11) $\quad \dfrac{NB_{t+1}}{NY_{t+1}} - \dfrac{NB_t}{NY_t} = \dfrac{NB_t}{NY_t}\left(\dfrac{NB_{t+1} - NB_t}{NB_t} - \dfrac{NY_{t+1} - NY_t}{NY_t}\right)$

父：右辺の括弧の中に出てくる第2項の $\dfrac{NY_{t+1} - NY_t}{NY_t}$ は，名目GDP成長率だから，理解しやすい。
　　問題は，第1項の分子の名目公債残高の増分（$NB_{t+1} - NB_t$）をどのように取り扱うかだね。

息子：僕はサッパリ分からないや。

父：ここで，国家財政の復習をしておこう。
　　国家財政の根幹となる勘定は，**一般会計**と呼ばれている。
　　一般会計の支出（**歳出**と呼ばれているね）は，**国債費**と**国債費以外の経費**に分けられる。国債費とは，公債の利払いと元本償還を合わせたもの。
　　一方，一般会計の収入（**歳入**と呼ばれているね）は，**税収，その他収入，公債発行額**からなっている。簡単のために，「その他収入」を合わせた税収を，単に税収と呼ぶことにしよう。

息子：どれもこれも，仰々しいネーミングだね。

父：今年度の初め（4月）の名目公債残高を NB_t とすると，来年度の初めの名目公債残高 NB_{t+1} はどうなるかなぁ？

息子：ちょっと難しいかも…

$$NB_{t+1} = NB_t + (公債発行額 - 公債償還額)$$

となるので，

$$NB_{t+1} - NB_t = 公債発行額 - 公債償還額$$

かな。

父：それじゃ，名目公債残高純増をいいかえているだけじゃないか。$NB_{t+1} - NB_t$ がどう決まるのかが，問題ではないのかな。

息子：お父さんのいうとおりだね。

ということは，今年度，どれだけ公債で収入不足をまかなわなければならないかを考えればよいんだね。

まず，支出としては，国債費以外の経費（NG_t とするよ）だよね。それに，公債の利払いも支出に考える必要がある。公債金利を i_t とすると，今年度の利払いは，$i_t NB_t$ に等しい。

収入は，当然ながら，税収（NT_t）だよね。

父：その調子。

息子：ということは，支出の合計である $NG_t + i_t NB_t$ が税収 NT_t を上回れば，公債を追加発行して公債残高は増える（$NB_{t+1} - NB_t > 0$）。

逆に，支出の合計である $NG_t + i_t NB_t$ が税収 NT_t を下回れば，公債を一部返済して公債残高は減る（$NB_{t+1} - NB_t < 0$）。

数式で書くと，

(8—12) $NB_{t+1} - NB_t = NG_t + i_t NB_t - NT_t$

父：(8—12) 式を解釈してみようよ。

息子：解釈って？

父：いい方を変えてみよう。

　どうすれば，名目公債残高は減るのかな。$NB_{t+1} - NB_t = i_t NB_t - (NT_t - NG_t)$ と書き換えてみると分かりやすいかもしれない。

　税収から国債費以外の経費を差し引いた $NT_t - NG_t$ は，**基礎的収支**と呼ばれている。新聞紙上では，基礎的収支を，**プライマリー・バランス**（primary balance）とカタカナ表記することも多いね。基礎的収支のノーテーションは，PB_t としよう。

息子：名目公債残高が減るということは（$NB_{t+1} - NB_t < 0$），$i_t NB_t < NT_t - NG_t$，すなわち，$i_t NB_t < PB_t$ が成り立たないといけないので，基礎的収支が公債利払い額を上回らないと，名目公債残高が減らないんだね。

父：要するに，基礎的収支が公債返済の基本的な原資ということになる。

息子：そうか！　根本的な返済財源だから，基礎的収支と呼ぶんだ。

父：それでは，（8—12）式を（8—11）式に代入してみよう。

息子：結構簡単になるよ。

$$(8-13) \quad \frac{NB_{t+1}}{NY_{t+1}} - \frac{NB_t}{NY_t} = \frac{NB_t}{NY_t}\left(i_t - \frac{NY_{t+1} - NY_t}{NY_t}\right) - \frac{PB_t}{NY_t}$$

父：対名目GDP比率は小文字で書いて，名目GDP成長率は g_{t+1} とすると，（8—13）式は，次のように書き換えられるね。

$$(8-14) \quad nb_{t+1} - nb_t = nb_t(i_t - g_{t+1}) - pb_t$$

息子：ここまで数式を展開してきたあかつきには，お父さんは，きっと統計数字を持ってくるにちがいない。

父：正解。

　日本政府の一般会計のデータは，**表8-2** のとおりだね。すべてのデータは，財務省が公表したものだ。

表 8-2　日本政府の財政収支

	基礎的収支/名目 GDP (pb)	利払い費/公債残高 (i)	名目 GDP 成長率 (g)	利払い費/公債残高−名目GDP成長率 ($i-g$)	公債残高/名目 GDP (nb)
1980	−0.036	0.074	0.103	−0.029	0.284
1981	−0.021	0.075	0.066	0.009	0.311
1982	−0.009	0.076	0.045	0.031	0.349
1983	−0.010	0.075	0.044	0.031	0.380
1984	−0.011	0.074	0.067	0.007	0.395
1985	−0.004	0.072	0.072	0.000	0.407
1986	0.001	0.068	0.036	0.032	0.424
1987	0.002	0.065	0.059	0.006	0.419
1988	0.007	0.063	0.071	−0.008	0.404
1989	0.011	0.062	0.071	−0.009	0.387
1980 年代平均	−0.007	0.070	0.063	0.007	0.376
1990	0.019	0.061	0.087	−0.026	0.368
1991	0.023	0.061	0.049	0.012	0.362
1992	0.019	0.058	0.019	0.039	0.369
1993	0.015	0.054	−0.002	0.056	0.399
1994	0.005	0.051	0.027	0.024	0.417
1995	0.001	0.046	0.019	0.027	0.446
1996	−0.009	0.043	0.022	0.021	0.474
1997	0.000	0.040	0.010	0.030	0.495
1998	0.003	0.035	−0.020	0.055	0.578
1999	−0.019	0.031	−0.009	0.040	0.655
1990 年代平均	0.006	0.048	0.020	0.028	0.456
2000	−0.021	0.027	0.008	0.019	0.720
2001	−0.022	0.023	−0.017	0.040	0.782
2002	−0.027	0.020	−0.008	0.028	0.846
2003	−0.039	0.017	0.008	0.009	0.911
2004	−0.038	0.015	0.002	0.013	0.993
2005	−0.032	0.014	0.005	0.009	1.043
2006	−0.022	0.014	0.008	0.006	1.044
2007	−0.009	0.014	0.008	0.006	1.055
2008	−0.011	0.014	−0.046	0.060	1.115
2009	−0.028	0.014	−0.032	0.046	1.253
2010	−0.048	0.013	0.013	0.000	1.325
2011	−0.048	0.012	−0.014	0.026	1.415
2012	−0.047	0.012	0.003	0.009	1.501
2013	−0.048	0.013	0.027	−0.014	1.537
21 世紀平均	−0.031	0.016	−0.003	0.018	1.110

息子：名目公債残高／名目GDP（nb_t）は，うなぎ登りだね。
　1980年代の平均が37.6%，1990年代の平均が45.6%，21世紀に入った平均が111.0%！　2013年度は，153.7%にもなるよ！

父：ここで，国債金利i_tは，利払い費の総額を公債残高で割ったものとするよ。
　（8—14）式にしたがうと，$nb_t(i_t-g_{t+1})$がpb_tを大きく上回っているんだから，nb_tのうなぎ登りも当然だよね（**表8-3**）。

表8-3　（8-14）式右辺の数値

	$nb_t(i_t-g_{t+1})$	pb_t
1980年代	0.003	−0.007
1990年代	0.013	0.006
21世紀	0.020	−0.031

息子：ということは，名目公債残高の名目GDP比率の行き着く先は，際限のない上昇ということ？

父："順流"の経済モデルにしたがうと，そうなるな。

息子：希望はないの？

父：どうかな。
　ただ，この経済モデルを使うと，行き着く先の名目公債残高／名目GDPの水準をターゲットにして，どれだけの基礎的収支（対名目GDP比率）が必要になってくるのかは，計算できるよ。
　ターゲットの水準を$nb_{t+1}=nb_t=nb^*$とすると，（8—14）式から，

$$pb=nb^*(i-g)$$

を導くことができる。

息子：ターゲット（nb^*）はどうする？　100%，200%，300%…

父：それでは，3通りを考えよう。

息子：金利と名目GDP成長率の差（$i-g$）はどうする？　1%，2%，3%…

父：それでは，これも3通りとすると，必要とされる基礎的収支の対名目GDP比率は，表8-4のようになるね。

表8-4 必要とされる基礎的収支比率

	$nb^*=1$	$nb^*=2$	$nb^*=3$
$i-g=0.01$	+0.01	+0.02	+0.03
$i-g=0.02$	+0.02	+0.04	+0.06
$i-g=0.03$	+0.03	+0.06	+0.09

息子：必要となってくる基礎的収支の対名目GDP比率は，プラス数パーセントのオーダーなんだね。
　　21世紀に入った現実は，マイナス3％…

父：基礎的収支の対名目GDP比率をマイナス3％から4％引き上げてプラス1％に持ってくるだけでも，名目GDPが年間500兆円として，500兆円×4％で年間20兆円の収支改善が必要になってくる…
　　気が遠くなる話だな。

息子：お父さん，エウレカ！　妙案を考えた！

父：お前は，アルキメデスになったのか？　何かな？

息子：名目GDP成長率が国債金利よりも高い状況を維持すれば，基礎的収支がマイナスでもへっちゃらじゃない…

父：確かに，(8—14)式にしたがえば，pb_tがマイナスでも，i_t-g_{t+1}がマイナスであると，nb_{t+1}は減っていく可能性があるな。

息子：そうだろう。エヘン！

父：そんなにうまい話があるかな。
　　父さんは，データと理屈の両方から強く反対したい。

息子：時には，息子の考えを素直に受け入れてくれてもいいんじゃないかな。

父：いやだ！
　　まずは，データから。

君の妙案とやらが首尾よくいくには，名目GDP成長率が国債利回りを常に上回っている状況が実現しないといけないが，先の表を見ても明らかなように，時々（1980年，1988年，1989年，1990年，2013年），そうしたことは起きているが，ほとんどの年度では，国債金利の方が名目GDP成長率よりも高いぞ。

息子：そうだね…

父：次は，理屈から。
　　まず，名目GDP成長率は，実質GDP成長率とインフレ率に分解できるな。

息子：うん…　お父さんの顔つきがちょっと怖い…

父：第6講では，名目金利は，実質金利と予想インフレ率に分解できることを見てきたな。

息子：うん…　ますます怖くなってくる…

父：今，実際のインフレ率が予想インフレ率にほぼ等しいとしよう。
　　すると，「名目GDP成長率（＝実質GDP成長率＋インフレ率）が，名目金利（＝実質金利＋予想インフレ率）を常に上回る状態」とは，「物価変動の影響を取り除いた実質GDP成長率が，これまた物価変動の状況を取り除いた実質金利を常に上回る状態」となるね。
　　でも，

実質GDP成長率　＞　実質金利

という状態が未来永劫，ずっと続くっていうのは，おかしくないかなぁ…

息子：お父さんの理屈がまだ見えてこない。

父：実質GDP成長率が実質金利よりも常に高いということは，労働者が得るパイ（労働所得）も，投資家や資本家が得るパイ（資本所得）も，実質利子率を上回って拡大することになる。
　　たとえば，金利を払って資金を借りて，それを運用している投資家は，借入金利よりも高い運用利回りをずっと確保できるわけだ。

要するに，投資家は，毎年，ずっと，莫大な儲けを獲得し続けることになる。
　そんなことがあるのかな…

息子：僕も，自信がなくなってきた…
　そんなうまい話があると，みんなが資金を借りようと銀行に殺到するので，金利は急激に上がっていくかもしれないね…

父：そうだろう。
　そんなうまい話があると，みんながぼろ儲けの運用に殺到するので，おいしい運用機会も，だんだんなくなっていくんじゃないかなぁ…

息子：そうだね。エウレカ，取り消しかな…

父：ついでに，もっと理論的に考えみよう。
　第5講の講義を思い出してほしい。
　あの経済モデルは，長期的には経済成長がないので，成長率ゼロ。そこで，「実質GDP成長率＞実質金利」が成り立っているとすると，実質金利は，マイナスになっている必要がある。
　あのモデルにおいて実質金利は，$f'(K_t)-\delta$に等しいことは議論したよね。

息子：うん。
　とういうことは，あのモデルで「実質GDP成長率＝0＞実質金利」が成り立つと，

$$f'(K_t)-\delta<0$$

となる。
　ということは，

$$f'(K_t)<\delta$$

父：ということは？

息子：資本水準が黄金律を超えて無駄に蓄積されている状態がずっと続くということ…

父：「実質GDP成長率＞実質金利」が恒常化した経済では，生産設備（資本ストック）がどんどん拡大していくけれど，人々が享受できる消費は，拡大するどころか，どんどん縮小していくわけだ。

息子：そんな状態で国家財政の帳尻がとれたところで，国民は，ちっとも幸せにならない…

父：結局は，「実質GDP成長率＞実質金利」の継続という理論的に考えにくいシナリオに賭けて，国家財政を運営することがよいのかどうかじゃないかな。

息子：お父さんのいおうとしていることが，少し見えてきた…
　「理論的に考えにくい可能性に賭けて，それが裏目に出た時にどうするか」ということだよね。

父：個人が自分の財産で博打をして，すべて財産を失っても，自業自得だね。
　しかし，国家が，博打を行えば，どうなるか。
　どんな政治家だって責任をとれない事態を招くような国家運営は，経済政策といえないと思う。

息子：お父さんの顔がますますこわばっていくよ。
　理論的に荒唐無稽なことをいい出して，「エウレカ！」なんて得意げになった僕に怒っているの？

父：そうじゃないんだ。
　君に向かって偉そうな態度でいえたことを，為政者に向かって，自然体でいえたかどうかということを振り返ってみて，父さん自身に向かって怒っているのかもしれないな…

【講義の後で】

息子：お父さんの講義を聞いてきて、「現在⇒将来」のモデルと、「現在⇐将来」のモデルって、相反するものというよりも、相補っているものじゃないんかなぁ、と思ってきた。

　確かに、モデルの中だけで見れば、「現在⇒将来」の方向にしか時間は流れていないんだけど、このモデルを使っている人間（この場合、僕かな）は、将来を見通して、今、どうすべきなのかを考えるために、モデルを利用している。そう考えて、モデルを利用している人間をひっくるめれば、「現在⇐将来」の側面もあるんじゃないかと思うんだ。

　たとえば、3つ目のケースでは、「現在⇒将来」のモデルで、国家財政のありようを見通しているけれど、そのモデルを使う人間は、そうした将来のありようから、今、どの程度のプライマリーバランスを確保する必要があるのかを考えているわけで、その点では、「現在⇐将来」という時間の流れ。

　ということはだよ、「現在⇐将来」のマクロ経済モデルって、「現在⇒将来」のモデルを使って「現在⇐将来」の決定をしている人間たちの行動も、モデルの中に組み込んじゃったってことなのかなぁ…

　講義のお父さんは、とても饒舌なのに、肝心要の僕の質問は、するりとかわすところがあるんだよな。
　やっぱり、僕は、お父さんのことが、よく分からない。

第9講　これまでの経済成長，これからの経済成長

【講義の前に】

息子：お父さんは，昨日の夕食で，今日の講義は経済成長っていっていたけど，テレビのニュースでよく耳にする成長戦略を練るのに必要なマクロ経済モデルを教えてくれるのかなぁ…　と，期待するのは，よそう。
　　　お父さんは，経済政策について，はっきりいってくれないし…
　　　お父さんの議論は，「成長政策を考える」じゃなくて，結局は，「経済成長を考える」ってことになるんじゃないかなぁ…

1　成長会計という重宝な道具

父：第9講では，経済成長の原動力がどこにあるのかを特定する分析ツール，**成長会計**の考え方を紹介してみよう。

　　標準的なマクロ経済学では，経済成長の原動力として，**資本蓄積**，**労働力拡大**，**技術進歩**を基本的な要因と考えている。

息子：資本蓄積は，第8講の2番目の議論でも習ったやつだね。生産に貢献する資本ストックが拡大して，実質 GDP が成長していくプロセス。

父：そのとおり。

　　それでは，労働力拡大は？

息子：資本蓄積とのアナロジーで，生産に貢献する労働力が拡大して，実質 GDP が成長していくプロセスかな。

父：そのとおり。

　　厳密にいうと，長期的にも自然失業率の分だけ職に就けていない労働力があるので，生産に貢献する労働力は，労働力人口×（1－自然失業率）となるが，以下では，自然失業率がゼロパーセントだと仮定しておこう。

息子：お父さんの，モデル世界の暴君癖が始まった…

　　でも，そう仮定しよう。

父：ありがとう。

　　それでは，技術進歩とは？

息子：生産力を拡大させるように技術が進歩すること。

父：そうだな。

　　正確にいうと，技術進歩は，資本ストックと労働力が一定のもとで，生産水準を拡大させる要因だね。

息子：で，成長会計って，どうするの？

父：まずは，(8—6) 式の生産関数，$Y_{t+1} = AK_t^\alpha$ を次のように拡張してみよう

と思う。

(9—1)　　　$Y_t = A_t K_{t-1}^\alpha L_t^{1-\alpha}$

息子：(9—1) 式も，コブ・ダグラス生産関数というの？

父：そうだよ。

　　ところで，どこが変わったかな？

息子：実質 GDP の添え字が $t+1$ から t に変わったり，資本ストックの添え字が t から $t-1$ に変わったことは本質的でないとすると，まずは，L_t という要素が新たに加わっている。

父：新たな**生産要素**である L_t は，**労働力人口**を意味している。自然失業率がゼロと仮定しているので，t 時点で働く意欲のある労働者は，すべて職に就けて生産に貢献していると仮定しているわけ。

　　L_t の肩にあるべき乗，$1-\alpha$ も，α と同じく 0 と 1 の間をとる。その結果，資本の限界生産性が逓減していくように，**労働の限界生産性も逓減していく**。

　　ただし，注意してほしいのは，生産要素が資本と労働で 2 つあるので，限界生産性を考えるときは，他方の生産要素の水準を固定しなければならない。資本の限界生産性であれば，労働力水準は一定，労働の限界生産性であれば，資本ストック水準は一定。

　　図 9-1 は，資本ストック水準が一定のもとで，労働の限界生産性が逓減していくケースを示している。資本の限界生産性とまったく同じ理屈だね。

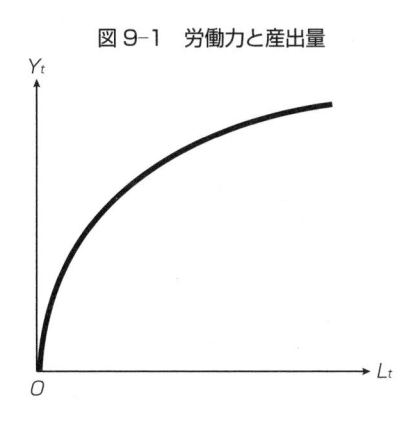

図 9-1　労働力と産出量

息子：(8—6) 式は，(9—1) 式の労働力 L_t を1とした特殊ケースなのかな。

父：そうかな？　半分正しくて，半分間違っているような…
　　もう少し注意深く見てごらんよ。

息子：確かに，先から妙に気になっていたんだけど，A にも t の添え字が付いているよね。
　　ということは，A も変化するの？

父：君が指摘したことは，とても重要。
　　実は，A_t は，t 時点の生産技術の状態を示していて，**総要素生産性**とも呼ばれている。英語では，total factor productivity なので，略して **TFP** ともいう。

息子：もしかして，総要素生産性，TFP っていったっけ，それが上昇することが，技術進歩ってこと？

父：正解。
　　数式的な表現としては，$\dfrac{A_{t+1} - A_t}{A_t}$ が**技術進歩率**に相当する。

息子：コブ・ダグラス生産関数は，経済成長の3大要因を，すべてカバーしているわけだ！

父：そういうわけだ！
　　ところで，1期違えて，2つのコブ・ダグラス生産関数を並べてみよう。

$$Y_{t+1} = A_{t+1} K_t^\alpha L_{t+1}^{1-\alpha}$$
$$Y_t = A_t K_{t-1}^\alpha L_t^{1-\alpha}$$

息子：次にお父さんがいおうとすること，分かる気がする。
　　「それぞれの式について，両辺の自然対数をとれ」っていうんじゃない？

父：君は，読心術を心得たかな。
　　それでは，とってみてよ。

息子：次のとおりだよ。

$$\ln Y_{t+1} = \ln A_{t+1} + \alpha \ln K_t + (1-\alpha)\ln L_{t+1}$$
$$\ln Y_t = \ln A_t + \alpha \ln K_{t-1} + (1-\alpha)\ln L_t$$

父：両辺とも，1番目の式から2番目の式を引いてみよう。

その際には，第1講で習ったように，ある変数の自然対数の差は，その変数の変化率に近似できるというテクニックを使ってみて。すなわち，$\ln X_{t+1} - \ln X_t \approx \dfrac{X_{t+1}-X_t}{X_t}$ の近似式の活用だね。

息子：次のようになるね。

$$(9\text{—}2) \qquad \frac{Y_{t+1}-Y_t}{Y_t} = \frac{A_{t+1}-A_t}{A_t} + \alpha\frac{K_t-K_{t-1}}{K_{t-1}} + (1-\alpha)\frac{L_{t+1}-L_t}{L_t}$$

父：そのとおり。

(9—2) 式によると，経済成長率 $\left(\dfrac{Y_{t+1}-Y_t}{Y_t}\right)$ は，通常，実質 GDP 成長率で測るけれども，技術進歩率 $\left(\dfrac{A_{t+1}-A_t}{A_t}\right)$，資本蓄積率 $\left(\dfrac{K_t-K_{t-1}}{K_{t-1}}\right)$，労働力成長率 $\left(\dfrac{L_{t+1}-L_t}{L_t}\right)$ の3要因に分解できる。

それでは，これらのうち，経済データで直接確認することができるのはどれかな？

息子：実質 GDP 成長率は「国民経済計算」で簡単に確認できるよね。労働力成長率も「労働力調査」で簡単。

資本蓄積率は？

父：いくつかのデータがあるが，この講義では，「国民経済計算」で計算されている**民間企業資本ストック**（実質額で表示）を用いていみよう。ただし，民間企業資本ストックは，固定資本減耗分が考慮されていないので，過大に評価されたデータなんだけど…

息子：すると，残るは，技術進歩率だけど，上のデータと，お父さんが前の講義でいっていた $\alpha=0.4$ のマジックナンバーを用いれば，(9—2) 式から導出できるね。

$$(9\text{—}3) \quad \frac{A_{t+1}-A_t}{A_t} = \frac{Y_{t+1}-Y_t}{Y_t} - 0.4 \times \frac{K_t-K_{t-1}}{K_{t-1}} - 0.6 \times \frac{L_{t+1}-L_t}{L_t}$$

父:そうだな。

(9—3)式のように,観察できる変数から残差として求められた技術進歩率は,ノーベル経済学賞を受けたロバート・ソロー教授が提案したことから,**ソローの残差**と呼ばれているね。

息子:ここまで来れば,実際のデータを使うんだよね。

父:そうあわてるな。

(9—2)式や(9—3)式は,どのマクロ経済学の教科書でも載っているんで,ちとつまらん。

息子:お父さんの天の邪鬼…
　勝手にしてよ。

父:勝手にするよ。

(9—2)式のもとになった(9—1)式は,「(資本ストックや労働力の水準が高い)大規模な経済の産出量は大きい」という,ある意味で当たり前のことを述べている。

息子:とすると,お父さんの天の邪鬼な企みは,経済全体の産出量を経済規模で標準化しようとする魂胆なの?

父:そのとおり。
　経済の規模を示す変数には何を使う?

息子:分からん…

父:通常は,総人口を使う。
　「労働力調査」では,15歳未満人口は含めていなかったけれど,ここでは,15歳未満人口も含めた,正真正銘の総人口を使おう。
　総人口は,N_t と名付ける。

息子：ということは，(9—1) 式の両辺を総人口 N_t で割って，人口1人当たりの実質 GDP を求めるの？

父：それでは，芸がない。

息子：経済学を勉強するのに，芸を求められても…という気はするけれど…

父：(9—1) 式の両辺を労働力人口 L_t で割ってから，総人口に占める労働力人口の割合（**労働力率**）である $\frac{L_t}{N_t}$ を掛けてみよう。

息子：そんなことをしても，結局は，総人口で割るのと一緒じゃないの。

父：確かに左辺は一緒だが，右辺はどうかな。

息子：やってみるよ。

$$\frac{Y_t}{N_t} = A_t K_{t-1}^{\alpha} \frac{L_t^{1-\alpha}}{L_t} \frac{L_t}{N_t}$$

だね。

父：もう少し。

息子：分かったよ…

$$\frac{Y_t}{N_t} = A_t K_{t-1}^{\alpha} L_t^{-\alpha} \frac{L_t}{N_t}$$

だろう。

父：それでよし。
　ここで，人口1人当たりの実質 GDP は y_t，労働力率 $\left(\frac{L_t}{N_t}\right)$ は γ_t（ガンマと読む）として，先と同じ手続きで，すなわち，1期違えた2つの生産関数について自然対数をとって，その差をとってみてくれないか。

息子：分かったよ…

$$(9—4) \quad \frac{y_{t+1}-y_t}{y_t} = \frac{A_{t+1}-A_t}{A_t} + \alpha \frac{K_t-K_{t-1}}{K_{t-1}} - \alpha \frac{L_{t+1}-L_t}{L_t} + \frac{\gamma_{t+1}-\gamma_t}{\gamma_t}$$

だろう。

父：労働力拡大の効果について，(9—2) 式と (9—4) 式を比較してみてよ。

息子：(9—2) 式は，労働力成長率の前の係数は，$1-\alpha$ だから，プラスだけど，(9—4) 式は，その前の係数は，$-\alpha$ でマイナス。

　ということは，労働力人口が成長すると，実質 GDP 自体は拡大するけれど，人口 1 人当たり実質 GDP は縮小するってこと。

父：そうなんだけど，なぜそうなるんだろう？

息子：お父さんだったら当然してくる質問だよね。

　$\alpha=0.4$ のお父さんのマジックナンバーを使わせてもらうよ。

父：許してやるか。

息子：数値を使うだけで，いちいち許可が必要なの… 少し面倒だね…

　(9—2) 式からは，他の要因がまったく変化しないとして，労働力人口だけが 1% 成長すると，実質 GDP が 0.6% 成長するね。

　そうすると，人口 1 人当たり実質 GDP の分母は 1% 拡大するのに，その分子は 0.6% しか拡大しないね。

父：ということは，$\frac{1.006}{1.01}$ だから，労働力人口が 1% 増加すると，人口 1 人当たり実質 GDP は，0.4% 低下するな。

　ところで，なぜ，$\frac{1.006}{1.01} \approx 1 - 0.004$ となるかは，寝る前にでも考えておいて。ヒントは，おなじみの近似式で，r が十分ゼロに近いと，$\ln(1+r) \approx r$ だね。

息子：なんだか面白いね。

　より多くの人が働くと，1 人当たりの分け前も増えると思ったけど，まったく逆なんだね。

父:なぜかな？

息子:そうか。労働の限界生産性が逓減するからだ！

父:そのとおりだけど,もう少し説明してよ。

息子:労働力の水準が高い時に1人の労働者が加わって産出量が増加する度合いは,労働力の水準が低い時に1人の労働者が加わって産出量が増加する度合いよりも小さくなるから。

父:そうだな。
　では,簡単な質問だけど,労働力率 γ_t が上昇するとどうなるかな？

息子:人口1人当たり実質GDPは増える。
　人口のうち,生産に貢献している人たちの割合が高まるんだから,これは当たり前だね。
　でも,総人口でいきなり割らなかった,お父さんの意図が,まだ見えてこない…

父:そこで,いよいよ,経済データだな。

息子:お父さんから,「データ」って言葉が出ると,なぜだか,ドキッとするよ。

父:ドキッとするか…
　これから詳しく見ていくように,少子高齢化の影響が,労働力人口や労働力率の推移に特徴的に表れているんだよ。

2　日本経済の成長会計

父:労働力人口は,総務省の「**労働力調査**」,総人口は,厚生労働省の「**人口動態調査**」で調べることができる。
　それぞれのウェブから,データをダウンロードして,グラフにしてみては。

息子:図9-2のグラフのようになるよ。労働力人口は,右目盛りだよ。

図9-2　総人口と労働力人口

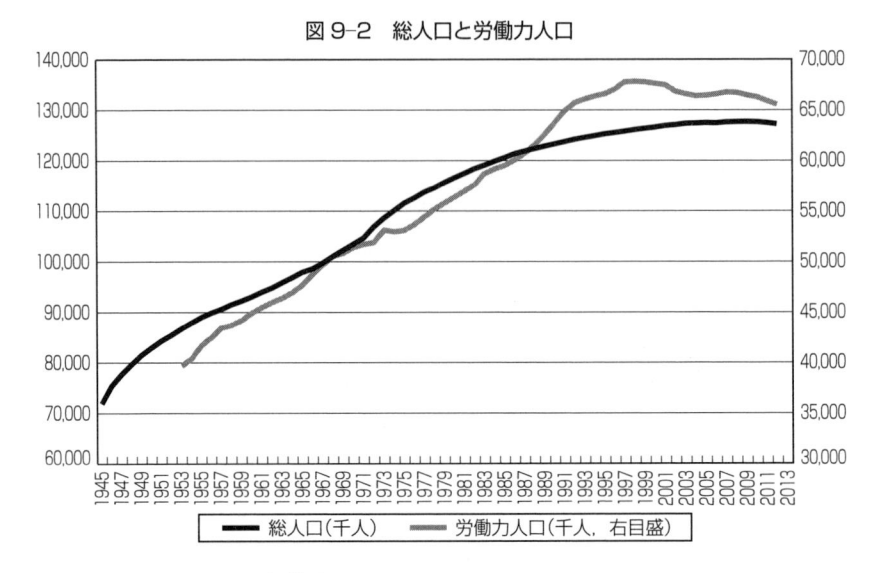

父：それぞれのピークが違うね。

息子：確かに。
　　労働力人口は，1998年の6793万人がピーク。一方，総人口は，2010年の1億2806万人がピーク。

父：ということは，労働力率（労働力人口／総人口）はどうなるかな。

息子：労働力人口の方が総人口よりも先行して低下しているので，労働力率は低下していくよね。
　　実際の労働力率の推移は，図9-3のグラフのようになるよ。
　　確かに，労働力率は，1997年の53.8％をピークに低下していっている。

父：この講義での議論と直接関係がないけれど，1970年代半ばに労働力率が反転して上昇したのは，女性の社会進出で女性労働力人口が増加したという背景があるね（図9-4）。

息子：これまた，ここでの議論と関係ないけれど，図9-4によると，1950年代前半は，女性の労働力比率が高かったんだね。
　　戦後の長い期間のデータをみていると，いろいろと面白い！

第9講 これまでの経済成長，これからの経済成長 ├── 299

図9-3 労働力人口／総人口

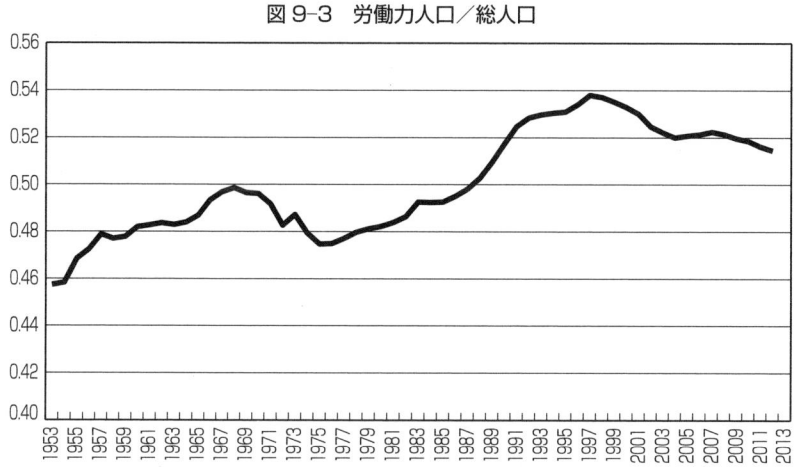

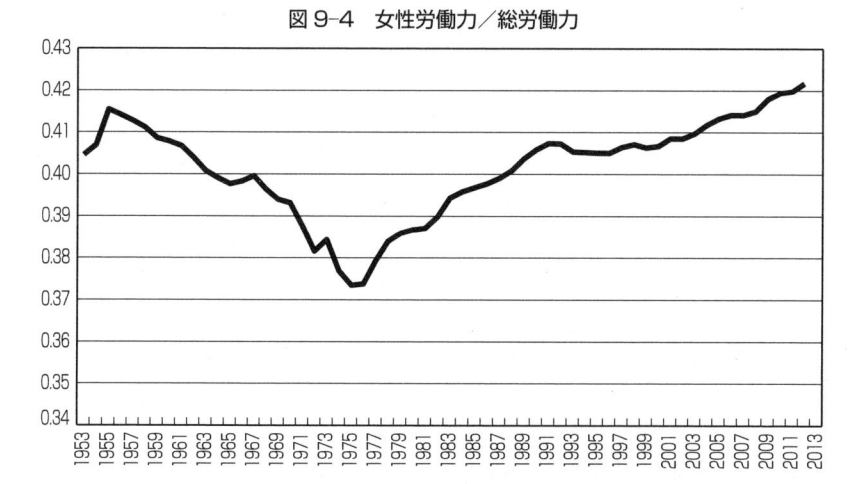

図9-4 女性労働力／総労働力

父：話を元に戻してみると，1997年より前の労働力人口と労働力率が上昇していくフェーズと，その後に労働力人口と労働力率が低下していくフェーズでは，人口1人当たり実質GDP成長率への影響も異なってくるね。

息子：前半のフェーズでは，労働力人口が拡大すると，人口1人当たり実質GDPを引き下げるけれど，労働力率の上昇は，それを引き上げる。

父：逆に，後半のフェーズでは，労働力人口が縮小すると，人口1人当たり実

質 GDP を引き上げるけれど，労働力率の低下は，それを引き下げる。

どちらのフェーズでも，相反する力が人口 1 人当たり実質 GDP に働くことになる。

息子：お父さんに紹介されたデータをダウンロードして，成長会計の計算をして，**表 9-1** にまとめてみたよ。計算には，$\alpha=0.4$ のマジックナンバーを使った。

時期としては，1960 年代（正確には，1955 年から），1970 年代，1980 年代，1990 年代，2000 年代としたので，お父さんのいうフェーズの違いは，2000 年代と，それより前の時期となるね。

表9-1　1955年から2010年までの成長会計

	人口1人当たり実質GDP（百万円，2005年価格）	同左年率変化率	労働力人口（千人）	同左年率変化率	民間企業資本ストック（十億円，2005年）	同左年率変化率	労働力／総人口	同左年率変化率	技術進歩率
1955	0.518		41,940		33,145.7		0.470		
1970	1.782	0.086	51,530	0.014	164,429.7	0.113	0.497	0.004	0.043
1980	2.436	0.032	56,500	0.009	375,233.9	0.086	0.483	−0.003	0.004
1990	3.464	0.036	63,840	0.012	711,545.0	0.066	0.516	0.007	0.008
2000	3.741	0.008	67,660	0.006	1,073,259.4	0.042	0.533	0.003	−0.010
2010	4.001	0.007	66,320	−0.002	1,230,249.1	0.014	0.518	−0.003	0.003

父：まずは，ソロー残差として求めた技術進歩率はどうかな？

息子：1955 年から 1970 年までの時期は，技術進歩率が年率 4.3% で，その間の人口 1 人当たり実質 GDP 成長率 8.6%（年率）の半分までの貢献があるんだけど，それ以降の技術進歩率は，まったくさえないね。

1970 年代が年率 0.4%，1980 年代が年率 0.8%，1990 年代がマイナス 1.0%，2000 年代が 0.3%。

父：1970 年代，1980 年代は，資本蓄積でかろうじて成長率を稼いできたけれど，1990 年代に資本蓄積の速度が鈍化して，21 世紀になると息切れ状態だね。

息子：お父さんの注目のフェーズは，僕の計算では，2000 年代（2000 年から 2010 年）だけど，労働力人口が 0.2% 低下しているので，人口 1 人当たり実

質 GDP は 0.08% 拡大（（−0.4）×（−0.002））。

一方，労働力率は 0.3% 低下しているので，人口 1 人当たり実質 GDP は 0.3% 低下。労働力率低下の影響の方が大きい。

父：それでは，将来に目を向けてみようか。

特に，少子化高齢化の進行で労働力人口が縮小するとともに，労働力率が低下する影響は興味深いよ。

息子：そのように将来に目を向けてみたいのは山々だけど，そんなことって，できるの？

父：社会保障人口問題研究所という厚生労働省が所管する研究所が，将来の総人口と労働力人口を予測しているんだ。

その予測によると，労働力人口は，2010 年の 6632 万人から，2020 年に 6327 万人に，2030 年には 5900 万人にそれぞれ低下する。

労働力率は，2010 年の 51.8% から，2020 年の 51.0% に，2030 年の 50.6% にそれぞれ低下する。

息子：その数字いただき！

将来の人口 1 人当たり実質 GDP 成長率を計算するよ。

他の情報がないので，資本ストック成長率と技術進歩率はゼロとするね。

再び，$\alpha=0.4$ のマジックナンバーを用いるから。

計算結果は，表 9-2 のとおり。

表 9-2　2010 年から 2030 年までの成長会計

	人口 1 人当たり実質 GDP 成長率（10 年間）	労働力人口（千人）	同左 10 年間変化率	労働力／総人口	同左 10 年間変化率
2010		66,320		0.518	
2020	0.0028	63,270	−0.046	0.510	−0.016
2030	0.0193	59,000	−0.067	0.506	−0.008

父：少し解説してくれよ。

息子：2010年から2020年の10年間は，労働力人口が減少して人口1人当たり実質GDPを引き上げる効果と，労働力率が低下してそれを引き下げる効果がほぼ釣り合って，人口1人当たり実質GDPは，10年間，ほとんど横ばい。

次の2020年から2030年の10年間は，労働力人口が減少して人口1人当たり実質GDPを引き上げる効果の方が支配的で，人口1人当たり実質GDPは，10年間で1.9％拡大する（でも，年率に直すとわずかだけどね…）。

父：まとめてみると，少子高齢化で労働力人口が縮小することが経済成長に与える影響は，どうなるかな？

息子：ここでの計算に基づくかぎり，影響は軽微。

父：それでは，ここで考慮されていない状況は何だろうか？

息子：僕の計算では，技術進歩率ゼロ，資本ストック成長率ゼロと仮定しているので，もし，少子高齢化で技術状態が退化するとか，資本ストックが取り崩されるとかがあれば，経済成長にも大きな影響があるかも。

父：具体的には？

息子：技術革新を担う若者がいなくなって，技術が停滞するとか，資本ストックが人口縮小に見合って縮小されるとか…

父：そういうことは，十分にありえるね。
とにも，かくにも，一生懸命に，そして，徹底的に考えてみることだな。

3　解明！　マジックナンバー $\alpha=0.4$

息子：お父さん，折り入ってお願いがあるんだけど…

父：何だ？

息子：お父さんは，大学の経済学の講義で勉強すればよいっていっていたと思うけれど，マジックナンバー，$\alpha=0.4$の説明を，お父さんにぜひともしてほしい。

お父さんの講義を聴いてきたせいもあるかもしれないけれど，自分が分からないままでほっておくのって，知的怠慢じゃないかって。

父：君がそこまでいうんだったら。

それでは，はじめるぞ。

今，日本経済の平均的な企業が（9—1）式のコブ・ダグラス生産関数にしたがって生産活動をしていると仮定しよう。

息子：何だか，急に講義調。

父：つべこべいうな。

生産関数において時間的な要素は取り除くので，添え字はやめて，

$$Y = AK^{\alpha}L^{1-\alpha}$$

とするから。

息子：何だか，すっきり。

父：ただ，この仮想的な企業は，実際の企業とかなり違っているんだ。

実際の企業は，工場や機械などの生産設備を備えているし，多くの従業員と長期の雇用契約を結んでいる。しかし，この仮想的な企業は，1年ごとに，生産設備の所有者から生産設備を借り受け，1年ごとに，労働者と雇用契約を結ぶ。

生産設備を借り受ける契約は，レンタル契約というが，企業は，年間レンタル料を払って，1年間，生産設備を借り受ける。生産設備1単位あたりのレンタル料を，$rent$ と名付けよう。一方，企業は，1年ごとに，1人当たり賃金 $wage$ を払って，労働者を雇い入れる。

こうした想定だと，生産コストはどのように表すことができるだろうか？

息子：生産設備のレンタル料の総額が $rent \times K$，労働者を雇い入れる費用が $wage \times L$ だから，

$$rent \times K + wage \times L$$

父：それでは，売上は？

企業の生産物1単位当たりの価格は，p とする。

息子：こっちは，ずっと簡単。pY だね。

父：この企業の利潤は？
　　企業利潤は，π と名付けるよ。

息子：π って，どこかで使わなかったかなぁ…　まぁいいか。
　　利潤って，売上から費用を引いたものだから，

$$\pi = pY - rent \times K - wage \times L$$

　だね。

父：生産物の部分は，生産関数に置き換えると…

息子：こんな感じかな。

$$\pi = pAK^{\alpha}L^{1-\alpha} - rent \times K - wage \times L$$

父：ここで，この仮想的な企業は，自らの利潤を最大化するとしよう。
　　企業は，利潤最大化のために，生産設備の水準と労働者の数を決定できると仮定する。

息子：微分積分の授業で習った。K と L について1階条件を求めればいいんだろ。
　　K に関する1階条件は，

$$\alpha pAK^{\alpha-1}L^{1-\alpha} - rent = 0$$

　L に関する1階条件は，

$$(1-\alpha)\, pAK^{\alpha}L^{-\alpha} - wage = 0$$

父：ほほー。なかなか。
　　K に関する1階条件を $rent$ について解いて，両辺に K をかけてごらん。

息子：これまた簡単。

$$rent \times K = \alpha pAK^{\alpha}L^{1-\alpha}$$

父：右辺をじっと見ると，見覚えはないか。

息子：おっと！　生産関数の復活！
$AK^{\alpha}L^{1-\alpha}$ を Y で置き換えると，

$$rent \times K = \alpha pY$$

だね！

父：同じ手続きで，

$$wage \times L = (1-\alpha)pY$$

息子：1番目の式，$rent \times K = \alpha pY$ は，生産設備レンタル料の総額が，企業の生産財売上額（pY）の α の割合に等しいってことだよね。

父：そうだな。

息子：2番目の式，$wage \times L = (1-\alpha)pY$ は，労働者に支払う賃金総額が，生産物の売上額（pY）の $1-\alpha$ の割合に等しいってことだよね。

父：ということは，生産物の売上額（pY）が，生産設備レンタル料と労働費用にちょうど割り振られるわけだ。

息子：ということは，企業の手元には，何も残らないよ。企業利潤ゼロってこと？？？

父：そうなるな。
　この経済モデルでの「企業」は，本当にフィクションで，とりあえず，「企業」といってはいるけれど，幽霊みたいな存在なんだ。だから，何も手にしない。

息子：利潤はどこに…

父：実は，生産設備を企業に貸している生産設備の所有者のところで発生するんだよ。
　生産設備の所有者は，企業からレンタル料を受け取って，自分の生産設備の減耗分を費用として計上するので，それで残った額が，生産設備所有者にとっての利潤ということになる。
　すなわち，

$$\text{生産設備所有者の利潤} = \text{資本設備レンタル料} - \text{生産設備減耗分}$$

という関係が成立する。

息子：そうか。
　　　実際の企業は，生産設備を毎年レンタルするんじゃなくて，自らで抱えているので，利潤が企業の方で発生するんだね。

父：そういうこと。

息子：それにしても，なんだか，「数式がデータを待っている」って感じになってきたね。

父：「数式がデータを待っているか」，君はうまくいうな。

息子：要するに，α を求めるってことは，

$$\alpha = \frac{rent \times K}{pY} = \frac{rent \times K}{rent \times K + wage \times L}$$

の数式に対応するデータを見つければよいわけだね。

父：いずれのデータも，「国民経済計算」に載っているよ。
　　まずは，先の議論を踏まえると，レンタル料総額（$rent \times K$）は，利潤と生産設備減耗分の和に対応する。
　　利潤は，「国民経済計算」では**営業余剰・混合所得**と呼ばれている。営業余剰は，まさに企業利潤に対応していて，混合所得は，自営業主などの個人企業の利潤に対応している。
　　生産設備減耗分は，すでに習った概念だけど，「国民経済計算」では**固定資本減耗**として計上されている。

息子：賃金総額（$wage \times L$）は？

父：「国民経済計算」では，**雇用者報酬**と呼ばれている。

図 9-5　資本所得と労働所得の分配比率

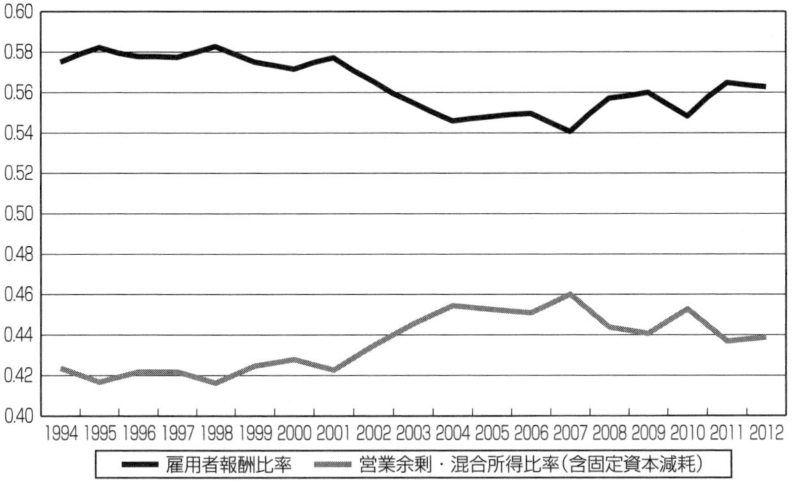

息子：ということは，

$$\alpha = \frac{\text{営業余剰・混合所得＋固定資本減耗}}{\text{（営業余剰・混合所得＋固定資本減耗）＋雇用者報酬}}$$

となるね。

父：そうだな，やっとだな。

息子：そうだね，やっとだね。

父：**図 9-5** のグラフでは，1994 年から 2012 年の期間について，固定資本減耗を合わせた営業余剰・混合所得が所得総額に占める割合をプロットしている。

ついでに，雇用者報酬の割合もプロットした。

息子：α に相当する比率は，42% から 46% の間で変動しているね。

ただ，40% で一定とはいかない…

父：4 割強で，$\alpha \approx 0.4$，これで許してくれ。

息子：許すよ！

お父さんが，$\alpha \approx 0.4$ をマジックナンバーと読んだ理由も，何だか分かっ

てきた。

父：…

息子：日本のプロ野球で4割打者誕生を心待ちにしているんだね。

父：…

【講義の後で】

父：経済成長を講じるのが，一番苦手。
　　成長メカニズムは，経済学的にほとんど解明されていないから…

　なんてことを公言すれば，成長理論の研究者たちから，批難轟々だろうけど，実際そうじゃないかなぁ…　だから，成長政策は，理屈を語ったものじゃなくて，夢ばかりを語ったものになりがち。
　でも，人々に夢がないところに，成長がないのも確かなこと。

　夢は必要だけど，夢だけじゃ十分じゃないっていうのが，成長政策の悩みかもしれないかな。

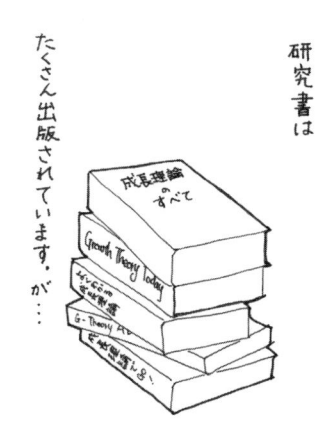

第10講　厳しい国際環境にある日本経済：21世紀の試練

【講義の前に】

息子（独白）：今日の講義のサブタイトルは，「21世紀の試練」か。しんどそうだな。

父（独白）：息子に講じるのも，今日が最後。
　考えてトピックスを選んだつもりなんだけど，ちょっと，しんどい話題になるかな。

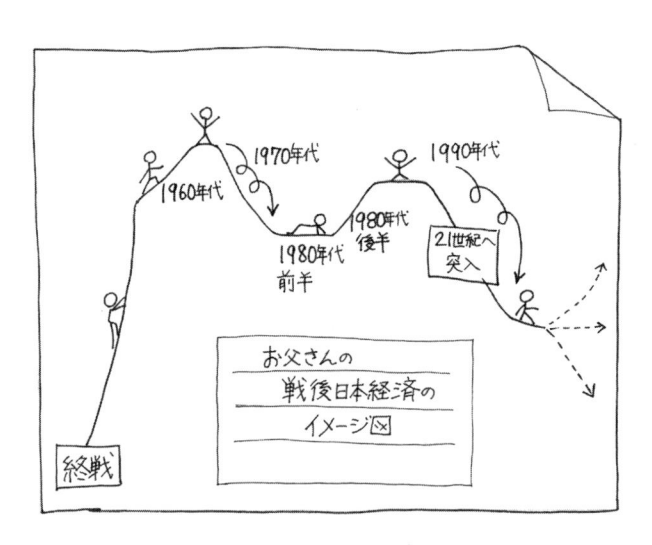

1　円相場と原油価格の動向

1-1　交易条件って，何だったけ？

父：いよいよ，最終回の講義になったなぁ。
　　第4講，復習しておいたか？

息子：いわれたから，講義ノート，もう一度，読み返した。
　　　ところで，第10講は，何を講義するの？

父：第10講は，新しく習う概念はまったくない。
　　今まで習ったマクロ経済学の概念で戦後日本経済の歩みを振り返ってみようと思う。

息子：いつぐらいから？　終戦直後から？

父：そうだなぁ，いつから始めるか迷うところではあるが，終戦直後の経済って，かなり特殊な事情があったので，終戦から10年ほど経った1955年ぐらいをスタートとしたい。
　　1955年以降は，マクロ経済データもずいぶんと整っているし。

息子：1955年というと，自民党が与党，社会党が野党第一党の，いわゆる55年体制ができたころだよね。

父：さすが，政治学専攻だな。

息子：そんなの，専攻に関係なく常識だよ。

父：そうか。
　　それでは，復習ポイント。**交易条件**ってなんだっけ？

息子：一連の講義では，分母に円建て輸入価格，分子に円建て輸出価格をとった指標で交易条件を定義していたので，この比率が上昇すると，交易条件が改善し，この比率が低下すると，交易条件が悪化すると考えるんだよね。

父：正解。
　　「交易条件の改善」って，噛み砕いていうとどうなるかな。

息子：日本経済から見ると，海外から原材料を安く買って，海外に工業製品を中心に高く売っているので，海外との交易で利益を確保している状態かな。

父：そうだな。
　君の表現を横取りすると，「交易条件の悪化」は，海外から原材料を高く買って，海外に工業製品を安く売っているので，海外との交易で損失を強いられている状態となるな。

息子：「そうなんだ」と頭では分かっているつもりなんだけど，交易条件の議論を聞くと，いつもこんがらがっちゃうんだよ。
　というのは，貿易の収支と，交易の損得の関係が分からなくなっちゃう…

父：もう少し詳しくいってくれないかな。

息子：たとえば，円高になると，海外から原材料を安く買えるので，交易条件は改善するよね。
　一方，輸出企業は，円高になった分，輸出先現地の価格を引き上げるので，輸出にはマイナス。輸出企業は，売上が低迷するので，企業収益は落ち込む。
　日本経済全体で見ても，輸入が増える一方で，輸出が減るので，輸出から輸入を引いた貿易収支は悪化するよね。

父：円安はその逆ということか。

息子：そう。
　円安になると，海外からの原材料を高く買わざるをえないので，交易条件は悪化する。
　一方，輸出企業は，円安になった分，輸出先現地の価格を引き下げて輸出攻勢に出ることができる。輸出企業は，売上が増えて，企業収益は増大する。
　日本経済全体で見ても，輸入が減る一方で，輸出が増えるので，貿易収支は改善する。

父：「交易条件の改善と貿易収支の改善は相反する現象である」というのが，君の主張だな。
　実は，そこが，第10講の"肝"にあたる部分でもある。

息子：ということは，僕の疑問もまったく的外れというわけではないというこ

と？

父：的外れどころか，ドンピシャって感じ。

　以下では，順を追ってデータを見ていくんだけど，日本経済には，「貿易収支の改善と交易条件の改善が両立した時期」と，「交易条件の悪化という犠牲の上に貿易収支の改善を確保した時期」があることを示してみたい。

　同時に，将来に目を向けると，「貿易収支の悪化と交易条件の悪化が併存する事態」に遭遇していることも議論してみたい。

　でも，講義の道程は結構長いぞ。

息子：長い道中，よろしく。

父：こちらこそ。

　まずは，準備作業として，**対米ドル円相場**と**原油価格**の動向をおさらいしておきたい。

　これら2つの経済指標から，日本経済を取り巻く国際環境の変化を読み取ることができるから。

息子：分かった。

1-2　円相場の動向

父：第7講でも触れたように，1971年7月まで対ドル円レートは，360円/ドルに固定された**固定相場制**だった。それが，翌月には，ニクソン政権がドルの切り下げを宣言して一時的に変動相場制に移行した。この米国政府の措置は，**ニクソンショック**と呼ばれている。

　同年12月には，308円/ドルの水準で再び固定相場となった。

　308円/ドルの固定相場がしばらく続いたが，1973年2月からは，為替レートが日々変化する**変動相場制**に移行した。

息子：そうだったね。第4講の後で思い返したんだけど，高校でも習ったと思う。

父：図 **10-1** のグラフは，対米ドルの円相場の推移を表したもの。

息子：「大きな変化だ」と感慨にふけりたくもなる…

図 10-1 対米ドル円レート

父：感慨にふける時間はない。

いくつかの局面に分けて，円相場の動向をまとめてみよう。

まずは，1970 年代の円高傾向。変動相場制移行直後は，円安に振れることもあったが，基本的には，急速な円高。1 ドル 300 円の相場が 200 円を割り込むところまで円安が進む。

次は，1980 年代前半の円安への揺り戻し。円相場は，200 円を割り込む相場から 250 円前後で推移するようになる。

その次は，1985 年のプラザ合意から 1990 年代半ばまでの円高傾向。円相場は，250 円から 150 円へ，さらには 100 円へとジェットコースターのように急速な円高が進行する。

息子：プラザ合意って？

父：1985 年 9 月にニューヨークのプラザホテルに米，英，仏，西独，日本の財政担当大臣（日本は大蔵大臣）が集まって決めた為替安定化に向けた合意。
この合意の後，米ドルは，各国通貨に対して著しく減価していく。
高校では習わなかったのか？

息子：習わなかったと思う…

父：問題は，1990 年代半ば以降の相場。

それまでの変化に比べれば，円相場が落ち着いているようにも見える。しかし，これは，**名目為替レート**で見るから。

この間，日本の物価は安定していたのに比べて，米国をはじめとして外国の物価は結構上昇していた。第7講で習ったように，内外物価動向を加味した**実質為替レート**でみると，円相場は，1990年代半ば以降も大きく変動してきたんだ。

息子：第7講のこと，思い出してきたよ。第4講だけでなく，第7講も復習課題にあげておいてくれたらよかったのに。

父：そうだったな。すまん。

図7-3（再掲）は，日本の企業物価指数と米国の生産者物価指数を用いて実質為替レートをはじいて，プロットしたもの。

息子：実質為替レートって，過去の水準と比較できるんだよね。

父：そうだ。そのための実質化だ。

息子：図7-3を見ると，1990年代半ばは，変動相場制移行後，もっとも円高になった時期だ。

図7-3（再掲） 対米ドル円の実質為替レート

それ以降，2008年までは，実質為替レートが著しい円安傾向を示しているね。1980年代前半の円安度合いにはかなわないけど，歴史的に見ても相当の円安。

父：第8講でも触れた2008年9月のリーマンショック以降，円の実質為替レートは増価していく。

ただし，円高度合いは，1990年代半ばに比べると軽微。

息子：より最近になっては，2012年後半から，円の実質為替レートは2007年ころの円安水準に迫るほど，減価してきているね。

父：そんな為替動向を頭に入れておいてほしい。

息子：分かった。

1-3　原油価格の動向

父：次は，原油価格の動向。

原油価格は，原材料価格のグローバルな相場を代表している面がある。

息子：原油価格を見ることで，世界の原材料価格の動向をうかがうことができるわけだね。

父：原油価格は，1バレル当たりの米ドル建てで値段をいうのが慣行。

ちなみに，1バレルは，約159リットルに相当する。

息子：バレルって単位，ニュースでもよく耳にするよね。

父：原油価格は，1973年9月まで低位で安定していた。1972年は1バレル2.5ドル，1973年で1バレル2.6ドル。

それが，1973年10月に第4次中東戦争が勃発，中東の石油産油国がイスラエルの同盟国に対する石油輸出価格を大幅に引き上げた。

具体的には，1973年10月に1バレル3ドルを下回っていた価格は5.1ドルへ。年が明けた1974年1月には1バレル11.7ドルまで引き上げられた。

息子：1バレル当たり2.5ドルから11.7ドルとは，4倍以上の値上げだね。

1973年10月から翌年にかけての原油価格引き上げは，後に**第一次石油シ**

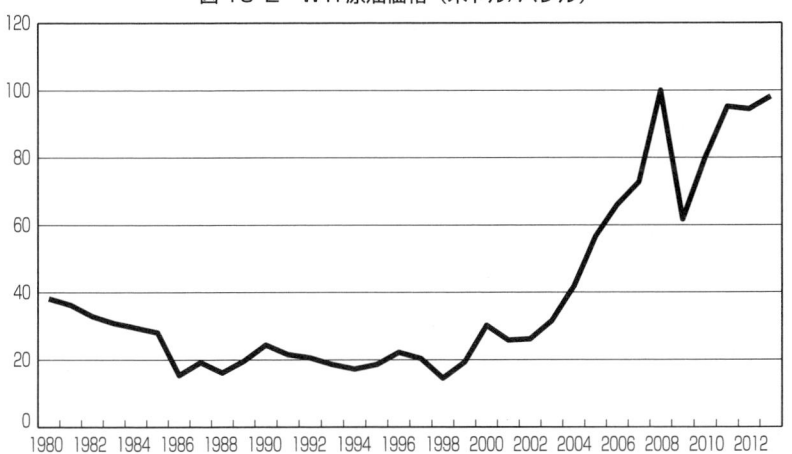

図 10-2　WTI 原油価格（米ドル/バレル）

ョックと呼ばれているよね。

父：そう。

　1970 年代は，もうひとつ大きな出来事が。1978 年から 1979 年のイラン革命で石油生産が縮小，1 バレル 13 ドル前後だった産油国政府公定価格は，1980 年には 30 ドルまで上昇した。同時期のスポット価格（市場価格）は，40 ドルにも達した。

息子：後に**第二次石油ショック**と呼ばれている出来事だね。

父：原油価格は，1980 年代に入ると，逆に低下していく。
　IMF と呼ばれる国際機関が作成したものだけど，米国西テキサス地域の原油（WTI, West Texas Intermediate）の 1 バレル当たり価格のグラフ（**図 10-2**）が示すように，1980 年代半ばには，1 バレル 40 ドル弱だった相場が 1 バレル 20 ドルを切って，その後，1990 年代末まで 1 バレル 20 ドル前後で推移する。

息子：なぜ，グラフは，1980 年からなの？

父：原油を取引する市場が整ったのが 1970 年代末だった関係で，多くの統計が 1980 年スタートなんだ。

息子：そういうことか。
　　　確かに，1980年代後半，1990年代は，原油価格が落ち着いているね。

父：それが，21世紀に入って，様相が一転する。
　　　1バレル100ドルの水準を目指すかのように，原油価格は高騰した。

息子：本当だ。
　　　そうした動きは，2008年のリーマンショックで，いったん頓挫するけど，また，1バレル100ドルの水準に向かって急騰していく…

2　交易条件の動向

父：今まで見てきた円相場と原油価格の動向から見て，日本経済にとって交易条件が一番改善する時期はいつだと見当がつくかな？
　　　前にもいったが，他の原材料価格は，原油価格の動きに連動する傾向があることに留意してほしい。

息子：えぇーと，そうか，1980年代後半から1990年代かな。

父：なぜ？

息子：第一に，1985年のプラザ合意で大幅な円高に転じた。
　　　第二に，1980年代半ばごろから原油価格が低位安定した。

父：1980年代後半というと…

息子：資産価格バブルが生成された時期。
　　　バブル発生にも，合理的な理由があったということ？

父：そういう面は，否めないと思う。
　　　それでは，1990年代というと…

息子："失われた10年"と呼ばれている不況期。

父：日本経済は，資産価格バブルの崩壊で大きく混乱したけど，日本経済を取り巻く国際環境は，決して悪くなかった…

息子：良い環境を活かせなかったということ？

父：そういう面は，否めないと思う。
　　論より証拠，過去にさかのぼって，交易条件を計算してみるのが一番。

息子：そうだね。

父：過去にさかのぼる場合，内閣府が公表している「国民経済計算」の年報は重宝する。
　　次の3つの基準年のデータを使ってみよう。

　　　　1990年基準で1955年から1998年のサンプル期間
　　　　2000年基準で1980年から2009年のサンプル期間
　　　　2005年基準で1994年から2012年のサンプル期間

息子：比較的，遠い過去にさかのぼろうとすると，基準年が古くなっていくんだね。

父：そうだな。
　　まずは，輸出デフレーター（円建て輸出価格）を輸入デフレーター（円建て輸入価格）で除した交易条件を見てみよう。
　　図10-3のグラフは，3つの基準年について交易条件の変化をプロットしたもの。

息子：なぜ，基準年が違うと，同じ時点でも交易条件が異なってくるの？

父：よく考えてみろよ。
　　デフレーターってなんだったけ？

息子：輸出デフレーターだったら，名目輸出額を実質輸出額で割ったもの。同じく，輸入デフレーターだったら，名目輸入額を実質輸入額で割ったもの。

父：名目輸出額や名目輸入額は，基準年に左右されることはない。
　　それでは，実質輸出額や実質輸入額は？

息子：そうか。
　　実質輸出額や実質輸入額を計算する場合は，基準年の相対価格を固定して

図10-3　交易条件の推移

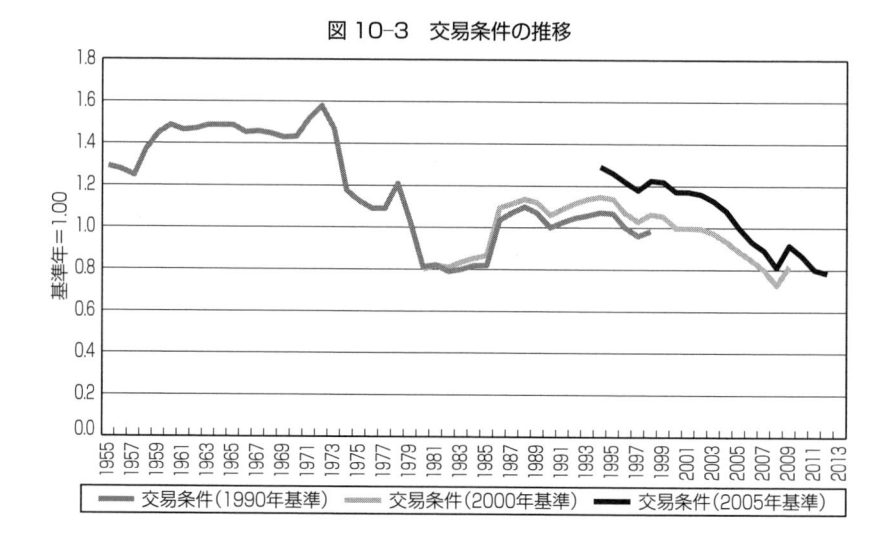

凡例：交易条件（1990年基準）　交易条件（2000年基準）　交易条件（2005年基準）

実質値を求めるので，基準年に大きく左右される。

　あっそうか，いずれのデフレーターも基準年で100に標準化されるので，交易条件は基準年で1となるね。

父：そのとおり。

　それでは，1955年以降の交易条件の推移をまとめてみてくれないかな。

息子：できると思う。

　まず意外だったのは，<u>1960年代</u>の**高度経済成長期**に交易条件が改善していたこと。

父：意外というのは？

息子：1ドル360円の円安相場だったから，交易条件は悪化していたと思っていた…

父：原材料のほとんどを海外に依存する日本経済にとっては，タダ同然の原材料市況は大変に好都合だったといえないかな。

　第9講の成長会計の実例でも見てきたように，1955年から1970年の1人あたり実質GDP成長率は，8%を超えていたが，そうした高い経済成長は，

タダ同然の原材料に支えられていた面も大いにある。

息子：「タダ同然」は，大学教授の表現として語弊があると思うけど，確かに，第一次石油ショック前の原油価格はとてつもなく安かった。

父：<u>1970年代</u>は，円高が進行したのにもかかわらず，原油をはじめとした原材料価格の高騰で交易条件は著しく悪化した。
　　その結果，1.6 から 0.8 まで急低下。

息子：<u>1980年代前半</u>は，原油価格は低下傾向に転じたものの，円相場は大きく減価した。その結果，交易条件は，悪化した状態で推移しているね。

父：いよいよ，<u>1980年代後半</u>だな。

息子：交易条件は，1960年代にはかなわないが，確かに大きく改善している。
　　背景は，先にも述べたとおり，原油価格の低位安定と円相場の増価傾向。

父：<u>1990年代</u>は，円高が進行する一方で，原油価格は安定的に推移した。その結果，交易条件は，改善した状態で推移した。

息子：問題は，<u>21世紀に入ってから</u>だよね。
　　僕の方でも，「国民経済計算」の年次データだけではなくて，その四半期データでもいろいろと調べたんだよ。

父：交易条件は，リーマンショック直後の円高と原油価格暴落の影響で一時的に改善したのを除いて，21世紀に入って一貫して低下している。

息子：その背後には，原油価格が1バレル100ドルに迫るぐらいに高騰した影響があるのは明らか。
　　でも，円相場の影響は，分からないところがある。

父：というと？

息子：2004年から2007年は，実質為替レートで見て顕著な円安。そこに原油価格高騰が加われば，交易条件が悪化するのも理解できる。

父：そうだな。

息子：しかし，2008年9月のリーマンショック以降，2012年半ばごろまで，円相場は，実質為替レートで見てかなりの円高。それにもかかわらず，リーマンショック直後の一時的な交易条件改善を除けば，交易条件は悪化していった。

父：確かに不思議。

息子：さらには，2012年に円安に転じて円安が加速する中，交易条件がいっそう悪化するはずなのに，そうなることはなかった。
　何もかもが不思議…

父：それでは，21世紀に入った交易条件の動向について，「国民経済計算」以外のデータでもう少し詳細に調べてみよう。

息子：どうするの？

父：日本銀行の企業物価指数のデータから，21世紀に入ってからの輸出物価と輸入物価の動向を見てみようと思う。
　まずは，円建て輸出価格と円建て輸入価格の比率で交易条件をプロットしてみる（図10-4）。

息子：「国民経済計算」の四半期データの時とまったく同じ。以下のような特徴が見られる。

　① 2000年代に入って交易条件が急激に悪化している。
　② リーマンショック直後に交易条件が一時的に回復する。
　③ その後，円高傾向にもかかわらず，交易条件は悪化する。
　④ 2011年以降は，円高・円安にかかわらず，交易条件が低位安定して推移している。

父：日本銀行の輸出・輸入物価指数の重宝なのは，**円ベース**だけでなく，**契約通貨ベース**のデータもあるところ。
　日本の企業の輸出入契約は，依然として，円ベースではなく，米ドル通貨や相手国通貨で結ぶことが多い。したがって，円ベースの輸出入価格と契約通貨ベースの輸出入価格は，かなり違った傾向を示している。

図 10-4　交易条件（円建て輸出物価／円建て輸入物価）の推移

息子：そうなんだ。

父：教科書的な復習。

　まず，契約通貨ベースの輸出価格については，円高が進行すれば，円ベースの収入を確保するために現地通貨ベースの輸出価格を引き上げてくる。逆に，円安が進行すれば，現地通貨ベースの輸出価格を引き下げてくる。

息子：それは理解できるよ。

父：一方，輸入物価についていうと，契約通貨ベース（現地通貨ベース）の輸入価格は，まったく受け身。円安になれば，円ベースの輸入物価は上がり，円高になれば，円ベースの輸入物価が下がる。

息子：それも理解できる。

父：それでは，日本銀行のデータで円ベースと契約通貨ベースの輸出物価動向を見てみよう（図10-5）。円ドルレートも同じグラフに右目盛りで含めている。

　どうかな。

息子：円相場（右目盛り）は，1ドル80円から130円の範囲で大きく変動しているのに，契約通貨ベースの輸出価格指数は95から105の範囲と変化が

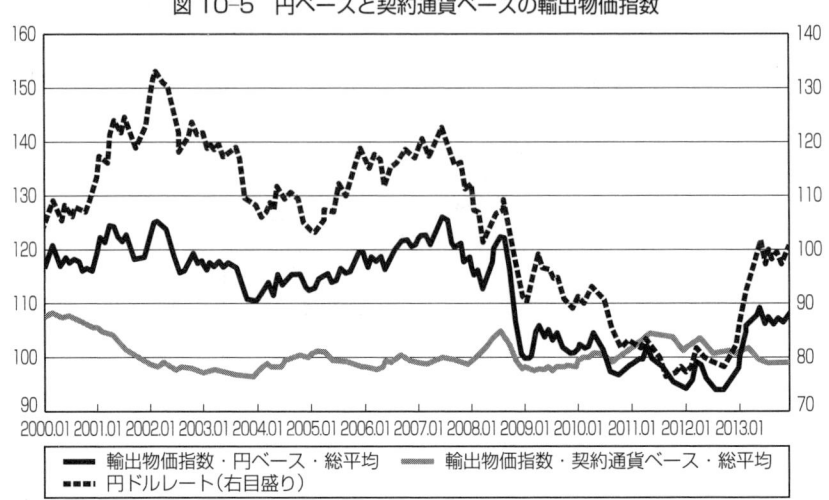

図 10-5　円ベースと契約通貨ベースの輸出物価指数

凡例：輸出物価指数・円ベース・総平均／輸出物価指数・契約通貨ベース・総平均／円ドルレート（右目盛り）

穏やかだね。

　お父さんのいう円高だと契約通貨ベースの輸出価格を引き上げて、円安だと契約通貨ベースの輸出価格を引き下げるという現象は、緩やかにしか認められない。

父：なぜなのかは、後から議論しよう。

息子：それでは、輸入物価の方は？

父：図10-6のグラフは、契約通貨ベースと円ベースの輸入価格をまとめたもの。

息子：契約通貨ベースの輸入価格は、2008年に向けて大きく上昇して、いったん低下するものの、再び上昇している。

　その間、円高、円安があったけれども（円相場は右目盛り）、円ベースの輸入価格の動向は、契約通貨ベースの輸入価格の動向をそのまま引き継いでいる。

父：まず、明らかなことは、円高・円安にかかわらず、契約通貨ベースの輸入価格が上昇したことが、交易条件を著しく悪化させたな。

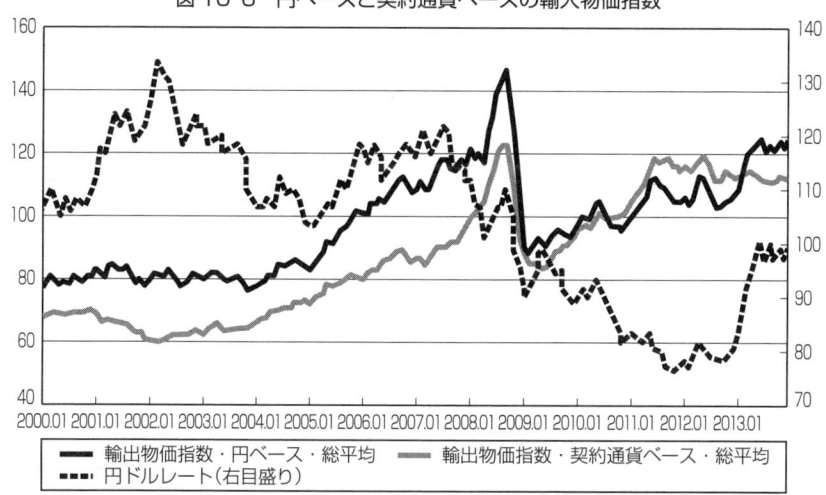

図 10-6 円ベースと契約通貨ベースの輸入物価指数

凡例：輸出物価指数・円ベース・総平均　　輸出物価指数・契約通貨ベース・総平均　　円ドルレート(右目盛り)

息子：そうだね。

　分からないのは，輸出物価指数。円高，円安にかかわらず，契約通貨ベースの輸出価格は比較的安定しているから。

父：父さんも，そこが問題だと思っている。

　図 10-7 のグラフは，金属・金属製品，輸送用機器，電気・電子機器の輸出物価を見たもの。

息子：業種ごとに大きく違うんだぁ。

　教科書的な輸出価格の動きを緩やかに示しているのは，自動車などの輸送用機器だね。

　契約通貨ベースの輸出価格指数で 90 から 110 のレンジで円高で引き上げ，円安で引き下げだから。

父：金属・金属製品の契約通貨ベースの輸出価格は，円ドルレート（左目盛り）というよりも，原材料価格の世界相場を反映している感じだね。むしろ，輸入物価指数との連動が強い。

息子：僕が驚いたのは，電気・電子機械（右目盛りになっているけど）。

　日本の電気・電子機械って，世界を席巻した業種なのに，円高・円安にか

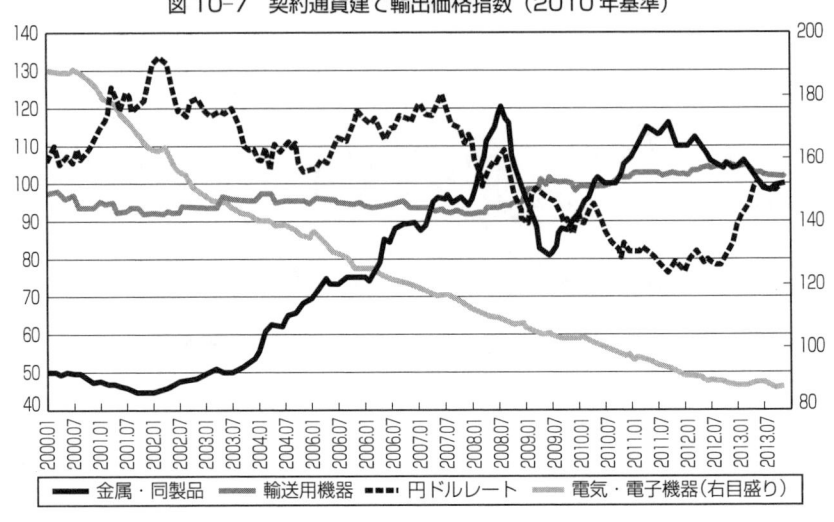

図 10-7　契約通貨建て輸出価格指数（2010年基準）

凡例：金属・同製品　　輸送用機器　　円ドルレート　　電気・電子機器（右目盛り）

かわらず，契約通貨ベースの輸出価格は，21世紀になってずっと低下傾向。

これじゃ，輸送機器などが円高で現地価格を引き上げても，その部分は，全体の指数レベルで打ち消されてしまうね。

父：そうだな。

かつて，日本経済を牽引した電気・電子機械は，本当に残念ながら，輸出競争力を失ったということ。輸出先現地では，他の国の企業の価格競争に負けて，値下げをせざるをえなかった…

息子：円相場の動向いかんにかかわらず，現地の輸出価格を値下げせざるをえず，それを反映して交易条件が悪化した…

父：若干皮肉な展開だが，電気・電子機械は，2012年後半以降の円安局面になっても，輸出先現地での価格を引き下げる余力もなくなってきているようだな…

3　交易利得・損失の規模：21世紀の特異性

父：21世紀に入って交易条件の悪化がもたらした特異さは，所得漏出規模に

も如実に表れている。

ところで，第4講をしっかりと復習しているはずだから，**実質GDP**と**実質GDI**の違いは，理解できているな？

息子：理解できていると思う。

実質GDPでは，輸出財価格（円建て）と輸入財価格（円建て）の相対比率，すなわち，交易条件を基準年で固定しているために，基準年以外で交易条件が悪化して実質所得が海外に流出する，あるいは，交易条件が改善して実質所得が海外から流入する影響がまったく考慮されていない。

一方，実質GDIでは，交易条件の実質所得への影響を計算した**交易利得・損失**を実質GDPに加えているので，交易条件の影響が考慮されている。

父：それでは，**GDPデフレーター**と**GDIデフレーター**の違いは，理解できているかな？

息子：それも，理解できていると思う。

GDPデフレーターは，

$$\frac{名目GDP}{実質GDP}$$

と定義されている。分子の名目GDPは，毎年の輸出財価格と輸入財価格で生産の名目額を評価しているので，当然ながら，交易条件が反映されている。一方，分母の実質GDPは，先にも述べたように，交易条件の影響がまったく考慮されていない。

その結果，お父さんが第4講で強調してくれたように，国内の物価水準が低下していなくても，交易条件の悪化で所得の海外への漏出が顕著な場合，GDPデフレーターは低下する。

交易条件が悪化する中で所得漏出が顕著な場合，いくら生産しても所得が国内に留まらないことから，「働いた割に稼ぎが少ない」という感覚が人々の間に根付いて，GDPデフレーターの低下現象を忌避する雰囲気が醸し出されたというのが，お父さんの意見だよね。

父：うまくまとめたなぁ。

それに対して，GDIデフレーターは？

息子：まず，名目 GDP と名目 GDI は一致していることが重要。

$$\frac{名目GDI}{実質GDI} = \frac{名目GDP}{実質GDI}$$

として定義される GDI デフレーターは，分母も，分子も，交易条件の変化を反映していることから，交易条件の影響が相殺されて，財の物価水準の指標にふさわしい。

父：これも，うまくまとめたなぁ。
　ということは，交易条件悪化のために GDP デフレーターと GDI デフレーターの差が開いていると，GDP デフレーターの低下現象に対して，物価の低下という事情とはまったく別に，「生産の割には所得を得ていない」という感覚を重ね合わせたということだよね？

息子：僕に確かめられても困るなぁ，お父さんの解釈なんだから。
　でも，反論はないけど…

父：以下では，GDI デフレーターと GDP デフレーターの間の大きな乖離が人々の間で強く意識されるようになったのが，21 世紀固有の現象だったことを見ていこうと思う。
　図 10-8 のグラフは，第 4 講で議論した方法で交易利得・損失を計算してみたものを，実質 GDP で割ったものだよ。
　それぞれの基準年では，交易利得・損失はゼロになることにも気を付けて。

息子：その点は，大丈夫だと思う。

父：もうひとつ，注意しなければならない点は，交易利得・損失の水準や対 GDP 比率自体に経済学的な意味があるわけでないこと。
　交易利得・損失は，その水準でなくて，その変化にこそ意味があるんだ。
　あくまで相対的な意味だけど，上昇する方向だと，実質的な所得が国内に流入していく傾向を意味して，低下していく方向だと，実質的な所得が国外に流出していく傾向を意味しているんだ。

息子：分かった。それじゃ，変化で見ていくよ。
　2000 年基準でも，2005 年基準でも，21 世紀になって交易条件の悪化によ

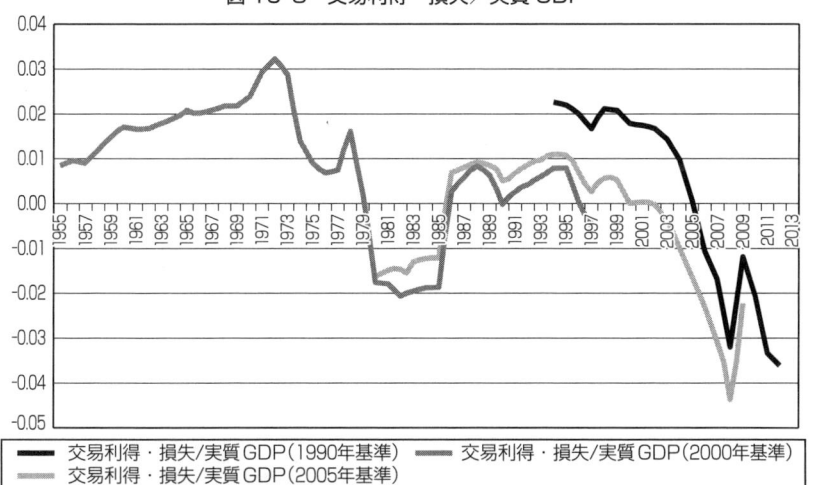

図 10-8 交易利得・損失／実質 GDP

凡例：
― 交易利得・損失/実質 GDP（1990年基準）
― 交易利得・損失/実質 GDP（2000年基準）
― 交易利得・損失/実質 GDP（2005年基準）

って交易利得・損失の対実質 GDP 比率が低下する度合いは，とても大きいね。低下幅は，5％ 超かな。

父：過去と比べてみると，どうかな？

息子：2度の石油ショックに見舞われた 1970 年代にも，交易利得・損失の対実質 GDP 比率が 5％ ほど低下しているね。

　ということは，2000 年代の所得の国外流出の程度って，1970 年代並みっていうか，それよりもひどいってことなの？

父：そうなるな。

息子：でも，そうであるとすると，1970 年代も，GDP デフレーターと GDI デフレーターの間に大きな違いが生じていたってことになるの？

父：その質問に対する答えは，Yes でもあり，No でもある。

　まず，1990 年基準のデータで 1955 年から 1998 年を見てみよう。

　実質 GDP と実質 GDI の間の違いは，虫眼鏡でみてみないと分からないぐらいだよね（図 10-9）。

息子：でも，先に見てきたように，1970 年代の交易利得・損失の対実質 GDP

図 10-9　1990 年基準（十億円）

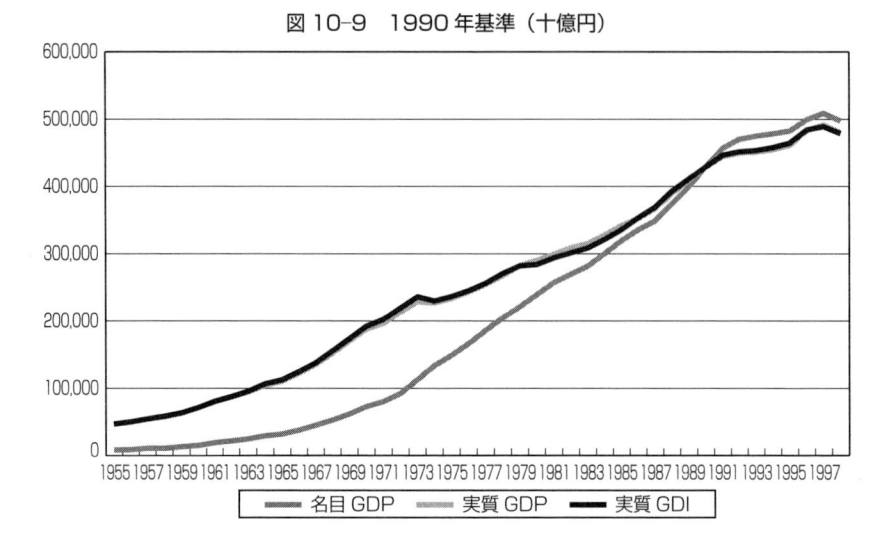

比の変化は 5% もあって，決して無視できるような値じゃなかったと思うけど。

父：目の錯覚ってこともある。

1955 年から 1997 年の 40 年以上にもわたる実質 GDP 成長のスケールに比べれば，交易利得・損失の対実質 GDP 比の変化はとても小さいからね。

図 10-9 では，1990 年価格で見て，実質 GDP が 1955 年の 50 兆円から 1998 年の 500 兆円まで 10 倍になっているんだから。

息子：そうか。

父：実は，GDP デフレーターと GDI デフレーターの間にも違いを見つけにくいんだ（図 10-10）。

どうしてだと思う？

息子：分かんないや。

父：GDP デフレーターや GDI デフレーターの定義を思い出してみてごらん。

デフレーターの分子は，何だったっけ？

息子：名目 GDP。

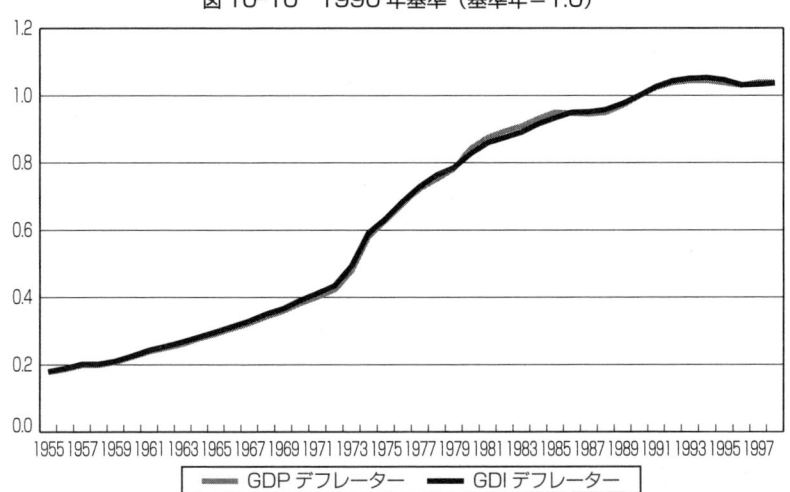

図10-10　1990年基準（基準年＝1.0）

　── GDPデフレーター　── GDIデフレーター

父：1955年には10兆円にも満たなかった名目GDPは，1998年に500兆円にも達しているね。

息子：そうか！
　　名目GDPが急激に伸びているんで，実質GDPと実質GDIの違いなんか，吹き飛んでしまったんだ。

父：吹き飛んでしまったか，面白い表現をするな。でも，正確な表現でないな…
　　実質所得の国外への大規模な漏出は，1970年代も，2000年代も確かにあったんだけれども，1970年代は，名目GDPの急上昇で"見えにくくなった"といえるんじゃないかな。

息子：ということは，名目GDPの伸びが鈍化して，はじめて，GDPデフレーターとGDIデフレーターの違いが，"見えやすくなる"というわけ？

父：そういうことになるかな。
　　2000年基準で1980年から2009年のサンプル期間を見ると，1990年代半ばごろから，実質GDPや実質GDIは依然として緩やかに成長しているのに，名目GDPの伸びが低迷してきているね（図10-11）。

図 10-11　2000 年基準（十億円）

凡例: 名目 GDP　実質 GDP　実質 GDI

図 10-12　2000 年基準（基準年＝1.0）

凡例: GDP デフレーター　GDI デフレーター

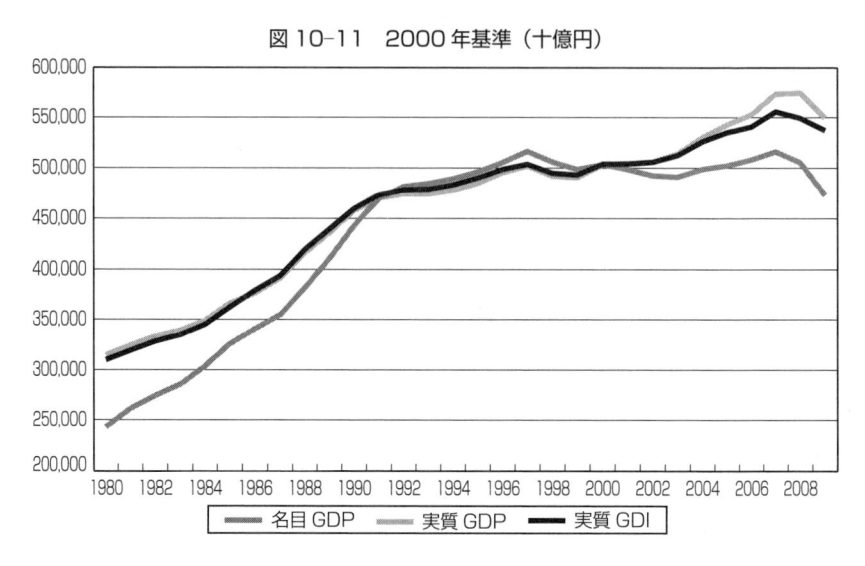

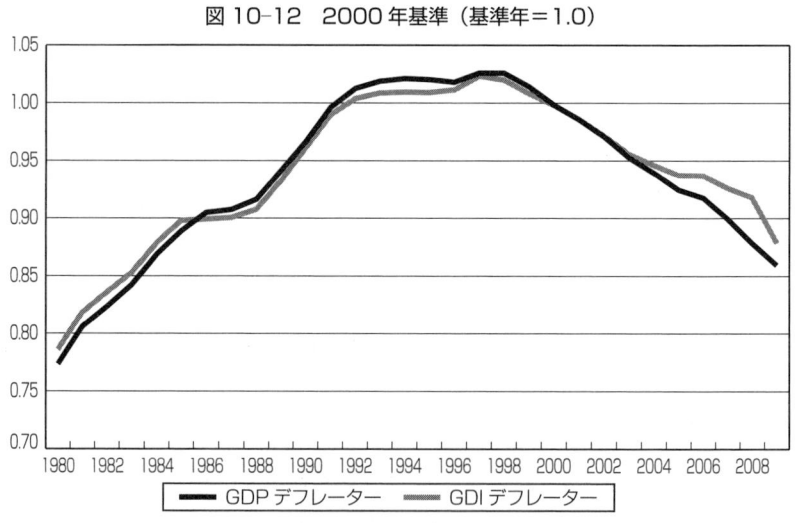

息子：確かに，GDP デフレーターと GDI デフレーターが，21 世紀に入って，大きな違いが生じ始めるね（図 10-12）。

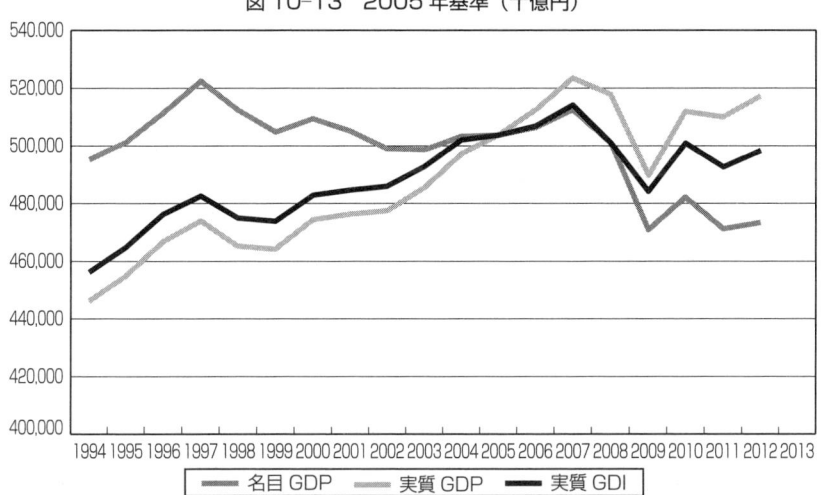

図 10-13　2005 年基準（十億円）

凡例：名目 GDP　実質 GDP　実質 GDI

父：2005 年基準で 1994 年から 2012 年にかけて見ると，21 世紀に入ると，名目 GDP は，横ばいどころか，減少していくね（図 10-13）。

息子：その結果，実質 GDP と実質 GDI の違いである交易利得・損失の影響が相対的に大きくなって，GDP デフレーターが 21 世紀に入っても引き続き低下しているのにもかかわらず，GDI デフレーターは下げ止まっているわけか（図 10-14）。

　　　まさに，第 4 講で議論したことだね。

父：そうだな。

　　　それでは，交易条件に関する議論をまとめてみてくれないか。

息子：お父さんやって。

　　　少し，頭の中がこんがらがっちゃったから…

父：分かった。

　　　交易条件の悪化がマクロ経済レベルで大きな影響をもたらしたことは，1970 年代も，2000 年代も，まったく同じなんだけど，2000 年代が 1970 年代と大きく違うのは，名目 GDP の伸びが鈍化したマクロ経済環境において，物価動向によって"見えにくく"なることもなく，交易条件の悪化が人々の

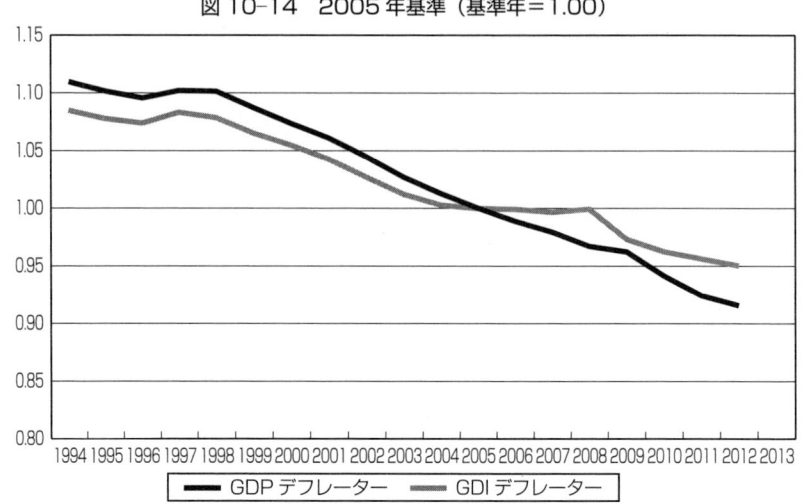

図 10-14　2005 年基準（基準年＝1.00）

――― GDP デフレーター　　――― GDI デフレーター

間でよりいっそう強く認識されるようになった。

　そうした点では，2000 年代に入ってから生じた特有な経済現象といってよいと思う。

　第 4 講の最後のところで述べたように，21 世紀に入って，諸物価の動向を示す消費者物価指数，企業物価指数，そして GDI デフレーターの低下は，物価下落という意味でデフレーションの傾向を示していなかったのにもかかわらず，人々は，所得の海外漏出で生産の割に所得が少ないという意味で"デフレーション"をとらえていたのだと思う。

　GDP デフレーターの継続的な下落は，そのことを象徴的に示す経済現象であり，人々は，その意味での"デフレーション"に大いに苛立った。

息子：少しこんがらがっているのは，それでは，実質所得の大規模な国外漏出については，人々が気付かなければ，「それで良し」ってするの？

　1970 年代のように物価が上昇して，名目 GDP が拡大して，GDP デフレーターと GDI デフレーターの違いが"見えにくく"なれば，「それで良い」ってこと？

父：難しいポイントを突いてきたな。

　父さんたち，経済学者の仕事は，本質的な問題が日本経済にあれば，この

場合だと，所得の国外漏出が日本経済で生じていれば，人々に"見えにくい"現象でも，"見えやすい"現象でも，本質的な経済問題を指摘することだね。

　本質的な問題が人々に"見えにくい"のであれば，その理由を，懇切丁寧に説明していくことも，これまた，経済学者の仕事だと思うよ。

息子：僕が政治家だったら，お父さんたちの仕事をうっとおしく思うかな…

父：なぜかな？

息子：政治家目線でいえば，厄介な経済問題は，国民に"見えにくい"のであれば，その方がいいに決まっているし，国民に"見えやすい"のであれば，"見えにくく"するようにしてもらいたいんじゃないかな。

父："見えにくく"するって，政策的に物価上昇を作り出すってことか？

息子：たとえば，そういうこと…

父：政治の世界では，確かに，そうかもしれないな。また，そうしたことこそが，括弧付きの「経済政策」ってことも，政治の世界ではあると思うよ。

　でも，たとえ，そうしたことを実現できても，多額の実質所得が日本経済から漏出している経済問題自体を，打ち消すことはとうていできないわけ。

　だから，「今，本質的な問題が日本経済にありますよ」と淡々と指摘する人が，社会にいてもいいんじゃないかなぁ。

息子：そんなことわざわざいって，お父さんがKYってことにならない？

父：そうでもないと思うよ。

　というのは，日本社会には，そうした本質的な経済問題に真正面から向き合って，黙々と経済活動をしている人が数多くいるわけだから。

息子：そういうものなの？

父：そういうものさ。

4 まとめてみると…

息子：いろいろな経済データを見てきて，お腹が一杯になったって感じ。

父：そろそろ，日本経済を取り巻く国際環境について，講義全体のまとめに入っていこうか。

その際に，名目純輸出（名目輸出－名目輸入）の名目GDPに占める割合の推移を頭に入れておくといいかもしれない（図10-15）。

ついでにいっておくと，貿易収支の黒字幅（名目純輸出にほぼ等しい）の対名目GDP比率が3％を超えると，貿易相手国と摩擦が激化する危険域といわれている。

息子：「危険域」なんていわれると，なんだか緊張するよ。

父：まずは，**日本経済にとって望ましかった国際環境**の方から見ていこうか。

息子：最初は，1ドル360円の円安相場に目が奪われて，そうは思わなかったけれど，高度経済成長を実現した1960年代は，日本経済にとって本当に恵まれた国際環境だったんだね。

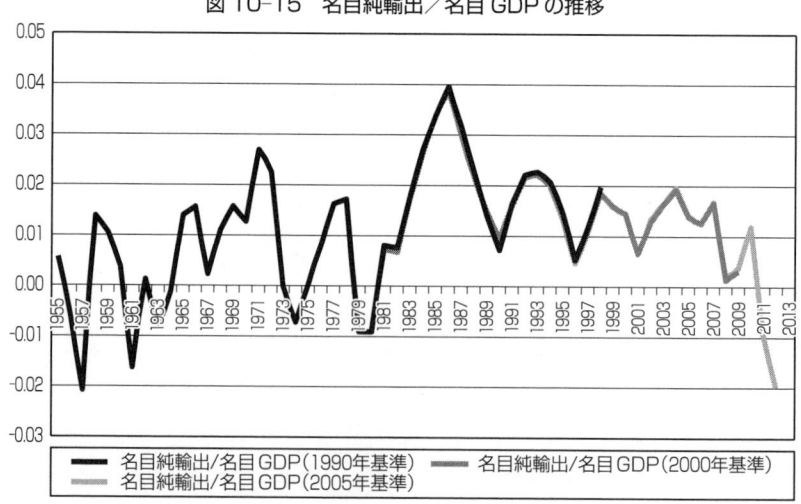

図10-15 名目純輸出／名目GDPの推移

石油をはじめとした原材料は，非常に安く，そうした安価な原材料を念頭にすれば，交易条件も，素晴らしく良かった。

父：そうだな。
先の名目純輸出の対名目 GDP 比率も，1960 年代初頭のマイナス 1% 前後から，1970 年代初頭にはプラス 2% を超える水準まで上昇していく。

息子：講義冒頭の議論を踏まえると，1960 年代の日本経済は，交易条件の改善と貿易収支の改善が両立していたんだね。

父：そうだな。
日本経済にとって望ましい国際環境というと，1960 年代ほどではなかったが，<u>1980 年代後半から 1990 年代</u>も。

息子：僕が最初に注目したのも，この時期。
原油価格も 1 バレル 20 ドル前後で安定し，交易条件も改善したからね。

父：名目純輸出比率で見た貿易収支黒字も，1980 年代半ばの 3% 超の水準からは低下したが，1% から 2% の範囲で推移した。
そういう意味では，交易条件の改善と貿易収支の改善が両立していた。
だけど…

息子：だけど？

父：だけど，日本経済が望ましい国際環境を活かすことができたかどうかは，あらためて考えてみる必要があるかも。

息子：**資産価格バブル**のこと？

父：そう。
特に，1990 年代は，せっかくの国際環境を活かすどころか，資産価格バブル崩壊の後始末に追われて"失われた 10 年"とさえ呼ばれているしね。

息子：お父さんにこんなことを聞いていいかどうか分からないけど，1990 年代というと，お父さんは 30 歳代，まさに働き盛り，「恵まれた国際環境を活かしていない」という意識はあったの？

父：正直，どこまで意識的だったかは，疑わしい…

息子：変なことを聞いて，ゴメン。

父：謝ることなんてないさ。
　　ところで，**日本経済にとって厳しい国際環境の方は？**

息子：2度の石油ショックに見舞われた<u>1970年代</u>と，原油価格が1バレル100ドルに向かって急騰した<u>2000年以降</u>。
　　原油価格が1バレル40ドルから20ドルに落ち着く過程にあった<u>1980年代前半</u>も，国際環境は必ずしも恵まれていなかった。

父：1970年代は，散々だったといっていいかもしれない。
　　君には注意を受けたけど，"タダ同然"の原材料価格が急騰して，高度経済成長を支えてきた国際環境は見事に崩壊した。
　　2つの石油ショックの直後は，貿易収支赤字も記録している。

息子：1960年代から1970年代は，天国から地獄への転落…

父：まさにそうだな。
　　一方，著しい円安で交易条件を悪化させて厳しい国際環境を乗り越えたのが，<u>1980年代前半</u>と<u>2002年から2007年の「戦後最長の景気回復」</u>。
　　講義冒頭の議論を踏まえると，交易条件を犠牲にして，貿易収支を改善させた時期。

息子：1980年代前半は，名目純輸出の対名目GDP比率で見ると，まさにそうだよね。
　　同比率は，0%近傍から4%まで急上昇したのだから。
　　お父さんが教えてくれたように，3%超だから，貿易摩擦の危険域に突入。

父：1980年代前半は，厳しい国際環境が徐々に軟化する局面でもあったので，円安の貿易収支改善効果がいっそう大きかったといえるかも。

息子：一方，2002年から2007年の「戦後最長の景気回復」は，交易条件の悪化による犠牲がとてつもなく大きかった。
　　実質為替レートで見ると，この時期の円安度合いは，1980年代前半の水

準に迫っていて，交易条件が著しく悪化したが，日本経済が直面している原材料価格の高騰は，1980年代前半と比べものにならないほど厳しかった。
　その結果，貿易収支の黒字も，景気もある程度維持できたものの，実質所得が空前の規模で海外に漏出し，人々は，そのことにひどく苛立った。

父：そうだな。
　日本経済が21世紀に入って抱えた経済問題はますます深刻になって，原材料価格の高騰という厳しさに加えて，日本の企業が輸出先現地で厳しい国際競争にさらされるようになった。
　2008年秋のリーマンショック後の円高でも，いったん改善した交易条件はすぐに悪化した。
　2012年後半以降の円安環境では，海外要因（原材料の高騰と価格競争の激化）が支配的となって，交易条件が悪化したままだった。

息子：2011年以降は，原油価格高騰とともに，福島第一原発事故による全原発運転停止の影響も加わって，エネルギー輸入コストの増大で貿易収支赤字が恒常化した。
　いつかお父さんがいっていたことの聞きかじりだけど…

父：正確にいうと，原発の運転停止そのものが貿易収支に大きな影響を及ぼしたというよりも，エネルギー情勢が逼迫する中で原発停止の影響がよりクローズアップされたといった方がいいかもしれないな。

息子：それほど違いはないと思うけど，まぁいいや。

父：その意味では，2つの石油ショック直後の2年間を除いて貿易収支黒字を確保できた1970年代よりもいっそう厳しい状況にあるのかもしれないな。

息子：お父さんにまたこんなことを聞いていいのかどうか分からないけれど，日本経済の深刻な問題に現在進行形で接していて，経済学者のお父さんとしては，どう考えてきたの。

父：君の質問に対して，まったく答えになっていないけれど，これまで一連の講義で君と対話してきたように，正確に理論を学んで，丁寧にデータを取り扱っていくことで，日本経済の諸問題に向き合っていくしかないと思ってい

る。
　　有効な政策処方箋など，簡単に書けるわけはないと思う。

息子：お父さんがそんなことをいってしまえば，経済学者失格ってことじゃない。
　　ゴメン，いいすぎたと思う…

父：そのようにいうことは，それに対して批判されることも含めて，経済学者の仕事だと，父さんは思っているよ。
　　確かに，君がまさに生きている日本経済は厳しい状況にある。

息子：まさに，そこが，僕の聞きたいところだよ。

父：それでは，君は，そうした厳しい状況がずっと続くと思っているのか？

息子：えぇーと…
　　日本経済を取り巻く国際環境を見ても，1960年代の黄金期，1970年代の地獄，1980年代前半の調整期，1980年代後半から1990年代の良好期，2000年代の再度の地獄…
　　確かに，10年単位で大きく動いている。
　　ということは，10年の時間単位で見れば，今の状況も，「ずっと」と考える方が不自然…

父：そういうことが見えてきただけでも，将来の日本経済を考えるのに，ずいぶんと見通しが良くなるんじゃないかな。
　　それに，そうした見通しを持つために必要な経済学の知識は，そんなに難しいわけではない。

息子：僕には，とても難しかったけど…

父：でも，こうして議論できているじゃないか。
　　また，そうした見通しを持つために必要となってくるデータも，公表されているものばかり。インターネットですぐにダウンロードできるし。
　　交易条件指標なんて，割算ができれば，簡単に計算できる。
　　古い「国民経済計算」では，交易利得・損失をはじいてくれていないので，自分で計算しなければならないけれど，第4講で習ったように，そんなに難

しくない。四則計算の範囲だよね。

息子：そうだけど…

父：父さん自身，30年以上，日本経済や国際経済に向き合ってきて，そうしたマクロ経済学の知識にどれだけ助けられたことか…
　やや無責任ないい方をすれば，「良い時も，悪い時も，ずっと続かない」っていう感覚って結構重要だと思うんだな。

息子：そういうものかなぁ…

父：ただ，良い時から悪い時へ，悪い時から良い時への「潮目が変わる時期」を見極めるのは，マクロ経済学を勉強していれば，事足れりというわけにはいかない。
　父さんは，マクロ経済学は人並みにできると思っているけど，潮目が変わるのを見極めるのは，まだまだ。

息子：どうすればいいの。

父：すごく無責任な言い方になるけど，数々の書物を読み込み，日々の新聞の端々に目を通す。周囲の人々と議論することも，欠かせない。
　もちろん，統計数字からも目を離せないね。
　今の時代，日本語だけじゃなく，英語でも。父さんは，身につけられなかったけど，英語の他に，もうひとつ外国語をマスターするのも，これからは必要じゃないかなぁ。

息子：要するに，「勉強しろ」ってこと？

父：そうはいわない。
　「学問を楽しんだら」と誘っているだけなんだけど…

息子：お父さんとこうして話していると，不思議な気がしてくる。
　日ごろ，テレビや新聞で目にする，政府の経済政策が良いとか，悪いとか，政策担当の政治家の決断が早いとか，遅いとか，政権にアドバイスする経済学者が優れているとか，劣っているとかの騒々しい議論とはまったく別の次元で，複雑な国際情勢の中で，とてつもなく大きな力，誰も抗することがで

きない力が，日本経済に対してジワッと働いているように感じてしまう。

父：ジワッとか。確かに，そうかもしれないな。

「経済学という理屈を通して現実を見る」とは，そうしたジワッと現実に対して働いている，ややもすると"目に見えにくい力"を，"目に見える形"にしていく作業かもしれないね。

そういう作業を大前提に，日本経済で経済活動を営む一人ひとりが，何をなすべきかを考え，やれることはやるべきなのだと思う。

息子：お父さんが，東日本大震災の直後から原発事故に取り組んでいて，2013年になると，再稼働についても踏み込んだ発言するのを見ていて，「なぜ，専門外の経済学者が？」という思いが正直あったんだけど，今回の講義を聞いていて，その理由が何となく分かった気もする。

父：そうか。

いずれにしても，理論を正視し，データに向き合い，できるかぎり考えていくしかないのだと思う。個々人のレベルでは，それしかできないのだと思う。

息子：お父さんの語っていることの1割も理解できていなかったと思うけど，10回にわたって講義を受けることができて本当によかった。

父：父さんも，語り方に問題があったのだと思うし，真の対話が成り立っていたのかも，自信がまったくない。でも，君のような若者にマクロ経済学を語る機会を持てたことは，教師冥利に尽きるな。

ありがとう。

息子：こちらこそ，お礼をいわないと。

ありがとう。

【講義の後で】

息子（独白）：やっぱりしんどかったなぁ，今日のお父さんの講義。
　お父さんは，「現実に向き合え」って，よくいうけれど，僕には，「向き合え」じゃなくて，「受け入れろ」って，どうしても聞こえてしまうんだよね。マクロ経済学を勉強して，現実を見るってことが，大切なことは，よく分かるんだけど，お父さんの講義で勉強していけば，いくほど，お父さんから「現実を受け入れろ」って，脅迫されているみたいで…
　正直，反発も感じるんだけど。
　でも，僕の方が，お父さんのいうことを，深刻に受け入れすぎている気もする。
　お父さんは，「モデルを学んで，データを見るのって，結構，楽しいんじゃないの」って語ってくれているだけなのかもしれないし，データを見ているときのお父さんって，いつも楽しそうだし。でも，目はぜんぜん笑っていないところが，ちょっと怖いけどね…

父（独白）：「父が息子に語る形でマクロ経済学を講じてみたい」と非常にお世話になった先生にお話したら，「自分たちの時代よりも悪くなることが明らかな若い世代に向けて，よく語れるなぁ…　自分には，なかなかできないな」とおっしゃってたなぁ…
　確かに，第10講は，息子を含めた若い人たちには，大変にしんどい話題になったからなぁ。若い人たちだけじゃなく，周囲の人たちからも，お前は，ニヒリストだ，ペシミストだ，といわれることが多いし。

でも，でも，ですよ，僕自身は，自分が，楽天家だと思っているんだよね。
　マクロ経済学をずっと勉強してきて，研究者になってからは，マクロ経済学が仕事になったけど，基本的には，マクロ経済学が楽しかった。もちろん，勉強がしんどい，研究がしんどい，ってことは，あったけれど，でも，楽しいという思いの方が，ずっとまさってきたんじゃないかと思うんだよね。
　息子に語りたかったことは，マクロ経済学じゃなくても，もちろんいいんだけど，楽しんで，それも真剣に勉強し続けてもらいたいっていうか，まぁ，勉強じゃなくても，あいつが大切と思うことをずっとやり続けてほしいということだけなのかもしれないな。

エピローグ：かならず，人生の知的訓練になる！

父：ちょっといいかなぁ。

息子：いいよ。
　　　お父さんがぼくの部屋に来るなんて珍しいね。

父：あいかわらず，散らかっているなぁ。
　　ベッドのところにでも座らせてもらうよ。

息子：いいよ。
　　　こっちは，お父さんに買ってもらった，居心地の良い椅子に座らせてもらって恐縮しちゃうけど…

父：「椅子はケチるな」は，父さんの信条だから。

息子：お父さんは，いろいろと信条を持っているんだね。
　　　もしかして，先週，お父さんが僕に手渡してくれた『父が息子に語るマクロ経済学』の原稿のことで来たの？
　　　ゴメン，まったく読んでないよ。なんだか恥ずかしくて。

父：いや，督促しに来たわけじゃないんだ。
　　おっ，父さんたちが執筆した『New Liberal Arts Selection マクロ経済学』も，ちゃんと本棚に置いているんだ。

息子：お父さんからは，「大学に入ったら読めよ」といわれたけど，あんまり読んでいないんだ。
　　　やっぱり，専攻が経済学じゃないから。
　　　経済学部の友達は，講義で使っているみたいだけど。

父：君の大学でも，使ってくれているか。ありがたいな。
　　700ページの大部で，途中からは，フォントも小さくしているから，学生諸君からは，敬遠されぎみって感じかな。

息子：でも，『マクロ経済学』を出している有斐閣（ゆうひかく）は，法律や政治学の学生の間でもなじみがあるよ。

　ところで，今度の本，なぜ，有斐閣からじゃないの。お父さんの教科書って，すべて有斐閣からじゃなかった？

　もしかして，有斐閣と喧嘩でもしたの？　お母さんは，お父さんが出版社や新聞社の人とよく喧嘩をして，困りもんだって，話していたことがあるから。

父：母さんは，そんなこといっていたか…

　今は，そんなことないけどなぁ。有斐閣とも，良い仕事しているよ。

息子：それじゃ，なぜ，勁草書房（けいそうしょぼう）なの？

父：勁草書房は，有斐閣とともに，父さんがぜんぜん無名のころから，長く付き合ってきた大切な出版社なんだ。

息子：長くって，どのくらい。

父：1990年代半ばごろからだから，かれこれ，20年近くになるかな。

息子：僕が生まれたころからってこと？

父：そうなるな。

息子：それで，なぜ，勁草書房なの？

父：妙にこだわるなぁ？

　「勁（つよ）い草」って，すばらしい社名じゃないか。

息子：「勁」って，「つよい」っていう訓なんだ。知らなかった。

父：『父が息子に…』は，父さんとしては，教科書っていう感じじゃないんだな。

　だから，「教科書は，有斐閣から」っていうのと少し違うわけ。

息子：なるほど，その辺は，お父さんから講義を受けていたころから，何となく感じていたんだけど…

　経済学部の友達からの受け売りだけど，マクロ経済学の講義で最初に習う

のは，IS-LM モデルってことになっているんだよね。
　お父さんの講義には，そんなモデル，ちっとも登場しなかった…
　お父さんたちの『マクロ経済学』でも，第6章で IS-LM モデルに何ページも割いているじゃないか。ほら，ここに。

父：だから，『父が息子に…』は，マクロ経済学の教科書じゃないんだよ。
　確かに，経済学を専攻する学生であれば，IS-LM モデルをしっかりとマスターする必要があると思うんだけど，君のように，経済学を専攻しない学生には，もう少し違うことを語っておきたかったんだ。

息子：それにしても，なぜ，そうしたの？

父：その理由を詳しく説明すると，いろいろあるんだけど，あえてひとつだけ理由をあげるとすれば，IS-LM モデルは，大切だけど，退屈なんだな。

息子：退屈？？？

父：退屈って表現が悪かったかな…
　それでは，別のいい方をしてみると，IS-LM モデルの知識がなくても，「国民経済計算」を正しく読み込むことができるんだな。

息子：こういう受け答えをするときのお父さんって，「もうこれ以上話さないモード」って感じなんで，もうこれ以上聞かないよ。

父：どうも。

息子：さっきは，お父さんたちの『マクロ経済学』，あまり読んでいないっていったんだけど，お父さんの講義が「国民経済計算」について，これでもか，あれでもか，って感じで扱うんで，『マクロ経済学』の第1部だけは，けっこう丁寧に読んだんだよ。

父：そうか。それは，うれしいな。

息子：その最初のところに，「国民経済計算」は，10の省庁が協力しながら，内閣府が，膨大な時間と労力を投じて作成した経済統計ってくだりがあるよね。
　その記述になんだか感動しちゃった。

父：「国民経済計算」の作成は，一大国家事業だな。

息子：ということは，「国民経済計算」を作成している官僚たちは，史官集団って感じかな。

父：「しかん」？

息子：古代中国で文書の記録に従事していた役人たちのこと。
　　　歴史の「史」と官僚の「官」で「史官」。
　　　現代の史書を編んでいるイメージかな。

父：歴史好きの君らしい表現だな。
　　そのとおりだと思うよ。

息子：実は，お父さんの第10講が印象的だったんだ。
　　　1955年から現在までの「国民経済計算」を活用して，現代の日本経済が直面している国際環境が浮き彫りにされたこと。

父：終戦から10年で「国民経済計算」を作成する体制を整えたってところは，日本という国の"律義さ"って，父さんは思っているんだよ。

息子："律義"って言葉で，自分の国をほめるなんて，なんだか変なの。

父：父さんは，この"律義さ"は，敗戦の教訓を踏まえていると思うんだ。

息子：どういうこと？

父：日本経済の活動が，長い期間にわたって「国民経済計算」に記録されているおかげで，私たちは，日本経済のありようを，歴史的な文脈に置いてみて，あるいは，国際的な環境に置いてみて，楽観もせずに，悲観もせずに，等身大のところで捉えることができるんだと思う。

息子：お父さんが，僕の前で，「私たち」って主語で語るのを初めて聞いたような気がする。

父：日本の戦前のことを考えてご覧よ。
　　日本の国力を客観的に判断するデータは，国民にいっさい公表されていなかった。

為政者の側も，そうしたデータに真剣に向き合っていたのかどうかさえ定かでないところがあるね。

息子：「国民経済計算」が1955年からずっと公表され続けている状態っていうのは，それよりもはるかに素晴らしい状況ってことなんだ！

父：そうなんだ！
　　父さんたち，マクロ経済学の研究者も，「国民経済計算」という経済統計の怪物に，手足を強く縛られているんだよ。

息子：それは，何となく感じてきた。
　　経済理論や経済モデルを語るときのお父さんは，まるでワンパク坊主。
　　でも，経済統計に向き合うときのお父さんは，禅宗のお坊さんが座禅を組んで，なんだか"畏れ多いもの"に対して正視しているって感じ。

父：わが家の宗派が，禅宗の曹洞宗ってことは知っているか？

息子：知っているよ。
　　去年の秋，お父さんは，能登半島の志賀原発視察の前に曹洞宗・総持寺祖院に立ち寄ったって，結構興奮気味に話していたから。

父：そんなに熱く話したかなぁ？

息子：お父さんは，こちらが聞きたくないことを熱心に話して，こちらが聞きたいことをはぐらかすところがあるからね。

父：そうかなぁ…

息子：お父さんにしかられそうだけど，ひとつだけ，質問していいかなぁ？

父：それじゃ，はぐらかさないで答えるよ。

息子：なにごとにつけ，「『何の役に立つの？』なんて聞かずに黙ってやれ」ってお父さんにいわれてきたので，なんだか聞きづらいんだけど，マクロ経済学ってなんの役に立つの？

父：そうか，そう来るか。
　　君が，これから社会に出ると，仕事の面でも，プライベートの面でも，さ

まざまな意思決定を迫られると思うんだな。
　そんなときに，自分の直面する社会や経済について，常になんらかの仮説を持って行動し，新たな事実に出くわせば，その仮説を再検討する態度がぜひとも必要になってくるんだ。

息子：「常に仮説を持って行動する」って，どういうこと？

父：自分が向き合っている経済社会の状況について，その背後にどのような原因が働いているのかに関して理屈を考えること。

息子：それじゃ，「仮説を再検討する」ってのは？

父：これまで考えていた理屈では説明できない現象にぶちあたれば，理屈を考え直すこと。

息子：仮説をめぐる人生態度のことは，なんとなく分かったようにも思うんだけど，それがマクロ経済学とどう関係するの？

父：父さんの考えでは，経済学をはじめとした社会科学を学ぶということは，自分を取り巻く経済社会の環境に対して，「常に仮説を持って行動する」という態度を培う知的な訓練だと思っているんだ。

息子：知的な訓練って？

父：人生の予行練習というか，模擬演習みたいなものかな。
　君のような若い人たちには，大学にいるときから，人生の予行練習のつもりで知的トレーニングを受けてほしいと思っているんだな。

息子：じゃ，なぜ，マクロ経済学なの？

父：マクロ経済学は，「国民経済計算」をはじめとした経済統計がドシンと控えていて，そうしたデータが取り持つように理論と実証が有機的に結びついた学問。
　ちょっと言い方をかえてみると，データの作成もしっかりとしていて，そのデータが人々の間で広く共有されていて，そのデータに向き合うための理屈もずいぶん洗練されている学問っていえるんじゃないかな。
　そうした学問の理論のパートが「仮説を立てる」に，実証のパートが「仮

説を再検討する」にそれぞれ相当すると思うんだ。

息子：でも，「なぜ，マクロ経済学なの？」にきっちりと答えていないんじゃない？

父：そうかもしれんな。
　　正直なところ，誰も彼もが，マクロ経済学を通じた知的訓練を必要とするとは思わないな。
　　他の社会科学の学問分野でも，そうした知的な訓練は，十分に可能だから。
　　でも，政治，行政，経営の現場でリーダーとなっていく人には，マクロ経済学で知的な訓練をしても「悪くないかな」っていう気もするけどね。

息子：お父さんは，肝心要のところで，なんだか，控え目だね。
　　お父さんが，もっと，"マクロ経済学の広報マン"みたいになってもいいんじゃないの。

父：人間には，得手・不得手があるわけだから…
　　広報的な仕事は，苦手だな。

息子：そういうものかなぁ…

父：実のところ，君のいいたいことはよく分かる。
　　父さんのような教師から，「マクロ経済学は人生の役に立つ」っていう言葉を引き出すことができれば，そう聞いた若い人たちは，どこかで安心してマクロ経済学を勉強すると思うんだ。
　　でも，父さんとしては，そうした"威勢の良い"言葉で，若い人たちをマクロ経済学に誘うということはなかなかできないんだよ。

息子：なぜ？
　　お父さんには，自信がないってこと？

父：そういうわけではなくて，若い人がある分野の学問に出会うっていうのは，外からとやかくいっても仕方がないと思うし，あえていえば，そうした学問との出会いに干渉したくない。

息子：…

父：だから，いろいろな理由があったと思うけど，君が自分で政治学を専門に選んだということは，父さんとしては，尊重したいんだな。
　それでも，父さんが君にマクロ経済学を講じようと思ったのは，そんな講義をきっかけに，君自身の政治学への向き合い方が，リフレッシュされると思ったからなんだ。
　だから，経済学に勧誘しようなんて気は，さらさらなかったよ。

息子：お父さんがそういうスタンスだったってことは，僕もなんとなく感じていたよ。

父：親としては，どんな分野であってもいいから，社会科学の一分野を一生懸命に学ぶことで，君が生きている経済社会に対して，常に仮説を立てられるような人間，そして，自分の仮説が間違っていたことに気が付けば，潔く新たな仮説を打ち立てる勇気を持った人間になってほしい。

息子：「社会科学を学ぶということが人生の予行演習だ」なんていう発想は，自分にまったくなかったので，新鮮な気がします。

父：世界の著名なマクロ経済学者だって，「マクロ経済学を学ぶことが，人生に必要な知的訓練になる」という発想なんて持ってやしないと思うよ。

息子：そうなんだ…
　僕は，『父が息子に…』の講義録を出版することに反対というか，なんだか照れ臭かったんだけれど，お父さんが，「マクロ経済学を含めた社会科学を学ぶことが，人生の知的訓練になる」っていうんだったら，出版する意味も少しはあるんじゃないかな。

父：君がそういってくれると，父さんはうれしいね。

息子：本の帯は，

**かならず
人生の知的訓練になる！**

　だね。

父：どこかで見たような…

息子：僕も，どこかで見たように思うなぁ…
　　　まぁ，いいじゃん。

父：じゃ，気にしないことにするよ。
　　主語が明らかでないところがいいね。社会科学のどの分野であってもいいわけだから…

息子：主語がなくても，文章になるところが，日本語のありがたさってことかな。

父：勉強中，じゃまして悪かったな。そろそろ，おいとまするよ。

息子：全然。
　　　結構，楽しかったよ。

てな感じかな…

おわりに：手作業の楽しみ

　「学問の醍醐味って一体全体なんだろう」と問われてみて，自分はどう答えるだろうか？　読者の方々には突拍子もなく思われるかもしれないが，「手作業の感覚」と答えるのでないかと思う．
　何冊もの読むべき書物を，書き込みをしつつ，ときには，ノートをとりつつ，何度も何度も読み返す．数学的な作業が必要とあれば，何枚もの計算用紙，何本もの2Bの鉛筆が欠かせない．データを取り扱う場合でも，いきなり高度な統計分析をあてはめるわけではなく，簡単な統計作業で何枚もの図表を作成して，それらをずっとにらみ続けてみる．膨大な事実を収集しようと思えば，パソコン入力で便利になったけれども，根気強く記録を重ねなければならない．周囲の人間と，そして，自分自身と，議論を重ねなければ，考えたことを文章にまとめることなどできやしない．いざ，パソコンを前にして文章を書くにしても，何度も何度も書き直す．
　大学における学問とは，手作業の連続で，そうした作業を積み重ねていくと，何かが見えてくるのでないかと思う．

　本書では，マクロ経済学という学問分野に限定されるけれども，数理的な経済モデルも，ある程度の根気があれば，紙と鉛筆だけで展開することができて，ある程度の手間をいとわなければ，公に入手できるデータで検証することができるようなものばかりを紹介してきた．もちろん，紹介した経済モデルは，若い人たちの知的関心の対象になると確信できるものにかぎっている．
　著者自身がいうのもおかしいかもしれないが，読者ひとりで，ときには，友人とともに，さまざまな手作業を重ねて，それらの経済モデルを学んでいくと，かならずや，見えてくるものがあるのだと思う．私たちが住む経済社会が，どのような歴史的積み重ねの上にあるのか，どのような未来が開かれているのか，そして，私たちは，そうした過去と未来に対して，どのように向き合うべきなのかを考える契機となるのだと思う．
　あらためて，「なぜ，本書を執筆したのか」と自らに問うてみると，もしか

すると,「若い人たちが手作業を積み重ねて学問を楽しむ風景」が大学から消えつつあるのでないかと,あるいは,大学で学ぶ若い人たちが,地道な診断よりも,派手な治療ばかりをもてはやしているのでないかと,ふと心配になったからなのかもしれない。というよりは,大学で教える側のわれわれが,若い人たちの間に,手作業の積み重ねを軽視する風潮を助長してきたのでないかと,いつも心配してきたからかもしれない。前者の心配は,おそらく私の杞憂であろうが,後者の心配は,私の中で差し迫ったものがある。

　私たち,大学の教員は,「大学入試の勉強なんてまったく意味がない」,「大学での学問なんて社会に出たらまったく役に立たない」などと,無責任にも学生に向かって吹聴してこなかったであろうか？　本書を執筆したのは,もしかすると,高校までに学んだことが大学での学問の基礎となり,大学で学んだことが社会に出て人生を歩んでいく上で土台となることを,「息子」のような若い人たちとマクロ経済学を学ぶことを通じて,真剣に語ってみたかったからかもしれない。

　…と書いてくると,本書を苦しんで執筆してきたように思われかねないが,そんなことはない。いつもの著作のように,執筆を楽しんできた。書物は,読者も,著者も,楽しまなければならないというのが,私の信条でもある。

　どうか,読書を楽しんでください！

2014年2月,東京国立にて

齊藤　誠

索 引

数字・アルファベット
70の法則　32
GDP（国内総生産）　40
GNI（国民総所得）　49
NDP（国内純生産）　48
NNI（国民純所得）　49
PER　202
SNA（国民経済計算）　40

ア　行
一般会計　279
営業余剰　54
円建て　102
オイラー数　23
黄金律　146, 273
　　修正――　148

カ　行
外貨建て　103
会計　40
外国為替市場　169
外国為替レート　103
価格水準の変化　87
過剰蓄積状態　147
貨幣市場　164
貨幣鋳造収入　235
貨幣発行収入　240
間接税　49
企業物価指数　116
技術進歩率　292
基準年　86
基礎的収支　281
キャピタル・ゲイン　139
キャピタル・ロス　139
均衡財政　79
金融市場　163
金利平価　228
金利リスク　194

契約通貨ベース　322
限界生産性　129
　　――の逓減　132
減価償却費　48
交易条件　102, 311
交易利得・損失　107, 327
高度経済成長期　320
購買力　166
購買力平価　215
国内純生産（NDP）　48
国内総生産（GNP）　40
国民経済計算（SNA）　40
国民純所得（NNI）　49
　　市場価格表示の――　50
　　要素価格表示の――　50
国民総所得（GNI）　49
固定資本　56
固定資本形成　57, 74
　　純――　58
固定資本減耗　48
固定相場制　313
雇用者報酬　53
混合所得　54

サ　行
債券　186
在庫投資　14, 68
財産所得　54
三面等価　77
資金運用者　163
資金調達者　163
自然対数　23
実質GDP　327
実質GNI　327
実質為替レート　220
実質金利　172
実質国内総所得（実質GDI）　108
実質生産額　86

失業率　259
　　自然――　260
失業流出率　261
失業流入率　261
紙幣需要関数　243
資本主義社会　55
資本所得　55
純設備投資　58
準備預金　237
純輸出　67
消費　70
消費支出　70
消費者物価指数　96, 116
ストック変数　13
生産関数　61, 128
　　コブ・ダグラス型――　270
成長会計　290
政府消費支出　75
戦後最長の景気回復期　113, 265
相対価格の変化　87
総要素生産性　292
粗設備投資　57, 74

タ　行

第一次石油ショック　316
第二次石油ショック　317
対数　21
単利運用　28
地価公示　173
中間投入物　45
通貨価値　166
定常状態　262
デフレーター　88
　　GDI――　115, 327
　　GDP――　114, 327
　　家計消費――　95
　　貿易財――　107
　　輸出――　100
　　輸入――　100

ナ　行

ニクソンショック　313
日経平均　173

日本銀行　166
ネイピア数　23

ハ　行

配当　197
バブル　157, 337
万能財　124
ファンダメンタルズ　157
フィッシャー方程式　178
付加価値　45
複利運用　28
物価　96
プライマリー・バランス　281
プラザ合意　314
フロー変数　13
平均生産性　129
平均貯蓄性向　271
閉鎖経済　127
変動相場制　313
補助金　49
保有コスト　243
保有便益　243

マ　行

マクロ経済学　11
ミクロ経済学　11
名目為替レート　220
名目金利　172
名目生産額　86

ヤ　行

輸出競争力　102
予想インフレ率　177

ラ　行

リーマンショック　265
労働所得　55
労働力人口　259

ワ　行

割引　136
割引現在価値　136

著者紹介

1960年名古屋市生まれ。京都大学経済学部卒業。マサチューセッツ工科大学大学院経済学部博士課程修了（Ph.D.）。住友信託銀行，ブリティッシュ・コロンビア大学経済学部助教授などを経て，現在，一橋大学大学院経済学研究科教授。専攻：マクロ経済学，ファイナンス理論。主要業績：『金融技術の考え方・使い方：リスクと流動性の経済学』（有斐閣，2000年，第44回日経・経済図書文化賞受賞），『新しいマクロ経済学』（有斐閣，1996年，2006年新版），『成長信仰の桎梏：消費重視のマクロ経済学』（勁草書房，2006年），『資産価格とマクロ経済』（日本経済新聞出版社，2007年，第48回エコノミスト賞受賞），『NLASマクロ経済学』（有斐閣，共著，2010年），『原発危機の経済学』（日本評論社，2011年，第33回石橋湛山賞受賞）ほか。2007年度日本経済学会・石川賞，2010年度全国銀行学術研究振興財団・財団賞を受賞。2014年春紫綬褒章受章。

父が息子に語るマクロ経済学

2014年8月1日　第1版第1刷発行
2014年9月20日　第1版第3刷発行

著 者　齊藤　誠
発行者　井村寿人

発行所　株式会社　勁草書房
112-0005　東京都文京区水道2-1-1　振替 00150-2-175253
（編集）電話 03-3815-5277／FAX 03-3814-6968
（営業）電話 03-3814-6861／FAX 03-3814-6854
理想社・中永製本所

©SAITO Makoto 2014

ISBN978-4-326-50400-8　Printed in Japan

JCOPY 〈(社)出版者著作権管理機構 委託出版物〉
本書の無断複写は著作権法上での例外を除き禁じられています。複写される場合は、そのつど事前に、(社)出版者著作権管理機構（電話 03-3513-6969、FAX 03-3513-6979、e-mail: info@jcopy.or.jp）の許諾を得てください。

＊落丁本・乱丁本はお取替いたします。

http://www.keisoshobo.co.jp

林 文夫 編集

経済制度の実証分析と設計（全3巻）

「失われた10年」と呼ばれる日本経済の1990年代の長期停滞はなぜ起こったか．その原因を究明し，日本経済を復活させる処方箋を探る．

第1巻　経済停滞の原因と制度　　A5判　4,500円　54851-4
長期にわたる日本経済の経済停滞（いわゆる「失われた10年」）を需要側の要因，供給側の要因から実証分析し，その実態，原因および結果について分析する．

第2巻　金融の機能不全　　A5判　3,400円　54852-1
中小企業，非製造企業，家計への銀行信用の収縮は企業の設備投資，家計の消費支出などのような支出行動を停滞させた．金融機能不全の実態を分析する．

第3巻　経済制度の設計　　A5判　3,800円　54853-8
公共投資をはじめとする財政政策の評価を行うとともに，日本経済復活のための財政・金融・社会保障・倒産法制・政治制度についての改革提言を行う．

齊藤　誠

成長信仰の桎梏　消費重視のマクロ経済学

46判　2,200円　55054-8

「高水準で安定した消費を享受できる」ためのマクロ経済環境を築いていくには，どのような経済システムが必要か．

———— 勁草書房刊

＊表示価格は2014年9月現在．消費税は含まれておりません．

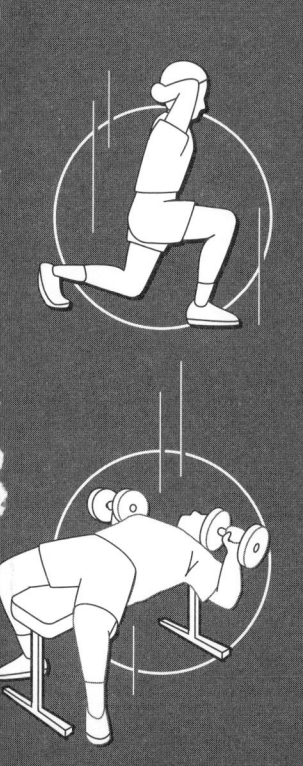

多関節運動学入門

The Essential Guide to Kinesiology regarding Multijoint Human Movements

【第2版】

編著：山下謙智

著者：伊東太郎
　　　東　隆史
　　　德原康彦

NAP Limited

第2版序

　山下謙智先生のライフワークともいえる本書の初版が発刊されてから5年あまりになります．お陰さまで著者らの想像以上にご好評をいただくことができました．

　本書は，人間の行うすべての動作・運動を，ヒトの身体における多関節運動としてとらえ，その遂行に不可欠な運動器官の精巧な構造と機能および制御について概説をしたものでしたが，バイオメカニクス，運動生理学，医療工学の分野などの関係者にとどまらず，理学療法士，作業療法士などのリハビリテーションにかかわっておられる方々にも好評であったと聞き及んでおり，誠に嬉しいことでした．

　人間の人間たる特徴の代表的なものとして直立二足歩行運動がありますが，超高齢社会に突入しているわが国において，ロコモティブシンドロームの課題解決は，日々，重要性を増していると思われます．

　この改訂版では，先に取り上げた姿勢調節や高齢者の転倒に関連する先行随伴性姿勢調節に加えて，糖尿病性末梢神経障害患者における歩行について取り上げ，その発症と進行，歩容，さらに歩行の運動療法としての可能性について言及しました．これを端緒に，多くの患者さんの歩容パターンが解明され，その改善に寄与することを願っています．

　山下謙智先生は，発刊直後からさらなる内容の充実を目指され，改訂版を出すことに情熱を注いでおられた矢先，2009年7月にお亡くなりになられました．巻末に，故山下先生を偲んでの一文を載せさせていただきました．ご一読，いただければ幸甚です．

2012年5月吉日

著者一同

はじめに

　初期のギリシャ哲学者は，動く能力は生きる本質であると考えていた．
　運動は，生物の一員である人間にとって基本的な特徴であり，①日常生活を送るために，②危険を避けるために，また③種族を後世に伝えるために重要である．運動能力は，人間の進化，発展にとっても重要であった．火をおこす，道具をつくる，狩猟のために武器を，農業のために農機具を使うことは，すべて，人間の運動器官の精巧な構造と機能を必要とした．
　運動というと，スポーツなど特別な動きを考えるが，歯磨き，着服，会話，書字等々日常生活でも頻繁にみられる．これらすべては身体運動で，複数の運動器が関与する多関節運動である．1個の関節が回転運動するのにも複数の筋群が精巧な活動調節を行い，ましてや立位で運動する場合，身体の複雑で膨大な構造的および機能的システムの参画が要求される．
　日頃われわれは，人体を解剖学的，生理学的観点からみることはあまりない．しかし最近，ケガや病気を患ったとき，医者はインフォームドコンセントによりケガ，病気の内容，症状，治療方法等々を詳しく説明してくれる．また，患者にいろいろな知識を提供し，選択，判断をまかせる場合も多い．さらには，親族が生死にかかわる判断をしなければならないときもある．その場合，できるだけ適切な判断をしたり，医者に適切な質問ができることが望ましい．
　そのためにも，人体のつくりとしくみを理解することは重要である．特に，このような状況のなかで，日常生活の遂行，退化や傷害に対する維持，回復（リハビリテーション），能力向上の強化などのための，多関節運動に関する解析，応用，基礎知識の蓄積等々を遂行することは急務である．
　およそ身体運動は，解剖，生理，および物理学が示す原理に従っている（身体運動学，高木）．拙書の関連研究領域は，身体運動学，キネシオロジー，バイオメカニクス，運動生理学，医療工学などで，関係対象者は，理学療法士，インストラクター，対象学生は，それぞれの専門領域の学部生，大学院生などであるが，研究の複雑性からみて，本書は多関節運動学の入門書であるとともに，見方によっては専門書でもある．上述の専門領域を勉強するすべての人たちにおいて理解していただくように，多くの図表を挿入し，短く，平易な文章の作成を心がけた．

2007年2月吉日

　　　　　　　　　　　　　　　　　　　　　　　　　　　　　山下　謙智

目　次

第1章　人間と身体運動 …………………………………………………… 1
1. 人体の概観 ……………………………………………………………… 1
　1) 車と比較すると ……………………………………………………… 1
　2) 運動器とは …………………………………………………………… 1
　3) 骨格の形成 …………………………………………………………… 1
　4) 解剖学的姿勢 ………………………………………………………… 3
　5) 運動の種類 …………………………………………………………… 5
2. 骨格筋 …………………………………………………………………… 5
　1) 人体の筋 ……………………………………………………………… 5
　2) 骨格筋の分類と分布 ………………………………………………… 6
　3) 複数頭ある骨格筋 …………………………………………………… 7
　4) 四肢を走行する二関節筋 …………………………………………… 7
　5) 二関節筋の長さと太さ ……………………………………………… 8
　6) 特異な骨格筋 ………………………………………………………… 10
3. 関　節 …………………………………………………………………… 11
　1) 関節の構造および関節の種類 ……………………………………… 11
　2) 上肢と躯幹の連結 …………………………………………………… 12
　3) 肘における複関節の形成 …………………………………………… 12
4. 骨 ………………………………………………………………………… 13
　1) 骨の構造と役割 ……………………………………………………… 13
　2) 骨の数と分布 ………………………………………………………… 13
　3) 脊柱の弯曲 …………………………………………………………… 14
　4) 骨の成長と退化 ……………………………………………………… 14

5. 運動に関係する感覚器 ……………………………………… 15
1) 感覚の受容 ………………………………………………… 15
2) 感覚器の種類と働き ……………………………………… 16
3) 筋・腱および関節の感覚器 ……………………………… 17
4) 視　覚 ……………………………………………………… 17

6. 神経系の構成と役割 ………………………………………… 18
1) 神経細胞 …………………………………………………… 18
2) 神経組織の種類と機能 …………………………………… 20
3) 神経と脊柱 ………………………………………………… 20

第2章　関節運動の成立 ………………………………………… 23

1. 関節運動の原動力 …………………………………………… 23
1) 関節運動にいたるまで …………………………………… 23
2) 筋収縮機序（滑走説） …………………………………… 24
3) 神経刺激と筋の収縮張力 ………………………………… 24
4) 速筋線維と遅筋線維の特性 ……………………………… 24

2. 関節の回転運動 ……………………………………………… 26
1) 筋の起始・停止と作用 …………………………………… 26
2) 骨格筋の複数作用 ………………………………………… 26
3) 筋の収縮とてこ作用 ……………………………………… 27
4) 力の発揮様式 ……………………………………………… 28
5) 関節運動の分解と合成 …………………………………… 29

3. 多関節運動と二関節筋について …………………………… 29
1) 骨格筋の分類 ……………………………………………… 29
2) 一関節筋と異なった主動筋-拮抗筋関係 ………………… 30

4. 二関節筋活動の機能例 ……………………………………… 34
1) 力と放電量との関係 ……………………………………… 34
2) 力発揮と二関節筋の放電量との関係 …………………… 34
3) サッカーのキック動作の場合 …………………………… 35

4）二関節筋の放電様相からみた多関節運動の解析 ………………… 36
　　　5）スクワットから行う立ち上がり動作 ………………………………… 37

第3章　身体運動の発現 …………………………………………… 41
1. 運動発現の源 ……………………………………………………… 41
　　　1）運動と脳の密接な関係 ………………………………………… 41
　　　2）脳内での準備過程 ……………………………………………… 42
　　　3）「わかる」と「できる」 ……………………………………… 43
2. 信号の流れ ………………………………………………………… 44
　　　1）刺激から反応までのプロセス ………………………………… 44
　　　2）脳から筋までの流れ …………………………………………… 45
　　　3）興奮の伝搬 ……………………………………………………… 46
3. 神経・筋系 ………………………………………………………… 47
　　　1）運動単位 ………………………………………………………… 47
　　　2）運動ニューロンの収束と発散 ………………………………… 48
　　　3）遠心路 …………………………………………………………… 49
　　　4）身体運動が起こるまでの時間的「ずれ」…………………… 50
　　　5）力の伝達機能 …………………………………………………… 51

第4章　身体運動の制御 …………………………………………… 55
1. 生体の制御 ………………………………………………………… 55
　　　1）興奮と抑制 ……………………………………………………… 55
　　　2）抑制作用の必要性 ……………………………………………… 56
　　　3）全身性調節 ……………………………………………………… 57
　　　4）基本制御 ………………………………………………………… 57
　　　5）中枢神経の階層構造 …………………………………………… 58
2. 筋収縮にかかわる制御 …………………………………………… 59
　　　1）収縮張力の制御 ………………………………………………… 59
　　　2）筋線維タイプと制御 …………………………………………… 59

3）相反性神経支配 …………………………………………… 60
　　4）相拮抗する二関節筋の「相互抑制」現象 …………………… 61
　　5）自原抑制 ………………………………………………… 61
　　6）エネルギーコストの節約と運動制御の正確性 ……………… 61
　　7）運動単位からみた特徴 ……………………………………… 62
　3. 運動反射 …………………………………………………………… 64
　　1）運動反射とは ………………………………………………… 64
　　2）反射の経路 …………………………………………………… 64
　4. さまざまな運動反射 ……………………………………………… 65
　　1）防御反射（侵害受容反射）…………………………………… 65
　　2）緊張性頚反射 ………………………………………………… 66

第5章　随意・多関節運動の制御 ……………………………………… 69
　1. 随意運動の制御 …………………………………………………… 69
　　1）随意運動とは ………………………………………………… 69
　　2）運動プログラム ……………………………………………… 70
　2. 多関節運動の自動化 ……………………………………………… 71
　　1）自動化の仕組み ……………………………………………… 71
　　2）シナジーとは ………………………………………………… 71
　3. 運動と姿勢調節 …………………………………………………… 72
　　1）二足立位の平衡維持 ………………………………………… 72
　　2）運動と姿勢の協調作用 ……………………………………… 73
　　3）意図した運動に先行する姿勢制御 …………………………… 74
　　4）身体の平衡障害 ……………………………………………… 76
　4. 先行随伴性姿勢調節と多関節運動 ……………………………… 76
　　1）姿勢調節と多関節運動成果との関係 ………………………… 76
　　2）熟練との関係 ………………………………………………… 79
　5. 中枢機構と信号の流れ …………………………………………… 80
　　1）中枢制御 ……………………………………………………… 80

2) 信号の流れおよび関与部位 ………………………………………… 80
　　3)「運動」と「姿勢」両要素の関係 …………………………………… 81

第6章　多関節で巧妙な運動 ……………………………………… 85
1. 複雑な運動の誕生 …………………………………………………… 85
　　1) 他の動物とは異なった身体 …………………………………………… 85
　　2) 運動器構造の多様性 …………………………………………………… 85
　　3) 神経・筋系の多機能性 ………………………………………………… 86
　　4)「複雑さ」に寄与する中枢神経系の発達 …………………………… 87
2. 多関節運動の特徴 …………………………………………………… 88
　　1) リミティングファクター ……………………………………………… 88
　　2) 最大努力時の最大以下活動 …………………………………………… 89
　　3) 期待しない収縮に対する「補償作用」……………………………… 90
3. 運動の獲得と熟練 …………………………………………………… 91
　　1) 成熟と熟練 ……………………………………………………………… 91
　　2) 意図と成果 ……………………………………………………………… 91
　　3) 筋活動の精錬化 ………………………………………………………… 92
4. 多関節運動のパフォーマンス ……………………………………… 92
　　1) 運動成果とは …………………………………………………………… 92
　　2) ドラムセオリー ………………………………………………………… 93
　　3) 中枢性反応時間の要因分割 …………………………………………… 94
　　4)「はじめの1歩」を早める要因 ……………………………………… 95
　　5) 運動発現の前提条件 …………………………………………………… 95
5. 多機能性と動作依存性 ……………………………………………… 96
　　1) 骨格筋の多機能性 ……………………………………………………… 96
　　2) 単一筋の複数神経枝支配 ……………………………………………… 97
　　3) 神経-筋系コンパートメント（骨格筋の局在性）…………………… 97
　　4) 動作依存性活動 ………………………………………………………… 98
　　5) 運動単位の随意コントロール ………………………………………… 99

第7章　初期重心位置と先行随伴性姿勢調節　……………………101

1. 水平方向の初期重心位置と先行随伴性姿勢調節　………………101
1) 運動の開始と姿勢調節 ………………………………………… 101
2) 水平方向の初期重心位置と動作時間 ………………………… 102
3) 水平方向の初期重心位置と筋活動 …………………………… 104
4) 1歩踏み出し動作における運動脚と支持脚の機能的な違い ………… 108
5) 運動開始時の重心位置と見越し前方推力および
   見越し支持脚方向推力 ……………………………………………… 108
6) 前脛骨筋の筋活動と見越し前方推力および支持脚方向への
   見越し推力 ………………………………………………………… 109
7) 先行随伴性姿勢調節と触覚および筋腱固有受容器 …………… 110
8) 縫工筋および中殿筋の筋活動と動作時間 …………………… 113

2. 矢状方向の初期重心位置と先行随伴性姿勢調節　………………114
1) 矢状方向の初期重心位置に応じた見越し筋活動の様相 ……… 114
2) 矢状方向の初期重心位置に応じた動作時間および
   床反力データの変化 ……………………………………………… 116
3) 見越し筋活動, 床反力データおよび動作時間との相互関係 … 116

3. 矢状方向および水平方向の初期重心位置と先行随伴性姿勢調節 ……… 118
1) 静的姿勢調節と動的姿勢調節 ………………………………… 118
2) 実験方法 ………………………………………………………… 120
3) 運動開始前の初期重心位置に応じた見越し筋活動の様相 …… 124
4) 初期重心位置に応じた見越し局面における矢状および
   水平方向の床反力データの変化 ………………………………… 130
5) 初期重心位置の変化が動作時間に及ぼす影響 ……………… 132
6) 見越し筋活動, 床反力データおよび動作時間との相互関係 … 133
7) 1歩踏み出し動作における見越し活動の意義 ……………… 134
8) 先行随伴性姿勢調節とパフォーマンス増大との関連 ………… 135

第8章　体性感覚と運動に付随する姿勢調節 …………………… 141
1. 体性感覚情報と姿勢反射 …………………………………………… 142
  1) 感覚情報の入力が引き起こす姿勢反射 …………………………… 142
  2) 筋紡錘とゴルジ腱器官 ……………………………………………… 142
  3) 伸張反射 ……………………………………………………………… 144
  4) Ib反射 ………………………………………………………………… 144
  5) α-γ連関 ……………………………………………………………… 145
  6) 伸張反射の上位中枢からの制御 …………………………………… 145
  7) 荷重受容体と運動および姿勢調節との関係 ……………………… 146
2. 姿勢制御と身体図式 ………………………………………………… 146
  1) 姿勢制御と身体図式 ………………………………………………… 146
  2) 宇宙空間での姿勢調節 ……………………………………………… 148
  3) 宇宙空間での先行随伴性姿勢調節の適応 ………………………… 149
3. 平衡感覚と体性感覚 ………………………………………………… 151
  1) 平衡感覚を感知する前庭器官と機能検査 ………………………… 151
  2) 前庭感覚と他の感覚とのかかわり ………………………………… 152
4. 振動刺激と姿勢制御 ………………………………………………… 153
  1) 振動刺激が感覚情報に与える影響 ………………………………… 153
  2) 振動刺激に伴う姿勢反応 …………………………………………… 154
  3) 頸筋への振動刺激 …………………………………………………… 154
  4) 足底への振動刺激が立位姿勢に及ぼす影響 ……………………… 156
  5) 種々の感覚情報の統合 ……………………………………………… 157
  6) ダイナミックな運動中の振動刺激 ………………………………… 158
  7) 姿勢平衡の安定性と振動効果 ……………………………………… 158
  8) 先行随伴性姿勢調節における振動効果 …………………………… 159
  9) 振動刺激が起こす姿勢平衡の不安定性増加 ……………………… 162
  10) 平衡の不安定性と先行随伴性姿勢調節 …………………………… 162
  11) 振動刺激が運動中のパフォーマンスに及ぼす影響 ……………… 163
5. 運動中の姿勢平衡の安定に貢献する指触覚 ……………………… 165

1）手掌部の触覚受容器 ……………………………………………… 165
　　　2）指尖端部からの触覚情報と立位時の姿勢平衡 ……………………… 166
　　　3）ダイナミックな運動開始における姿勢平衡と指からの触覚情報 …… 169
　6．**体性感覚が先行随伴性姿勢調節に及ぼす影響** ………………………170
　　　1）フィードフォワード性姿勢調節に及ぼす振動刺激による錯覚効果 … 170
　　　2）フィードフォワード性姿勢調節における振動効果に及ぼす
　　　　触覚情報の影響 ……………………………………………………… 173

第9章　身体の機能低下と動的姿勢調節の変化 ……………… 181
　1．**加齢と動的姿勢調節** ……………………………………………………181
　　　1）高齢者の転倒と左右水平方向の不安定性との関係 ………………… 181
　　　2）高齢者の転倒と先行随伴性姿勢調節発現との関係 ………………… 182
　　　3）歩行時の前方ステップ速度と左右水平方向の先行随伴性姿勢調節
　　　　との関係 ……………………………………………………………… 185
　　　4）加齢に伴う機能低下と先行随伴性姿勢調節の減衰 ………………… 188
　2．**加齢による筋機能低下を防ぐ** ………………………………………190
　　　1）レジスタンスエクササイズとサイズの原理 ………………………… 190
　　　2）レジスタンスエクササイズにおける伸張性筋収縮の重要性 ……… 192
　　　3）伸張性筋収縮における速筋線維の選択的動員 ……………………… 193
　　　4）伸張性筋収縮に付随する筋損傷 ……………………………………… 194
　　　5）伸張性筋収縮を強調したレジスタンスエクササイズの導入と限界 … 196
　3．**筋疲労と動的姿勢調節** …………………………………………………199
　　　1）筋収縮持続中の筋疲労に対する戦略 ………………………………… 199
　　　2）姿勢筋疲労と先行随伴性姿勢調節の変化 …………………………… 199
　　　3）姿勢筋疲労と姿勢共同筋 ……………………………………………… 200
　　　4）姿勢筋の代謝動態の推測 ……………………………………………… 202

第10章　歩行運動－糖尿病性末梢神経障害患者における歩行－ … 209
　1．**糖尿病性末梢神経障害の発症と進行** ………………………………209

2. 糖尿病性末梢神経障害患者の歩行の特徴 ………………………… 211
   1) 歩行分析 ……………………………………………………………… 211
   2) 高齢者の歩容 ………………………………………………………… 213
   3) 糖尿病性末梢神経障害患者の歩容 ………………………………… 214
   4) 糖尿病性末梢神経障害患者の歩行中の足圧異常 ………………… 215
   5) 糖尿病性末梢神経障害患者の歩行中の筋電図様相 ……………… 217
   6) 糖尿病性末梢神経障害患者における歩行中の下腿筋活動と
      足底円蓋の緊張 …………………………………………………… 218
   7) 糖尿病性末梢神経障害患者特有の神経障害の部位 ……………… 219
   8) 糖尿病性末梢神経障害患者の運動神経の障害 …………………… 220
3. **歩行の運動療法としての可能性** ……………………………………… 220
   1) 患者の歩行分析と歩容改善 ………………………………………… 220
   2) 歩行と足部の血行動態 ……………………………………………… 222

第1章

人間と身体運動

1. 人体の概観

1）車と比較すると

　車には，エンジンがあって，タイヤがあって，ドライバーがいて，ライトが付いていて，それぞれがそれぞれの役割を果たしている．そして車全体としては，前方，あるいは後方に移動する．人間も同じように，筋があり，骨があり，脳があって，やはりそれぞれがそれぞれの役割を果たしており，人間全体として，走ったり，跳んだり，投げたりといった運動を可能にさせている．

　身体の運動を観察すると，動いているのは骨である．だから，骨を動かすことが運動であるともいえる．しかも骨と骨の間は関節によって連結されている．そのおかげで個々の骨は，その関節を軸とした回転運動が可能となる．骨と関節がそろっても，まだ運動はできない．筋が関節をまたいで骨につき，筋が収縮あるいは弛緩することではじめて関節が軸となり，骨が回転運動を行えるのである（**図1-1**）．

2）運動器とは

　身体運動には，消化器，呼吸器，循環器，泌尿器など，人体の臓器が関係するものも含まれるが，そのなかでも人体の動きそのものに直接関係する器官を総称して運動器と呼ぶ．運動器は筋系と骨系に大別される．筋系には骨格筋，腱など，骨系には骨，関節などを含み，筋系を能動的運動器，骨系を受動的運動器と呼ぶこともある．

3）骨格の形成

　人体を大別すれば，**図1-2**に示したように，頭・頸部，体幹，上肢，および下肢に分けられる．さらに，頭・頸部は頭部と頸部に，上肢は上腕，前腕と手に，下肢は大腿，下腿と足にそれぞれ分けられる．

1

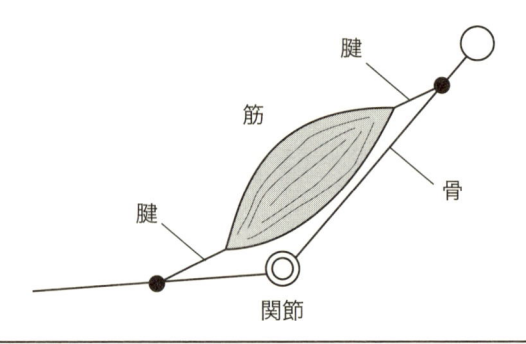

図 1-1　運動器
筋の両端にある腱がそれぞれ関節をまたいで骨に付着しており，筋収縮が起きることで関節の回転運動が生じる．

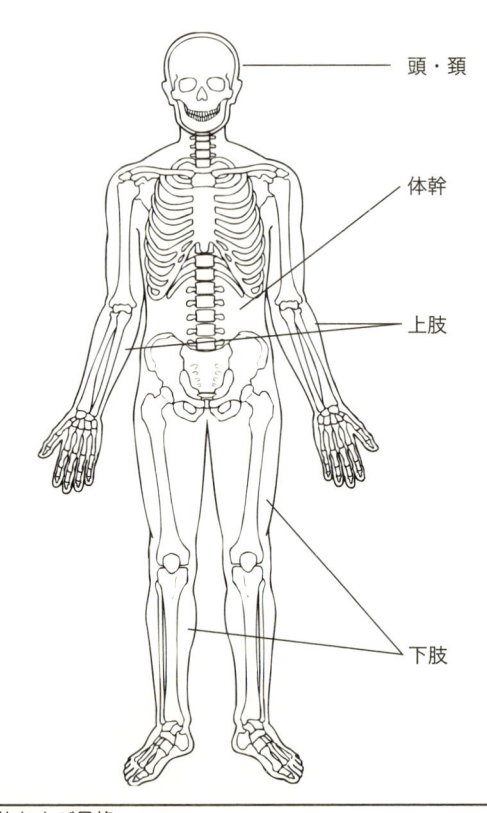

図 1-2　人体の部位および骨格

第1章 人間と身体運動

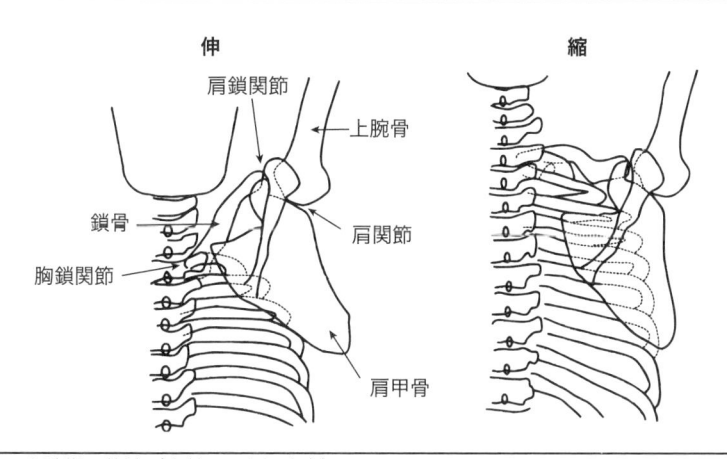

図1-3 上肢帯の伸縮（文献10より改変）
鉄棒の懸垂姿勢において，側方からみて関節の角度変化なしに伸縮が可能であるが，これも上肢帯が関節の連結から構成されている証である．長懸垂（左）から短懸垂（右）へ姿勢が移行する間，肩鎖関節を支点として鎖骨がもち上げられ，胸鎖関節も引き上げられ，肩甲骨が下方回転し，手から足先までの距離は身長の約5％短縮する．

　下肢は股関節の関節窩が深く丈夫で，筋の量が多く，それぞれが太い．主に体重を支え，移動するために適した構造をしている．それに対して上肢は，下肢と対照的で，可動範囲が広く，手は操作したり細かいことができるようになっている．建物において鉄骨の骨組みが屋台骨であるように，人体における骨格は文字どおり屋台骨で，内臓，脳，脊髄，眼球など柔らかい臓器を保護する役割も受けもつ．
　なお，上肢と躯幹の連結部は，肩甲骨（scapula）と鎖骨（clavicle）からなっている．肩甲骨と鎖骨は肩鎖関節（acromioclavicular joint）で，鎖骨と胸骨は胸鎖関節（sternoclavicular joint）でそれぞれ連結されているが，その部分を上肢帯（shoulder girdle）と呼ぶ．また，肩甲骨は，胸郭背面において筋のみで懸垂固定されており，胸郭背面と一種の関節を形成している（**図1-3**）．
　図1-2にヒトの骨格を示したが，われわれはこの骨格だけで2本足で立つことはできない．このままだと重力を受け，回転しやすい関節が働くため，たちまち崩れてしまう．この立位姿勢を維持するためには重力に抗するための筋の働きが必要である．また，不安定なために動揺を防ぐための筋の働きも必要となる．

4）解剖学的姿勢
　身体運動を理解するうえで，混乱を防ぐために，身体の部位や動きなどを示す共通

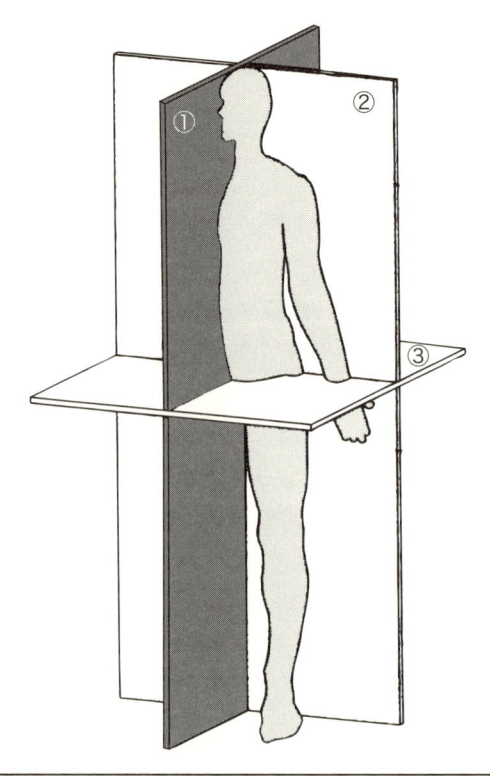

図1-4 解剖学的姿勢
解剖学的立位肢位は，基本的に身体内部の想定される重心点を通る直角な3つの面を有す．①矢状面，②前額面，③水平面．

の基本的用語が用意されている．まず，人体が2本足で直立した時の姿勢で上肢を体側に垂らし，両方の掌を前方に向けた姿勢を解剖学的姿勢（anatomical standing position）と呼ぶ（**図1-4**）．その姿勢で，①身体の長軸に平行で，身体を左右に分ける面を矢状面（sagittal plane），②矢状面に垂直で，額と身体の長軸に平行で，身体を前と後ろに分ける面を前額面（frontal plane），そして③身体の長軸に直交し，身体を上と下に分ける面を水平面（horizontal plane）または横断面（transverse plane）と呼び，それら3つの面を合わせて基本面（cardinal plane）と呼ぶ．なお，特に身体を左右対称に分ける平面を正中面（median plane），正中面と身体表面が交わる線を正中線（median line），そして身体の中心を長軸方向に走行する線を中心線と呼ぶ．

表1-1　人体の筋における構造的および機能的分類

	骨格筋	心筋	平滑筋
横紋構造	あり	あり	なし
核数	多	単	単
随意性	随意	不随意	不随意
運動部位	骨	心臓	内臓壁

5）運動の種類

　運動とは「時間経過とともに，ある姿勢から他の姿勢に身体が移動すること」である．その間，身体の仕組みが機能して「プランと筋活動の運動への変換過程」を経て運動が遂行される．

　その運動にもいろいろな種類がある．生まれつき備わっている運動もあれば学習によって自動的になった運動，あるいはまだ自動的になっていない，注意と努力を必要とする運動もあるが，通常，随意運動（voluntary movement），反射運動（reflex movement），および不随意運動（involuntary movement）に分類する．反射運動と随意運動の中間的な運動として自動運動（リズム運動）がある．自動運動とは，ある開始の刺激が与えられることによって，歩行，咀嚼，あるいは呼吸のように繰り返し同じリズムで行われる運動のことで，中脳など下位中枢にリズム発生器が存在するとされている．この運動の場合，リズミカルに運動が遂行される間は自動的で，意志が関与するのは運動の開始時，停止時，あるいは変更時で，随意運動とは区別される運動である．

2．骨格筋

1）人体の筋

　人体の筋は，通常①骨格筋（skeletal muscle），②心筋（cardiac muscle），③平滑筋（smooth muscle）に分類され，**表1-1**に示したように運動性や形態などによって呼び方が異なる．たとえば，骨格筋は随意筋（voluntary muscle）あるいは横紋筋（striated muscle）とも，心筋は不随意筋（involuntary muscle）あるいは横紋筋とも，そして平滑筋は不随意筋あるいは内臓筋（visceral muscle）ともいわれる．そのうち身体運動の発現に直接かかわるのは骨格筋である．平滑筋は，内臓壁，血管壁，

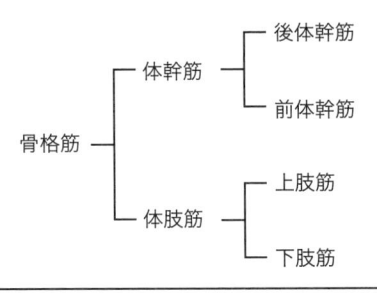

```
                    ┌── 後体幹筋
         ┌── 体幹筋 ─┤
         │          └── 前体幹筋
 骨格筋 ─┤
         │          ┌── 上肢筋
         └── 体肢筋 ─┤
                    └── 下肢筋
```

図1-5 身体部位からみた骨格筋の分類

表1-2 身体における骨格筋の分布

部　位	数（個）	全体に占める割合（%）
頭・頸	78	21
体幹	112（56 × 2）	30
上肢・上肢帯	84（42 × 2）	22
下肢・下肢帯	104（52 × 2）	27
合　計	378	100

子宮壁，瞳孔などを指す．骨格筋は運動神経（motor nerve）によって，心筋と平滑筋は自律神経（autonomic nerve）によって支配されている．心筋と平滑筋は不随意に，つまり自らの意志とは無関係に活動するが，骨格筋は，随意に，つまり自らの意志によって活動する．言い換えれば，心筋と平滑筋は，筋自身が自ら活動することができるが，骨格筋は，中枢からの刺激がないと筋自身が自ら自発的には活動できない．

随意筋には骨または皮膚から起こり皮膚に停止する皮筋と，停止を関節包にもつ関節筋も含まれるが，ほとんどは起始，停止の両端が骨に付着する．

2）骨格筋の分類と分布

骨格筋は，図1-5に示すように体幹筋と体肢筋に大別され，さらに体幹筋は後体幹筋と前体幹筋に，体肢筋は上肢筋と下肢筋にそれぞれ分類される．後体幹筋は背部の筋を，前体幹筋は頭部，頸部，胸部および腹部の筋を指す．

骨格筋は，身体中にくまなく層をなして所在している．その数は，191種類，合計378個にのぼる．この数は金子[6]に基づいたもので，たとえ1個の筋が複数頭（後述）を有していても，また1個の筋が複数の骨に付着していても，いずれも1個と数えた

場合である．骨格筋の身体部位別個数と全体に占める割合を**表1-2**に示した．

3）複数頭ある骨格筋

　筋の両端は，通常それぞれ1つに収束している．ところが，筋頭が2つ，3つ，あるいは4つに分かれている筋がある．このような筋をそれぞれ二頭筋，三頭筋，あるいは四頭筋と呼ぶ．上腕二頭筋（biceps brachii），上腕三頭筋（triceps brachii），あるいは大腿四頭筋（quadriceps）などがそれにあたる．すなわち，上腕二頭筋は，停止部は橈骨（radius）粗面と共通しているが，起始部が2つに分かれており，1つは肩甲骨の関節上結節から起こり，他は肩甲骨の烏口突起から起こる．前者を長頭，後者を短頭と呼ぶ．上腕三頭筋は，いずれの頭も合して尺骨（ulna）の肘頭に付くが，起始部は3つに分かれており，それぞれ，肩甲骨の関節下結節から，橈骨神経溝の下内側方および内側上腕筋間中隔から，および橈骨神経溝の上外側方および外側上腕筋間中隔から起こっている．これらをそれぞれ，長頭，内側頭，および外側頭と呼ぶ．内側頭と外側頭は肘関節伸展に働く一関節性で，長頭は肘関節伸展と肩関節伸展に働く二関節性である．

　これ以外に，おのおの独立した筋であるが，付着部が共通しているため総称して四頭筋と呼ぶ大腿四頭筋がある．大腿四頭筋は，内側広筋（vastus medialis），中間広筋（vastus intermedius），外側広筋（vastus lateralis），および大腿直筋（rectus femoris）からなっており，いずれも付着は脛骨粗面である．前三者は一関節性広筋で膝関節伸展に働き，最後者は二関節性直筋で，膝関節伸展と股関節屈曲に働く．また，下腿三頭筋（triceps surae）と呼ぶ筋があるが，この筋は2頭の腓腹筋（gastrocnemius）と1頭のヒラメ筋（soleus）からなっており，いずれも踵骨腱（アキレス腱）を経て踵骨（calcaneus）隆起に付着するが，腓腹筋内側頭は大腿骨（femur）の内側上顆，外側頭は外側上顆から起こる二関節筋で，ヒラメ筋は脛骨ヒラメ筋線，脛骨内側縁，腓骨頭，および腓骨（fibula）と脛骨（tibia）の間に張るヒラメ筋腱弓から起こる一関節筋である．

　このように，複数頭ある筋は，形状の違いから分類された筋であるが，各頭の起始が異なり，同じ筋であるにもかかわらず，作用が異なることに注意する必要がある．

4）四肢を走行する二関節筋

　文字どおり2つの関節をまたいで付着している二関節筋（biarticular muscle）は，上肢においては左右それぞれ8個，下肢においては9個の計17個（**表1-3**）が一関

表1-3 四肢の二関節筋と起始・停止部位

部位	介在関節	筋名	起始	停止	筋の数	
上肢	肩・肘	上腕二頭筋 上腕三頭筋長頭	肩甲骨の関節上結節と烏口突起 肩甲骨の関節下結節	橈骨粗面 尺骨の肘頭	2	8
	肘・手	橈側手根屈筋 長掌筋 尺側手根屈筋上腕頭 長橈側手根伸筋 短橈側手根伸筋 尺側手根伸筋上腕頭	上腕骨の内側上顆，前腕筋膜 上腕骨の内側上顆，前腕筋膜 上腕骨の内側上顆 上腕骨の外側縁，外側上顆，外側上腕筋間中隔 上腕骨の外側上顆，橈骨輪状靱帯，腱板 上腕骨の外側上顆	第2，第3中手骨底 手掌腱膜 （中手骨膜と靱帯） 豆状骨，有鉤骨および第5中手骨底 第2中手骨底の背面 第3中手骨底 第5中手骨底の背面	6	
下肢	股・膝	大腿直筋 大腿二頭筋長頭 半腱様筋 半膜様筋 縫工筋 薄筋 大腿筋膜張筋	下前腸骨棘および寛骨臼上縁 坐骨結節の後面 坐骨結節の内側面 坐骨結節 上前腸骨棘のすぐ下方 恥骨結合の外側縁 上前腸骨棘，腸脛靱帯	膝蓋骨の底，脛骨粗面 腓骨頭，下腿筋膜 脛骨粗面 脛骨の内側顆，斜膝窩靱帯 下腿筋膜 脛骨粗面の内側 脛骨上縁 脛骨の外側顆	7	9
	膝・足	腓腹筋 足底筋	大腿骨の内側上顆と外側上顆 大腿骨の外側顆，膝関節包	踵骨隆起 踵骨の内側，下腿筋膜，足底筋膜	2	

節筋（uniarticular muscle）とともに混在して走行している．人体の四肢においてこのような走行を示す二関節筋は，同時に複数の関節運動に直接関与するため一関節筋ではみられないさまざまな機能的特徴を有する．主動筋（prime mover）・拮抗筋（antagonist）関係をとってみても，両関節動作の組み合わせ方によって，主動的役割と主動的役割，主動的役割と拮抗的役割，拮抗的役割と主動的役割，また，拮抗的役割と拮抗的役割というように異なった役割を同時に果たし，一関節筋に比べて複雑な機能をもつことになる（第2章3節参照）．

5) 二関節筋の長さと太さ

ヒトの二関節筋の全長は，Wickiewiczら[9]とFriederichら[3]が報告した5例の屍

体でみると，大腿および下腿を走行する合計8個の平均が30.7 cmで，同じく大腿および下腿を走行する一関節筋に比べて長く，最も長い縫工筋（sartorius）で平均51.3 cmに達する（ただし，この時の長さとは膝関節伸展位，足関節は底屈位か中間位で測定された筋線維の最も近位から最も遠位までの距離[3, 9]である）．ところが，筋の両端が骨に付着した状態での二関節筋の筋長は比較的短い[1]．つまり，両関節において十分な範囲の運動を許すのに十分ではなく，一方の関節において短縮する間，他方の関節おいて伸張するというような状況が起こりやすい[2]．膝を伸ばして上体を前屈する時，ハムストリングス（hamstrings：大腿二頭筋・半膜様筋・半腱様筋の総称）が引っぱられるため前屈が制限されることや，ストレッチ体操で膝を折り曲げて背を床につけようとすれば大腿直筋が強く引っぱられるのもこのことによる．

　ヒトの二関節筋の太さについては，超音波診断装置を用いて大転子点から脛骨点までの距離（大腿長）の50％の位置における大腿部を構成する筋の横断面積を測定した報告[5]がある．それによると，全日本スピードスケート男子強化選手の場合，二関節筋である大腿直筋は平均11.82 cm^2，縫工筋は平均6.39 cm^{2}で，一関節筋である外側広筋，中間広筋，内側広筋のいずれと比較しても細く，この点に関しては，一般成人男子においても同様の傾向が報告されている[8]．

　角田ら[8]は，二関節筋の太さを各種競技種目の選手間で比較した．対象は男子の陸上競技（短距離と中・長距離），バレーボール，スピードスケート，サッカー，ボート，相撲の全日本学生選手権あるいは全日本選手権出場経験者であった．大腿直筋の横断面積が最も細いのは陸上の中・長距離選手（横断面積は平均7.06 cm^2）で，非運動選手（平均8.33 cm^2）より細く，最も太いのはスピードスケート選手（平均12.78 cm^2）で，大腿四頭筋全筋に対する断面積比率が最も大きいのはサッカー選手（平均13.30％）であった．さらに彼らは等尺性膝関節最大伸展力と各筋の横断面積との関係を検討し，大腿直筋における両者の相関関係は，大腿四頭筋の他のいずれの筋（いずれも一関節筋）より低いと報告している．

　勝田ら[7]は，NMR（核磁気共鳴分光法）を用いて，大腿長の膝から70％，50％，30％における大腿直筋の横断面積を測定し，70％においては男子バレーボール全日本代表が最も太く（平均23.3 cm^2），50％では男子サッカー全日本代表（平均12.7 cm^2），30％では女子柔道ソウルオリンピック金メダリスト（平均3.8 cm^2）がそれぞれ最も太かったという結果を報告した．また，一関節筋である外側広筋の横断面積比は，同じ競技選手でもスライス部位によって，また同じスライス部位でも競技選手によって異なることを明らかにした．

これらの測定結果は，二関節筋の太さが，筋間，スポーツ種目間，あるいは同一筋のスライスレベルで異なり，それぞれのスポーツ種目特有の二関節筋の機能発揮の仕方があり，また筋によって関節発揮筋力に対する寄与の仕方が一関節筋と異なることを示している．

6）特異な骨格筋

呼吸筋（respiratory muscles）：骨格筋が活動するためには，エネルギー物質となる栄養の摂取とともに酸素の取り込みも欠くことができず，それに伴って不要物の排泄と二酸化炭素の放出が行われる．そのうち酸素の取り込みと二酸化炭素の放出は呼吸運動によって行われる．ところが，肺そのものに呼吸運動を行う能力がないため，他によって受動的に行われなければならない．正常な呼吸運動は，胸郭（thorax）を形成する肋骨（ribs）の運動と，横隔膜の上下運動の2つ合同で行われ，肋骨の間には，外肋間筋（external intercostal）と内肋間筋（internal intercostal）が層をなしている．外肋間筋を収縮させることによって下の肋骨が挙上し，胸郭の前後，左右径が拡大し，内肋間筋を収縮させることによって上の肋骨を引き下げて胸郭をすぼめる．横隔膜（diaphragm）は上方に盛り上がる膜状で板状の筋で，吸気筋としての役割を果たし，収縮することによって尾側に下げて胸郭を膨らませ，弛緩することによってもとの盛り上がった状態にもどり胸郭をすぼめ，間接的に呼気作用を行う．他に，短・長肋骨挙筋（levatores costarum），肋下筋（subcostal），胸横筋（transversus thoracis），斜角筋（scalenus），胸鎖乳突筋（sternocleidomastoid）なども呼吸運動に参画する．

表情筋（facial muscles）：骨格筋はわれわれが身体の動きを通して何かを表現するための原動力で，通常両端とも骨に付着している．ところが，なかには骨または皮膚から起こって皮膚に停止する皮筋がある．人間の場合，皮筋はあまり多くなく，頚部にある広頚筋（platysma）と手にある短掌筋（palmaris brevis）以外はすべて顔面を走行する．顔面にある皮筋は，表面の軟組織を走行する薄い筋で，皮膚の運動に参画する．その運動は，顔の様相を変化させて喜怒哀楽などの表情を示すので表情筋とも呼ばれる．たとえば，口の両端を下げるのに働く口角下制筋（depressor anguli oris）や口を閉じたりとがらせたりする口輪筋（orbicularis oris）は不平あるいは悲しい表情をつくる時に，口の両端を引き上げるのに働く大頬骨筋（zygomaticus major）は笑顔をつくる時に，上唇を引き上げ，鼻翼を引き上げるのに働く上唇挙筋（levator labii superioris）は泣き顔に，鼻唇溝上端を引き上げるのに働く鼻筋

表1-4　表情筋の収縮による感情の表現

筋　名	表　情
口角下制筋	不平，悲しい
口　輪　筋	不平，悲しい
大　頬　骨　筋	笑　顔
上　唇　挙　筋	泣き顔
鼻　筋　翼　部	泣き顔，悲しい

(nasalis) 翼部は痛い時の泣き顔をつくる時，あるいは悲しい表情をつくる時に，それぞれ参画する（**表1-4**）．

3. 関　節

1）関節の構造および関節の種類

　関節（joints）は骨と骨を接合する．関節は，次の3つに分類されている．すなわち，線維性関節，軟骨性関節，そして滑膜性関節である．そのうち滑膜性関節は，比較的大きな可動性があり，内面が滑膜におおわれた関節包からなっているもので，身体運動はこの滑膜性関節が回転することによって行われる．滑膜性関節は摩擦が非常に少なく，摩擦係数は0.001程度で，氷と氷の間の摩擦係数より少ないといわれている．関節の役割は，回転運動を滑らかにしたり，衝撃を吸収したり，回転中の骨の位置を知らせたりもする．

　滑膜性関節は，①関節軟骨，②関節頭，③関節，④軟骨性板（関節半月，関節円板，関節唇），⑤滑膜，⑥関節包（嚢），⑦滑液，および⑧靱帯で構成されており，関節頭と関節窩周囲が関節包によりすっぽりおおわれている．通常，骨格の運動にかかわる関節といえば骨と骨の間に一定の隙間がある滑膜性関節である．関節面の滑りをよくするための滑液は滑膜から分泌されており，血管や神経は関節包外側層の線維膜に分布している．

　滑膜性関節以外の軟骨性関節は結合が軟骨でできているもので，恥骨結合，椎骨の椎体間に介在する椎間円板などである．もう1つの線維性関節は，靱帯結合（橈尺骨間，脛腓骨間など），縫合（頭蓋骨），丁植（歯根と歯槽）などによる線維性結合でできているものである．

　また関節は，回転軸数や形状からもいろいろな種類に分類することができる．

回転軸の数からは，①一方向にしか回転できない一軸性関節，②二方向に回転できる二軸性関節，および③多方向に回転できる多軸性関節の3つに分類できる．

また，関節頭と関節窩の形状により蝶番関節（腕尺関節，指節間関節など），螺旋関節（肘関節の腕尺関節，距腿関節，膝関節など），車軸関節（上および下橈尺関節，環軸関節など），楕円関節（橈骨手根関節など），卵形関節（環椎後頭関節，橈骨手根関節，顎関節など），鞍関節（第1手根中手関節，足根中足関節など），平面関節（椎間関節，肩鎖関節など），半関節（仙腸関節など），および球関節（肩関節，股関節，臼状関節など）に分類できる．

そのうち蝶番関節・螺旋関節・車軸関節は一軸性関節，楕円関節・卵形関節・鞍関節は二軸性関節，そして平面関節・半関節・球関節は多軸性関節にそれぞれ属する．

2) 上肢と躯幹の連結

人体の骨格配置は下肢，躯幹，頭，そして上肢よりなる．そのうち，躯幹と上肢を結ぶ部位を総称して肩と呼び，人体で最も広い可動範囲を有している．肩は**図1-3**に示したように，胸骨，鎖骨，肩甲骨，上腕骨と，胸骨と鎖骨を結ぶ胸鎖関節，鎖骨と肩甲骨を結ぶ肩鎖関節，および肩甲骨と上腕骨を結ぶ肩関節によって構成されている．

この構成から，躯幹と上肢は直接連結していないことがわかる．そのうち，肩甲骨と鎖骨を上肢帯と呼ぶ．前述したように，肩甲骨は胸郭背面において筋のみで懸垂固定されており，胸郭背面と一種の関節を形成している．肩関節の浅い球関節構造と肩甲骨の自由な動きが上肢の可動範囲を大きくしている．

このような構造のため，上肢と躯幹を連結する部分は，懸垂姿勢とか上肢の挙上姿勢で，側方からみて，関節の角度変化なしに長軸方向へ伸縮することができる．また，腕立て支持姿勢，あるいは上肢の下垂姿勢で側方からみて関節の角度変化なしに8cm程度（身長の約5％）肩の部分を上下することができる（**図1-3参照**）[10]．

3) 肘における複関節の形成

前腕には，肘の外側と手首の親指側を結ぶ橈骨（radius）と，肘の内側と手首の小指側を結ぶ尺骨（ulna）が走っている．肘においては尺骨が上腕骨（humerus）と腕尺関節（humeroulnar joint：一軸性，蝶番関節）を形成し，橈骨は関節環状面において尺骨の橈骨切痕との間で上橈尺関節（superior radioulnar joint：一軸性，車軸関節）を形成している．通常，肘関節と称しているのは腕尺関節を指す．手根においては，橈骨が手根骨（carpal bones）と橈骨手根関節（radiocarpal joint：二軸性，

楕円関節）を形成し，尺骨下端面は関節円板でおおわれ手根の関節面に接していない．通常，手関節と称しているのはこの橈骨手根関節である．前腕の回内（pronation），回外（supination）動作は，このうち上橈尺関節の回転によって行われている．
　この肘において上腕骨，尺骨および橈骨によって腕尺関節と上橈尺関節を形成しているような，3つ以上の骨でできている関節を複関節（compound joint）という．

4. 骨

1) 骨の構造と役割

　人体は200個あまりの骨からなり，それらによって骨格を形成し，一定の体型を保っている．その骨は，骨芽細胞，骨細胞，破骨細胞という細胞成分，コラーゲン線維，およびプロテオグリカンという有機成分と，ミネラル，カルシウム，リン酸，炭素，クエン酸イオンなどの無機成分からなっている．骨は，骨の主要成分である骨質，骨の接合部で成長部でもある軟骨質，造血機能をもつ骨髄，および骨表面を包み，造骨機能をもつ骨膜によって構成されている．さらに骨質は表面の緻密質（皮質骨ともいう）と深層の海綿質に，骨膜は表層のコラーゲン線維と線維芽細胞を含む線維層と深層の骨芽細胞を含む胚芽層にそれぞれ分類される．
　骨質表面の緻密質にはハヴァース管と呼ばれるたくさんの小孔がみられ，そのまわりを骨細胞が取り囲んでいる．数十個の骨細胞と小孔によって形成された単位を骨再構築単位（オステオン：osteon）と呼び，この単位は運動と骨代謝に密接に関係している部分である[4]．
　骨は，①体支持作用，②受動的運動器，③内臓，脳，脊髄，眼球など臓器の保護作用，④骨髄での造血作用，⑤カルシウム，リンなど無機物や塩化物の貯蔵作用などの役割を果たしている．

2) 骨の数と分布

　骨は，人体を頭蓋，脊柱，胸郭，上肢，上肢帯，下肢，および下肢帯に分ければ，頭蓋には脳頭蓋（6種8個），顔面頭蓋（9種15個）が，脊柱には頚椎（7個），胸椎（12個），腰椎（5個），仙椎（骨）（5個），尾椎（骨）（3～5個）が，胸郭には肋骨（12×2＝24個）と胸骨（1個）が，上肢には上腕骨（2個），橈骨（2個），尺骨（2個），手根骨（8×2＝16），中手骨（5×2＝10個），基節骨（14×2＝28個）が，上肢帯には肩甲骨（2個），鎖骨（2個）が，下肢には大腿骨（2個），膝蓋骨（2

個), 脛骨 (2個), 腓骨 (2個), 足根骨 (7×2 = 14個), 中足骨 (5×2 = 10個), 基節骨 (14×2 = 28個) が, そして下肢帯には腸骨 (2個), 坐骨 (2個), 恥骨 (2個) を含む寛骨がそれぞれカッコ内の数だけ所在しており, 成人の場合, 合計200個 〔ただし耳小骨 (ツチ骨・キヌタ骨・アブミ骨) を含めると合計206個〕となる.

骨格を形成する骨は, いくつかの機能をもっている. 骨は全般的に筋・腱が付着するための場所を提供し, 神経束を取り囲む脊柱, 脳をおおう頭蓋骨, 肺や心臓などの臓器を包む胸郭のような保護機能, あるいは大腿骨や脛骨のような体重の支持機構を有する.

3) 脊柱の弯曲

脊柱はS字状に弯曲した缶詰を重ねたような柱状の骨の集まりで, 上述したように24個の椎骨〔頚椎 (cervical vertebrae), 胸椎 (thoracic vertebrae), 腰椎 (lumbar vertebrae)〕と仙椎 (sacrum), 尾椎 (coccygeal bone) と合わせて合計32〜34個の骨で構成され, 脊柱起立筋 (erector muscles of spine：腸肋筋, 最長筋, 棘筋) によって支えられている. 体重, 運動などによって, 脊柱の長軸方向に大きな力が加わると, 弯曲とともに, 椎体間を連結する線維軟骨性の円板 (椎体円板または椎間板と呼ばれる) がその衝撃を和らげるために働く. 脊柱の中心部には中枢神経で満たされた脊髄が通っており, 脊柱はそれを保護する役目を果たしている. その脊髄は31対の末梢神経の出入口になっている. 立位の保持や運動によって椎間円板に圧力が加わると, 髄核は水分を放出し, 臥位になって安静にすると再び水分を吸収し膨張する (荷重による水分の「出納現象」と呼ぶ). この差分と疲労による脊柱弯曲の増加により, 夜の身長が朝の身長より2 cm程度低くなる.

4) 骨の成長と退化

骨の両端のふくれた部分は骨幹と区別して骨端という. 骨端は骨幹と独立して骨化し, 未成年者では骨幹との間に骨端軟骨が介在し, ここで骨の長軸の成長が行われる. 思春期になると骨端軟骨の骨化がはじまり, 男性では23歳, 女性では20歳頃で骨の成長は停止する. しかし, 骨の蓄積 (骨形成) と吸収 (骨吸収) という2つの過程は生存するかぎり続く. 思春期にはこの代謝作用が最も盛んであるが, 高齢者になると骨形成よりも骨吸収のほうが強くなり, さらに代謝機能全体の低下もあって骨はもろくなる.

骨は, 上述したように, 体支持作用など人体において重要な役割を果たしている.

第1章　人間と身体運動

骨への圧迫刺激 → 骨内血流の増加 → 骨芽細胞の活性化 → 骨吸収の抑制 → 圧電位の発生 → 骨塩沈着の促進 → 骨形成の活性化 → 骨量増加

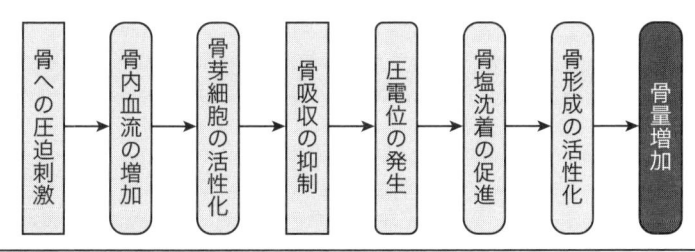

図1-6　運動による骨強化のプロセス

　骨が弱ければ骨折しやすくなり，日常生活に支障をきたす．骨は，性ホルモンの減少，カルシウムの多量消費や摂取不足，骨の新陳代謝不足などにより細く，弱くなる．その原因としては，加齢，妊娠，出産，無理なダイエットとともに，運動不足もあげられる．

　長期入院，運動不足，あるいは宇宙での長期生活などにより，骨に対する圧迫刺激が少なくなると筋が衰えて力が弱くなり，骨も強くなる必要がなくなるため，カルシウム成分が排泄され，弱く，もろくなる．この現象を「廃用性萎縮（disuse atrophy）」と呼ぶ．運動不足や加齢に伴って起こる骨密度の低下は，将来，骨粗鬆症→骨折→寝たきりというコースをたどる危険性がある．

　逆に，運動などによって骨に圧迫刺激が加えられると，骨内血流量の増加，骨芽細胞の活性化，骨吸収の抑制，および圧電位発生による骨塩沈着の促進により骨形成が活発になり，その結果，骨量が増し骨が強化される（**図1-6**）．

5．運動に関係する感覚器

1）感覚の受容

　人間の生活や行動を理解しようとする際，それらと環境との関係を考えないわけにはいかない．身体運動の成立に際しても，生体の内部および外部から情報をキャッチすることは欠くことのできない重要な要素となる．また，そのような適切な身体運動を遂行する場合，刻々入ってくる，見えたり，聞こえたり，あるいは感じたりする感覚（sensation）情報は，自分が次になすべき行動を判断したり，その後起こりうる出来事を予測するのに欠かせない．

　それら感覚受容器は，**表1-5**に示したように，眼の網膜は光，耳のうずまき管は音波，骨格筋の筋紡錘は伸張というように，それぞれ特定の刺激のみを受けて興奮する．

15

表1-5 ヒトの受容器と刺激の種類ならびに生じる感覚

受容器		適刺激	感　覚
目	網膜	光	視覚
耳	うずまき管 前庭 半規管	音波 身体の傾き 身体の回転	聴覚 平衡感覚 平衡感覚
鼻	嗅上皮	気体中の化学成分	嗅覚
舌	味覚芽	液体中の化学成分	味覚
皮膚	神経の末端部（特有の形態の付属部を伴うことが多い）	接触，圧力など 圧力，熱，化学物質など 高い温度 低い温度	触覚・圧覚 痛覚 温覚 冷覚
筋肉	筋紡錘	伸張	深部感覚

耳では見えないし，鼻では聞こえない．この刺激を，その受容器の「適刺激（adequate stimulus）」と呼ぶ．それぞれの受容器には，適刺激を受け入れて興奮を起こす感覚細胞が集まっている．刺激を受けて受容細胞が興奮すると，その細胞膜に電気的変化が起こる．このようにして，生体内部および外部からのさまざまな情報は，上述した各種感覚受容野で受け入れられるが，この時点では，まだそれぞれの情報が何の情報かはわからない．ここでは，ただ情報を受けて各情報を電気的変化に変えているだけである．この電気的変化は感覚神経によって大脳皮質のそれぞれの感覚野に伝えられ，ここではじめて刺激に応じた聴覚，味覚，視覚などの感覚が生じる．

2）感覚器の種類と働き

感覚情報はまず，身体各部にある感覚受容器で受け取られる．運動に直接関係する感覚は，体性感覚と特殊感覚に大別される．体性感覚（somatic sensation）とは，体表面あるいは体内（内臓ではない）での刺激に対する感覚（前者を皮膚感覚，後者を深部感覚と呼ぶ）で，特殊感覚（specific sensation）とは，身体から離れた刺激に対する感覚である．すなわち，運動感覚，振動感覚，深部痛覚は深部感覚に属し，触覚および圧覚，温度感覚，皮膚痛覚は皮膚感覚に属する．また，視覚，聴覚，前庭感覚，嗅覚，味覚は特殊感覚である．

第1章 人間と身体運動

3）筋・腱および関節の感覚器

　筋には，筋線維に平行して筋紡錘（muscle spindle）が走行している．筋紡錘は，筋長および筋長変化の度合いを感知する受容器で，Ia線維およびII線維と呼ばれる求心性線維を経て，同名筋およびその共同筋群のα運動ニューロンに直接（単シナプス性に）連結している．そこで筋が伸ばされ筋紡錘が興奮すれば，その興奮がIa線維を経てα運動ニューロン群に入力され興奮する．

　骨格筋にあるもう1つの感覚受容器は腱紡錘またはゴルジ腱器官（tendon organ of Golgi）と呼ばれ，四肢骨格筋の筋腱移行部に，筋収縮要素と直列に所在する．その腱器官を感覚神経終末が取り巻き，体部は嚢で包まれている．腱紡錘の内腔をコラーゲン線維が走行し，それを包む被膜とともに腱に移行している．筋が張力を発現すれば，コラーゲン線維が伸張し，それによってこの腱器官を包む嚢が圧迫され，先に述べた感覚神経終末が刺激を受けインパルスを発生する．このインパルスはIb線維と呼ばれる感覚神経を上行し，中枢における運動神経細胞に抑制的に働く．つまり，ゴルジ腱器官は筋紡錘と違って筋線維と直列に位置し，遠位性神経支配はなく，感覚情報も異なる．

　また関節には，関節包と靱帯に，ゴルジ型，ルフィニ型，パチニ型，および遊離終末という4種類の感覚器が分布している．ゴルジ型終末は靱帯に分布し，張力を検出する．関節包に分布するルフィニ型およびパチニ型終末はいずれも圧刺激に応答し，そのうちルフィニ型終末は関節角度の変化に応答する．そして関節包に広く分布する遊離終末は，有害刺激などに応答し痛みなど警報信号を発する役割を果たす．

4）視　覚

　視覚は，日常行動において重要な役割を果たす．ものを見てそれが何であるかを認識するまでの過程を追ってみると，光刺激はまず，視覚受容器で受け，眼の角膜に達し，瞳孔を通過した後水晶体で屈折し，眼内のガラス体を透過して網膜（retina）に達する．そこには，光を受け取る桿体細胞（棒細胞）と錐体細胞（円錐細胞）の2種類の視細胞があり，前者は弱い光を受容できるが色の識別ができない．一方後者は，光の波長の違いを色の違いとして受容できるが，強い光でないと反応しない．これらの細胞で受容された光刺激は電気刺激に変換された後，感覚神経を通って大脳の視覚中枢で処理される．ここではじめて見たものを識別することができる．その後さらに複雑な情報処理を経て，適切な運動遂行に寄与する．

　この間いろいろな状況下で視覚応答を行うために，さまざまな調節作用が行われて

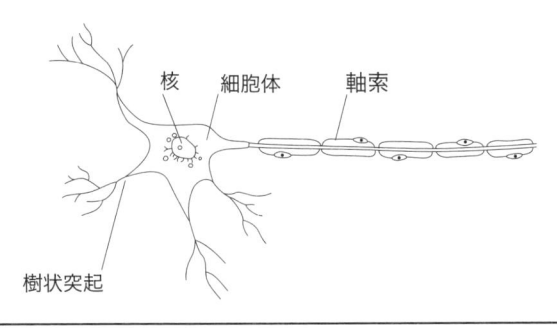

図1-7 神経細胞（ニューロン）の模式図

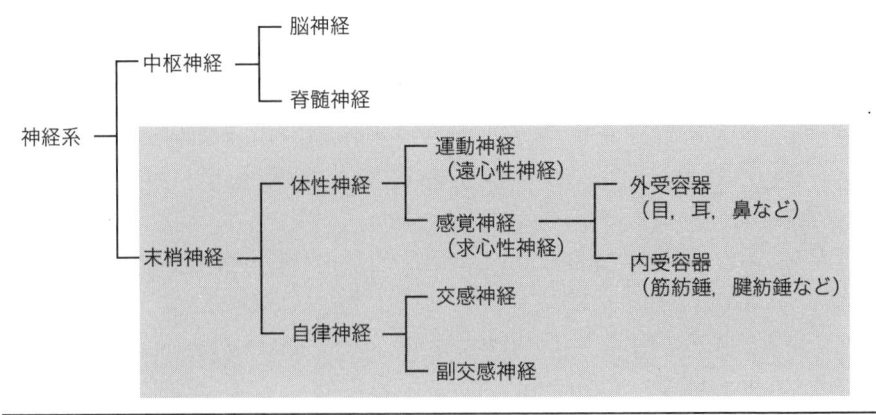

図1-8 神経系の分類
網かけ部分は末梢神経系．

いる．すなわち，遠近の調節のために，たとえば近くのものを見る時は，毛様体が収縮し，その結果チン小帯がゆるむことによって水晶体の厚さが増して屈折率が高まり，結果的に焦点距離が短くなって網膜に像を写す．また，明るい場所では色を感じる錐体細胞が，暗い場所では弱い光を感じる桿体細胞が働く．虹彩は，瞳の大きさを変えることによって，網膜に達する光の量を調節している．

6. 神経系の構成と役割

1) 神経細胞

身体を構成する細胞はいろいろな役割を果たしているが，そのなかでも，生体内に

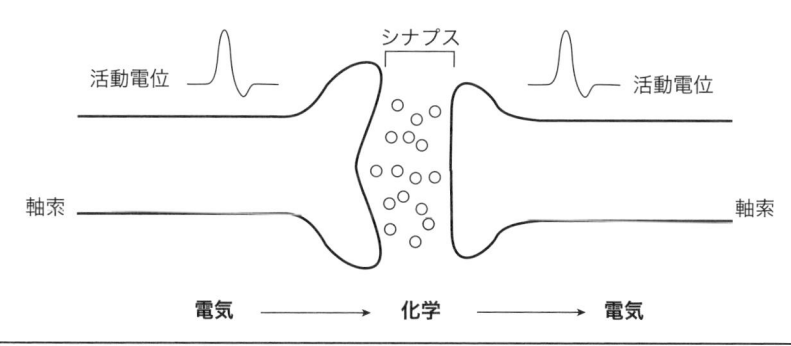

図1-9 シナプス
ニューロン間，あるいはニューロンと効果器細胞（たとえば筋細胞）間の接合部をシナプスという．軸索上を電気で伝えられた情報は，シナプス間隙間を化学伝達物質の放出と受容により標的ニューロンに伝達される．

　広く分布されており，身体中の離れた細胞の間ですみやかに情報を伝える役割を果たす細胞が神経細胞でニューロン（neuron）とも呼ばれる（**図1-7**）．そのような情報の交換，統合，処理，伝搬の役割を果たす神経細胞の集団を神経系と呼ぶ（**図1-8**）．神経系は，液性調節系とともに全身性調節系を構成している．情報には興奮性と抑制性があり，これらの情報は神経細胞の樹状突起に入り，統合されて，その細胞の軸索を活動電位として伝わっていく．この活動電位は，神経細胞の長い軸索を伝導する間も減衰せず（不減衰伝導），次の細胞に伝えられる．脊椎動物である人間は，脳と脊髄を中枢とする集中神経系で神経管から分化した管状神経系を有している．

　神経細胞は，核をもつ細胞体と，そこから長く伸びた軸索，および細胞体のまわりにたくさん出ている樹状突起からなっている．その神経細胞は，感覚受容器，他の細胞，効果器と連絡し合うために接続している．その接続部分をシナプス（synapse）と呼ぶ（**図1-9**）．軸索の先端をシナプス小頭と呼び，そこから情報を他の細胞に伝え，他からの情報は，樹状突起から受けている．神経の突起が長いので，神経細胞体から栄養をもらうのが難しい．そのため，軸索のまわりを神経鞘細胞（シュワン細胞とも呼ぶ）という別な細胞が刀の鞘のように螺旋状に何重も巻き付いて髄鞘（myelin sheath）という構造を形成している．髄鞘をもつ神経線維を有髄神経線維（myelinated nerve fiber），もたないものを無髄神経線維（unmyelinated nerve fiber）と呼ぶ．刺激を伝える働きをもつ組織を神経組織といい，脳・脊髄・末梢神経系を構成する．

2）神経組織の種類と機能

　神経組織は，刺激を伝える働きをもち，中枢（脳，脊髄）および末梢神経系を構成する．その神経組織は神経細胞と支持細胞からなり，そのうち神経細胞が機能的役割を果たす．神経組織は全身に張りめぐらされ，その間を電気的信号が行き交うことによって情報の伝達と調節が行われる．これらの系は，運動を遂行し，制御するためにはもちろん，内臓や呼吸など生命にかかわる活動を行うためにも重要な役割を果たす．

　図 1-8 に示すように，神経系は中枢神経と末梢神経に大別される．中枢神経はさらに脳神経と脊髄神経に分けられ，それらは頭蓋骨と脊柱管によって厳重に保護されている．末梢神経は体性神経と自律神経に分けられ，体性神経はさらに遠心性神経と求心性神経に，自律神経は交感神経と副交感神経にそれぞれ分類される．そのうち，体性神経は身体運動や感覚をコントロールするために，自律神経は内臓や呼吸をコントロールするために働く．

　体性神経は脊髄の運動ニューロンと筋を結び，運動ニューロンから四肢の筋へ下行する遠心性線維を運動神経と呼び，四肢に付属した筋紡錘など内受容器から運動ニューロンへ上行する求心性線維を感覚神経（あるいは Ia 線維）と呼ぶ．

3）神経と脊柱

　神経系に集中化がみられる場合，その中心部を中枢神経系（central nervous system：CNS），身体の各部に分布している周辺部を末梢神経系（peripheral nerve）と呼ぶ．脊椎動物である人間の場合，脳と脊髄を中枢神経系，それ以外を末梢神経系と呼ぶ．中枢神経を幹線とすれば末梢神経はいわば支線である．

　電線，電話線，道路などが故障すれば社会生活の遂行に大きな支障をきすのと同じように，中枢神経が損傷すればさまざまな運動障害を起こし，スポーツ活動にかぎらず日常生活に大きな不便を感じる．特に脳および脊髄を走行する中枢神経が損傷すれば，重大な運動・行動障害を引き起こす．脳出血や脳損傷で知識の記憶や運動の記憶を喪失したり，精神障害を起こしたり，手足が麻痺したり，あるいは脊髄の損傷で立ったり歩いたりすることができず車椅子生活を余儀なくされるのは，これら神経系が切断されたり何らかの故障を起こしたからである．

　末梢神経は，脊髄の運動ニューロンと筋を結ぶ神経で，骨格筋を支配する2種類の遠心性神経（運動神経）と筋からの情報を脊髄へ送る数種類の求心性線維（感覚神経）が含まれる（**図 1-8**）．末梢神経は，椎間孔という，隣合う椎骨の切根がつくる孔から脊柱外へ出る．脊柱の左右へ出た末梢神経は合計31対あり，おのおのの脊椎の区分

に従って5群に分けられる．すなわち，頚神経（cervical nerve）8対，胸神経（thoracic nerve）12対，腰神経（lumbar nerve）5対，仙骨神経（sacral nerve）5対，および尾骨神経（coccygeal nerve）1対である．おのおのの神経は，それぞれC，Th，L，S，およびCoという略称を使用する．たとえば，解剖書などで，三角筋-支配神経：腋窩神経（C4，C5，C6）と書かれていた場合，それは，三角筋を支配する運動神経は腋窩神経で，その神経は第4，第5，および第6頚椎から発しているという意味である．

文献

1) Duvall EN : Kinesiology / Anatomy of the Motion. Prentice-hall, Englicewood Cliffs, NJ, p. 26, 1961.
2) Elftmon H : Biomechanics of the muscle with paticular application to studies of gait. J Bone Joint Surg, 48-A : 363-377, 1966.
3) Friederich JA, Brand RA : Muscle fiber architecture in the human lower limb. J Biomech, 23 : 91-95, 1990.
4) 林　泰史：骨粗鬆症と運動．体力科学, 43：195-199, 1994.
5) 金久博昭 他：スピード・スケート選手の陸上トレーニングが身体組成，大腿部組成，および筋出力に与える影響. J J Sports Sci, 2：905-911, 1983.
6) 金子丑之助：日本人体解剖学 第1巻. 南山堂, 東京, pp. 327-537, 1973.
7) 勝田　茂，久野譜也：NMRによるスポーツタレントの発掘に関する研究－一流選手の筋の形態とエネルギー代謝－. 平成2年度日本体育協会スポーツタレント発掘に関する研究 第2報, pp. 37-46, 1990.
8) 角田直也 他：大腿四頭筋断面積における各種競技選手の特性. 体力科学, 35：192-199, 1986.
9) Wickiewicz TL, et al. : Muscle architecture of the human lower limb. Clin Orthop, 179 : 275-28, 1983.
10) 山下謙智, 熊本水頼：いわゆる長懸垂, 短懸垂姿勢における上肢・上肢帯筋群の作用機序について. 体育学研究, 18：261-268, 1974.

（山下謙智，德原康彦）

第2章

関節運動の成立

1. 関節運動の原動力

1）関節運動にいたるまで

　骨格筋（skeletal muscles）は随意筋で，心筋や平滑筋のように自律的には活動できず，何らかの刺激によってのみ活動する．その活動というのは，ただ1つ，「収縮（contraction）」である．構造的には両端で腱に移行し，関節をまたいで別個の骨と骨に付着して終わっているため，「収縮」によって生まれた張力が，骨を引っぱり，関節を回転させる．そのとき反対側を走行する筋は，拮抗作用によって反射的に活動が抑えられ，ゆるんで伸びる．関節の回転によって屈曲した骨をもとの位置にもどすためには，「収縮」した筋が伸張活動を行うのではなく，その筋は弛緩（relaxation）し，反対側を走行する筋が収縮する（**図2-1**）．このように，どの関節で起こる運動も，2つあるいはそれ以上の筋を必要とする．

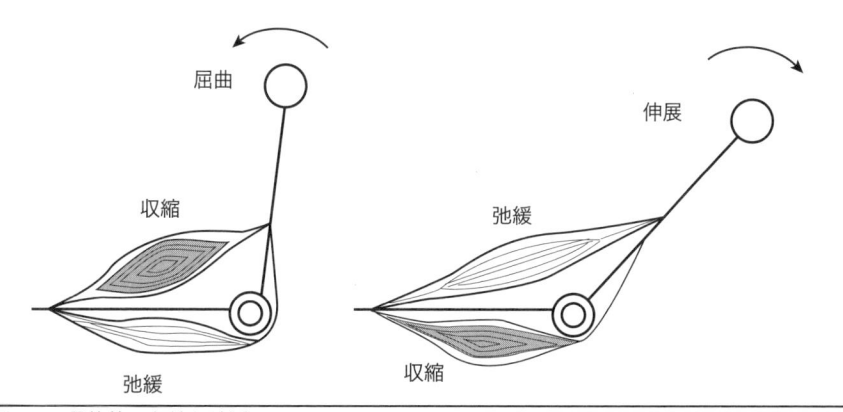

図2-1　骨格筋の収縮と弛緩
主動筋の収縮に伴って拮抗筋の弛緩がなされることで，スムースな関節運動が発現する．

2）筋収縮機序（滑走説）

　筋細胞膜の脱分極によって生じた活動電位は，細胞の内外をつなぐ横行小管（transverse tubule：T管）を通して内部に伝えられ，筋小胞体（sarcoplasmic reticulum：SR）を通過する．活動電位の筋小胞体への到着がきっかけとなり，カルシウムイオンが細胞質内に放出される．これらのイオンの放出とアデノシン三リン酸（adenosine triphosphate：ATP）の分解により，筋原線維（アクチンとミオシン）が活性化する．つまり，アクチンフィラメント（actin filament）がミオシンフィラメント（myosin filament）の間を滑り込む．この現象が筋収縮となって現れるが，この収縮機序を「滑走説（sliding theory）」と呼ぶ．

　筋が収縮する時，2種類のフィラメントの長さは変化せず，サルコメアや明帯と呼ばれる部分が短縮する．細胞膜における活動電位の伝播がすばやいため，筋線維内での応答は同期する．筋細胞膜の興奮がなくなると，カルシウムイオンは能動輸送により筋小胞体に取りもどされ，アクチンとミオシンの結合が解かれて筋は弛緩する．

　このように筋に活動電位が発生し，筋が収縮するまでに，①細胞膜の興奮を筋タンパク質に伝える機構，②ATPのもつ化学的エネルギーの遊離，③収縮タンパク質による力の発生，という少なくとも3つのエネルギー変換機構が含まれている．

3）神経刺激と筋の収縮張力

　骨格筋に神経をつけたまま取り出した神経筋標本に単一の電気刺激を与えると，1回収縮し弛緩する．この単一の収縮を単収縮または攣縮（twitch）と呼ぶ．収縮時間はおよそ100 msである．そしてその収縮が終わらないうちに次の刺激が到達すると，収縮が終わらないうちに次の収縮がはじまり，単収縮時より大きな収縮を起こす．これを加重（summation）と呼ぶ．さらに刺激頻度が増し，ある程度以上の頻度で刺激すると，ある強さの収縮が持続する．これを強縮（tetanus）と呼ぶ．生体で起こる通常の骨格筋の収縮では，毎秒数十回の刺激による強縮が多い．この時の収縮の大きさは，単収縮時の3倍以上である．電気刺激によって生じた活動電位は，ある強さの刺激で生じるが，それ以上刺激を強くしても活動電位の振幅は増大しない．このような刺激と反応の関係を「全か無かの法則（悉無律）（all or nothing law）」と呼ぶ．

4）速筋線維と遅筋線維の特性

　骨格筋には遅筋（slow twitch fiber）と速筋（fast twitch fiber）という2種類の組成をもつ筋線維（muscle fiber）が含まれている．両筋線維の組成の主な特徴は，

表2-1 遅筋線維，速筋線維の特徴

	遅筋（タイプI）線維	速筋（タイプII）線維
太さ	細い	太い
ミオグロビン	多い	少ない
ミトコンドリア	多い	少ない
毛細血管	多い	少ない
ミオシンATPアーゼ活性	低い	高い
力発揮	弱い	強い
収縮速度	遅い	速い
疲労	しにくい	しやすい

①遅筋線維は収縮速度は遅く，大きな力は発揮できないが疲労しにくい線維（遅筋，タイプI）であり，②速筋線維は収縮速度は速く，大きな力を発揮するが，疲労しやすい線維（速筋，タイプII）であるということである．速筋（タイプII）線維は，タイプI線維ほどではないが疲労しにくいタイプIIaと，疲労しやすいタイプIIbに細分される．1つの筋にはこのようなタイプの異なった筋線維が混在している．1つの筋における各タイプの筋線維の占める割合は，同じ人でも筋によって，また同じ筋でも人によって異なる．さらに細かくみると，遅筋線維は細く，ミオグロビンとミトコンドリアが多く含まれ，好気呼吸によって必要なエネルギーを供給する酵素が多く含まれており，たくさんのエネルギーを得ることができる．しかし，ミオシンATPアーゼ活性が低く，すばやい筋収縮は困難である．そこで，遅筋は，マラソンなど強くはないが持続的に行う運動に適した筋といえる．これに対して速筋線維は，逆にミオシンATPアーゼ活性が高いので強い収縮が可能であるが，手足の筋に多くみられ，遅筋線維に比べて筋原線維が多く，ミオグロビンやミトコンドリアが少なくグリコーゲンを分解する酵素を多く含んでいる．主に嫌気状態で筋収縮を行うため，乳酸（lactic acid）が蓄積しやすく筋疲労を起こしやすい．そのため速筋線維は，短距離走など強くてすばやい運動に適した筋といえる．それぞれの筋線維の特徴を**表2-1**にまとめた．

2. 関節の回転運動

1）筋の起始・停止と作用

　筋は通常，関節を介して走行し，両端はそれぞれ異なった骨に付着する．筋が直接骨に付着するのではなく，両端とも付着腱と呼ばれる腱（tendon）に移行し，最終的に腱が骨に付着することになる．付着部分の，身体の中心部である正中部に近い一端を起始（origin）と呼び，正中部から遠い他端を停止（または付着）（insertion）と呼ぶ．同様に，四肢の場合は，躯幹に近い近位（proximal）端を起始，躯幹から遠い遠位（distal）端を停止（または付着）と呼ぶ．また，起始部を筋頭あるいは固点，停止部を筋尾あるいは動点とも呼ぶ．

　骨格筋の収縮が関節を回転させ，身体運動を引き起こすが，筋の収縮力のみが関節の回転力に影響するわけではない．関節角度によって筋長，すなわちサルコメア長が変り，モーメントアームも変化し，これらはいずれも関節トルクに影響を与える．さらに，ある関節トルクを発現するために一関節筋および二関節筋を含む複数の筋群が関係し，両者の相互関係は複雑となる．

2）骨格筋の複数作用

　ある骨に起始をもつ筋は，関節をまたいで他の骨に付着する．筋本来の機能は収縮することであるが，結果的には，関節を軸とした骨の回転運動を起こす原動力となる．そこで，どのような関節運動に参画するかというのは，筋の走行と関節の位置関係によって決まる．たとえば，大腿四頭筋のうち，大腿直筋を除く外側広筋，中間広筋，内側広筋は，大腿骨の各部位から起こり，共同の腱になって大腿前面を下行し，膝蓋骨あるいは脛骨に付着する．膝関節において，これらの筋が収縮する時，大腿を固定すれば下腿が挙上し，下腿を固定すれば大腿が起立する．ところが，このように筋が単一の関節運動にしか参画しない例はむしろまれで，①関節が複数方向に動く，②複関節を形成する，③起始あるいは付着部位，あるいはその両方が複数である，④二関節を介している，などの理由が複合しているために，筋の働きと関節運動との関係は複雑である．

　三角筋（deltoid）の場合，付着部が上腕骨中央部外側面の三角筋粗面と共通であるが，起始部が肩甲棘，肩峰および鎖骨の外側部と異なっているため，前部線維は肩関節屈曲，中部線維は肩関節外転，後部線維は肩関節伸展，とそれぞれ筋の部位によって参画する運動が異なる．これは，上述の理由の①と③が複合したためである．腕

第2章 関節運動の成立

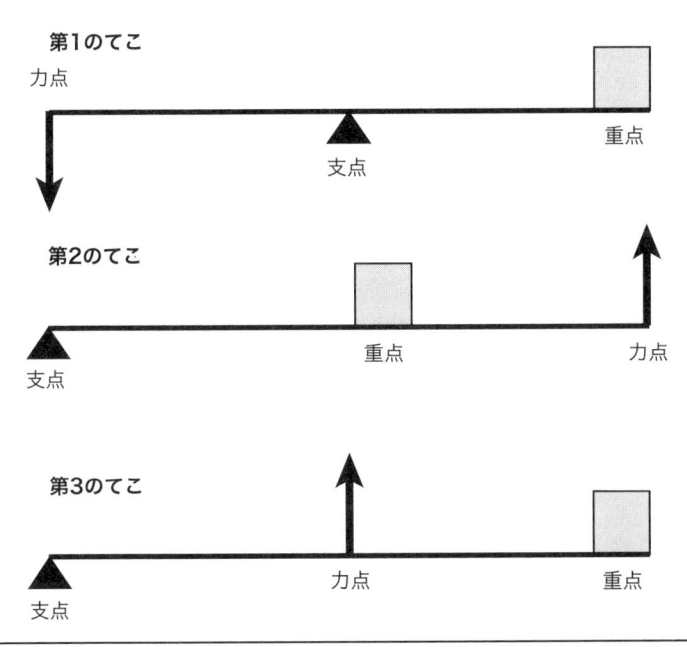

第1のてこ
力点／支点／重点

第2のてこ
支点／重点／力点

第3のてこ
支点／力点／重点

図2-2 てこの種類

腕橈骨筋（brachioradialis）の場合，上腕骨外側縁の下部および外側上腕筋間中隔から起こり，橈骨下端の橈側縁で茎状突起の上方に付着する．腕橈骨筋が横切る肘関節は，腕尺関節，腕橈関節，上橈尺関節という3種の関節が共同の関節包に包まれた複関節であるため，肘の屈伸運動とともに前腕の回旋運動が行われる．そこで腕橈骨筋は，その筋の走行とそれらの関節の位置関係から，肘関節の屈曲と，前腕を回内位からは回外に，回外位からは回内に参画する．これは，上述の②の理由によるものである．

3）筋の収縮とてこ作用

筋は何らかの刺激を受けて収縮し，その張力が骨に作用して関節を回転させ，一端および（あるいは）他端の骨を動かす．そのうち，直接運動の推進に関与し，著明な作用を主作用，協力的あるいは補償的，随伴的な作用を副作用と呼ぶ．筋の作用を力学的にみれば，一種のてこ作用とみなすことができる（**図2-2**）．すなわち，収縮によって張力を生み出す筋が，骨をてことして働かせており，筋の停止部が力点，関節が支点，そして荷重が重点となる．てこには3種類ある．第1種は支点（関節）が重点（荷重）と力点（筋の付着部）の間にあり，シーソーのように安定している場合，

27

第2種は支点が一端に，力点が他端に，その間に重点があり，筋の収縮力が小さくても一定の効力を発揮することができる場合，そして，第3種のてこは支点が一端に，重点が他端に，その間に力点があり，筋は一定の効力を発揮するために大きな収縮力を発揮しなければならないが，大きな変位量および速度を生むために有効な場合である．

　第1種のてこの例は，頭部と頚部の連結部で，重心が頭関節より前部にあるため支点が頭関節，重点が頭部，力点が板状筋や頚半棘筋となる．第2種のてこの例は，立位姿勢時の足関節部分で，重心が足関節より数センチメートル前にあるため支点が足関節，重点が体重，力点が下腿三頭筋となる．第3種のてこの例は，肘関節の屈曲において支点が肘関節，力点が上腕二頭筋付着部，重点が前腕の重心位置となり，力に対しては不利だが，運動の速さには有利な構造となる．上腕二頭筋や三角筋など身体における多くの骨格筋はこの第3種のてこである．

4）力の発揮様式

　運動中にはいろいろな力の発揮が行われる．その力の発揮の様式は大きく分けて2項目3種に分類できる．すなわち，関節角度（筋長）が変化しない等尺性収縮（isometric contraction）と変化する等張性収縮（isotonic contraction）で，等張性収縮はさらに，筋が縮みながら収縮する短縮性収縮（求心性収縮，concentric contraction）と筋が伸びながら収縮する伸張性収縮（遠心性収縮，eccentric contraction）に分けられる．

　実際の運動場面では，ラグビーのスクラムや相撲の押し動作で両者が動かない時，体操の倒立や十字懸垂で静止した時などは等尺性収縮で，体操競技で鉄棒にぶら下がった姿勢から上腕を屈曲する懸垂屈曲，腕立て伏せの押し上げる時や砲丸投げの投げる時の上肢は短縮性収縮，および腕立て伏せ動作で肘を曲げて伏臥姿勢にもどる時やジャンプの反動動作で沈み込む時などは伸張性収縮である．

　注意しなければならないのは伸張性収縮で，力の発揮に参加している筋は，目でみた変化と逆の動作に参加する筋である．たとえば，腕立て伏せで肘を曲げて伏臥姿勢にもどる時は，関節動作としては肩関節水平外転と肘関節屈曲であるが，その間重力に抗した力を発揮しなければならないために，肩関節水平内転筋（三角筋前部や大胸筋など）および肘関節伸筋（上腕三頭筋など）が伸びながら収縮している．

第2章　関節運動の成立

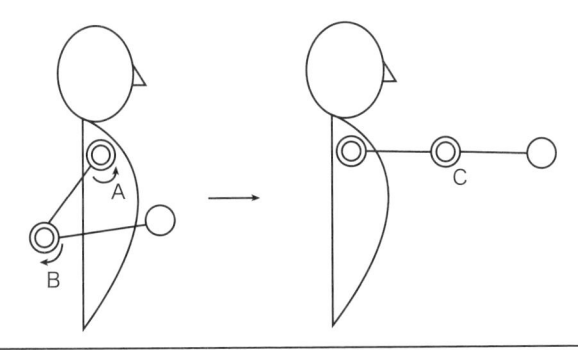

図2-3　腕の押し動作
肩関節屈曲（A）と肘関節伸展（B）．この2つの関節の同時運動を行うことによって直線運動（C）が可能になる．

5）関節運動の分解と合成

　2個の骨と1個の関節の場合，ある筋が収縮すれば骨は関節を軸とした回転運動を行う．しかしわれわれは，ボクシングのストレートパンチ（上肢の押し動作）（**図2-3**）のような直線運動もできる．それは，肩関節屈曲という回転運動（A）と肘関節伸展という回転運動（B）を同時に行うことによって直線運動（C）が可能となるためである．なお，股関節伸展（躯幹の背屈も含む）と膝関節伸展と足関節足底屈動作を同時に行う垂直跳びのような運動も同様である（**図2-4**）．

　人体にある大小約400個の筋がさまざまな働き方をすることによっていろいろな複雑な運動を行うことができるし，その運動を1個1個の関節運動に分解すれば，すべてその関節を軸とした，ある方向への回転運動となる．各種の運動を解析する場合にも，個々の運動をこのような単一の関節運動に分解して考えることができる．

3．多関節運動と二関節筋について

1）骨格筋の分類

　人体は，大小400約あまりの骨格筋と約200個の骨からなっており，運動は，骨と骨を連結する関節を軸とした筋の収縮によって行われている．運動を起こすための原動力となる筋には大殿筋，大胸筋というように，それぞれ固有の名前がついているが，それ以外に目的に応じて分類をする場合もある．たとえば，形状によって紡錘状筋，羽状筋，多腹筋というような分類をし，作用によって伸筋，屈筋，内転筋，外転

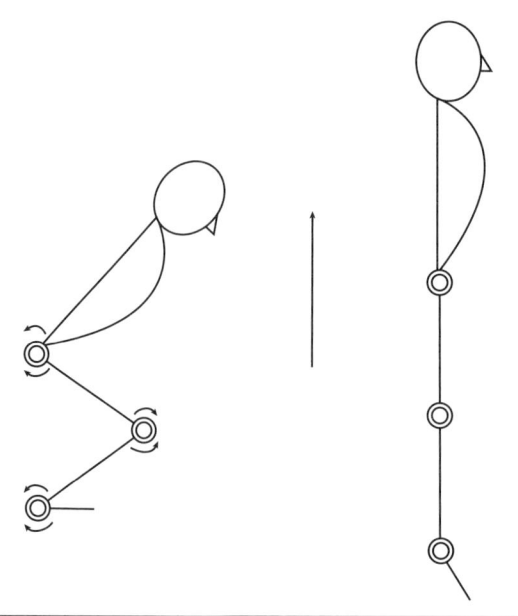

図2-4 ジャンプ動作
股関節伸展＋膝関節伸展＋足関節底屈．3つの関節の回転運動によって重心の上方への直線運動も可能となる．

筋という種の分類，あるいはまた機能的な立場から主動筋（prime moverあるいはagonist），共同筋（synergist），拮抗筋（antagonist）という分類をする．さらに，1つの関節をまたいで付着する筋を一関節筋，2つの関節をまたいで付着する筋を二関節筋という．

2）一関節筋と異なった主動筋-拮抗筋関係

二関節筋は介在する関節が2つあるため，それぞれの関節において主動筋および拮抗筋としての役割を受けもつ．そこで，それら2つの関節を同時に動作した場合，両関節の動作によって二関節筋の果たす役割が，①両関節の動作に対して主動的役割，②両関節の動作に対して拮抗的役割，および③一方の関節動作に対して主動的，他方の関節動作に対して拮抗的役割（あるいはその逆）の3つに分類される．たとえば，股関節および膝関節において，矢状面内の動作を行った時の大腿直筋は，股関節屈曲と膝関節伸展の組み合わせにおいては両関節動作に対して主動的役割を，股関節伸展と膝関節屈曲の組み合わせにおいては両関節動作に対して拮抗的役割を果たし，股関

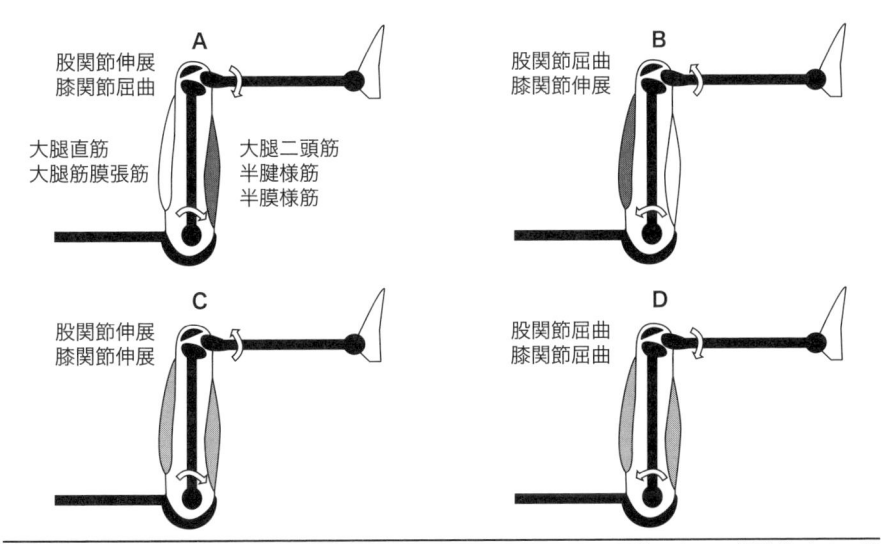

図2-5 股関節および膝関節における各種組み合わせ動作と2つの関節において相拮抗する二関節筋の走行

節屈曲と膝関節屈曲の組み合わせ動作では主動的役割と拮抗的役割を，股関節伸展と膝関節伸展の組み合わせでは拮抗的役割と主動的役割を同時に果たす[18]．股関節と膝関節を走行する二関節筋において，股関節屈曲と膝関節伸展（大腿直筋，大腿筋膜張筋），股関節伸展と膝関節屈曲（ハムストリングス），および股関節屈曲と膝関節屈曲（縫工筋）の各両関節動作に対して主動的役割を同時に果たす筋はあるが，股関節伸展と膝関節伸展の両関節動作において主動的役割を同時に果たす筋はない[8]．上肢および下肢の二関節筋における関節動作の組み合わせとその時の役割については図2-5，図2-6と表2-2に示した．

そのうち，二関節筋が主動的役割と拮抗的役割を同時に果たす動作が組み合わされた場合（図2-5と図2-6のCとD，および表2-2の主動＋拮抗と拮抗＋主動），二関節筋において特徴的な活動様式を示すことが報告されている．すなわち，2つの関節動作を組み合わせた時の二関節筋の場合，動作の組み合わせ方によっては1個の筋が一方の関節動作に主動的な役割を果たす間，他方の関節動作に対して拮抗的役割を果たすことになる．この場合，拮抗筋間における相反性神経支配様式だけでは説明がつかず，その筋を支配する運動ニューロンプールは拮抗筋抑制を受けながら興奮するという矛盾が生じることになる．

この点に関して，股関節伸展と膝関節伸展を組み合わせて踵で力を発揮する動作を

多関節運動学入門

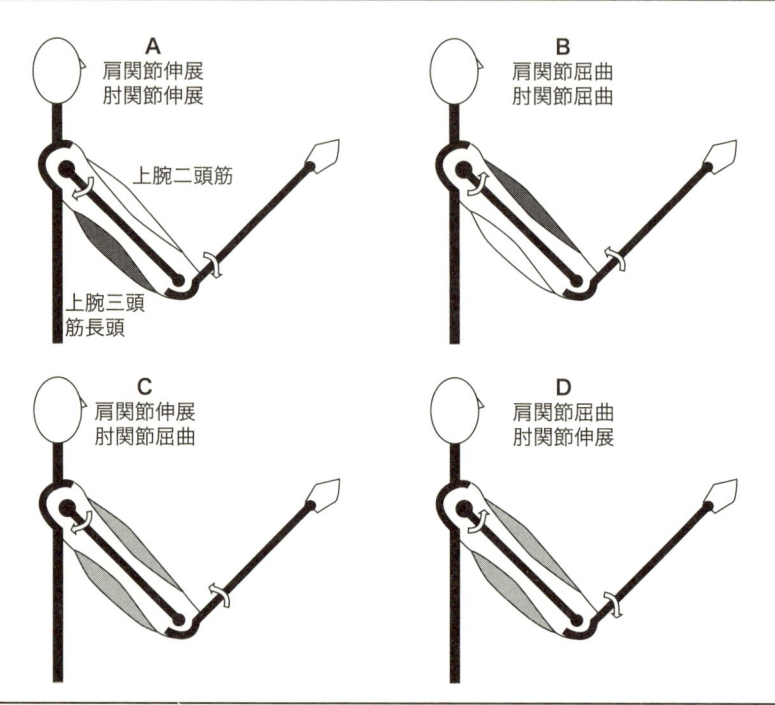

A 肩関節伸展 肘関節伸展
　上腕二頭筋
　上腕三頭筋長頭

B 肩関節屈曲 肘関節屈曲

C 肩関節伸展 肘関節屈曲

D 肩関節屈曲 肘関節伸展

図2-6　肩関節および肘関節における各種組み合わせ動作と2つの関節において相拮抗する二関節筋の走行

　全力で行った時の大腿直筋，大腿筋膜張筋，および内側ハムストリングス[5]の，あるいは肩関節屈曲と肘関節伸展を組み合わせ，手根遠位端で力を発揮する動作を全力で行った時の上腕二頭筋長頭と上腕三頭筋長頭のそれぞれの筋活動率が算出され，いずれの二関節筋も著しく小さな値を示し，発揮する力の方向によっては9％の活動しか示さない例が認められた[17,20]．
　つまり，相拮抗する二関節筋が主動的役割と拮抗的役割を同時に果たす動作を行った場合，両二関節筋の活動はいずれも，それぞれの筋が主動的に働く動作を単独で行った時に比較して減少する（相互抑制現象）[19]．言い換えると，一方の関節動作を全力で行っても，他方の関節動作の種類あるいは力発揮の程度によって，その二関節筋を支配する運動ニューロンプールの興奮度，それに起因した個々の運動ニューロンにおけるインパルス発射頻度および動員する運動ニューロンの数が変化し，それが筋線維群の活動の仕方に影響を与えるといえる．
　さらに，肘関節屈曲動作を前腕の回外あるいは回内動作と組み合わせて行った時の

表2-2 二関節筋の主動的および拮抗的役割

筋	主動+主動	主動+拮抗	拮抗+主動	拮抗+拮抗
上腕二頭筋	肩屈+肘屈	肩屈+肘伸	肩伸+肘屈	肩伸+肘伸
上腕三頭筋長頭	肩伸+肘伸	肩伸+肘屈	肩屈+肘伸	肩屈+肘屈
橈側手根屈筋 長掌筋 尺側手根屈筋上腕頭	肘屈+掌屈	肘屈+背屈	肘伸+掌屈	肘伸+背屈
長橈側手根伸筋 短橈側手根伸筋 尺側手根伸筋上腕頭	肘伸+背屈	肘伸+掌屈	肘屈+背屈	肘屈+掌屈
大腿二頭筋長頭 半腱様筋 半膜様筋	股伸+膝屈	股伸+膝伸	股屈+膝屈	股屈+膝伸
大腿直筋 大腿筋膜張筋	股屈+膝伸	股屈+膝屈	股伸+膝伸	股伸+膝屈
縫工筋	股屈+膝屈	股屈+膝伸	股伸+膝屈	股伸+膝伸
腓腹筋 足底筋	膝屈+足底屈	膝屈+足背屈	膝伸+足底屈	膝伸+足背屈

上腕二頭筋の放電量および肘関節屈曲力についても次のような報告がなされている．上腕二頭筋は，肘関節屈曲動作に主動的役割を果たし，前腕の回外動作に主動的，回内動作に拮抗的役割を果たす．そこで肘関節屈曲と前腕の回外を組み合わせた動作を同時に行えば両者において主動的役割を，肘関節屈曲と前腕の回内を組み合わせた動作を同時に行えば主動的役割と拮抗的役割をそれぞれ同時に果たすことになる．これらの組み合せ動作のうち前者の場合上腕二頭筋の放電量は増加し，後者の場合は逆に減少すること[1]，また後者の放電量は前者の50％で，その時の肘関節の最大屈曲力は85％に減少するという結果[13]（最大屈曲力の結果については，ter Haar Romeny が Bankov and Jorgensen との個人的な意見交換によって得た情報）が示された．他に各種多関節運動において，2つの関節において相拮抗する二関節筋の相反的活動様式について報告されている[12,18]．

これらの報告は，二関節筋において一方が拮抗的役割を果たす組み合わせ動作の場合，その筋の活動は抑えられ，他方の主動的役割を果たす動作をたとえ全力で行っても，その筋のすべての筋線維が活動するとはかぎらない場合があること，および2つの関節動作が組み合わされた場合，その時の関係筋群の活動は，単にそれぞれの関節動作を単独で行った時の活動の加算ではないことを示し，さらには，従来同一関節動

作によって発揮される力の大きさを規定する要因として，その動作を引き起こすのに直接関与する筋群の横断面積，関節角度などがあげられるが，多関節運動においてはそれ以外に，「隣接関節動作に依存した要因」が存在することをも示唆している．

4．二関節筋活動の機能例

1）力と放電量との関係

筋の活動電位と筋線維の収縮張力との間に興奮-収縮連関の機構（excitation-contraction coupling）[11]が存在し，それが運動成立の原動力と関係していることはいうまでもない．これまでもこの電気的エネルギーと機械的エネルギーとの関係については，筋線維の最小単位においてみられる興奮-収縮連関の機構そのもの[2,4,11]，動物の摘出した神経-筋標本を用いた張力と電気的活動との関係[3,10]，あるいは単一の関節において等尺的に外部に発揮された力とあるかぎられた共同筋との関係[6,7,21]というように種々の方法を用いて，種々の観点から論じられている．

しかしながらわれわれが行う身体運動のほとんどは，2つ以上の関節が並列あるいは直列に連結された複合多関節運動系によってなり立っている．そのなかで最も基本的な二関節組み合わせ動作をみても前述したように複雑な関係を示す．そこで，われわれが実際行っている身体運動に近い条件である関節の組み合わせ動作を行った時のこれら電気的エネルギーと機械的エネルギーとの関係を明らかにする必要がある．特に，これまで述べてきた，二関節筋が共同的役割と拮抗的役割を同時に果たさなければならない条件での両者の関係をはっきりさせなければならない．

2）力発揮と二関節筋の放電量との関係

二関節筋が主動的に働く動作を単独で行わせた時の放電量は負荷の増大に伴ってほぼ直線的に増大を示すが，拮抗的に働く側の動作に同時に負荷が加えられた場合，放電量の増加の割合が著しく低下し，なかには増加の傾向が認められないものもみられた[14]．つまりこの場合，従来報告されている力と筋放電量との関係，すなわち，力の増加に伴って筋放電量が増大するという関係が成立しないことがありうることを示している．言い換えるならば，このことは，たとえ主動筋としての役割が増加するような条件となっても，隣接する関節の動作によって拮抗する二関節筋の活動が大きくなり，その筋としては拮抗としての役割がより優勢となる場合がありうることを示している．

しかし実際問題としてその関節で発現する力は増加しているのであり，たとえ主動

第2章 関節運動の成立

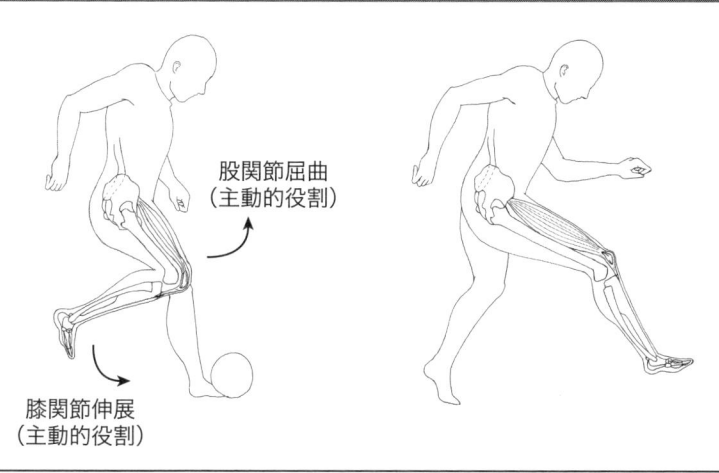

図2-7 サッカーのキック動作
たとえばこの動作において，大腿直筋は二関節筋として股関節屈曲と膝関節伸展とも主動的な役割を果たすこととなる．

筋としての役割をもつ二関節筋が活動しなくても，他の筋群の間で力の増大を起こすための補償作用など何らかの活動様式の変化がみられるはずである．

いずれにしても，主動筋-拮抗筋関係の項でも述べたように，たとえ二関節筋でも両関節の動作に対して主動筋として働いている場合，および単関節運動を行った時にその動作に主動筋として働いた場合，あるいは両関節に対して拮抗筋として働くか，単関節運動を行った時にその動作に拮抗筋として働いた場合は特に問題にはならないが，その二関節筋が主動筋としての役割と拮抗筋としての役割を同時に果たす動作においては，力と筋放電量との関係においても十分注意しなければならない．

身体が発揮する力は，多くの場合，四肢の多関節を通じて発揮される．力の発揮の仕方はさまざまで，関節が連なった状態で力は遠位端で発揮される場合と，いくつかの関節がそろって同時に力を発揮する場合，あるいはそれらが混じり合った場合がある．

3）サッカーのキック動作の場合

このことを上述の組み合わせ動作（**図2-5**）にあてはめてみると，大腿二頭筋（biceps femoris），半腱様筋（semitendinosus），半膜様筋（semimembranosus）はA，つまり股関節伸展と膝関節屈曲の組み合わせ動作には，両単独動作に主動的に働くので，この組み合わせ動作に対しても主動筋として働くことになるであろう．そ

うなれば，これらの筋はB，つまり股関節屈曲と膝関節伸展の組み合わせ動作に対しては拮抗筋として働くことになる．それに対して，大腿直筋（rectus femoris）と大腿筋膜張筋（tensor fasciae latae）は逆に，Bの股関節屈曲と膝関節伸展の組み合わせ動作に対して主動筋として，Aの股関節伸展と膝関節屈曲の組み合わせ動作に対しては拮抗筋として働くことになる．

　それではサッカーのキック動作の場合はどうなるのか（**図2-7**）．このキック動作の場合，股関節屈曲と膝関節伸展動作が組み合わされた多関節運動が行われている．その時の筋の起始・停止と走行および関節に対する筋の走行からみると，大腿直筋の活動および果たす役割は，股関節においては，屈曲動作で主動的役割を，膝関節おいては伸展動作でやはり主動的役割を果たすことになる．言い換えれば，サッカーのキック動作を行った時には，股関節屈曲動作と膝関節伸展動作が主動作であり，股関節伸展と膝関節屈曲動作はいずれも，逆に拮抗動作である．

4）二関節筋の放電様相からみた多関節運動の解析

　股関節伸展と膝関節伸展動作が組み合わされた場合，日常生活やスポーツ競技などのさまざまな場面においてみられる脚伸展動作となる．この動作の場合は前述したように，下肢二関節筋のうち，大腿二頭筋，半腱様筋，半膜様筋と大腿直筋，大腿筋膜張筋は動作中1つの筋が主動筋と拮抗筋の役割を同時に果たさなければならない．このような場合，各筋はどのような活動様式を示すのであろうか．

　この点に関してわれわれは，この運動系全体で発揮する力の作用線の方向が変化して，この運動系全体の出力を制約する関節（制約関節）が股関節，あるいは膝関節と交代すると相拮抗する二関節筋である大腿二頭筋と大腿直筋の活動様式が逆転することを，最大努力[15]，および最大努力以下[16]の発揮条件により報告した．すなわち，股関節伸展動作を行った場合は大腿二頭筋がより積極的に活動し，膝関節が制約関節となる条件では逆に大腿直筋がより積極的に活動することを明らかにした．言い換えれば，股関節が制約関節となった場合の大腿二頭筋（および同じハムストリングスである半腱様筋，半膜様筋）は主動筋としての役割よりも大きくなり，膝関節が制約関節となった場合は逆に拮抗筋としての役割が主動筋としての役割よりも大きくなることを示している．また膝関節が制約関節となった場合の大腿直筋（および大腿筋膜張筋）は主動筋としての役割が大きく，股関節が制約関節となった場合は逆に拮抗筋としての役割が大きくなったことを示している．さらにこれらの結果は，脚伸展動作が行われる各種運動時を記録した際，相拮抗する二関節筋の大腿二頭筋，半腱様筋，

第2章 関節運動の成立

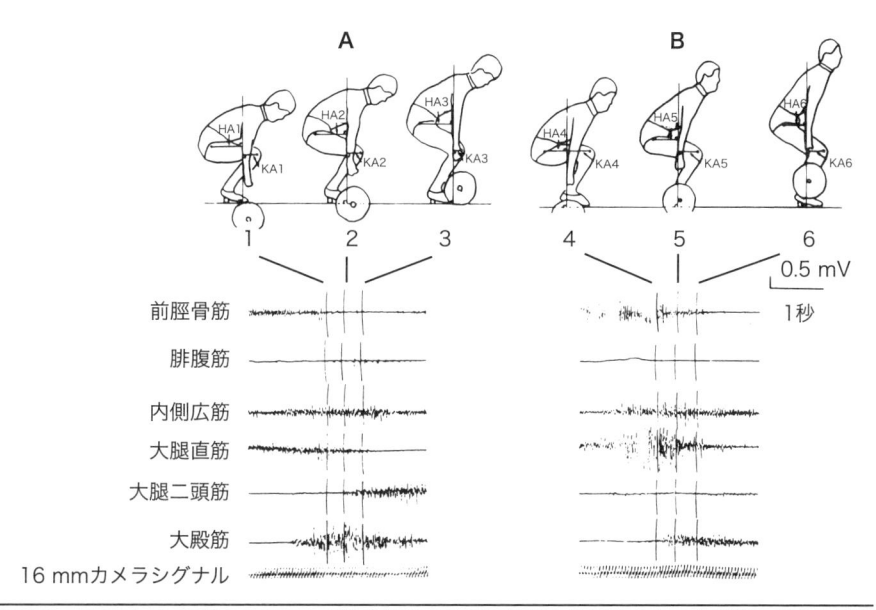

図2-8 スクワット姿勢から立ち上がり動作時の筋電図結果とその時の力の作用線に対する股関節から,および膝関節からのモーメントアームの長さの変化(文献9より改変)
動作中拮抗する二関節筋の放電が交代する場合(A)としない場合(B).

半膜様筋と大腿直筋,大腿筋膜張筋の放電様相から,その運動時,あるいはどの運動局面において制約関節がどれであるかを示唆している.このような見方から,スクワット動作について解析したい.

5) スクワットから行う立ち上がり動作

　スクワットからの立ち上がり動作は,バーベルを用いた筋力トレーニングでよく用いられる動作である.**図2-8**は動作中の筋電図を記録した結果の一例である[9].同時に16 mmカメラによって撮影されたフォームから動作が刻々と変化する間の,その動作における体重とそれ以外に課した負荷を含めた荷重が床に及ぼす力の作用線を求め,さらにその力作用線に対して股関節および膝関節から垂線を下ろしてその距離を測定した.その値をそれぞれの関節まわりの力のモーメントアームの長さとした.図中Aは,大腿直筋と大腿二頭筋の放電が動作の前半と後半で交代した場合,Bは交代しなかった場合である.Aの1は,両筋の放電が交代する前で,大腿直筋に筋放電がみられ大腿二頭筋にみられない時期,2は両筋の放電が交代する時期,3は交代した

37

後で，大腿二頭筋に放電がみられ大腿直筋にほとんど放電のみられない時期のポーズを示している．その時の股関節のモーメントアームをそれぞれHA1，HA2，HA3とし，膝関節のモーメントアームをそれぞれKA1，KA2，KA3とした．図示したポーズをみてわかるように，膝関節角度がBの4はAの1と，Bの5はAの2と，Bの6はAの3とほぼ同じ時期のものである．また，その時の股関節のモーメントアームをそれぞれ，HA4，HA5，HA6とした．この時の各姿勢における各関節のモーメントアームを測定した結果，KA3はKA1より小さく，BのKA6はKA4より小さい値を示している．しかしながら，その減少の割合は，AのほうがBより大きかった．またHA3はHA1より大きく，HA6はHA4より大きい値を示したが，その増加の割合は，AとBにおいてほとんど変化がみられなかった．Aのように両筋の放電様相が交代した後において，膝関節のモーメントアームが交代する前より顕著に減少することは，負荷に対して，膝関節活動の負担が小さくなり，逆に股関節の活動の負担が大きくなったことを示している．すなわち，被験者Aは，スクワット前半（**図2-8**中のポーズ1～2）において二関節膝伸筋である大腿直筋の活動を示すが，スクワット後半（ポーズ2～3）は二関節股伸筋である大腿二頭筋の活動が優位になる．

この結果は，相拮抗する二関節筋の放電交代がそれぞれの関節まわりの力のモーメントアームの長さの変化と関係し，加わった負荷に対する関節の負担の大小を示す指標となることを示したものである．

文　献

1) de Serres SJ, et al. : Effect of pronation and supination tasks on elbow flexor muscles. J Electromyogr Kinesiol, 2 : 53-58, 1992.
2) Ebashi S : Calcium binding activity of vesicular relaxing factor. Jpn J Pharmacol, 11 : 46-53, 1961.
3) 河合洋祐 他：カエル縫工筋の単収縮における張力と電気的活動の関係について．体力科学，18：39-46, 1969.
4) Kumagai H, et al. : Essential relaxing factor in muscle other than myokinase and creatine phosphokinase. Nature, 176 : 166, 1955.
5) Kumamoto M, et al. : Electorical discharge patterns of leg muscles reflecting dynamic features during simultaneous hip and knee extension movements. In : Winter DA, et al. eds., Biomechanics IX-A, Human Kinetics, Champaign, IL, pp. 324-328, 1984.
6) Inman VT, et al. : Relation of human electromyogram to muscular tension. Electroencephalogr Clin Neurophysiol Suppl, 4 : 187-194, 1952.
7) Lippold OC : The relation between integrated action potentials in a human muscle and its isometric tension. J Physiol, 117 : 492-499, 1952.
8) Markee JE, et al. : Two-joint muscles of the thigh. J Bone Joint Surg, 37-A : 125-142,

1955.
9) 丸山宣武 他：スクワットにおける下肢筋群の放電様相とその力学的背景. 日本体育学会第25回大会号, 25：492, 1974.
10) 皆川孝志 他：カエル縫工筋の反射性収縮における張力と電気的活動の関係について. 体力科学, 20：151-158, 1971.
11) Sandow A : Excitation-contraction coupling in muscular response. Yale J Biol Med, 25 : 176-201, 1952.
12) Suzuki S, et al. : EMG activity and kinematics of human cycling movements at different constant velocities. Brain Res, 240 : 245-258, 1982.
13) ter Haar Romeny BM, et al. : Relation between location of a motor unit in the human biceps brachii and its critical firing levels for different tasks. Exp Neurol, 85 : 631-650, 1984.
14) Tokuhara Y, et al. : The influence of antagonistic inhibition on joint movements based on applied graded forces and integrated EMGs of two-joint muscles. Biomechanics, VII-B : 65-70, 1979.
15) Yamashita N : The mechanism of generation and transmission of forces in leg extension. J Hum Ergol, 4 : 43-52, 1975.
16) Yamashita N, et al. : Force generation in leg extension. Biomechanics, V-B : 41-45, 1976.
17) 山下謙智 他：上肢の押し動作における力の発現・伝達の機構と一関節筋および二関節筋の活動様式との関係. J J Sports Sci, 2 : 318-324, 1983.
18) 山下謙智：EMGのBiomechanicsへの応用－"二関節筋の放電パターン"その特異性－3. J J Sports Sci, 2 : 717-727, 1983.
19) Yamashita N : EMG activities in mono- and bi-articular thigh muscles in combined hip and knee extension. Eur J Appl Physiol, 58 : 274-277, 1988.
20) 山下謙智：筋電図と運動制御，そして運動成果. J J Sports Sci, 14 : 99-106, 1995.
21) Zuniga EN, Simons EG : Nonlinear relationship between averaged electromyogram potential and muscle tension in normal subjects. Arch Phys Med Rehabil, 50 : 613-620, 1969.

（山下謙智，德原康彦）

第3章

身体運動の発現

1. 運動発現の源

1) 運動と脳の密接な関係

　脳は，運動，心，知能などの源で，人間のすべてにかかわる中枢器官である．もし人間に脳がなければ，おなかの機械をはずされた鉄腕アトムと同じで，身体はあるが抜け殻である．脳は発生学的に，大脳（cerebrum），中脳（mid brain），小脳（cerebellum），橋（pons），延髄（medulla oblongata）に分けらる．大脳は大脳半球（cerebral hemisphere）と間脳（interbrain）に分けられ，間脳，中脳，橋，延髄を合わせて脳幹（brain stem）と呼ぶ．大脳半球は大脳皮質（cerebral cortex）と大脳辺縁系（limbic system）を含み，間脳は視床（thalamus）と視床下部（hypothalamus）を含む．また，大脳半球は便宜的に前頭葉（frontal lobe），頭頂葉（parietal lobe），側頭葉（temporal lobe），および後頭葉（occipital lobe）に分けられ，大脳辺縁系は海馬（hippocampus），扁桃核（tonsillitis），帯状回（cingulate gyrus），側頭葉の一部などを含む．大脳皮質のうち，神経細胞体の集まった表層を灰白質（gray matter）と呼び，神経線維束が集まった内側部を白質（white matter）と呼ぶ．白質内には線条体（striatum：被殻 putamen と尾状核 caudate nucleus を指す）と淡蒼球（pallidum）が散在している．これらを合わせて大脳基底核（basal ganglion）と呼ぶ．このうち被殻と淡蒼球を合わせてレンズ核（lentiform nucleus）と呼ぶ場合もある．中脳から橋，延髄にかけて細長い網目状の脳幹網様体（reticular formation）と呼ばれる部分がある．

　ニューロン（neuron）は電気的興奮を伝達する機能をもつ神経単位で，神経細胞体（cell body），軸索（axon：神経突起とも呼ぶ），および樹状突起（dendrite）からなる（図1-7参照）．広義には，これらを総称して神経細胞と呼ぶ．樹状突起は細胞体からたくさんの枝を出し，他の神経細胞から送られてきた電気的興奮を細胞体に

伝える．軸索は，細胞体から樹状突起とは逆の方向に1本長く伸びていく突起で，細胞体で発生した電気的興奮を他の細胞体に伝える役目を果たす．細胞体や樹状突起における他の神経細胞との接合部をシナプス（synapse）と呼ぶが，その数は1個の神経細胞につき数千から2～3万個ともいわれている．神経細胞の数は，大脳だけでも百数十億といわれており，神経細胞間の連絡網は複雑で膨大なものとなる．

　脳は運動に対しても重要な役割を果たす．筋は運動の原動力だが指令信号がこなければ動かない．脳がなければ，運転手のいない車，パイロットのいない飛行機のようなものである．どのような運動をどのように行うかはすべて脳が考え，判断し，実行する．本人はただ，歩こうとか，階段を登ろうとか，ボールを投げようと思うだけだが，その間，脳はいつどの筋肉にどの程度の信号を送るとか，まわりの状況によって発射する信号を変更するとか，情報の収集，記憶との照合，判断，プログラムの作成など，忙しく働いている．脳損傷に伴う運動障害や脳の刺激に伴う運動反応などの結果からみれば，脳の各部分は，運動に関係する重要な仕事をたくさん行っていることがよくわかる．

　もう1つ，脳の中にはグリア細胞（glial cell）と呼ばれる神経細胞より小さな細胞が多数存在する．グリア細胞の数は約400億個といわれ，これら全体の容積は神経細胞と同様，脳全体の約40％とされている．グリア細胞は分裂・増殖機能を失わない．また，神経細胞と違って突起がなく，電気的信号を伝えない．グリア細胞の役割は，髄鞘形成への寄与，神経細胞への栄養補給，および脳内の異物の取り込みとそれを脳外へ排出することで，脳の良好な機能発揮と発達に欠くことができない．また，加齢に伴って神経細胞の密度が減少するのに対し，グリア細胞の密度は変らないか増加する．

2）脳内での準備過程

　実際に何かが起こるのは最終的な結果の段階で，それまでにいろいろな準備段階がある．各段階の準備は脳内のいろいろな領域が担当する．

　その後，準備された計画に従って運動が実行される．そのためには，準備された運動計画が脳の運動野に送られ，そこから指令信号が，脊髄にある運動ニューロンを経て各筋へ送られ，その信号に基づいて筋が収縮し，関節が回転運動を起こし，身体運動が成立する．準備には，意志の発現と計画が含まれる．さらに，計画には，適切な筋の選択とプログラム作成が含まれる．これら準備のための役割は，運動前野，大脳基底核，小脳など，脳のいろいろなところで果たされる．それらは，局在した働き方

と相互作用的あるいは統合的働き方を行う．

この準備期の間は，まだ運動として観察されないが，意図した運動を遂行するために，欠くことのできない時期である．これは，いろいろな催しものの準備やプログラム作成に似ている．たとえば，運動会であれ各種競技会であれ，会がはじまってしまえば，後は予定したプログラムどおりに進行する．ところが，その準備がたいへんである．どういう順序でどういうことを行うか，そのために誰がどういう働きをするかなど，順調に進行するために周到な準備が必要である．

3)「わかる」と「できる」

脳の一部の損傷によって運動性体験の記憶が失われると「わかるのにできない」あるいは「動くのに動かすことができない」ということが起こる．つまり運動の記憶喪失である．感覚・運動性体験の健忘は，感覚性健忘（失認 agnosia）と運動性健忘（失行 apraxia）に大別でき，運動性健忘はさらに運動概念の忘却（企画的失行）と運動表現の忘却（企画-運動失行）に分けられる．

たとえば失行とは，筋力，反射，協調運動は正常であるにもかかわらず，自発的に目的運動ができない運動障害で，両側性失行と半側性・分節性失行に分けられる．さらに両側性失行には，観念運動失行，観念失行，構成失行，着衣失行が，半側性・分節性失行は肢節運動失行，頬顔面失行，半側性肢節失行，歩行失行と全身運動の失行，および選択性失行がある．

実際，サッカーの技術向上のノウハウを詳しく理解していたりルールをよく知っていても，サッカーが巧いとはかぎらないしまったくできない人もいる．また運動力学で優秀な成績をとり理論的に運動を完全に理解していることとテニスの技術が優れていることは別である．これは，人間が「知識の記憶」と「体験の記憶」の2種類の記憶装置をもっているためである．通常，記憶といえば英語の単語，歴史の年代，友達の電話番号など「知識の記憶」を考える．しかし，上述したように運動も記憶される．それらの記憶は，いずれも脳の働きによって，記憶，保持，再生が行われるという点では共通している．異なる点は，いわゆる「知識の記憶」は教室で授業を聞いたり本を読んだりして知識を得ることによって身につくが，「体験記憶」の場合はいくら人の話を聞いたり，本を読んでも獲得できない．身をもって「体験」することによってはじめて記憶することが可能になる．それらはすべて知識では代用できないし言葉や映像によっても蓄えることができない．身についた体験が脳内に記憶され，次々と蓄積されていく．つまり，「わかる」と「できる」は脳の機構からして異なる．

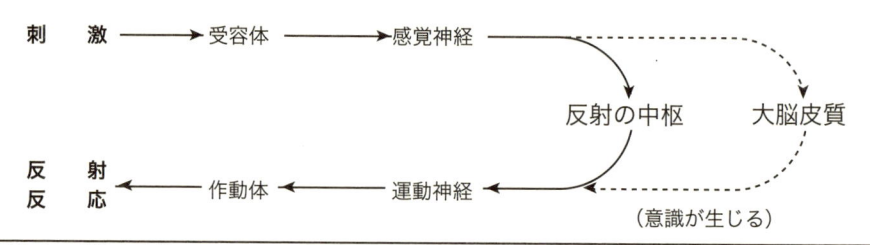

図3-1 刺激と応答

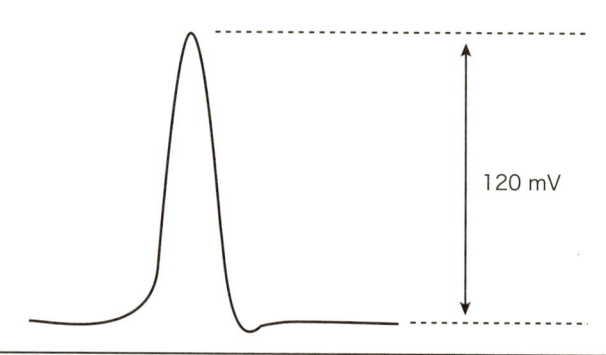

図3-2 活動電位（一過性の電位変化）
細胞膜の一部に物理的あるいは化学的刺激が与えられると，膜は興奮して膜電位が変化（脱分極：depolarization）する．脱分極により一定の値に膜電位が達すると膜のナトリウムイオンに対する透過性が高まり，膜電位は逆転する．この電位変化を活動電位という．

2. 信号の流れ

1）刺激から反応までのプロセス

　人体の行動は受容体で刺激を受け入れることによってはじまり，作動体で反応・行動することによって成立する（**図3-1**）．それらを結びつけているのが神経系である．その間，関係する細胞は，刺激を受けると細胞膜に電気的変化が生じて活動状態になる．これを活動電位（action potential）と呼ぶ（細胞が興奮した状態）（**図3-2**）．感覚受容器は特定の刺激を受けて興奮する．この刺激を，その受容器の「適刺激（adequate stimulus）」と呼ぶ．たとえば，耳の適刺激は音波であり，光や圧力は受容できない．感覚細胞が興奮するためには，ある強さ以上の適刺激が必要であり，その最小値を「閾値（threshold）」と呼ぶ．興奮は感覚神経によって大脳の感覚中枢に伝えられ，ここではじめて刺激に応じた感覚を知覚する．大脳においては，伝えられた感覚に基づいてそれらの情報が統合・処理され，効果器を動かすための指令が発信され

る．効果器は，その指令に対応した反応や行動を起こす．効果器の主なものは筋と腺で，筋は生物個体の運動や内臓などの運動の原動力となる．腺は，汗や消化液，各種ホルモンなどを分泌する．繊毛も効果器の1つである．

　運動発生には，指令と応答の両系が寄与する．指令とは神経系の信号発射で，応答とは筋の収縮である．運動を引き起こすのに直接関与するのは筋の収縮であるが，筋の収縮を引き起こすのは神経系の信号発射である．つまり運動発生の原動力は，神経系の信号発射と筋収縮の相互作用である．いくら指令信号の発射能力が高くても筋の応答能力が低ければ，あるいは逆にいくら筋の応答能力が高くても指令信号の発射能力が低ければ，いずれも高い運動能力を発揮することができない．

　計画され意図された運動はいよいよ実行に移される．身体運動の原動力は骨格筋であるが，筋は指令がないと働かない．脳からの発射信号が重要な指令の1つである．信号の出口となるのは大脳の皮質で，主な出口としては4野（一次運動野 primary motor area）であり，ここからの指令は，延髄の錐体を経て，直接脊髄の運動ニューロンへ送られる．もう1つの出口は皮質の6野（運動前野 premotor area）や大脳基底核，赤核と呼ばれるところで，これらの指令は延髄の錐体路を経ずに，脊髄の運動ニューロンへ送られる．ただ，意志や企画など運動を起こすために必要な脳の働きが，指令信号が脳から最終的に出力されるまでに行われている．そこで，指令信号の脳における最終出力部位である大脳皮質の4野や6野は，それまでに脳の他の部位で発現した信号を脊髄にある運動ニューロンに伝える中継所的な働きをしているという考え方もできる．

　通常われわれが行う身体運動は多関節を介した複雑な運動が多い．そのような場合は，運動が成立するのに必要な，たくさんの筋に対して指令信号が送られることになる．それぞれの筋への指令信号の送られ方の違いが，運動の種類となり，運動の上手，下手となって現れてくる．

2) 脳から筋までの流れ

　神経細胞であれ筋細胞であれ，細胞は刺激されると安静状態から活動状態に変わる．神経の細胞膜は，刺激（電気的，機械的，熱的，化学的）によって興奮し，それらを伝播する性質を有している．もともと細胞膜の内外で電位差があり，安静時はそれが一定（静止電位）に保たれている（図3-3）．その細胞膜が，刺激によって興奮を生む．細胞膜の興奮によって膜電位に変化が起こる．その電位変化を活動電位と呼ぶ（図3-2）．このとき生じる微弱な電流によって隣接部が興奮し，さらにその刺激が次

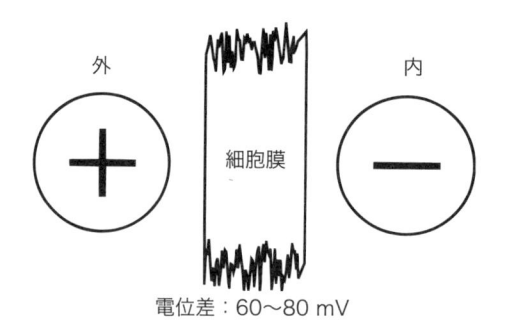

図3-3 静止電位
細胞膜を境として内外に電位差がある（膜電位：membrane potential）．

の隣接部を興奮させ，次々と興奮が軸索を伝わっていく．活動電位を発生させるためには，膜電位を脱分極させる強さの刺激（閾値）が必要で，それ以下の強さの刺激が与えられても活動電位は起こらない．つまり，ある刺激を境にして，それより弱いか強いかによって活動が現れないか最大に現れるかのどちらかである．これを「全か無かの法則」と呼び，境目の刺激の強さがすでに述べた閾値である．また，神経や筋細胞に閾刺激を数ミリ秒以内で繰り返すと，最初の刺激に反応して活動電位が発現するが，その後一定期間刺激に応じた活動電位が発現しなくなる．この期間を不応期（refractory period）と呼ぶ．指令信号である活動電位は，主要なものは脳から送られ，脊髄内で他の器官から送られてくるさまざまな信号も含めて制御，統合され，最終的に末梢神経を経て筋に達する．

　脊髄（spinal cord）の前角（ventral horn）には四肢や躯幹の筋へ信号を送るための最終中継基地である脊髄前角細胞（運動ニューロン）がある．この細胞には，脳からだけでなく各種体性感覚器などからもさまざまな興奮性および抑制性信号が集まってくる．その結果，興奮性信号の大きさが大きければその細胞が支配する筋線維へ信号が送られる．そこで，運動ニューロンで発生する信号が筋収縮の源で，運動発現の最終路となる．脳から運動ニューロンまでの伝導路を中枢神経（central nervous system：CNS）と呼び，運動ニューロンから各筋までの伝導路を末梢神経（peripheral nerve）と呼んでいる．

3）興奮の伝搬

　神経から筋へいたるまでは連続的な1本道ではなく，途中，シナプスと呼ばれる細胞間の継目がある．シナプスの間のわずかな隙間をシナプス間隙と呼ぶ（**図1-9**参照）．

神経の末端をシナプス小頭（synaptic boutone）と呼び，化学伝達物質が詰まった袋（シナプス小胞 synaptic vesicle）が散在している．神経の軸索を伝わってきた活動電位はシナプス小胞に達すると，シナプス小胞をシナプス間隙に向かって押しやる．すると，シナプス小胞は破れて，神経伝達物質（neurotransmitter：神経から筋への場合アセチルコリン）をシナプス間隙に放出する．伝達物質には他にアドレナリン，セロトニンなどがある．シナプス間隙内に拡散した伝達物質は，相手側の細胞の受容端（シナプス下膜 subsynaptic membrane）に達し，標的となるニューロンの膜の透過性を高めて電位（後シナプス電位 postsynaptic potential：PSP）を発生させ，それが大きくなって活動電位となる．活動電位が同じ神経内を伝播する時とシナプスを伝播する時とでその様式が異なり，前者を伝導（conduction），後者を伝達（transmission）と呼ぶ．

　有髄線維である神経線維は髄鞘（myelin sheath）と呼ばれる絶縁体でおおわれているが，途中，規則的な間隔でランビエの絞輪（node of Ranvier）と呼ばれる髄鞘が欠落した個所がみられる．細胞膜が興奮し，1つの絞輪が興奮すると，そこを吸い込み口とする活動電流が発生する．髄鞘膜は抵抗が高いため，隣の絞輪が活動電流のわき出し口となる．この絞輪は外向きのわき出し電流によって興奮する．そこで次の絞輪が刺激され興奮する．このようにして次々と絞輪は刺激され，興奮が「伝導」していく．このように不連続的に，跳び跳びに興奮が伝導することを「跳躍伝導（saltatory conduction）」と呼ぶ．この様式によって有髄神経線維の伝導速度は無髄神経線維のそれに比べて速い．

　錐体路（pyramidal tract）を下行する大部分の神経線維は延髄の錐体で交差する．そのため，脳でスタートした側とは反対側の手足の筋群へ到着する．つまり，脳の活動する側と，その指令によって動く手足は反対側で，脳の片側が損傷すれば，損傷側と反対側の手足が不自由になるのはこのためである．

3．神経・筋系

1）運動単位

　生体を走行する筋線維（muscle fiber）は刺激を受けてはじめて収縮という特有の能力を機能させる．その刺激は，骨格筋の正常な統合的活動を行うためのものであり，運動神経（遠心性神経 efferent nerve）と呼ばれる神経線維に沿って伝えられるインパルスのことである．この運動神経は，脊髄前角の運動ニューロンの細胞体から，最

終的な行き先である横紋筋線維へ向けて伸び，運動終板に終わる．運動神経の終末が筋と接するところを神経筋接合部（あるいは終板：motor end plate）と呼び，その間でシナプスを形成している．インパルスが神経終末に達すると，それが引き金となって神経終末部のシナプス小胞から化学伝達物質であるアセチルコリンが放出され，それにより，筋細胞膜の脱分極が起こる．1本1本の筋線維はすべて1個1個の運動ニューロンに支配されているわけではない．強縮力，収縮速度，運動方向など多様な機能を発揮するために，1個の運動ニューロンは多数の筋線維を支配するとともに，1個の筋は多数の運動ニューロンによって支配されている．1個の運動ニューロンと1本の運動神経線維，およびその支配下にある筋線維群によって1つの機能的単位を構成している．その単位を運動単位（motor unit）と呼ぶ．神経筋単位（neuromuscular unit：NMU）あるいは機能的最小単位と呼ぶ場合もある．1つの運動単位とそれに支配される筋線維数の比を神経支配比（innervation ratio）と呼ぶ．精微な運動に関係する筋ほどその支配比は小さい．たとえば，ヒトの内側腓腹筋は1：1,730，すなわち1つの運動単位が1,730本の筋線維を支配しているのに対し，外眼筋は1：13である．特定の筋を支配する運動ニューロンの集団を運動ニューロンプールと呼ぶ．生理学的には，「求心性発射によって活動せしめられた運動ニューロンの範囲」という説明が行われている．ヒトの1個の筋を支配する運動単位の総数は，小さい手の筋で約100，大きな四肢の筋群で1,000あるいはそれ以上で構成されている．

　これら運動ニューロンプールには，いろいろなところから多くの情報が提供され，それらの情報に基づいて状況が把握され，最終的な結果が判断されるという制御が行われている．最終中継基地で，筋に直接連絡しているこの細胞での制御能力は，最終的に発揮される運動成果に大きな影響を及ぼすことになる．

2）運動ニューロンの収束と発散

　電気的信号が神経線維の終末部に到達すると，その信号は他の神経線維に伝達する．この神経線維と神経線維の継目をシナプスと呼ぶ．

　これらシナプス結合には，シナプス前線維が分岐して多数のシナプス後線維と結合し，前線維の影響が広範囲に広がる結合の仕方（発散 divergence）と，逆に1つのシナプス後線維に多数の前線維が結合し，広い範囲からの情報が集中する結合の仕方（収束 convergence）がある．運動ニューロンは後者にあたる．

　運動ニューロンにはいろいろなところからの興奮性および抑制性信号が入り込んでくる．1個の運動ニューロンの細胞体は，数千個から1万個におよぶ他からの連絡を

第3章　身体運動の発現

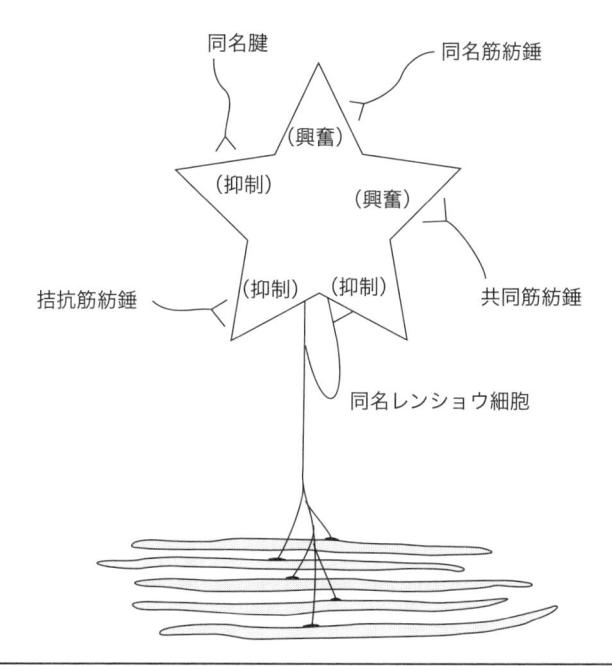

図3-4　運動ニューロンへの収束

受けている．そのなかには，その細胞が支配する筋およびその共同筋の筋紡錘から（求心性Ia線維）興奮性信号，あるいはその細胞が支配する筋の腱から（Ib線維）とレンショウ細胞から，および拮抗筋のIa線維からの抑制性信号などが含まれている（**図3-4**）．このような多数の神経線維から1個の細胞へ信号が集まることが「収束」である．その間その細胞の興奮性は増減し，結果的に興奮性入力が大きくなれば，興奮の発生に必要な最小の刺激の強さである閾値を超えて運動ニューロンは発火し活動電位を発射する．しかし，多くの興奮性電位が入力しても，抑制性電位の入力がそれより上まわればその運動細胞は活動電位を発射しない．「発散」の例として，脊髄運動ニューロンの1つの神経細胞が，数本から100本以上の骨格筋線維を支配していることがあげられる．

3）遠心路

　脊髄は，脳の延髄とつながり，脊椎骨の中央を通る円柱状の構造で，中枢神経が円柱内を上下に走っている．脊髄は，内外2層で構成されており，外部は白質と，内部

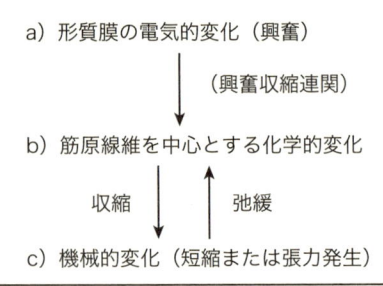

```
a）形質膜の電気的変化（興奮）
         ↓   （興奮収縮連関）
b）筋原線維を中心とする化学的変化
       収縮 ↓  ↑ 弛緩
c）機械的変化（短縮または張力発生）
```

図3-5　興奮-収縮連関

はH字状をした灰白質と呼ばれている．灰白質は細胞体で，白質は軸索で満たされている．灰白質では，背側の背根（後根）と呼ばれるところから各種感覚器を支配する感覚神経が入り，腹側の腹根（前根）と呼ばれるところから骨格筋を支配する運動ニューロンが出ている．脊髄を通して左右31対の末梢神経が出入りしている．

　脊髄腹根に所在する運動ニューロンには2種類あり，骨格筋線維（錘外筋線維 extrafusal muscle fiber）を支配するα運動ニューロンと，錘内筋線維（intrafusal muscle fiber）を支配するγ運動ニューロンに分類される．そのうちα運動ニューロンは，脊髄前柱に存在する大型の神経細胞で，最終的な信号を筋に伝える基地の役割を果たしている．つまり，α運動ニューロンは，その興奮によって骨格筋の収縮を起こし，運動を発現させるための最終的な経路（final common pathway）である．

4）身体運動が起こるまでの時間的「ずれ」

　電気的・機械的遅延（electrical mechanical delay：EMD）とは，反応時間の末梢要素で，筋の脱分極から身体部位の加速の開始までの経過時間である．EMDの主な部分は機械的仕事の部分で，収縮要素と直列の弾性要素にとって必要な時間である．筋張力発揮前に起こるこの過程は関節に伝えられる．骨格筋において，電気的現象が発生してから筋張力が発生するまでにいくつかの過程が経過する．すなわち，①筋活動電位の開始と活動電位の伝導，②筋小胞体によるカルシウムの遊離，③アクチンフィラメントとミオシンフィラメントの間のクロスブリッジの形成と収縮要素における連続的な張力発生，④収縮要素による直列弾性要素の伸張である．

　つまり，膜上で起こる電気現象，細胞内で起こる化学変化，収縮という力学現象は同時に起こるのではなく継続的に変換していると考えなければならない．この一連の変換を興奮-収縮連関（excitation-contraction coupling：E-C coupling）と呼ぶ

(図 3-5)[12].

5）力の伝達機能

多関節運動の仕組みを解析するために，既存の分析的研究に加えて，力の発揮と制御に関する多関節運動であるがゆえの特有の法則性をみつけるための努力が続けられている．多関節を介して力が発揮された場合については，関係する個々の関節で発揮された力がどのように伝達して結果的に外部に発揮する力に反映されるかということと，そのために関係筋群がどのような活動様式を示し，どのような役割を果たしているかを考慮する必要がある．そのうち発揮した力の伝達に際して，二関節筋が特異な役割を果たすことが指摘されている．

Markeeら[9]は，次のような事実から股関節と膝関節の両関節で活動する二関節筋群の機能の1つは偶力（force couple）産出への寄与であると述べている．すなわち，大腿四頭筋を支配する神経が除去されるかその筋の停止部が剥がされれば，股関節の伸展は弱まることから，下肢が自重を保持する姿勢の間，大腿四頭筋は股関節の伸展力を強化するために働くことを示した．また，椅子から立ち上がる動作を例にとり，股と膝の両関節を介するハムストリングスは運動の前半，等尺性あるいは伸張性に収縮し，結果的に大腿四頭筋から生み出された力が股関節に伝達され，ハムストリングスがロープとしての役割を果たしていることを示唆した．また，たとえハムストリングスが短縮しなくても股関節の伸展を引き起こすと解釈した．この点に関しては，その後も病理学的立場から，大腿四頭筋が正常でハムストリングスの機能不全をきたした脳卒中患者は椅子から立ち上がることができない例を示し，大腿四頭筋から生み出された力が二関節筋（ハムストリングス）を介して股関節に伝達されるという考えを支持している[7]．

Landsmeer[6]も，ハムストリングスはぴんと張った大腿直筋と一緒に働けば膝関節の伸展を助けるのと同様に，膝関節の伸展は足関節において腓腹筋の足底屈力を高めることを示した．また，Elftmanら[3]はその現象が走動作においても生じていることを指摘し，膝関節屈筋と股関節伸筋が別々であれば，膝関節の筋が伸ばされてエネルギーを受け，股の筋が短縮して仕事をすることになるが，ハムストリングスはこの二重の手間をはぶき，2つの筋に替わって1つの筋で張力を発現，維持できることを示唆し，その時エネルギーは一方の関節から他方へ腱の働きによって移動すると述べている．

その後1980～1990年代において，次々と二関節筋がエネルギーを近位端から遠

位端へ移動させる「エネルギー伝達」の機能についての考え方を支持する報告が行われた．そのうち Gregoire ら[4]は，ヒトが垂直跳び動作を行った場合，下肢の3関節においては股関節伸展→膝関節伸展→足関節足底屈の順に動作が開始し，大殿筋・ハムストリングス→広筋→ヒラメ筋など足底屈筋の順に筋活動がはじまるという結果を示した．その事実から，力の発現が近位端から遠位端へ順次移動することを主張し，腓腹筋による膝から足へのパワー伝達は，全パワーに対して約25％寄与し，もし下肢が一関節筋だけで構成されていれば，垂直跳び高は50％ほど減少することを推測している．

また，Van Ingen Schenau ら[11]は垂直跳び踏切動作中の足関節トルクとそのパワーの変化を求め，パワーの最大値が等速筋力測定器（サイベックス）により座位で測定された時の6倍にも達する結果を報告している．これは垂直跳びの際，足関節においては，近位端の筋群で発揮された力が遠位端である足関節へ次々と伝達され，集められたものが足関節足底屈筋群によって発現した力に加えられたために，このような大きな最大パワー値を得たものと解釈されている[11]．

さらに Bobbert ら[1]は，やはり垂直跳びにおいて，離床前に大きなエネルギーを得るためには，股関節と膝関節において産出された力が二関節筋である大腿直筋と腓腹筋によって足関節へ伝達されるということに加えて，関係する一関節筋がより大きなエネルギーを産出する必要性のあることを指摘した．これまで述べられた知見は，多関節運動における力の発揮と制御に関する重要な法則の1つに発展する可能性があるが，より直接的な実験結果，特に「力が伝達する」ことの生理学的に明確な説明が望まれていた．

そして Lieber[7]と Mai ら[8]はその一端を次のような実験結果から検証している．すなわち，彼らは，カエルのジャンプ中の半腱様筋のサルコメア長は，ジャンプの開始時は一時，短縮するが，その後伸張しながら活動し，しかもその間張力が増加するという結果を得た．これまで，伸張性筋活動は等尺性および短縮性筋活動に比べて大きな力を発揮し，高速になっても筋力は低下しないことが報告されている[2,5]．

これらの結果を考え合わせると，カエルのジャンプの間，半腱様筋は伸張性活動の利点を生かすことによって，一関節膝伸筋によって発現した膝関節伸展トルクを伝達し股関節伸展トルクに変換しているという解釈が可能となる．

このような「関節間のエネルギー伝達」の仮説が事実とすれば，各種関節筋力の検査や評価に際して，単に個々の関節筋力を別々に評価するだけでは不十分で，隣接関節筋力およびそれらの相互関係を考慮する必要がある．

少数意見ながらPandyら[10]は，これまで述べられた二関節筋による近位端から遠位端への「エネルギーの伝達作用」を支持する証拠をみつけることができないことを主張した．すなわち筋活動の開始が大殿筋（gluteus maximus：一関節股伸筋）・ハムストリングス→広筋（vasti muscles：内側および外側広筋の一関節膝伸筋）→ヒラメ筋など足底屈筋の順であることは認めているが，これまでの報告とは違って，垂直跳びにおけるエネルギー産出は主に伸筋である一関節筋の広筋と大殿筋で行われ，このエネルギーのほとんどは躯幹の質量重心を上方へ加速するために使われ，離地時の身体重心の垂直方向の速度を最高にするために躯幹にパワーを届ける一方，腓腹筋やヒラメ筋など足底屈筋も近位部へパワーを届けることを示した．つまり下肢筋は上方推進の間，最も大きな質量をもつ部位にパワーを伝達するために働くこと，そして下肢二関節筋の中で，大腿直筋やハムストリングス（寄与率10％以下）より腓腹筋（寄与率20％）が重要であり，下肢が一関節筋だけで構成されていれば垂直跳び高は20％減少すること，また腓腹筋は離地における全下肢エネルギーに対して20％寄与し，腓腹筋は離地付近で足関節角速度（身体重心の垂直速度）を増すために活動するといった知見を得た[10]．

これらの報告は，この動作における腓腹筋の役割は他の一関節伸筋と変らず，跳躍力を（25％ほど）増すために働き，この増加は腓腹筋が二関節筋であるがゆえではないこと，つまり膝から足へのパワー伝達によらないことを主張した．

文　献
1) Bobbert MF, Van Ingen Schnau GJ : Coordination in vertical jumping. J Biomech, 21 : 249-262, 1988.
2) Doss WS, Karpovich PV : A comparison of concentric, eccentric, and isometric strength of elbow flexors. J Appl Physiol, 20 : 351-353, 1965.
3) Elftman H, et al. : Biomechanics of muscle with paticular application to studies of gait. J Bone Joint Surg, 48-A : 363-377, 1966.
4) Gregoire L, et al. : Role of mono- and biarticular muscles in explosive movements. Int J Sports Med, 5 : 301-305, 1984.
5) Komi PV : Measurement of the force-velocity relationship in human muscle under consentric and eccentric contractions. In : Cerquiglini S, et al., eds., Biomechanics III, University Park Press, Baltimore, pp. 224-229, 1973.
6) Landsmeer JM : Studies in the anatomy of articulation II. Patterns of movement of bi-muscular, bi-articular systems. Acta Morphol Neerl Scand, 3 : 304-321, 1961.
7) Lieber RL : Hypothesis : Biarticular muscles transfer movements between joints. Dev Med Child Neurol, 32 : 456-458, 1990.
8) Mai MT, Lieber RL : A model of semitendinosus muscle sarcomere length, knee and

hip joint interaction in the frog hindlimb. J Biomech, 23 : 271-279, 1990.
9) Markee JE, et al. : Two-joint muscles of the thigh. J Bone Joint Surg, 47-A : 125-142, 1955.
10) Pandy MG, Zajac FE : Optimal muscular coordination strategies for jumping. J Biomech, 24 : 1-10, 1991.
11) Van Ingen Schenau GJ, et al. : The instantaneous torque-angular velocity relation in plantar flexion during jumping. Med Sci Sports Exerc, 17 : 422-426, 1985.
12) 吉澤正尹：筋電図－表面筋電図の記録・分析入門－．J J Sports Sci, 14 : 89-98, 1995.

参考文献
朝長正徳 他編：脳・神経系のエイジング．朝倉書店，東京，1989．

（山下謙智）

第4章

身体運動の制御

1. 生体の制御

1）興奮と抑制

　筋が収縮して身体運動を発現するために，関係筋群へ信号が送られる．途中，さまざまな調節，制御を経て各筋に適切な信号が届くことになる．その最も基本になるのが電気的な興奮（excitation）と抑制（inhibition）である．これまで述べてきた信号とか活動電位というのは，すべて「興奮性」である．ところが，興奮性信号の発射頻度や運動ニューロンの動員といったような制御だけでは，車を「アクセル」だけで運転するようなもので，とても複雑かつ精巧な身体運動の制御はできない．車にアクセルとブレーキがついているように，運動指令信号には興奮性と抑制性の2種類の信号が備わっている（**図4-1**）．

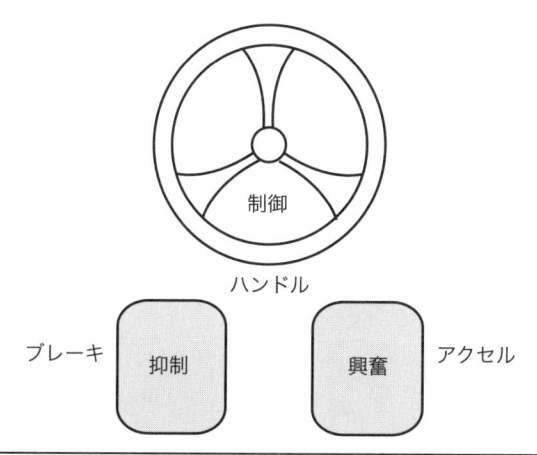

図4-1　運動制御において，アクセル（興奮）だけでなく，ブレーキ（抑制）も用いることでスムースなコントロールが可能になる

```
          伝達物質      シナプス下膜
             ↓           ↓
```

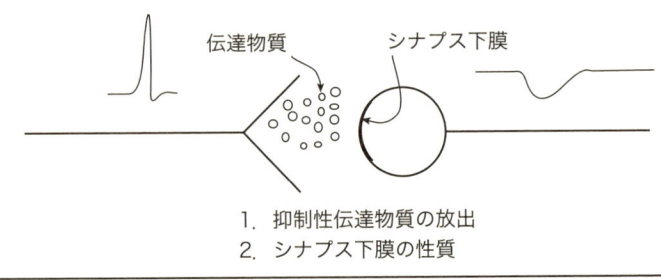

1. 抑制性伝達物質の放出
2. シナプス下膜の性質

図 4-2　抑制性信号の発生

　そのうち興奮性信号は，細胞を興奮させる作用があり，筋を収縮させる原動力となるのに対し，抑制性信号は細胞の興奮を抑える作用があり，筋を活動させないか，あるいは活動を抑える．興奮性信号が発生するか抑制性信号が発生するかは，シナプス部分での伝達物質の種類か，信号を受ける側の膜（シナプス下膜）の性質による（**図4-2**）．

2）抑制作用の必要性

　肘を曲げるためには肘関節屈筋の活動が必要で，その時，肘関節伸筋が活動すると都合が悪い．そのため，生理学的には，肘関節屈筋が活動すれば，反射的に肘関節伸筋の活動が抑制されるという機能を備えている（拮抗筋抑制 antagonistic inhibition または相反性抑制 reciprocal inhibition）．このように，ある運動が成立するためには，その運動に必要な筋が活動するということはもちろん必要であるが，同時に，活動すると都合の悪い筋の活動が抑制されるという働きも大切である．

　舞踏病（chorea）は大脳基底核に何らかの病変を受けた時に起こる病気で，ある運動を行う時に，活動すると都合の悪い筋が抑制されない，という障害をもつ．たとえば，歩く時に上肢を大きくふったり，足の指がぴくぴく動いたり，思いがけなく速く歩いたりするというように，その時不必要な動きが伴ったり，意図した運動が正常に行えなかったりする．

　このように，ある運動を円滑に行うためには，その運動を行うための活動を優先させ，他の活動を抑制させる機構が働いている．神経生理学的には，周辺抑制（lateral inhibition），選択機構（cancellation theory），あるいは随伴発射（corollary discharge）という考え方が示されている．

表4-1　神経調節と液性調節の特徴

神経調節	液性調節
①作用する場所が局所的である ②効果が急速に現れる ③効果が一過性で長続きしない	①標的細胞に受容体がある ②時間が経ってから効果が現れる ③効果は持続的である

3) 全身性調節

われわれ人間には，2つの主要な全身性調節系が働いている．それらは神経調節と液性調節で，いずれも内部環境の恒常性（homeostasis）を保つための生体の調節作用である．神経調節は，電気的信号である活動電位や化学伝達物質を介して情報を伝える神経系により行うもので，液性調節は，血液中に放出されるホルモンを介して行うものである．それらはいずれも全身に張りめぐらされ，生きることを維持・継続するためのものである．その調節は，分子レベルから器官，個体レベルといった多様性があり，代謝，呼吸・循環，体温，神経など多岐にわたる．複雑かつ膨大な身体運動を遂行する際に機能するさまざまな調節作用もこれに基づいたものである．

神経調節の特徴は，①作用する場所が局所的である，②効果が急速に現れる，③効果は一過性で長続きしないことである．また液性調節は，①標的細胞に受容体がある，②時間が経ってから効果が現れる，③効果は持続的であるという特徴をもっている（**表4-1**）．

4) 基本制御

古くから，生体調節の基本機構はフィードバックであるとされている．われわれ人間が生命を維持，継続するための基本機能である恒常性維持も，フィードバック調節による．このような仕組みは，一種の運動の自己修正のメカニズムであり，自動制御機構とも呼ばれる．それは，①中枢が意志決定し，指令を出す，②効果器は指令を実行する，③実行結果が中枢に伝えられるというプロセスを経て設定値からずれたとき，このずれ（誤差）を検出し，自動的に元の設定値にもどしていく機構であることから，閉ループ制御システムとも呼ばれている．

この機構が機能するに際しては，身体の運動によって生じる末梢の興奮が情報として求心的にフィードバックすることがきわめて重要で，①出力を連続的に監視し，意図する出力（指令）と実際の出力の差を計算することができ，②出力が正しくない場合には，制御器を働かせて誤差を減少させ，③このようなシステムは完全に自動化で

きるが，その場合にも制御器は常に誤差信号によって働かされるという本質的特徴をもっている（たとえば，水道管の中の水流制御）．

それに対して，①中枢が意志決定し，指令を出す，②効果器は指令を実行する，行為開始時に運動過程が決まっており，いったん開始したら何の変更もなく終わりまで遂行される場合を開ループ制御システム（フィードフォワード制御）という．フィードバック制御が使えないようなすばやい運動（200 ms 以内）の時に使われる．運動を企画するにあたっては，外界の変化を見越して，前もってその企画に修正を加える機能，過去の体験の記憶をもとにしてなり立つ．過去の記憶は，各種フィードバックによって修正されたものである．脳に貯蔵されている記憶を運動場面の変化に応じて引き出し，短時間のうちに運動をその場の状況にマッチさせる．本章以降で述べる先行随伴性姿勢調節もその一例である．

5）中枢神経の階層構造

運動にかかわる生体機能を統合的・組織的なシステムと考え，それらの構成要素である脳・神経・筋系や感覚系の各領域（subsystem）を機能的に説明する際，それら領域はすべて同等の関係ではなく，おのおのが異なった役割を果たすとともに，上位，下位関係のあるピラミッド型の階層構造（hierarchy）をなし，それらの間に密接な機能的連関があるとされる．脳・神経・筋系において，総体的には最高位の階層は大脳皮質の連合野（前頭前野，側頭，頭頂部）で，その役割は，知覚や運動の遂行に関する考え方を含む総括的なプラン（strategy）の作成である．中位中枢は運動前野，基底核，小脳，視床で，その役割は，運動皮質および脳幹からの指令信号によって，運動ニューロンからの実行信号が，いつどのようにして伝えられたらよいのかを決めることである．下位中枢は脊髄で，運動ニューロンや介在細胞を含む．その役割は，運動ニューロンへ送られてきた上位からの指令信号や各種感覚器からの信号によって変換，あるいは修飾された最終的な実行信号を筋へ出力することである．階層の上位領域が下位領域に比べてより高等な情報処理を行い，また上位領域が下位領域の活動を制御している．

たとえばある運動を行う場合，階層の上位領域である連合野や運動前野はその運動の総括的なプランの形成，多様な感覚情報やこれまでの体験，学習により蓄積された運動記憶に基づく適切な運動プログラムの選択を行う．このような結果は皮質運動野など中位の階層に伝達され，下位領域である脊髄は最終的に，これら上位階層から送られてきた指令や感覚信号を統合して，個々の筋の活動を高めたり抑える役割を果た

す．脊髄の運動ニューロンは，筋へ活動電位という信号を発射するかしないかという働きだけを果たしている．より上位領域は，もち前の調節作用によってその運動ニューロン，つまりそれに支配される筋線維を自在に調節する．繰り返し練習などにより良好な運動のプランが形成され，運動体験の蓄積などによって上位の階層の機能が改善すると，階層的秩序が形成され，上位の階層が下位の階層を自在にコントロールできるようになり，それに伴って筋機能も改善され，最終的に良好な身体運動が発揮される．ところが逆に，高位脳における出血や腫瘍形成などにより上位層の機能が損なわれると，そのような階層的秩序が崩れ，階層の上位領域が下位領域の活動をコントロールできなくなり，筋機能も暴走するなどして正常な運動を遂行することができなくなる．

2. 筋収縮にかかわる制御

1) 収縮張力の制御

　前章で述べたように，運動単位（motor unit）は脊髄α運動ニューロンとその支配下にある筋線維群を構成しているため，1個の運動ニューロンを支配する筋線維が生じる収縮張力は，その運動ニューロンのインパルス発射頻度に依存する．また，1個の筋は複数の運動ニューロンで構成されているため，1個の筋全体の張力の強弱は，活動に参加する運動ニューロンの数と，それぞれの運動ニューロンのインパルスの発射頻度の両方によって調節される．すなわち，筋収縮の増強のために参加する運動単位の数の動員（recruitment）と，この時に参加している運動単位のインパルスの発射頻度（rate coding）によって発揮張力は制御される．おのおのの筋線維は全か無の法則に従って収縮するが，筋全体が張力の段階的変化を伴って円滑に収縮することができるのはそのためであろう．

2) 筋線維タイプと制御

　人の運動単位は，小さい手の筋で約100，大きな四肢の筋群で1,000以上で構成されている．運動単位は，単収縮から収縮力のピークに達する時間（単収縮時間）が長く（50〜130 ms），発生張力が低い（1〜35 g）Sタイプ（slow type）と，単収縮時間が短く（20〜55 ms），発生張力が高い（10〜130 g）Fタイプ（fast type）に大別される．またFタイプの運動単位は，疲労しやすいFFタイプ（fast fatiguable type）と疲労しにくいFRタイプ（fast fatigue-resistant type）に分けられるが，発

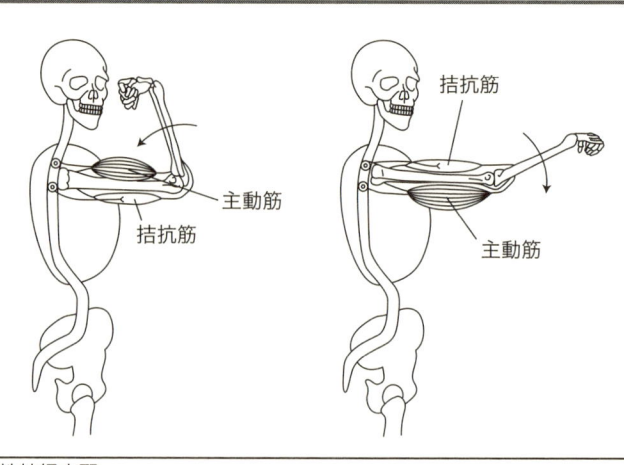

図4-3 相反性神経支配
主動筋が収縮している時に，拮抗筋の活動が休止することで，スムーズな関節運動が可能になる．

生張力はFFのほうがFRより大きい．各種異なった特徴をもつFF，FR，Sタイプの筋線維は，それぞれ相応した特性を示す運動ニューロンによって支配されている．運動単位が活動（動員）する順序については一定の法則があり，支配下の筋の単収縮張力の順に秩序正しく動員される．生理学的条件下では筋収縮力が大きくなるにつれて，運動単位タイプはS-FR-FFの順に，そして筋線維タイプは同様にSO（遅筋 slow-twitch, oxidative fiber：タイプⅠ線維）-FOG（中間筋 fast-twitch, oxidative glycolytic fiber：タイプⅡa線維）-FG（速筋 fast-twitch, glycolytic fiber：タイプⅡb線維）の順に動員されることになる．このように，収縮張力が小さく興奮閾値の低い運動ニューロンから順次動員される一般的法則性をサイズの原理（size principle）と称している．

　筋収縮速度は同一筋のFタイプ運動単位とSタイプ運動単位の動員様式に影響を及ぼすだけでなく，共同筋（たとえば，腓腹筋とヒラメ筋）の選択的動員にも影響を与える．各種運動ニューロンの支配下にある筋線維の収縮特性や遂行する動作の時間的・空間的要求が運動単位動員パターンに大きく関与する．

3）相反性神経支配

　骨格筋は運動の原動力であるといっても，1個の筋だけで関節運動を起こすことはない．通常，1個の関節まわりには多数の筋群が走行し，それらの筋群の活動の程度の違いによる力関係によって関節運動が発現する．さらに，ある関節動作，あるいは

それと反対の関節動作に参画する筋も通常は複数で，同じ動作に参画する筋群を共同筋と呼び，反対の動作に参画する筋を拮抗筋と呼ぶ．

筋の伸張によって，筋内にある筋の長さを感知する筋紡錘〔自己受容器，固有受容器（proprioceptor）ともいう〕が活動する．この活動は，求心性インパルスとしてIa神経線維を上行し，その筋へ，あるいは共同筋を支配するα運動ニューロンへ伝えられる．それによって，反射的にその筋自身あるいは共同筋が収縮する．その際，1つのシナプスを介して拮抗筋に抑制作用を及ぼし，拮抗筋を弛緩させる．これを伸張反射（stretch reflex）と呼び，伸張反射とこれに伴う拮抗筋の抑制を合わせて相反性神経支配（reciprocal innervation）と呼ぶ（**図**4-3）．この仕組みは，関節運動成立のための最も基本的な制御機構の1つである[5]．

4）相拮抗する二関節筋の「相互抑制」現象

第2章で詳細に述べたように，相拮抗する二関節筋が主動的役割と拮抗的役割を同時に果たすような運動を行った時に，両二関節筋の活動がいずれも減少する．この現象を二関節筋の「相互抑制」現象と呼んでいる．この現象も筋収縮の巧みな制御にかかわる機構の1つである．

5）自原抑制

骨格筋は両端において腱に移行した後，骨に付着する．つまり，腱器官は骨格筋線維と直列に連結されている．その腱器官内に張力を検出する腱紡錘（ゴルジ腱器官）と呼ばれる受容器が散在している．この腱紡錘は同名筋とその共同筋の脊髄α運動ニューロンとは，Ibと呼ばれる求心性神経線維と抑制性介在細胞を介して連結している．そこで，筋が収縮し筋張力が大きくなれば，同名筋およびその共同筋のα運動ニューロンに抑制性インパルスが入力し，そのニューロンの活動を抑える．このような仕組みを自原抑制，Ib抑制，または腱反射と呼ぶ．この腱反射系は，腱に過度の張力が加わることによる筋断裂の危険を防ぐとともに，ネガティブフィードバック系として筋の出力を調節することに貢献している．

6）エネルギーコストの節約と運動制御の正確性

多関節運動を巧みに，かつ効率的に遂行するにあたって，二関節筋の構造的，機能的特性が，エネルギーコストの節約や正確な運動制御などの面から有効に作用することが指摘されている．

エネルギーコストの節約に関しては，Elftman[6]が，走動作におけるエネルギー授受において，2つの筋が必要なところ1つですむ利点があることを指摘した．その後Morrison[16]は，歩行中の力，速度，パワー，および直立位を基準とした各筋の相対的な筋長を床反力とシネカメラを用いて測定した結果から，二関節筋であるハムストリングス，腓腹筋，および大腿直筋の二関節機能によって，エネルギーの保存，すなわち効率が増加することに関するいくつかの証拠を提出した．また Wells[23]は，一関節筋だけおよび一関節筋と二関節筋を動員させるためのアルゴリズムを開発し，両条件下で行われた時の仕事を比較した．その結果，歩行の間，一関節筋と二関節筋の両方が活動した場合，一関節筋の活動だけの場合に比較して機械的仕事のコストが7～29％（平均11.6％）減少することを報告している．また伊藤ら[12]は，上肢を2リンク・アーム（第1リンクを上腕，第2リンクを前腕とした二次元平面内のモデル）でモデル化して，平面運動に必要な筋力を計算し，二関節筋の役割について解析することによって，二関節筋モデルのほうが明らかに筋力2乗和が少なくてすみ，二関節筋活動が筋のエネルギー節約に役立つことを明らかにしている．

一方，運動制御の正確性に関しては Smeets[19]が，肩と肘まわりに拮抗するそれぞれ1対の一関節筋で構成される一関節筋モデルと，肩まわりに拮抗する1対の一関節筋および肩，肘において拮抗する1対の二関節筋で構成された二関節筋モデルを考え，腕の運動を行った時の二関節筋の運動制御の正確性を検討することによって次のような知見を報告した．すなわち，手先の速度や運動方向を変えた時の感覚応答の変化，および筋の収縮力を変えた時の手先の力の変化や力の方向の変化はいずれも二関節筋モデルのほうが小さいということから，二関節筋の役割は小さなずれに敏感でない，つまり正確性が高いという指摘を行った．さらに熊本ら[15]および藤川ら[10]は，機械工学領域にはみられず人体において存在するところの，拮抗的にペアで存在する二関節筋という駆動装置に着目し，それらは，運動系先端の位置，力，および剛性の制御に重要な役割を演じていることを指摘した．

7）運動単位からみた特徴

運動ニューロンプールの主要な機能的特徴は，いくつかの数の運動ニューロンを動員したり，それぞれのニューロンの発射頻度を変えることによって，筋の収縮力を調節することと，与えられた状況において適切な活動を行うための運動ニューロンを選択することである．動作に依存して筋の活動様式が変化すること，また，1個の筋において神経-筋コンパートメントという「機能的サブグループ（第6章参照）」が存在

するということを機能的な立場から確かめ，異なった動作を行った時の，同一筋内あるいは異なった筋間での筋活動の違いを確認するために，単一運動単位電位および干渉波筋電図を用い精査されてきた．

　一関節筋で示指の外転と屈曲の2つの運動方向をもつヒトの第1背側骨間筋において，示指の外転と屈曲を弱い漸増随意収縮で行った時の，その筋の2ヵ所からそれぞれ1個の単一運動単位の筋電図が記録され，両動作を行った時の2つの運動単位電位の相対的な閾値の変化が確かめられた．この実験において被験者は，両閾値間のあるレベルで随意に力を調節し，両動作を行うことによって2個の運動単位を選択的に活動させ，それらの運動単位の出現を自由にコントロールできた[3,4]．これらの結果は，運動が異なれば，運動ニューロンプールにおいて異なった連結性を示すことを示唆し，脳からの運動指令は筋によるよりむしろ運動によってパターン化されているということを推測させる．さらに同報告において，これまでの「運動ニューロンは最終共通路である」という生理学的概念に対して，「運動ニューロンという最終路は共通ではない」という考え方を示した[4]．これらの報告は，多機能筋の運動単位電位の活動は，1つの運動ニューロンプールにおいて同時に活動し，かつ異なった影響力をもつ，いくつかのシナプス入力に起因することを示唆している[4]．運動ニューロンプールの入力は動作依存，つまり異なった動作は異なったシナプス入力に対応し，これらの入力は異なった運動単位に対して相対的に異なった影響力をもつことを意味している[4]．この点に関してはHofferら[9]も，純粋に解剖学的考えに由来するこれまでの運動ニューロンプールの概念は，形態的に加えて機能的な基準で定義された動作依存性運動ニューロン集団という概念に置き換えることができると述べている．第1背側骨間筋に関して，解剖学的に定義された動作であるヒトの示指の外転と，日常生活でみられる5指の動作（たとえば，ペトリ皿をつかむ，母指と示指で物をつまむ，瓶のふたをまわす，および握るという動作）を行う間，電磁刺激による反応を記録すると，複数の筋活動を必要とする複雑な動作を行った時は，主動筋だけが活動する示指の外転だけを行った時の反応に比較して大きいという知見が得られている[7]．このような結果は，たとえ同じ動作を行っていても，動作の複雑さによって，頭皮の電磁刺激によって誘発された皮質脊髄路斉射（volley：人工的に誘発させた筋攣縮の調律的発作で，1回の刺激による神経インパルスの集積）の振幅が変化することを示している．運動単位の動作依存性活動については第1背側骨間筋以外に，上腕筋，腕橈骨筋，回内筋，および上腕三頭筋外側頭においても認められている[22]．

　ところが，第1背側骨間筋の動作依存性活動に対して異論が提出された．すなわち，

示指の外転，屈曲，および母指の内転という3つの方向に等尺的に力を発揮した場合，第1背側骨間筋の単一運動単位の単収縮張力は，それぞれの方向におけるこれらの運動単位の閾値との間で直線関係が認められることが報告された[20]．また，示指の等尺的外転，ネジまわしでネジを抜くための回転，およびバネクリップを閉めるためのはさみという3つの動作を行った時の，埋入電極によって記録した第1背側骨間筋の単一運動単位電位と干渉波筋電図の結果から，3つの動作間で，選択した1対の運動単位の動員順序は変らないという結果が得られた[13]．これらの知見と短母指外転筋における類似の報告[21]は，たとえ第1背側骨間筋を活動させるために使われる中枢指令が動作に依存して変化するという間接的な証拠があっても[7]，これらの指令が，この筋内で備えつけの異なった動作グループをもつことではないらしいということを示唆している．このような意見の違いは，動作の違いによって，同一関節の共同筋群個々に対する必要張力の割りあて量が変化することについて検討することを促すとともに[14, 24]，上位中枢における，特定動作に関与する運動野細胞群の発揮する力の方向，発揮と弛緩，強さと速さなど動作の属性に依存した活動分化[18]，あるいは運動ニューロンプールへの意図した運動に依存した中枢指令入力以外の変化要因（たとえば単一筋線維の多重支配[8, 11]や異関節を走行する筋からのインパルス投射[1, 2, 5, 17]）について考慮する必要のあることを示している．

3. 運動反射

1）運動反射とは

　反射（reflex）は，人間が地球上で生きていくために基本的に必要な機能で，練習したり，以前に体験していなくても誰にでもできる生得的なものである．また，生体に備えられた代表的な制御機構の1つで，刺激に対する一過性，単一性の反応である．人体の感覚受容器で受けた刺激が，ある定められた経路を経て効果器に伝えられ，入力-出力関係が定量的であることが，運動の反射調節の正確さを保証している．本人の意志とは関係なく一定の反応を行い，普遍的，安定的なもので，生物学的にみれば，「恒常性の維持」が反射の機能的原則ということができる．刺激の種類と反応の種類などによって，さまざまな反射が明らかにされている．効果器が骨格筋で，直接運動に関係のある反射のことを運動反射と呼ぶ．一方，効果器が内臓筋，心筋，および腺である反射を内臓反射，または自律性反射と呼ぶ．

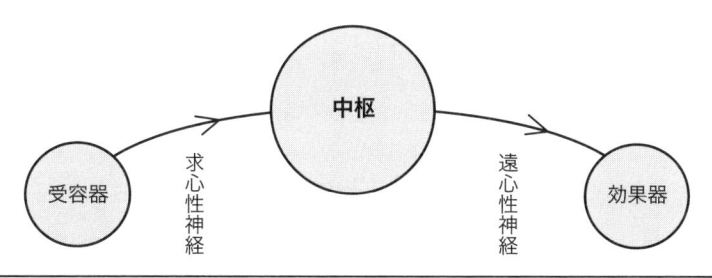

図4-4 反射弓
反射運動をなりたたせる経路であり，中枢を介した入力-出力関係（たとえば，刺激の種類，運動の応答，反応時間など）から反射中枢の構造や機能を推定できる．

2）反射の経路

　熱いものや痛いものに触れると，意志とは無関係に思わず手を引っ込める．このとき知覚神経からの信号は，脳まで達するのではなく，脊髄のみで情報を処理する場合がある．これを反射と呼ぶ．たとえば，膝蓋骨のすぐ下をハンマーで叩くと，大腿四頭筋が収縮して足が上がる反射を膝蓋腱反射といい，伸張反射と総称されている．この反射は，叩打刺激によって大腿四頭筋が急に伸ばされ，その刺激による興奮が感覚神経，脊髄を経て同じ大腿四頭筋にいたり，同筋が収縮して膝関節が伸展する．この時の受容器は筋紡錘で，適刺激は引っぱり刺激である．刺激が与えられ反射が起こるまでの興奮伝達の経路を反射弓と呼ぶ（**図4-4**）．その時，情報を処理する中枢を反射中枢と呼び，脊髄，延髄，中脳，間脳，小脳などである．反射は，いちいち大脳が命令を出さなくても，刺激に対して型にはまった，すばやい反応ができるという特性があり，危険から身を守ったり，身体の働きを調節したりして生命を維持することに役立っている．反射弓においては，1個以上の神経細胞を介しており，シナプスが形成される．興奮は，同一神経細胞を伝導するより，シナプスを経て他の神経細胞へ伝達するほうが時間がかかり，また，シナプスの数が増すほど興奮の伝搬に時間がかかる．

4．さまざまな運動反射

1）防御反射（侵害受容反射）

　われわれの身体には，危険から身を守るためのいろいろな装置が備わっている．それらの装置は，自分の意志，意識とは無関係に作動し，最短時間で危険を反射的に回

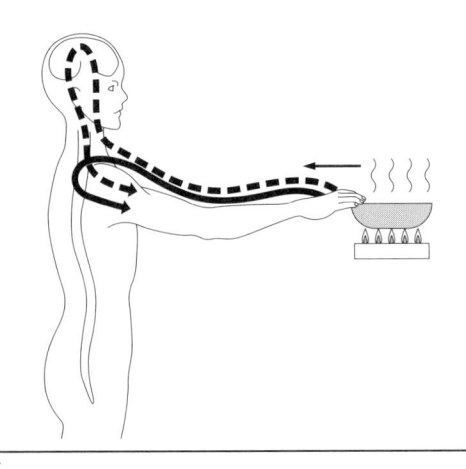

図4-5 侵害受容反射
四肢の皮膚に疼痛刺激を加えると四肢の屈筋が収縮し，刺激から遠ざかるように肢を引っ込める．この運動には短時間で逃避しようとする目的があるため，大脳皮質を介すルート（破線）を通らず，脊髄を中枢とした反射回路（実線）を経由する．

避しようとする．たとえば手に熱いものが触れたとする．この場合，「熱い」と思う前に，すでに手を引っ込めており，本人が「熱い」と思うと思わざるとにかかわらず手を引っ込めているのである（図4-5）．指先だけでなく，手や足の皮膚上のどの部分においても同様の現象が起こるし，熱いものに触れる以外に，錐（きり）など先の尖ったもので突かれたり，強い電気に感電した場合も，触れたほうの手あるいは足は，有害な刺激から逃避しようとする．その間の，熱いとか痛いという刺激と，手や足を引っ込めるという反応のルートは，図4-5の破線のルート，つまり大脳皮質を経由するルートをとらず，実線で示した脊髄を経由したルートをとる．このような現象は生理学的に屈曲反射（flexion reflex）と呼ばれ（侵害受容反射 nociceptive reflex あるいは逃避反射 flight reflex とも呼ぶ），脊髄がその反射中枢となる．他に，ものにつまずいても簡単に倒れない，筋に異常に大きな張力が掛かるとその筋の活動を抑えようとしたり，ピカッと光るものを見れば目を閉じたりするのも，そのような反射機構が働くためである．

2）緊張性頚反射

頚の動きが，腕や脚の動きに反射的に影響を与えるというのが緊張性頚反射（tonic neck reflex）である（図4-6）．つまり，頭位を躯幹に対して変化させると，

第4章　身体運動の制御

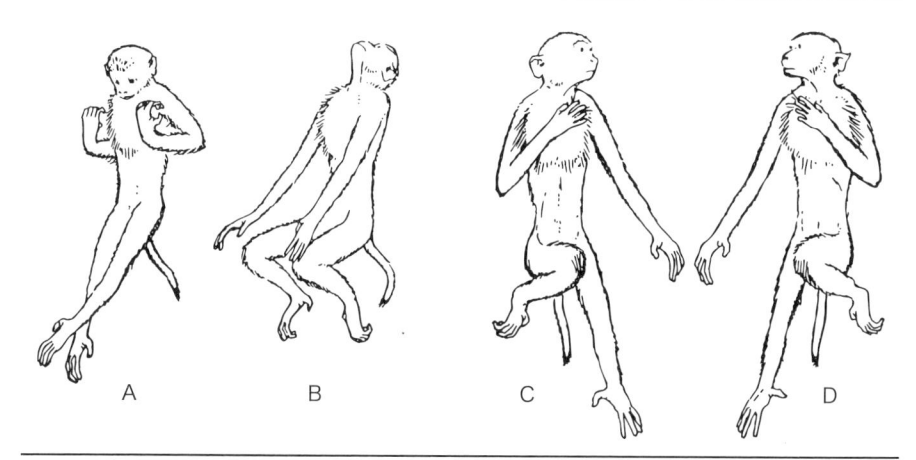

図4-6　除脳サルの緊張性頚反射
除脳サルに迷路破壊などを加えて検査すると現れる反射．ヒトの乳幼児期にも現れるが，上位中枢の発達に伴い，抑制を受け統合され，消失する．しかし消え去ったわけでなく，スポーツ活動などで状況に応じ，同様の姿勢が出現することもある．

上肢あるいは下肢の筋が一定の法則に従って変化する．**図4-6**は除脳サルの緊張性頚反射を示している．頚を起こせば（背屈頭位）左右の前肢は伸び，その時，後肢は緊張していても緊張は減弱する（B）．頚を入れれば（前屈頭位）逆に左右の前肢は緊張が減弱し，後肢は緊張して伸びる（A）．頚を横に向けると（回転頭位），向けた側の前肢，後肢は伸びようとし，反対側の前肢，後肢の緊張はゆるむ（C，D）．また，図には示されていないが，正面を向いたまま頚を側方へ倒すと（回旋頭位）と，耳が肩に近づいた側の前肢，後肢の緊張はゆるむ．この緊張性頚反射の中枢は脳幹にある．つまり，頭の位置を変えるために活動した筋のインパルスが，本人の意思とは無関係に，脳幹を経由して，前肢あるいは後肢の伸筋を活動させたり，活動を減弱させたりする．

文　献

1) Bayoumi A, Ashby P : Projection of group Ia afferents to motoneurons of thigh muscles in man. Exp Brain Res, 76 : 223-228, 1989.
2) Cavallari P, Katz R : Pattern of projections of group I afferents from forearm muscles to motoneurons supplying biceps and triceps muscles in man. Exp Brain Res, 78 : 465-478, 1989.
3) Desmedt JE : Patterns of motor commands during various types of voluntary movement in man. Tren Neurocsi, 3 : 265-268, 1980.

4) Desmedt JE, Godaux E : Spinal motoneuron recruitment in man : rank deordering with direction but not speed of voluntary movement. Science, 214 : 933-935, 1981.
5) Eccles RM, Lundberg A : Integrative pattern of Ia synaptic actions on motoneurons of hip and knee muscles. J Physiol, 144 : 271-298, 1958.
6) Elftman H : Biomechanics of muscle with paticular application to studies of gait. J Bone Joint Surg, 48-A : 363-377, 1966.
7) Flement D, et al. : Task dependence of responses in first dorsal interosseous muscle to magnetic brain stimulation in man. J Physiol, 464 : 361-378, 1993.
8) Hinsey JC : The innervation of skeletal muscle. Physiol Rev, 14 : 514-585, 1934.
9) Hoffer JA, et al. : Cat hindlimb motoneurons during locomotion. III. Functional segregation in sartorius. J Neurophysiol, 57 : 554-562, 1987.
10) 藤川智彦 他 : 上肢における拮抗する一関節筋および二関節筋群の協調活動とその機械モデルによる制御機能解析. バイオメカニズム, 13 : 181-191, 1996.
11) Hunt CC, Kumer SW : Motor innervation of skeletal muscle : multiple innervation of individual muscle fibres and motor unit function. J Physiol, 126 : 293-303, 1954.
12) 伊藤宏司, 伊藤正美 : 生体とロボットにおける運動制御. コロナ社, 東京, pp. 113-120, 1991.
13) Jones KE, et al. : Recruitment order of motoneurons during functional tasks. Exp Brain Res, 100 : 503-508, 1994.
14) Kazai N, et al. : Role of two-joint muscle in joints movement. Biomechanics VI-A, University Park Press, Baltimore, p. 413, 1978.
15) 熊本水頼 他 : 二関節筋機能の機械的モデルによる解析－機械的モデル化の試み－. 日本バイオメカニクス学会第11回大会論文集, pp. 153-157, 1990.
16) Morrison JB : The mechanics of muscle function in locomotion. J Biomech, 3 : 431-451, 1970.
17) Pierrot-Deseilligny E, et al. : Pattern of group I fibre projections from ankle flexor and extensor muscles in man. Exp Brain Res, 42 : 337-350, 1981.
18) Sahrmann SA, et al. : Motor cortical neuronal activity patterns in monkeys performing several force tasks at the ankle. Brain Res, 310 : 55-66, 1984.
19) Smeets JBJ : Bi-articular muscles and the accuracy of motor control. Hum Mov Sci, 13 : 587-600, 1994.
20) Thomas CK, et al. : Motor-unit recruitment in human first dorsal interosseous muscle for static contractions in three different directions. J Neurophysiol, 55 : 1017-1029, 1986.
21) Thomas CK, et al. : Human motor-unit recruitment during isometric contractions and repeated dynamic movements. J Neurophysiol, 57 : 311-324, 1987.
22) Van Zuylen EJ, et al. : Coordination and inhomogeneous activation of human arm muscles during isomctric torques. J Neurophysiol, 60 : 1523-1548, 1988.
23) Wells RP : Mechanical energy costs of human movement : An approach to evaluating the transfer possibilities of two-joint muscles. J Biomechanics, 21 : 955-964, 1988.
24) Yamashita N : The mechanism of generation and transmission of forces in leg extension. J Hum Ergol, 4 : 43-52, 1975.

参考文献
森 茂美 : 運動の階層性制御. 宮本省三, 沖田一彦 選, 運動制御と運動学習. 協同医書出版社, 東京, pp. 23-47, 1997.

(山下謙智)

第5章

随意・多関節運動の制御

1. 随意運動の制御

1）随意運動とは

　随意運動（voluntary movement）は，行う運動を自ら選ぶことができ，運動を遂行するか中止するかを決定する意志の自由がある．その随意運動には，大きく分けて3つのプロセスが含まれる．第一が欲求（instinct：本能的衝動）・意図（intention），第二が企画（plan）・構成（organization）・指令（command），第三が実行（execution）・修正（modification）である（**図5-1**）．随意運動といえども，これらのプロセスのうち意識するのは第一（不慣れで未熟練な運動の場合は第三のうち修正も）の時期だけで，後はほとんど自動的あるいは反射的に行われる．随意運動はさらに，きっかけが自由意志による自発運動と，きっかけが何らかの刺激による刺激運動とに分けられる．食事をする，ピアノを弾く，テニスをするといった自発運動は，欲求・意図-計画・プログラム-実行のプロセスを経る．その時の欲求とか意図というのは，運動目標について心に像を描くこと（イメージ）である場合が多い．刺激運動とは，寒い時，風邪をひくと困るから上着を着る，電車がきた時，間に合わないから走る，ピストルの音を聞いてスタートするといった運動の場合で，きっかけが刺激という点で反射と似ているが，意志により運動を選択し実行するという点で反射と異なる．

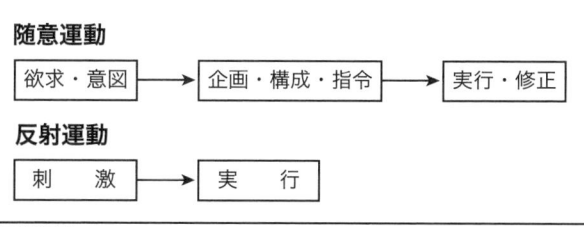

随意運動
欲求・意図 → 企画・構成・指令 → 実行・修正

反射運動
刺激 → 実行

図5-1　随意運動と反射運動

表5-1 プログラミング機構

人　　間	コンピュータ
脳	ディスク
神経回路網	プログラム
練　習	書き込み作業
繰り返し練習	改　善
自動化	完　成

表5-2 運動プログラム

1. 一連の運動が開始する以前につくりあげられる
2. 末梢からのフィードバックなしに，その全過程を遂行できる
3. 開始・遂行・停止の指示を含む
4. 姿勢調節と運動の指令を含む
5. 過去の経験に基づく

　しかしながら，随意運動は欲求があり意志を伴うといっても，その遂行過程の大部分において，たとえばどの筋を働かせてどの関節運動を行うかなどを，自分の意志で意図的に選択し実行することはない．

2) 運動プログラム

　上述したようにわれわれが意図した随意運動を行う時，当該運動にかかわる四肢や各関節の動きをいちいち指令しているわけではなく，階段を昇るとかボールを投げるとか衣服を着脱するとか包括的な指令である．まして，各関節を動かす各筋の力発揮のレベルを意識的に調節していない．これは，一連の運動を意図すれば，後はコンピュータのプログラムのように，自動的に行っているためと考えられる．パソコンのキーを叩くだけでゲームができたり，計算処理ができたり，文章を書いたりできるのは，特別な言語で前もってプログラムが作成されているからである．意図した身体運動も同じように，その運動を行おうと思うだけで実施できる．その運動は，前もって試行錯誤しながら繰り返し練習して獲得したものである．それは，あれこれ書き換えながらコンピュータのプログラムをつくるのと似ているため運動プログラムと呼んでいる（表5-1，表5-2）．

　運動プログラムの場合，ある運動課題を繰り返し練習することによって，脳にその運動を自動的に行うための神経回路網（配線）ができあがると考えられている．そこ

で練習とは，脳にプログラムを書き込む作業で，熟練した運動を行うためには，繰り返し練習して，脳にできのよいプログラムを書き込む作業といえる．

2. 多関節運動の自動化

1）自動化の仕組み

運動の指令は連合野（association area）から運動野（motor area）を通じて延髄（medulla oblongata），脊髄（spinal cord）の運動中枢に伝達される．運動の成果は視覚，固有感覚などの知覚路を介して大脳の感覚野（sensory area）からもとの連合野にフィードバックされる．運動が繰り返しトレーニングされるとともに，小脳（cerebellum）を通る内部ループに次第に外界を通るフィードバックループのモデルが形成され，ついには外界を通るフィードバックループが切断された開ループの状態でも，小脳内ループを用いてまったく等価の運動ができるようになる．この制御系が適切に働くためには，小脳半球に形成されたモデルが忠実に脊髄，延髄の制御部，外界を通るフィードバックループ，感覚系の性質をシミュレートしなければならない．小脳半球には，大脳の運動野以外の部分からも，また脊髄からも入力があり，これらの入力は小脳内のモデルの特性を時々刻々修正している．

2）シナジーとは

特定の運動，たとえそれが単関節運動であっても，その運動を生むためには，複数の筋が，作動的（主動的），共同的，拮抗的など，さまざまな寄与を行うことになる．そこで，寄与するそれぞれの筋の活動は，単にその筋の解剖学的特徴や起始・付着からだけでは理解できず，その関節を取り巻くすべての筋群の寄与の仕方について考えねばならない．このような関節運動における関係筋群の共同性をシナジー（synergy）と呼ぶ[20]．

単一関節運動に対応して活動した時と，隣接の関節運動を組み合わせた時に対応して活動した時では，発揮しなければならないトルクを生み出すために筋群が受けもつ相対的役割が異なる．それが複数の関節が組み合わされた多関節運動となると，隣接する異なった関節の動作に寄与する筋群との相互関係が加わり，個々の筋の活動様式はさらに複雑となる．

多関節運動の制御は，ある定型的な方法で隣接関節の角度変化と角速度を連関させることによって，また，筋活動を個々に制御する必要性を少なくすることによって単

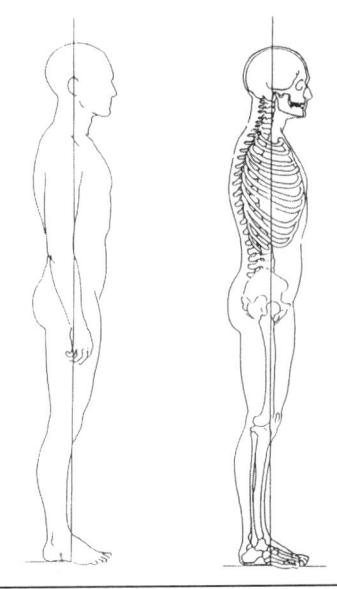

図 5-2 直立姿勢と重心線
ヒトの2足での直立姿勢は平衡的に非常に不安定である．前後方向に平衡の安定した姿勢では，重心線が上から耳垂，肩峰，大転子，膝蓋骨後面，および外果の約2 cm前を通過し，足底に投射するとされている．

純化されるための調節作用であると考えると理解しやすい．この使用筋群の選択段階における単純化は，いろいろな随意および反射動作間で観察される筋の共同活動のパターンの意味を明らかにする「筋の共同性」の概念と密接に関連する．

3. 運動と姿勢調節

1）二足立位の平衡維持

　人間の身体は，重力を受けながら2本足で立っており，足底は，立位において自重を支持するための支持基底面（base of support）を形成している．足関節は構造的に足のかなり後方に位置しているため，身体重心は安静立位状態において足関節外果の約2 cm前に投射している．そこで，身体は常にいくぶん前傾していることになる（図5-2）．

　外見から立位状態が保たれているようにみえても，それは完全に静止しているのではない．平衡機能計（gravicorder）で検査すれば，その間身体は絶えず微小に動揺

していることがわかる．身体は，足底から頭頂までに240個あまりの関節をもつ「多回転軸構造」であるため，複雑で多種類の運動を可能にしている反面，不安定であるがゆえに立位あるいは運動遂行に際して動揺を引き起こす．もし，姿勢調節の機能が一部失調し，姿勢調節能力が低下すれば，さらに身体の動揺が大きくなる．このことは，刻々姿勢を調節し，平衡を保つための大切な作業をしていることがうかがわれる．そこで，たとえ立っているだけでも，人体の構造が崩れないように多くの器官が絶え間なく働いている．つまり，活動によって静止が保たれているということである．

直立姿勢は，感覚，運動，およびその統合作用によって保たれている．すなわち，各種情報を収集するために，前庭器の迷路，視器，および自己受容器などの感覚受容器が参画し，平衡の保持に抗重力筋が直接携わり，それら感覚と運動を統合し調整，処理するために，大脳基底核，小脳，脳幹などが関与している．時田は次のような要因をあげている[26]．すなわち，①随意性（直立の意志，運動機能），②平衡反射〔a) 視覚，迷路，筋，腱，皮膚からの入力により解発される立ち直り反射，b) 緊張性頸反射，緊張性腰反射，支持反応などの構え反射，c) 緊張性迷路反射などの位置反射（回転・直線運動反射，視性・視運動性反射）〕，③筋緊張，迷路性筋緊張，伸張反射などによる反射的筋緊張，大脳核，小脳，脳幹よりの筋緊張性支配，④共同運動機構，小脳の働きによる四肢・躯幹の共同運動である．

2) 運動と姿勢の協調作用

運動を行おうとするだけでは運動は行えない．あるいはまた行おうとする運動に主動的に働く筋が活動するだけでは身体運動は成立しない．運動を行おうとすれば骨，関節を介して周辺に力学的影響を及ぼす．つまり，体節（segment）の運動はそれ自身姿勢（posture）と平衡（equilibrium）を乱す源である．体節の変位は避けなければならない重心の変位，すなわち不安定を引き起こす．動く体節は身体の残りの体節に対して力学的な力を及ぼす．その結果，同じ大きさで方向が反対の力が躯幹に及ぼされると，それらに対して筋収縮によって対抗しなければならない．つまり，たとえ簡単な運動であっても，刻々崩れようとする身体の平衡を維持し，動揺を阻止するための調節作用（位置どり）が必要となる（**図5-3**）．すなわち，四肢や躯幹を新しい位置に移動する「意図した運動（intended movement）」と，意図した運動の作用が，近接する関節に波及的に影響を及ぼすことによって生じる動揺（disturbance）を防ぎ，平衡を維持するための「姿勢調節（postural adjustment）」である．

意図した運動，姿勢調節どちらかの機能，あるいは両者の相互協調が作用しなくな

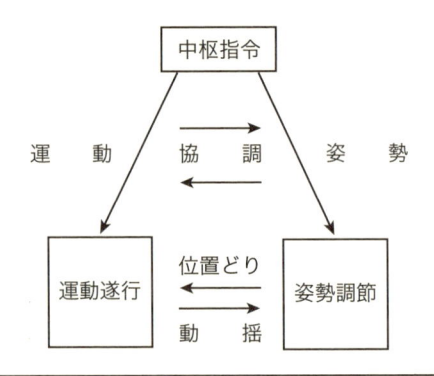

図5-3　運動と姿勢調節の関係図（文献36より改変）

意図した運動発現のために，中枢から下行する「運動遂行」と「姿勢調節」の両指令は常に協調しあわなければならない．ゆるやかな速度の運動では①運動による重心動揺を知覚し，②姿勢平衡を安定させる位置どりを遂行すればよい．しかし，急速な運動（運動時間が200〜300 msの短い運動：ballistic movement）においては，①これから発現される運動に伴うであろう重心動揺を予測して見積り姿勢平衡を整えてから，②運動を遂行する．

ると，たちまち運動遂行に支障をきたす．たとえば，健常な人は上体を後方に反ることを求められると，自動的に膝が前方に屈曲し，重心をもとの位置に保とうとする補償作用が生じる．ところが，小脳疾患により拮抗筋の適正調和が消失した（共同運動不能症asynergia）患者は，膝を前方へ曲げるという調節作用ができないために，頭と背を反ることができず，後ろへ倒れてしまう．すなわち，随伴する姿勢調節のかかわり方が，意図した運動の発現，遂行を大きく左右する．換言すれば，姿勢の調節が可能な範囲でしか意図した運動ができないということになる．

そこで，このような状況下における身体運動の成立を理解するためには，「意図した運動」と「姿勢調節」，およびその相互関係に注意を向けねばならない．

3）意図した運動に先行する姿勢制御

立位からの急速な運動（ballistic movement）では，日常生活のゆっくりした運動とは異なる，運動と姿勢調節との相互関係が認められる．**図5-4A，B**は，立位から全力でつま先立ちを行わせた際の筋活動の様相を示したものである．つま先立ち動作（rising on the tiptoe）の間，拮抗筋である前脛骨筋（tibialis anterior）がまず働き，次いで主動筋のヒラメ筋（soleus）が，最後に足底屈動作（plantar flexion）が現れた．つま先立ち動作中，終始足底屈が行われており，筋の起始・停止と走行からみて，その時の主な主動筋は腓腹筋（gastrocnemius）とヒラメ筋である．にもかかわらず，

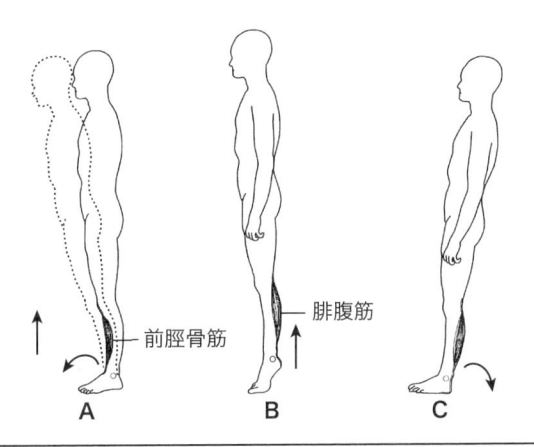

図5-4 立位姿勢から全力でつま先立ち動作を開始した際の筋電図活動モデル（文献32, 33, 37より改変）

立位からBのつま先立ち姿勢に移行するには，主動筋である下腿三頭筋（腓腹筋，ヒラメ筋）の収縮により，第1中足骨遠位端，すなわち母趾球以前の足先の支持基底面上に身体重心位置を投射する必要がある．安静立位時には重心位置は外果の約2 cm前に投射しているため，Cのようにいきなり主動筋が収縮すると，身体は後方へ倒れてしまう．そこでまず，Aのように前脛骨筋の収縮により，身体重心位置を母趾球より前へ移行させなければならない．この主動筋活動に先行する姿勢筋の補償作用を，先行随伴性姿勢調節（anticipatory postural adjustments：APA）と呼ぶ．

それらの拮抗筋である前脛骨筋の放電が先に現れた．

　もし安静立位から終始足底屈を行うと身体は後方へ傾き，立位を維持することができないだろう（図5-4C）．それを補償するために，拮抗筋である前脛骨筋が，前もって活動することを示している．

　立位で行われる運動は，①行おうとする運動，②意図した運動によって生じる動揺を防ぐ代償的作用，および③立位を保持する支持機構が機能することによって成立する．

　前述したように，立位で運動する場合，重心が高く，支持面が狭く，たくさんの関節が介在しており，重力を受けているため常に不安定な状況下にある．このような「不安定」な状況下で「すばやい」動作を行った場合，運動開始後に行われる各種感覚情報に基づいたフィードバック性調節では間に合わない場合があり，その際，運動開始に先立ったフィードフォワード性調節が必要となる（図5-3参照）．フィードフォワード性調節に関して，主動筋，あるいは意図した運動の活動開始に先行した筋あるいは身体局部の活動（事前随伴活動）が認められ，これらがその調節に参画する．

　立位で急速な運動を開始する際，意図した運動に関係する筋が最初に働かず，まず

姿勢調節に関係する筋が活動を開始する．この放電は見越し放電と呼ばれ，「来るべき運動に伴って生じるであろう身体動揺を見越して，それらを最小限に抑えるために行われる姿勢調節に関与している」と解釈されている[2]．この運動に先行する姿勢筋の活動は先行随伴性姿勢調節（anticipatory postural adjustment：APA）と名づけられている．

4) 身体の平衡障害

われわれは立位で生活し，重力を受け，身体が多関節で構成されているため，身体の静止，運動時を問わず，「身体の平衡」を時々刻々に要求される．この調節機構は複雑で，役割を果たす部位も多岐にわたる．そのため，各器官の異常によってさまざまな平衡機能障害を起こす．前庭迷路系（labyrinthine system または vestibular system）が関係器官の1つであることは古くから知られており，主にこの部分の異常によるめまい，乗り物酔いは多くの人が経験するところである．他のいろいろな器官も「身体の平衡」にいろいろな役割を果たしていることは，それらの器官の損傷を受けた患者の行動観察の報告からよく理解できる．

大脳基底核（basal ganglion）は大脳の奥深くに散在している．基底核は運動に関する重要な役目をいろいろ果たしているが，その1つに平衡に関係した姿勢制御の高位中枢ということがある．そのため，基底核が損傷すれば，いろいろな平衡機能障害を起こす．たとえば，静止立位では，身体は前屈姿勢となる．患者を前後，左右に押すと支えなければ倒れてしまう．つまり片足を出して支えることができない．座位で静止した状態を保持することができない．また，動作の開始，たとえば歩きはじめることが困難になる（start hesitation）．いったん歩き始めると，止まろうと思っても止まれない．また，歩いている途中，方向を変えたりUターンしてもどることが困難となる[13]．

前述したように，正常な人が後方へ反ることを求められた場合，同時に膝は前方に屈曲する．このような反対の動きは，重心をもとの位置に保とうとする．それに対して，共同運動不能症の患者は，頭と背は反るが膝を曲げることによる補償作用がなく，後ろへ倒れてしまう．また足幅を狭くすれば，立位保持がきわめて難しい[1]．

4. 先行随伴性姿勢調節と多関節運動

1) 姿勢調節と多関節運動成果との関係

これまでの報告だけをみても，重力を受けながら多関節運動（ここでいう多関節運

動とは，たとえ意図した運動が単関節運動であっても，多関節で構成された個体が行う運動のこと）を行った場合，姿勢調節の寄与なしに意図した運動を実行することは困難であるといっても過言ではない．言い換えれば，姿勢調節が運動成果の優劣に影響を与えることは十分予想できる．従来より立位からのすばやい運動開始について，反応時間課題（reaction-time task）を用いて研究が進められ，その運動成果，すなわち筋電図反応時間（EMG-RT：音や光の刺激から主動筋の筋放電が開始するまでの時間）に焦点を当てることが多い．

　反応時間課題で，立位からすばやい上肢の引き動作を行った場合，肩の前方に支持パッドを置かない場合（平均155 ms）は置いた場合（平均130 ms）に比較してEMG-RTが延長することが報告されている[9]．また，安静立位から刺激に反応してすばやくつま先立ち（主運動は足関節足底屈動作）を行った場合（図5-5下）のEMG-RT〔RS（音刺激呈示）から◎印，平均407 ms〕は，長座位で足関節足底屈動作（図5-5上）を行った場合（RSから◎印，平均215 ms）に比較して大きな値を示すこと[32]も報告されている．これらの結果は，たとえ意図した主運動が同じであっても，立位で不安定な状況下で運動が行われた場合と，立位でも身体の一部を固定物に支持した状態や座位で安定した状態で運動が行われた場合では，EMG-RTの遅速，すなわち主運動発現の遅速に違いが生じることを示している．

　同じく，片上肢水平外転を行った時（非対称性運動）のEMG-RTは，両上肢を同時に水平外転した場合（対称性運動）に比較して大きな値を示した[31]．また，立位で片大腿を前方に挙上しその姿勢を保持した時（片道運動）のEMG-RTは，同じ片大腿を同じ角度まで前方挙上した後，すぐに下制してもとの姿勢にもどる動作の場合（往復運動）に比較して大きな値を示した[30]．上述のいずれの運動条件においても，大きなEMG-RTを示した場合は見越し放電時間も大きく，EMG-RTが小さな場合は見越し放電時間が減少，消失した．また，運動開始時の身体重心位置が変われば，見越し放電の現れ方が変り，それに伴ってEMG-RTも変化することが報告されている[12,16,19,36]．これらの結果は，運動条件が異なれば姿勢の動揺量が異なり，それを見越した先行随伴性姿勢調節に要する時間も異なることが，結果的に運動発現の遅速（EMG-RTの遅速）に影響を与えることを示している[12,16,19,34]．

　他に姿勢調節の必要性を変化させる要因に追加的負荷量があるが，この点に関しては必ずしも意見が一致していない．すなわち，立位上肢前方挙上動作を手首におもりを負荷して行った際の見越し放電の現れ方とEMG-RTの値が，負荷しなかった場合と変らないという報告[11,12]，負荷ありの場合は負荷なしに比較してEMG-RTは変ら

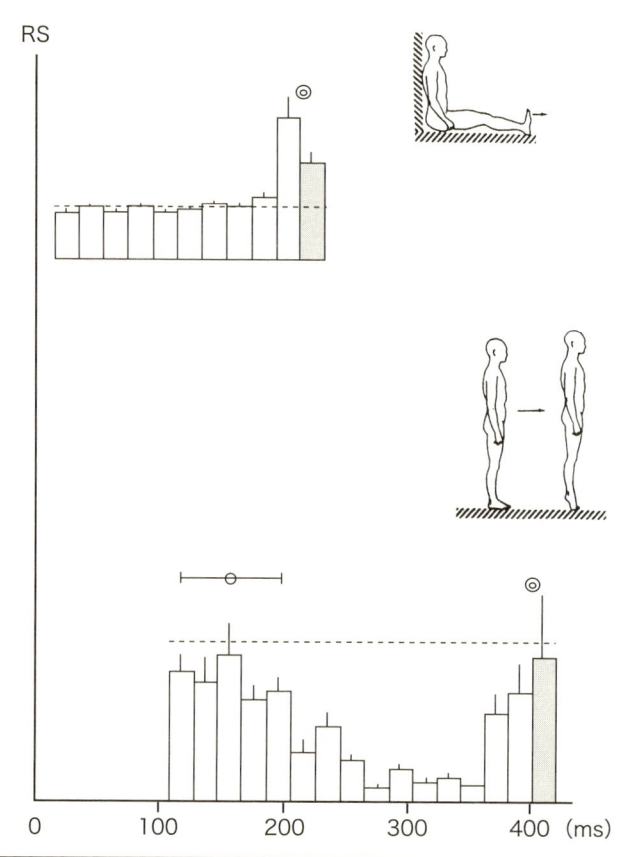

図 5-5　長座位での足関節足底屈動作（上）および安静立位からのつま先立ち動作（下）を開始する前のヒラメ筋の H 波振幅の時間経過（文献 32 より改変）
RS：音刺激呈示，◎：ヒラメ筋の放電時間，○：前脛骨筋の見越し放電開始，横破線：安静立位時の H 波振幅．後脛骨神経を膝窩部で経皮的に電気刺激すると，脊髄単シナプス反射活動として下腿三頭筋より表面電極にて H 波（H wave：この反射は発見者の名に由来する Hoffmann reflex と呼ばれる）を導出できる．H 波振幅は，脊髄 α 運動ニューロンの興奮性を把握するための一指標とみなされている．上図の座位での足底屈動作では EMG-RT の発現前にヒラメ筋 H 波は促通を示す．しかし立位からのつま先立ちでは，前脛骨筋の見越し放電の間，ヒラメ筋 H 波は抑制され，姿勢調節が終了するまで主運動が発現されないことを示している．

ないが見越し放電時間は短縮するという報告[15]，同じ動作をミニ加速度計を用いて行った実験で，負荷ありの場合は負荷なしに比較して先行運動時間および反応時間が延長するという報告[5,36]が認められる．

　以上の報告は，いずれもこれまで座位条件で報告されてきた反応時間を変化させる

各種要因に加えて,「意図した運動を遂行するために必要な姿勢調節の大きさ」も立位で運動した時のEMG‐RTを変化させる要因として考慮する必要があることを示している.

2) 熟練との関係

先行随伴性姿勢調節と反応時間以外の運動成果との関係に関する知見は多くない.しかし,立位で片上肢前方挙上動作を行った場合,その時の姿勢筋であるハムストリングスおよび脊柱起立筋に現れた筋放電の平均放電量（それらが見越し放電の値かどうかの記述はない）と主運動の角加速度との間に有意な相関関係が認められた報告がある[17, 18].また安静立位から歩行を開始する際,前脛骨筋に見越し放電が現れ,歩速が増せばその筋の見越し放電量が増加した報告がある[8, 10, 34].

それでは,熟練と先行随伴性姿勢調節とはどのような関係にあるのだろう.この点に関してPedottiら[24]は,すばやい躯幹の後屈動作において,高度にトレーニングされた体操選手の場合は,非運動選手と違って腓腹筋に見越し放電が現れ,その放電が意図した運動における良好な姿勢調節と高い運動効率（速い運動速度と少ない重心動揺量）を生むことを指摘した.さらに,幅の狭い台上で,同じすばやい躯幹の後屈動作,つまり体操選手でも日頃トレーニングしたことのない動作を行った場合,体操選手は非運動選手に比べて失敗の回数が少なかった.この結果は,長年非日常的動作をトレーニングしてきた体操選手は非運動選手に比較して,未経験な動作に対して短期間に適応する能力が高いことを示唆している.また,Mouchinoら[21]は,立位片下肢外転動作において,非運動選手は支持脚,躯幹,頭部を主運動と反対側に傾けてその補償的動作を行ったのに対し,熟練したダンサーは,主運動の開始前に躯幹と頭部が主運動と同じ方向,つまりそれらの長軸が垂直を維持する方向に動作した.この結果は,ダンサーは長年のトレーニングによって熟練した動作,すなわち必要な補償動作を足関節の外側回転だけでまかない,主運動開始前に躯幹と頭部を垂直に維持するという動作を獲得したことを示している.

以上の結果は,トレーニングによって先行随伴性姿勢調節が獲得され,そのことが熟練動作を実施するための要件の1つであることを示唆している.しかしながら,熟練した動作は身体動揺量が少ないと考えれば,熟練度が高くなれば先行随伴性姿勢調節の必要性はむしろ少なくなるということもあり,この点に関する明確な説明はいまだ困難である.事実,成人が刺激に反応してすばやくつま先立ち動作を行った場合,EMG‐RTの短い人ほど見越し放電時間が短く[33],トレーニングによってEMG‐RT

が短縮すれば，それに伴って見越し放電時間も短縮するという報告[35]がある．

　この項で報告された知見は，いずれも今回問題にした事前随伴活動が，運動成果と深い関係にあることをうかがわせ，スポーツバイオメカニクスへの多大な寄与が期待できることを示している．さらには，運動成果の良し悪しや優劣を検討する場合，意図した運動そのものに関与する要因にのみ焦点を当てるのではなく，姿勢調節の必要性，および「運動」と「姿勢」の相互関係についても注意を向ける必要のあることを示唆している．

5. 中枢機構と信号の流れ

1) 中枢制御

　身体運動の制御方式をフィードバック型とフィードフォワード型，あるいは反射型とプログラム型（中枢プログラムに関しては，回路網や機構が神経生理学的には具体的に明らかにされていない努力目標的段階ではあるが）[28]に大別する場合がある．この分類に従えば，先行随伴性姿勢調節は，フィードフォワード型でありプログラム型であるといえる．これまで，この種の先行随伴活動を「中枢でプログラムされたもの」といういい方をしている文献[3, 4, 10, 19, 27, 38]も多い．さらにはプログラムの形成過程に言及し，この種のプログラムは初期条件や意図した運動によって無条件に決定されるのではなく，運動の遂行過程で修正されうる[19]，あるいは主運動と姿勢調節反応に働く筋群の活動に関する中枢回路は選択過程後の準備期の間，徐々に発効に向かって体制が整えられる[29]という報告がなされている．また，先項で述べた報告[21]では，ダンサーが行った動作に認められた先行随伴性姿勢調節の運動プログラムは長時間のトレーニングによってつくり上げられたものであると述べている．逆に，宇宙飛行中の微小重力下では，足部を固定して同様の運動を行った場合，飛行7日目に見越し放電が減少，消失することが報告された[7]．これらはいずれも人間が行う，多関節が関与した複雑な運動においても，中枢プログラムは固定したものではなく，状況によって修正されたり，新しく形成されたり，あるいは消失するという「中枢神経系における可塑性（plasticity）」[27]の可能性を指摘した報告でもある．

2) 信号の流れおよび関与部位

　脳の一部を損傷した患者から得られたデータは貴重な情報を提供する．脳の特定部位の損傷患者を対象に，信号の脳内における流れ，あるいは関与部位の特定が試みら

れている．Pal'tsev と El'ner [23] は，病理学的手法によって先行随伴性姿勢調節の脳内における信号の流れを指摘した．すなわち，片前頭葉あるいは小脳疾患患者では，見越し放電の遅延あるいは不在が認められ，錐体路（pyramidal tract）障害者では，たとえそれが麻痺（paralysis）を伴うような場合であっても，基本的に見越し放電に影響を与えないという実験結果から，見越し放電は，主に錐体外路系（extrapyramidal system），特に前頭葉-橋-小脳経路によって影響されると述べている．Rogers ら [25] は，パーキンソン病（Parkinson disease：PD）患者を用いた実験で，見越し放電時間は健常者に比べて有意に短く，無動患者（akinesia または akinesis）においては光刺激に対応した姿勢筋と主動筋の両方の放電出現が並行して遅れることを観察し，それらは運動速度に起因しないことを指摘した．彼らは，これらの異常から大脳基底核が共通の選択過程を通じて共同筋群を連合させることによって，運動の準備のために働いていることを示唆した．Kaneoke ら [14] は，パーキンソン病患者は，健常者と比べて反応時間が延長する間，見越し放電開始前に現れる主動筋の放電休止時間が延長し，放電休止の開始から見越し放電開始までの潜時も延長することから，患者の主運動の基本プログラムは損なわれておらず，姿勢調節のプログラムがゆっくり遂行するらしいと述べている．それに対して Dick ら [11] は，パーキンソン病患者の見越し放電の活動量は少ないが，時間関係は正常であることを報告し，患者の見越し放電量が少ない理由は健常者より運動速度が小さいことによることを指摘している．このうち，時間関係に関する意見の食い違いは，損傷部位（この場合は大脳基底核）の複雑かつ多様な機能と被験者間のさらに細かい損傷部位の違いに伴う障害内容の違いに起因する可能性があり，病理学的手法の有効な反面，難しさを示したものである．

3）「運動」と「姿勢」両要素の関係

Cordo と Nashner [9] は，「運動」と「姿勢」両要素の関係を説明する機能的モデルを提案し，①姿勢と意図した運動の2つの遂行過程は別である，②姿勢共同筋の出力はまず意図した運動の共同筋の出力を抑制する，③姿勢調節の必要性の変化は，両要素に相反的影響を及ぼすと述べた．また，Yamashita と Moritani [32] は，立位つま先立ち動作の実験を行った場合，主運動の主動筋（ヒラメ筋）の放電開始に先だって拮抗筋（前脛骨筋）に見越し放電が現れること，つまり主運動の主動筋と姿勢筋の主動筋が相反的関係にある点に注目し，その時のヒラメ筋のH波振幅の時間経過を検討する実験結果（**図5-5**）から，姿勢調節の主動筋が活動するかぎり主運動の主動筋の活動が抑えられることを指摘した．この指摘は，姿勢要素と運動要素の相反的作用が上

位中枢の神経回路としてではなく,脊髄のα運動ニューロンにおける反射作用によって行われる場合もありえることを示唆したものである.前脛骨筋が放電し,その時のヒラメ筋のH波振幅が減少する知見に関しては,その後河合らによっても確かめられている[16].

下行様式について,「姿勢」信号が「運動」信号に先行するには,要するに①信号発現器が両者共通か別々で,「姿勢」信号の指令が運動指令より前に発現するか,②両指令信号の発現器が共通で,姿勢信号がより速い伝導速度をもつ経路を通じて下行するか[22]である.現在までのところ「運動」と「姿勢」に関与する筋はおそらく,両者で異なった影響を受けることができ,独自な振る舞いをするらしい[18],両要素は別個の運動指令によってトリガー(trigger:誘発)される[6],あるいは両者の遂行過程は別である[9,29]といった報告がある.

いずれにしても,先行随伴性姿勢調節に関する中枢神経機構や信号の下行様式のこれ以上の明確な事実を呈示することはいまのところ困難で,病理学的手法を含むさらに詳細な研究,あるいはより直接的な研究手法でのさらなる成果を期待したい.

文　献

1) Babinski J : Del'asynergie cerebelleuse (1). Rev Neupolog, 7 : 806-816, 1899.
2) Belen'kii VE, et al. : Elements of control of voluntary movements. Biofisika, 12 : 135-141, 1967.
3) Bouisset S, Zattara M : A sequence of postural movements precedes voluntary movement. Neurosi Let, 22 : 263-270, 1981.
4) Bouisset S, Zattara M : Anticipatory postural movements related to a voluntary movement, In : Garcia E, et al., eds. Space Physiology. Cepadues, Toulouse, pp. 137-141, 1983.
5) Bouisset S, Zattara M : Biomechanical study of the programming of anticipatory postural adjustments associated with voluntary movement. J Biomech, 20 : 735-742, 1987.
6) Brown JE, Frank JS : Influence of event anticipation on postral actions accompanying voluntary movement. Exp Brain Res, 67 : 645-650, 1987.
7) Clement G, et al. : Adaptation of postural control to weightlessness. Exp Brain Res, 57 : 61-72, 1984.
8) Cook T, Cozzen B : The initiation of gait, In : Herman RM, et al. eds., Neural Contorl of Locomotion. Plenum Press, New York, pp. 65-76, 1976.
9) Cordo PJ, Nashner LM : Properties of postural adjustments associated with rapid arm movements. J Neurophysiol, 47 : 287-302, 1982.
10) Crenna P, Frigo C : A motor programme for the initiation of forwardoriented movements in humans. J Physiol, 437 : 635-653, 1991.
11) Dick JPR, et al. : Associated postural adjustments in Parkinson's disease. J Neurol

Neurosurg Psychiatry, 49 : 1378-1385, 1986.
12) 藤原勝夫：急速上肢挙上時の立位姿勢調節に対する身体重心の前後方向の位置と重量負荷の影響. 体力科学, 40 : 355-364, 1991.
13) 伊藤正男：脳の設計図, 第10版. 中央公論社, 東京, p. 97, 1989.
14) Kaneoke Y, et al. : Reaction times of movement preparation in patients with Parkinson's disease. Neurology, 39 : 1615-1618, 1989.
15) Kasai T, Taga T : Effects of varying load conditions on the organization of postural adjustments during voluntary arm flexion. J Motor Behav, 24 : 359-365, 1992.
16) 河合一武 他：踵部挙上動作時の姿勢調節に関わる下腿筋群の活動様式. 体育学研究, 37 : 145-158, 1992.
17) Lee WA : Anticipatory control of postural and task muscles during rapid arm flexion. J Motor Behav, 12 : 185-196, 1980.
18) Lee WA, et al. : Effects of arm acceleration and behavioral conditions on the organization of postural adjustments during arm flexion. Exp Brain Res, 66 : 257-270, 1987.
19) Lipshits MI, et al. : Quantitative analysis of anticipatory postural components of a complex voluntary movement. Hum Physiol, 7 : 165-173, 1981.
20) 森 茂美：運動の制御；反射, シナジー, ストラトジーと運動プログラム. 運動生化学, 3 : 136-143, 1992.
21) Mouchino L, et al. : Coordination between equilibrium and head-trunk orientation during leg movement : A new strategy built up by training. J Neurophysiol, 67 : 1587-1598, 1992.
22) Nardone A, Schieppati M : Postural adjustments associated with voluntary contraction of leg muscles in standing man. Exp Brain Res, 69 : 469-480, 1988.
23) Pal'tsev EI, El'ner AM : Preparatory and conpensatory period during voluntary movement in patients with involvement of the brain of different localization. Biofizika, 12 : 142-147, 1967.
24) Pedotti A, et al. : Postural synergies in axial movements : short and long term adaptation. Exp Brain Res, 74 : 3-10, 1989.
25) Rogers MW, et al. : Postural adjustments preceding rapid arm movements in parkinsoniarl subjects. Neurosci Lett, 75 : 246-251, 1987.
26) 時田 喬：直立検査とその基礎. Equiliburium Res, 49 : 367-377, 1990.
27) 塚原伸晃：脳の可塑性と記憶. 紀伊国屋書店, 東京, 1989.
28) 有働正夫：運動の中枢プログラミング, 渡辺 格 他編, 神経科学講座 5：運動と制御. 理工学社, 東京, pp. 98-120, 1980.
29) Woollacott MH, et al. : Preparatory process for anticipatory postural adjustments : Modulation of leg muscles reflex pathways during preparation for arm movements in standing man. Exp Brain Res, 55 : 263-271, 1984.
30) 山下謙智, 梶谷信之：立位随意運動において運動条件が見越し姿勢調節および運動成立時間に及ぼす影響. 第8回バイオメカニズム学術講演会, A33 : 95-96, 1987.
31) 山下謙智 他：立位で上肢の運動を行った時の運動の対称性が下肢筋EMG反応時間に及ぼす影響. 体力科学, 36 : 538, 1987.
32) Yamashita N, Moritani T : Anticipatory changes of soleus H-reflex amplitude during execution process for heel raise from standing posidorl. Brain Res, 490 : 148-151, 1989.

33) Yamashita N, et al. : Inter-relationships among anticipatory EMG activity, Hoffmann reflex amplitude and EMG reaction time during voluntary standing movement. Eur J Appl Physiol, 60 : 98-103, 1990.
34) 山下謙智, 中林稔堯 : Gait initiation における1歩目の歩速の変化と下腿筋の活動様式. 体力科学, 39 : 588, 1990.
35) 山下謙智 : 筋電図反応時間の短縮と見越し姿勢調節との関係. 発育発達研究, 21 : 9-14, 1993.
36) 山下謙智 : 筋電図と運動制御, そして運動成果. J J Sports Sci, 14 : 99-106, 1995.
37) 山下謙智 : 立位つま先立ち動作における初期重心位置が反応時間および予測性姿勢調節に及ぼす影響. 第12回日本バイオメカニクス学会大会論文集「生体・運動のシステム－スポーツスキルの向上－」, 1995.
38) Zattara M, Bouisset S : Chronometrie analysis of the posturokinetic programming of voluntary movement. J Motor Behav, 18 : 215-223, 1986.

参考文献
中村隆一, 斎藤　宏 : 基礎運動学, 第4版. 医歯薬出版, 東京, 1992.

（山下謙智）

第6章

多関節で巧妙な運動

1. 複雑な運動の誕生

1）他の動物とは異なった身体

　ヒトは，他の動物と著しく異なっている．他の動物と違ったヒトの主要な特質とは，①2足立位（biped stance）と②脳の進化・発達である．2足立位によって手を移動以外に使用できるようになり，手の使用が運動範囲を広くさせ，膨大な数の運動を可能にさせた．また，脳，特に大脳皮質（cerebral cortex）の進化・発達によって，言語をもち，優秀な学習機能を備え，考え，創造すること，道具をつくるなどによって，仕事，生活，芸術，スポーツなど人間生活を向上させた．そのためヒトは，身体運動においても，他の動物とはまったく異なった世界を形づくっている．

　われわれは，膨大な数の複雑で多方向の運動を行うことができる．これを可能にするのは，人間の解剖学的，生理学的特性に起因する．すなわち，①多関節構造，②関節の多軸性と高可動範囲，③動揺を防ぎ，平衡を保つ調節能力など豊富で巧妙な運動制御機構があげられる．

　もちろん根本的には，①直立維持による手の使用，②大脳皮質の発達，③手以外の運動への波及，および④豊富な言語による他者との意思疎通といった，人類学的な人間の特殊性がかかわっている．

2）運動器構造の多様性

　1個の筋が張力を発生するのに複雑な収縮機構が働き，1個の関節が回転運動するのにも複数の主動・共同，および拮抗筋群が精巧な活動調節を行う．ましてや立位で多関節運動を行った場合，立位と意図した運動を含めた複雑で膨大な構造的および機能的システムの参画によって，そのような運動を可能にしている．

　構造的にみれば，何といっても第1章でも述べたように，多数で，多機能で，かつ

巧みな運動器の配置であろう．われわれの身体は200個あまりの骨と，その間を介在する多数，多種類の関節によって骨組みが形成されている．その骨組みは，身体を支える支柱であり，脳や内臓を保護する外壁であるとともに，筋の収縮によって骨の相対位置が変化して運動を引き起こす「受動的運動器」でもある．骨の相対位置変化を引き起こすのは回転軸である関節であるため，関節数が多ければ豊富な運動が可能となる．四肢の中でも主に運動や，操作の役割を果たす上肢において，広範囲で自由自在な運動を可能にするのは，肩まわりの伸縮性に起因する．

筋本来の機能は収縮することであるが，結果的には関節を軸とした骨の回転運動を起こす原動力となることである．そこで，どのような関節運動に参画するかというのは，筋の走行と関節の位置関係によって決まる．

ただ，簡単な運動は参加する筋の数が少ないが，複雑な運動とは多くの関節が組み合わされた運動だけとはかぎらず，たとえ意図した運動が簡単であっても，多くの筋が参画する運動（たとえば，肩甲骨の動きを伴う上肢の運動など），あるいは姿勢調節を伴う運動なども複雑な運動ということができる．

3）神経・筋系の多機能性

関節を介して走行する骨格筋は，結果的には，関節を軸とした骨の回転運動を起こす原動力となる．どのような関節運動に参画するかは，解剖学的には関節の形状，および筋の走行と関節の位置関係によって決まる．それらは，関節運動学的にみれば，主動筋（prime mover），拮抗筋（antagonist），あるいは共同筋（synergist）として骨を動かすための機能的単位を形成している．その際，①関節が複数方向に回転する，②前腕の肘の部分でみられるような複関節を形成する場合がある，③起始あるいは停止部位，あるいはその両方が複数である，④複数の関節を介した筋があるなどの理由から，多関節筋はもちろん，たとえ一関節筋であっても複数の運動に参画し，複数の方向への力を発揮し，そして複数の機能をもった筋が存在する．というより，1個の筋が単一の関節運動にしか参画しない例はむしろまれである．

つまり，関節運動において，1個の筋は複数の機能を有しており，個々の筋という単位は，形体的には1つの単位ではあるが，少なくとも機能的には最小単位とはいえない．極端な場合，三角筋の前部と後部のように，1個の筋が部位によって相反する動作に主動的に参画したり（図6-1），股関節伸展と膝関節伸展が組み合わされた動作を行った時のハムストリングスのように，同一筋が主動的と拮抗的という相反する役割を同時に果たすこともある．このような，単一筋が複数の機能を有すること，お

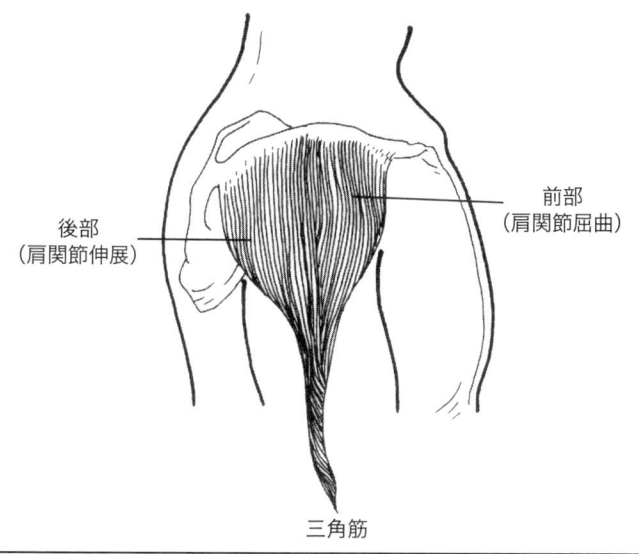

図6-1 骨格筋の多機能性
三角筋のように同一筋であっても，関節の形状，筋の起始・停止位置，および筋走行と関節の位置関係によって，部位によって相反する役割を同時にになうこともある．

よび関係する他の筋群と協調することによって，多関節を介した複雑で精巧な，しかもさまざまな環境条件に適合した随意運動が可能となる．

4)「複雑さ」に寄与する中枢神経系の発達

　三次元的な空間の中での随意運動の空間的制御には，個々の関節からのばらばらな情報では役に立たない．三次元的な位置の識別にはどうしても多数の関節からの入力を合成した皮膚と関節の感覚情報を組み合わせるようなプロセスが必要である（空間認知 spatial perception）．1つの関節を曲げたのでは活動しなくても，2つとか3つとか複数の関節を同時に曲げれば活動するという「多関節ニューロン」が脳の頭頂連合野（parietal association area）にある．複数の関節のある特定の位置の組み合わせに選択的に反応する細胞や，関節と皮膚の組み合わせに反応する細胞，さらには複雑な姿勢のパターンに特異的に反応する細胞などが上頭頂小葉（superior parietal lobule）にある．このような細胞はまとまった運動の全体的パターンを現すから，運動の意識的なコントロールには都合がよい．

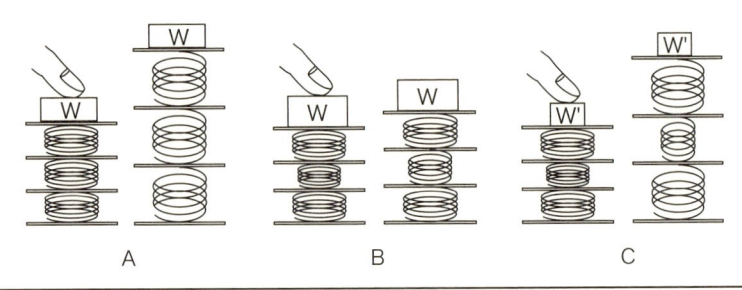

図6.2 リミティングファクター

2. 多関節運動の特徴

1) リミティングファクター

　各種運動は，個々の関節が行う動作が組み合わされて成立していることは先に述べた．たとえば，垂直跳びを実施するために身体が空中にもち上げられるのは，足底において地面に対して力を発揮した時のreactionによるものである．つまり，足底と床の間のaction-reactionの関係が垂直跳びという運動を成立させている．その間，脚においては股関節伸展，膝関節伸展および足関節底屈運動がほぼ同時に行われて脚が伸ばされ，身体が空中へもち上げられる．つまり，足底で床を蹴って脚を伸ばそうとする力は，3つの関節の運動を同時に行うことによって個々の関節で発生した最終的，あるいは結果的発揮筋力である．

　このように直列に関節が連結された場合，この運動系全体で発揮された最終出力は，個々の関節で発現した力の代数和とはならず，そのうち最も弱い関節出力によって制約される．これを筋の活動からみれば，最も弱い関節出力を生み出すために働く主動筋だけが最大活動を行うということである．この点を，バネを使って説明すると図6-2のようになる．すなわち，図6-2Aは3個の太いバネが直列に連結されており，その上におもりWがのっている．このバネを図6-2Aの左のように押さえつけ，それを放せば，バネは図の右のように反発し復元することによっておもりWをもち上げることができる．ところが図6-2Bのように3個のバネのうち1個がまん中にあるような細いバネ，つまり復元力の弱いバネであれば図6-2Aと同じおもりWを負荷した場合，押さえつけて（図6-2B左）それを放しても復元しない（図6-2B右）．つまり弱いバネがウイークポイントとなってしまう．このように弱いバネが1個でもあれば図6-2Cのように弱いバネの復元力に見合った，Wより軽いW'というおもりしかもち

第 6 章　多関節で巧妙な運動

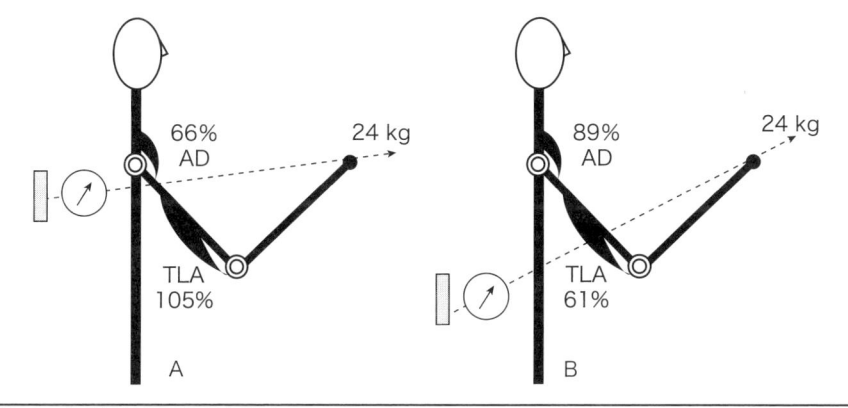

図6-3　主動筋放電量と発揮筋力

上げることができない．すなわち，いくら強い力を発揮する関節がたくさんあっても，その中で1ヵ所でも弱い力しか発揮できない関節があれば，結果的には弱い関節が発揮する力に見合った力しか発生しない．このことは，複数の関節の動作が直列に連結された運動であれば，どのような運動にも適用される考え方である．

2）最大努力時の最大以下活動

「全力を出す」機会は，スポーツの場などでは頻繁にみられる．2つの関節の組み合わせ運動を遂行する際，その原動力となる主動筋は両関節まわりにある．全力でその運動を実施した場合，両関節まわりの主動筋群が全力で活動しなければならないはずである．ところが，実際にはそうではない．**図6-3**の姿勢で，等尺的に矢印の方向に力を発揮した場合，肩関節屈曲と肘関節伸展を組み合わせた上肢の押し動作となるため，肩関節屈筋である三角筋前部（AD）と肘関節伸筋の上腕三頭筋外側頭（TLA）は主動的に活動する．ところが，その動作で全力で力を発揮した場合，両筋とも最大活動を示すことはなく，Aの方向に力を発揮した場合，三角筋前部（AD）は最大活動の $66 \pm 17.3\%$（n = 7）しか活動しない．Bのように力の発揮方向を変えて同じ動作を行った場合，発揮筋力はAとほとんど変らない（A = 24 ± 4.0 kg，B = 24 ± 4.9 kg，n = 7）にもかかわらず，両主動筋の放電量は変化した．この場合は上腕三頭筋外側頭（TLA）が $61 \pm 14.4\%$（n = 7）しか活動しない[15]．すなわち，たとえ意図した動作を全力で行っても，その原動力となる主動筋すべてが最大活動を示すとはかぎらない．そこで通常行われる多関節運動下では，各関節動作の主動筋を一

89

律に考えるのではなく，多様な活動と機能，たとえば「主・主動筋，副・主動筋」といったことを考える必要がある．

筋力トレーニングにおいて，もち上げる負荷量は，通常，最大重量に対する割合（％MAX）に基づいて設定される．ところが筋活動からみると，主動筋の中には，最大挙上重量に対する割合より低い活動しか行っていない主動筋が存在する（「主・主動筋，副・主動筋」）．つまり，鍛えたい筋に対して有効な負担量になっていない場合がありえることになる．

3）期待しない収縮に対する「補償作用」

筋・関節・骨系の仕組みから，二関節筋が収縮すれば筋の両端において収縮作用を引き起こす．その際，一端の関節運動だけを意図するのであれば，他端で起こる運動は不必要で，望ましくない運動となる．そこで，意図した運動を実施するためには，その不必要で，望ましくない運動の発現を抑えるための筋活動（補償作用）が必要となる．たとえば，上腕二頭筋と前腕および肘関節の運動との関係において，前腕の回外トルクが加えられれば上腕二頭筋が活動し，その結果，肘関節の屈曲トルクが発現する．そこでその屈曲トルクを避けるためには，肘関節伸展トルクを発現するための上腕三頭筋外側頭の活動が必要となる．この点に関してVan Zuylenら[14]は，等尺的に前腕の回外動作を行う間，上腕三頭筋に放電を認め，この放電を回外動作を行う間，活動する上腕二頭筋の屈曲方向の期待しない動きに対する活動（彼らはcompensateという言葉を使っている）と解釈している．著者らの未発表資料においては，仰臥位で等尺的に最大努力で股関節伸展動作を行った場合，ハムストリングスが活動する間，一関節筋で膝関節伸展動作に参画する内側広筋および外側広筋にそれぞれ52％および44％の活動率を記録している．この時のハムストリングスの活動は主動筋としての活動であるが，内側広筋と外側広筋の活動は不必要な運動を防ぐための「補償筋」としての活動である．

これらの結果は，リハビリテーションや筋力トレーニングに重要な示唆を与えている．すなわち，ある筋をトレーニングしようとした時に，何らかの理由で当該筋が横切る関節を使用することができない場合，隣接関節（adjacent joint）運動を使用して当該筋をトレーニングすることができる可能性のあることを示している．

3. 運動の獲得と熟練

1) 成熟と熟練

われわれ人間は，未熟な運動能力をもって生まれてくるというより，立つことも歩くことも，日常必要な手を使って行う運動も，ましてやどのようなスポーツも，何もできないまま生まれてくる（これを生理的早産と呼ぶ）．そこで，生後すぐから，積極的に練習することによって，上述したいろいろな運動を獲得し，熟練しなければならない．幸い人間は，脳の「可塑性」という機能的特徴が，練習によってできないことができるようになり，未熟な運動が熟練することを可能にしている．これを学習能力と呼ぶ．このように人間は，高い学習能力によって，他の動物にはとてもまねのできない，複雑で巧妙な多種類の運動を行うことができる．これらは，繰り返し体験，あるいは練習することによる学習によって得られ熟練と呼ぶ．つまり熟練というのは，生まれつきや成長によって得られたものではなく，積極的な練習や経験の結果（学習）獲得されるものである．このように，生後，年月を経るに従って著しい「成熟」を示し，膨大な数の動作が，学習によってできるようになり「熟練」することは，他の動物ではみられない人間の特性の1つである．

2) 意図と成果

ある運動を意図して実行する場合を考えてみよう．はじめて行う運動が未熟である場合，意図した運動と実際に実施された運動との間に違いがみられる．実行成果（performance）を意図した目標（goal）に近づけるためには繰り返し練習する．つまり，「意図と成果のキャッチボール」である．習熟し，熟練するということは，実行された運動成果が意図した運動に近づき，一致することである．意図したことを実行するにあたっては，脳，神経，筋などにかかわる構造的，機能的諸要因が関与することになる．

脳の補足運動野（supplementary motor area）を損傷すれば，ある運動を行おうとすると，自分の意志とは無関係な運動をしてしまい，意図した運動を妨げてしまう．意識，知識，判断能力に特に異常を認めないのに，自分の手足が意のままに動かず，それを本人も自覚している．つまり，運動を明確に企画し，意図しているにもかかわらず，その意図した運動が実施できないということである．この事実は，ある運動を企画し，行おうとする運動を本人が認識し，実施する意図があっても，脳内でそれを実行に移す機能が果たされなければ意図した運動が発現できないこと，そして企画，

認識, 意図といった機能を果たす部位と, それを実行に移す部位は別であることを示している.

3) 筋活動の精錬化

繰り返し練習によってある運動を獲得, 熟練するプロセスにおいて, 第一段階では上位の調節中枢を動員するための精神的緊張による全身の筋緊張が認められ, 第二段階になると上位中枢が活動する筋を限局化するといわれている. たとえば, 肘関節屈曲という簡単な運動の学習において, 学習動作の繰り返し (120回) の後, 運動速度が変化しないにもかかわらず, 主動筋である上腕二頭筋の筋電図活動が減少する. また, 下手ボール投げ運動を熟練した場合, 未熟練の時より主動筋の上腕二頭筋の放電量と放電時間は有意に減少するが, 大きなボールスピードを獲得できるようになる. つまり初級者には, 主動筋と拮抗筋の同時放電 (co-contraction) がみられ, きわめて効率の悪い運動を行っている. しかし, 繰り返し練習によって, 拮抗筋である上腕三頭筋の筋活動は減少し, その適応に呼応し, 主動筋の上腕二頭筋の活動量が低下しても, 効率がよくなりパフォーマンスは増大すると考えられる. このような, 学習後の関係筋群の活動減少は, その運動に対する活動が減少した筋の重要性の減少を示しているのではなく, 力の効果的な使い方など, 制御のしかたが変化したことを反映したものであろう.

このように技術の獲得は, 運動単位の追加的活動よりむしろ不必要な筋活動の選択的抑制が通じて起こる場合があり, これを筋活動の精錬化と呼ぶことができる.

熟練を示す項目の中に, 単位時間あたりの打鍵数やバスケットボールのフリースロー成功回数など量的に評価しえる成績が向上するというのがある. すなわち, 同じ動作を行うにもかかわらず実施回数が多かったり, 成功率が高いということである. そのような場合, 関係筋群はどのような活動様式の変化を示すのであろうか. 習熟過程の際, 脳が学ぶのは, 子どもによくみられる非能率的な反応を次第に抑制することによってこれらをパターン化することである. すなわち, よくトレーニングされた人の運動は経済的であるということである.

4. 多関節運動のパフォーマンス

1) 運動成果とは

身体運動の基礎をなすものは筋の収縮であり, 運動成立に際しては神経衝撃

(impulse)も含めた筋の出力特性が重要な役割を演じている．にもかかわらず，ある運動によっては望ましい筋の出力特性を有しているからといって，スポーツのような高いレベルの運動成果を発揮できるとはかぎらないことも事実である．それは，優秀なエンジンを搭載しているからといって，ドライバーの技術，車体，タイヤなどのパーツの性能がよくなければ，高い成果を発揮できるとはかぎらないことに似ている．要するに，運動成果を構成する多くの要因が力を合わせて相応の力を発揮しなければ，意図した成果を生み出すことができない．

多関節で複雑な運動における運動の成果を構成する要因に，姿勢調節と平衡維持がある．われわれが行う身体運動の多くは，①立位で，②重力を受けながら，③狭い基底面で，④多関節を介して行われている．このような状況で行われる身体運動の運動成果，あるいは運動能力の良否となると，筋の出力特性以外のいろいろな要素を考慮しなければならない．たとえば，立位で意図する運動を行おうとすれば，重力に連続的に抗しなければならず，どの部分の体節が動いても重心位置の変化，すなわち不安定を引き起こすことになる．意図する主運動を成立させるためには，そのような不安定は避けなければいけない．また，外部出力と個々の関節出力との問題がある．すなわち，個々の関節出力は主に関係筋群の出力特性，特に主動筋群および共同筋群のそれに依存する．しかしながら，個々の関節出力と，いくつかの関節を介して結果的に発揮される外部出力とは必ずしも個々の関節出力がすべて加算されたものというような画一的な関係ではない．

2）ドラムセオリー

運動を遂行するために必要な筋活動を引き起こすためには，脳内で，何らかの準備が必要となる．それには，感覚情報の受理，認識，適切な信号発射のための情報の選択などが含まれる．脳内におけるこれら一連の過程を経るためには，そのための時間を必要とする．その時間は，刺激に反応して行う運動の場合は，そのための筋活動が開始するまで，あるいはそれによって引き起こされる運動開始までの潜時となる．

複雑な運動を実行するためには，運動プログラム実行までに脳内での複雑な処理を経ることになり，簡単な運動と比較してより長時間の潜時が必要となる．このことが単純反応時間およびその練習効果の実験から指摘されている．これを「メモリードラムセオリー」と呼んでいる．

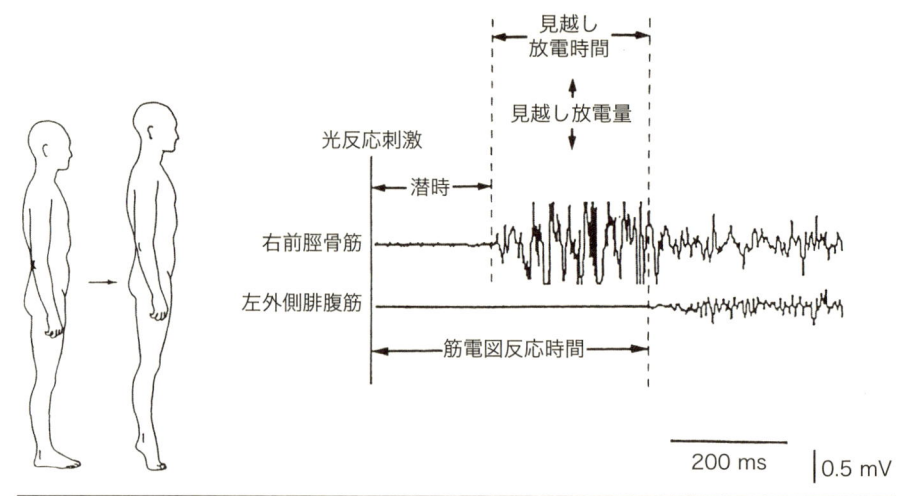

図6-4 筋電図反応時間の要因分割（文献15より改変）
刺激呈示から主動筋が活動するまでの筋電図反応時間（EMG‐RT）は，通常，刺激に対する脳内処理時間と命令信号が筋に到達するまでの時間を合わせた中枢性反応時間と，到達した信号により筋収縮が起こるまでの末梢性反応時間で構成された「潜時」である．立位からつま先立ちをすばやく行うと，主動筋発現までに姿勢を調節する見越し放電が現れる．EMG‐RTには，潜時にさらに姿勢要素の時間が加わり，主運動発現が遅延する．

3）中枢性反応時間の要因分割

　刺激に反応してできるだけすばやく動作を開始する時の，刺激呈示から主動筋の放電開始までの時間を，その測定手法から筋電図反応時間（EMG‐RT）と呼んでいる．これまで，その時間は主に脳内で処理される時間と信号伝播に要する時間，中枢性反応時間として一括して考えられてきた．ところが，主動筋の放電開始に先だって見越し放電が現れる場合，EMG‐RTを2つに分割できる．すなわち，図6-4に示したように，反応刺激呈示から右前脛骨筋の見越し放電開始まで（潜時）と，見越し放電開始から主動筋である右外側腓腹筋の放電開始まで（見越し放電時間）である．

　刺激を知覚し，意図した動作を遂行するために必要な筋を選択，決断するのに要する時間（認識要素）を潜時と考え，見越し放電時間を姿勢信号が発射されている時間（姿勢要素，もしこの姿勢要素がプログラムされているとすればプログラム要素ともいえる）と考えれば，各種条件下におけるEMG‐RTと両要素との関係を検討することができる．これまでにも，認識要素よりむしろ姿勢要素の長短が，個体間および個体内のEMG‐RTの遅速に影響するという知見が得られている[16]．

4)「はじめの1歩」を早める要因

　いかなる運動においても，その開始というのは「静」から「動」への移行期であり，次の動作への準備期でもある．はじめの1歩を踏み出す動作は，安静立位という「静」から，歩くという「動」への移行期，あるいは準備期であり，そこには開始機構という，これまで取り扱ってきた身体運動の「遂行」とは違った特有のプロセスがある．床反力計上で手を腰にあてて，自発的にできるだけすばやく1歩を踏み出し，もう一方の脚をその脚にそろえるという動作を行った場合，運動脚側のいわゆる「腿上げ」動作およびその動作の主動筋の活動に先行して，両側の前脛骨筋と床反力が下方および水平後方に変化した．これらの結果と，この時の意図した運動の開始を運動脚の股関節屈曲の開始あるいは主動筋の1つである運動脚縫工筋の放電開始とすれば，運動開始のきっかけとなる前方推力は，運動脚の「腿上げ」動作や支持脚の「キック」動作（足関節底屈）によってだけではなく，前脛骨筋の収縮による足関節の後方回転によって生じた床反力の水平後方成分によって生まれていることになる．

　また，ステップ動作開始時の動作時間（ステップ脚の股関節屈曲開始から同じ脚の最初の踵接地まで）の遅速は，いわゆる「腿上げ」動作の主動筋活動によってだけではなく，その前に現れる両側前脛骨筋活動による足関節の回転動作によって生じた床反力の水平後方成分によって生まれ，その動作の速度調節は，前脛骨筋活動の中でも放電量ではなく，放電時間によって行われている．

　そこで，はじめの1歩の運動時間を短縮するためには，より早くから前脛骨筋の放電が開始するということが重要な要因の1つとなる．

5）運動発現の前提条件

　通常，運動といえば，結果的に外部に表出された，走るとか，投げるとかいう動作を考える．スポーツ競技においても，それぞれの競技におけるいろいろな運動場面を考える．運動を解析する際にも，それが個々の関節単位に分析するということであっても，走るとか投げるという運動そのものを分解して考えるということである．

　運動は，複数の関節が組み合わされるという複雑さ，あるいは四肢間の相互関係という複雑さに加えて，運動の遂行に際して，運動中，身体を時々刻々安定した平衡状態を保たねばならない（動的平衡）という複雑さがある．

　森[11]は除脳ネコ（decerebrate cat）の歩行実験で，4足歩行中に橋中心被蓋野背側部（dorsal tegmental field of caudal pons）を刺激して，四肢の姿勢筋の筋トーヌス（筋緊張tonus）を低下させると4足歩行は中断することを報告している．逆に，

4足立位中に橋中心被蓋野腹側部（ventral tegmental field of caudal pons）を刺激し，立位時の姿勢筋の筋トーヌスを増強させると，4足歩行が開始することを見出した．この結果は，歩行運動の発現には，ただ単に歩行リズム発生機構を活動させるばかりでなく，四肢の伸筋・屈筋に体幹の荷重を支持するのに十分なだけの筋トーヌスを発生させること，すなわち筋トーヌス制御機構の活動が必要であることを示している．

このように，立位の維持も含めて姿勢調節がうまくいかなければ，行おうとする運動を発現できないか，運動遂行に支障をきたす．運動前あるいは運動中にいろいろな形で姿勢調節を行うことによって，行おうとする運動が成立し遂行される．

5．多機能性と動作依存性

1）骨格筋の多機能性

われわれがある身体運動を行う場合，筋の収縮を意図するのではなく，行おうとする運動を意図する．その際骨格筋は，特別な場合を除いて，随意に運動を意図することによって生じた神経衝撃を受けることによって収縮を引き起こす．このことが随意筋とも呼ばれるゆえんである．それらの筋は個々に，総体的解剖学によって名づけられた名称がついており，均一，一様な器官として存在する．その骨格筋は，前で述べたように，多関節筋にかぎらず，たとえ一関節筋においても，①関節が複数方向に回転する，②起始か停止部位，あるいはその両方が複数であるなどの理由から，複数の機能を発揮する多機能筋が存在する．極端な場合，三角筋の前部と後部のように，1個の筋が部位によって相反する動作に主動的に参画したり，股関節伸展と膝関節伸展が組み合わされた動作を行った時のハムストリングスのように，同一筋が主動筋と拮抗筋という相反する役割を同時に果たすこともある．

このように1個の骨格筋は多機能性を有している．また，これら多機能筋が，実際いくつかの小集団に分割され，それぞれを支配する神経枝をもつこと，その多機能筋を支配する運動ニューロン群も機能的に局在し，それぞれは特定の動作を行うために独自に動員されうることがわかっている．つまり，多機能筋を支配する運動ニューロン群へは，複数の機能的に異なった信号を受容する運動ニューロンが同居することになる．中枢および末梢性神経機構は，その筋の各コンパートメント（区画）を，異なった時期に，異なった部位に，異なった張力を生み出すために，異なった制御を行うことになる．このようにして神経-筋コンパートメント[2]とも呼ばれるこの「機能的

サブグループ」は，脳に大きな負担を掛けず，多関節で複雑・巧妙な運動の遂行に寄与している．

2) 単一筋の複数神経枝支配

多機能筋を構成する筋線維の機能的性質は，支配される神経と筋の付着部位によって決定される．解剖書に記載されている支配神経は複数の筋を支配しているので，筋に入り込む直前で分岐し，分岐した神経が筋内でさらに複数の枝に分かれて1本1本の筋線維の運動終板に終わっている．1個の筋の機能について問題になるのは，筋に入り込んでからの神経支配であり，その源である運動ニューロンプールの活動様式である．

筋へいたってからの主要神経枝は複数で，人間の大腿に表在する二関節筋の場合，1本の神経枝は起始の近くに，他の枝は中部から，まれに遠位1/3から入り込んでいる[10]．たとえば半腱様筋の場合，坐骨神経のうち脛骨神経に支配され，2本の神経が入り込んでおり，それぞれ2つの枝に分かれている．また，大腿二頭筋の場合，長頭は脛骨神経に，短頭は腓骨神経にそれぞれ支配されており，長頭は1本の神経で上下2つの枝が入り込み，短頭は1本の神経が入り込んでいる．ある神経枝を刺激すれば筋のあるかぎられた領域から活動電位を，他の神経枝を刺激すれば他のかぎられた領域から活動電位を記録し，筋の収縮もそれに伴う[10]．また，肩の損傷によって部分的に神経支配が断たれた場合，上腕三頭筋の1つの頭が選択的に影響を受けることがある[9]．

このように，1個の筋が複数の神経支配を受けているということは，1個の筋が複数の情報に対応しえること，言い換えれば，複数の機能を共用しえることを意味する．そこで，神経・筋系からみれば，1個の運動ニューロンとそれが支配する筋線維は生理学的な基本単位（運動単位）であるが，上述の多機能筋の場合，それらを均一で共通な単位としてみることができず，運動単位とは別の「機能単位」，すなわち「神経-筋コンパートメント」[2]の存在を考慮しなければならない．

図6-1も，起始，停止の仕方や関節の形状などに起因して，1個の骨格筋が複数の動作に参画しうる構造になっていることを示す例といえる．

3) 神経-筋コンパートメント（骨格筋の局在性）

骨格筋の機能局在に関する初期の研究は，電気刺激法，グリコーゲン枯渇法などによって行われ，筋線維タイプによる局在の仕方については，SOタイプの集団は筋の

軸まわり（深部）に所在し，FFタイプは「C」の形状をして筋表層に所在してる[7, 8, 12]．ただ，板状筋の中部および半腱様筋は二腹筋と呼ばれ[1, 3]，一端が最終的に骨に付着せず，筋の近位から1/3のところで[1]同じ線維束の線維に付着し，近位部と遠位部に直列に分割されて，両区画の筋線維は平行に走行している[13]．ネコの半腱様筋の場合，直列に分割された近位部と遠位部は，独自の神経枝に支配された神経-筋コンパートメントを形成しているが[1]，筋線維タイプからみれば，それとは別に，両部とも深層は表層に比較してタイプⅠ（SO）線維の占める割合が大きく，表層は深層に比較してタイプⅡb（FF）の占める割合が多い．このような知見と，各コンパートメントの間で，特定タイプの筋線維が局在するのではなく，筋線維タイプの構成比は異なる[6]という報告もあることを考え合わせれば，単一筋内で，筋線維タイプによって機能局在を形成しているが，それとは違った神経-筋コンパートメントともいえる「機能的サブグループ」も存在することを示している[13]．

　特定の筋を支配する運動ニューロンプールの機能は，細胞本来の性質とそれらが受ける入力の特性に由来する．生理学的には，求心性発射によって活動せしめられた運動ニューロンの範囲を，その筋を支配する運動ニューロンプールとしている．つまり，運動ニューロンプールは「1つの筋・1つの運動ニューロンプール」と均一で，最終共通路とされてきた．ところが先述のように，複数の動作に参画する筋を支配する運動ニューロンプールへは，動作に依存した複数の遠心性および求心性信号が入力するはずである．言い換えれば，複数の機能的に異なった信号を受容する運動ニューロンが同居することになる．このことと，1個の骨格筋はさらに独自の支配神経をもった小集団に細分化されていることを考え合わせれば，特定筋を支配する運動ニューロンプールの局在性を考えなければならない．

4）動作依存性活動

　運動ニューロンプールの主要な機能的特徴は，いくつかの数の運動ニューロンを動員したり，それぞれのニューロンの発射頻度を変えることによって，筋の収縮力を調節することと，与えられた状況において適切な活動を行うための運動ニューロンを選択することである．

　一関節筋で示指の外転と屈曲の2つの運動方向をもつヒトの第1背側骨間筋（first dorsal interossei）において，示指の外転と屈曲を弱い漸増随意収縮で行った時の，その筋の2ヵ所からそれぞれ1個の単一運動単位の筋電図が記録され，両動作を行った時の2つの運動単位電位の相対的な閾値の変化が確かめられた．この実験において

被験者は，両閾値間のあるレベルで随意に力を調節し，両動作を行うことによって2個の運動単位を選択的に活動させ，それらの運動単位の出現を自由にコントロールできた[4,5]．これらの結果は，運動が異なれば運動ニューロンプールにおいて異なった連結性を示すことを示唆し，脳からの運動指令は筋によるよりむしろ運動によってパターン化されているということを推測させる．さらに同報告において，これまでの「運動ニューロンは最終共通路である」という生理学的概念に対して，「運動ニューロンという最終路は共通ではない」という考え方が示された．これらの報告は，多機能筋の運動単位電位の活動は，1つの運動ニューロンプールにおいて，同時に活動し，かつ異なった影響力をもついくつかのシナプス入力に起因することを示唆している．運動ニューロンプールの入力は動作依存，つまり異なった動作は異なったシナプス入力に対応し，これらの入力は異なった運動単位に対して相対的に異なった影響力をもつことを意味している．

5）運動単位の随意コントロール

　随意的に微細な力発揮の調節によって，特定の単一運動単位を選択的に選び出すことができる．埋入電極法が開発され，この研究が進展した．筋内埋入電極法[5]は表面電極に比較して，運動単位電位の選択能力があり，表面電極では選択できなかった電位を分離することができる[4]．実際の単一運動単位電位の選択的分離記録に際しては，身体の位置や姿勢，足や脚の位置のわずかな変化が影響することがある．運動単位のコントロールにおいて，弱い力を微細に調節するための技術と集中力が必要とされ，トレーニング時には聴覚的，あるいは視覚的フィードバックが有効であるという点に関しては意見が一致している．トレーニングを積んだ被験者は，運動単位はよくコントロールでき，ギャロップやドラムビートなどあるリズムで運動単位を動員したり発射頻度を増やしたり減らしたりできる．

　この成果は，とりもなおさずその筋を支配する特定の運動ニューロンに対して，上位中枢からの，正確に制御された随意的投射が存在することを示している[4]．

文　献

1) Bodine SC, et al. : Architectural, histochemical, and contractile characteristics of a unique biarticular muscle. The cat semitendinosus. J Neurophysiol, 48 : 192-201, 1982.
2) Botterman BR, et al. : Functional anatomy of the association between motor units and muscle receptors. Am Zool, 18 : 135-152, 1978.

3) Chanaud CM, MacPherson JM : Functionally complex muscles of the cat hindlimb. III. Differential activation within the biceps femoris during postural perturbations. Exp Brain Res, 85 : 271-280, 1991.
4) Desmedt JE : Patterns of motor commands during various types of voluntary movement in man. Trend Neurosci, 3 : 265-268, 1980.
5) Desnedt HE, Gidaux E : Spinal motoneuron recruitment in man : rank deordering with direction but not with speed of voluntary movement. Science, 214 : 933-936, 1981.
6) English AW : An electromyographic analysis of compartments in cat lateral gastrocnemius muscle during unrestrained locomotion. J Neurophysiol, 52 : 114-125, 1984.
7) Galvas PE, Gonyea WJ : Motor-end-plate and nerve distribution in a histochemically compartmentalized pennate muscle in the cat. Am J Anat, 159 : 147-156, 1980.
8) Gonyea WJ, Ericson GC : Morphological and histochemical organization of the flexor carpi radialis muscle in the cat. Am J Anat, 148 : 329-344, 1977.
9) Le Bozec S, et al. : The synergy of elbow extensor muscles during dynamic work in man. Eur J Appl Physiol, 43 : 57-68, 1980.
10) Markee JE, et al. : Two-joint muscles of the thigh. J Bone Joint Surg, 37-A : 125-142, 1955.
11) 森　茂美：姿勢の制御メカニズム：脳科学の展望 (上), 伊藤正男, 塚原仲晃 編, 平凡社, 東京, pp. 148-165, 1985.
12) 中村善男, 酒井英夫 編：脳の科学 II, 第5版. 朝倉書店, 東京, pp. 37-62, 1988.
13) Richmond FJR, et al. : Muscle-fiber compartmentalization in cat splenius muscles. J Neurophysiol, 53 : 868-885, 1985.
14) Van Zuylen EJ, et al. : Coordination and inhomogeneous activation of human arm muscles during isometric torques. J Neurophysiol, 60 : 1523-1548, 1988.
15) 山下謙智：筋電図と運動制御、そして運動成果. J J Sports Sci, 14 : 99-106, 1995.
16) Yamashita N, et al. : Inter-relationships among anticipatory EMG activity, Hoffmann reflex amplitude and EMG reaction time during voluntary standing movement. Eur J Appl Physiol, 60 : 98-103, 1990.

参考文献

Basmajian JV : Muscles Alive. Williams & Wilkins, 1979.
Basmajian JV : Control and taining of individual motor units. Science, 141 : 440-441, 1963.
藤原勝夫：立位姿勢制御機構の発達, 宮本正三, 沖田一彦 選, 運動制御と運動学習 セラピストのための基礎研究論文集 (1). 協同医書出版社, 東京, 1997.
伊藤正男, 佐伯　胖 編：認識し行動する脳. 東京大学出版会, 東京, 1988.
松波謙一：運動と脳. 紀伊国屋書店, 東京, 1986.
山下謙智：神経・筋系における局在性と動作依存症. 京都工芸繊維大学繊維学部学術報告, 24 : 57-64, 2000.

（山下謙智）

第7章

初期重心位置と先行随伴性姿勢調節

はじめに

　安静立位から急速な右上肢挙上を行った場合は，上肢を挙上するための主動筋の放電開始に先行して，同側の下肢筋である大腿二頭筋に放電が認められる[4]．これは，右上肢を挙上する際に生じる重心動揺を最小限に抑えるために前もって同側の下肢筋の収縮によって姿勢を調節していることを示しており，このような主動筋よりも前に発現する姿勢筋の筋活動を先行随伴性姿勢調節（anticipatory postural adjustments : APA）と呼ぶ．APAは上肢だけでなく，下肢を随意で急速に挙上した場合にも発現する．現在，不安定な状況下で行われる多関節運動の開始前の姿勢制御状況を量的に把握することができるという点でAPAに関する研究は注目されている[32]．

　ここでは，歩行開始時の初期重心位置の違いがAPAや運動成果にどのような影響を及ぼすのかという著者らの研究結果を紹介する．

1．水平方向の初期重心位置と先行随伴性姿勢調節（APA）

1）運動の開始と姿勢調節

　さまざまな身体運動において，すばやく動作を開始することは，重要なことである．特に，静止した状態から最初の1歩を踏み出すという動作は，スポーツの場面で多々見受けられる．また，1歩を踏み出す動作は日常生活においてもみられ，たとえば，歩くという運動は，静止した状態から1歩を踏み出すことによって動作が開始される．この歩行は，一見すると単純な運動のように思われるが，実際は身体のバランスを時々刻々調整しつつ，身体重心（center of body mass）を進行方向に移動させている．ひと昔前まで，このような人間の歩く動作をロボットに行わせた場合には，かなりぎこちない動作であったことからもわかるように，人間の歩行が見た目のスムースさに反して，いかに身体内部において精密で複雑な制御がなされているかを物語っている．

人間の歩行は，赤ちゃんのはいはい，四つ這いの動作から座位，つかまり立ち，よちよち歩き，歩行といった段階を経ており，高齢になるに従ってスムースな歩行ができなくなっていく．そして姿勢調節がうまくできずに身体のバランスを崩し，時には転倒することもある．この高齢者の転倒の原因の1つには，1歩を踏み出す速度が遅いことが考えられる．これは，いままで三輪車にしか乗ることができなかった子どもが自転車に乗れるようになるまでの習熟過程に例えることができる．つまり，もし子どものペダルを踏む力が弱いために，ゆっくりとした速度でしか自転車をこぐことができなければ，子どもはその動きはじめ，および走行中のバランスを保持するのが困難となり，転倒してしまう．しかしながら，もしペダルを強く踏み，ある一定の速さを維持することができたならば，バランスを保ちながら自転車に乗り，走行できるようになる．歩行においてもある一定の速度を保って1歩を踏み出すことができれば，高齢者はバランスを崩さずにスムースな重心移動を伴った歩行ができるものと考えられる．

2）水平方向の初期重心位置と動作時間

　立位姿勢からスムースにすばやく1歩を踏み出すには，これからステップを踏む脚（運動脚）あるいはキックで重心を押し出す脚（支持脚）のどちらかに体重をかけた状態から，歩めばよいだろうか．

　通常，歩き出す前の初期重心位置は，安静位置にある．この位置から運動脚側や支持脚側へ体重をかけると，重心位置が体重をかけた側へ移るとともに，足底にかかる荷重量も変化する．著者らは，このような運動開始時の初期重心位置を左右方向に変えて，1歩踏み出し動作を行わせた際に，動作時間や筋活動などにどのような影響を及ぼすのかについて，健康な成人男性10名（平均年齢23.8±5.6歳）で検討した[3]．

　実験方法および手順として，まず実験前に各被験者にフォースプレート（床反力計）上に立ってもらい，運動脚への最傾重心位置の50％位置（position of the swing leg side：Sw），安静立位時の重心位置（neutral position：N），支持脚への最傾重心位置の50％位置（position of the stance leg side：St）を測定した．次に被験者は，フォースプレート（床反力計）上で手を腰にあて両足を平行に置いて立ち（両足間の幅5cm），被験者の2m前方に設置したXYプロッター上にプロットされた3種の初期重心位置に自身の身体重心位置を合わせ，右脚から一定の歩幅（各被験者の身長の40％）でできるだけすばやく1歩踏み出し動作を行った（図7-1）．すべての被験者は，この動作を各実験条件につき10回ずつ計30回行った．被験者が履くシューズの

第7章　初期重心位置と先行随伴性姿勢調節

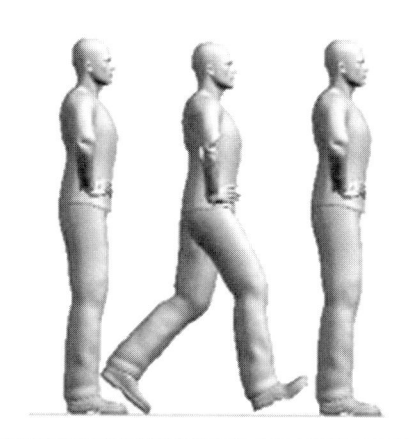

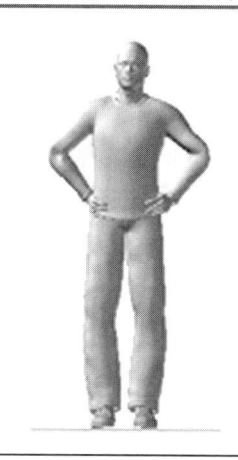

図7-1　実験動作

　左右のつま先と踵部分にはアルミテープを装着するとともに，フォースプレートおよび1歩を踏み出す歩行路にもアルミテープを貼ることによりフットコンタクト回路をつくった．これにより左右のつま先と踵の接地，離地を記録した．実験中，下肢筋群の筋活動，フットコンタクトスイッチ，フォースプレートからの力のモーメントを同時記録した．測定項目は**表7-1**に示すものとした．その結果，運動脚（右脚）の踵が床から離れた時点から右脚を1歩踏み出して床に接地するまでの動作時間は，運動脚位（Sw）が最も短く，次いで安静位（N），支持脚位（St）の順であった（**表7-1**）．このことから，立位から右脚で1歩を踏み出すには，踏み出し脚である右脚の側に重心を置いたほうが安静位（N），支持脚位（St）よりも動作時間が短く，よりスムースな歩行へ導かれるものと考えられる．

　安静立位状態から右脚を外転する，あるいは右脚を前方へ1歩踏み出すという動作を行った場合，重心はいったん支持脚方向（左脚）に移る．**図7-2**は，Milleらが3種の初期重心位置（運動脚位，安静位，支持脚位）の安静立位状態から光刺激に反応して，できるだけすばやく横方向に45°まで右脚を外転した際の実験データである[35]．重心位置がいったん支持脚に移るために運動脚位が最も移動距離が長いことがわかる．つまり初期重心位置が，運動脚位（Sw）にあった場合は，支持脚方向への移動距離が長く，逆に初期重心位置が支持脚位（St）にあった場合には，支持脚方向への移動距離が短くてすむ．このような結果は，著者らが行った3種の初期重心位置からの1歩踏み出し動作においても同様であった（**表7-1**）．

　著者らの実験結果において，運動脚位（Sw）では移動距離が最も長いにもかかわ

103

表7-1 3種の初期重心位置からの1歩踏み出し動作における各測定項目の平均値（±標準偏差）および分散分析の有意差検定結果（文献3より改変）

項目	平均値±SD			ANOVA F値	Probability
	支持脚位（St）	安静位（N）	運動脚位（Sw）		
動作時間（ms）	341 ± 61	286 ± 54	264 ± 53	48.38	p < 0.001
見越し前方推力（N）	403.3 ± 110.1	470.6 ± 94.5	550.7 ± 105.6	49.32	p < 0.001
見越し支持脚方向推力（N）	35.7 ± 18.6	92.1 ± 23.1	142.8 ± 27.2	459.91	p < 0.001
踵離地時の前方への重心速度（m/s）	0.40 ± 0.11	0.47 ± 0.09	0.55 ± 0.11	49.57	p < 0.001
踵離地時の支持脚方向への重心速度（m/s）	0.01 ± 0.03	0.07 ± 0.03	0.13 ± 0.03	375.72	p < 0.001
踵離地までの前方への重心移動距離（m）	0.076 ± 0.032	0.089 ± 0.029	0.114 ± 0.038	33.10	p < 0.001
踵離地までの支持脚への重心移動距離（m）	0.009 ± 0.006	0.022 ± 0.007	0.036 ± 0.008	288.57	p < 0.001
運動脚の縫工筋の放電時間（ms）	420 ± 106	342 ± 73	340 ± 99	23.22	p < 0.001
運動脚の縫工筋の放電量（% MVC）	66.2 ± 108.9	96.4 ± 190.6	97.8 ± 169.3	1.20	p=0.303 NS
運動脚の前脛骨筋の放電時間（ms）	462 ± 147	546 ± 110	645 ± 123	49.11	p < 0.001
運動脚の前脛骨筋の放電量（% MVC）	61.5 ± 56.9	81.6 ± 68	83.6 ± 82.5	2.93	p=0.055 NS
支持脚の前脛骨筋の放電時間（ms）	497 ± 123	511 ± 102	604 ± 95	27.87	p < 0.001
支持脚の前脛骨筋の放電量（% MVC）	83.1 ± 61.8	92.1 ± 59.1	65.6 ± 41.6	5.77	p < 0.01
運動脚の中殿筋の放電時間（ms）	429 ± 148	528 ± 163	654 ± 161	48.79	p < 0.001
運動脚の中殿筋の放電量（% MVC）	16.7 ± 9.5	22.1 ± 10.8	26.4 ± 14.3	16.43	p < 0.001

らず，1歩を踏み出す動作時間は，運動脚位（Sw）に初期重心位置を置いたほうが支持脚位（St）よりも短かった．ということは，同じ1歩を踏み出す動作でも，初期重心位置が運動脚側にある状態から行った時ほど1歩をすばやく踏み出すために必要な前方や支持脚方向への推力が存在していることになる．

3）水平方向の初期重心位置と筋活動

運動開始時の重心位置の違いによって，1歩を踏み出す動作時間が違うことがわかったが，それでは何が原因でそのような結果となったのかを筋電図（electromyo-

第7章　初期重心位置と先行随伴性姿勢調節

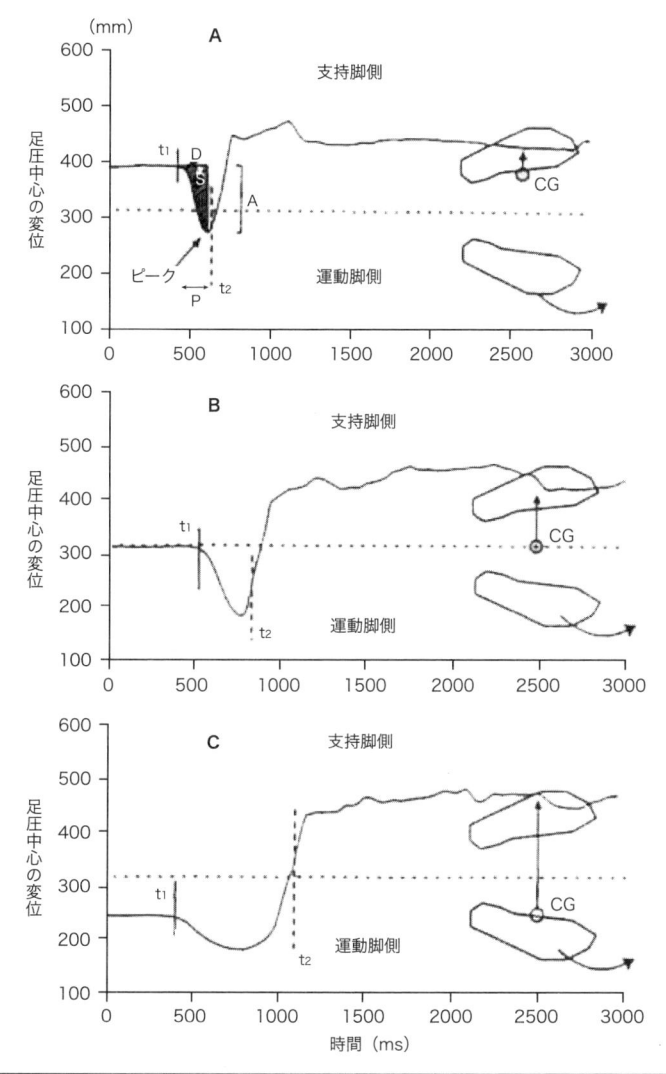

図7-2　3種の初期重心位置から横方向への右脚外転における足圧中心の水平方向の変位（文献35より一部改変）
A：支持脚位，B：安静位，C：運動脚位，CG：重心位置．時間（D）は曲線の変化開始（t_1）と曲線のピーク値（t_2）との間として定義された．振幅（A）は t_1 とピークタイムの位置との差とした．面積（S）は t_1 とピークタイムとの間の範囲として定義された．垂直方向の点線（t_2）は運動の開始と一致する．水平方向の点線は中央の重心位置と一致する．3種の初期重心位置から横方向に右脚を外転した時の重心の移動距離と横方向の力および足圧中心の推力との関係についてみると，運動脚位（C）は，他の2条件と比較して重心の移動距離が最も長く，この時，足圧中心の推力の時間（D）や横方向の力のピークタイムおよび面積（S）も大きな値を示した．

gram) や床反力計 (force platform) などから得られたデータを解析して検討した.

その前に筋電図について簡単に説明する. 健康診断で心臓の働きをみるためには, 心電図による検査をし, 脳の働きを調べるには, 脳波計による検査をする. 心電図とは, 心臓の筋肉の収縮に伴って発生する微量の電流を記録したものであり, 脳波とは大脳に存在する多数の神経細胞 (ニューロン) の電気的な活動電位を頭皮上から導出して記録したものである. 人間が身体運動を行った際の筋肉の働きを調べるために, 筋電図がある. 人体には大小約400あまりの骨格筋と約200あまりの骨がある. 骨は関節 (骨と骨の結合のこと) をつくり, 筋肉はこの骨に付着している. 身体のさまざまな運動は, 筋肉が収縮することにより行われている. 筋肉が収縮する時には電気的な筋放電がみられ, この筋放電を経皮的に皿電極で記録し増幅したものを表面筋電図という. このような表面筋電図を用いて記録することによって, さまざまな運動を行った際に, いつ頃 (筋活動のタイミング: temporal pattern), どの部位 (活動筋群の選択: spatial pattern) で, どれくらいの放電 (quantity of muscle discharge) が発生して筋が活動していたのかを把握することができる.

本実験では, 双極の表面筋電図を用い, 被験筋は運動脚側の縫工筋 (sartorius), 運動脚側と支持脚側の前脛骨筋 (tibialis anterior), 運動脚側の中殿筋 (gluteus medius) とした.

図7-3は, 3種の初期重心位置から1歩踏み出し動作を行った際の力学データおよび筋電図データの代表例である. 立位状態で右足から1歩を踏み出した場合は, 右大腿を前方に挙上し, 下腿を内転するために主動的に働く筋の1つである縫工筋 (前腸骨棘から起こり脛骨粗面に付着) が活動する. しかし, この主動筋である縫工筋の放電が開始する以前, つまり右足を1歩踏み出そうとするよりも前に足背屈に作用する両側の前脛骨筋 (脛骨外側面から起こり第1中足骨底に付着) が活動していた (**図7-3**). 前述したように, このような主運動開始よりも前に発現する筋活動を先行随伴性姿勢調節 (APA) と呼ぶ. このAPAは, 日常生活のなかでもよくみられる. たとえば, 自分では重いと思っている物体を両腕でもち上げる時, 事前に脚筋群により力を入れるなどである. これは, すばやく意図した運動を行う場合に中枢神経系が過去の運動経験に基づいて, その物体をもち上げるために必要な筋群を選択し, それらに必要であろう力を事前 (フィードフォワード) に調節していることを示している.

このように, APAがフィードフォワード制御の機構であるのに対し, たとえば電車に乗っていて急ブレーキや急カーブのために起こった姿勢の崩れを調整する場合の姿勢調節は, フィードバック制御の機構である. つまり, 急ブレーキといった意図し

第7章 初期重心位置と先行随伴性姿勢調節

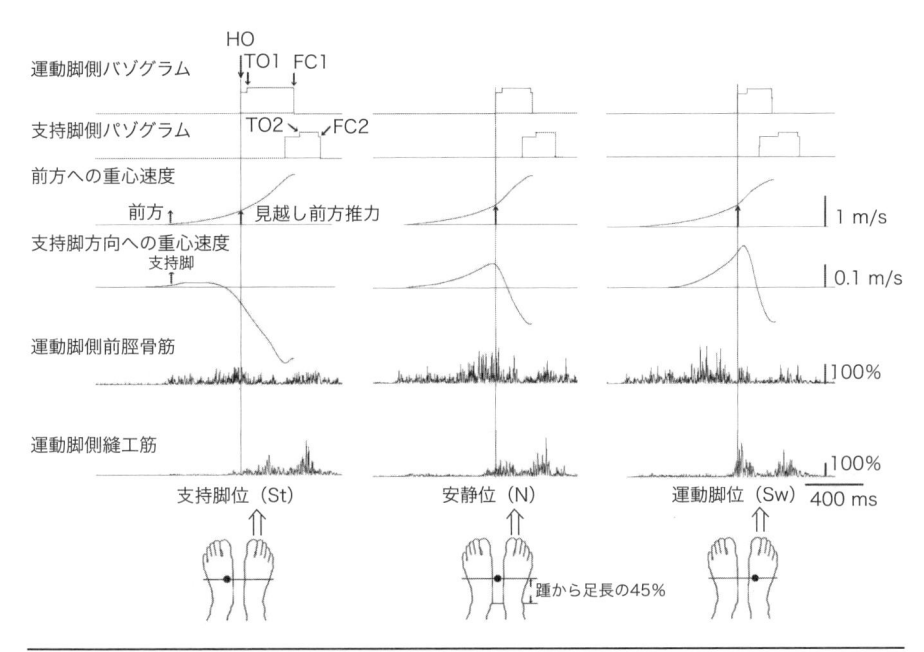

図7-3 3種の初期重心位置から1歩踏み出し動作を行った時の力学データおよび筋電図データの代表例（文献3より改変）

●：初期重心位置，HO：右脚の踵離地，TO1：右脚のつま先離地，TO2：左脚のつま先離地，FC1：右脚の接地，FC2：左脚の接地．運動の開始となる右脚の踵離地を示すHOを基点にして，それ以前を先行随伴性局面とし，以後を実行局面とした．運動脚位（Sw）と支持脚位（St）を比較すると，運動脚位（Sw）では，先行随伴性局面において前方や支持脚への重心移動速度が速く，運動脚の前脛骨筋の顕著な活動が認められ，また，実行局面においても，前方や支持脚方向への重心移動速度が速いことがわかる．

ない外乱により，脚の筋が伸張された場合には，筋紡錘がその筋の長さやその変化率を検出し，その情報が脊髄へ伝わり，そこから脚の筋を収縮させる命令信号が送られる．これを伸張反射（stretch reflex）と呼び，脊髄レベルによる姿勢調整が行われる．

APAは反射によるのではなく，上位中枢からの指令により発現していると考えられている．またこの機能的な意義は，Belen'kii [6] 以来，主運動で生じるであろう重心動揺を事前（フィードフォワード）に最小限に抑えるためのものと考えられてきた．しかし，近年こうした姿勢の不安定さを補償するだけでなく，主運動のパフォーマンス（運動速度）も増大させるということが報告されている [2, 3, 9, 11, 19, 20, 27〜29, 36, 41, 42, 44]．さらに，APAに影響を及ぼす要因には，姿勢の不安定さ [39]，主運動の種類 [45]，運動

開始時の重心位置[1,3,30,35,38]があげられる．

運動開始時の3種の初期重心位置において，運動脚の前脛骨筋と支持脚の前脛骨筋の放電時間は，運動脚位（Sw）が最も長く，次いで安静位（N），支持脚位（St）の順でそれぞれ有意な差が認められた．また，運動脚の中殿筋の放電時間も運動脚位（Sw）が最も長く，次いで安静位（N），支持脚位（St）の順で有意な差が認められた（**表7-1**）．これらの結果は，運動脚側に重心を置いた状態から1歩を踏み出したほうが，他の2条件よりも早期から前脛骨筋と中殿筋が活動していたことを示している．

4）1歩踏み出し動作における運動脚と支持脚の機能的な違い

1歩を踏み出すという歩行開始動作における運動脚と支持脚の役割に関して，Michelら[34]は，前方推力が支持脚ではなく，運動脚によって生み出されていると報告し，Bruntら[10]は，運動脚は支持脚側へ体重を移す働きがあり，支持脚はモーメントを生み出すもととなると報告した．このように，運動脚と支持脚は，異なった機能があることが報告されている．

運動開始時の3種の初期重心位置のうち，運動脚位（Sw）から1歩踏み出し動作を行った際の運動脚側の前脛骨筋と支持脚側の前脛骨筋を比較してみた．その結果，運動脚の前脛骨筋の放電量は，支持脚のそれよりも有意に大きな値を示し，運動脚の前脛骨筋の放電時間は，支持脚のものよりも有意に長かった．一方，支持脚位（St）からの1歩踏み出し動作では，逆の結果を示した．以上のことから，運動開始時の初期重心位置の違いによって運動脚と支持脚の前脛骨筋の働きが異なることが明らかとなった（**表7-1**）．

5）運動開始時の重心位置と見越し前方推力および見越し支持脚方向推力

実際に運動脚を踏み出そうとして，運動脚の踵が動きはじめる直前までの前方への推力（見越し前方推力）や支持脚への推力（支持脚方向への見越し推力）は，運動開始時の重心位置が運動脚位（Sw）にあった場合に最も大きな値を示した（**表7-1，図7-3**）．このことは，運動脚位（Sw）からの1歩踏み出し動作のほうが，他の2条件よりも運動脚の踵離地までに運動脚側の足底へ大きな圧力がかかっており，それにより触覚や筋，腱の固有受容器（身体部位の相対的位置関係の情報を変換する受容器：proprioceptor）からの感覚情報量が増したことを示唆している．PatchayとGahery[38]は，2台のフォースプレート（床反力計）上に被験者を立たせ，運動脚にかかる荷重量を変えて（最大荷重から最大抜重まで10％の幅で定義）歩行させた結果，運動脚

第7章 初期重心位置と先行随伴性姿勢調節

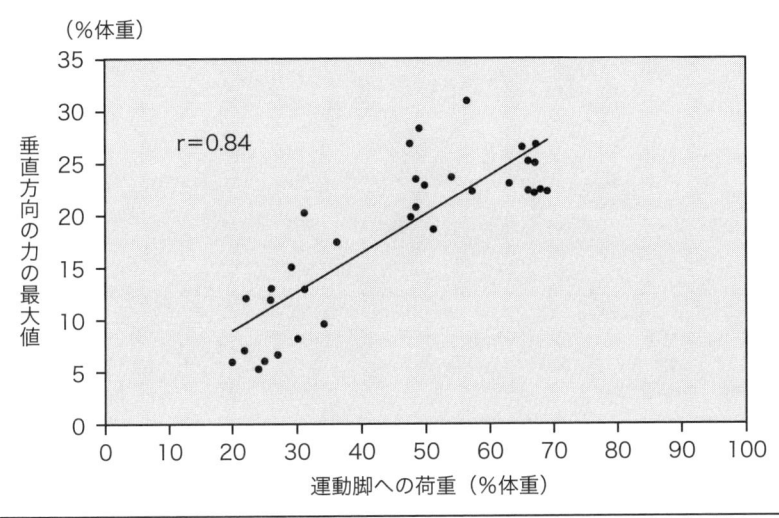

図7-4 運動開始前の運動脚への初期の荷重と垂直方向の力の最大値との関係（文献38より改変）
運動脚への荷重が増大した状態から歩行を開始した場合のほうが，運動開始前の垂直方向の力が増大した．

にかかった体重とステップ開始前の垂直方向の力の増大との間に高い相関が認められたと報告した（**図7-4**）．つまり，運動脚への荷重量を増やした状態で歩き出した場合には，運動脚を1歩踏み出す直前の垂直方向の力が大きくなることを示した．

6) 前脛骨筋の筋活動と見越し前方推力および支持脚方向への見越し推力

Itoら[19]は，1歩踏み出し動作の運動開始時の初期重心位置を安静位とし，かつステップ幅を規定した速度条件（全力と通常の2種類）において，前脛骨筋の放電時間に差異が認められなかったと報告した．しかし，著者ら[3]の水平方向に初期重心位置を変えてステップ幅を規定した条件では，前脛骨筋の放電時間が3条件の間で有意な差が認められた．さらに，運動脚位（Sw）における前脛骨筋の放電時間と踵離地までの支持脚方向への重心移動速度および支持脚方向への最大の重心移動速度との間には，それぞれ有意な正の相関が認められた．これらの結果は，運動脚の前脛骨筋が支持脚方向に重心を移動させる機能があることを示唆している．

見越し前方推力と1歩を踏み出す動作時間との間には，有意な負の相関関係が認められており，見越し前方推力が大きくなるほど動作時間が短縮することが示されている（**図7-5**）．PatchayとGahery[38]は，垂直方向の力の最大値とステップ動作時間

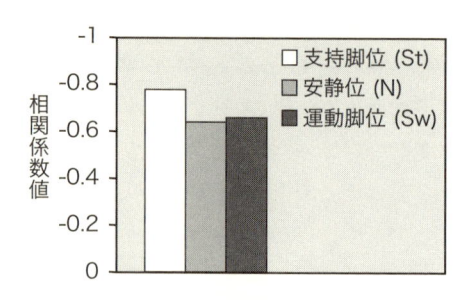

図7-5 動作時間と見越し前方推力との間の相関係数値（文献3より改変）
3種の初期重心位置から1歩踏み出し動作を行わせた際の動作時間（右脚の踵が床から離れた時点からその右脚が1歩踏み出して床に接地するまで）と見越し前方推力（運動脚である右脚の踵離地の時点の前方への推力）との間には，有意な負の相関関係が認められた（p＜0.001）．これは，見越し前方推力の増大が動作時間の短縮に関与していることを示唆している．

(step duration) との間には有意な負の相関があったと報告しており，これは著者らの運動脚位（Sw）からの1歩踏み出し動作において運動脚への見越し前方推力が最も大きくなり，動作時間が短縮するという結果と同様であった．さらに，運動脚の前脛骨筋の放電時間と見越し前方推力との間には，有意な正の相関が認められ，右脚の前脛骨筋の放電時間が長いほど見越し前方推力が大きいことを示した（図7-6）．

これらの結果から，運動脚位からの1歩踏み出し動作において，主動筋の縫工筋よりも前に活動する運動脚の前脛骨筋は，支持脚方向への推力だけでなく，前方推力の増大にも関与していることが示唆された．

7）先行随伴性姿勢調節（APA）と触覚および筋腱固有受容器

筋肉は，何百，何千もの筋線維（muscle fiber）によって構成されており，個々の筋線維には，筋紡錘（muscle spindle）と呼ばれる筋の伸張（長さや速度）に反応する受容器（receptor）とゴルジ腱器官（tendon organ of Golgi）という腱にかかる張力に反応する受容器がある．ゴルジ腱器官は，抗重力筋（足，背中，首）に多く存在しており，検出された感覚情報は，Ib求心性線維を経由してIb介在ニューロンに伝わり，主動筋を支配する運動ニューロンが抑制され，拮抗筋を支配する運動ニューロンが興奮する．つまりゴルジ腱器官には，張力を検知すると同名筋を弛緩させる機能がある．ただし，ゴルジ腱器官の機能は，運動の種類によって異なった働きをする[13]．

たとえば，先行研究[16]において片足が支持できない実験条件を設定し，ネコに歩行をさせた場合には，足の伸筋の活動が低下するが，支持面がない状態でネコの足関

第7章　初期重心位置と先行随伴性姿勢調節

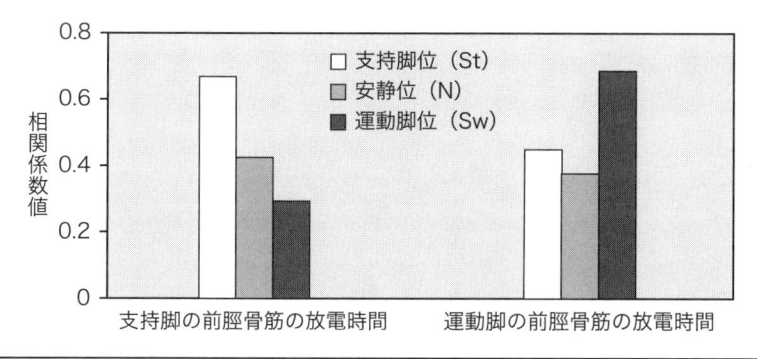

図7-6　見越し前方推力と前脛骨筋の放電時間との相関係数値（文献3より改変）
3種の初期重心位置から1歩踏み出し動作を行わせた際の見越し前方推力（運動脚である右脚の踵離地の時点の前方への推力）と運動脚および支持脚の前脛骨筋との間には，有意な正の相関関係が認められた（p＜0.001）．特に，運動脚位（Sw）では，運動脚の前脛骨筋が右踵離地時の前方推力に深く関与し，逆に支持脚位（St）では，支持脚の前脛骨筋が右踵離地時の前方推力に深く関与していることが相関係数値により認められた．

節の伸筋に荷重を加える（ゴルジ腱器官を刺激）と伸筋の活動が回復したという報告がある．これは，ネコのゴルジ腱器官を刺激すると伸筋が抑制されるのではなく，逆に興奮して緊張したということであり，移動運動では腱反射（tendon reflex）と逆の働きをする．これと同様のことが，運動脚位（Sw）から1歩踏み出し動作を行った際の運動脚にも起こっていたと考えられる．また，Dietsら[13]は，支持面に対する身体への荷重に反応する荷重感覚器（ゴルジ腱器官）の存在を示し，この感覚器は補償的な筋反応であり，回転運動では出現せず，移動運動のみで確認されたと報告した．

　運動脚位（Sw）からの1歩踏み出し動作では，運動脚の足底への荷重が安静位（N）や支持脚位（St）よりも大きくなり，足底への触覚情報も増大する．Kavounoudiasら[23]は，立位姿勢での閉眼状態で足底に装着した4ヵ所のバイブレータから高周波で低振幅の振動刺激を与えた結果，刺激を受けた部位とは正反対の方向に身体を移動させ，その移動量は感覚刺激の加算によると報告した（**図7-7**）．つまり，閉眼状態で両足底の前部が刺激されると，前方へ身体が傾いたような錯覚が起こり，それを補正するために後方へ身体を移動させており，逆に両足底の後部が刺激されると後部へ身体が傾いたような錯覚が生じるために前方へ身体を移動させていた．このことは，他の感覚情報に加えて，足底からの触覚情報の処理が中枢神経系にたえず身体位置の情報を伝え，その身体位置と平衡位置との間のギャップを小さくするように導いているものと考えられる．また，Meyerら[33]は，足底からの触覚情報が身体バランスに

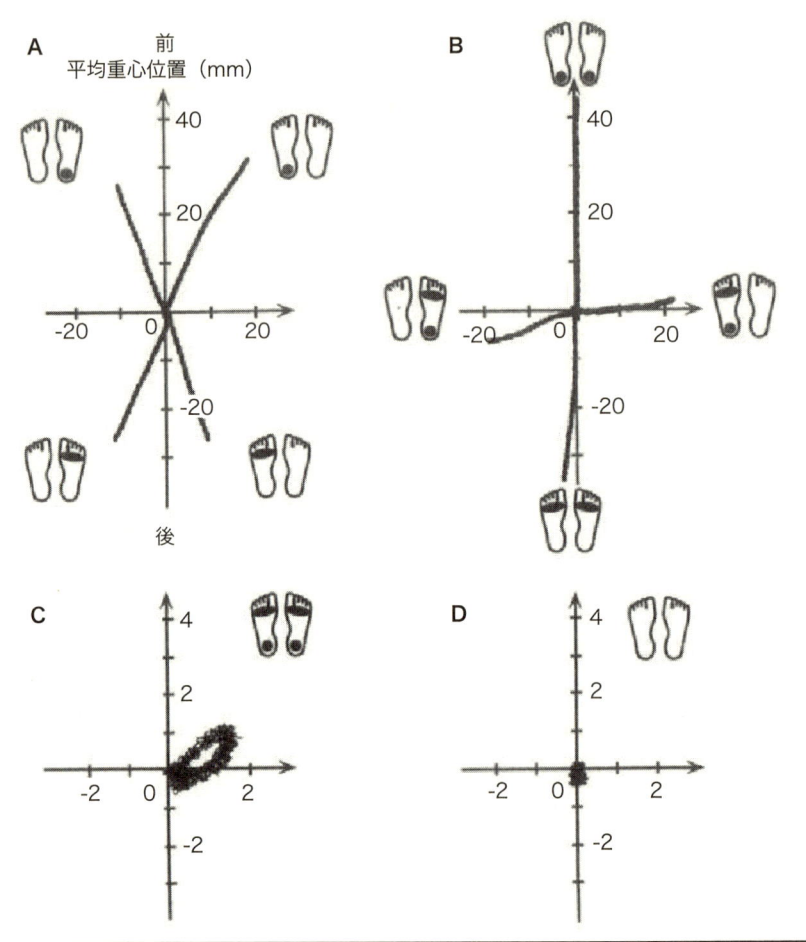

図7-7 両足底の前部と後部へ振動刺激を与えた時の平均的に方向づけられた姿勢反応（文献23より一部改変）
A：右足底または左足底の前部または後部への1ヵ所への振動，B：片足または両足底への2ヵ所への振動，C：両足底への4ヵ所への振動，D：振動なし（対照条件）．トレースは，最初の3秒間に記録された足圧中心の平均の軌跡である．足底の●印は振動位置を示す．被験者の変位は，対照条件（D）と4ヵ所への振動条件（C）において非常に小さかったために，大きな尺度を使用した．

影響を与えると報告し，Crennaら[11]は，異なった初期重心位置から1歩を踏み出す動作を行った際のAPAが，足底からの触覚情報によって調整されると報告した．また，先行研究[24]において，足底と足関節屈筋からの触覚と固有受容器情報は，立位を維持しようと協力して処理していると報告した．身体のバランスや頭部，身体の位

置制御にかかわる前庭器官は内耳に位置し，その末梢受容器は，半規管・卵形嚢・球形嚢に含まれている．Bentら[7]は，人のステップ動作におけるAPAが，前庭器官からの情報に対して大きな影響を受けないということを報告した．すなわち，運動開始前に発現するAPAは，移動運動において前庭器官からの情報に大きく左右されない．このことから，前庭の働きは動作局面によって異なっていることが推測される．

以上のことから，運動開始前に発現するAPAは，触覚や圧覚からの求心性情報と，深部感覚である筋紡錘やゴルジ腱器官の固有受容器からの情報が上位中枢機構に伝えられ，それらの情報を統合したうえで運動を制御しているものと考えられる．

8) 縫工筋および中殿筋の筋活動と動作時間

いままで1歩踏み出し動作を行った際のAPAに参画する前脛骨筋について述べてきたが，他の姿勢筋である中殿筋や主動筋である縫工筋の活動についてみることにする．

運動開始時の3種の初期重心位置において，運動脚の中殿筋の放電時間は，運動脚位（Sw）が最も長く，次いで安静位（N），支持脚位（St）の順でそれぞれ有意な差が認められた．また，運動脚の中殿筋の放電量も運動脚位（Sw）が最も大きな値を示し，次いで安静位（N），支持脚位（St）の順で有意な差が認められた（**表7-1**）．これらの結果は，運動脚位（Sw）に重心を置いた状態から1歩を踏み出したほうが，他の2条件よりも早期から中殿筋が活発に活動していたことを示している．

次に，中殿筋の放電時間と重心移動速度および動作時間についてみる．運動脚位（Sw）に初期重心位置を置いた1歩踏み出し動作において，運動脚の中殿筋の放電時間は，運動脚の踵が離地（heel-off）した時点の支持脚方向への重心移動速度との間に有意な正の相関が認められた．しかし，運動脚の踵離地時の前方への重心移動速度や1歩を踏み出す動作時間との間には相関が認められなかった．これらの相関結果から，運動脚の中殿筋の放電時間が長くなるほど，踵離地時の支持脚方向への重心の移動速度は速くなることが考えられる．しかし，中殿筋の放電時間は，動作時間を短縮させることに関して影響を及ぼしていないことが考えられる．また，運動脚位（Sw）からの1歩踏み出し動作において，運動脚の中殿筋の放電量は，踵離地時の前方への重心移動速度との間に有意な負の相関が認められた．すなわち，中殿筋の放電量が大きくなるほど，踵離地時の前方への重心移動速度が遅くなるという結果を示した．そして，運動脚位（Sw）条件の中殿筋の放電量は，踵離地時の支持脚方向への重心移動速度との間に相関が認められず，動作時間との間には有意な正の相関があった．以

上の相関結果から，運動脚位（Sw）条件における運動脚の中殿筋の放電量は，踵離地時の前方への重心移動速度と支持脚方向への重心移動速度の増大に関与せず，また動作時間を短縮させることに貢献するどころかマイナス要因となっているものと考えられる．

次に，主動筋である運動脚の縫工筋の放電時間は，運動脚位（Sw）が最も短く，次いで安静位（N），支持脚位（St）の順でそれぞれ有意な差が認められた．一方，運動脚の縫工筋の放電量は，3条件の間で有意な差が認められなかった（**表7-1**）．運動脚の縫工筋の放電時間と動作時間との間には，3条件とも有意な正の相関が認められた．以上の相関結果から，運動脚の縫工筋は，動作時間の短縮に関与しないことが考えられる．

3種の初期重心位置のうち，運動脚位（Sw）に重心位置を置いた1歩踏み出し動作では，運動脚側への初期の荷重情報（足底からの触覚や筋，腱固有受容器）が前脛骨筋のAPA活動に影響を及ぼし，前脛骨筋の見越し活動時間の増大が動作時間を短縮させていることが示唆された．

2. 矢状方向の初期重心位置と先行随伴性姿勢調節（APA）

第1節において，運動脚位，安静位，支持脚位の3種の初期重心位置のうち，運動脚位に重心を置いた1歩踏み出し動作では，運動脚側への初期の荷重情報（足底からの触覚や筋，腱固有受容器）が前脛骨筋を賦活させ，前脛骨筋の見越し放電時間の増大が動作時間を短縮させていることを示した．

ここでは，初期重心位置を矢状（前後）方向へ変えて1歩踏み出し動作を行わせ，その際の姿勢調節必要量の増減に伴う先行随伴性姿勢調節（APA）の活動量の違いが，運動成果（ステップ速度）にどのような影響を及ぼすのかについて，Itoらの研究結果[22]を紹介する．

1）矢状方向の初期重心位置に応じた見越し筋活動の様相

Itoらの研究[22]において，被験者は健康な成人男性10名（平均年齢23.8±5.6歳）であった．足圧中心位置（center of foot pressure）は，立位静止状態では身体重心位置（center of body mass）の地面への投射位置と一致するため，運動開始時の初期重心位置はフォースプレート（床反力計）により測定された足圧中心位置を用い，次のように厳密に規定された．

第7章 初期重心位置と先行随伴性姿勢調節

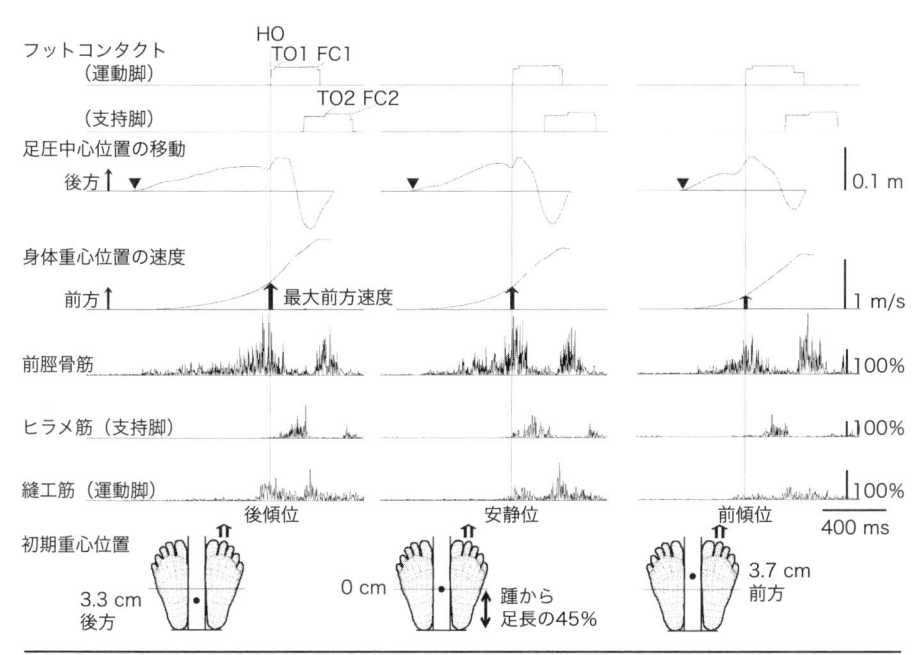

図7-8 3種の矢状方向の初期重心位置から1歩踏み出し動作を行った時の力学データおよび筋電図データの代表例（文献22より引用）
●：初期重心位置，▼：先行随伴性（見越し）局面での足圧中心位置の変化開始，HO：右脚の踵離地，TO1：右脚のつま先離地，TO2：左足のつま先離地，FC1：右脚の接地，FC2：左脚の接地．後傾位条件では，他の2条件と比較して最大前方速度が速く，先行随伴性（見越し）局面において，運動脚の前脛骨筋の顕著な活動が認められた．

　被験者をフォースプレート（床反力計）上に立たせ，躯幹を曲げずに身体をまっすぐに保った状態にし，前方への最大荷重時の足圧中心位置，安静立位時の足圧中心位置，後方への最大荷重時の足圧中心位置を測定した．測定したデータから前方への最大荷重時の足圧中心位置の50％位置を前傾位，安静立位時の足圧中心位置を安静位，後方への最大荷重時の足圧中心位置の50％位置を後傾位とし，被験者の2m前方に設置したXYプロッター上に3種の初期重心位置としてプロットした．次に被験者をフォースプレート（床反力計）上で手を腰にあて両足を平行に置いて立たせ（両足間の幅5cm），被験者の2m前方に設置したXYプロッター上にプロットされた3種の初期重心位置に自身の身体重心位置を合わせ，右脚から一定の歩幅（各被験者の身長の40％）でできるだけすばやく1歩踏み出し動作を行わせた．すべての被験者にこの動作を各実験条件につき10回ずつ計30回実施した．

図7-8に，矢状（前後）方向に初期重心位置を変えた3条件から1歩踏み出し動作を行った際の力学データおよび筋電図データの代表例を示した．矢状（前後）方向に初期重心位置を変えた3条件からの1歩踏み出し動作において，運動脚の踵離地（HO）よりも以前に足圧中心位置の後方への移動，身体重心位置の前方速度，両側前脛骨筋の顕著な活動が出現した．

運動脚の前脛骨筋の見越し放電時間と支持脚の前脛骨筋の見越し放電時間は後傾位条件が最も長く，次いで安静位，前傾位の順となっており，初期重心位置が後方へ移動するほど長かった．一方，運動脚および支持脚の前脛骨筋の放電量，運動脚の縫工筋の放電量，支持脚のヒラメ筋の放電量には，おのおの3条件の間で有意な差が認められなかった．これらの結果は，矢状方向において後方に初期重心位置を置いた状態から1歩を踏み出したほうが，他の2条件よりも早期から前脛骨筋が活動していたことを示している．

2）矢状方向の初期重心位置に応じた動作時間および床反力データの変化

3条件において，運動脚の踵離地から接地までに要した時間である動作時間（step time）は，有意な差が認められなかった．しかし，運動脚接地（FC1）の時点に到達する身体重心位置の前方への最大速度（Vmax）には，3条件の間で有意な差が認められ，特に後傾位条件における身体重心位置の前方への最大速度は，安静位や前傾位と比較して有意に高い値を示した（$p < 0.05$）．踵離地までの見越し局面で獲得される前方速度は，3条件の間で有意な差が認められたが（$p < 0.001$），主運動局面で獲得される前方速度には，有意な差が認められなかった．足圧中心位置の見越し時間は，初期重心位置が後方へ移動するほど有意に長くなった（$p < 0.001$）．逆に，見越し局面における足圧中心位置の最大後方移動量は，初期重心位置が後方へ移動するほど減少した（$p < 0.001$）．運動脚の股関節屈曲の平均角速度には，3条件の間で有意な差が認められなかった．

3）見越し筋活動，床反力データおよび動作時間との相互関係

運動開始時の初期重心位置が後方にあった場合の後傾位条件での1歩踏み出し動作では，安静位や前傾位と比較して最大前方速度が有意に高い値を示した（$p < 0.05$）．矢状（前後）方向に初期重心位置を変えた1歩踏み出し動作では，運動脚の踵離地から接地までに要した時間である動作時間に有意な差が認められず，最大前方速度に有意な差が認められた．一方，前節で述べたように，水平（左右）方向に初期重心位置

を変えた1歩踏み出し動作において，運動脚側に初期重心位置を置いた1歩踏み出し動作は，支持脚側からのものと比較して動作時間が有意に短縮したが，最大速度には有意な差が認められなかった．このように，初期重心位置を矢状（前後）方向と水平（左右）方向とに変えることによって，異なる結果が得られた．後傾位条件における最大前方速度の増大と運動脚位条件における動作時間の短縮は，主動筋ではなく，姿勢筋である前脛骨筋の放電時間の増大によるものであった．矢状（前後）方向のAPAと水平（左右）方向のAPAは，運動脚の踵離地からフットコンタクトまでに獲得された前方への重心速度の増加と動作時間の短縮に関与している．前後方向のAPAの放電量，つまり前脛骨筋の放電は，身体重心位置の速度に直接関係していることが知られている[11, 19]．一方，左右方向のAPAが立位からのすばやい屈曲運動における運動脚股関節屈曲の最大角速度を増大させることが報告されている[37]．

Itoらの研究[22]からは，後傾位条件の最大のステップ速度が他の2条件よりも有意に高い値が示された．しかし，Dietrichら[12]は，1歩踏み出し動作のステップ速度が速くなるに従って，初期重心位置は前方へ移動することを報告している．これらの結果の相違は，Itoらの研究では自己ペースでの運動課題が用いられ，Dietrichらは反応課題を用いており，実験条件の異なることが影響しているかもしれない．Dietrichらの研究では，反応運動課題に対して，被験者があらかじめ身体を前方へ移動させることによって姿勢調節に必要な時間を減少させようとしていたことが考えられる．しかしながら，自己ペースによる運動での結果は，Dietrichらの結果からは予期されないものとなった．

身体の後傾が増大するほど，見越し局面における足圧中心位置と両側の前脛骨筋の見越し放電時間が増大した．一方，前方へのステップの間の主動筋の放電量には差が認められなかった．これらの結果は，前脛骨筋の見越し時間が増大することで運動脚の踵離地までの前方推力の積分値が増大し，見越し局面において獲得された前方速度が増大することを示す．運動開始時の初期重心位置を矢状（前後）方向に変えて1歩踏み出し動作を行わせた場合には，姿勢要求量の違いによるAPAの増減だけでなく，足底からの触覚情報および筋腱固有受容器にも影響を及ぼすものと考えられる．

Kavounoudiasら[23]は，立位時の足底への振動刺激による皮膚感覚情報が，上位中枢から刺激を受けた部位とは反対方向に身体重心位置を移動させるような命令信号が下行すると報告した．これは，足関節まわりの筋や腱からの固有感覚情報とともに，足底皮膚の求心性情報が身体重心位置と平衡をとるための位置との間の差を少なくすることで姿勢を安定させようとしていることを示している．Itoらの実験[22]での後傾

位条件における速いステップ速度は，見越し局面における姿勢コントロールと実行局面における意図した運動の遂行とのそれぞれの目標とする方向の一致に起因するかもしれない．

運動に対して十分な支持面が確保されない場合には，目標方向の誤りや運動のパフォーマンスの低下を引き起こす[15]．運動のパフォーマンスには，運動前の姿勢安定の成否が大きくかかわることを示している．見越し局面において獲得された前方速度は，立位時の最大ステップ速度の約35％に達する．運動のパフォーマンスに対するこのAPAの貢献度は，スポーツの現場において無視することができない．Itoらの研究[22]の結果は，見越し局面における前脛骨筋の筋活動が1歩踏み出し運動の開始に必要な状況を整える姿勢補償機能だけでなく，前方移動速度の増加にも貢献する機能を有していることを明らかにしている．これは，運動のパフォーマンスを増大させるためには，主動筋だけでなく姿勢筋にもトレーニングを行う必要性を示唆している．

3. 矢状方向および水平方向の初期重心位置と先行随伴性姿勢調節

意図した運動を開始する前に，主動筋よりも先に両脚の前脛骨筋に放電が認められる．前述したように，これらの筋活動は，いわゆる先行随伴性姿勢調節（APA）と呼ばれている．APAは，生得的な反射によるのではなく，意図した運動を開始する前に上位中枢機構（central nervous system：CNS）からの指令により発現していると考えられている[27]．

ここでは，歩行開始前の矢状（前後）方向および水平（左右）方向の9種の初期重心位置の違いがAPAや運動成果にどのような影響を及ぼすのかという著者らの研究結果[5]を紹介する．

1）静的姿勢調節と動的姿勢調節

ヒトは，立位状態が保たれていても，完全に静止しているわけではない．平衡機能計（gravicorder）の上で立位姿勢をとった際の動揺（disturbance）の軌跡をみると，身体は絶えず微小に動揺しながら時々刻々姿勢（posture）を調節して平衡（equilibrium）を保っている（第5章参照）．つまり，動揺が消滅するのではなく，適度に動揺量を軽減することによって静止が保たれている．また，この立位状態から運動を遂行する場合にも，さまざまな動揺を引き起こす．このように運動を行うには，その意図した運動によって発生する重心動揺を抑制し，平衡を維持するための姿勢調節

(postural adjustment）が必要である．

姿勢調節には，静的姿勢調節と動的姿勢調節がある．静的姿勢調節は，閉眼片足立ちのような支持基底面（base of support）が変化しない静止した姿勢を保持する場合に働き，支持基底面内の微弱な重心動揺を抑制する．一方，動的姿勢調節とは，安静立位からの急速な上肢挙上動作のような支持基底面内に身体重心を保持する場合や，歩行開始動作のような支持基底面内から身体重心が放出されるような支持基底面が変化する場合に働き，その意図した運動によって生じた重心動揺を抑制する．

たとえば，閉眼片足立ちを行った場合などの静的な姿勢調節の仕組みとして，筋の伸張に反応する筋紡錘（muscle spindle）から検出された情報は，求心性の感覚神経線維であるIa線維（Ia fiber）やII群線維（II fiber）を経由して中枢へ送られる．そして，中枢からの情報は，脊髄腹根に存在する骨格筋線維（錘外筋線維）(extrafusal muscle fiber）を支配するα運動ニューロン（α-motor neuron）と錘内筋線維（intrafusal muscle fiber）を支配するγ運動ニューロン（γ-motor neuron）を経由して筋へ指令信号を伝える．このように静的姿勢調節のメカニズムは，外乱に対して，筋紡錘やゴルジ腱器官（tendon organ of Golgi）の固有受容器（proprioceptor）からの情報が中枢に伝達され，そこから姿勢を調節するための情報がフィードバックされ，姿勢調節が行われる．

一方，動的姿勢調節のメカニズムは，運動遂行のためと姿勢調節のための指令が上位中枢から出される．その際，姿勢調節のための指令は，運動を遂行するための指令よりも前に出される．もしこの指令の順序が逆になると，ヒトは姿勢を調節するための時間を確保できないために，スムースな運動ができない．したがって，すばやい随意運動のためには，事前（フィードフォワード）に姿勢を調節する必要がある．

日常生活においてフィードフォワード性姿勢調節を行っているすばやい随意運動の例として，歩行者が信号待ちをしている時，信号が赤から緑に変るや否や最初の1歩をすばやく踏み出している人があげられる．一見，何気なく1歩を踏み出しているようであるが，身体内部では，すばやくスムースに1歩を踏み出すために，大脳からの指令を受けて筋肉が活動している．つまり，本来なら1歩を踏み出すために大腿を前方にもち上げ，下腿を内転するために主動的に働く縫工筋（前腸骨棘から起こり脛骨粗面に付着）が活動するはずであるが，実際は，その筋活動よりも先に膝から下の脛骨の外側面にある前脛骨筋（脛骨外側面から起こり第1中足骨底に付着）が活動する．このようなフィードフォワード性の姿勢調節のための前脛骨筋の活動をAPAと呼ぶ．Belen'kiiら[6]の報告以来，APAは，動的な姿勢調節に対して補償的な役割を果たす

と考えられてきた．このような補償的に APA が活動する場合は，立位姿勢を保持した状態での上・下肢の運動といった身体重心を基底面内に保持する運動に限定されつつある[17]．近年，支持基底面から身体重心が放出されるような運動を行った場合には，APA が主運動のパフォーマンス（速度など）を高めることにも関与することが報告されている[1～5,9,11,18～21,27～29,39,41～44]．

本章では，APA に影響を及ぼす要因のうち，運動開始時の初期重心位置に焦点をあてた．運動開始時の重心位置は，運動中の重心の移動距離[35]と足底からの感覚情報[33]に影響を及ぼすことが報告されている．つまり，運動開始時の重心位置の違いによって，重心の移動距離および運動脚にかかる荷重が増減する．すなわち，足底にかかる荷重量の増減に伴って足底から上行する触覚情報も変化する．ステップ開始に関連した APA の先行研究において，水平（左右）方向に初期重心位置を置いた実験条件は，矢状（前後）方向のものより少ない．APA に影響を及ぼす要因のうち，水平方向の初期重心位置との関係は，横方向への片大腿挙上動作[35]，歩行開始動作[38]，1 歩踏み出し動作[3]による報告がある．しかし，矢状方向と水平方向の両方の成分を含む斜め方向を初期重心位置とし，そこから 1 歩踏み出し動作を行わせた際の APA に関する先行研究はみられない．さらに，斜め 4 方向，水平方向，矢状方向，安静位置の 9 種の初期重心位置から 1 歩踏み出し動作を行わせた際の APA と運動成果の関係に着目した先行研究もみられない．そこで，矢状（前後）方向および水平（左右）方向の成分を変えた 9 ヵ所の初期重心位置を設定し，そこから 1 歩踏み出し動作を行った際の APA がどのような変容を受け，運動成果にどのような影響を及ぼしているかを検証した．

2) 実験方法

歩行開始時の初期の重心位置を矢状（前後）方向および水平（左右）方向に変えて，1 歩踏み出し動作を行った際に，動作時間や筋活動などにどのような影響を及ぼすかについて，健康な成人男性 10 名（平均年齢 23.8 ± 5.6 歳，平均身長 171.3 ± 4.1 cm，平均体重 65.8 ± 9.8 kg，平均足長 26.6 ± 0.5 cm）を対象に検討した．

被験者は，9 種の初期重心位置（**図 7-9**）からできるだけすばやく運動脚から一定の歩幅（各被験者の身長の 40％）で 1 歩踏み出し動作（右脚を 1 歩踏み出し，その踏み出した右脚に左脚をそろえるまで）を行った．なお 1 歩を踏み出す片脚は，ボールをキックする利き脚とし，今回の被験者は全員右脚から 1 歩踏み出しを行った．

立位静止状態では，足圧中心位置は身体重心位置の地面への投射位置と一致するた

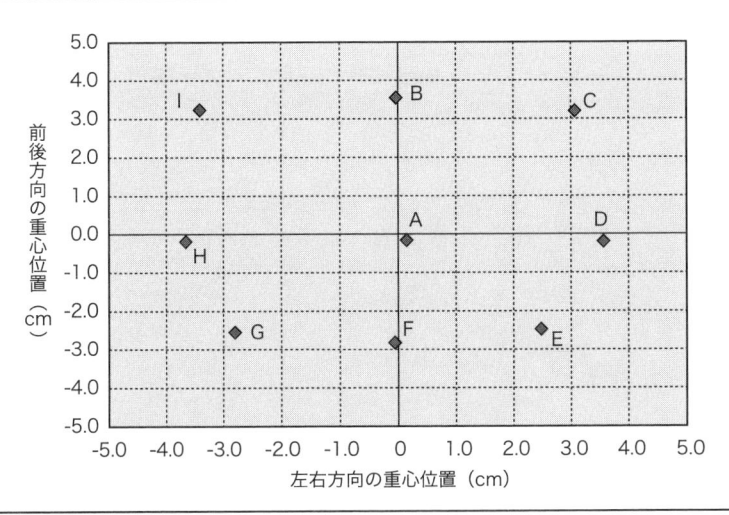

図7-9　9種の初期重心位置（10名の平均値）
A：足圧中心位置が各被験者の踵から足長の45％位置（安静位），B：前方への最大荷重時の足圧中心位置の値に対する50％の位置（前傾位），C：安静位から右斜め前方約45°の方向への最大荷重時の足圧中心位置の値に対する50％の位置（右斜め前傾位），D：運動脚側への最大荷重時の足圧中心位置の値に対する50％となる位置（運動脚位），E：安静位から右斜め後方約45°の方向への最大荷重時の足圧中心位置の値に対する50％位置（右斜め後傾位），F：後方への最大荷重時の足圧中心位置の値に対する50％位置（後傾位），G：安静位から左斜め後方，約45°の方向への最大荷重時の足圧中心位置の値に対する50％位置（左斜め後傾位），H：支持脚方向への最大荷重時の足圧中心位置の値に対する50％位置（支持脚位），I：安静位から左斜め前方，約45°の方向への最大荷重時の足圧中心位置の値に対する50％の位置（左斜め前傾位）．

め，運動開始時の初期重心位置はフォースプレート（床反力計）により測定した足圧中心位置を用い，次のように厳密に規定した（**図7-9**）．A：足圧中心位置が各被験者の踵から足長の45％位置（安静位），B：前方への最大荷重時の足圧中心位置の値に対する50％の位置（前傾位），C：安静位から右斜め前方約45°の方向への最大荷重時の足圧中心位置の値に対する50％の位置（右斜め前傾位），D：運動脚側への最大荷重時の足圧中心位置の値に対する50％となる位置（運動脚位），E：安静位から右斜め後方約45°の方向への最大荷重時の足圧中心位置の値に対する50％位置（右斜め後傾位），F：後方への最大荷重時の足圧中心位置の値に対する50％位置（後傾位），G：安静位から左斜め後方，約45°の方向への最大荷重時の足圧中心位置の値に対する50％位置（左斜め後傾位），H：支持脚方向への最大荷重時の足圧中心位置の値に対する50％位置（支持脚位），I：安静位から左斜め前方，約45°の方向への最大荷重時の足圧中心位置の値に対する50％の位置（左斜め前傾位）．被験者には，

多関節運動学入門

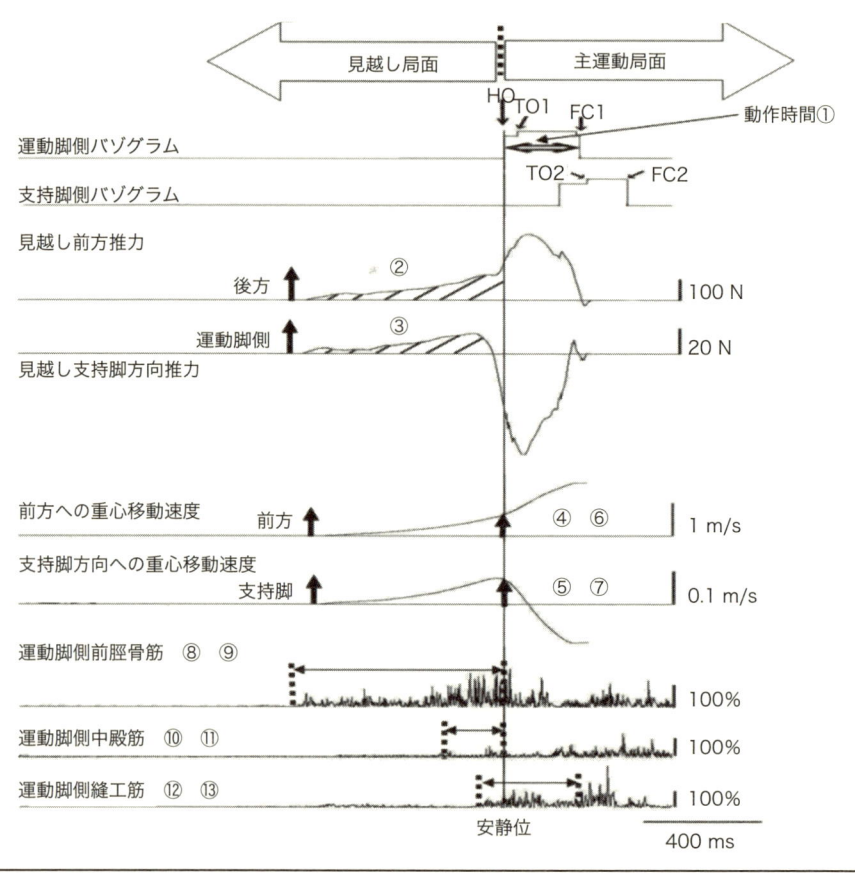

図7-10 測定項目
図中の①〜⑬は表7-2に対応.

　これら9種の運動開始時の姿勢について体軸をまっすぐに保つよう指示した.
　まず実験前に，各被験者に床反力計上で手を腰にあて，独自に作製し足の離地-着床を検出できるシューズを履いて両足を平行に置いて立ってもらい（両足の踵骨内側縁と第1中足骨頭内側面とを結んだライン間の幅5 cm），9種の運動開始時の位置を測定した．次に，床反力計上で手を腰にあて，2 m前方に設置したXYプロッターのモニターにプロットされた9種の初期重心位置に自身の身体重心位置を合わせ，その位置を3秒間保持した状態から自発的にできるだけすばやく右脚から一定の歩幅（各被験者の身長の40％）で1歩踏み出し動作を行った．1歩を踏み出す先には，各被験者の身長に対する40％の長さから求めた1歩を踏み出す歩幅の位置に幅10 cm,

第7章 初期重心位置と先行随伴性姿勢調節

表7-2 測定項目

図7-10の番号	測定項目	測定局面
①	動作時間（ms）	運動脚（右脚）の踵離地（HO）から運動脚（右脚）の接地（FC1）までの時間
②	見越し前方推力（N）	床反力の水平後方成分の変化開始から運動脚の踵離地（HO）までの力積
③	見越し支持脚方向推力（N）	床反力の水平左右成分の変化開始から運動脚の踵離地（HO）までの力積
④	踵離地時の前方への重心移動速度（m/s）	運動脚の踵離地（HO）の地点における前方への重心移動曲線の値
⑤	踵離地時の支持脚方向への重心移動速度（m/s）	運動脚の踵離地（HO）の地点における支持脚方向への重心移動曲線の値
⑥	踵離地時の前方への重心移動距離（m）	④で測定された踵離地時の前方への重心移動速度の値を2回積分することにより算出
⑦	踵離地時の支持脚への重心移動距離（m）	⑤で測定された踵離地時の支持脚方向への重心移動速度の値を2回積分することにより算出
⑧	運動脚の前脛骨筋の放電時間（ms）	運動脚の前脛骨筋の放電開始から運動脚の踵離地（HO）までの時間
⑨	運動脚の前脛骨筋の放電量（%MVC）	運動脚側の前脛骨筋の放電開始から運動脚の踵離地（HO）までの平均放電量
⑩	運動脚の中殿筋の放電時間（ms）	運動脚の中殿筋の放電開始から運動脚の踵離地（HO）までの放電時間
⑪	運動脚の中殿筋の放電量（%MVC）	運動脚の中殿筋の放電開始から運動脚の踵離地（HO）までの平均放電量
⑫	運動脚の縫工筋の放電時間（ms）	股関節屈曲開始から股関節屈曲ピークまでの時間
⑬	運動脚の縫工筋の放電量（%MVC）	運動脚の縫工筋の放電開始から股関節屈曲ピークまでの平均放電量
	支持脚の前脛骨筋の放電時間（ms）	支持脚の前脛骨筋の放電開始から運動脚の踵離地（HO）までの時間
	支持脚の前脛骨筋の放電量（%MVC）	支持脚の前脛骨筋の放電開始から運動脚の踵離地（HO）までの平均放電量

長さ100 cmのテープを貼り，この部分を一直線上に踏み出し，右踵部で踏むように指示した．被験者が履くシューズの左右つま先，踵部分にはアルミテープを装着し，床反力計および1歩を踏み出す歩行路にも足部の接地-離地信号を測定できるように，フットコンタクト回路をつくった．これにより，左右のつま先，踵の接地-離地を記録した．すべての被験者は，各条件で10試行ずつ計90回行い，各条件間で5分間の休憩をとった．実験中，下肢筋群の筋活動，フットコンタクトシグナル，床反力計からの力とモーメントを同時に記録した．図7-10，表7-2に測定項目および測定方法を示した．

筋電図データは，1 kHzでサンプリングし，バンドパスフィルター（10〜500 Hz）

をかけた後,全波整流した.被験筋である運動脚側の縫工筋(sartorius),運動脚側と支持脚側の前脛骨筋(tibialis anterior),運動脚側の中殿筋(gluteus medius)の4筋は,各被験者のアイソメトリックな最大随意筋収縮(maximum voluntary muscle contraction : MVC)を測定し,放電量を正規化した.左右前脛骨筋のMVCにおいて,被験者には長座位姿勢をとらせ,力量計を介したケーブルを片方ずつ90°の背屈位を保ち,全力で引っぱることによって計測した.筋電図および力学データの各項目は,解析ソフト(KISSEI COMTEC社製 BIMUTAS II)を用いて分析した.10名の被験者データの平均値の差の検定は,one-way ANOVAを用い,事後検定は,post-hoc Tukey testを用いた.有意差検定の危険水準は5%以内とした(**表7-3,表7-4,表7-5**).

3) 運動開始前の初期重心位置に応じた見越し筋活動の様相

9種の初期重心位置から1歩踏み出し動作を行わせた際に,まず筋活動(いつ頃,どの筋で,どれくらいの放電が発生していたのか)にどのような変化が認められたかを筋電図データから解析した結果について述べる.

全条件,全試行において,運動脚離地前,すなわち主運動が開始する前に運動脚および支持脚の前脛骨筋ならびに運動脚側の中殿筋の筋活動が出現した.しかし運動開始前の初期重心位置を種々変化させることによって,見越し筋活動の様相は次のように変化した.

運動脚の前脛骨筋の見越し放電時間は,右斜め後傾位であるE条件が最も長く,次いで後傾位(F),運動脚位(D)の順であった(**図7-11**).中殿筋の見越し放電時間は,E条件が最も長く,次いでD,Fの順であった(**図7-12**).一方,これら2筋の見越し放電時間が最も短かったのは,左斜め前傾位であるI条件であった.支持脚の前脛骨筋の見越し放電時間は,E条件が最も長く,次いでF,Gの順であり,I条件が最も短かった(**図7-11**).これらの結果から,見越し筋活動である前脛骨筋と中殿筋の放電時間は,運動脚位群である右斜め後傾位(E)が最も長かった.一方,これら見越し放電時間が最も短かったのは,支持脚位群である左斜め前傾位(I)であった.運動脚の前脛骨筋と中殿筋の見越し放電時間は,C,DおよびE条件の運動脚位群がH,I条件に比して有意に長かった($p < 0.01$).これらの結果は,運動脚位群に重心を置いた状態から1歩を踏み出したほうが,支持脚位群よりも早期から前脛骨筋と中殿筋が活動していたことを示している.

運動脚側の前脛骨筋の放電量は,運動脚位群のほうが支持脚位群よりも大きい傾向

第7章 初期重心位置と先行随伴性姿勢調節

表7-3 運動脚位群と支持脚位群における各測定項目の平均値（±標準偏差）および分散分析の有意差検定結果（文献5より改変）

項　目	運動脚位群			支持脚位群		
	右斜め前方 (C)	右 (D)	右斜め後方 (E)	左斜め後方 (G)	左 (H)	左斜め前方 (I)
動作時間（ms）	267 ± 48[a]	265 ± 52[a]	266 ± 48[a]	331 ± 60	341 ± 61	353 ± 58
見越し前方推力（N）	518.7 ± 88.3[a]	550.7 ± 105.6[a]	548.9 ± 97.0[a]	447.3 ± 110.1	403.3 ± 110.1	358.8 ± 109.2
見越し支持脚方向推力（N）	140.5 ± 30.5[a]	142.8 ± 27.3[a]	125.8 ± 25.1[a]	39.5 ± 17.7	35.7 ± 18.6	40.1 ± 22.0
踵離地時の前方への重心移動速度（m/s）	0.52 ± 0.09[a]	0.55 ± 0.11[a]	0.55 ± 0.10[a]	0.45 ± 0.11	0.40 ± 0.11	0.36 ± 0.11
踵離地時の支持脚方向への重心移動速度（m/s）	0.13 ± 0.03[a]	0.13 ± 0.03[a]	0.11 ± 0.03[a]	0.02 ± 0.03	0.01 ± 0.03	0.02 ± 0.03
踵離地までの前方への重心移動距離（m）	0.097 ± 0.025[b]	0.114 ± 0.038[a]	0.122 ± 0.031[a]	0.097 ± 0.033	0.076 ± 0.032	0.057 ± 0.029
踵離地までの支持脚方向への重心移動距離（m）	0.031 ± 0.009[a]	0.036 ± 0.008[a]	0.034 ± 0.009[a]	0.010 ± 0.005	0.009 ± 0.006	0.009 ± 0.006
運動脚の前脛骨筋の放電時間（ms）	522 ± 102[b]	645 ± 123[b]	726 ± 142[b]	636 ± 142	462 ± 147	355 ± 112
運動脚の前脛骨筋の放電量（％MVC）	85.0 ± 82.5	83.6 ± 82.5	85.8 ± 77.1	66.9 ± 52.2	61.5 ± 56.9	64.8 ± 62.3
支持脚の前脛骨筋の放電時間（ms）	488 ± 94	604 ± 96[b]	711 ± 156[b]	699 ± 163	497 ± 123	383 ± 107
支持脚の前脛骨筋の放電量（％MVC）	69.8 ± 46.4	65.5 ± 41.6	70.7 ± 39.6	83.9 ± 57.8	83.1 ± 61.8	87.3 ± 70.0
運動脚の中殿筋の放電時間（ms）	567 ± 121[b]	654 ± 161[b]	717 ± 114[b]	611 ± 133	429 ± 148	337 ± 116
運動脚の中殿筋の放電量（％MVC）	24.7 ± 13.6[b]	26.4 ± 14.3[a]	24.8 ± 14.0[b]	18.1 ± 10.1	16.7 ± 9.5	19.0 ± 18.5

a：条件C, D, Eは，G, H, Iとの間におのおの有意な差が認められた（p＜0.01），b：条件C, D, Eは，H, Iとの間におのおの有意な差が認められた（p＜0.01）．

を示し，支持脚側の前傾骨筋の放電量は，逆に支持脚位群のほうが運動脚位群よりも大きい傾向を示した（**図7-13**）．運動脚側および支持脚側の前脛骨筋の見越し放電量は，各条件間で有意な差が認められなかった．中殿筋の見越し放電量は，D条件が最も大きく，次いでE，Cの順であり，H条件が最も小さかった（**図7-14**）．また，中殿筋の見越し放電量は，C，DおよびE条件の運動脚位群がG，H条件と比較して有意に多かった（p＜0.01）．

表7-4 9種の初期重心位置から1歩踏み出し動作を行わせた

項　目	安静位 (A)	前傾位 (B)	右斜め前傾位 (C)
動作時間（ms）	286 ± 54	290 ± 46	267 ± 48
見越し前方推力（N）	470.6 ± 94.5	458 ± 96.4	518.7 ± 88.3
見越し支持脚方向推力（N）	92.1 ± 23.1	91.7 ± 27.6	140.5 ± 30.5
踵離地時の前方への重心移動速度（m/s）	0.47 ± 0.09	0.46 ± 0.10	0.52 ± 0.09
踵離地時の支持脚方向への重心移動速度（m/s）	0.07 ± 0.03	0.08 ± 0.03	0.13 ± 0.03
踵離地までの前方への重心移動距離（m）	0.089 ± 0.029	0.077 ± 0.029	0.097 ± 0.025
踵離地までの支持脚への重心移動距離（m）	0.022 ± 0.007	0.018 ± 0.006	0.031 ± 0.009
運動脚の前脛骨筋の放電時間（ms）	546 ± 110	423 ± 116	522 ± 102
運動脚の前脛骨筋の放電量（%MVC）	81.6 ± 68.0	83.9 ± 81.9	85.0 ± 82.5
支持脚の前脛骨筋の放電時間（ms）	512 ± 103	416 ± 106	488 ± 94
支持脚の前脛骨筋の放電量（%MVC）	92.1 ± 59.1	91.0 ± 60.8	69.8 ± 46.4
運動脚の中殿筋の放電時間（ms）	528 ± 163	454 ± 85	567 ± 121
運動脚の中殿筋の放電量（%MVC）	22.1 ± 10.8	22.8 ± 13.3	24.7 ± 13.6

表7-5 9種の初期重心位置から一歩踏み

項　目	安静位 (A)	前傾位 (B)
運動脚の前脛骨筋の見越し放電時間と踵離地時の前方への重心移動速度	0.402 **	0.556 **
支持脚の前脛骨筋の見越し放電時間と踵離地時の前方への重心移動速度	0.445 **	0.569 **
運動脚の前脛骨筋の見越し放電時間と見越し前方推力	0.402 **	0.555 **
支持脚の前脛骨筋の見越し放電時間と見越し前方推力	0.446 **	0.568 **
運動脚の前脛骨筋の見越し放電時間と踵離地時までの前方への重心移動距離	0.437 **	0.586 **
支持脚の前脛骨筋の見越し放電時間と踵離地時までの前方への重心移動距離	0.445 **	0.563 **
運動脚の前脛骨筋の見越し放電時間と踵離地時の支持脚方向への重心移動速度	-0.040	-0.179
支持脚の前脛骨筋の見越し放電時間と踵離地時の支持脚方向への重心移動速度	-0.093	-0.069
運動脚の前脛骨筋の見越し放電時間と見越し支持脚方向推力	0.001	-0.211 *
支持脚の前脛骨筋の見越し放電時間と見越し支持脚方向推力	-0.004	-0.078
運動脚の前脛骨筋の見越し放電時間と踵離地までの支持脚方向への重心移動距離	0.081	-0.036
支持脚の前脛骨筋の見越し放電時間と踵離地までの支持脚方向への重心移動距離	-0.030	0.080
支持脚の前脛骨筋の見越し放電時間と動作時間	-0.106	-0.241 *
運動脚の中殿筋の見越し放電時間と動作時間	0.230 *	-0.142
運動脚の中殿筋の見越し放電量と動作時間	0.220 *	0.071
見越し前方推力と動作時間	-0.637 **	-0.624 **
見越し支持脚方向推力と動作時間	0.105	0.184

* $p < 0.01$, ** $p < 0.05$.

第 7 章　初期重心位置と先行随伴性姿勢調節

際の各測定項目の平均値（±標準偏差）（文献5より改変）

運動脚位 (D)	右斜め後傾位 (E)	後傾位 (F)	左斜め後傾位 (G)	支持脚位 (H)	左斜め前傾位 (I)
265 ± 52	266 ± 48	291 ± 52	331 ± 60	341 ± 61	353 ± 58
550.7 ± 105.6	548.9 ± 97	504.4 ± 105.7	447.3 ± 110.1	403.3 ± 110.1	358.8 ± 109.2
142.8 ± 27.3	125.8 ± 25.1	81.1 ± 20.7	39.5 ± 17.7	35.7 ± 18.6	40.1 ± 22.0
0.55 ± 0.11	0.55 ± 0.10	0.50 ± 0.11	0.45 ± 0.11	0.40 ± 0.11	0.36 ± 0.11
0.13 ± 0.03	0.11 ± 0.03	0.06 ± 0.02	0.02 ± 0.03	0.01 ± 0.03	0.02 ± 0.03
0.114 ± 0.038	0.122 ± 0.031	0.111 ± 0.034	0.097 ± 0.033	0.076 ± 0.032	0.057 ± 0.029
0.036 ± 0.008	0.034 ± 0.009	0.021 ± 0.006	0.010 ± 0.005	0.009 ± 0.006	0.009 ± 0.006
645 ± 123	726 ± 142	684 ± 123	636 ± 142	462 ± 147	355 ± 112
83.6 ± 82.5	85.8 ± 77.1	82.7 ± 70.0	66.9 ± 52.2	61.5 ± 56.9	64.8 ± 62.3
604 ± 96	711 ± 156	691 ± 130	669 ± 163	497 ± 123	383 ± 107
65.6 ± 41.6	70.7 ± 39.6	79.7 ± 49.7	83.9 ± 57.8	83.1 ± 61.8	87.3 ± 70.0
654 ± 161	717 ± 114	653 ± 112	611 ± 133	429 ± 148	337 ± 116
26.4 ± 14.3	24.8 ± 14.0	21.4 ± 11.9	18.1 ± 10.1	16.7 ± 9.5	19.0 ± 18.5

出し動作を行わせた際の項目間の相関係数

右斜め前傾位 (C)	運動脚位 (D)	右斜め後傾位 (E)	後傾位 (F)	左斜め後傾位 (G)	支持脚位 (H)	左斜め前傾位 (I)
0.427 **	0.685 **	0.302 **	0.172	0.553 **	0.548 **	0.490 **
0.098	0.300 **	0.380 **	0.259 **	0.422 **	0.672 **	0.550 **
0.427 **	0.686 *v	0.302 **	0.171	0.533 **	0.545 **	0.490 **
0.098	0.299 **	0.380 **	0.259 **	0.422 **	0.673 **	0.550 **
0.519 **	0.610 **	0.288 **	0.198	0.488 **	0.419 **	0.392 **
0.032	0.244 *	0.321 **	0.240 *	0.375 **	0.606 **	0.482 **
-0.255 *	0.367 **	-0.070	-0.144	-0.213 *	-0.499 **	-0.309 **
0.007	0.300 **	-0.073	-0.247 *	-0.166	-0.504 **	-0.162
-0.244 *	0.352 **	-0.166	-0.124	0.068	-0.380 **	-0.214 *
0.083	0.296 **	-0.156	-0.255 *	-0.089	-0.336 **	-0.073
-0.134	0.258 *	-0.187	-0.045	0.090	-0.284 **	-0.013
0.255 *	0.293 **	-0.147	-0.065	-0.048	-0.163	0.194
-0.043	-0.225 *	-0.230 *	-0.110	-0.401 **	-0.449 **	-0.294 **
0.170	0.053	-0.172	-0.046	-0.355 **	-0.278 **	-0.458 **
0.097	0.238 *	0.495 **	0.387 **	0.329 **	0.168	0.335 **
-0.724 **	-0.684 **	-0.700 **	-0.798 **	-0.847 **	-0.765 **	-0.740 **
0.041	0.051	0.166	0.318 **	0.228 *	0.248 *	0.061

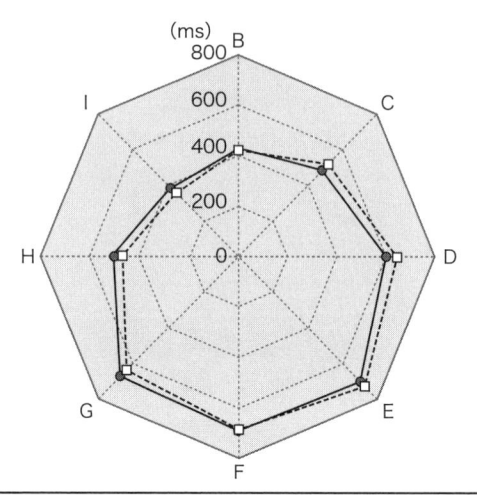

図7-11 見越し局面における運動脚と支持脚の前脛骨筋の放電時間（文献5より改変）
運動脚の前脛骨筋の見越し放電時間（□）は，右斜め後傾位（E）が最も長く，次いで後傾位（F），運動脚位（D）の順であった．また，支持脚の前脛骨筋の見越し放電時間（●）は，右斜め後傾位（E）が最も長く，次いで後傾位（F），左斜め後傾位（G）の順であった．一方，これら2筋の見越し放電時間が最も短かったのは，左斜め前傾位（I）であった．

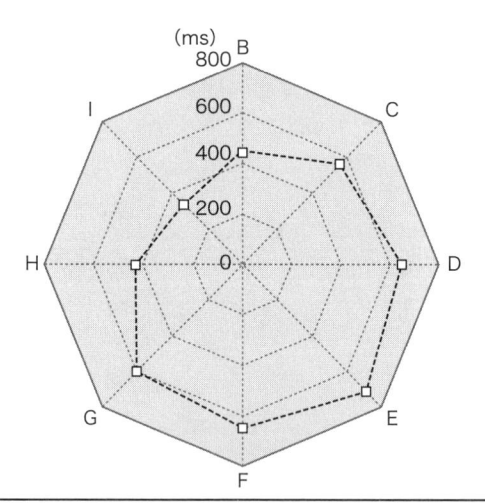

図7-12 見越し局面における運動脚の中殿筋の放電時間（文献5より改変）
運動脚の中殿筋の見越し放電時間は，右斜め後傾位（E）が最も長く，次いで運動脚位（D），後傾位（F）の順であった．一方，見越し放電時間が最も短かったのは，左斜め前傾位（I）であった．

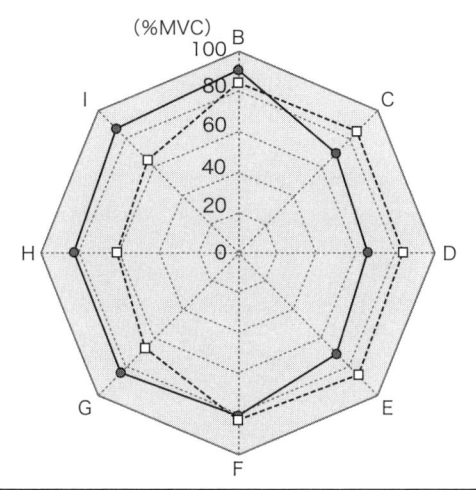

図7-13 見越し局面における運動脚と支持脚の前脛骨筋の放電量（文献5より改変）
運動脚側の前脛骨筋の放電量（□）は，運動脚位群（C, D, E）のほうが支持脚位群（G, H, I）よりも大きい傾向を示し，支持脚側の前脛骨筋の放電量（●）は，逆に支持脚位群のほうが運動脚位群よりも大きい傾向を示した．

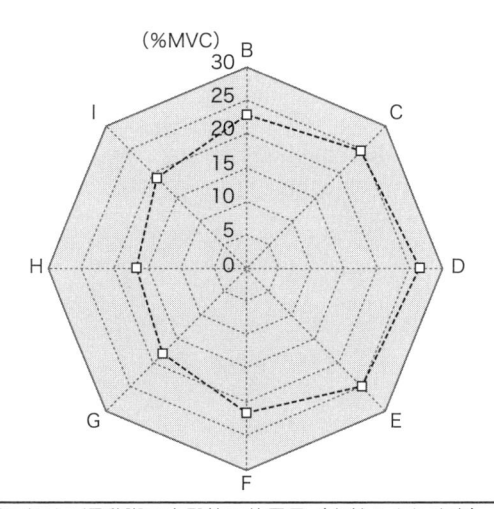

図7-14 見越し局面における運動脚の中殿筋の放電量（文献5より改変）
運動脚の中殿筋の見越し放電量は，運動脚位（D）が最も大きく，次いで右斜め後傾位（E），右斜め前傾位（C）の順であり，支持脚位（H）が最も小さかった．

多関節運動学入門

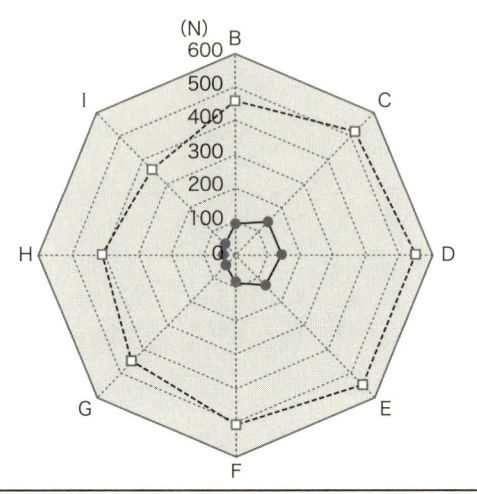

図7-15 見越し前方推力と見越し支持脚方向推力（文献5より改変）
運動脚の踵が動きはじめる直前までの前方への推力（見越し前方推力）（□）は，運動脚位（D）が最も大きく，次いで右斜め後傾位（E），右斜め前傾位（C）の順であり，最も低い値を示したのは左斜め前傾位（I）であった．また，運動脚の踵が動きはじめる直前までの支持脚への推力（見越し支持脚方向推力）（●）は，運動脚位（D）が最も大きく，次いで右斜め前傾位（C），右斜め後傾位（E）の順であり，最も低い値を示したのは支持脚位（H）であった．

4）初期重心位置に応じた見越し局面における矢状および水平方向の床反力データの変化

次に9種の初期重心位置から1歩踏み出し動作を行わせた際の床反力計から得られたデータを解析した結果について述べる．

全条件，全試行において，主運動が開始する運動脚踵離地に先行して，身体重心を前方および支持脚側へそれぞれ移動させる後方および運動脚側への力曲線が出現した（それぞれ見越し前方推力および見越し支持脚方向推力）．見越し推力も見越し筋活動同様，運動開始前の初期重心位置を種々変化させることによって様相が次のように変化した．

運動脚の踵が動きはじめる直前までの前方への推力（見越し前方推力）は，運動脚位（D）条件が最も大きく，次いで右斜め後傾位（E），右斜め前傾位（C）の順であった（**図7-15**）．踵離地時の前方への重心移動速度は，D，E条件が最も速く，次いでC条件の順であった（**図7-16**）．一方，これら2項目において最も低い値を示したものはI条件であった．見越し前方推力および前方への重心移動速度は，運動脚位群（C, D, E）が支持脚位群（G, H, I）と比較して有意に高い値を示した（$p < 0.01$）．

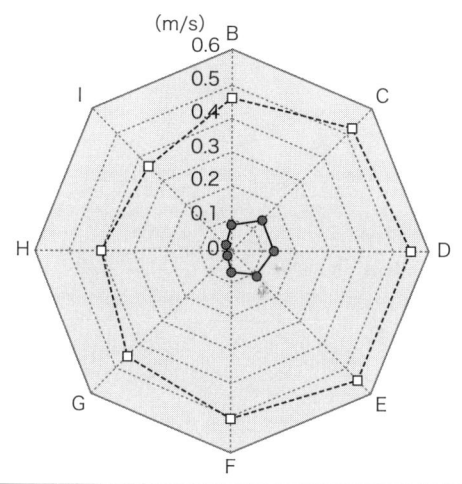

第7章　初期重心位置と先行随伴性姿勢調節

図7-16　右踵離地時の前方および支持脚方向への重心移動速度（文献5より改変）
踵離地時の前方への重心移動速度（□）は，運動脚位（D），右斜め後傾位（E）が最も速く，次いで右斜め前傾位（C）の順であり，最も低い値を示したのは左斜め前傾位（I）であった．また，踵離地時の支持脚方向への重心移動速度（●）は，右斜め前傾位（C），運動脚位（D）が最も速く，次いで右斜め後傾位（E）の順となっており，最も低い値を示したのは支持脚位（H）であった．

運動脚の踵が動きはじめる直前までの支持脚への推力（見越し支持脚方向推力）は，D条件が最も大きく，次いでC，Eの順であった．また，踵離地時の支持脚方向への重心移動速度は，C，D条件が最も速く，次いでE条件の順となっていた．一方，これら2項目について，最も低い値を示したものはH条件であった．見越し支持脚方向推力および支持脚方向への重心移動速度は，C，DおよびE条件の運動脚位群がほかの6条件より有意に高い値を示した（$p < 0.01$）．

踵離地時までの前方への重心移動距離はE条件が最も長く，次いでD，Fの順となっており，支持脚方向への重心移動距離はD条件が最も長く，次いでE，Cの順であった．一方，前方および支持脚方向への重心移動距離はI条件が最も短く，次いでH条件であった（**図7-17**）．このように前方および支持脚方向への重心移動距離は，D，E条件がH，I条件より有意に長かった（$p < 0.01$）．

以上の矢状方向と水平方向の床反力データの結果から，運動脚位群（C，D，E）からの1歩踏み出し動作では，ほかの6条件よりも重心移動速度が速く，運動脚の踵離地までに運動脚の足底へ大きな圧力がかかっていた．

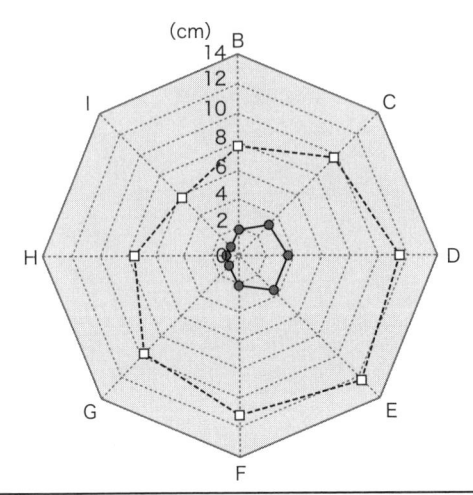

図7-17 右踵離地までの前方および支持脚方向への重心移動距離（文献5より改変）
踵離地時までの前方への重心移動距離（□）は，右斜め後傾位（E）が最も長く，次いで運動脚位（D），後傾位（F）の順となっていた．支持脚方向への重心移動距離（●）は，運動脚位（D）が最も長く，次いで右斜め後傾位（E），右斜め前傾位（C）の順であった．一方，前方および支持脚方向への重心移動距離は，左斜め前傾位（I）が最も短く，次いで支持脚位（H）であった．

5）初期重心位置の変化が動作時間に及ぼす影響

　ここまで9種の初期重心位置から1歩踏み出し動作を行わせた際に，見越し筋活動や床反力計から得られたデータ（見越し推力，重心移動速度，重心移動距離）に違いが認められたことを述べてきたが，これらの結果を反映した1歩を踏み出す動作時間にどのような差が認められたかについてみてみる．

　運動脚の踵が離地し，1歩踏み出して接地するまでの動作時間は，D条件が最も短く，次いでE，Cの順であった．一方，I条件は，動作時間が最も長かった（図7-18）．動作時間はC，DおよびE条件の運動脚位群がG，H，I条件の支持脚位群より有意に短かった（$p < 0.01$）．

　以上の結果から，立位姿勢からスムースにすばやく1歩を踏み出すには，運動開始前の初期重心位置を支持脚側ではなく，ステップを踏む運動脚側に体重をかけることが必要であることがわかる．さらに，同じ運動脚側でも安静位からそのまま右側に体重をかけた運動脚位（D）が最も1歩を踏み出す時間が短く，次いで安静位から斜め後ろ45°の右斜め後傾位（E）に体重をかけた状態からであった．

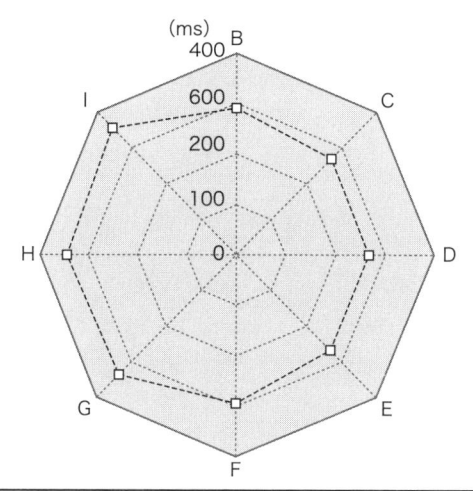

図7-18 動作時間（文献5より改変）
運動脚の踵が離地し，1歩踏み出して接地するまでの動作時間は，運動脚位（D）が最も短く，次いで右斜め後傾位（E），右斜め前傾位（C）の順であった．左斜め前傾位（I）は，動作時間が最も長かった．

6）見越し筋活動，床反力データおよび動作時間との相互関係

ここでは，筋電図および力学データのうち，どの測定項目との間に統計的に有意な相関関係が認められるかについてみる．

F条件を除く8条件において，運動脚の前脛骨筋の見越し放電時間は，見越し前方推力，踵離地時の前方への重心移動速度，踵離地時までの前方への重心移動距離との間におのおの有意な正の相関関係が認められた（$r = 0.228 \sim 0.686$，$p < 0.001 \sim 0.01$，$n = 97 \sim 100$）（**表7-5**）．9条件のうちD条件のみ，運動脚の前脛骨筋の見越し放電時間は，見越し支持脚方向推力，踵離地時の支持脚方向への重心移動速度，踵離地時までの支持脚方向への重心移動距離との間におのおの有意な正の相関関係が認められた（$r = 0.258 \sim 0.367$，$p < 0.001 \sim 0.05$，$n = 97 \sim 100$）．C条件を除く8条件において，支持脚の前脛骨筋の見越し放電時間は，見越し前方推力，踵離地時の前方への重心移動速度，踵離地時までの前方への重心移動距離との間におのおの有意な正の相関関係が認められた（$r = 0.240 \sim 0.673$，$p < 0.001 \sim 0.05$，$n = 97 \sim 100$）．一方，9条件すべてにおいて，運動脚の前脛骨筋の見越し放電量は，見越し前方推力，踵離地時の前方への重心移動速度，踵離地時までの前方への重心移動距離および見越し支持脚方向推力，踵離地時の支持脚方向への重心移動速度との間におのお

の有意な相関関係が認められなかった．9条件すべてにおいて，見越し前方推力は動作時間との間に有意な負の相関関係が認められた（r＝－0.624～－0.847，p＜0.001，n＝97～100）．C，D，E条件および水平方向へ偏らないA，BおよびF条件において，中殿筋の見越し放電時間および見越し放電量は，動作時間との間に有意な負の相関関係が認められなかった（**表7-5**）．

7）1歩踏み出し動作における見越し活動の意義

歩行開始動作（gait initiation）には2つの機能がある[8]．1つは支持脚方向に身体を移すことであり，もう1つは前進に対して必要な状況を生み出すことである．安静立位状態からの歩行開始動作[9]，1歩踏み出し動作[19]において，平衡を維持しながら主運動を遂行するためには，重心がいったん支持脚方向へ移動しなければならない．特に安静立位時から平衡を崩さずに，正中線方向にまっすぐ1歩を踏み出す場合は，水平方向のAPAに参画する筋活動によって，重心を支持脚方向へ移動させる必要性が示唆されている[31]．このような特性を有する1歩踏み出し動作を主運動として，初期重心位置を変えて1歩踏み出し動作を行わせた結果，運動脚位群は，支持脚位群と比較して，前脛骨筋の見越し放電時間が長いこと，見越し前方推力および見越し支持脚方向推力が大きいこと，前方や支持脚方向への重心移動距離が長いことが明らかとなった．また特に支持脚位で前傾位であるI条件は，全条件のなかで最も前方や支持脚方向への重心移動距離が短かった．

Lipshitsら[30]は，被験者に矢状方向の初期重心位置を変えた立位姿勢（前傾位，安静位，後傾位）から音刺激に反応して，できるだけすばやくつま先立ち動作を行わせた．その結果，運動開始時の重心位置が前方に位置する，前傾姿勢からのつま先立ち動作では，安静位よりも主動筋に先行して発現する前脛骨筋の見越し放電時間が短縮すると報告した．また，Crennaら[11]は，矢状方向に初期重心位置を変えて歩行開始動作を行わせた結果，初期重心位置と前脛骨筋の放電量積分値との間に有意な相関関係が認められたことから，どの度合いの前傾姿勢（前後方向の初期重心位置の違い）において前脛骨筋の放電が消失するかという境界線を回帰直線から推定した．このような前傾した状態からのつま先立ちや歩行開始動作における見越し筋活動の減少は，移動距離の短縮による姿勢調節必要量の減少によるものと考えられる．

今回の結果は前述したとおり，矢状方向では前傾よりも後傾，水平方向では，支持脚側よりも運動脚側から1歩を踏み出したほうが重心の移動距離が長かった．

運動脚位群でしかも後傾位であるE条件では，重心の移動距離が長くなるため，姿

勢調節の必要量が増大し，その必要量を見積もって運動脚の前脛骨筋と中殿筋の見越し放電時間が増加したものと考えられる．以上，見越し活動の変化は，姿勢調節の必要量が変化した結果であることと同時に，見越し活動が主運動開始に先行して主運動を遂行できる状況を整えるAPAに参画することが明らかになった．

8) 先行随伴性姿勢調節（APA）とパフォーマンス増大との関連

Azumaら[3]は水平方向に初期重心位置（運動脚，安静位，支持脚位）を変えて1歩踏み出し動作を行わせた結果，矢状方向のAPAが大きいほどステップ動作時間が短縮することを報告した（第7章第1節参照）．Azumaらの研究[3]において，運動脚位群における運動脚の前脛骨筋の見越し放電時間は，見越し前方推力および踵離地時の前方への重心移動速度との間におのおの有意な正の相関が認められた．一方，見越し前方推力と動作時間との間には，有意な負の相関関係が認められた．これは，APAの見越し時間が増大することで，見越し前方推力の力積値が増大し，動作時間も短縮することを示している．踵離地以前の前方推力の力積値，すなわちAPAが大きいほど運動成果が増大するという新たな知見を得たことになる．

Patchayら[38]は，2台の床反力計上に被験者を立たせ，右脚にかかる荷重量を変えて音刺激に反応して歩行開始動作を行わせた結果，垂直方向の力の最大値とステップ動作時間（step duration）との間に有意な負の相関関係が認められたことから，左右方向の初期重心位置の違いがステップ動作時間に影響を及ぼすことを報告した．これは，初期重心位置が運動脚位にあるほど，動作時間が短縮するという結果[3]と同様であった．

Itoら[19]は，1歩踏み出し動作の運動開始時の初期重心位置を安静位とし，かつ前後方向のステップ幅を厳密に規定した速度条件（全力と通常の2種類）において，前脛骨筋の見越し放電時間に差異が認められなかったが，見越し放電量は動作速度が増加するほど増大することを報告した．しかしながら，Azumaらの研究[3]において，前脛骨筋の見越し放電時間は初期重心位置によって有意差が認められたが，前脛骨筋の見越し放電量（平均振幅）はどの初期重心位置条件でも一定であった．

以上のことから，見越し活動において，見越し放電量あるいは見越し時間のどちらかの要素がパフォーマンス増大に関与していると決まっているわけでなく，一方の要素が増大することが見越し前方推力の力積値を高める要因になるものと考えられる．

東らの研究[5]において，運動脚位群（C, D, E）の運動脚には，運動脚の踵離地までに右足底に大きな圧力がかかっていると考えられる．これにより，運動脚位群の運

動脚は足底触覚や筋腱固有受容器[13]から上行する感覚情報信号が賦活したことが予測される．Kavounoudiasら[23]は，閉眼立位姿勢の状態において，足裏に装着した4ヵ所のバイブレータから高周波で低振動の刺激を与えた結果，刺激を受けた部位とは正反対の側に身体を移動させ，その移動量は，感覚刺激の加算によると報告した．これは，他の感覚情報に加えて，足底からの触覚情報の処理が中枢神経系にたえず身体位置の情報を伝え，その身体位置と平衡位置との間のギャップを小さくするように導いているものと解釈されている．Meyerら[33]は，足底からの触覚刺激が身体バランスに影響を与えると報告し，Crennaら[11]は，異なった初期重心位置から1歩を踏み出す動作を行った際のAPAが足底からの触覚情報によって調整されると報告した．さらに，Kavounoudiasら[24]は，足底からの触覚情報と足関節屈筋からの固有受容器情報の両方が協同で姿勢制御に関与していることを報告した．

以上のことから，運動開始時の初期重心位置を変えて1歩踏み出し動作を行わせた場合には，各初期重心位置に対して矢状方向と水平方向の姿勢要求量が上位中枢機構によって見積られ，それに応じて矢状方向および水平方向のAPAの先行時間がそれぞれ調節されるものと考えられる．しかも，APAの見越し放電時間が増大するほど，右踵が離地する直前までの矢状方向の力積（一定の見越し放電量×見越し放電時間）を増大させ，その結果，動作時間が短縮することが示唆された．

まとめ

9種の初期重心位置のうち，運動脚位群である運動脚位（D）および右斜め後傾位（E）からの1歩踏み出し動作では，運動脚側への初期の荷重情報（足底からの触覚や筋，腱固有受容器）が前脛骨筋に影響を及ぼし，その前脛骨筋が活動して，動作時間を短縮させていることが示唆された．本章の第1節でも述べたが，高齢者の歩行時の転倒の原因の1つとして，1歩を踏み出す速度が遅いことが考えられる[14, 17, 25, 26, 36, 40]．そこで1歩を踏み出す速度を上げる有効な方法は，歩行を開始するときの初期重心位置を運動脚側および運動脚側でしかも後傾位に置くことである．つまり，通常，歩き出す前の状態は，安静立位であり，その時には初期重心位置が両脚の間に位置する．この初期重心位置を右脚から1歩を踏み出すのであれば，右脚側に体重をかけることにより右脚のほうに初期重心位置を移すことができ，その状態から1歩を踏み出すと安静立位からよりもすばやく1歩を踏み出すことができる．それでは，どれくらい安静位から運動脚側および運動脚側でしかも後傾位（右斜め後傾位）に初期重心位置を移せばよいのかという点に関して，東らの研究[5]では，躯幹を曲げずに身体をまっす

ぐに保った状態で各被験者の運動脚側への最大荷重時の重心位置が測定され，その50％となる位置を運動脚位（D）とした．また，右斜め後傾位（E）では，安静位から右斜め後方，約45°の方向への最大荷重時の重心位置が測定され，その50％となる位置とした．したがって被験者は，バランスが崩れるほど運動脚側や右斜め後方へ体重をかけたのではなく，バランスを保った状態で運動脚側および右斜め後方へ足底を少し加圧する程度に体重をかけた状態で1歩を踏み出していた．以上のことから，歩行開始前の立位時の初期重心位置を安静位から運動脚位（D）および右斜め後傾位（E）に変えた（運動脚の足底を少し加圧する程度に体重をかける）状態から歩き出すことが，高齢者の歩行時の転倒防止などにつながると考えられる．

本章では，運動開始前の矢状方向および水平方向の重心位置と先行随伴性姿勢調節（APA）の関係について検討した．今後は，さまざまな感覚種や運動のパフォーマンスにAPAが及ぼす影響について研究を行うことにより，APAの機能的意義やAPAのメカニズムが解明されるものと考えられる．これらの研究結果をもとに，高齢者の転倒防止や脳血管障害による歩行障害の改善などに応用し，役立てることができると考えられる．

文 献

1) 東 隆史：1歩踏み出し動作における動作開始時の重心位置，動作速度，および動作開始前に現れる見越し活動の相互関係．英知大学人文科学研究室紀要「人間文化」，1：113-125, 1998.
2) 東 隆史 他：1歩踏み出し動作における運動開始時の重心位置，動作時間および運動開始前に出現する先行随伴性活動の相互関係．体力科学，51：552, 2002.
3) Azuma T, et al.：Effects of changing the initial horizontal location of the center of mass on the anticipatory postural adjustments and task performance associated with step initiation. Gait Posture, 26：526-531, 2007.
4) 東 隆史：先行随伴性姿勢調節の基礎的研究．四天王寺国際仏教大学紀要，44：357-366, 2007.
5) 東 隆史 他：運動開始前の初期重心位置の変化が先行随伴性姿勢調節と運動成果に及ぼす影響について．大阪体育学研究，46：1-11, 2008.
6) Belen'kii VY, et al.：Elements of control of voluntary movement. Biofizika, 12：135-141, 1967.
7) Bent LR, et al.：Vestibular contributions across the execution of a voluntary forward step. Exp Brain Res, 143：100-105, 2002.
8) Brenière Y, et al.：Are dynamic phenomena prior to stepping essential to walking. J Motor Behav, 19：62-76, 1987.
9) Brenière Y, Do MC：Control of gait initiation. J Motor Behav, 23：235-240, 1991.
10) Brunt D, et al.：Invariant characteristics of gait initiation. Am J Phys Med Rehabil, 70：206-211, 1991.

11) Crenna P, Frigo C : A motor programme for the initiation of forward-oriented movements in humans. J Physiol, 437 : 635-653, 1991.
12) Dietrich G, et al. : Organization of local anticipatory movements in single step initiation. Hum Mov Sci, 13 : 195-210, 1994.
13) Dietz V, et al. : Regulation of bipedal stance: dependency on "load" receptors. Exp Brain Res, 89 : 229-231, 1992.
14) 淵本隆文 他：高齢者の歩行能力に関する体力的・動作学的研究（第2報）－膝伸展，足底屈，足背屈の筋力と歩行能力との関係－. 体育科学, 28 : 108-115, 1999.
15) Hess, WR : Teleokinetisches und erreismatisches Kraftesystem in der Biomotorik? Helv Physiol Pharmac Acta, 1 : C62-C63, 1943.
16) Hiebert GW, Person KG : Contribution of sensory feedback to the generation of extensor activity during walking in the decerebrate cat. J Neurophysiol, 81 : 758-770, 1999.
17) 呉　婷琦, 渡部和彦：高齢女性における各種の強調歩行が歩行動作に及ぼす影響：歩行速度, 足底圧力, 足部動作の変化に着目して. 体育学研究, 50 : 651-661, 2005.
18) Ito T, et al. : Relationship between anticipatory EMG activity and movement time during stepping from upright standing. In: Editorial Board of The 13th Japanese Society of Biomechanics Conference, Eds., Biomechanics of Human Movement, University of Tsukuba, Japan, pp. 167-172 (in Japanese with English abstract), 1997.
19) Ito T, et al. : Anticipatory control in the initiation of a single step under biomechanical constraints in humans. Neurosci Lett, 352 : 207-210, 2003.
20) Ito T, et al. : Anticipatory control related to the upward propulsive force during the rising on tiptoe from an upright standing position. Eur J Appl Physiol, 92 : 186-195, 2004.
21) 伊井太郎：先行随伴性姿勢調節の機能的意義. 英知大学人文科学研究室紀要「人間文化」, 9 : 1-57, 2006.
22) Ito T, et al. : Changes of forward step velocity in step initiation from backward and forward leaning postures. Osaka R J Phys Educ, 48 : 85-92, 2010.
23) Kavounoudias A, et al. : The plantar sole is a 'dynamometric map' for human balance control. Neuroreport, 9 : 3247-3252, 1998.
24) Kavounoudias A, et al. : Foot sole and ankle muscle inputs contribute jointly to human erect posture regulation. J Physiol, 532 : 869-878, 2001.
25) 木村みさか 他：平衡性指標と歩行能の関連からみた高齢者の立位姿勢保持能. 体力科学, 27 : 83-93, 1998.
26) 金　俊東 他：加齢による下肢筋量の低下が歩行能力に及ぼす影響. 体力科学, 49 : 589-596, 2000.
27) Le Pellec A, Maton B : Anticipatory postural adjustments depend on final equilibrium and task complexity in vertical high jump movements. J Electromyogr Kinesiol, 10 : 171-178, 2000.
28) Le Pellec A, Maton B : Initiation of a vertical jump: the human body's upward propulsion depends on control of forward equilibrium. Neurosci Lett, 323 : 183-186, 2002.
29) Lee WA, et al. : Effects of arm acceleration and behavioral conditions on the organization of postural adjustments during arm flexion. Exp Brain Res, 66 : 257-270, 1987.
30) Lipshits MI, et al. : Quantitative analysis of anticipatory components of a complex voluntary movement. Hum Physiol, 7 : 165-173, 1981.

31) Lyon IN, Day BL : Control of frontal plane body motion in human stepping. Exp Brain Res, 115 : 345-356, 1997.
32) Massion J : Movement, posture and equilibrium: interaction and coordination. Prog Neurobiol, 38 : 35-56, 1992.
33) Meyer PF, et al. : The role of plantar cutaneous sensation in unperturbed stance. Exp Brain Res, 156 : 505-512, 2004.
34) Michel V, Do MC : Are stance ankle plantar flexor muscles necessary to generate propulsive force during human gait initiation? Neurosci Lett, 325 : 139-143, 2002.
35) Mille ML, Mouchnino L : Are human anticipatory postural adjustments affected by a modification of the initial position of the center of gravity. Neurosci Lett, 242 : 61-64, 1998.
36) 奈良　勲, 内山　靖編：姿勢調節障害の理学療法. 医歯薬出版, 東京, pp. 256-282, 2004.
37) Nouillot, et al. : Do fast voluntary movements necessitate anticipatory postural adjustments even if equilibrium is unstable? Neurosci Lett, 147 : 1-4, 1992.
38) Patchay S, Gahery Y : Effect of asymmetrical limb loading on early postural adjustments associated with gait initiation in young healthy adults. Gait Posture, 18 : 85-94, 2003.
39) Slijper H, Latash M : The effects of instability and additional hand support on anticipatory postural adjustments in leg, trunk, and arm muscles during standing. Exp Brain Res, 135 : 81-93, 2000.
40) 田中　繁, 高橋　明 監訳：モーターコントロール－運動制御の理論と臨床応用－. 医歯薬出版, 東京, pp. 235-263, 1999.
41) Yamashita N, Moritani T : Anticipatory changes of soleus H-reflex amplitude during execution process for heel raise from standing position. Brain Res, 490 : 148-151, 1989.
42) Yamashita N, et al. : Inter-relationships among anticipatory EMG activity, Hoffmann reflex amplitude and EMG reaction time during voluntary standing movement. Eur J Appl Physiol, 60 : 98-103, 1990.
43) 山下謙智：立位つま先立ち動作における初期重心位置が反応時間及び予測性姿勢調節に及ぼす影響. 第12回日本バイオメカニクス大会論文集, 1994.
44) Yamashita N, et al. : The process of initiating rapid voluntary movement from a standing position; interrelationship between anticipation and execution components. The 4th IBRO World Congress of Neuroscience; Satellite Symposium, p. 25, 1995.
45) Zattara M, Bouisset S : Chronometric analysis of the posturo-kinetic programming of voluntary movement. J Motor Behav, 18 : 215-223, 1986.

（東　隆史）

第8章

体性感覚と運動に付随する姿勢調節

はじめに

　生体内外の環境変化に関する情報は，末梢の感覚受容器に入り感覚神経を介し，脊髄・脳幹そして大脳皮質体性感覚野の中枢まで伝達される．ここまでの感覚系で環境情報が処理される過程は「感覚（sensation）」となり，大脳皮質で感覚を認知して識別した結果は「知覚（perception）」となる．感覚の種類は感覚種（modality）といわれ，身体外部にある受容器から入力される感覚種には視覚・聴覚・嗅覚・味覚・触覚・圧覚・温覚・冷覚・痛覚などが，身体内部では前庭器官を受容器とする平衡感覚・筋紡錘（muscle spindle）やゴルジ腱器官（tendon organ of Golgi）を受容器とする深部感覚・内臓感覚などがあげられる．運動あるいは姿勢の調節にかかわる感覚種としては，視覚・触覚・圧覚・平衡感覚・深部感覚が重要である．そのなかでも深部感覚（proprioception）と平衡感覚（labyrinthine sense）は固有感覚と称され，身体各部の位置や変化に関する情報「運動感覚（kinesthesia）」を中枢神経機構に伝達する，運動制御にとって重要な感覚種である．本章では特に深部感覚と皮膚感覚を合わせた「体性感覚」情報（somatosensory information）が運動時の姿勢制御にどのようにかかわっているかをみていく．

　一方，姿勢（posture）とは，1つには身体構成部位の幾何学的な相互関係，すなわち肘が伸展している，あるいは股関節が屈曲しているなどの「身構え（attitude）」と，もう1つは地球の重力方向に対する身体の相対的位置，すなわち重力線に対して平行である，あるいは前へ傾いているなどの「身体の位置（position）」を合わせたものである[30]．すなわち地球環境下では立位姿勢から両手をできるだけ前へ伸ばすと，脚や胴部の後方移動によって身体重心を足底上に投射しないと姿勢を保つことはできない．平衡（equilibrium）を維持するために姿勢は刻々と変化していくわけである．ゆえに運動中には種々の感覚情報が上位中枢機構へ入力され，それに基づいて上下肢や体幹の動きに伴う平衡の乱れをフィードバック的に補正していく必要がある．しか

し第5章で述べられている通り，バリスティックなすばやい運動においてフィードバック的に姿勢を補正していたのでは間に合わず，平衡を崩す可能性が高いため，主運動より先に姿勢調節を行う，先行随伴性姿勢調節（anticipatory postural adjustments：APA）が必要となる[54]．APAと感覚あるいは知覚との関係はまだよく解明されていないが，最近の知見を紹介していく．

その手法として振動刺激を筋・腱に与えて（muscle or tendon vibration），運動や姿勢への影響をみる先行研究が多くみられる．振動を筋・腱に与えると筋紡錘の特にIa求心性神経線維を選択的に刺激する．刺激筋が伸ばされているような情報が入力され，それが中枢で感覚としてとらえられる，すなわち知覚されたものが錯覚（illusory perception）であっても，その錯覚を運動感覚として認識しそれに応じた命令が中枢から下される．筋紡錘からの感覚入力の変化によって，姿勢調節の基礎をなすもの，身体図式（body schema）が垣間みえることもあり，それらの知見も紹介していく．

1. 体性感覚情報と姿勢反射

1）感覚情報の入力が引き起こす姿勢反射

反射活動とは，感覚器に与えられた刺激が中枢を経て，無意識的に規則的に特定の筋肉の活動を生じさせる運動といえよう．反射は自分の意図した意識レベルを介さない活動であり，中枢は脊髄や脳幹レベルまでである．ゆえに反射の性質として感覚器に刺激が入ってから反応が現れるまでに要する時間（潜時）が一定となる．姿勢維持に寄与する脊髄反射として，1肢内に限定して発現する伸張反射・Ib反射など，1肢を越えて両側，上下肢に及ぶ体節反応である交叉伸展反射など，脳幹にまで中枢が及ぶ全身的な立ち直り反射として緊張性頚反射などがある[52,53]．姿勢反射については多くの本で取り扱われており，次節から1肢内に限定して発現する反射について基本的な要点を述べるのみにとどめる．

2）筋紡錘とゴルジ腱器官

筋は，筋紡錘とゴルジ腱器官（腱紡錘）の2種の感覚器を有する．筋紡錘は筋線維群と並列に配置され，筋の長さとその変化度合を検知し，一次終末（primary ending）という感覚受容器から筋の長さに比例した数の活動電位を，求心性の感覚神経線維であるIa線維（Ia fiber）を通して中枢へ送る．筋紡錘は核袋線維（nuclear

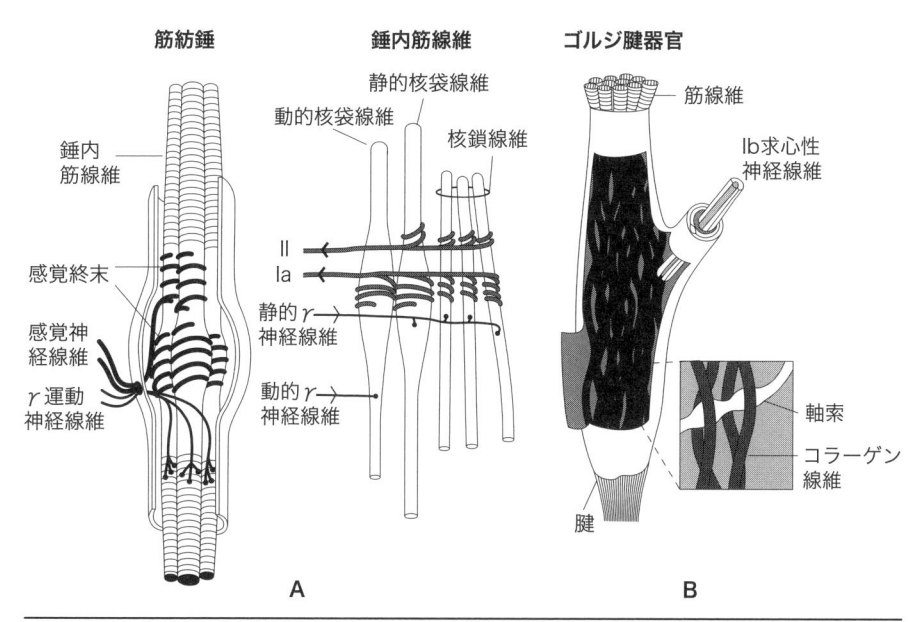

第8章 体性感覚と運動に付随する姿勢調節

図8-1 筋紡錘とそれを構成する錘内筋線維の構造と各神経線維の関与（A）とゴルジ腱器官の構造（B）（文献41より改変）
A：錘内筋線維には，動的核袋線維，静的核袋線維および核鎖線維の3種がある．求心性の感覚神経線維のうちIa線維はすべての錘内筋線維に付着し（一次終末），筋長変化の情報を，II線維は静的核袋線維および核鎖線維に付着し（二次終末），筋の長さの情報を中枢へ伝達する．一方，上位中枢機構は筋紡錘の感度を独立して調節することができ，動的γ運動ニューロンは動的核袋線維のみ，静的γ運動ニューロンは静的核袋線維と核鎖線維を支配している．
B：筋線維と腱の間の繋ぎ目に位置しており，1 mmの長さで0.1 mmの直径の鞘に，Ib感覚神経線維の神経終末がコラーゲン線維と絡み合うような構造をしている．筋収縮により張力が発生すると神経終末への圧が発生し張力情報を中枢へ伝達する．

bag fiber）と核鎖線維（nuclear chain fiber）の2種の錘内筋線維（intrafusal fibers）で構成されている．筋紡錘における感覚受容器一次終末は特に筋の長さの変化という動的変化に敏感で振動刺激への感度も高く，逆に二次終末（secondary ending）は筋の長さに応答する静的変化をモニターし感覚神経線維はII線維（II fiber）が支配している（**図8-1**）．筋紡錘は1個の筋に数十〜数百個あり，遅筋線維であるタイプII筋線維が多い抗重力筋（antigravity muscle）には筋紡錘が多く存在すると一般にはいわれている．しかし，Boyd-Clarkら[5]は深部頚筋には身体の他の部位よりも筋紡錘が高い密度で含まれていることを報告しており，さらに遅筋線維の多い多裂筋（multifidus）より速筋線維の多い頚長筋（longus colli）のほうが筋紡錘

の密度が高いことを発見している．遅筋線維の筋紡錘は密度よりも，その分布の様態に抗重力筋としての機能の特徴があるのかもしれない．なお感覚神経Ⅰ群線維の直径は，Ⅱ群に比して大きいため（Ⅰ群12～20 μm，Ⅱ群6～12 μm），神経伝達速度も速い（Ⅰ群70～120 m/s，Ⅱ群30～70 m/s）．

3）伸張反射

1つの脊髄α運動ニューロン（alpha motor neuron）は，筋肉のダイナミックな伸張に関する情報を感覚神経（求心性）Ia線維を介して受け取り，同名筋に収縮の命令を発し，筋の長さを自動的に調節しようとする．これは伸張反射（stretch reflexあるいはmyotatic reflex）といわれ，膝蓋腱反射（knee jerk）もこの単シナプス反射のシステムで調節されている．また伸張反射が起きた際，伸びた筋肉がもとの長さにもどろうとしているのだから，その筋の拮抗筋（たとえば膝関節において伸展筋である大腿四頭筋に対して，屈曲筋の大腿二頭筋が拮抗筋である）が収縮すると，円滑な関節運動にとってきわめて好ましくない．そこで大腿四頭筋からのIa線維は，抑制性の介在ニューロンを介して拮抗筋の運動細胞を抑制し，大腿二頭筋を収縮させないという仕組みがある．これは相反性抑制（reciprocal inhibition）と呼ばれる．このようにIa線維を介した伸張反射は姿勢調節の最も重要なシステムの1つと考えられているが，最近の知見ではIa線維の欠損があっても安静立位あるいは外乱に対する姿勢維持に影響を与えない．言い換えるとⅡ線維も姿勢制御に重要な役割を果たしていることが示唆される[63,74]．

4）Ib反射

ゴルジ腱器官は筋線維に対して直列の配置をとり，筋収縮あるいは筋伸展による腱への張力を検知する（**図8-1**）．ゴルジ腱器官の感覚神経は伝導速度の速いⅠ群線維の1つであり，筋紡錘のものと区別するためIb線維（Ib fiber）と呼ばれている．ゴルジ腱器官は，筋紡錘反射弓とその作用はまったく逆の関係となる．すなわち筋収縮により腱張力が発生した際，ゴルジ腱器官はIb線維から2つのシナプスを介し同名筋の運動ニューロンとは抑制的に結合し，拮抗筋には興奮性を促進するよう結合している．言い換えると筋収縮により過剰な張力が発生した際，同名筋に裂傷などが生じないように筋収縮を弛緩するという防御的な反応（Ib抑制，自原抑制）となる．しかしながら実際の歩行等の運動ではこの作用がまったく異なったものになることは後述する．

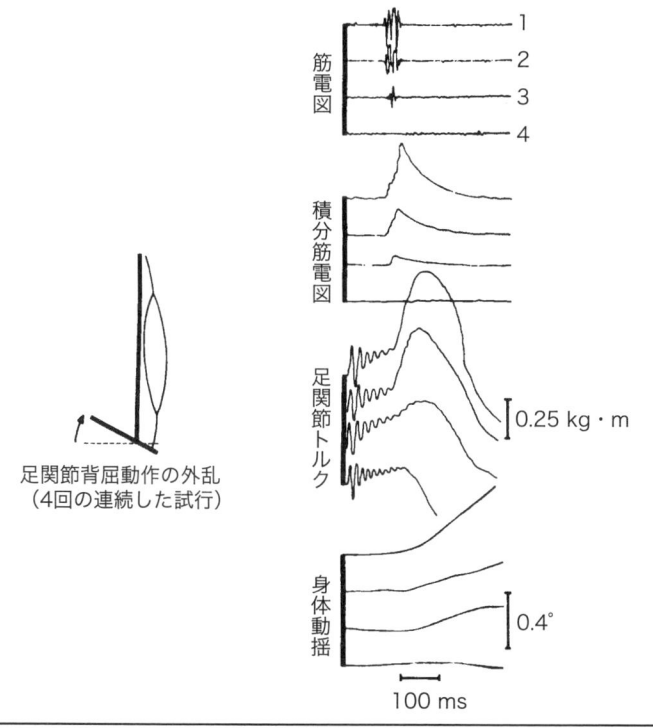

図8-2 姿勢調節反応の適応していく過程（文献64より改変）
立位の被験者に連続的に3〜5回，足関節背屈動作の外乱を与えると，試行を重ねるにつれて姿勢調節量は顕著に減少していく．すなわち脊髄中枢を介した反射応答はさらに上位の中枢から制御（hierarchical control）を受けていることを示している．

5）α-γ連関

　伸張反射によって伸ばされた筋肉が収縮した場合，筋紡錘の錘内筋はゆるめられ，その感度が低下する．その場合，γ運動ニューロン（gamma motor neuron）が興奮し遠心性の信号を錘内筋に送り収縮させることで筋紡錘の感度を高めることになる．このように筋肉を収縮させるα運動ニューロンとγ運動ニューロンが同時に活動することも多く，こうした調節をα-γ連関（alpha-gamma linkage）と呼ぶ．ゴルジ腱器官はこのような遠心性調節機構をもたない．

6）伸張反射の上位中枢からの制御

　二足直立姿勢という多関節で連なった非常に複雑な状況下では，一肢内の反射弓では説明しきれない姿勢反応が認められる．Nashner[64]は，立位姿勢中に足関節背屈

の外乱を与えた際に，3～5回の試行を続けている間に姿勢反応が徐々に低下していることを報告した（**図**8-2）．すなわち潜時 120 ms の伸張反射の反応利得が徐々に小さくなったことが示された．このことは脊髄中枢を介した反射応答はさらに上位の中枢から制御（hierarchical control）を受けていることを示し，試行数を重ねるにつれて効率よく姿勢調節を実行するために，筋緊張（muscle stiffness）の度合を適応させていくことを示唆している．

7）荷重受容体と運動および姿勢調節との関係

微小重力下（たとえば身体が宇宙空間あるいは浸水暴露の状況にある時）では，視覚・前庭・筋固有受容器による姿勢制御システムは，立位時にかかる重力の影響に関する情報を提供することができない．重力作用を検出する「荷重受容体（load receptors）」は脊髄ネコで観察されているように「ゴルジ腱器官」にある．脊髄ネコでも中枢欠損のないネコでも，歩行中に着地足が穴に入って地面からの荷重を受けない場合，着地足の筋活動は休止し，逆に遊脚に荷重刺激を与えると伸筋の活動が出現し，歩行の各局面のリズムが変化する[28]（**図**8-3）．また除脳ネコの歩行中に伸筋の感覚神経I線維群を電気刺激すると，接地時間が延長される[89]．Conway ら[10]はゴルジ腱器官からの信号は，Ib 神経線維を通じて脊髄内の中枢パターン発生器に伝達されることを示唆している．またヒトにおいても仰臥位で足背屈の刺激を与え，その際の全体重，その 60 ％，30 ％の荷重をそれぞれ与えた状態では，足背屈で起きる短潜時の反射の大きさも順に低下することを示している[14]．ゴルジ腱器官からの情報入力が引き起こす反射として，従来はα運動ニューロンの自原抑制のみにかぎられて解釈されてきたが，これらの研究によって立位や歩行の状況下では，中枢パターン発生器と明らかな相互作用を示し，逆に荷重を受けた同名筋を賦活させ，運動の状況下ならびに運動局面次第でその機能的役割が変化するといえる[95]．

2. 姿勢制御と身体図式

1）姿勢制御と身体図式

ヒトの姿勢調節の神経制御について，Sherrington[75] の提唱した単一レベルのさまざまな反射を組み合わせた相互作用を根底に制御されるシステムであるという考え（reflexologist servo-controlled conception）から，最近では Gurfinkel ら[21] の提案のように，姿勢制御システムは種々の感覚情報が高度に統合された内的モデルを根

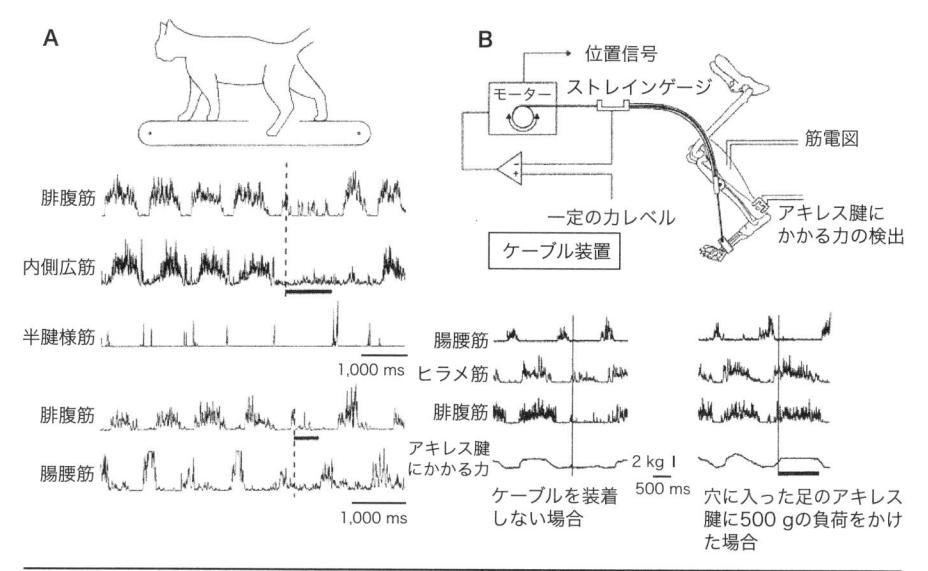

第8章 体性感覚と運動に付随する姿勢調節

図8-3 歩行中の伸筋活動への感覚情報フィードバックの貢献（文献28より改変）
A：除脳ネコにトレッドミル上を歩行させた際，歩行中に穴の中に一肢が入るような実験状況を設定し（foot-in-hole），地面の脚支持をなくすことで，足・膝関節の伸筋活動は通常の70％まで減少する．
B：歩行中の特定の局面でアキレス腱に力をかけるケーブル装置をネコの一肢に取り付ける．一肢が穴に入った場合でも，ケーブル装置によってアキレス腱に負荷をかけると足・膝関節の伸筋活動は通常歩行のように回復する．部分的な求心性神経線維の切断は膝伸筋活動を約50％減少させることも報告されており，感覚情報フィードバックは歩行運動の遂行に欠くことができないと考えられる．

底として構成されるという考えに移行しつつある．つまり内的モデルとは，内部表象（internal representation），すなわち身体図式（body schema）のことであり，これが姿勢の基準枠組みを提供しており，姿勢制御のために感覚入力や自己の運動を比較解釈して筋活動の校正をなす指標であると考えられる．Rollら[70]は目と足底からの固有受容器にそれぞれ入力される感覚情報との間に，密接な機能的連鎖の存在を示唆している．身体図式は視覚入力を経て外的な空間と内的な身体像に相互に連関することが考えられる．

Quoniamら[66]は図8-4のA，Bのように閉眼で立位の被験者に前腕の水平位を保つことを指示し，なおかつヒラメ筋に振動を与えた．その結果，Aのようにヒラメ筋の振動により後方へ身体重心は移動するが，それに呼応して前腕の水平位を保つため，肘関節の伸展動作が付随する．またBのように身体を固定すると後方への姿勢反応が

147

多関節運動学入門

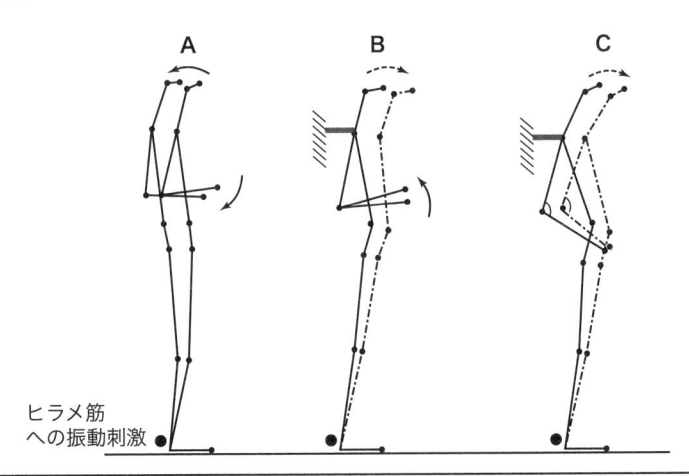

図8-4 姿勢制御機構と身体の内的モデルとの関連（文献66より改変）
閉眼で立位の被験者に前腕の水平位を保つことを指示し，なおかつ両ヒラメ筋に振動刺激を与える．Aのようにヒラメ筋への振動により後方へ身体重心は移動するが，それに呼応して前腕の水平位を保つため，肘関節の伸展動作が付随する．またBのように身体（肩部）を固定すると後方への姿勢反応が妨げられるため，被験者は前方に身体重心位置があるような錯覚を感じ，前腕の水平位を維持するため肘関節は屈曲する．Cのようにただ肘関節を主観的に一定に保つように指示すると何の反応も起きない．前腕の水平位の保持は，身体外の空間である"地面"と固有受容感覚を結びつけて見積もった，内的にイメージされた身体の鉛直性から推測されていることを示唆する．

妨げられるため，被験者は前方に身体重心位置があるような錯覚を感じ，前腕の水平位を維持するため肘関節は屈曲する．一方，Cのようにただ肘関節角度を主観的に一定に保つように指示すると何の反応も起きない．このことは前腕の水平位は，身体外の空間（この実験では地面）と結びつける固有受容感覚を駆使した，内的にイメージされた身体の鉛直性から推測されていることを示す．Quoniamらの実験結果において，筋固有感覚情報は動作課題に応じた必要性に合致するよう柔軟に作用することを示唆しており，それには身体の形状の規準枠が仲介したり，身体と身体外の空間を関連づけたりする戦略が関与する．以上のことから姿勢-運動システムに，身体像を礎とした上位中枢機構の認知システムが関与していることが次第に明らかになっている．

2）宇宙空間での姿勢調節

中枢神経機構は，身体自体や外界からの種々の感覚情報を統合することによって目標とする姿勢や運動の構築を可能とする．宇宙空間のような微小重力下に身体が暴露された時，視覚（visual）以外の前庭器官（vestibular），固有受容器（proprioceptive) の受容器 (receptors) には感覚情報が地球環境下通り入力されることはない．たとえば耳石は重力ベクトルに関する頭部の方位でなく直線的な加速度しか検出できないし，触覚や圧覚の受容器は身体がどこかに触れないかぎりもはや必要な情報を提供できない．このことから無重力状態では感覚情報の統合は変容を受けしまうと考えられる．

Roll ら [71] は宇宙の無重力下で振動刺激を与えた場合，筋固有感覚情報はどのように処理され，新しい環境にどのように適応できるのか検査している．立位姿勢の維持において地球上では抗重力筋であるヒラメ筋などの活動が優勢であるが，宇宙空間では終始，前脛骨筋などの屈筋群の活動が増大した．また振動刺激による姿勢反応の大きさは減少した．ヒラメ筋の振動による重心の移動方向は後方であることは地球上と差がなかったが，前脛骨筋や頚筋背側部 (dorsal neck muscles) への振動においても全て後方へ移動した．ただ身体長軸に対して下方へ約 50 kg の負荷を弾性バンドによって与えるとヒラメ筋の振動効果が有意に増大した．

以上のことから無重力状態でも筋固有感覚受容器の機能は損なわれず，地球上と同様の荷重をかけることで機能がすぐ回復することがわかる．特筆すべきは無重力下での屈筋の優位性は耳石 (otoconium) の機構停止 [52] とも考えられたり，足底からの触覚情報の失効によるものとの説もあり [49]，前脛骨筋や頚筋背側部への振動の反応方向性の矛盾もこの屈筋優位によるものとも考えられている．すなわち重力下での姿勢調節維持機能を支える要素として，それぞれの身体部位からの複数の体性感覚情報などを統合することの重要性を強く示唆するものである．振動で誘発される姿勢反応に重力場の作用が重要であることは，微小重力下での長期暴露実験によって証明されている．Roll ら [72] も宇宙飛行中，足関節からの筋感覚情報が次第に立位姿勢の制御を成立させることを終了し，足の運動自体の局所的な反射制御への入力に転換していくことを報告している．

3）宇宙空間での先行随伴性姿勢調節（APA）の適応

一方，安静位でのフィードバック性の姿勢調節だけでなく，ダイナミックな運動開始前にフィードフォワード的に上位中枢機構に構成される先行随伴性姿勢調節（APA）も微小重力下で影響を受けることが報告されている [9]．実験では 7 日間の宇宙飛行期間中に，立位からの片上肢挙上とつま先立ちのダイナミックな動作課題を宇宙飛行士に実施している．宇宙空間での安静立位保持の姿勢は前述した通り，足関節屈筋群が優位になるため地球上ではみられない前傾姿勢を保持し，足関節底屈筋であるヒラメ

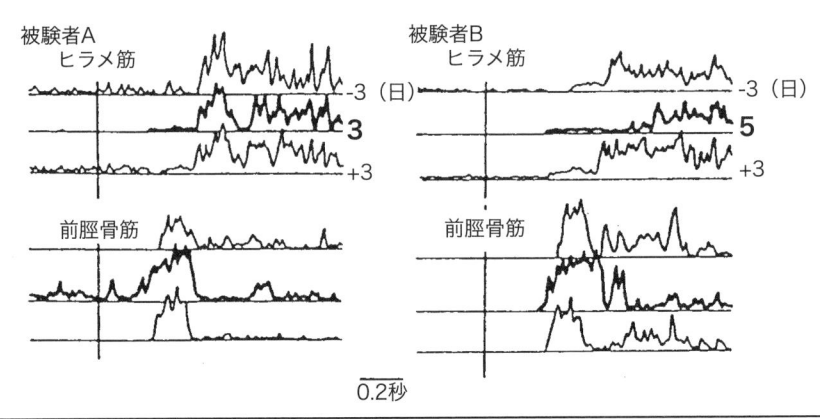

図8-5　宇宙空間における立位つま先立ち時の先行随伴性姿勢調節（文献9より改変）
左右はそれぞれ被験者AとBが立位つま立ちをしてその姿勢を保持した時の筋電図を記録したもの．筋電図の右横の数字は，－（マイナス）は宇宙飛行前，太字は宇宙空間滞在中，＋（プラス）は地球帰還後の日数をそれぞれ示している．地球上あるいは宇宙空間においても，主動筋であるヒラメ筋の相動的（phasic）な活動開始に先行して，前脛骨筋の先行随伴性姿勢調節に参画する活動が認められる．

筋は活動が弱まり背屈筋である前脛骨筋の緊張性の持続筋放電量が増加した．この短期間での適応（short-term adaptation）は，求心性感覚入力の遮断（deafferentation）に伴う新しい環境変化に対してすぐに神経-筋機能を適合させていく"反応的適応過程"（operative process）の適応パターンとして示される．一方ダイナミックな動作の課題に対しては，微小重力へ長期間の適応（long-term adaptation）を要する．すなわちつま先立ち時において，宇宙飛行中に無重力でも前脛骨筋の姿勢筋のAPAが地球上と同様に出現し，飛行期間終盤になってようやくAPAが減少するという適応がみられた（図8-5参照）．これは地球上で確立された目標視システムや過去の経験や記憶に裏打ちされている立位姿勢の基準（reference）を示す内的モデルを急激に変化させることは容易でなく，"保守的適応過程"（conservative process）として環境変化にかかわらず保持され続けていくパターンである．このconservative processは身体図式（body schema）と密接な関係があると考えられている．

以上のように身体図式あるいは身体像（body image or body representation）から姿勢制御を考えた時，地球上の１Gの重力下で培い，また長年の記憶に刻み込まれている堅固な内的モデルとして安静立位姿勢の規準（vertical reference）が確立され，これが姿勢保持の基礎をなしていると考えられる．ただその内的モデルの変化を中枢に伝える特別な受容器があるわけでない．すなわち身体部位の特定の情報を伝え

る固有感覚受容器や前庭器官や皮膚感覚受容器などの情報が脳内で統合され，身体像が形成されるわけである．よって宇宙空間で視覚をも遮断した場合，身体像に関する情報は大いに影響を受ける可能性がある．しかしながら Clement ら[9]の報告のようにAPA が微小重力の影響を受けなかったことは驚きである．言い換えると地球上でも姿勢制御における神経-筋機構は，身体像という仮想のモデルを基準に構築されている可能性があると考えられる．

3. 平衡感覚と体性感覚

多関節が連なった二足立位姿勢を保持するためには，体性感覚だけでなく，前庭感覚と視覚による情報が中枢にフィードバックされ続けることが重要になる．視覚と姿勢調節との関係はさまざまなアプローチからとらえられており[87]，ここでは意識にのぼらず実感しにくい平衡感覚を検出する前庭器官について概観し体性感覚との関係をみていく．

1) 平衡感覚を感知する前庭器官と機能検査

平衡感覚をとらえる器官として，内耳には頭部の傾斜角度の変化を感じ取る耳石器 (otolithic organs) と頭部にかかる回転力を検出する三半規管 (semicircular canals) がある．耳石器における卵形嚢 (utricule) と球形嚢 (saccule) は互いに直行する面内に広がり，頭部を傾けたりまっすぐ戻したりすると有毛細胞にかかる耳石の重みが変化し，頭部の動きや傾斜角度に伴う直線加速度と重力の方向をとらえることができる[94]．一方，三半規管は直行する2つの垂直面と水平面内に，内リンパで満たし有毛細胞をそなえた半規管がそれぞれ位置し，すべての方向への頭部の回転を検知できる仕組みを有している[94]（**図8-6**）．

臨床現場において，めまい・平衡障害を呈する疾患を把握するため，外耳道内に冷温水の注水あるいは冷熱気の送風によって眼振 (nystagmus) を検査する温度刺激検査，座位時に椅子ごと傾斜させ，傾きの知覚の精度をみる傾斜知覚検査など，さまざまな検査方法がある．温度刺激検査は主として外側半規管，傾斜知覚検査は耳石器の機能を検査するものである．

立位時に前庭器官を刺激し，その時の姿勢反応を非侵襲的にみる方法も確立されつつある[16, 29]．両側の頭部乳様突起部 (mastoid processes)，すなわち両耳の後ろに装着された電極を介して前庭器官へ電気刺激 (galvanic vestibular stimulation : GVS)

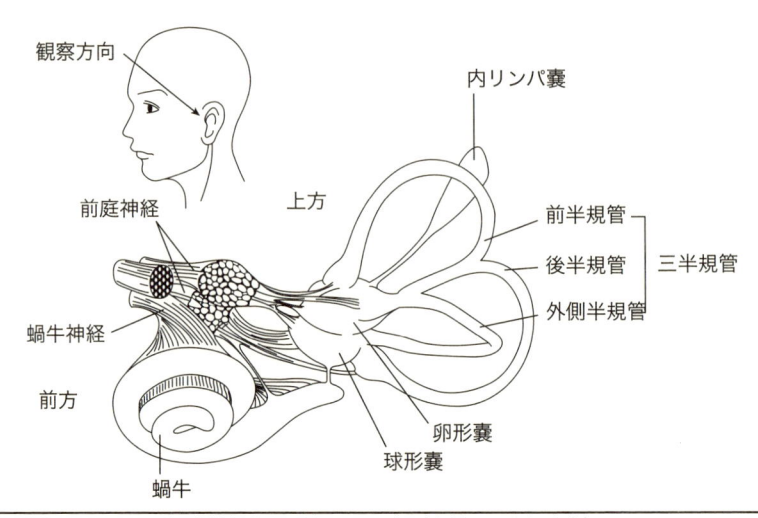

図8-6 内耳における平衡感覚刺激を受容する器官（文献18より改変）
内耳には音感受性の蝸牛以外に，頭の回転運動における角加速度をとらえる三半規管と直線加速度をとらえる耳石器の前庭器官が備わっている．

を与えると，被験者に陽極側に身体が傾いた知覚を生じさせることができる．さらに，この刺激を歩行中に与えると，電流の陽極側に歩行方向が変位していく[51]．これらの反応が三半規管と耳石器のどちら，あるいは両方を刺激しているのか，議論が続いているが，GVSが非侵襲的な臨床検査や歩行誘導などの情報インターフェース[51]として役立つことが期待されている．

2) 前庭感覚と他の感覚種とのかかわり

姿勢制御には視覚，体性感覚および前庭感覚によるフィードバックが欠かせないことは前述した．では，中枢への情報伝達において，種々の感覚種それぞれの貢献度をみることは可能であろうか．たとえば，立位姿勢の条件を変えると，異なる感覚種の情報入力への依存度（重みづけweighting）が変化する．健康な若年成人は立位中に体性感覚のフィードバックに主として依存しているが，狭い梁の上で立位を保持するなど足裏からの体性感覚入力が不足する場合，視覚入力依存に移行する[90]．

閉眼の立位の被験者にGVSを与えた際，糖尿病性末梢神経障害[29]や大径感覚線維ニューロパチー（a large-fibre sensory neuropathy）[13]による体性感覚の欠損患者は健常者より，また，足元の床が後方へ移動する不安定な台上での立位条件[29]では静

止した床条件より，高い GVS 反応を生じたことが報告されている．また，立位中の足幅スタンスを広げると GVS 反応が低下し[13]，立位中に GVS による反射活動をヒラメ筋から導出し，開眼条件，スタンス幅の増加，指による外部の標的物支持などによって姿勢を安定させようとすると前庭脊髄反射が低下すること[88]が確認されている．これらのことから，GVS に対する反応の大きさは，前庭脊髄系の感度の高さを表すものとして解釈されている．以上のことから立位姿勢を安定させるため，上位中枢（central nervous system：CNS）は内外部の環境変化に応じて，フィードバックされる視覚，体性感覚および前庭感覚の入力の依存性を変化させていること（再重みづけ re‐weighting）がわかる[7]．

4．振動刺激と姿勢制御

1）振動刺激が感覚情報に与える影響

筋や腱への振動は，ヒトの姿勢制御における筋固有感覚受容器の相対的役割を研究するための手段としてよく用いられる．振動は筋紡錘の一次終末と二次終末の両方とも刺激するが，筋の一次終末からの Ia 求心線維は振動に敏感であり二次終末より高い周波数の振動に反応する[69]．振動を受けた筋紡錘は筋があたかも伸ばされているような錯覚（illusion）により，刺激された筋が収縮する緊張性振動反射（tonic vibration reflex：TVR）を生じ同名筋を収縮させる．振動の振幅は 0.2〜1 mm，周波数 100 Hz ほどで十分な効果が表出する．振動実験のパイオニアである Eklund[15] は振動を受けた筋活動が立位中の姿勢平衡に影響を及ぼし，身体の方位が変化すること（vibration‐induced falling：VIF）を示した．この姿勢反応は，拮抗筋同士に同じ周波数の振動を与えると生じないが，一方の周波数を増大させると身体重心位置はその筋の側へ偏位していく．姿勢反応は振動の振幅よりも周波数の大きさに依存するといえる．また振動効果は開眼状態あるいは被験者自身の努力で，その大きさを減少させることができる．VIF において筋紡錘からの情報は，脊髄だけでなく上位中枢にも入力されていることは古くからよく知られている．すなわち Eklund[15] は立位姿勢において振動で誘発された姿勢反応が局所的な緊張性振動反射（TVR）による足関節筋群の張力変化によるものだけでは説明できないことを示唆した．その理由として，①刺激から反応が生じるまでに 0.5〜5 秒ほどかかり反射潜時とは考えられない（このゆっくりした反応の開始は TVR が多シナプスを介した反射に属するとの説もある），②たとえば頚筋背側部を刺激すると前方へ移動し，振動を受けた同名筋の伸張の錯覚

を補償するという原則からはずれた姿勢反応も認められる（次節），などがあげられる．立位中の振動刺激による固有受容器からの感覚情報の変化は，身体全体の方位の変化に関連する情報として上位中枢機構に解釈されることを示唆している．

2）振動刺激に伴う姿勢反応

振動刺激は筋固有受容器からの情報に対する姿勢反応を生じさせる．たとえばヒラメ筋やアキレス腱への振動は身体を後方へ移動させ，逆に前脛骨筋への振動は前方へ移動させる．また右の長腓骨筋（peroneus lateralis）と左の後脛骨筋（tibialis posterior）を刺激すると身体は右方へ傾き，左の長腓骨筋と右の後脛骨筋を刺激すると身体は左方へ傾く[43]．以上の姿勢反応が示すように，振動を筋・腱に与えると筋紡錘の特にIa求心性神経線維を選択的に刺激し，刺激筋が伸ばされているような情報が入力されそれが中枢で感覚としてとらえられる．すなわち知覚されたものが錯覚（illusory perception）であっても，その錯覚を運動感覚として認識しそれに応じた命令が中枢から下される．では複数の多くの筋を同時に刺激すると姿勢反応はどうなるであろうか．Kavounoudias[43]は後頭板状筋（splenius）と左の僧帽筋（trapezius）上部を同時に振動刺激し，各筋単独での振動刺激時の姿勢反応ベクトルが平行四辺形の法則にのっとって加算されることを証明した．つまりこの場合右斜め前方に身体は傾き，その方向へ移動した距離の実測値はベクトル加算の理論値と一致する（図8-7）．

3）頚筋への振動刺激

頚筋に振動刺激を与えると，刺激部位とは反対方向に身体が移行する．これにはさまざまな説がある．たとえば頚筋背側部の板状筋を刺激して身体重心が前方へ移動する理由として，①筋固有感覚情報と頭部の鉛直位保持のための前庭器官との相互作用[47,50]，②眼輪筋（orbicularis oculi）の眼瞼部（まぶた）を振動刺激すると身体重心位置は前方へ，眼窩部下縁では後方へ移動するような実験結果[70]があることから異なった身体部位同士の機能連関が原因である，などの説があるが，①で説明されることが多い．Lekhelら[47]は立位中，健常者では頚筋背側部を振動刺激すると前方へ重心は移動するが，麻痺性頚斜（spasmodic torticollis：前庭器官の損傷が起因しているという説がある）や前庭器官損傷者（labyrinthine defective）ではほとんど振動効果がみられないことを報告している．しかも患者の一部では頭部を後屈する人も認められた．頚筋背側部の振動刺激において，上位中枢は板状筋などが伸ばされている状態を仮想しているわけで，当然頭部後屈を行おうとするわけだが，健常者な

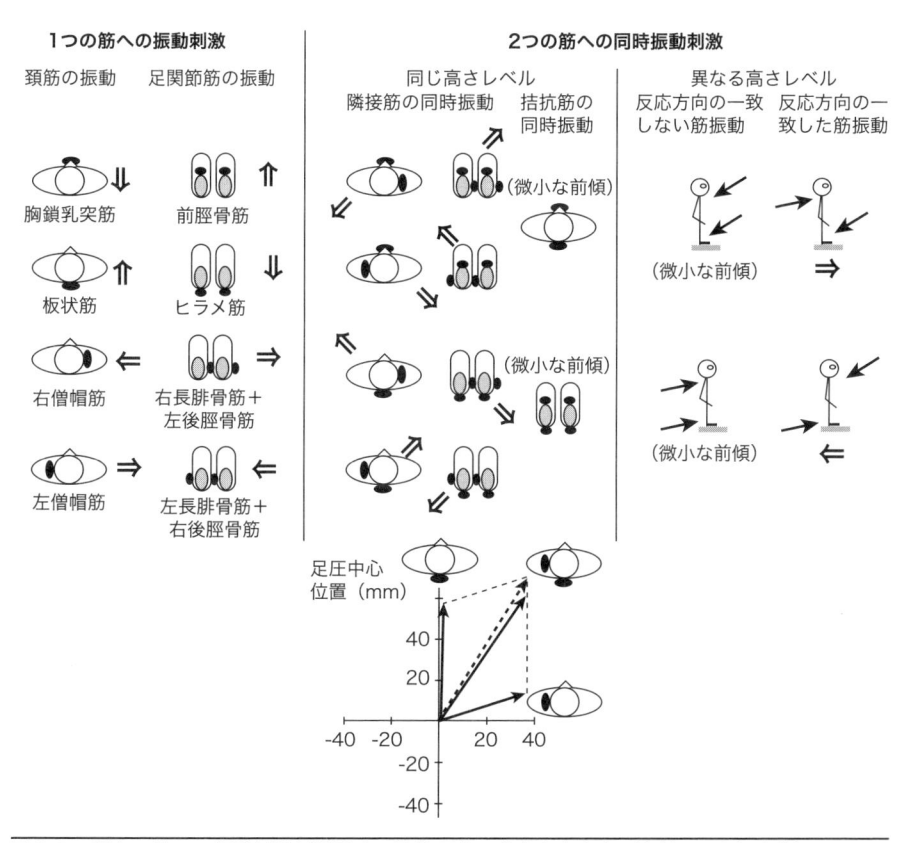

図 8-7　種々の筋への振動刺激が誘発する姿勢反応の方向と大きさ（文献 43 より改変）
図中●や→は振動刺激を与えた筋の位置を示している．⇒は姿勢反応の方向を示している．下の図のように 2 ヵ所以上の筋を振動刺激した場合，実際の姿勢反応の方向と大きさは，それぞれの筋の振動刺激による姿勢反応がベクトル加算された理論値と一致する．

ら頭部は鉛直位を保ったまま頭部は空間的に不動の一点として認識し，体幹部が後にのけぞって板状筋が伸ばされるように錯覚することへの補償作用で，身体重心を前方へ移動することとなる（**図 8-8**）．前庭損傷患者らは前庭からの頭部の傾きに関する情報入力がないため局部的な姿勢調節しか行えず，重心の移動が健常者よりもきわめて小さい結果になることがわかる．以上のことはヒトの立位姿勢保持において，頭部の局部的な平衡が優先されるとともに，その補償として身体全体の姿勢調節がなされるメカニズムが垣間みえる．また背もたれのある椅子に座って頚筋背側部に振動を与えると健常者も頭部の後屈が誘発されることから，姿勢反応時には身体のどの部位が

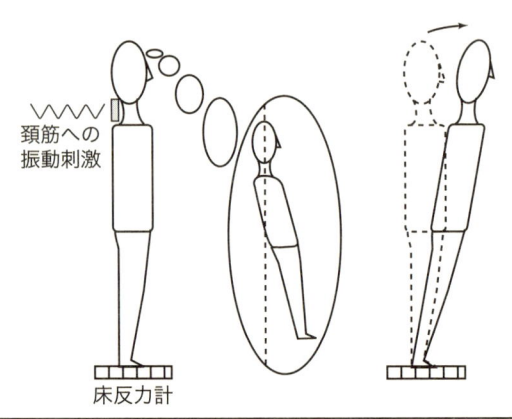

図8-8 頚筋背側部への振動刺激を与えた場合の姿勢反応についての説明図（文献47より改変）
頚筋背側部の振動刺激において，板状筋などがあたかも伸展されているかのような情報が筋紡錘から中枢へ伝えられる．ヒラメ筋を振動すると刺激筋が伸張されていると感じ，それを補償するためにヒラメ筋が収縮し身体全体が後方へ移動するわけで，理論上，頚筋背側部への刺激なら頭部後屈が生じると考えられる．しかし頭部の位置に関しては前庭器官にも情報が入り，頭部の鉛直性を保とうとする．すなわち筋固有受容器と前庭器官との情報が統合され，上位中枢は頭部の鉛直性を保ったまま，体幹以下が後ろにのけぞることで板状筋などが伸ばされている状態を仮想していると考えられる．よって身体全体の傾きを補償するため，身体全体は前方へ移動すると考えられる．

不動の1点であるかという情報も上位中枢で見積もられており，その情報も種々の感覚情報が統合された結果といえる．また立位静止中，頚筋背側部を振動する際に，振動を与えるポイントの周辺の皮膚を麻酔しても身体は前方へ移動するが，板状筋自体を麻酔すると振動効果はなくなる[50]．これは皮膚触覚からでなく筋固有感覚情報が引き金となって前庭情報との相互作用による姿勢反応が生じることを証明している．

4）足底への振動刺激が立位姿勢に及ぼす影響

足底の皮膚感覚（cutaneous sensation）は立位姿勢の維持に大きく関与している．しかしこれに関する研究はきわめて少ない．たとえば足底を冷却，麻酔あるいは血管圧迫による虚血を行うと，立位時の姿勢平衡性を低下させることとなる．しかしこれらの手法は足底の皮膚感覚だけを選択的に遮断することはできず，たとえば虚血の手法は特にIa求心神経をブロックしてしまうとの報告[56]もある．そこでKavounoudiasら[42]は，立位静止中に足底部に振動を与えて皮膚感覚情報のみを選択して人工的に変化させ，刺激個所と反対の方向へ重心が移動することを報告している（**図8-9**）．この結果から，いままでみてきた振動が筋紡錘のみに特定されて刺激されていることを前提に進めてきたが，皮膚刺激が振動効果に関係している可能性は捨てきれない．

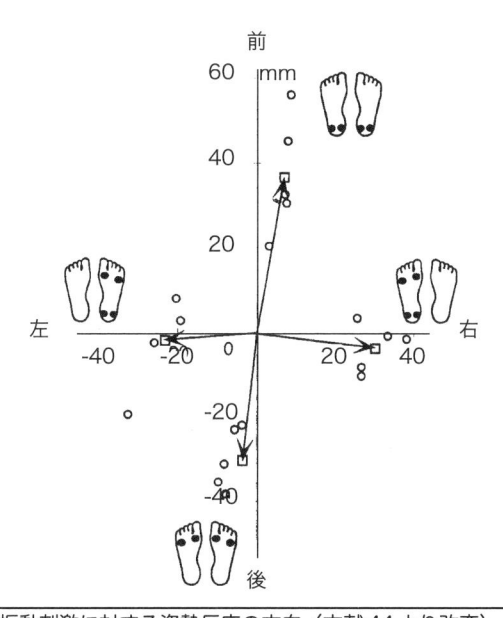

第8章 体性感覚と運動に付随する姿勢調節

図8-9 足底部への振動刺激に対する姿勢反応の方向（文献44より改変）
足底部に振動を与えると皮膚感覚情報のみを選択して人工的に変化させることができる．足底部の振動刺激の個所と反対方向へ身体重心が移動する姿勢反応を示す．

一方，Matthews [55] は麻酔した親指に振動を与えても振動効果は損なわれず，振動効果は皮膚や関節より筋の受容器の興奮に依存していることを示唆した．ゆえに立位姿勢の場合，特別にその姿勢調節には足底の皮膚感覚がきわめて重要な働きをしていることが示唆される．

5）種々の感覚情報の統合

頸筋振動のように異なる感覚情報が統合される例は他にも報告されている．Kavounoudiasら [44] は，安静立位姿勢の被験者に両側の前脛骨筋と足底前部に，単独あるいは両方ともに種々の周波数の振動刺激を与えて，姿勢反応（足圧中心位置の移動量）をみている．すなわち前脛骨筋への振動は筋固有感覚情報を変化させ身体を前方へ，足底前部への刺激は触覚入力を変化させて後傾の姿勢反応を誘発できる．両感覚受容器への同時刺激では，それぞれ単独で振動刺激した場合の加算値が姿勢反応の大きさとなった．しかし低周波数（20～40 Hz）の振動刺激では，姿勢反応は皮膚触覚の反応のほうが筋固有感覚より大きいのに対し，高周波数（80 Hz）では逆の結果となった．すなわちこの閾値の差は姿勢調節において，重心動揺の小さな振幅の微

調整は皮膚感覚が,大きな重心動揺の修正には筋固有感覚が関与することが示唆される.以上のことからさまざまな感覚受容器から入力する多数の感覚情報は,姿勢反応量の加算の法則が示すように協同で姿勢制御に関与している.しかしその統合メカニズムに対してすべての感覚種の貢献が均等であることを示しているわけでない.

感覚情報の統合は一連の研究成果[42~44]が示すように,姿勢反応量はベクトル加算の法則に従うわけであるが,図8-9のように左足底の前部と後部を同時に同じ周波数で振動刺激すると,矢状方向の姿勢反応量は相殺されてしまうが,重心位置は右側方へ移動していく.この身体の横への傾きは現在も適切な説明をすることができず,感覚統合のメカニズムはまだ複雑な感を受ける.

6) ダイナミックな運動中の振動刺激

もし振動を受けている筋が,同時にダイナミックな収縮をするなら,静止している筋に刺激を与えるより結果は複雑になると考えられる.たとえば腱叩打(tendon tap)により相反的な拮抗筋抑制を伴う相動的な伸張反射を誘発できるが,持続した振動刺激中には伸張反射は抑制される[25].この抑制の理由の1つは,振動によって刺激されている一次終末が,瞬間的に与えられた筋伸張の刺激と振動由来の求心情報とを重複してしまい十分反応できないことにある.具体的にはさまざまな求心情報の殺到(busy line)[26]によりH-reflexが抑制を受けたこと,振動刺激の求心情報の入力が脊髄の単シナプスを介する経路において,前シナプス抑制を引き起こしたこと,などが示唆されている.また振動刺激をする前の筋の長さが長くなるほど,筋紡錘の反応が大きくなることが報告されている[19].

7) 姿勢平衡の安定性と振動効果

立位姿勢の安定性は姿勢制御中の視覚および前庭情報同様,筋固有感覚情報の役割を研究するための重要な条件となりうる.たとえば両足をかなり横に広げて立位を保つなど支持基底面を増大させて姿勢の安定度を高めると,視覚や前庭情報の役割は減少する[12].すなわち逆にいうと不安定な姿勢状況ではさまざまな感覚情報が入力され統合される必要があり,前述した"busy line"のように求心性感覚情報が殺到した状態になることが予想される.そのような不安定状態での立位姿勢の維持中にさらに振動による感覚情報を与えると,振動効果は現れるのであろうか.Gurfinkel'ら[23]は,通常の立位姿勢,肩幅の広さに両足を横に広げた立位姿勢,そして支持基底面の狭いロンベルグ立位姿勢をとらせたうえ,それぞれ片側の大腿筋膜張筋に振動刺激を与え

第8章　体性感覚と運動に付随する姿勢調節

足関節角度の変化

背屈
5°
底屈

5秒

バランスボード上の床反力計の傾き

前傾
5°
後傾

アキレス腱振動刺激

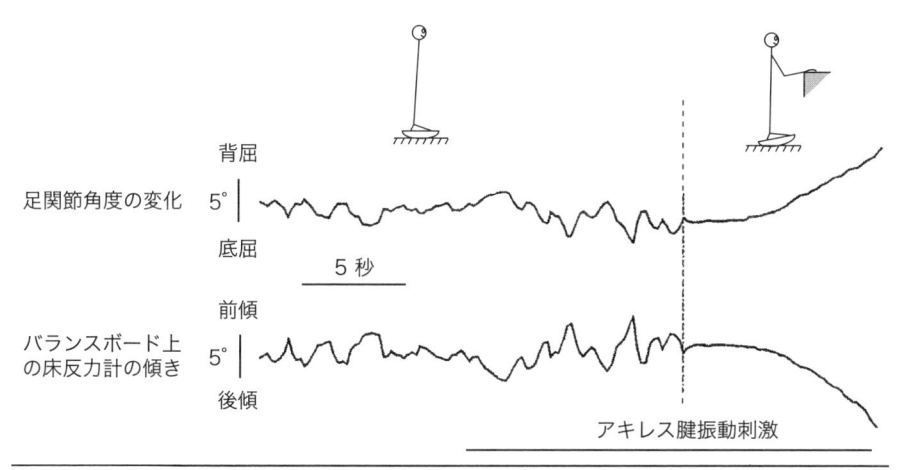

図8-10　姿勢平衡の安定性確保に伴う振動刺激に対する姿勢反応の顕在化（文献33より改変）
半円形のバランスボード上で被験者に立位姿勢をとらせ，不安定性を高め，アキレス腱に振動刺激を与えた．身体を後方へ移動させる振動効果は，身体の不安定性が増すと減少する．逆にバランスボード上にいる時，外部の固定物に触れて安定性が増すと振動効果が顕著に現れる．

ると，振動による水平方向への重心移動の距離は支持基底面が狭くなるほど減少することを示した．またIvanenkoら[33]は半円形のバランスボード上で被験者に立位姿勢をとらせ，ボードの半径を減少させることで不安定性を高め，アキレス腱に振動刺激を与えた．その結果，身体を後方へ移動させる振動効果は，身体の不安定性が増すほど減少した．逆にバランスボード上にいる時，外部の固定物を触ると重心動揺が減少し安定性は増す（167ページ参照）が，逆にその際の振動効果は増加した（**図8-10**）．振動による求心情報が不安定な姿勢状況でなぜブロックされるのか，詳細なメカニズムは不明である．しかし中枢神経機構は，姿勢の不安定性によって混合されたさまざまな求心情報がある時，筋固有感覚器からの情報を重要視しないことが示唆される．また不安定な状態だけでなく，筋疲労時[86]や歩行中[11]にも振動効果が減少することが報告されている．

8）先行随伴性姿勢調節（APA）における振動効果

　身体図式に関して前述したように，身体の静的・動的形状（geometry）は，身体各部位の位置について断続的に上位中枢機構に上行する筋固有感覚情報に基づいて制御されていると考えられる．そしてダイナミックな運動開始に付随するAPAもそれら体性感覚情報に応じて先行時間（duration）や平均振幅（amplitude）が決定され

多関節運動学入門

ていると考えられる．たとえば立位つま先立ち動作開始前に初期身体重心位置を変化させると，姿勢調節の必要量も変化しAPAのパラメータも変化することとなる[48, 57]．では人工的な筋固有感覚情報である振動刺激を運動開始前から与え続けると，APAは果たして変化するのであろうか．APAの振動効果に関する先行研究はきわめて少なく，実験条件の設定にも細心の注意をはらわねばならない．APAの振動効果をみ

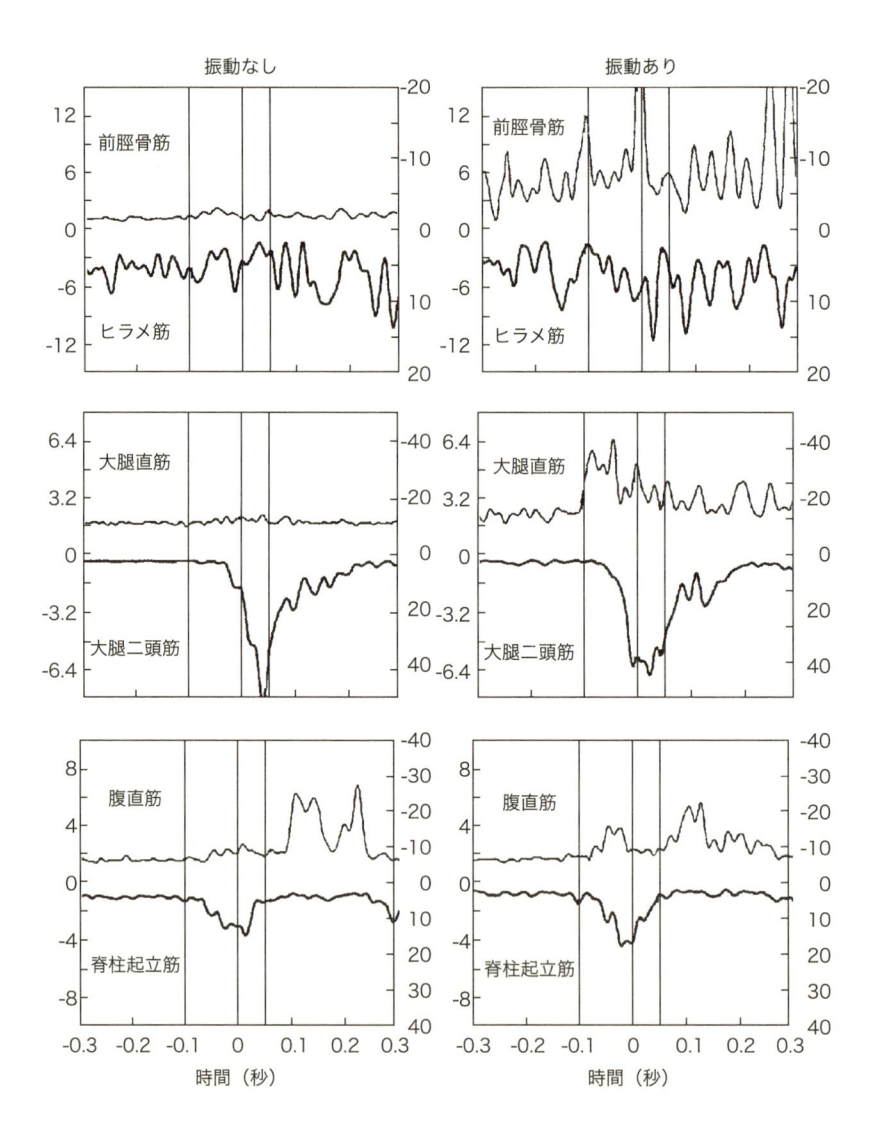

た研究もいくつかみられるが，実験設定が粗雑であると振動効果のみを検出できない[79]．振動要素のみがAPAに及ぼしている影響をみるには，全実験条件を通じ運動開始前に，振動刺激に抵抗して同じ身構えと重心位置で身体を保持する必要がある．そこでSlijperとLatash[79]は振動刺激を与えられている間，視覚フィードバックによって被験者が自身の初期重心位置を一定に保ったうえで，できるだけ速く片上肢挙上を行う実験条件の設定を行っている．その結果，筋振動条件ではより大きなAPA活動が誘発されることを示した．初期重心位置を規定したにもかかわらずAPAに変化がみられたことは，視覚フィードバックの有無に関係なく筋振動が感覚情報として知覚（錯覚）されていることを証明する（**図8-11**）．

図8-11　振動刺激が先行随伴性姿勢調節（APA）に及ぼす影響（文献79より改変）
安静立位状態でアキレス腱に振動刺激を与えたうえで，全速で片上肢挙上運動を行った際の姿勢筋の筋電図．筋電図は上段から足関節，膝・股関節，および体幹の拮抗筋同士を並列してある．振動刺激により大腿直筋および脊柱起立筋のAPA局面（上肢挙上加速度の変化開始すなわち主運動開始の100 ms前から50 ms後までの150 ms間）のEMG積分値（∫EMG：算出方法は下記）は有意に増加している．前脛骨筋とヒラメ筋も背景筋活動が増加している．さらに振動刺激により前脛骨筋/ヒラメ筋および大腿直筋/大腿二頭筋の同時放電を示す指数C-indexは増加し，相反的な活動を示す指数R-indexは差がない（指数算出方法は下記）．振動刺激による姿勢平衡の不安定性の増加が，姿勢筋の拮抗筋群の同時放電を誘発していると解釈されている．Gahery (Arch Ital Biol：1987) は，主運動より先行して出現するAPAについて2通りの解釈を与えている．すなわち主運動より100 ms以上も前から開始するAPAを"preparatory APA：pAPA：準備動作も包含したAPA活動"と，運動開始のその時点のためにプログラムされ運動自体からのフィードバックを受けない主運動開始100 ms前から50 ms後の間のAPAを"accompanying APA：aAPA：主運動自体に付随するAPA"として区別している．Latashらのグループ[2,77~79]はaAPA算出に独自の手法を用いている．以下にその算出方法を記載した．

○筋電図積分値（∫EMG）の算出方法：主運動開始（t0）時点のあらかじめプログラムされた，相動的筋活動（phasic burst）のみ積分する．
1．t0の前後区間，−100〜+50 msまでの150 ms間の放電量を積分．
2．t0以前の−500〜−350 ms間における背景筋電図の緊張性（tonic）持続放電量を測定．
3．1．の値から2．の値を引く．
4．全試行の最も高い背景筋電図放電量を1として正規化．範囲は+1〜−1．マイナスの値は背景筋活動より減少した値を示す．すなわち抑制現象．

○指数の算出：各関節の拮抗筋それぞれの∫EMGを用い，reciprocal（相反的）活動を示すR-indexとco-activation（同時活動）を示すC-indexを算出．たとえば足関節筋群活動のR-indexは｛前脛骨筋の∫EMG−ヒラメ筋∫EMG｝，C-indexは｛前脛骨筋の∫EMG＋ヒラメ筋∫EMG｝で算出される．

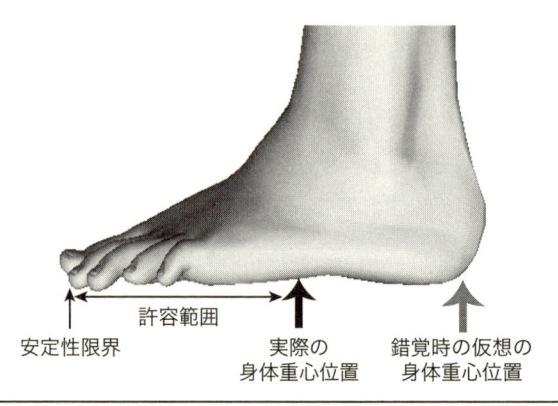

図8-12 振動刺激が起こす姿勢平衡の不安定性増加
頚筋背側部（後頭板状筋）を振動刺激した際の，錯覚時と実際の重心の位置差を示した図．振動刺激すると身体は後方に位置しているような錯覚が生じる．一方，振動刺激なしで錯覚時と同じ所に重心が位置している場合，すなわち実際に体重を後方（踵）にかけている場合では，前方の安定性限界まで姿勢を補償できる許容範囲（safety margin）は足先まであり大変広い．しかし振動中，初期重心位置を規定し一定の重心位置にある際も，後方に位置するような錯覚を感じている場合，バランスを崩すまでのsafety marginの範囲は狭まる．振動による平衡不安定の増加は，このsafety marginの狭小に起因しているとされている．

9）振動刺激が起こす姿勢平衡の不安定性増加

　振動刺激は平衡的な不安定を誘発することが従来から示唆されている．**図8-12**は頚筋背側部（後頭板状筋）を振動刺激した際に初期重心位置を規定した場合の錯覚時と実際の重心の位置差を示している．すなわち振動刺激なしで錯覚時と同じ所に重心が位置している場合，すなわち実際に体重を後ろにかけている場合では，前方の安定性限界まで姿勢を補償できる許容範囲（safety margin）は足先まであり大変広い．しかし振動中，一定の重心位置で錯覚を感じている場合，バランスを崩すまでのsafety marginの範囲は狭まる．SlijperとLatash[79)]は振動中APA量の増加はこのsafety marginの狭小に起因していることを示唆している．

10）平衡の不安定性と先行随伴性姿勢調節（APA）

　姿勢平衡の不安定な状況下で，APAに参画する筋活動様式について，従来の研究では個々の筋の活動をみたものが大部分である．しかし多くの複数の筋群（multi-muscles）が関与する運動システムの制御は単独の筋レベルでなく，機能的関連レベルからみるべきである[3)]．すなわち各関節の拮抗筋同士の関係から，上位中枢からの相反的活動（reciprocal）および同時活動（co-activation）の命令信号（commands）の

状況をみるべきといえる．SlijperとLatash[78,79]は振動条件や支持基底面を減少させる条件（バランスボード上でのダイナミックな運動），つまり姿勢の不安定要素の増加に伴い，APAにかかわる姿勢筋とその拮抗筋の同時放電量が有意な増加を示したことを報告している．また指支持条件により姿勢平衡を安定させるとAPAにかかわる姿勢筋とその拮抗筋の同時放電量は減少した[78]（指数の求め方などは図8-11参照）．これらの結果は今後のAPAの研究は，1つの筋レベル（a muscular level）からでなく，共同筋レベル（muscle synergies）から検討していくべきことを示している．

随意運動中に生じるであろう重心動揺を前もって抑えようとするAPAは，平衡的にかなり安定した立位状態（たとえば立位時に背中を固定しておくなど）[62,91,92]あるいは不安定な状態（狭い基底面上での運動，たとえばバランスボードや梁の上での運動など）[2,17]において，その活動量が減衰する．一方，不安定状態でのAPAに関して，たとえばローラースケート時のAPAの活動量は増大するという矛盾した結果[77]も認められる．このSlijperとLatashの報告したAPAの振動効果はこの矛盾した結果と一致し，平衡の不安定度を高めると，運動中に支持基底面を減ずる条件（バランスボード）はAPAが減衰し，減じない条件（ローラースケート，振動）でAPAは増加すると考察されている[79]．ただし立位時の姿勢平衡を不安定にする要因として，支持基底面の減少や足底と床面の摩擦減少だけでなく，主運動速度の増大による外乱増加，重心位置の高さ，体重なども関与しており，それら不安定要因の感覚-知覚システムとAPAとの関係はほとんど明らかにされていない．

11）振動刺激が運動中のパフォーマンスに及ぼす影響

前節のSlijperとLatash[79]の考えとは異なり，振動刺激は姿勢平衡の不安定性を高めるのではなく，運動成果（パフォーマンス）に影響を与えるとの報告が相次いでいる．歩行動作に振動刺激は顕著に影響しないという報告[11]もあるが，Boveら[4]やIvanenkoら[34〜36]は歩行中に顕著な振動効果を認めている．Ivanenkoら[36]は，トレッドミル速度を被験者の位置を自動的に一定に保持するシステムを用い，歩行中に頚筋背側部（板状筋）に振動刺激を与えてその速度変化をみた結果を示している（図8-13）．これによると振動を与えると歩行中の前方への腸骨部（重心位置に近似）の移動量は増加し，すなわち身体重心位置の前方移動速度が増加していることを示唆している．言い換えると振動刺激は姿勢平衡の不安定性を賦活するものでなく，身体運動の駆動力となるものと考えられる．

この振動刺激による歩行速度増加のメカニズムは完全には解明されていない．振動

多関節運動学入門

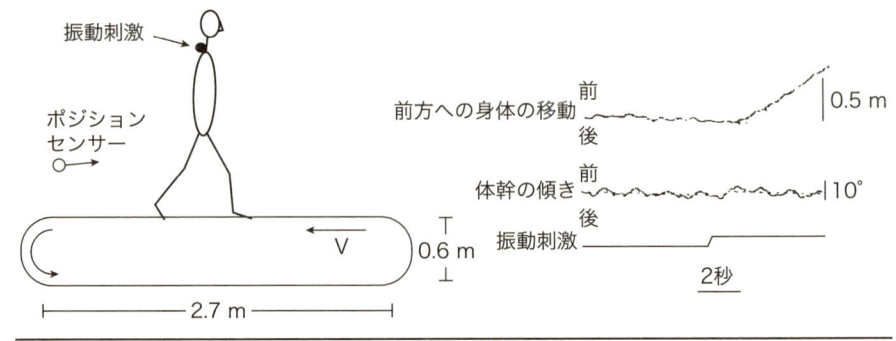

図8-13 振動刺激による歩行速度の増加（文献36より改変）
頸筋背側部への振動は足底の支持面に関して，被験者内面の身体像と比して身体重心が後方に位置していると錯覚させ，それを補償するために前方への加速が生じるといえる．感覚情報の変化は運動成果にも影響を及ぼす．

や電気刺激によって歩行を誘発させる現象は多く報告されている．除脳ネコにおいて中脳を電気刺激すると歩行が発現する中脳歩行誘発野（mesencephalic locomotor region）[76]の存在と同様に，Mori[58]は，橋-中脳網様体（pontomedullary reticular formation）の刺激により，下行路である網様体脊髄路を通り脊髄内の中枢パターン発生器（central pattern generator for locomotion：CPG[20]：脊髄反射などステレオタイプな運動の基本リズムを形成する介在ニューロン回路のこと）へ信号が入力し歩行が生じることを報告している．またMoriら[59,60]は歩行誘発野として小脳の室頂核（fastigial nucleus）吻側部の隣接部分を発見している．一方，ヒトにおいてGurfinkelら[24]は，仰臥位の被験者に対し吊り下げた脚に振動刺激を与えた場合，リズミカルな歩行様の脚運動が発現することを報告している．しかしこのIvnenkoら[36]の振動による歩行速度の増大は，これらの中枢パターン発生器（CPG）の興奮だけでは説明しきれない．その理由として，同様の条件で後ろ向き歩行をした場合，振動刺激により進行方向の速度は減速すること，その場足踏み運動において振動によりピッチは上がらずに下肢の移動量の増加による前方移動が開始すること，その場足踏み運動時の振動による進行方向は頸部の捻りあるいは閉眼時の眼窩内の眼球（eye-in-orbit）方位により決定すること[36]，および連続的でない単発の立位つま先挙上-下制反応運動においても振動刺激が駆動力として運動成果に貢献することなどがあげられる[27]．以上のことから考えて頸筋背側部への振動は足底の支持面に関して，被験者内面の身体像と比して身体重心が後方に位置していると錯覚し，それを補償するために前方への加速が生じるといえるかもしれない．しかも振動効果は単なる補償作用だけ

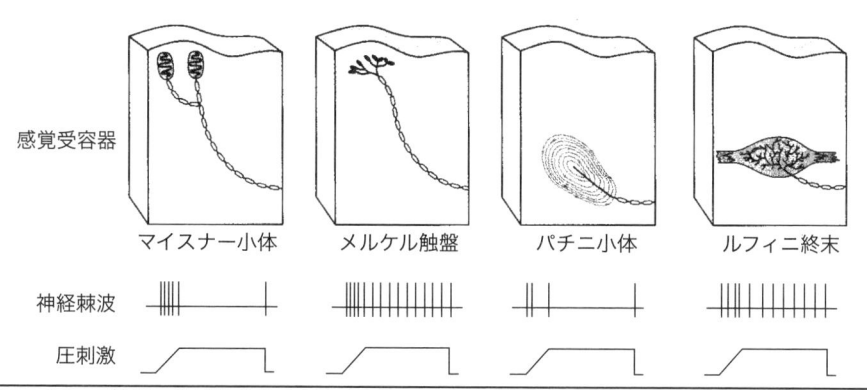

第8章 体性感覚と運動に付随する姿勢調節

図8-14 手掌部の機械的感覚受容器（文献41より改変）
遅順応型のメルケル触盤とルフィニ終末は圧刺激に対して終始反応を続けるのに対し，速順応型のマイスナー小体とパチニ小体は圧の変化に対して感受性が高く，一定圧条件では反応しない．

でなく動作課題あるいは他の感覚情報入力の状況に依存して，刻々と変化をすると考えられる．

また Naito ら[61]は肘関節屈筋群に錯覚が最も起きやすい振動刺激（70あるいは80 Hz）を与えて，肘伸展の錯覚が生じた際に，脳血流（regional cerebral blood flow : rCBF）が賦活されるのは脳のどの部位であるかをPET（ポジトロン断層画像撮影法 positron emission tomography）を用いて調べている．その結果，Naitoらの予想に反し運動感覚の錯覚に伴って大脳皮質の体性感覚野よりも運動野（一次運動野，運動前野，補足運動野および帯状皮質運動野）が顕著な活動を示していた．従来，運動中に一次運動野には強い体性感覚入力が入ることは動物実験[83]やヒトPET実験[45]からも認められているが，振動刺激により人工的に運動野の興奮を賦活させることは，筋-神経機能の低下した高齢者への医療手段として振動器を導入する際の根拠の1つを示すものといえる（第9章参照）．

5. 運動中の姿勢平衡の安定に貢献する指触覚

1）手掌部の触覚受容器

運動中に外部の固定物に指先で軽く触れることによって，その指の先端からの触覚情報は運動および姿勢の制御自体に大きな影響を及ぼすことが知られている．まず手掌部に存在する種々の受容器とその特性について概説する．

無毛の手掌部には主として4種の機械的受容器（mechanoreceptors）が存在する．

165

マイスナー小体(Meissner corpuscle),メルケル触盤(Merkel disk receptor),パチニ小体(Pacinian corpuscle),そしてルフィニ終末(Ruffini ending)である(図8-14).マイスナー小体とメルケル触盤は皮膚の比較的浅い所で表面に真皮が突出した乳頭部に分布している.一方,パチニ小体とルフィニ終末は皮下深部に存在する.深部の受容器のほうが手掌部内で刺激を検出する範囲は広いが,空間的解像度は低くなる.また興奮特性としてマイスナー小体とパチニ小体は速い圧変化のみに興奮する速い順応をする受容器(rapidly adapting receptors)であり,つまり物を触ったり離したりする瞬間のみ活動電位が発生する.一方,メルケル触盤とルフィニ終末は遅く順応する受容器(slowly adapting receptors)であり,圧変化がなくとも物を摘んでいる限り活動電位は発生し続け,摘んだ物の形や圧自体を検出していく(図8-14).また速順応型受容器は遅順応型より感覚閾値が低い.すなわち感度がよいわけで,パチニ小体が他の受容器に比べて一番感度が高い.パチニ小体は微細な振動を検出し,触診のように手掌で撫でると動いているかぎり物の摩擦などの手触り情報も検出する.マイスナー小体は物の形の急激な変化に関して感度が高く滑らかな面でのわずかな隆起も検出する.メルケル触盤は感度が低いため,発火させようとするにはマイスナー小体で検出できるよりもさらに大きな隆起などの刺激が必要である.しかしメルケル触盤は触診の際,発火頻度(frequency of firing)の変化によって物の輪郭像を明確に検出できる.もし物の表面が滑らかならメルケル触盤の発火頻度は低く,凸面(convexity)なら頻度は増加し,凹面(concavity)なら発火は休止する.またメルケル触盤の発火頻度は探り針の直径が小さくなり細くなると,その触感に対して発火頻度が増加する[80].皮膚の各層に順応の速さや発火閾値のきわめて異なる機械的受容器がセットとして存在する理由は,触る物の種々の特性を網羅して把握する必要があるからということが理解できよう.

2) 指尖端部からの触覚情報と立位時の姿勢平衡

手掌面では指の尖端部(fingertips)には機械的受容器から入力する情報を集める神経線維が1 cm^{2}当たり約300本集まっており,指の基幹部で120本,手掌で50本と減少していく[85].すなわち指先の触覚感度は非常に高いといえる.その触覚感度の高い示指(人差し指)尖端部での接触の手がかり(tactile cue)と姿勢調節との関連について,主として①ロンベルグ姿勢(Romberg tandem stance)の保持,②立位から最大努力での片上肢挙上運動などダイナミックな運動,などの動作課題と併せて実験条件として導入し,触覚が運動に貢献する役割[68]をみている.

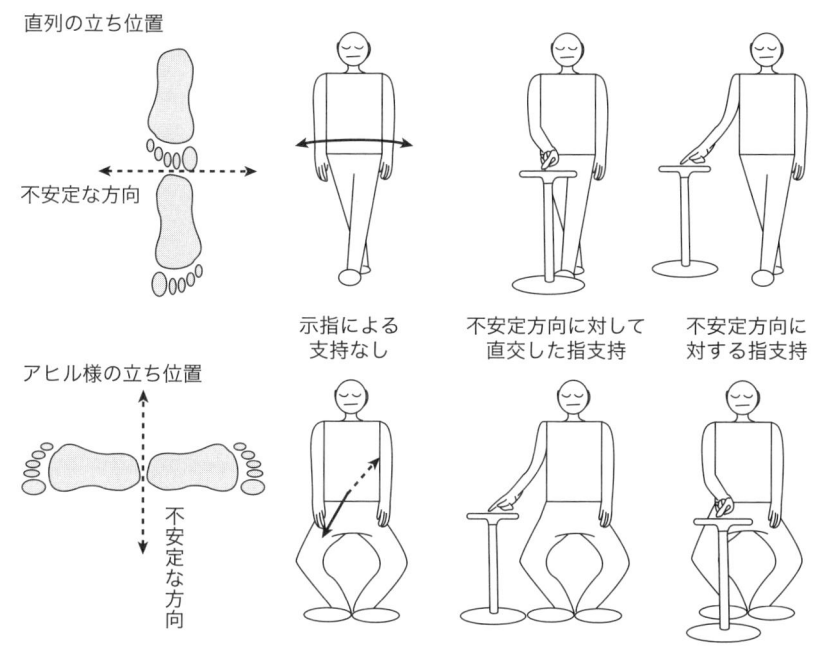

第8章 体性感覚と運動に付随する姿勢調節

図8-15A 示指による外部固定物の接触による重心動揺の抑制（文献67より改変）
閉眼で足を直列においた姿勢（Romberg tandem stance）あるいはアヒル足様の姿勢（duck stance）で姿勢保持をした際に，示指を外部固定物に軽く触れた場合（1 N以内），上肢を伸ばす方向で重心動揺がどのように異なるかみた実験設定図．

　指支持条件においては，1 N（約100 g）以下の支持鉛直力だけで外部固定物を触れるだけの付加的知覚情報（finger touch = additional perceptual information）と10 N前後の強い支持力を発揮する付加的力学的支持（hand grasp = additional mechanical support）に明確に区別されている．通常の直立姿勢[8]あるいはロンベルグ姿勢においても，示指で1 N以下の軽い力で外部固定物に触れるだけで身体の揺れは50～70％程度低下する[37, 39, 67]．5～8 Nの大きな支持力であると20～40％ほど重心動揺は減少することが計算されているが，指の軽い触れの効果は驚くべきことである．この安定性確保は前庭機能や視覚よりも効果的であることも証明されている．
図8-15Aのようにロンベルグ姿勢あるいはアヒル足姿勢（duck stance）を維持しようとすると，特に閉眼時にはそれぞれ水平方向，矢状方向への姿勢平衡の不安定性が増す．**図8-15B**の足圧中心位置が示すように，両姿勢とも重心動揺の振幅や頭部の動揺が激しい．しかし示指で外部の固定物に0.2 N以内の水平力で軽く触れるだけで，

167

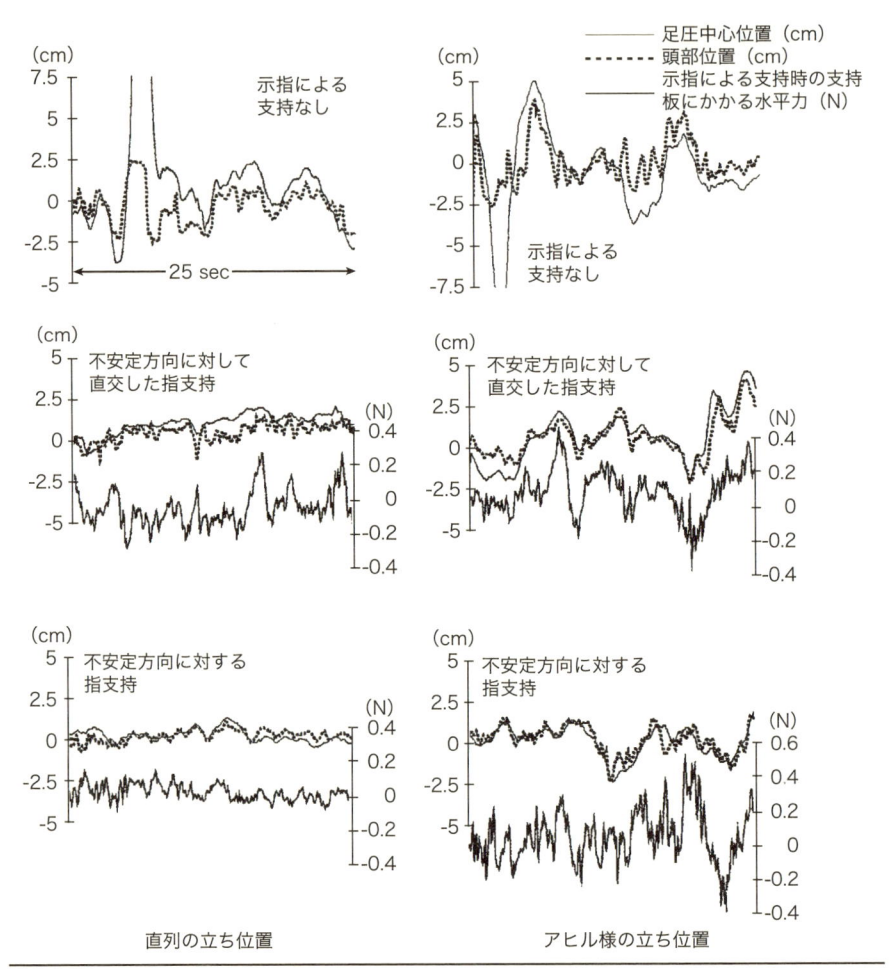

図8-15B

示指により外部に触れるだけで重心動揺は顕著に減少する．また上肢を不安定な方向に対して差し出すほうが，不安定方向に直行した場合よりも重心動揺は減少する．不安定方向に直交させて示指で触れることは，指から上行する触覚情報を不安定方向の情報に解読し直す（decoding）必要が生じ，これが重心動揺を抑えることができない原因の1つであるといわれている．

どちらの振幅も顕著に減少する．特に不安定な方向に対して平行に腕を伸ばし示指で支持するほうが，不安定な方向と直交したほうで支えるよりも重心動揺は減少する．Rabinら[67)]は差し出す腕の角度が不安定方向であることで，支持する指先に生じる水平力が直接的に検知され，固有感覚の閾値が低く感度が高くなると考えた．ロンベルグ姿勢において，指の支持開始から重心動揺抑制までの時間は約300 ms以内であ

り，この時間的遅れから1Nの指の触れが姿勢安定に関与していることが証明できる．
　では指と外部の固定物との間の摩擦力に差があれば，姿勢安定に差は出るのであろうか．JekaとLackner[38]は，外部固定物の表面がツルツル（slippery）とザラザラ（rough）の場合でロンベルグ姿勢平衡に及ぼす指の触れ効果をみている．彼らの実験では摩擦係数はツルツルで0.38，ザラザラで0.56であった．摩擦係数は表面に指を触れ徐々に力を入れた時の，指が滑るまでの水平力を鉛直力で除した値である．両条件とも重心動揺は減衰し，指で触れるということが空間内の不動の1点を明確にするとともに，その点から触角の感覚情報とともに腕-体幹の位置を示す固有感覚情報が統合され，身体の鉛直性（身体像）と照らし合わせて姿勢安定を図っていることが推測される．しかし前述した摩擦条件と指の支持力を変化させた条件と組み合わせると，姿勢制御システムが大きく変化してくる．指での軽い触れ条件では指支持の水平力に続いて150 ms後に姿勢筋の筋電図，さらに150 ms後に重心動揺曲線が連動しており，前節で述べたように指支持から約300 msで平衡安定を確保できる．固定物のザラザラ面を示指で強く支持（約10 N）した場合，相互相関係数からみると，まず姿勢筋の筋電図が活動し，水平方向の指支持力から重心動揺の反応の時間的遅れは70 msほどで他の条件よりかなり短縮した．この姿勢筋の筋電図は上位中枢を経由した長ループ回路を経たものか，予測的な神経支配が関与していることが示唆されている．また指の強い支持のツルツル条件では，摩擦係数の関係から水平面内の指支持力が発揮できず，指の軽い触れ条件に姿勢戦略をもどしたことがうかがえる．精密把握の動作課題では摘む物の摩擦特性に応じて把握力が変化する[40]．このことからも摩擦特性に応じて姿勢戦略を変更した指尖端部の機械的感覚受容器は，空間的な鋭敏さと振動に対する感受性の高さから速い順応を行う受容器，特にパチニ小体でないかと推測されている[38]．さらに軽い指支持では遅い順応をする感覚器が関与していると考えられている．このように指尖端部の感覚受容器は，他の固有情報と統合されて，姿勢安定の制御に関与できることがわかる．

3) ダイナミックな運動開始における姿勢平衡と指からの触覚情報

　ではダイナミックな運動に付随する先行随伴性姿勢調節（APA）は，指の軽い触れで変化を生じるのであろうか．ダイナミックな運動中に直立姿勢を維持するには2点の解決すべき問題がある．①重心位置（CoM）が支持基底面から出ないこと，②APAで平衡を崩す外乱のメカニカルな影響を前もって中和することである．支持基底面の狭小の場合，APAの活動自体が基底面から重心を放出する原因となる．APA

は姿勢平衡が完全に安定した時[62, 91, 92]，きわめて不安定な時[2, 17]には，同様に活動が減少する．いままで述べてきたように固定物への軽い指支持は閉眼時の安静立位時の重心動揺（postural sway）を激減させる[37, 38, 46, 67]．これは重心動揺が直立姿勢を制御する感覚協応システムの安定性に依存していること，姿勢安定のためには直立指標（reference vertical）[22]が重要となることを示唆する．バイオメカニクス的な観点からみると，1 N以下の指支持で立位から随意運動を開始した場合，APAに変化はないはずである．

しかしながら立位から最大努力での片上肢挙上運動を行う場合，軽く示指で外部固定物に触れるだけで，脊柱起立筋，大腿直筋，大腿二頭筋，および前脛骨筋のAPAが有意に減少した．また下肢や躯幹筋群の拮抗筋同士における同時放電を示すAPAのC-indexが有意に減少した[78]．このことは，APAが動作課題の力学的側面だけでなく知覚的な側面からも変化することを示唆している．また指の触れに関する感覚情報は運動開始前から上位中枢機構において，APA構成の際に2つの下行信号（拮抗筋において同時活動か相反的活動か）のうち，一方を修飾することによってその制御を簡略化しようとしていることを推測させる．また片上肢挙上運動の開始前に，振動を与え姿勢平衡を不安定状態にした場合，指での軽い支えがAPAへの振動効果を減少させ，APA量を減ずることが報告されている[79]．すなわち振動による筋紡錘への入力情報の攪乱は，触覚情報によって空間位置の基準点（reference point）を設定できることで緩和される．

6. 体性感覚が先行随伴性姿勢調節（APA）に及ぼす影響

1）フィードフォワード性姿勢調節に及ぼす振動刺激による錯覚効果

APAはフィードフォワード性制御による姿勢調節であるが，運動開始準備中の外的環境に応じ，姿勢調節量を見積もりセッティングした後に発現される[54]．すなわち，APAのセッティングには種々の感覚情報（特に前庭感覚・体性感覚・視覚）が貢献していると考えられる．しかし，それらの感覚信号の処理（processing），統合（integration）を経て姿勢調節の発現にいたるまでの仕組みは明らかになっていない．また，感覚情報を変化させてAPAはどのような修飾を受けるのかについて，精査した研究は少ない．

Itoら[32]は，安静立位の被験者に振動刺激を与え，つま先立ちを開始させた場合，体性感覚情報がAPAにどのような影響を及ぼすのか探っている．閉眼で立位姿勢の

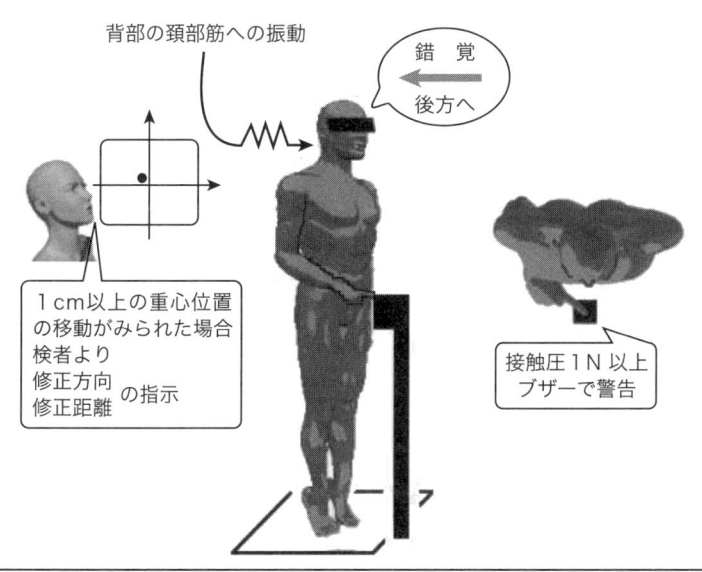

図8-16 頸部振動と示指支持の2つの条件を組み合わせてつま先立ちを実施させる実験手順（文献32より改変）
閉眼で立位姿勢をとる被験者に頸筋背側部に振動刺激を与えると，被験者には身体が後に移動しているような錯覚を生ずる．その際，初期重心位置によってAPAの修飾を受けないように，検者は重心位置をモニターし安静位から1 cmずれると修正する方向と距離を指示する．また，示指支持においてミニ床反力計にかかる鉛直力が1 N（約100 g）を超えるとブザーで警告するようなシステムが組まれている．

　被験者に頸筋背側部への振動刺激を与えると，被験者には身体が後部に移動しているような錯覚が生じ，それを修正するため身体重心位置は前方へ移動していく．その重心移動を抑えて運動開始前の初期重心位置を一定にしないとAPAは姿勢変化由来の修飾を受けてしまう．そこで，検者が重心位置をモニターし安静位から1 cm以上ずれると修正する方向と距離を指示し，被験者は一定の初期重心位置からつま先立ちをはじめることができるような実験システムを設定する必要がある（図8-16）．Latashらのグループの振動刺激実験[79]と手法的に大きく異なる点は，姿勢筋に直接，振動刺激を与えないことである．姿勢筋に直接，刺激を与えると姿勢平衡の安定性に影響を及ぼし，体性感覚の操作による真の影響を検出することができない．図8-17はItoら[32]の実験データの代表例である．

　立位からのつま先立ちを成立させるために，まず前足部上へ重心を投射させることが必要となり（図5-4参照），身体重心位置を前方へ推進させるAPAが発現される．すなわち，図8-17のように主動筋である下腿三頭筋（ヒラメ筋）に先行してAPAに

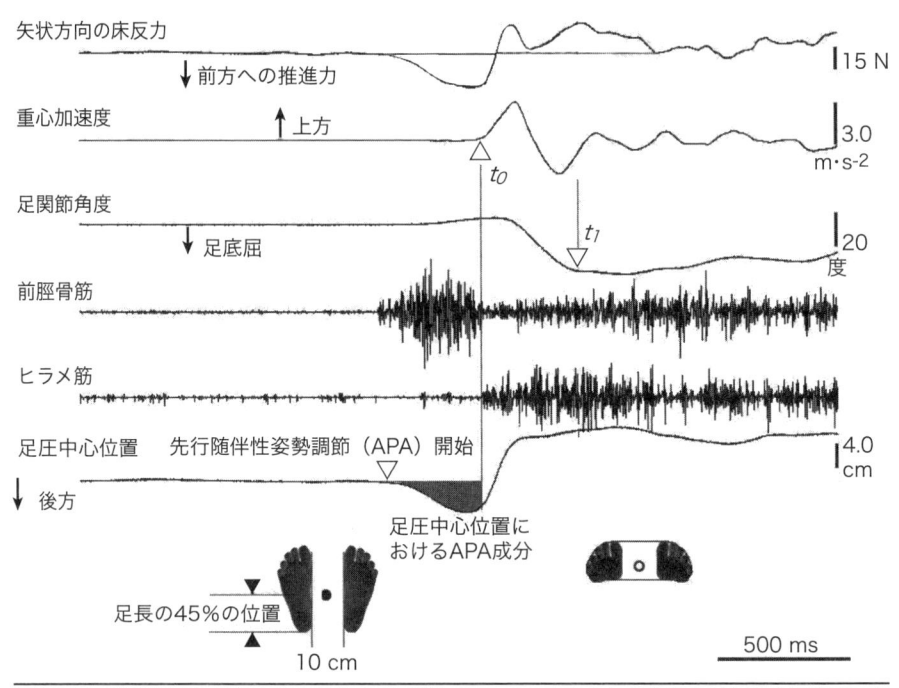

図8-17 頚部振動と示指支持の2条件を同時に与え，つま先立ちを実施させた際の実験データの代表例（文献32より改変）
上から床反力（矢状方向），重心加速度（鉛直方向），足関節角度，前脛骨筋とヒラメ筋の筋電図，および足圧中心位置（矢状方向）のデータ．図中 t_0 がつま先立ちによって重心が上方へ加速される主運動の開始時点，t_1 は足関節角度が最大底屈に達した時点を示している．t_0 以前の後方へ移動する足圧中心位置はフィードフォワード性の姿勢調節活動を表し，その時間積分値は姿勢調節量を示す．t_0 以前には主動筋であるヒラメ筋に先行して，フィードフォワード性の姿勢調節に参画する前脛骨筋の活動が認められる．なお，このデータ記録中は終始，後頚部振動と指支持が被験者に課せられている．

参画する前脛骨筋の活動が認められる．この前脛骨筋の筋放電は，後傾姿勢からつま先立ち動作を開始すると早期に発現され[49,93]，姿勢調節要求量（postural requirement）の増大に伴い，APAの時間因子の増加がCNSによりプログラムされると解釈されている[31]．本章第4節で述べたとおり，振動刺激はIa求心性線維を選択的に刺激し筋長の増加感覚を引き起こす．たとえば，後頭板状筋などの頚筋背側部を刺激すると，前庭器官との相互作用として，後傾姿勢が強まった感覚が増大する（図8-16）．振動刺激で後傾感覚が増大した被験者のAPAにはどのような変化が現れるであろうか．

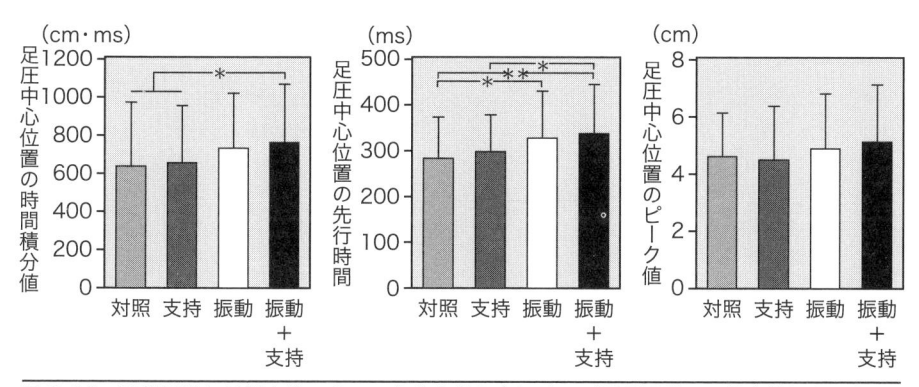

第8章 体性感覚と運動に付随する姿勢調節

図8-18 頚部振動と示指支持の2つの条件を組み合わせて（頚部振動・示指支持ともになし，支持のみ，振動のみ，および振動と支持を同時に課した条件），つま先立ちを実施した場合のAPAを示す足圧中心位置の時間積分値（左），先行時間（中）およびピーク値（右）の違い（文献32より改変）
$*p < 0.05$, $**p < 0.01$（ANOVAのpost-hoc test）．

図8-18のとおり，APAを示す主運動開始前の足圧中心位置変化のピーク値において，振動刺激を与えた場合と与えない場合（対照群）では有意な差は認められなかったのに対し，APAの時間因子（足圧中心位置の先行発現時間）は振動刺激によって有意に増大した．CNSは振動刺激により身体重心が後方へ移動していると知覚，すなわちつま先立ちを開始するまでの姿勢調節要求量が増加したと錯覚し，それに応じてAPAの先行時間を長く見積もってプログラムしたと考えられる．上位中枢によるAPAのセッティングは，運動開始前の体性感覚の状況に大きく影響されることを示唆している．

2) フィードフォワード性姿勢調節における振動効果に及ぼす触覚情報の影響

同時に2つの体性感覚情報が入力される場合，CNSはそれらの情報をどのように統合し，APAはどのような修飾を受けるのかについて，精査した研究は少ない．Itoら[32]は，頚部振動と示指支持の2つの条件を組み合わせて運動開始前の2種の体性感覚情報を操作した時に，つま先立ちを実施させそのAPAに及ぼす影響を探っている（図8-16）．

図8-18左図に示すように，頚筋背側部振動と指支持の条件を組み合わせた場合，APAの量を示す運動開始前の足圧中心位置の時間積分値（図8-17のグレー網掛け部分）が，対照条件（立位からの通常のつま先立ち）や指支持条件よりも有意に大きい結果を示した．特に図8-18中図のように，足圧中心位置の先行時間は，後頚部振動

173

と指支持の条件を組み合わせたほうが他条件よりも有意に延長される結果となった．このことは，頚筋背側部への振動刺激によるAPAの先行時間の増加（前節参照），すなわち振動効果が指支持を行うことによってさら賦活されることを示唆している．

　指支持により立位の姿勢平衡を安定させると，APAに及ぼす振動効果が増加する点について，そのメカニズムを推し量ることは困難であるが，複数の体性感覚の情報入力に関する統合をみた先行研究から，以下のような論議を進めることができるかもしれない．

　体性感覚誘発電位（somatosensory evoked potential：SEP）は，感覚神経（たとえば上肢なら正中神経や尺骨神経）を末梢部（たとえば手関節部）で皮膚表面から電気刺激し，感覚野に対応する頭皮上から誘発電位を加算平均法によって導出するものである．筋緊張異常（dystonia）患者の正中神経と尺骨神経を同時に経皮上から電気刺激し，大脳皮質の感覚野における誘発電位SEPを導出するとその電位は健常者より大きい[84]．筋緊張異常患者は，相反性抑制が低下し拮抗筋どうしの共縮（co-contraction）が生じ，不随意持続性の筋収縮による反復運動や姿勢異常を伴う．これは皮質内の抑制回路あるいは体性感覚システムでの情報処理における支障が原因と考えられる．一方，健常者は2ヵ所の皮膚表面を同時に電気刺激しSEPを測定すると，それぞれの神経を単独で刺激した電位の単なる算術和よりも小さくなる[84]．このことから，健常者には感覚情報の溢流"sensory overflow"を抑える，周辺抑制（surrounding inhibition）のシステムが機能しているといえる．周辺抑制とは，あるニューロンの興奮により隣接するニューロンの活動が抑制されることをいう．たとえば，受容野における興奮する受容器細胞により，その周辺領域の刺激を検知する感覚受容器あるいは求心性神経線維の活動が抑制される．ゆえに周辺抑制は知覚における空間的精度を高める役割を果すと考えられている．

　振動刺激による人為的な感覚入力が立位時の平衡安定のための体性感覚入力と混じっている場合，sensory overflowを防ぐため一部の感覚入力が抑制されているのかもしれない．APAはすべての感覚情報が統合されてセッティングされるのではなく，平衡不安定に関する情報を優先選択し，他の体性感覚情報（たとえば人為的な振動刺激）を無視して構成される報告[27]もある．

　下肢から上行する感覚入力は皮質におけるゲーティング"gating"によって，あるいは末梢システムによって修飾を受ける[6]．平衡の維持が必要な状況において脊髄伸張反射の利得が変化しないにもかかわらず，頭蓋からのSEPの振幅が減少する[81]．このSEPの振幅減少は，平衡安定条件下では認められず，CNSにおける体性感覚の

ゲーティング"somatosensory gating"の存在が示唆される．視床腹後部（ventroposterior thalamus）あるいは，その関連の皮質部位における脳卒中患者は，感覚入力の上行を抑制あるいは促進する機能が欠損する[82]．ラットの視床皮質（thalamocortical）回路において，体性感覚は脳幹網様体（brainstem reticular formation）→視床後腹側核（thalamus ventral posterior nucleus）→視床網様核（reticular thalamic nucleus）→第一次体性感覚野の第4層（layer IV of primary somatosensory cortex）を上行する一方，感覚野から視床網様核へ抑制性のフィードバックがある[65]．この皮質-視床フィードバックは，注意を集中しなければならない状況で，視床受容部を鮮明にするため，中心部の興奮性を増大させ，周辺部を抑制する役割がある[1]．Itoらの研究結果は，示指による外部目標物の支持により姿勢平衡が安定することで，CNSが転倒の危険にはらう注意を減少させ[73]，本来無視されるべき人為的な振動刺激を受容しやすくしている可能性もある．

　以上，ダイナミックな運動に付随する姿勢調節への感覚-知覚の及ぼす影響についての研究は緒についたばかりといえる．

文　献

1) Alitto HJ, et al. : Corticothalamic feedback and sensory processing. Curr Opin Neurobiol, 13 : 440-445, 2003.
2) Aruin AS, et al. : Anticipatory postural adjustments in conditions of postural instability. Electroencephalogr Clin Neurophysiol, 109 : 350-359, 1998.
3) Bernstein N : The Coordination and Regulation of Movements, Pergamon Press, London, 1967.
4) Bove M, et al. : Neck muscle vibration and spatial orientation during stepping in place in humans. J Neurophysiol, 88 : 2232-2241, 2002.
5) Boyd-Clark LC, et al. : Muscle spindle distribution, morphology, and density in longus colli and multifidus muscles of the cervical spine. Spine, 27 : 694-701, 2002.
6) Brook JD, et al. : Sensori-sensory afferent conditioning with leg movement: gain control in spinal reflex and ascending paths. Prog Neurobiol, 51 : 393-421, 1997.
7) Brumagne S, et al. : Proprioceptive weighting changes in persons with low back pain and elderly persons during upright standing. Neurosci Lett, 366 : 63-66, 2004.
8) Clapp S, Wing AM : Light touch contribution to balance in normal bipedal stance. Exp Brain Res, 125 : 521-524, 1999.
9) Clement G, et al. : Adaptation of postural control to weightlessness. Exp Brain Res, 57 : 61-72, 1984.
10) Conway BA, et al. : Proprioceptive input resets central locomotor rhythm in the spinal cat. Exp Brain Res, 68 : 643-656, 1987.
11) Courtine G, et al. : Continuous, bilateral Achilles' tendon vibration is not detrimental to human walk. Brain Res Bull, 55 : 107-115, 2001.

12) Day BL, et al. : Effect of vision and stance width on human body motion when standing : Implications for afferent control of lateral sway. J Physiol, 469 : 479, 1993.
13) Day BL, Cole J : Vestibular-evoked postural responses in the absence of somatosensory information. Brain, 125 : 2081-2088, 2002.
14) Dietz V, et al. : Regulation of bipedal stance : dependency on "load" receptors. Exp Brain Res, 89 : 229-231, 1992.
15) Eklund G : General features of vibration-induced effects on balance. Ups J Med Sci, 77 : 112-124, 1972.
16) Fitzpatrick R, et al. : Task-dependent reflex responses and movement illusions evoked by galvanic vestibular stimulation in standing humans. J Physiol, 478 : 363-372, 1994.
17) Gantchev GN, Dimitrova DM : Anticipatory postural adjustments associated with arm movements during balancing on unstable support surface. Int J Psychophysiol, 22 : 117-122, 1996.
18) Goldberg ME, Hudspeth AJ : The vestibular system. Principles of Neural Science Fourth Edition. In Kandel ER, et al. eds. McGraw-Hill, pp. 801- 815, 2000.
19) Granit R, Henatsch HD : Gamma control of dynamic properties of muscle spindles. J Neurophysiol, 19 : 356-366, 1956.
20) Grillner S : Locomotion in vertebrates : central mechanisms and reflex interaction. Physiol Rev, 55 : 247-304, 1975.
21) Gurfinkel VS, et al. : Body schema in the control of postural activity, In : Gurfinkel V, et al. eds., Stance and Motion : Fact and Concepts, New York, Prenum Press, pp. 185-193, 1988.
22) Gurfinkel VS, et al. : Kinesthetic reference for human orthograde posture. Neuroscience, 68 : 229-243, 1995.
23) Gurfinkel' VS, et al. : Effect of postural muscle vibration on equilibrium maintenance in the frontal plane at various levels of stability. Fiziol Cheloveka, 22 : 83-92, 1996.
24) Gurfinkel VS, et al. : Locomotor-like movements evoked by leg muscle vibration in humans. Eur J Neurosci, 10 : 1608-1612, 1998.
25) Hagbarth KE, Eklund G : Tonic vibration reflexes (TVR) in spasticity. Brain Res, 2 : 201-203, 1966.
26) Hagbarth KE : The effect of muscle vibration in normal man and in patients with motor disorders, In : Desmedt JE, ed., New Developments in Electromyography and Clinical Neurophysiology, vol 3. Karger, Basel, pp. 428-443, 1973.
27) Hatzitaki V, et al. : The integration of multiple proprioceptive information : effect of ankle tendon vibration on postural responses to platform tilt. Exp Brain Res, 154 : 345-354, 2004.
28) Hiebert GW, Pearson KG : Contribution of sensory feedback to the generation of extensor activity during walking in the decerebrate cat. J Neurophysiol, 81 : 758-770, 1999.
29) Hlavačka F, Horak FB : Somatosensory influence on postural response to galvanic vestibular stimulation. Physiol Res, 55 : 121-127, 2006.
30) 猪飼道夫：姿勢および運動のメカニズム，In：問田直幹，内薗耕二 編，新生理学（上巻）―動物的機能編―，第3版，医学書院，東京，pp. 914-963, 1972.
31) Ito T, et al. : Anticipatory control related to the upward propulsive force during the

rising on tiptoe from an upright standing position. Eur J Appl Physiol, 92 : 186-195, 2004.
32) Ito T, et al. : Postural stability enhances the effect of dorsal neck muscle vibration on anticipatory postural adjustments when moving rapidly to a tiptoe position from a bipedal stance. Osaka R J Physical Education, 48 : 93-105, 2010.
33) Ivanenko YP, et al. : Support stability influences postural responses to muscle vibration in humans. Eur J Neurosci, 11 : 647-654, 1999.
34) Ivanenko YP, et al. : Effect of gaze on postural responses to neck proprioceptive and vestibular stimulation in humans. J Physiol, 519 : 301-314, 1999.
35) Ivanenko YP, et al. : Influence of leg muscle vibration on human walking. J Neurophysiol, 84 : 1737-1747, 2000.
36) Ivanenko YP, et al. : Neck muscle vibration makes walking humans accelerate in the direction of gaze. J Physiol, 525 : 803-814, 2000.
37) Jeka JJ, Lackner JR : Figertip contact influences human postural control. Exp Brain Res, 100 : 495-502, 1994.
38) Jeka JJ, Lackner JR : The role of haptic cues from rough and slippery surfaces in human postural control. Exp Brain Res, 103 : 267-276, 1995.
39) Jeka JJ, et al. : Coupling of fingertip somatosensory information to head and body sway. Exp Brain Res, 113 : 475-483, 1997.
40) Johansson RS, Westling G : Roles of glabrous skin receptors and sensorimotor memory in automatic control of precision grip when lifting rougher or more slippery objects. Exp Brain Res, 56 : 550-564, 1984.
41) Kandel ER, et al. : Principles of Neural Science, 4th ed, Mcgraw-Hill, USA, 2000.
42) Kavounoudias A, et al. : The plantar sole is a 'dynamometric map' for human balance control. Neuroreport, 9 : 3247-3252, 1998.
43) Kavounoudias A, et al. : From balance regulation to body orientation : two goals for muscle proprioceptive information processing? Exp Brain Res, 124 : 80-88, 1999.
44) Kavounoudias A, et al. : Foot and ankle muscle inputs contribute jointly to human erect posture regulation. J Physiol, 532 : 869-878, 2001.
45) Kinoshita H, et al. : Functional brain areas used for the lifting of objects using a precision grip : a PET study. Brain Res, 857 : 119-130, 2000.
46) Lackner JR, et al. : Fingertip contact suppresses the destabilizing influence of leg muscle vibration. J Neurophysiol, 84 : 2217-2224, 2000.
47) Lekhel H, et al. : Postural responses to vibration of neck muscles in patients with idiopathic torticollis. Brain, 120 : 583-591, 1997.
48) Lipshits MI, et al. : Quantitative analysis of anticipatory components of a complex voluntary movement. Hum Physiol, 7 : 165-173, 1981.
49) Lipshits MI : Influence of interaction between feet and support on tonic activity of leg muscles during standing. Fiziol Cheloveka, 19 : 86-94, 1993.
50) Lund S : Postural effects of neck muscle vibration in man. Experientia, 36 : 1398, 1980.
51) 前田太郎 他：前庭感覚電気刺激を用いた感覚の提示．バイオメカニズム学会誌, 31 : 82-89, 2007.
52) Magnus R : Koperstellung. Julius Springer, Berlin, 1924.

53) Magnus R : Some results of studies in the physiology of posture. Lancet, 211 : 531-536, 585-588, 1926.
54) Massion J : Movement, posture and equilibrium : interaction and coordination. Prog Neurobiol, 38 : 35-56, 1992.
55) Matthews PB : Evidence from the use of vibration that the human long-latency stretch reflex depends upon spindle secondary afferents. J Physiol, 348 : 383-415, 1984.
56) Mauritz KH, Dietz V : Characteristics of postural instability induced by ischemic blocking of leg afferents. Exp Brain Res, 38 : 117-119, 1980.
57) Mille ML, Mouchino L : Are human anticipatory postural adjustments affected by a modification of the initial position of the center of gravity? Neurosci Lett, 242 : 61-64, 1998.
58) Mori S : Integration of posture and locomotion in acute decerebrate cats and in awake, freely moving cats. Prog Neurobiol, 28 : 161-195, 1987.
59) Mori S, et al. : Stimulation of a restricted region in the midline cerebellar white matter evokes coordinated quadrupedal locomotion in the decerebrate cat. J Neurophysiol, 82 : 290-300, 1999.
60) Mori S, et al. : Supraspinal sites that induce locomotion in the vertebrate central nervous system, In : Ruzicka E, et al. eds., Advances in Neurology. vol. 87 : Gait Disorders, Lippincott Williams & Willkins, Philadelphia, pp. 25-40, 2001.
61) Naito E, et al. : Illusory arm movements activate cortical motor areas : a positron emission tomography study. J Neurosci, 19 : 6134-6144, 1999.
62) Nardone A, Schieppati M : Postural adjustments associated with voluntary contraction of leg muscles in standing man. Exp Brain Res, 69 : 469-480, 1988.
63) Nardone A, et al. : Loss of large-diameter spindle afferent fibers is not detrimental to the control of body sway during upright stance : evidence from neuropathy. Exp Brain Res, 135 : 155-162, 2000.
64) Nashner LM : Adapting reflexes controlling the human posture. Exp Brain Res, 26 : 59-72, 1976.
65) Nicolelis MA, Fanselow EE : Thalamocortical optimization of tactile processing according to behavioral state. Nat Neurosci, 5 : 517-523, 2002.
66) Quoniam C, et al. : Proprioceptive induced interactions between segmental and whole body posture, In : Brandt TH, et al. eds., Disorders of Posture and Gait. Georg Thieme Verlag, Stuttgart, pp. 194-197, 1992.
67) Rabin E, et al. : Haptic stabilization of posture : changes in arm proprioception and cutaneous feedback for different arm orientations. J Neurophysiol, 82 : 3541-3549, 1999.
68) Rabin E, Gordon AM : Influence of fingertip contact on illusory arm movements. J Appl Physiol, 96 : 1555-1560, 2004.
69) Roll JP, Vedel JP : Kinaesthetic role of muscle afferents in man, studied by tendon vibration and microneurography. Exp Brain Res, 47 : 177-190, 1982.
70) Roll JP, et al. : Eye, head and skeletal muscle spindle feedback in the elaboration of body references. Prog Brain Res, 80 : 113-123, 1989.
71) Roll JP, et al. : Sensorimotor and perceptual function of muscle proprioception in microgravity. J Vestib Res, 3 : 259-273, 1993.

72) Roll R, et al. : Proprioceptive information processing in weightlessness. Exp Brain Res, 122 : 393-402, 1998.
73) Rosenkranz K, Rothwell JC : The effect of sensory input and attention on the sensorimotor organization of the hand area of the human motor cortex. J Physiol, 561 : 307-320, 2004.
74) Schieppati M, Nardone A : Group II spindle afferent fibers in humans : their possible role in the reflex control of stance. Prog Brain Res, 123 : 461-472, 1999.
75) Sherrington CS : The Integrative Action of the Nervous System. Yale University Press, New Haven, 1906.
76) Shik ML : Neurophysiology of locomotor automatism. Physiol Rev, 56 : 465-501, 1976.
77) Shiratori T, Latash M : The roles of proximal and distal muscles in anticipatory postural adjustments under asymmetrical perturbations and during standing on rollerskates. Clin Neurophysiol, 111 : 613-623, 2000.
78) Slijper H, Latash M : The effects of instability and additional hand support on anticipatory postural adjustments in leg, trunk, and arm muscles during standing. Exp Brain Res, 135 : 81-93, 2000.
79) Slijper H, Latash ML : The effects of muscle vibration on anticipatory postural adjustments. Brain Res, 1015 : 57-72, 2004.
80) Srinivasan MA, Lamotte RH : Encoding of shape in the responses of cutaneous mechanoreceptors, In : Franzen O, Westman J, eds., Wenner-Gren International Symposium Series : Information Processing in the Somatosensory System, London, Macmillan, pp. 59-69, 1991.
81) Staines WR, et al. : Cortical representation of whole-body movement is modulated by proprioceptive discharge in humans. Exp Brain Res, 138 : 235-242, 2001.
82) Staines WR, et al. : Somatosensory gating and recovery from stroke involving the thalamus. Stroke, 33 : 2642-2651, 2001.
83) Tanji J, Wise SP : Submodality distribution in sensorimotor cortex of the unanesthetized monkey. J Neurophysiol, 45 : 467-481, 1981.
84) Tinazzi M, et al. : Abnormal central integration of a dual somatosensory input in dystonia. Evidence for sensory overflow. Brain, 123: 42-50, 2000.
85) Valbo AB, Johansson RS : The tactile sensory innervation of the glabrous skin of the human hand, In : Gordon G, ed., Active Touch, New York, Pergamon, pp. 29-54, 1978.
86) Vuillerme N, et al. : Postural sway under muscle vibration and muscle fatigue in humans. Neurosci Lett, 333 : 131-135, 2002.
87) Wade MG, Jones G : The role of vision and spatial orientation in the maintenance of posture. Phys Ther, 77 : 619-628, 1997.
88) Welgampola MS, Colebatch JG : Vestibulospinal reflexes: quantitative effects of sensory feedback and postural task. Exp. Brain Res., 139: 345-353, 2001.
89) Whelan PJ, et al. : Stimulation of the group I extensor afferents prolongs the stance phase in walking cats. Exp Brain Res, 103 : 20-30, 1995.
90) Woollacott MH, Shumway-Cook A : Changes in posture control across the life span -A systems approach. Phys Ther, 70 : 799-807, 1990.
91) Yamashita N, Moritani T : Anticipatory changes of soleus H-reflex amplitude during

execution process for heel raise from standing position. Brain Res, 490 : 148-151, 1989.
92) Yamashita N, et al. : Inter-relationships among anticipatory EMG activity, Hoffmann reflex amplitude and EMG reaction time during voluntary standing movement. Eur J Appl Physiol, 60 : 98-103, 1990.
93) 山下謙智：立位つま先立ち動作における初期重心位置が，反応時間および予測性姿勢調節に及ぼす影響. 第12回日本バイオメカニクス学会大会論集, 1994.
94) 山内昭雄, 鮎川武二：感覚の地図帳. 講談社, 東京, pp48-55, 2001.
95) Zehr EP, Stein RB : What functions do reflexes serve during human locomotion? Prog Neurobiol, 58 : 185-205, 1999.

(伊東太郎)

第9章

身体の機能低下と動的姿勢調節の変化

はじめに

　身体の機能低下に起因して増加する転倒（fall）の危険性は，加齢に付随する重要な問題の1つである．立位の安定性は支持基底面（base of support）上に身体重心位置（center of body mass）をいかに投射し続けられるかにかかっている．従来の姿勢平衡研究は支持基底面を変化させない，すなわち床に足底をつけて重心を基底面上から放出しない静的な実験課題がほとんどであった．最近は歩行やステッピングのように支持基底面が刻々と変化するようなダイナミックな運動において，転倒を予防する姿勢調節の戦略（strategy）が注目されている．

　国内でも武藤ら[58]による「転倒予防教室」が展開され，転倒の実態把握からそれに対する処方プログラムまで詳細に組み立てられており，さらに身体運動学的なアプローチもいま以上に進めるべきであると考える．立位時のヒトの身体が多関節の直列連結構造体であることは，姿勢平衡の維持にはきわめて不利であり，高齢者の身体機能低下による転倒の多発を防ぐことは容易でない．姿勢制御の新たな知見を現場へ一刻も早く還元することが重要であろう．

　本章では，加齢および筋疲労における身体機能の経時的および一時的な低下とともに，ダイナミックな運動に付随する動的姿勢調節がそれぞれどのように変化するのかをみていく．

1. 加齢と動的姿勢調節

1）高齢者の転倒と左右水平方向の不安定性との関係

　Makiら[44]は，現在は歩行可能で自立した生活を送れる高齢者群について，今後の転倒の危険性を予測するため種々の姿勢調節能テストの結果を検討している．被験者は100名（男性17名，女性83名）の高齢者（62〜96歳，平均83歳）で，①90

秒間直立位を保てる，②10m歩ける，③言葉での指示が理解できる，④1ヵ月以内に転倒の経験がない，状態であった．その被験者に自発的あるいは予告なしに矢状方向や左右水平方向の外乱（重心動揺）を起こし，それに抗して立位姿勢を保持させる課題を与えて足圧中心位置の変動量をみる動揺テスト（sway test）を課している．1年間の追跡調査の結果，被験者に延べ120回（59名が転倒経験）の転倒事故が起きた．転倒した者（faller）と転倒しなかった者（non-faller）の1年前の動揺テスト結果を比較し，転倒の危険因子を検討したところ，転倒した者は，開眼でも閉眼でも，あるいは自発的な体幹の側屈運動でも横方向へ外乱を与えた場合も，左右水平方向の足圧中心位置移動量が大きい結果を示した．そして特に閉眼の横方向への自発的な動揺テストは，転倒の危険を示す最もよい指標であると考えられた．足圧中心位置の矢状方向成分は足関節まわりのトルクの大きさ，左右水平方向成分は横への体重移動を反映していると考えられている．矢状方向への動揺テストで有意な差がなかったのは，矢状と左右水平方向の重心動揺に対して，それぞれ異なった感覚情報が姿勢の安定に関与することが原因であろう．すなわち，矢状方向の姿勢の安定性には足関節の回転運動にかかわる体性感覚が，左右水平方向には足底からの皮膚感覚，前庭情報，そして股関節にかかわる固有感覚受容器が重要な役割を果たすと考えられるが，まだ詳細に解明されていないのが現状である．ともかくMakiらの研究は，左右水平方向の姿勢平衡の不安定性が，高齢者の将来の転倒を予測する指標として役立つという結果を示唆したことが高く評価されよう．

2）高齢者の転倒と先行随伴性姿勢調節（APA）発現との関係

物につまずいた際に転倒を防ぐためには，大きな動揺に対してダイナミックな姿勢反応を引き起こす必要がある．転倒寸前の状況下で，どのような神経制御機構によって姿勢平衡の安定を図ることができるのか．図9-1[67]のように体側の一方向へ牽引の外乱を加えた場合，若年群は外乱の反対方向へ体幹を傾け，いったん外乱方向と同側の脚に荷重し股関節の外転動作で荷重脚を抜重するとともに支持脚へ重心を移動し，抜重した足で外乱方向へサイドステップを踏んで転倒を免れる（side-stepping strategy）．一方，老年群は体幹を外乱と同側へ傾け，外乱方向と同側脚への荷重がそのままで，対側の脚が支持脚を追い越し転倒にいたる（crossover strategy）．若年群のサイドステップ時のステップ足への荷重-抜重と，それに伴う支持脚への重心移動の一連の動作が，左右水平方向の先行随伴性姿勢調節（mediolateral APA：ML-APA）である．一足を挙上する前にML-APAが発現して，支持脚側へ重心位置を移

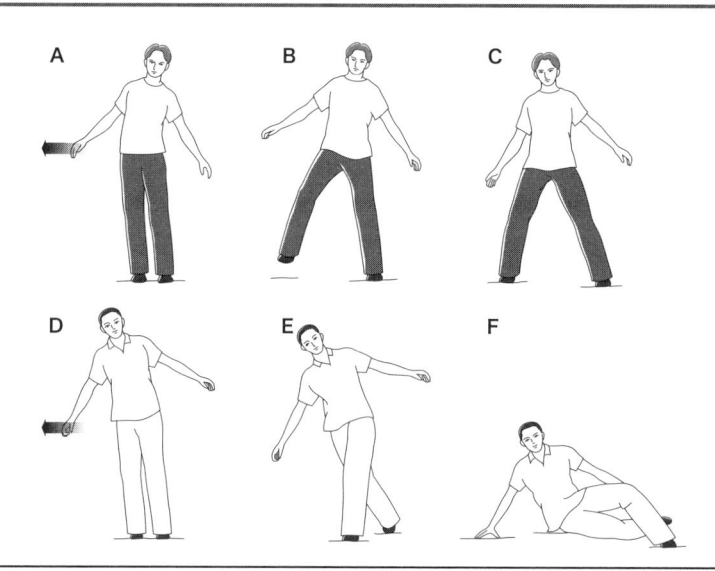

第9章　身体の機能低下と動的姿勢調節の変化

図9-1　水平方向の外乱に対して姿勢平衡を保持するためのステッピング戦略の説明図（文献67より引用）

矢印方向へ一過性のダイナミックな牽引外乱を与えられた場合の，上段（A～C）は若年者，下段（D～F）は転倒頻発の高齢者に多くみられる姿勢平衡保持のための横への踏み出し動作を示している．上段では，図中の被験者にとって右方向への外乱に対し，体幹を左方向へ傾けるとともに，ステッピング足となる右脚の外転筋などの活動により右足に荷重をかけることで，その反作用により右ステッピング足を容易に外側へ踏み出し姿勢平衡を維持する（サイドステッピング戦略）．下段では外乱方向と同じ右側に体幹を傾けそのまま倒れ込むため，左足が右足と交差して転倒にいたる（クロスオーバーステッピング戦略）．

動させないと，挙上脚方向へ身体は傾いて倒れていく．

　このML-APAは，前方へ移動するステップや歩行においても，ステップ足の離地前に必ず出現する（**図9-2**）．直立安静時の姿勢から1歩踏み出し動作を開始する時，主運動開始（運動脚の踵離地）に先行して，矢状方向に関してはヒラメ筋の抑制に続いて前脛骨筋の筋放電開始，足圧中心位置（center of foot pressure）の後方移動，そして身体重心位置の前方移動が出現する．また左右水平方向に関しては主運動開始に先行して，運動脚側の中殿筋や大腿筋膜張筋の放電開始に続いて足圧中心位置の運動脚側への移動，そして身体重心位置の支持脚側への移動が発現する．ML-APAは歩行開始動作の場合，主運動に先行して，立位安静時の重心を運動脚踵離地の発現しやすい位置へ移動させる姿勢調節の1つであると考えられている[45]．またML-APAは脚挙上による横への転倒を前もって抑制しようとすると考えられる[43]．

　一方，立位時に矢状方向への外乱を与えて前方への踏み出し反応（compensatory

183

多関節運動学入門

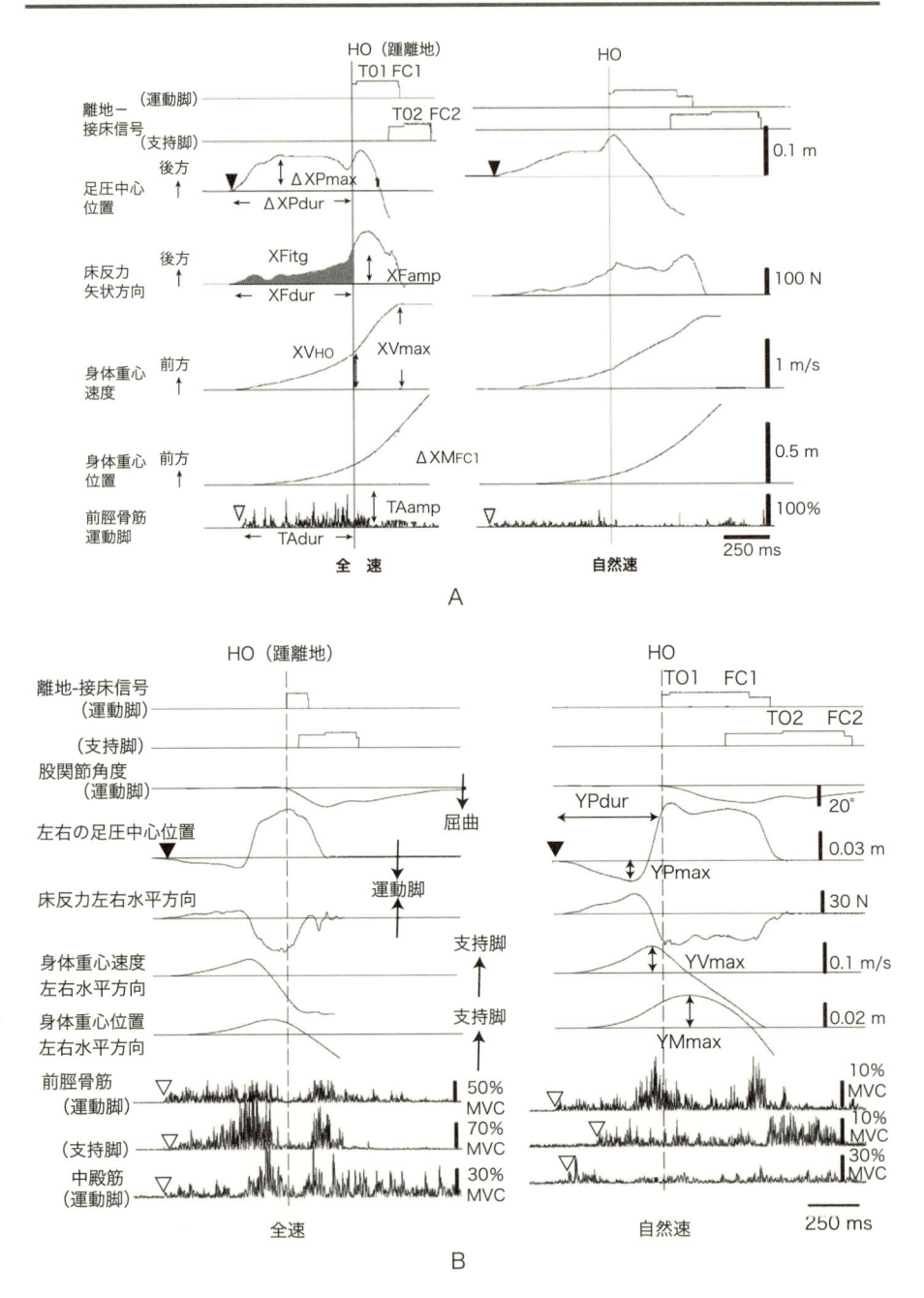

184

stepping reactions)を誘発した場合，運動脚が挙上される前にML-APAが出現することが確認されている[48,82]．これは外乱に応じた踏み出し反応において，運動脚離地により一側の支持脚で体重を支える際に生じる運動脚側への身体重心の落下を防ぐため，運動脚離地より以前に身体重心を支持脚側へ移動する，姿勢調節に作用すると考えられている[43]．歩行中転倒を頻発する小脳患者は外乱を大きく見積もりすぎ(hypermetria)[24] 横方向への身体重心動揺を抑えることができず[25]，また転倒経験のある高齢者は運動脚離地から接地までの一脚だけでの身体支持の時間を短縮する傾向を示し[46]，転倒がAPAの変容の1つの原因であることが示唆されている．

3）歩行時の前方ステップ速度と左右水平方向の先行随伴性姿勢調節（ML-APA）との関係

立位からの1歩踏み出し運動や歩行中において，前方へのステップ速度も横方向の安定性に影響するかもしれない．すなわち低速で一足支持に要する時間を増加させることが，横へのバランスコントロールの要求を増加させることにつながる可能性を高めると考えられるからである．左右水平方向の先行随伴性姿勢調節（ML-APA）について，先行研究ではすべて同じく主運動開始前に足圧中心位置は運動脚側に，身体重心位置は支持脚側に移動することが報告されている[5,6,29]．従来ML-APAは前方速度に関与しないことが報告されていたが[12]，それに対しLyonとDay[43]は1歩踏み出し運動の開始時に，身体重心位置を支持脚の足底面上に投射して左右方向の姿勢不安

図9-2 立位からの1歩踏み出し開始動作における先行随伴性姿勢調節（APA）の様相
A：直立安静時の姿勢から1歩踏み出し動作を開始する時，主運動開始（運動脚の踵離地HO）に先行して，矢状方向に関し，ヒラメ筋の抑制に続いて前脛骨筋の筋放電開始，足圧中心位置の後方移動，そして身体重心位置の前方移動が生じる．特に速度を変えた1歩踏み出し動作を実施した場合，APA局面（HO以前の現象）の平均振幅がその後のステップ最大速度と有意な正の相関関係のあることが導かれている．Itoら[27〜30] は，準備動作も包含したAPA活動（preparatory APA：pAPA）に焦点を当てている．以下はpAPAの測定項目について略語の意味を示した．略語：HO運動脚の踵離地；TO1運動脚全体の離地；FC1運動脚の接地；TO2支持脚の離地；FC2支持脚の接地；ΔXPmax後方への足圧中心位置の最大移動距離；ΔXPdur足圧中心位置の見越し時間；XFitg主運動開始前の前方推力の時間積分値；XFdur見越し前方推力の先行時間；XFamp見越し前方推力の平均振幅；XV$_{HO}$運動脚の踵離地時の前方速度；XVmax最大前方速度；ΔXM$_{FC1}$ 運動脚接地時の重心移動距離；TAdur前脛骨筋の見越し放電時間；TAamp前脛骨筋の見越し放電量（平均振幅）（文献28より改変）．
B：左右水平方向のAPAに関して，主運動開始HOに先行し，運動脚側の中殿筋の放電開始に続いて足圧中心位置の運動脚側への移動，そして身体重心位置の支持脚側への移動が発現する．略語：YPdur運動脚側への足圧中心位置移動の見越し時間；YPmax運動脚側への足圧中心位置の最大移動距離；YVmax支持脚側への最大速度；YMmax支持脚側への身体重心位置の最大移動距離（文献31より改変）．

多関節運動学入門

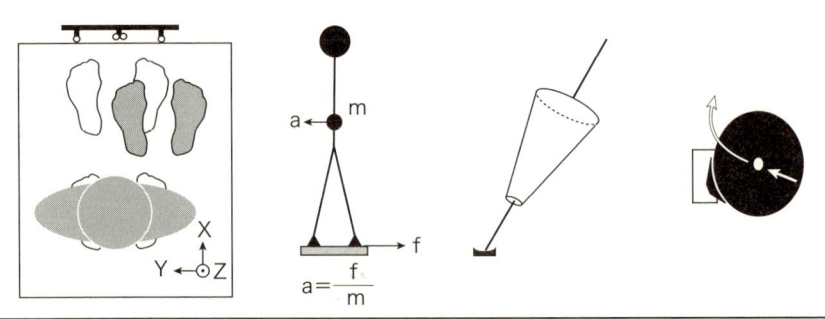

図9-3　1歩踏み出し動作時の左右水平方向への先行随伴性姿勢調節（ML-APA）の必要性（文献43より引用）
1歩踏み出し運動の開始以前に，身体重心位置を支持脚の足底面上に投射し，横方向の姿勢不安定性（lateral instability）を補うことに，左右水平方向のAPA（ML-APA）が貢献する．すなわち，踏み出しのため運動脚を挙上すると右図の逆振子モデルのように身体重心位置は運動脚側へ倒れ込んでいってしまう．そのため運動脚を挙上する前に前もって支持脚側へ重心位置を移動させるために，運動脚の外転動作によって支持脚方向へ重心に加速度を生じさせねばならない．図中mの質量にaの加速度を支持脚方向へ生じさせるには，運動脚方向にfの力を発揮しなければならない．また左端図のように白抜き足方向へまっすぐステップする場合，網かけ足の外側斜め方向へステップするより大きなML-APAが必要となる．

定性（lateral instability）を補うことに，水平方向のAPA（ML-APA）が貢献することを，逆振子のモデルを使って導き出した（**図9-3**）．しかしJianら[34]は，ML-APAの大きさを示す横方向の足圧中心位置の変位量が支持脚に乗り込むには十分ではないことを示唆している．実際にML-APA発現時の重心軌跡をみると，常に支持脚上に身体重心が移行するとはかぎらない（**図9-4**）．支持脚方向への身体重心位置の移動速度や移動距離がどういう要因によって，決定されているかはまだ完全には解明されていない．

　日常の歩行時において，たとえば前方の障害物を越えたり歩幅を変えたりする際，変化する外部環境に応じて前もって歩行プログラムを変えることを示す現象が出現する．McFadyenら[47]はそれらをanticipatory locomotor adjustments（ALA）と呼び，APAはいくつかのALAを統合した現れであると定義している．このことからItoら[28]はALAを変化させる要因をできるだけ同一にすることによって，主として速度変化にだけ対応するAPAの制御様式を明らかにできると考えた．Itoら[28]，伊東ら[29]はAPAに影響を及ぼす初期重心位置[10]とステップ幅[6]を厳密に規定することで（**図9-4**），運動遂行中の身体重心の移動距離を一定にし，1歩踏み出し運動速度とAPAとの関係を明らかにしようと試みてきた．

　伊東ら[29]は**図9-4**のように，空輸期間（swing phase：運動脚離地から接地まで）

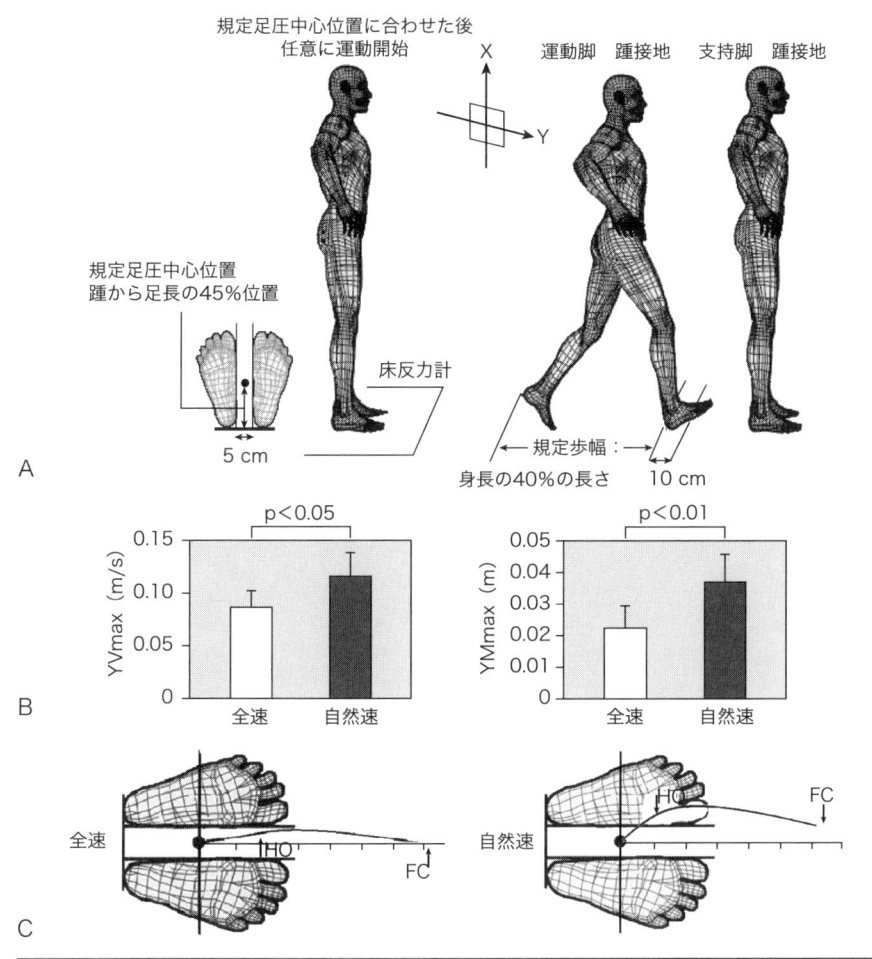

図9-4 水平方向の先行随伴性姿勢調節（ML-APA）と前方ステップ速度との関係
A：APAに影響を及ぼす初期重心位置とステップ幅を厳密に規定することで，運動遂行中の身体重心の移動距離を一定にし，1歩踏み出し運動速度とML-APAとの関係を明らかにしようとした実験設定図（文献28より引用）．
B：支持脚側への重心位置の移動速度および移動距離は，自然速条件のほうが全速より有意に値が高いことを示した．すなわち前方へのステップ速度が低下するに従ってML-APAの量を増大しなければ，横への不安定性が増大する．YVmax；支持脚側への最大速度，YMmax；支持脚側への身体重心位置の最大移動距離．図9-2Bのデータと照らし合わせると理解しやすい（文献31より引用）．
C：1歩踏み出し動作中，身体重心位置が支持脚の基底面上に移動する率は，全速条件で31.2 %，自然速条件で71.2 %であった．この図もB同様，身体重心の移動速度が速いステップを意図した場合，空輸期間も短くlateral instabilityを防ぐ必要のないため，ML-APAを大きくする必要がないことを示唆している．HO；運動脚の踵離地，FC；運動脚の接地（文献31より引用）．

に要する時間は，全速条件のほうが自然速より有意に短いことを報告している．そして見越し活動局面において身体重心位置が支持脚の基底面上に移動する率は全体の試行数の47.0％，そして全速条件で31.2％，自然速条件で71.2％であった．そして支持脚側への身体重心位置の移動速度および移動距離は，自然速条件のほうが全速より有意に値が高いことを示した．すなわち身体重心の移動速度が速いステップを意図した場合，空輸期間も短く lateral instability を防ぐ必要がないため，ML‐APA を大きくする必要がないことを示唆している．

　伊東らの自発的な1歩踏み出し動作だけでなく，床を後方へ移動させる外乱によって前方への1歩踏み出しを誘発した場合をみてみる．Maki ら[44]は，できるだけ空輸期間を短縮させることによって，すなわち支持脚だけで身体重心を支える時間を短くすることで lateral instability を補えることを示唆した．また，Burleigh と Horak[7]は Maki らと同じ外乱を使ったステップ動作誘発の手法において，外乱速度が大きいほど ML‐APA の見越し時間が短縮することを報告している．つまり外乱速度が大きくなるほどより早く新たな支持基底面を構築できるため ML‐APA は必要がなくなっていくことを示唆している．以上，外乱に対する姿勢反応あるいは自発的な場合でも，一歩踏み出し運動では前方速度に応じて lateral instability が見積もられ上位中枢機構によって，それに応じた ML‐APA の大きさが前もって決定されることが明らかとなった．また転倒頻発者の歩行の特徴として，ステップの最大前方速度の低下が報告されており[46]，実際の転倒者においても遅い歩き方は水平方向の不安定性を高めることを示唆している．また第7章でもみたように1歩踏み出し動作の開始の際，主運動より先行して活動する前脛骨筋（tibialis anterior）の APA 活動が前方への最大歩速も決定することが多数報告されており[5, 9, 10, 27〜30]，水平方向への身体の移動に関与する中殿筋などだけでなく下腿筋群の機能低下も転倒問題にかかわることが示唆される．前脛骨筋は脛骨上外側から起こり内側楔状骨や第1中足骨底内側に付着し，足関節背屈運動，すなわちつま先を上げる動作に作用する．床のわずかな段につま先が引っ掛かって転びかけることや，高齢者特有のつま先を上げない摺足歩行も前脛骨筋の筋機能の低下を示しているのかもしれない．いずれにしても歩行時の前方速度低下が，水平方向の身体平衡の不安定性を誘発するといえる．

4）加齢に伴う機能低下と先行随伴性姿勢調節（APA）の減衰

　加齢に伴い神経-筋のどの機能の低下が，水平方向の姿勢平衡の不安定性を増加させ，転倒の危険性を高めるのか．高齢者は外乱後のステップ数が多く，cross over

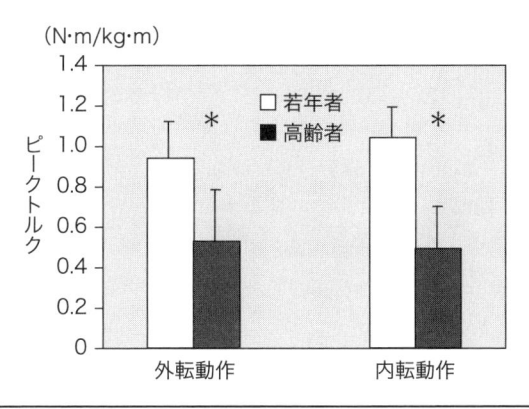

第9章 身体の機能低下と動的姿勢調節の変化

図9-5 若年および高齢者の女性における股関節の外転および内転の等速運動時のピークトルク（文献67より引用）
高齢者群は若年者群に比して等速性運動中の外転トルクにおいて43％，内転トルクにおいて54％，最大値が有意に低い（ANOVA，＊0.1％以内の危険水準）（それぞれn＝38）．

strategyの出現も多い[67]．前述した通りこの差はML‐APAの差に起因している．高齢者のアイソメトリックな筋収縮時のピークトルクを測定すると，若年者より股関節の内転動作で35％，外転動作で21％の低下を示す．また短縮性で等速性ピークトルクを測定すると，老年者は60°/秒で，内転では43％，外転では54％も若年者より低下する（図9-5参照）．速度が高まるにつれて，ピークトルクの減少が顕著となる．

この原因として加齢による中殿筋内の速筋線維（タイプⅡ線維）の減少が考えられている．すなわち加齢に伴って，筋力は大きく低下する．MoritaniとDeVries[52]は，筋力増大の要因として神経系の改善と筋肥大の2点をあげており，逆にいうと筋力低下は神経系機能の衰退と筋萎縮によるものといえる．加齢に伴う神経系機能の衰退メカニズムについてはまだ明確にされていないが，筋萎縮についてTauchiら[75]は，筋線維のうちタイプⅠ線維である遅筋線維では線維数が，タイプⅡ線維である速筋線維において線維数と断面積のサイズが，加齢とともに減少することを動物実験において確認している．またヒトでは選択的にタイプⅡ線維の断面積のみ減少することが，加齢による筋力低下の大きな要因と考えられている[40]．タイプⅡ線維はタイプⅠ線維よりも，単収縮力において大きな筋力を発揮することができ（第4章参照），タイプⅡ線維の萎縮が加齢に伴う筋力低下の主要因であることは明らかである．

タイプⅡ線維の萎縮とAPAの減衰との関係について，両者の密接な関連を証明したものは，現在まではWoolacottらの研究[80]に基づくほかはない．彼女らは図9-6Aのように被験者に立位姿勢をとらせ，前方のレバーを眼前の光合図に応じて引くよう

189

に指示した．レバーを引くと当然，重心位置は前方へ移動するので，下腿三頭筋の収縮による足関節底屈動作によって，前方重心移動に抗してその姿勢変化を補償しなければならない．すなわち下腿三頭筋である腓腹筋やヒラメ筋は，この動作課題では姿勢筋となる．この実験設定において，これらの筋群の筋電図を記録しながら，主運動開始のシグナル1.5秒前に運動の予告シグナルを発し，その準備期間中に伸張反射を誘発して，その応答から脊髄α運動ニューロンの興奮度をみようとした．図9-6Bに示すように，主動筋である上腕二頭筋の筋放電よりも早くから腓腹筋とヒラメ筋の活動が認められ，これらの筋群はフィードフォワード性の姿勢調節，すなわちAPAに参画していることを示す．ヒトにおいて両筋とも足関節の伸展動作に関与する筋であるが，Johnsonら[35]は浅層部のヒラメ筋全筋線維数のうち，タイプI線維が86.4％，タイプII線維が13.6％を占めていること，浅層部の腓腹筋はそれぞれ43.5％と56.5％であることを報告している．すなわちヒラメ筋はほとんどタイプI線維（遅筋線維）で構成されているのに対し，腓腹筋はタイプII線維（速筋線維）の含有が多いという，両極端な性質をそれぞれ有している．図9-6Cは動作課題準備中に伸張反射を誘発して，潜時40〜60 msの単シナプス反射（monosynaptic reflex）と潜時60〜80 msの長潜時反射（long latency reflex）の2成分を記録し，脊髄α運動ニューロンにおける興奮性の時間的推移を示したものである．主運動開始前500 msには両者の筋は同様に姿勢筋としての準備のため興奮性が高まっていくが，運動開始直前にはヒラメ筋は興奮度が低下し，腓腹筋は興奮性を維持し続けている．以上のことはすばやくダイナミックな運動に付随する姿勢調節には，中枢機構は単収縮力が大きく収縮時間の短いより大きなパワーを発揮する速筋線維を選択的に動員することを示唆している．

2. 加齢による筋機能低下を防ぐ

1）レジスタンスエクササイズとサイズの原理

レジスタンスエクササイズ（resistance exercise：筋力トレーニングの総称）は，主として筋線維を含む運動単位を刺激できることから，加齢に伴う筋力低下を予防する方法として最適なことが明らかである．当然，日本でも厚生労働省の健康・体力づくり事業財団が高齢者の運動の習慣化について状況調査[74]するとともに，転倒予防のための高齢者へのレジスタンスエクササイズの導入を進めている．Moritaniと DeVries[53]は，5名の若年群（平均年齢21.8歳）と高齢者群（平均69.6歳）それぞ

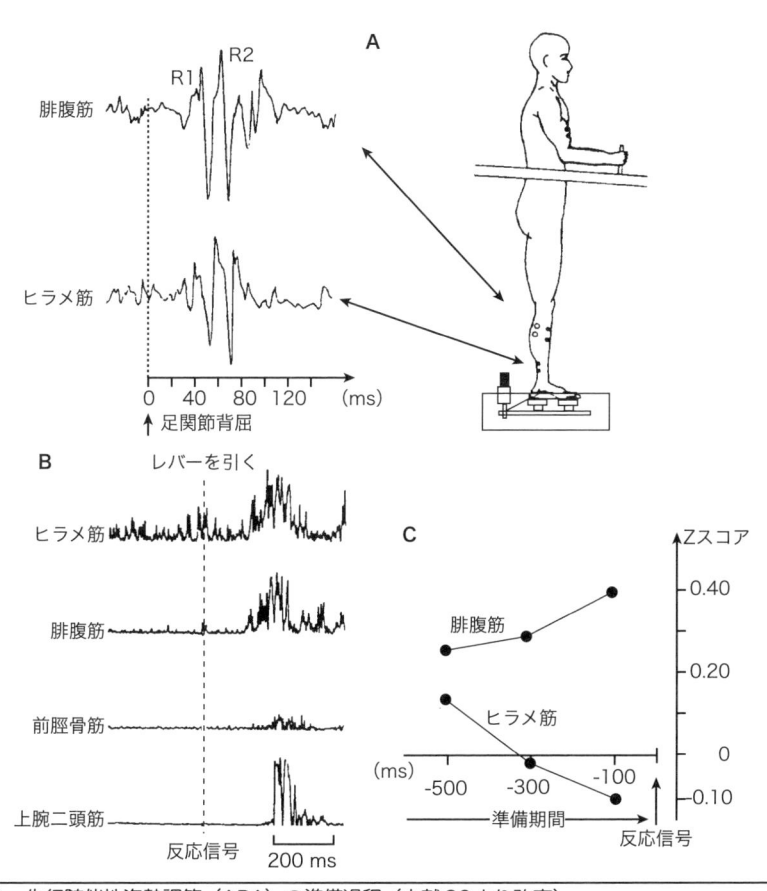

第9章　身体の機能低下と動的姿勢調節の変化

図9-6　先行随伴性姿勢調節（APA）の準備過程（文献80より改変）
A：被験者に立位姿勢をとらせ前方のレバーを眼前の光合図に応じて引くように指示する．レバーを引くと重心位置は前方へ移動するので，下腿三頭筋の収縮による足関節底屈動作によって，前方重心移動に抗してその姿勢変化を補償しなければならない．すなわち下腿三頭筋である腓腹筋やヒラメ筋はこの動作課題では姿勢筋となる．この実験設定において，これらの筋群の筋電図を記録しながら，主運動開始のシグナル1.5秒前に運動の予告シグナルを発し，その準備期間中に伸張反射を誘発して潜時40〜60 msの単シナプス反射（R1）と潜時60〜80 msの長潜時反射（R2）の2成分を測定し，その応答から脊髄α運動ニューロンの興奮度をみようとしている．
B：バーを引く主動筋である上腕二頭筋の筋放電よりも早くから腓腹筋とヒラメ筋の活動が認められ，これらの筋群はフィードフォワード性の姿勢調節，すなわち先行随伴性姿勢調節に参画していることを示す．
C：動作課題準備中に伸張反射を誘発し脊髄α運動ニューロンにおける興奮性の時間的推移を示したものである．主運動開始前500 msには両者の筋を支配するおのおのの運動ニューロンは姿勢筋活動の準備のため興奮性が高まっていくが，運動開始直前には遅筋線維で構成されるヒラメ筋は興奮度が低下し，速筋線維の含有が多い腓腹筋は興奮性を維持し続けている．すばやくダイナミックな運動に付随する姿勢調節において，中枢機構は単収縮力が大きく収縮時間の短い，より大きなパワーを発揮できる速筋線維を選択的に動員させることを示唆している．

191

れに8週間のウエイトトレーニングを課し，最大筋力において若年群が29.5％，高齢者群が22.6％の増加を示したことを報告している．ただし若年群がトレーニング開始4週間までは神経系の改善，その後筋肥大（muscular hypertrophy）が顕著に起こったのに対し，高齢者群は筋肥大も認められたがトレーニング期間中主に神経系の改善がなされ，年齢群によって筋力増加の要因が異なっていることが明らかとなった．しかし，これらのことから神経系および筋組織が加齢にかかわらず柔軟に力学的負荷に適応して発達していく可能性のあることがわかる．

しかしながら，従来からの筋力トレーニング処方が，APAに主として参画するであろうタイプⅡ筋線維を選択的に刺激できるかとなると一考せざるをえない．レジスタンスエクササイズにおけるタイプⅡ筋線維動員の可能性を狭める要因は「サイズの原理」かもしれない．Hennemanら[22]はα運動ニューロンの発火の閾値が上がるにつれ，すなわち運動強度が高くなるにつれ，運動ニューロンが小さなものから大きなものへと順序よく活動しはじめることを発見し，それを「サイズの原理（size principle）」と称した．すなわち筋線維のタイプは運動強度の増加に従って，タイプⅠ線維（SO線維）→タイプⅡa線維（FOG線維）→タイプⅡb線維（FG線維）の順に活動するわけである．また運動単位の動員と運動強度との関係をみると，タイプⅡ線維動員には，通常の筋収縮様式では相当強度の高い負荷を与える必要があることを示唆している[79]．特に高齢者にレジスタンスエクササイズとして処方した場合，非常に高負荷で危険な鍛錬となってしまうことが予想される．

2）レジスタンスエクササイズにおける伸張性筋収縮の重要性

筋収縮の様式は大きく3種類に分類される．1つ目は壁に抗して筋の長さを変えずに力を発揮する等尺性筋収縮（isometric contraction），2つ目は筋の長さを縮めながら筋力を発揮する短縮性筋収縮（求心性：concentric contraction），そして3つ目が筋の長さを伸ばしながら筋力を発揮する伸張性筋収縮（遠心性：eccentric contraction）である．特にレジスタンスエクササイズでは，短縮性と伸張性筋収縮を繰り返してトレーニングする場面が多くみられる．すなわち片手にダンベル（錘）を持って腕を下方へ伸ばし，肘関節点をその位置に保持したまま肘関節を屈曲し，前腕部とダンベルを上方へ持ち上げるのが，上腕屈筋群（上腕二頭筋，上腕筋など）の短縮性筋収縮である．また上方にあるダンベルをゆっくりともとの位置にもどすのが上腕屈筋群の伸張性筋収縮である（ただしダンベル負荷に抗さずに，重力のなすがまま一気に下へ錘を下ろすことは伸張性筋収縮ではなく，受動的伸張 passive stretch であ

る).そして一般のトレーニング指導書は短縮性筋収縮に焦点を当てたものが多く,伸張性筋収縮を体系化した処方は見当たらないのが現状である.

　ColliandarとTesch[8]は,被験者に12週間,週3回の頻度で,大腿四頭筋について12回の短縮性筋収縮のトレーニングを行わせた場合と,6回の短縮性筋収縮と6回の伸張性筋収縮を組み合わせて行わせた場合を比較した.その結果,後者のほうが前者よりも膝関節伸展のピークトルク,垂直跳び,および最大筋力〔3 repetition maximum (RM):3回しか挙上できない重量〕すべてにおいて顕著に増大したことを報告している.またDudleyら[13]は,宇宙での筋萎縮(muscular atrophy)を防ぐ方法としてウエイトトレーニングに着目し,6〜12回で4〜5セットのレッグプレスとレッグエクステンションを19週間実施し,短縮性筋収縮のみ行わせた群より,短縮性と伸張性筋収縮を組み合わせた群のほうが,3 RMは大きな増大を示したことを報告した.さらにDudleyはディ・トレーニング(トレーニング停止)1ヵ月後も伸張性筋収縮群のほうが,最大筋力は有意に大きかったことを報告しており,レジスタンスエクササイズによる伸張性筋収縮が,宇宙でも筋萎縮を抑える可能性のあることを示唆した.そして石井[26]はヒトの肘関節屈筋を対象に,短縮性筋収縮のみを行った場合と伸張性筋収縮のみを行った場合を比較し(この実験ではそれぞれの筋収縮の最大筋力に対して同一相対負荷強度を用い,短縮性では1 RMの80%,伸張性では1 RMの112%を使用している),最大筋力の増大や筋の肥大についての結果は,伸張性筋収縮のみを行ったほうが有意に大きいことを示した.

　以上のように,いずれの実験結果も短縮性よりも伸張性筋収縮を用いたトレーニングのほうが効率よく筋力を増大させることを示している.

3) 伸張性筋収縮における速筋線維の選択的動員

　高齢者に速筋線維の刺激を促すようなレジスタンスエクササイズを考える場合,「サイズの原理」と異なる神経機構の存在を示唆する,速筋線維の優先的な選択動員の根拠をみつけなければならないであろう.Smithら[68]は,ネコの引っかき動作中に遅筋の多いヒラメ筋の筋電図が不活動になる一方,速筋を多く含む腓腹筋の筋電図が顕著に増大したことを報告している.またダイナミックな動作を行う際,たとえばヒトのホッピング動作中のH-reflex(脊髄α運動神経細胞の興奮度を示す)において,ヒラメ筋の運動単位は抑制されるのに対し,腓腹筋のほうは促進されることをMoritaniら[55]が報告している.これと同様に伸張性筋収縮においても「サイズの原理」に従わない神経機構が報告されている.

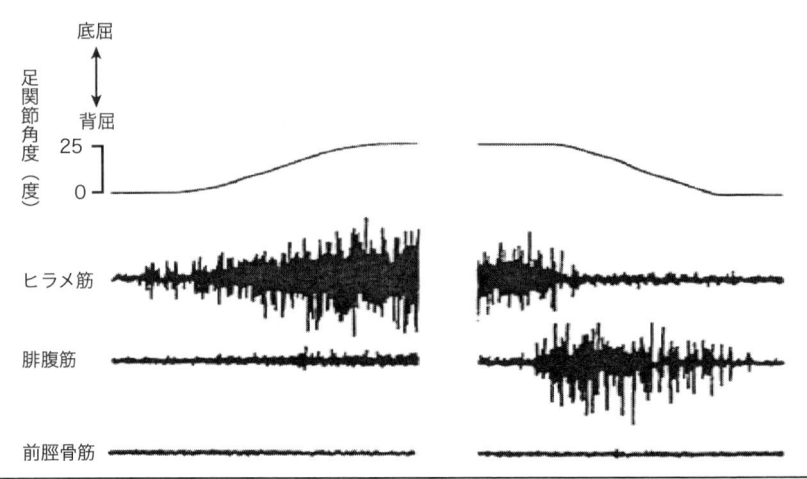

図9-7 伸張性筋収縮における速筋線維の選択的動員（文献59より改変）
左図のように足関節底屈動作の等速性運動を実施した場合（短縮性収縮），遅筋線維で構成されたヒラメ筋の活動が速筋線維の多い腓腹筋の活動を凌駕する．しかし右図のように足底屈方向へかけた負荷に抗しつつも足関節背屈動作を行うと前脛骨筋は休止する一方，ヒラメ筋は活動を弱め，腓腹筋が積極的に参画する．すなわち伸張性筋収縮により速筋線維を多く含有する筋が優先的に動員される．

　「サイズの原理」と異なる神経機構の存在を示唆する，筋線維の動員例を考えるなら，タイプI線維で構成されているヒラメ筋の活動が運動の開始から停止しているにもかかわらず，タイプII線維の含有率の多い腓腹筋の活動が活発であるような事例が考えられる．NardoneとSchieppati[59]は被験者に足関節の伸展-屈曲動作をさせた際，伸展（足底屈）のトルク増大時である短縮性筋収縮の間はヒラメ筋の筋電図は腓腹筋より明らかに増大するが，屈曲（足背屈）動作が開始し伸張性筋収縮に移行した瞬間，ヒラメ筋の筋電図活動が停止し腓腹筋が顕著な活動を示したことを報告した（**図9-7**）．

　以上，伸張性筋収縮では，速筋線維が選択的に動員されることが示唆され，強い力発揮が可能な速筋線維だけを優先して発達させることが，前節のような著しいトレーニング効果をもたらすといえる．

4）伸張性筋収縮に付随する筋損傷

　われわれは散発的にスポーツなどをした後，翌日あるいは数日後に筋肉痛でつらい経験をすることも多い．これは遅発性筋肉痛（delayed muscle soreness）といわれ，

伸張性筋収縮を行った後に発現してくることは一般的に知られている．室[57]は，伸張性筋収縮後の筋肉痛発現時に，血清クレアチンキナーゼ（serum creatine phosphokinase）の増加がみられることからも，筋線維の組織破壊が筋肉痛の主因であることを示唆している．

和田と土持[78]は，伸張性筋収縮に伴う筋損傷を筋小胞体（sarcoplasmic reticulum）の機能低下に起因するものとしている．筋の収縮-弛緩において，細胞内の遊離カルシウム濃度が1〜10 μMに上昇するとアクチンとミオシンの相互作用による収縮がはじまり，0.1 μM以下に低下すると弛緩が起こっており，カルシウムは外部の刺激を細胞内に伝える伝達物質としての役割をになっている．筋細胞のカルシウム濃度の調節に主として関与しているのが，筋原線維を取り囲むように発達している筋小胞体である．伸張性筋収縮トレーニングなどによって筋収縮が起こると，筋小胞体の機能が低下し，カルシウムの取り込みができずに，筋内のカルシウム濃度を低下させることができなくなる．こうなるとカルシウム分解酵素が活性化し，その酸化反応において活性酸素を発生させる．そして活性酸素によって変性した筋内の脂質やタンパク質を分解するために働くタンパク分解酵素やマクロファージによって筋が損傷を受けるようである．

Fridenの研究グループ[17〜19]は，伸張性筋収縮に付随する筋損傷の実態について，電子顕微鏡を用いた形態学的手法からアプローチしている．Fridenら[17]は，ビルディングの10階までエレベータで上がらせ，そこから階段を一気に駆け下りる，伸張性筋収縮を強調した運動（階段を下りる際，体重を支えるために下肢の伸展筋群は筋長を伸ばされながら筋力の発揮を強いられる）を被験者に10本行わせ，運動実施前後の足関節伸展筋（ヒラメ筋）の筋原線維を筋生検によって採取し，形態変化を比較している．その結果，運動後，筋原線維のZ膜の幅が広がったり，一部は分裂したり破壊されていることを報告した．

Fridenら[18]は膝関節伸展筋（外側広筋）の伸張性筋力トレーニングを8週間実施した際，被験者の伸張性筋収縮の最大筋力は375％に増大するとともに，トレーニング後タイプIIc線維数の増加がみられたことを報告している．このタイプIIc線維はタイプI線維とタイプII線維の中間の性質を有し，特に胎児や筋損傷後の再生初期に増加するものであり，ヒトの筋線維の場合，1ヵ月後にはタイプIあるいはタイプII線維に完全に分化されるものである[60]．この事実はStaronら[70]が示唆する，筋力トレーニングによって筋のもつ性質が転換（conversion）される可能性を裏づけるものと考えられ，それは伸張性筋収縮による筋損傷が起因となるものと思われる．

またLieberとFriden[41]は，ラビットを用い伸張性筋収縮によって足関節屈曲筋（前脛骨筋）のタイプIIb線維（タイプII線維のなかで最も筋収縮速度ならびに発揮筋力が大きい）のみ選択的に破壊されることを示した．さらにLieber[42]は，ラビットの足関節屈曲筋（前脛骨筋）から採取した筋原線維を用い，受動伸張，等尺性筋収縮，および伸張性筋収縮を実施した際の，1時間後の筋の状態を観察した．その結果，最大強縮強度（tetanic tension）は，受動伸張が13％，等尺性筋収縮が31％，および伸張性筋収縮では69％の低下がみられ，伸張性筋収縮後のタイプIIb線維のみ筋原線維のサルコメア（筋原線維のZ膜ごとの筋節）の配列が乱れていた．

以上から，筋損傷はサテライト細胞を活性化し，筋増殖を誘発する要因となることを考え合わせると，伸張性筋収縮はタイプIIb線維を選択的に使用し損傷させることで筋肉痛を生じさせ，筋再生時には筋線維の増殖を促したり，筋線維の性質の転換を進めたりするような適応を起こさせるものであることが明らかとなった．こういった伸張性筋収縮における，筋損傷-筋再生サイクルが筋力の増大を促すものと考えられ，このような特徴は等尺性および短縮性筋収縮を用いたトレーニング実験では報告されていない．

5）伸張性筋収縮を強調したレジスタンスエクササイズの導入と限界

前述したように伸張性筋収縮には筋損傷を伴うことが多く，実際のトレーニング現場で果たして高齢者に処方が可能であるかは疑問である．また重量負荷が掛かっているエクササイズ中の怒責に伴う血圧の上昇は，高血圧症を併発している高齢者，転倒頻発者にとってきわめて危険な状況をまねくと考えてよいだろう．しかも太田ら[62]は転倒をした高齢者が非転倒者に比べて，動脈硬化指数が有意に高いことを報告している．ここでは実際に高齢者にレジスタンスエクササイズの処方を作成する場合を考えてみた．処方作成で考慮すべき点は，挙上重量，挙上回数，および頻度の3点である．このなかで最も特定しにくいのは，頻度を定めること，すなわち何日ごとに伸張性筋収縮を用いたトレーニングを導入するべきなのか，という点である．

オゾーリン[63]は，トレーニング後に筋力水準は急速に低下するが，数日間休養することで筋力は回復し，トレーニング前の筋力水準よりも高いレベルにまで達すること（超回復）に着目し，超回復時をねらってトレーニングをすることで，毎回効率よく筋力を増大させる理論を確立した．そしてトレーニング前の筋力水準にも達しない時，すなわちトレーニングからの回復にいたっていない時点にトレーニングをした場合，オーバーワークとなり筋力は次第に低下することを示し，トレーニング後の休養

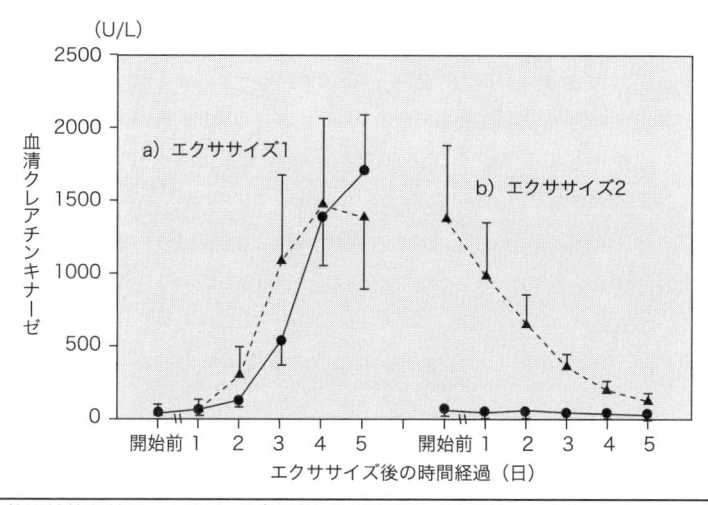

図9-8 伸張性筋収縮のエクササイズ継続と筋損傷を示す血清クレアチンキナーゼとの関連（文献15より引用）
肘関節屈曲筋群について伸張性筋収縮を中心とした運動を70回行わせ，トレーニング後の筋損傷を示す血清クレアチンキナーゼ（血清CK）の回復経過を示した図．1回目のエクササイズで血清CKはトレーニング4〜5日後にピーク値に達する．エクササイズ2では，1回目の伸張性筋収縮エクササイズ5日後に再び伸張性トレーニングを実施する群（▲）と，14日後に実施する群（●）の2群に分け，血清CK値の経過をみたところ，5日後群は2回目のトレーニングをすることでピーク値にあった血清CK値は逆に急速に低下，14日後群の血清CK値は2回目のトレーニング後も正常値と変らない．

の大切さと超回復にいたる時機のみきわめの難しさを指摘している．

　EbbelingとClarkson[15]は，20名の被験者に肘関節屈曲筋群について伸張性筋収縮を中心とした運動を70回行わせ，トレーニング後の筋肉痛，安静時肘関節角度，等尺性最大随意筋収縮（maximum voluntary contraction：MVC）時の発揮筋力，および血清クレアチンキナーゼの回復経過を測定した．図9-8のように特に伸張性筋収縮による筋損傷を示す血清クレアチンキナーゼはトレーニング4〜5日後にピーク値に達したことが報告されている．このことから短縮性筋収縮トレーニングでの「週2〜3回の頻度でトレーニングを実施する」という処方は，伸張性筋収縮には当てはまらない，と考えられる．なぜなら血清クレアチンキナーゼ値が高いまま，すなわち筋の超回復がなされていない時にトレーニングをしても，オーバーワークに陥る可能性が高いからである．しかしEbbelingとClarksonは，この20名の被験者を，1回目の伸張性筋収縮トレーニング5日後に再び伸張性トレーニングを実施する群と，14日後に実施する群の2群に分け，血清クレアチンキナーゼ値の経過をみたところ，5

日後群は2回目のトレーニングをすることでピーク値にあった血清クレアチンキナーゼ値は逆に急速に低下し，14日後群は2回目のトレーニング後も正常値と変らなかったことを報告している（**図 9-8**）．このメカニズムはまだ解明されていないが，日々継続して運動をしているときは，散発的に運動するよりも筋肉痛が少ないことは経験的によく実感できることである．また Nosaka ら [61] は細胞レベルの因子と神経学的因子との連係が伸張性筋収縮における適応過程に参画していることを示唆しており，今後筋損傷からの回復メカニズムが明確になれば実際のトレーニング現場にも還元されていけるだろう．

以上のことから，筋線維のうちタイプIIb線維を選択的に強化できる伸張性筋収縮を用いたトレーニングは，エクササイズ頻度さえ留意すれば，有効な筋力増大の手段となりえることが明らかとなった．しかしやはり高齢者に筋肉痛などの疲労を残すエクササイズを課すことは慎重にならねばならない．

石井 [26] は，被験者の上腕基部を止血帯で圧迫し，筋血流を適度に制限した条件で，肘関節屈曲の虚血トレーニングを実施した．その結果，平均60歳の女性で1 RMの約40％の負荷（一般にトレーニングで用いる負荷は10回反復可能なものであり，1 RMの約80％にあたる）で16週間トレーニングした場合，筋力は約2倍に，筋断面積は約20％増加したことを報告している．1 RMの約40％の負荷での阻血トレーニング中に主動筋の筋電図を測定すると，その筋電図積分値は1 RMの約80％負荷での通常トレーニング時の値に匹敵した．また Takarada ら [72] も上腕基幹部を0～100 mmHgの圧で閉塞し虚血状態にした後，肘関節屈曲動作をエクササイズとして取り入れた場合，1 RMの50％以下の負荷で効果的に筋肥大と筋力増加を認めたことを報告している．このことは阻血という低酸素状態において，酸化系にエネルギー供給を依存するタイプI線維は活動することができず，負荷が低い状態でも「サイズの原理」を無視してタイプII線維がやむをえず動員されていることが推測される．筋の代謝系を意図的に変化させたことによって「サイズの原理」に反してタイプII線維のみを選択的に活動させたトレーニングは注目に値する．

しかし速筋であるタイプII線維を加齢に伴って脱落させない，適度な強度はどのくらいであるのか．たとえば下肢筋の伸張性収縮によってしっかり体重を支えながら，坂道を歩いて下るくらいの負荷では，タイプII線維は刺激できないのか．今後は筋機能低下に由来する転倒頻発者に対して，身体運動学や医療に関する実験データの妥当性・信頼性を十分踏まえたうえで，確実で明確な臨床判断（evidence-based medicine：EBM）に基づいたエクササイズ処方を確立するため，エビデンスを慎重に積

み重ねていく必要があるといえる．

　一方，第8章で述べたように，筋への振動刺激は運動時の駆動力ともなり，レジスタンスエクササイズを導入できない高血圧患者にとって医療的な補助器具になりうる可能性も高いと考えられる．姿勢平衡の不安定な場合，振動刺激は上位中枢機構にブロックされ振動効果を期待できないが，たとえば杖（cane）が接地した瞬間に筋へ振動が与えられるように工夫するなどして，姿勢平衡の安定時に顕在化する振動効果を活かし，機器改良とともに身体運動学的データを収集していけば，低下した身体機能の向上でなく機能の補償面から高齢者転倒予防へのアプローチが可能になるであろうと考える．

3. 筋疲労と動的姿勢調節

1）筋収縮持続中の筋疲労に対する戦略

　運動で誘発される筋疲労は，随意での最大発揮筋力の減少を伴い，筋レベルでの末梢的変化だけでなく中枢からの下行信号にも影響が現れる[20]．単関節の運動課題で強度の高い等尺性[64]あるいは等張性[66]の筋収縮を続けると，それに伴う筋疲労により筋電図の筋放電量は漸増する一方，筋電図周波数（mean power frequency：MPF）は低下することが報告されている．これは筋線維の疲労にかかわらず発揮筋力を維持しようとするため，中枢は運動単位の動員（recruitment）と運動単位へのインパルスの発射頻度（rate coding）の増加を図る一方，命令信号を同期化し各運動単位の力発揮を集中させることを示している[54]．さらに，複数の共同筋で力を発揮している場合，群化筋放電として活動-休止を繰り返す疲労誘発性の生理的振戦（enhanced physiological tremor）[37]がみられたり，共同筋内での筋活動交替（alternate muscle activity）[16, 73]を繰り返す相補的な筋活動が認められる場合もある．これらの筋活動の様相は，筋疲労による出力低下の補償，あるいは筋疲労の遅延に関与することが示唆されている[38, 39]．たとえば，KouzakiとShinohara[39]は，2.5％MVC以内の低強度の等尺性膝関節伸展運動を1時間持続した場合，共同筋内での筋活動交替が生じ，その交替回数が多いほど疲労課題終了後に行うMVCでの発揮力が高いことを示し，共同筋間の筋活動交替が疲労を軽減していることを示唆している．

2）姿勢筋疲労と先行随伴性姿勢調節（APA）の変化

　安静立位姿勢から片上肢アンダーハンドでのすばやい前方挙上運動あるいは投球運

動を開始すると，主動筋である三角筋前部の筋活動開始に先行して両側の前脛骨筋[10]，挙上肢と同側の大腿二頭筋および対側の脊柱起立筋などの体幹・下肢筋群[2]の活動が出現する（第6～8章参照）．この筋活動は，上肢の運動で生じるであろう重心動揺を上位中枢が見積って先に抑える，先行随伴性姿勢調節（APA）に参画するとされる．

一時的に姿勢筋を疲労させてAPA活動の変化をみた研究は多い[1, 4, 36, 56, 71, 81]．たとえば，大腿二頭筋あるいは脊柱起立筋の姿勢筋を疲労させてから片上肢挙上運動を実施した場合，疲労した姿勢筋のAPA活動はより早期から活動をはじめることが報告されている[14]．これは，姿勢調節に貢献する姿勢筋の疲労による出力低下に対し，APAの時間因子であるdurationを増加させて，その低下を補償する現れであると考えられている．一方，APAに参画する姿勢筋を疲労させても早期の活動開始は認められず，APA活動は劇的に減少したという報告もある[49, 81]．しかし，疲労していないほかの姿勢共同筋群（postural synergists）の様相に焦点をあてた研究，あるいは疲労運動終了後の回復時間を正確に測定し回復過程を経時的に追究した研究はほとんどみられないのが現状である．

3）姿勢筋疲労と姿勢共同筋

共同筋作用（muscle synergy）は，運動成果の発揮における身体重心の移動方向に応じ動員される筋群の組み合わせが構築されるものであり，その筋活動の空間パターンは求心性感覚情報によっても影響を受けない．すなわち，Bernstein[3]が提唱するように，共同筋は上位中枢が運動を容易に制御するため，処理しなければならないパラメータを減らすことに貢献していると考えることができる．

多関節運動では，ダイナミックな肢の動作に応じて姿勢平衡を前もって保つため，APA活動が主動筋より先に発現する．APAに参画する姿勢筋を疲労させてダイナミックな運動を行わせると，隣接した筋群の活動様相はどのように変化するのであろうか．MorrisとAllison[56]は，腹部筋群をトレーニングで疲労させ，その直後に上肢の後方への挙上運動を全力で実施させた場合，腹直筋のAPAが疲労前の値より20％減少するのに対し，内腹斜筋においては30％増加したことを報告している．この疲労筋の隣接筋における活動増加は，疲労による筋力低下を補償しようとする姿勢筋共同作用（postural synergy）の現れであると考えられている．

このような現象は隣接していない姿勢筋間においても報告されている．伊東ら[32, 33]は，被験者の姿勢筋を疲労させた後，立位姿勢から2 kgの錘をアンダーハンドで前方へ最大努力で投じた時の姿勢筋および共同筋におけるAPA活動の回復様相につい

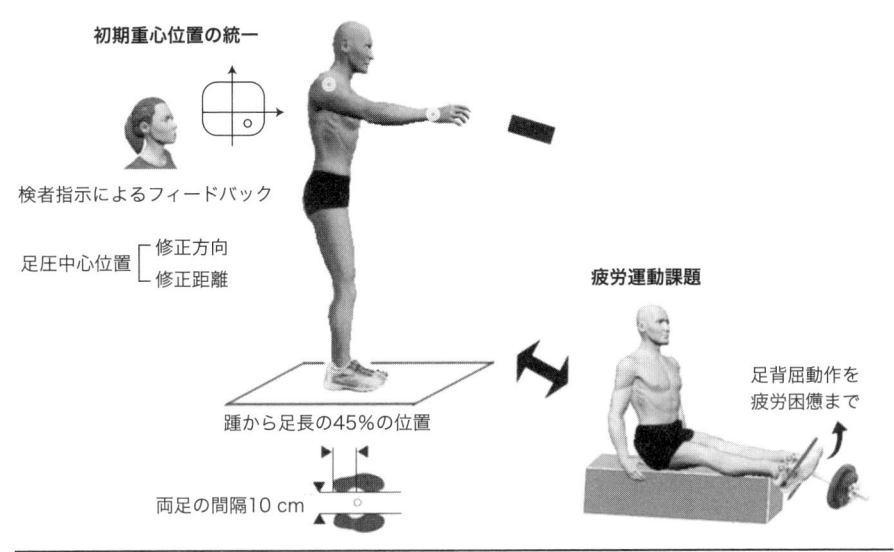

図9-9 投球動作(左)および疲労運動課題(右)における実験設定図(文献32より引用)
姿勢筋疲労前後の投球動作中の姿勢筋の様相変化から,筋疲労が姿勢調節に及ぼす影響をみている.筋疲労は筋感覚に影響を及ぼすため,疲労に伴う運動開始時の重心位置の変化により真の姿勢調節の変化量を検出できないため,運動開始前の初期重心位置を一定にする必要がある.

て経時的にみている.11名の健康な被験者が,30% MVCの挙上重量を用い,短縮-伸張性の足背屈動作を疲労困憊まで繰り返し,前脛骨筋の疲労前・後にそれぞれ最大努力の投球動作を実施した(図9-9).疲労動作課題直後(疲労課題終了後45秒間)の前脛骨筋の筋電図活動は投動作中に消失したが,姿勢共同筋である脊柱起立筋と大腿二頭筋の筋電図活動量は活動停止の前脛骨筋に替わりそれぞれ増大した(図9-10,図9-11).また,これら姿勢筋の疲労に伴う共同筋活動の増加は,45秒の回復時間で疲労前の値にもどった.姿勢調節の総量と考えられる後方への足圧中心位置の時間積分値は疲労前後で有意差がないことから,これら姿勢共同筋群の活動パターンは,疲労で損なわれた前脛骨筋の筋出力を補償する相補的な活動と考えられる.すなわち,上位中枢機構は疲労困憊した姿勢筋を休止させ,ほかの疲労していない姿勢共同筋を選択的に賦活させることで,高いレベルの運動成果と姿勢平衡を保つことを意図していることを示唆している.姿勢平衡を図るための外部出力を維持するため,疲労のため活動が低下した姿勢筋をほかの姿勢筋群が補償する,姿勢筋共同作用の機序が働いているものと考えられる.

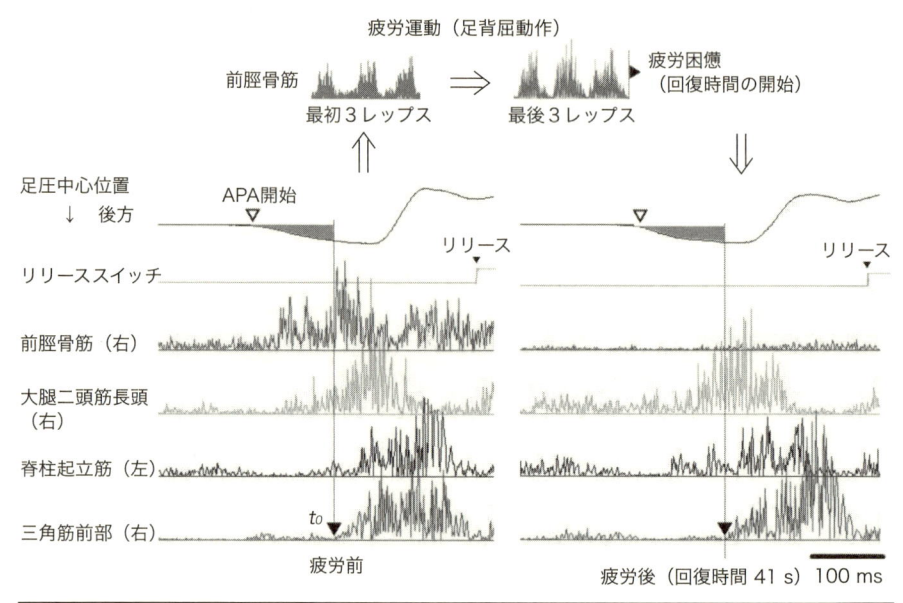

図9-10 投球動作時の足圧中心位置,リリース信号および下肢・体幹筋群(姿勢共同筋)ならびに上肢帯筋(主動筋)の筋電図の疲労前(左)と疲労後(右)の比較(同一被験者の代表例)(文献32, 33より改変)
上図は,疲労運動課題中の前脛骨筋の筋電図変化を示したもの.前脛骨筋の疲労困憊41秒後の投球において,足圧中心位置の時間積分値には変化がみられないが,前脛骨筋のAPA活動は消失している.なお,投球は右上肢によるアンダーハンドスローである.

4) 姿勢筋の代謝動態の推測

ダイナミックな運動中の姿勢筋の代謝動態について考察を進めるうえで,特に筋グリコーゲン貯留量は食事内容によって大きく左右されるため統一する必要がある[11].図9-9に示した実験[32]では,被験者には一定のPFC比(総摂取エネルギーに占めるタンパク質,脂質,炭水化物のエネルギー構成比)の食事を投球実験までの5日間にわたり摂取させた.筋疲労終了後の投球動作中に,消失あるいは減衰した前脛骨筋の筋活動は45秒の回復時間で疲労前の値まで急速に回復した.この結果は,疲労運動課題での主たる疲労要因が,姿勢筋活動を一時的に阻害し機能低下にいたらしめたことを示すとともに,この急速な回復時間より姿勢筋の主たる代謝特性を推測できるかもしれない.この研究は,末梢性疲労の要因として特定を進めるうえで重要な要素の1つである筋グリコーゲン貯留量は直接測定していないが,5日間摂取した食事のPFC比を全被験者とも統一(詳細は文献50を参照)したうえで実験に臨んだ.

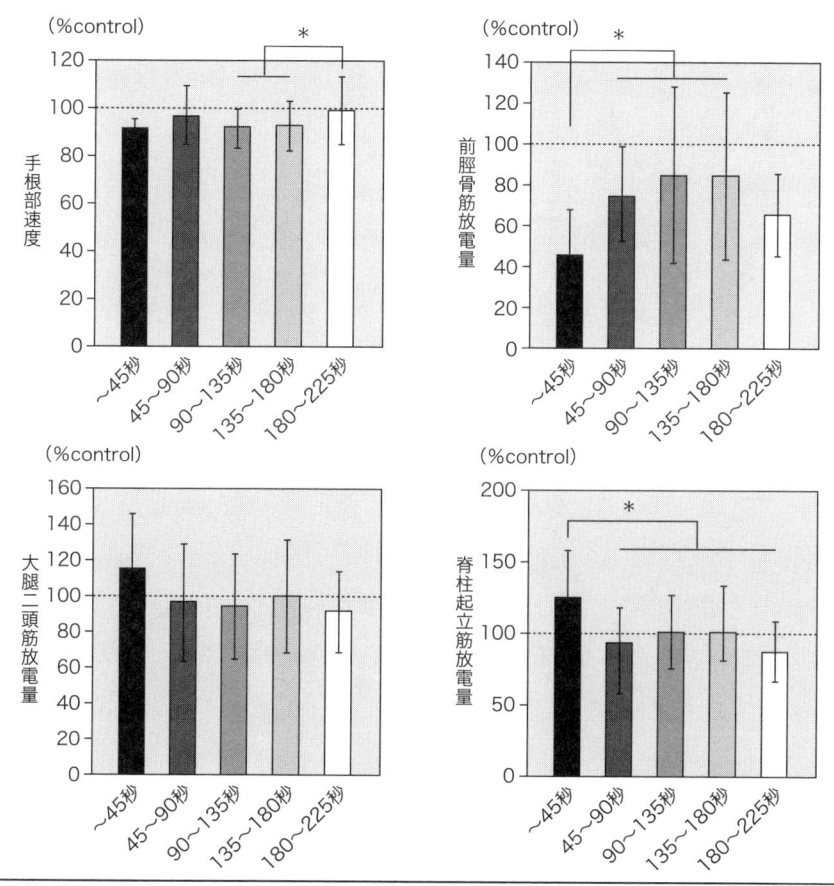

図9-11 手根部速度と前脛骨筋，大腿二頭筋および脊柱起立筋のAPA筋放電量（主動筋の三角筋前部の活動開始前後150 msの全波整流積分値：分析方法は161ページに詳細を記載）における，姿勢筋疲労後の回復時間の経過に伴う変化（文献32より引用）
前脛骨筋の疲労困憊直後（回復時間45秒以内）に前脛骨筋の筋放電量は低下するものの，投球肢側の大腿二頭筋と体側の脊柱起立筋の活動が一時的に増加していることがわかる．＊$p < 0.05$（一元分散分析ANOVAのpost hoc test）．

　ダイナミックな運動において，末梢性疲労の可能性ある要因として，筋細胞からのカリウム漏出（loss of potassium：K^+ loss），無機リン酸（Pi）の蓄積による筋小胞体の機能低下，クレアチンリン酸（ホスホクレアチン：PCr）によるATP再合成の遅れ，筋グリコーゲン濃度の低下，乳酸の蓄積などがあげられる．

　筋細胞からのカリウム漏出は，30％MVCの間欠的で静的な膝伸展運動では，最初の数分で回復しはじめるが，完全回復には20分かかることが報告されている[77]．ま

た，高強度の単関節運動による筋小胞体からのカルシウムイオン（Ca^{2+}）放出と取り込みの低下[23]は，アデノシン三リン酸（ATP）消費に伴い増加した Pi と Ca^{2+} の結合に起因[14]しており，筋小胞体 Ca^{2+} 放出機能の全回復時間は 7 分[65]，筋小胞体 Ca^{2+} 取り込み速度の回復は遅筋線維において速筋線維よりも回復は早いものの 15 分要すること[51]が報告されている．一方，アデノシン三リン酸-クレアチンリン酸系（ATP-PCr系）において，激運動時に消費された PCr の 1／2 回復時間は，fast component で 21～22 秒，slow component は 170 秒と急速であることはよく知られている[21]．Spriet[69]は，間欠的な 30 秒間の全力運動における ATP 消費量と ATP 供給系（ATP-PCr系，解糖系，酸化系）の貢献度を検討したが，全力運動間の休息時間 2 分の間に解糖系の筋グリコーゲンのみ回復が遅れるため，間欠的な全力運動が続くに従って解糖系の ATP 供給の貢献度が低下することを示している．また，乳酸の除去速度において，激運動後の筋内の水素イオン（H^+）濃度の低下は 6 分以上かかることも報告されている[16]．

　前脛骨筋の APA 活動の回復の早さ（約 45 秒）からみて，動的姿勢調節活動は，筋グリコーゲン減少からの回復が遅い解糖系よりも，主に ATP-PCr 系による PCr の再合成の速度に依存しているかもしれない．APA 時の姿勢筋の代謝動態を推測させる研究はほとんどみられないが，図 9-6 に示した通り，Woollacott ら[80]は足底屈筋群である腓腹筋とヒラメ筋が姿勢筋となる，立位からのレバー牽引動作課題準備中に，主運動開始 500 ms 前には両筋とも準備のため脊髄 α 運動ニューロン興奮性が高まっていくが，運動開始直前にはヒラメ筋は興奮度が低下し，腓腹筋は興奮性を維持し続けることを明らかにしている．これは運動開始直前に中枢機構が，姿勢筋のうち主として遅筋線維で構成されるヒラメ筋を抑制し，速筋線維の含有が多い腓腹筋の興奮性を保つことで，すばやくダイナミックな運動に付随する姿勢調節においてより大きなパワーを発揮できる速筋線維を選択的に動員したことを示唆している．この姿勢筋の速筋線維の選択動員は，姿勢筋の疲労回復時間から推測した姿勢筋代謝とも符合することを示唆している．

　複雑な多関節運動ではさまざまな環境条件（運動方向の微細な変化，被験者への指示など）によって共同筋作用（synergy）の関係が組み換わり[76]，共同筋間の相補的作用を検出することが困難ではあるが，スポーツ科学あるいは労働科学の観点から疲労を軽減しながら全体の発揮力を維持していく方策として必要な概念となろう．

文　献

1) Allison GT, Henry SM : The influence of fatigue on trunk muscle responses to sudden arm movements, a pilot study. Clin Biomech, 17 : 414-417, 2002.
2) Belen'kii VE, Gurfinkel' VS, Pal'tsev EI : Control elements of voluntary movements. Biofizika, 12 : 135-141, 1967.
3) Bernstein NA : The Co-ordination and Regulation of Movements. Pergamon Press, Oxford, 1967.
4) Bove M, et al. : Postural control after a strenuous treadmill exercise. Neurosci Lett, 418 : 276-281, 2007.
5) Breniere Y, et al. : Are dynamic phenomena prior to stepping essential to walking? J Mot Behav, 19 : 62-76, 1987.
6) Breniere Y, Do MC : Control of gait initiation. J Motor Behav, 23 : 235-240, 1991.
7) Burleigh A, Horak F : Influence of instruction, prediction, and afferent sensory information on the postural organization of step initiation. J Neurophysiol, 75 : 1619-1628, 1996.
8) Colliander EB, Tesch PA : Effects of eccentric and concentric muscle actions in resistance training. Acta Physiol Scand, 140 : 31-39, 1990.
9) Cook T, Cozzens B : Human solutions for locomotion : The initiation of gait. In : Herman RM, et al. eds., Neural Control of Locomotion, Plenum Press, New York, pp. 65-76, 1976.
10) Crenna P, Frigo C : A motor programme for the initiation of forward-oriented movements in humans. J Physiol, 437 : 635-653, 1991.
11) De Bock K, et al. : Fiber type-specific muscle glycogen sparing due to carbohydrate intake before and during exercise. J Appl Physiol, 102 : 183-188, 2007.
12) Dietrich G, et al. : Organization of local anticipatory movements in single step initiation. Hum Mov Sci, 13 : 195-210, 1994.
13) Dudley GA, et al. : Importance of eccentric actions in performance adaptations to resistance training. Aviat Space Environ Med, 62 : 543-550, 1991.
14) Dutka TL, et al. : Calcium phosphate precipitation in the sarcoplasmic reticulum reduces action potential-mediated Ca^{2+} release in mammalian skeletal muscle. Am J Physiol Cell Physiol, 289 : 1502-1512, 2005.
15) Ebbeling CB, Clarkson PM : Muscle adaptation prior to recovery following eccentric exercise. Eur J Appl Physiol, 60 : 26-31, 1990.
16) Forbes SC, et al. : Effects of recovery time on phosphocreatine kinetics during repeated bouts of heavy-intensity exercise. Eur J Appl Physiol, 103 : 665-675, 2008.
17) Friden J, et al. : A morphological study of delayed muscle soreness. Experientia, 37 : 506-507, 1981.
18) Friden J, et al. : Adaptive response in human skeletal muscle subjected to prolonged eccentric training. Int J Sports Med, 4 : 177-183, 1983.
19) Friden J, et al. : Subtle indications of muscle damage following eccentric contractions. Acta Physiol Scand, 142 : 523-524, 1991.
20) Gandevia SC : Spinal and supraspinal factors in human muscle fatigue. Physiol Rev, 81 : 1725-1789, 2001.
21) Harris RC, et al. : The time course of phosphorylcreatine resynthesis during recovery of the quadriceps muscle in man. Pflugers Arch, 367 : 137-142, 1976.

22) Henneman E, et al. : Functional significance of cell size in spinal motoneurons. J Neurophysiol, 28 : 560-579, 1965.
23) Hill CA, et al. : Sarcoplasmic reticulum function and muscle contractile character following fatiguing exercise in humans. J Physiol, 531 : 871-878, 2001.
24) Horak FB, Diener HC : Cerebellar control of postural scaling and central set in stance. J Neurophysiol, 72 : 479-493, 1994.
25) Hudson CC, Krebs DE : Frontal plane dynamic stability and coordination in subjects with cerebellar degeneration. Exp Brain Res, 132 : 103-113, 2000.
26) 石井直方 : 遺伝子の発現を指標としたトレーニング刺激の定量化の試み. 体育の科学, 47 : 833-839, 1997.
27) Ito T, et al. : Relationship between anticipatory EMG activity and movement time during stepping from upright standing, In : Editorial Board of The 13th Japanese Society of Biomechanics Conference, ed., Biomechanics of Human Movement, University of Tsukuba, Japan, pp. 167-172, 1997.
28) Ito T, et al. : Anticipatory control in the initiation of a single step under biomechanical constraints in humans. Neurosci Lett, 352 : 207-210, 2003.
29) 伊東太郎 他 : 一歩踏み出し開始時の運動速度の制御. 体力科学, 52 : 811, 2003.
30) Ito T, et al. : Anticipatory control related to the upward propulsive force during the rising on tiptoe from an upright standing position. Eur J Appl Physiol, 92 : 186-195, 2004.
31) Ito T, et al. : Attenuation of the anticipatory postural adjustments in the frontal plane with the increase of the forward propulsive velocity of step initiation in humans. 大阪体育学研究, 48 : 197-204, 2010a.
32) 伊東太郎 他 : 投球動作時の姿勢筋の疲労回復にともなう姿勢協同筋活動の経時的変化. 大阪体育学研究, 48 : 107-117, 2010b.
33) 伊東太郎 他 : 姿勢筋疲労にともなう姿勢協同筋の補償作用. 日本生理人類学会誌, 15 : 47, 2010c.
34) Jian Y, et al. : Trajectory of the body COG and COP during initiation and termination of gait. Gait Posture, 1 : 9-22, 1993.
35) Johnson MA, et al. : Data on the distribution of fibre types in thirty-six human muscles : An atrophy study. J Neurol Sci, 20 : 111-129, 1973.
36) Kanekar N, et al. : Anticipatory postural control following fatigue of postural and focal muscles. Clin Neurophysiol, 119 : 2304-2313, 2008.
37) Koster B, et al. : Central mechanism in human enhanced physiological tremor. Neurosci Lett, 241 : 135-138, 1998.
38) Kouzaki M, et al. : Local blood circulation among knee extensor synergies in relation to alternate muscle activity during low-level sustained contraction. J Appl Physiol, 137 : 473-487, 2003.
39) Kouzaki M, Shinohara M : The frequency of alternate muscle activity is associated with the attenuation in muscle fatigue. J Appl Physiol, 101 : 715-720, 2006.
40) Larsson L, et al. : Histochemical and biochemical changes in human skeletal muscle with age in sedentary males, age 22-65 years. Acta Physiol Scand, 103 : 31-39, 1978.
41) Lieber RL, Friden J : Selective damage of fast glycolytic muscle fibers with eccentric contraction of the rabbit tibialis anterior. Acta Physiol Scand, 133 : 587-588, 1988.
42) Lieber RL : Neurological sciences muscle damage induced by eccentric contraction of 25 % strain. J Appl Physiol, 70 : 2498-2507, 1991.

43) Lyon IN, Day BL : Control of frontal plane body motion in human stepping. Exp Brain Res, 115 : 345-356, 1997.
44) Maki BE, et al. : A prospective study of postural balance and risk of falling in an ambulatory and independent elderly population. J Gerontol, 49 : M72-M84, 1994.
45) Massion J : Movement, posture and equilibrium : interaction and coordination. Prog Neurobiol, 38 : 35-56, 1992.
46) Mbourou GA, et al. : Step length variability at gait initiation in elderly fallers and non-fallers, and young adults. Gerontology, 49 : 21-26, 2003.
47) McFadyen BJ, et al. : Anticipatory locomotor adjustments for avoiding visible, fixed obstacles of varying proximity. Hum Mov Sci, 12 : 259-272, 1993.
48) McIlroy WE, Maki BE : Neurological sciences the control of lateral stability during rapid stepping reactions evoked by antero-posterior perturbation : does anticipatory control play a role? Gait Posture, 9 : 190-198, 1999.
49) Mezaour M, et al. : Effect of lower limb muscle fatigue on anticipatory postural adjustments associated with bilateral-forward reach in the unipedal dominant and non-dominant stance. Eur J Appl Physiol, 110 : 1187-1197, 2010.
50) 南本裕介, 伊東太郎：長期および短期ファットローディングが持久的運動のパフォーマンスに及ぼす影響について. 大阪体育学研究, 49：27-37, 2011.
51) 三島隆章 他：高強度運動後の回復期における筋小胞体のCa^{2+}取り込み機能の変化－速筋と遅筋との比較－. 体力科学, 55：503-512, 2006.
52) Moritani T, DeVries HA : Neural factors versus hypertrophy in the time course of muscle strength gain. Am J Phys Med, 58 : 115-130, 1979.
53) Moritani T, DeVries HA : Potential for gross muscle hypertrophy in old men. J Gerontol, 35 : 672-682, 1980.
54) Moritani T, et al. : Intramuscular and surface electromyogram changes during muscle fatigue. J Appl Physiol, 60 : 1179-1185, 1986.
55) Moritani T, et al. : Differences in modulation of the gastrocnemius and soleus H-reflexes during hopping in man. Acta Physiol Scand, 138 : 575-576, 1990.
56) Morris SL, Allison GT : Effects of abdominal muscle fatigue on anticipatory postural adjustments associated with arm raising. Gait Posture, 24 : 342-348, 2006.
57) 室　増男：筋肉痛と積極的休養. J J Sports Sci, 7：313-321, 1988.
58) 武藤芳照 他：転倒予防教室－転倒予防の医学的対応－. 日本医事新報社, 東京, 1999.
59) Nardone A, Schieppati M : Shift of activity from slow to fast musclr during voluntary lengthening contractions of the triceps surae muscles in humans. J Physiol, 395 : 363-381, 1988.
60) 埜中征哉：筋損傷から修復のしくみ. 臨床スポーツ医学, 8：779-783, 1991.
61) Nosaka K, et al. : How long does the protective effect on eccentric exercise-induced muscle damage last? Med Sci Sports Exerc, 33 : 1490-1495, 2001.
62) 太田美穂 他：高齢者の転倒の実態と身体特性との関連. 日本医事新報, 3837：26-32, 1997.
63) 岡本正巳 訳 (オゾーリン著)：スポーツマンの教科書. ベースボールマガジン社, 東京, 1966.
64) Person RS, Kudina LP : Discharge frequency and discharge pattern of human motor units during voluntary contraction of muscle. Electroencephalography and Clinical Neurophysiology, 32 : 471-483, 1972.
65) Posterino GS, Fryer MW : Mechanisms underlying phosphate-induced failure of Ca^{2+} release in single skinned skeletal muscle fibres of the rat. J Physiol, 512 : 97-108, 1998.

66) Potvin JR : Effects of muscle kinematics on surface EMG amplitude and frequency during fatiguing dynamic contractions. J Appl Physiol, 82 : 144-151, 1997.
67) Rogers MW, Mille ML : Lateral stability and falls in older people. Exerc Sport Sci Rev, 31 : 182-187, 2003.
68) Smith JL, et al. : Rapid ankle extension during paw shakes : selective recruitment of fast ankle extensors. J Neurophysiol, 43 : 612-620, 1980.
69) Spriet LL : Anaerobic metabolism during high-intensity exercise. In : Hargreaves M, ed. Human Metabolism, Human Kinetics, Champaign, pp. 1-39, 1995.
70) Staron RS, et al. : Muscle hypertrophy and fast fiber type conversions in heavy resistance-trained women. Eur J Appl Physiol, 60 : 71-79, 1989.
71) Strang AJ, et al. : The effect of exhausting aerobic exercise on the timing of anticipatory postural adjustments. J Sports Med Phys Fitness, 48 : 9-16, 2008.
72) Takarada Y, et al. : Effects of resistance exercise combined with moderate vascular occlusion on muscular function in humans. J Appl Physiol, 88 : 2097-2106, 2000.
73) Tamaki H, et al. : Alternate activity in the synergistic muscles during prolonged low-level contractions. J Appl Physiol, 86 : 1943-1951, 1998.
74) 田中喜代次 他：高齢者の運動実践者と非実践者における生活意識と生活行動の相違に関する研究．財団法人健康・体力づくり事業財団, 2004.
75) Tauchi H, et al. : Age changes of skeletal muscles of rats. Gerontologia, 17 : 219-227, 1971.
76) Ting LH, McKay JL : Neuromechanics of muscle synergies for posture and movement. Curr Opin Neurobiol, 17 : 622-628, 2007.
77) Verburg E, et al. : Loss of potassium from muscle during moderate exercise in humans : a result of insufficient activation of the Na^+-K^+-pump? Acta Physiol Scand, 165 : 357-367, 1999.
78) 和田正信, 土持裕胤：運動による筋小胞体の機能の変化．J J Sports Sci, 15 : 279-285, 1996.
79) Walmsley B, Proske U : Comparison of stiffness of soleus and medial gastrocnemius muscles in cats. J Neurophysiol, 46 : 250-259, 1981.
80) Woollacott MH, et al. : Preparatory process for anticipatory postural adjustments : modulation of leg muscles reflex pathways during preparation for arm movements in standing man. Exp Brain Res, 55 : 263-271, 1984.
81) Yiou E, et al. : Effect of lower limb muscle fatigue induced by high-level isometric contractions on postural maintenance and postural adjustments associated with bilateral forward-reach task. Gait Posture, 29 : 97-101, 2009.
82) Zettel JL, et al. : Environmental constraints on foot trajectory reveal the capacity for modulation of anticipatory postural adjustments during rapid triggered stepping reactions. Exp Brain Res, 146 : 38-47, 2002.

(伊東太郎)

第10章

歩行運動
―糖尿病性末梢神経障害患者における歩行―

はじめに

　われわれはあたり前のように日常を二足で立ったり歩行をして生活している．しかし，立位姿勢は多数の骨を直列に積み上げた多関節直列構造体になっているうえ，身体重心は上方に位置し，足底の支持基底面は狭いため，平衡的に非常に不安定な状況にある．さらに片脚支持を左右交互に繰り返しながら，刻々と位置と大きさが変化する支持基底面の上に身体重心位置を投射しながら移動していく．その歩く様は奇跡ともいえる．しかし，そのような平衡的に不安定な状況下，歩行障害の終末の結果として転倒が頻発する．歩行は運動処方において健康生活の維持，増進に寄与する一方で，歩容（gait pattern）は歩行障害の程度を表すものとして臨床評価に利用される．近年では，歩行分析法は確立され，健常者の歩容や加齢に伴う歩容変化も解明されつつある．

　本章では，多関節運動のなかでも代表的なヒトの二足歩行運動に焦点をあて，その複雑な機構の一端をみていく．また，ここでは不明な点が多い糖尿病性末梢神経障害（diabetic peripheral neuropathy：DN）患者の歩行の特徴をとりあげる．

1. 糖尿病性末梢神経障害（DN）の発症と進行

　DN患者の潰瘍発症から足壊疽への進行により，アメリカでは年間8万2,000人，日本でも年間3,000人が下肢や足趾の切断を余儀なくされている（国立慢性疾患予防・健康増進センター，2004）という事実は一般にあまり知られていない．また，DN患者の歩行自体も，潰瘍発症の進行の一因であることは示唆されているが，DN患者の歩容をはじめとする，歩行の特徴はまだ解き明かされていない．

　DNの主要病型は糖尿病性多発神経障害であり，感覚神経および自律神経の障害が主体である症状を示す．すなわち通常，運動神経障害の症状は病期後半に遅れて検出

され，下肢の筋力低下や筋萎縮は病期末期に明らかになる[48,51]．このことは，臨床現場で懸命に行われている看護師によるフットケア[35]，適切な靴の選択や靴内パットでの足圧補正[29,46]あるいはギプス包帯装着による免荷療法[12]に加え，まだ障害の少ない運動神経系を活かした歩容指導によって，異常足圧の改善にアプローチできる可能性を示している．したがって，DN 患者の歩行に関して，共通する歩容異常の特徴を明らかにするとともに，DN の複雑な症状が絡み合って露呈するさまざまな異常パターンを列挙し，それぞれへの処置を考えていく必要がある．

DN は，高血糖による血液神経関門の変性とともに，神経内膜の微小血管障害が生じて起こる末梢神経の軸索変性や脱髄などの器質的変化[16]，あるいは酸化ストレス亢進による脊髄後根神経節の神経細胞の変性脱落[30,43]が主因であることが示唆されている．DN による感覚神経や自律神経の障害を受けた患者は，足のしびれ感などの自覚症状とともに，アキレス腱反射（Achilles tendon reflex），振動覚（vibration perception），およびタッチフットテスト（touch foot test）など各種臨床検査[6]によって，足底などの遠位部における感覚機能の低下が認められる．足底の感覚機能の低下とともに，グリコシル化（glycosylation：タンパク質もしくは脂質へ糖質が付加する反応）が主因とされるハンマー足趾，鉤爪趾などの足の変形，あるいは足関節可動域の制限によって，歩行中の靴内足底の足圧（plantar pressure）が異常な高値を示し，さらに歩行中に知覚鈍麻のため靴の中の小石などで無痛性の小外傷を受けると，症状はさらに悪化し足壊疽にいたることが知られている[29]．

糖尿病性多発神経障害において，①DN に基づくと思われる自覚症状（しびれ，疼痛，感覚低下，感覚異常など），②膝立位での両側アキレス腱反射の低下あるいは消失，③両側内踝振動覚低下（128 Hz 音叉にて 10 秒未満）の 3 項目のうち，2 項目以上を満たした場合を"神経障害あり"と診断される．また，これら項目を満たさなくとも，神経伝導検査で 2 つ以上の神経で，伝導速度，振幅および潜時のそれぞれ 1 項目以上の異常が認められた場合，あるいは明らかな自律神経障害が認められた場合も"神経障害あり"とされる．モノフィラメント（5.07：圧力 10 g）を使用したタッチフットテストによる足部触覚テストも感覚障害の程度を検査するツールとしてよく使われる．

表 10-1 に糖尿病性多発神経障害の病期分類を示した[48]．しかし，これは進行性の神経線維脱落を病理学的基盤とし，障害が感覚神経，自律神経，さらに運動神経へと進展する概念のもと作成されており[48,51]，複雑な要因が絡み合って進行する DN では予期されない進行パターンがあることも推測される．

表10-1 糖尿病多発神経障害の病期分類（文献48より引用）

病期			簡易診断基準条件項目		感覚障害	自律神経障害	運動障害	備考1	備考2
			自覚症状	アキレス腱反射低下・消失と振動覚低下	表在感覚低下	起立性低血圧・発汗異常・頑固な便秘・下痢のいずれか	下肢の筋力低下・筋萎縮のいずれか	QOLの障害	簡易診断基準
I	前症候期（神経障害なし）		なし～1つあり		なし	なし	なし	なし	満たさない
II		無症状期	なし	あり	なし	なし	なし	なし	
III	症候期	症状期 前期	あり	あり	あり	なし	なし	なし～軽度	満たす
IV		中期	あり	あり	あり	あり	なし	軽度～中等度	
V		後期	あり	あり	あり	あり	あり	高度	

2. 糖尿病性神経障害患者の歩行の特徴

1）歩行分析

　臨床評価として歩行分析はその方法が確立されている．ここでは歩行の基本構造と歩容の分析の一端を紹介するが，詳細はPerry [39] やGotz-Neumann [21] の成書を参考にしていただきたい．

　図10-1は，歩行の運動学的分析の際に利用される，歩容の時間および距離因子を健常者のデータを用い作成したものである．足接地から同側足の次の接地までを歩行周期（gait cycle）とし，成人が自由に歩行速度を選んだ時（自然歩行），歩行周期時間の約60％を立脚期（同側足部が床に接している局面）に，約40％を遊脚期（同側足部が床を離れている局面）に費やす．立脚期の最初と最後のおのおの約10％は，対側足部も床に接している両脚支持期（double support phase）となる．立脚期の中盤は片脚のみでの体重支持がなされる単脚支持期（single support phase）として区分されている．歩容の距離因子として，ストライド長（stride length）や歩幅（step length）や両踵の左右間距離である歩隔（step width）が測定される．あるいは歩行速度（gait velocity）や単位時間あたりの歩数として歩行率（cadence）も歩容を示す重要な指標となる．Craik [13] の健康な若年成人のデータでは，平均歩行速度

多関節運動学入門

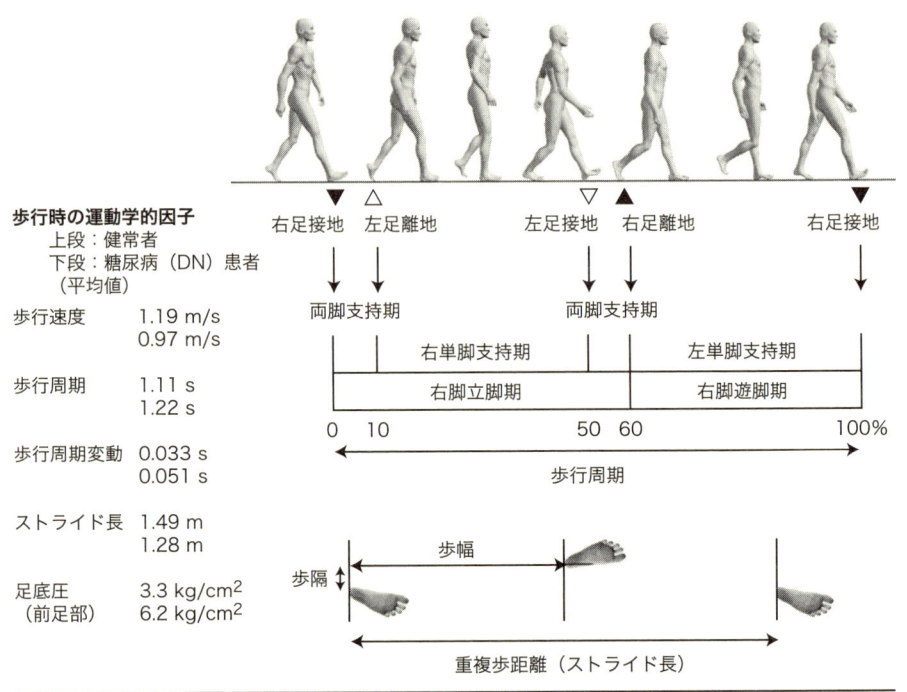

歩行時の運動学的因子
上段：健常者
下段：糖尿病（DN）患者
（平均値）

歩行速度	1.19 m/s	
	0.97 m/s	
歩行周期	1.11 s	
	1.22 s	
歩行周期変動	0.033 s	
	0.051 s	
ストライド長	1.49 m	
	1.28 m	
足底圧	3.3 kg/cm²	
（前足部）	6.2 kg/cm²	

図10-1　歩容（gait pattern）における時間因子（右上）および空間因子（右下）（文献4, 21, 39より作図）
左の数値は年齢をマッチさせた健常者（上段）とDN患者（下段）の歩容を示したもの．

は1.46 m/秒，平均歩行率112.5歩/分，平均歩幅76.3 cmとされている．

　先に述べたように，歩行周期は床接地の変化に応じて，基本的に立脚期と遊脚期に分けられる．臨床的に歩行を分析する場合，ランチョ・ロス・アミーゴ国立リハビリテーションセンター（RLANRC）による機能的に歩行周期を8つの期間に区分する方法が主流となっている[21, 39]．すなわち，**図10-2**のように，足の接地による荷重の受け継ぎから立脚期が開始し歩行周期の最初の10％は初期接地（initial contact：IC）と荷重応答期（loading response：LR）に費やされ，続く単脚支持期は立脚中期（mid stance：MSt）と立脚終期（terminal stance：TSt），そして離床前の10％の両脚支持期は前遊脚期（pre-swing：PSw）となる．そして遊脚期は遊脚初期（initial swing：ISw），遊脚中期（mid swing：MSw），遊脚終期（terminal swing：TSw）と区分される．この歩行周期の局面分けが，従来の表記よりも優れているところは，正常歩行と異常歩行のどちらにも活用できる点である．たとえば，足接地の局

第10章 歩行運動

歩行1周期							
接地状態による分類							
立　脚　期					遊　脚　期		
機能的分類							
荷重受け継ぎ		単脚支持		遊脚肢の振り出し			
初期接地期 initial contact	荷重応答期 lording response	立脚中期 mid stance	立脚終期 terminal stance	前遊脚期 pre-swing	遊脚前期 initial swing	遊脚中期 mid swing	遊脚後期 terminal swing

図10-2　歩行周期における機能的分類（文献21, 39より作図）

面を表していた従来の踵接地（ヒールストライク）では，麻痺のある患者などの前足部からの接地を正確に表すことができないためイニシャル・コンタクト（IC）の表記を使用する．

2）高齢者の歩容

　DN患者の歩行をみる前に，歩行運動に及ぼす加齢の影響について把握しておく必要がある．DNの歩行研究における被験者の患者の年齢層は，40〜60歳を扱うものが圧倒的に多く，続いて60〜70歳が対象となっており，DN患者の歩行特徴に加齢の影響が重なっている可能性が高い[4]．

　加齢に従って，筋線維のうちの速筋線維の脱落による筋力低下とともに（第9章参照），感覚受容器（第8章参照）の機能低下も起こる．筋の長さをモニターする感覚受容器である筋紡錘において，錘内筋線維数のうちの核鎖線維数が減少し，筋紡錘自体の直径は減少し，関節位置覚テスト成績も低下する．また，触覚を感知する機械的受容器のうち，速い圧変化のみに興奮する速順応型受容器（rapidly adapting receptors）であるマイスナー小体は加齢により密度・サイズ・数ともに減少，同じく速順応型のパチニ小体の数は加齢とともに減少し，振動覚および2点弁別閾テストの成績が低下する[45]．すなわち，加齢につれて深部感覚も皮膚感覚も閾値は高くなり，微細な感覚情報を正確に検出できなくなる．高齢者（60〜70歳）は立位中の重心動揺も若年者より有意に増加する[34]．さらに，立位時の足もとの台が前後に振動する姿勢制御テストでは，高齢者は若年者に比べ姿勢反応が遅れ頭部の最大加速度がより大きくなる重心動揺を抑制できない結果を示す[37]．加齢により低下した体性感覚受容器の感度が，立位での運動の遂行を著しく阻害することがわかる．

　高齢者の歩容では，歩行速度や歩幅の著しい減少，歩隔の増加，歩行周期のうち単

213

脚支持時間や遊脚空輸時間の比率の減少を伴う，小刻みなすり足歩行が特徴とされ，地面に長く足を接地させて平衡の安定性を確保しながらゆっくり小幅で進む歩容が国内外で多数報告されている．高齢者の歩行速度の減少は，歩行率の低下よりも歩幅の減少によるものが大きく，歩容が加齢により小刻みに変化したものといえる[18, 19, 33]．また，高齢者の歩行はすべりやすい床面を歩く人のように，可能な限り平衡的安定と安全を得るための用心深い歩容であるとたとえられる[33]．高齢者は，踵接地から同側の足趾接地までの時間が短く，歩隔が大きい[31]ため，足接地時に踵内側部が多く使われロールオーバー機構（接床中に踵，ミッドフット，中足骨骨頭そして足趾の順に足圧中心が移動し，接床時の衝撃を緩衝しながらスムースに重心移動を行うメカニズム）が認められないことも報告されている[52]．

3）糖尿病性末梢神経障害（DN）患者の歩容

DN患者の歩容に関して，Alletら[4]は，平均歩行速度0.97 m/秒，平均歩行率98.4歩/分，平均歩幅64.2 cmと報告している．DN患者の歩行の特徴として，歩行速度が低下するとともに歩行周期が増加し，ステップ長や歩幅が短くなり，歩隔の増加や単脚支持期の時間短縮がみられ，歩行周期の変動（gait variability）が大きくなるとともに，足圧が異常に高くなることがあげられる（**図10-1参照**）．

健常者と比較して，小刻みにできるだけ足の接地時間を増やし地面を踏みしめて，バランスを崩さないようにゆっくりした歩行が行われているが，その歩行リズムは乱れている．第8章で述べたように，足部からの感覚情報はスムースな歩行運動の遂行に欠くことができない[53]．脊髄ネコでも中枢欠損のないネコでも，歩行中に着地足が穴に入るなどして地面からの荷重を受けない場合，着地足の筋活動は休止する．逆に遊脚に荷重刺激を与えると伸筋の活動が出現し，歩行の各局面のリズム（歩容の時間的因子）が変化する．また，除脳ネコの歩行中に伸筋の感覚神経Ⅰ線維群を電気刺激すると，接地時間が延長する．ゴルジ腱器官からの信号は，Ib神経線維を通じて脊髄内の歩行リズム発生器に伝達されることも示唆されており，神経障害などの原因により感覚情報が中枢に正確に伝達されない場合，歩行周期の変動は大きくなり，リズムの乱れた歩行になることが推測される．転倒を誘発する要因である歩行周期変動の増加は，歩行速度の低下に起因することも知られているが，足部の感覚情報の欠如によって歩容の時間因子が影響を受けたことも示唆される．

しかし，前述のとおり，DN患者の歩容は，患者自身が高齢者であるケースも多く加齢特有の歩容因子に影響を受けている可能性もある．加齢の影響を除去していくと，

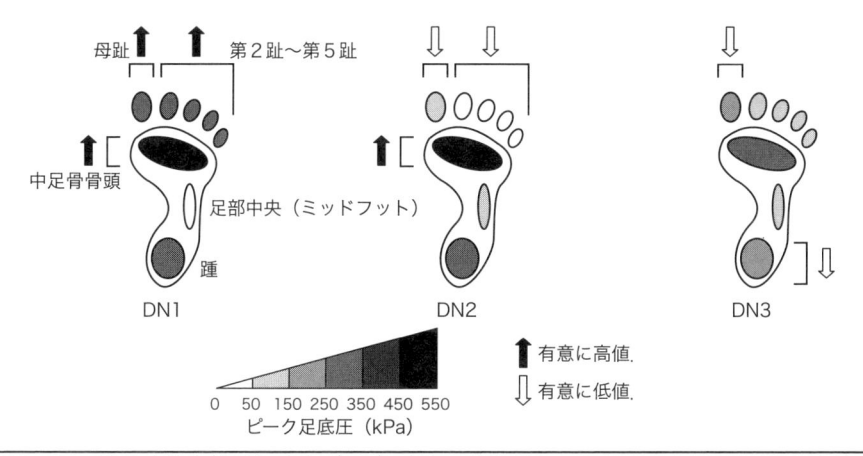

図10-3 糖尿病性末梢神経障害（DN）患者の歩行における足圧分布のパターン化（文献23，49より改変）
DN1（歩行中に母趾，第2～5足趾および中足骨骨頭に有意に高い圧がかかる群），DN2（母趾，第2～5足趾の圧が顕著に低いが，中足骨骨頭への圧が高い群），およびDN3（全体的に足圧が分散し，異常のみられない群）の3パターンに分けられた．

足圧の異常な高値がDN患者の歩行の特徴といえる．

4）糖尿病性末梢神経障害（DN）患者の歩行中の足圧異常

　DN患者における潰瘍発症時の歩行時の足圧閾値は，600 kPa [11, 17]，1,000 kPa [15]，1,230 kPa [50] など，異常な高値が多くの先行研究で報告されている．DN患者の歩行中の足圧異常を起こす原因として，足変形 [8]，関節可動域の低下 [14, 38, 41]，足底脂肪パッド厚の減少 [20] などがあげられてきた．潰瘍発症歴のある患者の足圧異常は，足変形や足趾および足関節可動域の低下からロールオーバー機構が変容したことが主因であると考えられている [41]．

　伊東 [23] は，潰瘍未発症で足変形を有さない軽度（病期Ⅰ～Ⅲ）のDN患者について，足底のピーク圧の出現時間順からロールオーバー機構は維持されていることを確認し，その患者群が健常者群より歩行速度が遅いにもかかわらず，中足骨骨頭部への圧は有意に異常に高い被験者が検出されたことを報告している．また，**図10-3**のとおり，14名の軽症患者の足圧分布の特徴から，DN1（歩行中に母趾，第2～5足趾および中足骨骨頭に有意に高い圧がかかる群），DN2（母趾，第2～5足趾の圧が顕著に低いが，中足骨骨頭への圧が高い群），およびDN3（全体的に足圧が分散し，異常のみられない群）の3パターンに分けられたことが報告されている [23, 49]．

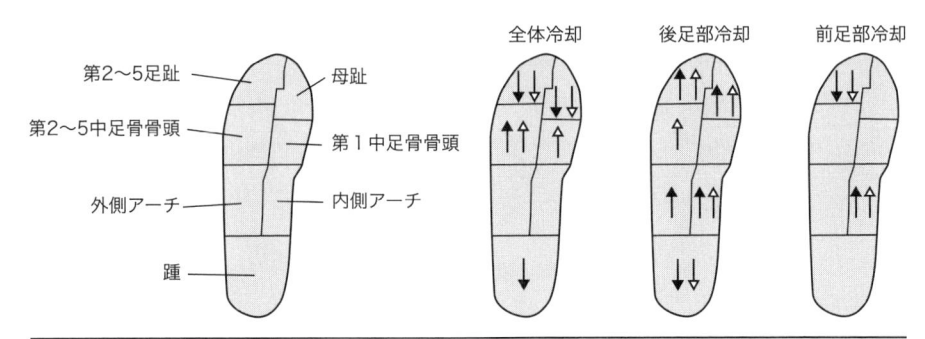

図10-4 健常者の足底各部を冷却処置（皮膚温6℃以下）した後，歩行させた場合の足圧ピーク値の違い（文献36より改変）
白矢印は上下方向がそれぞれ冷却前のピーク値からの増減を表し，黒矢印は統計的有意性が認められたこと（p＜0.05）を示している．後足部と前足部の冷却部のピーク値が低下する一方，足底全体を冷却しても中足骨骨頭部は増加する．

　患者には，DNの進行にかかわらず中足骨骨頭部への異常高圧が認められる．NurseとNigg[36)]は，健常者の前足部を冷却すると歩行中の前足部足圧は低下し，足底上を通過する足圧中心位置の軌跡は後方へ移行し，踵などの後足部を冷却すると結果がまったく逆になったことを報告している（**図10-4**）．すなわち，歩行における一部足底の触覚の感度が低下した場合，その部位は感覚情報の収集ツールとして利用されなくなることを示唆している．また，健常者の足底全体を冷却した場合，歩行中に中足骨骨頭部への足圧が増加する．これは，健常者では歩行時の荷重部位のうち中足骨骨頭部が足底への振動刺激に対して最も敏感であることから，足部の感覚機能が全体的に低下した場合，最も感度の高い部位が優先的に感覚フィードバックに利用されることを示している．

　伊東[23)]も，中足骨骨頭部への高い足圧が認められた患者群が，異常がみられなかった患者群よりも，タッチフットテストによる触覚検査異常者の比率が顕著に高かったことを報告している（足圧異常87.5％に対し，足圧異常なしでは25％）．このことは，患者においても足底感覚異常が検出される者は，感度の高い中足骨骨頭部に感覚情報の検出を依存する結果，その部位に異常な高圧がかかるものと推測される．潰瘍未発症の患者において，歩行中の中足骨骨頭部への異常高圧がDN進行の徴候[10)]としてとらえることができよう．

5）糖尿病性末梢神経障害（DN）患者の歩行中の筋電図様相

　DN患者の歩行中の足圧異常と下肢筋の筋電図の様相との関連をみた知見はきわめて少ない[1]．特に，潰瘍が未発症の軽症患者のみを対象に分析した筋電図研究が少ない．数少ないDN患者の歩行時筋電図に関する先行研究[1, 3, 28, 40]では，重度の患者（潰瘍発症経験者のみ）[28, 40]あるいは発症経験者を含む患者群[1, 3]における足圧の異常高値が，健常者とは異なる足関節筋群の作用機序に起因していることを示唆している．特に，歩行時の接床に際し，DN患者の支持脚側における前脛骨筋の筋電図包括曲線のピーク出現が健常者より遅れること[1, 28, 40]と下腿三頭筋の筋活動開始が早期にはじまること[3, 28]から，足背屈によって十分につま先を上げながら踵から接床することが困難になり，接床時の衝撃を緩衝できず前足部が地面に叩きつけられ（forefoot slap），足壊疽の好発部位である足趾部や中足骨骨頭部への圧が異常高値を示すという仮説が提示されている[1, 3, 28, 40]．しかしながら，歩行時の足底各部における足圧の時間変化は，DN患者の足趾部や中足骨骨頭部のピーク圧出現時間が接床時よりもかなり後の離床寸前であることを示していること（**図10-5**）から，接床時の衝撃だけが足圧異常につながるとは断定できない．

　図10-5は，足圧分布から3パターンに分類された軽症患者群（**図10-3参照**）と若年者群の各部足圧の経時変化（上段）と同期した下腿筋群の筋電図（下段）の代表例である[23]．若年者の歩行（右下図）において先行研究のとおり，接床直後の立脚期1（IC～前脛骨筋活動停止TA off：立脚期最初の両脚支持期に相当）では前脛骨筋および長趾伸筋に活動がみられ，立脚期2（TA off～前脛骨筋活動開始TA on：単脚支持期に相当）の後半に長腓骨筋，腓腹筋およびヒラメ筋の活動が現れ，離床直前の立脚期3（TA on～踵離地TO：立脚期最後の両脚支持期に相当）では前脛骨筋と長趾伸筋の活動が出現している．一方，DN1患者において，立脚期1には長趾伸筋および長腓骨筋のARV（average rectified value：筋放電量を各立脚期間で除した整流波平均値のこと）は有意に大きな値を示し，立脚期2では全被験者に足底屈筋群のうち腓腹筋やヒラメ筋の活動がみられるなか，DN患者には拮抗筋である足背屈筋群の前脛骨筋や長趾伸筋との同時筋放電活動が観察される．特に，DN1において立脚期2での前脛骨筋，長趾伸筋および長腓骨筋のARVは他群に比して顕著に高値を示していることが報告されている．また，立脚期3では，DN患者各群の前脛骨筋および長趾伸筋の顕著な筋活動が，高齢者および若年者群よりもそれぞれ有意に高値を示している．ただし，立脚期を通して腓腹筋とヒラメ筋のARVにおいて，被験者群間に有意な差は認められていない．

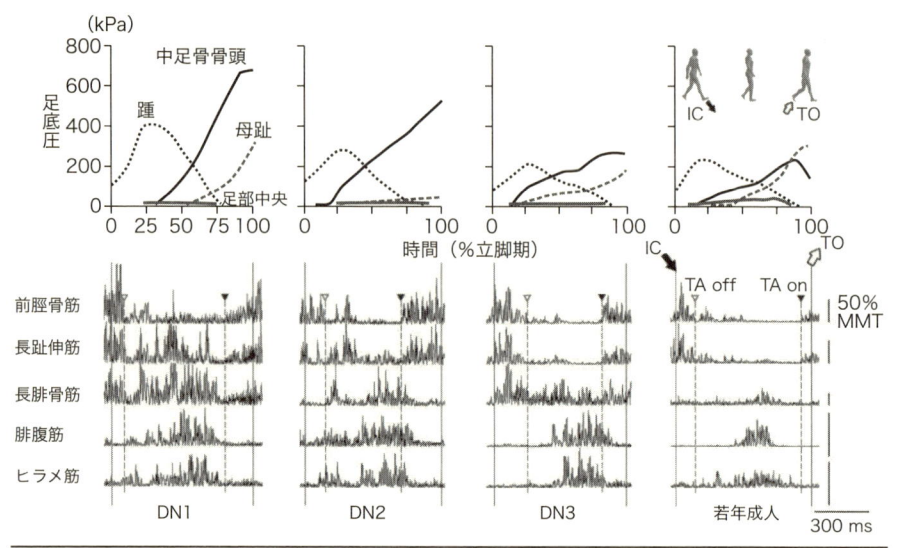

図10-5 歩行時の足圧分布をパターン化された被験者群（DN1，DN2，DN3）と対照群（健常若年成人群）における足底各部の足圧変化（上段）と下腿筋群の筋電図（下段）の代表例（文献23より改変）
DN1：歩行中に母趾，第2～5足趾および中足骨骨頭に有意に高い圧がかかる群，DN2：母趾，第2～5足趾の圧が顕著に低いが，中足骨骨頭への圧が高い群，DN3：全体的に足圧が分散し，異常のみられない群，IC：初期接地，TO：踵離地，TA off：前脛骨筋活動停止，TA on：前脛骨筋活動開始．

6）糖尿病性末梢神経障害（DN）患者における歩行中の下腿筋活動と足底円蓋の緊張

図10-5でみたとおり，DN1において立脚期1から長趾伸筋および長腓骨筋には有意に顕著な活動が認められ，足底屈筋群の活動がみられる立脚期2も引き続き前脛骨筋，長趾伸筋および長腓骨筋の活動度合が他群よりも高く，表層の下腿筋群すべての同時的な筋活動様相を呈した[23]．これら下腿被験筋はすべて足底円蓋の動きにかかわる筋である[26]．特に，立脚期2の足底が床とフラットに接する状態では，足底円蓋が歩行時に不可欠な緩衝装置として役割を果たすべき局面である[26]．しかしDN1においては，長腓骨筋の顕著な活動が前方，内側縦および外側縦アーチの弯曲を増大させる一方，足底屈筋群と長趾伸筋の活動が外側縦アーチの弯曲を減少させ，前脛骨筋の活動が内側縦アーチの弯曲を減少させるように作用し，足底円蓋の過緊張状態を示している．すなわち，足底円蓋を構築する筋群の過緊張により，足裏で床を掴むような歩行を行っていることが，DN1における母趾，第2～5足趾および中足骨骨頭への

過剰な高圧やミッドフットへの低圧（**図10-3**）を生み出す一因であることが推測される．足変形が認められない軽症のDN1のこの歩容と足圧分布の様相は，鉤爪趾患者の特徴と符合している[25]．糖尿病性の鉤爪趾は，深層あるいは表層の筋萎縮あるいは筋力平衡の崩れに起因するものと信じられてきたが，MRI検査から筋組織変性と足変形との間には，直接の因果関係が認められないことが明らかにされている[9]．DN1の病態が筋萎縮などを伴わずに鉤爪趾への進行につながるのであれば，今後，筋電図検査によって運動神経系の変性と足変形との関連を精査する必要があろう．

7）糖尿病性末梢神経障害（DN）患者特有の神経障害の部位

DN患者の立脚期において前脛骨筋，長趾伸筋および長腓骨筋は，健常者群よりARVの異常高値を示すが，腓腹筋およびヒラメ筋のARVにおいては，有意な差は認められていない[23]．脊髄神経から分岐し仙骨神経叢から出た坐骨神経のうち，腓腹筋とヒラメ筋は脛骨神経（tibialis nerve）に，前脛骨筋，長趾伸筋および長腓骨筋は総腓骨神経（peroneus communis nerve）から分枝する神経に支配される．Abboudら[1]はDN患者が脛骨神経よりも総腓骨神経に支配される足背屈筋群，特に前脛骨筋に異常が認められることを，Andersenら[5]もMRIにおいて腓骨神経の支配筋群の萎縮が脛骨神経のそれらより明らかに顕著であったことを報告しており，歩行の筋電図結果[23]と符合している．総腓骨神経が障害を受けると同神経に支配される足趾伸筋群と足背屈筋群が働かず，足趾や足の下垂で地面を引きずることになるため，歩行中に下肢は過度に引き上げられることが観察されている[24]．立脚期3において，すべてのDN患者群の長趾伸筋におけるARVが健常者群より有意に高いこと（第5節参照）は，総腓骨神経に支配される筋群の障害を代償するために中枢から過度の指令が下行したことが推測される．長趾伸筋は脛骨外側顆，腓骨上部，下腿筋膜および下腿骨間膜から起こり第2〜5足趾の指背腱膜で停止し，第2〜5足趾の伸展を行う．離床前の前遊脚期に第2〜5足趾の伸展が強力になされることは，中足骨骨頭への足圧を高じさせることが予想される．DN患者の歩行中の足圧異常を起こす原因として，足変形，関節可動域の低下，足底脂肪パッド厚の減少などがあげられてきたが，末梢神経障害に伴う中枢からの運動指令変化から足圧異常が生じる可能性も推察される．そして，この離床直前の長趾伸筋の顕著な筋活動は，DN患者特有の徴候を示すものと考えられる．

8）糖尿病性末梢神経障害（DN）患者の運動神経の障害

　伊東[23]は，DN2とDN3では下腿部各筋の筋電図のARVにおいてほぼ同じ様相を示したにもかかわらず，DN2のみ中足骨骨頭部への圧は異常高値を示したことを報告している（図10-3参照）．また，DN2の接床中に支持脚足底の総接床面積がDN3と比較して有意に減少したことと，DN3や健常者群と比較して足趾へのピーク圧が低いことを明らかにしている．すなわち，DN2は接床中，特に第2～5足趾部の接床が減ることで，ほかの足底部位である中足骨骨頭部に圧が集中したことが推察される．DN患者では，病期のきわめて早期に短趾伸筋などの足趾伸展筋群の萎縮が生じる症例も多いことが報告されており[44]，筋電図からは推測できない筋萎縮にも注意をはらう必要がある．超音波やMRI検査などよりみた筋萎縮の状態と歩容とを照らし合わせていくべきである．潰瘍発症を経験し完治したDN患者は，歩行中に踵やミッドフットに荷重するようになり，足圧分布面積を広げて足圧ピーク値を低下させている[7]．DN2にもミッドフットなどへの荷重増加を指導することが，中足骨骨頭部の足圧低下に有効な可能性がある．しかし，DN3のタイプのように，足圧にはまったく異常がないものの，筋電図には患者特有の異常が認められたことは重要な結果である．病期分類では運動障害が顕在化するのは末期とされている[48, 51]が，潜在的には運動単位の変性脱落が進んでいると考えられ，軽度の患者でも歩容改善の指導だけで潰瘍発症を予防できるのか，今後慎重に検討していく必要があると思われる．

3. 歩行の運動療法としての可能性

1）患者の歩行分析と歩容改善

　臨床現場では，医師や看護師による胼胝や鶏目の処置を中心にフットケアが懸命に行われている[35]が，軽症のDN患者の歩容を検査することで潰瘍発症の危険性を予測し，歩容自体の改善を進めようとする取り組みは行われていない．また，糖尿病性神経障害の病態はさまざまな要因が複雑に絡み合って進行することから，歩容異常のパターンが限られたものであるとは考えにくく，筋電図様相からさまざまな歩容異常のパターンを列挙し，DN患者個々の症状に応じた歩容改善の療法を模索，構築していく必要があると考える．一方，本章第2節でみてきたように，足部潰瘍をまだ発症していないDN患者において，自然歩行中の下腿筋群活動のうち特に足趾伸筋あるいは足背屈筋群の接床中の様相が健常者と明らかに異なり，筋電図から歩行を分析することで足圧分布の異常について予測が可能であることが示唆される．しかし，軽症の

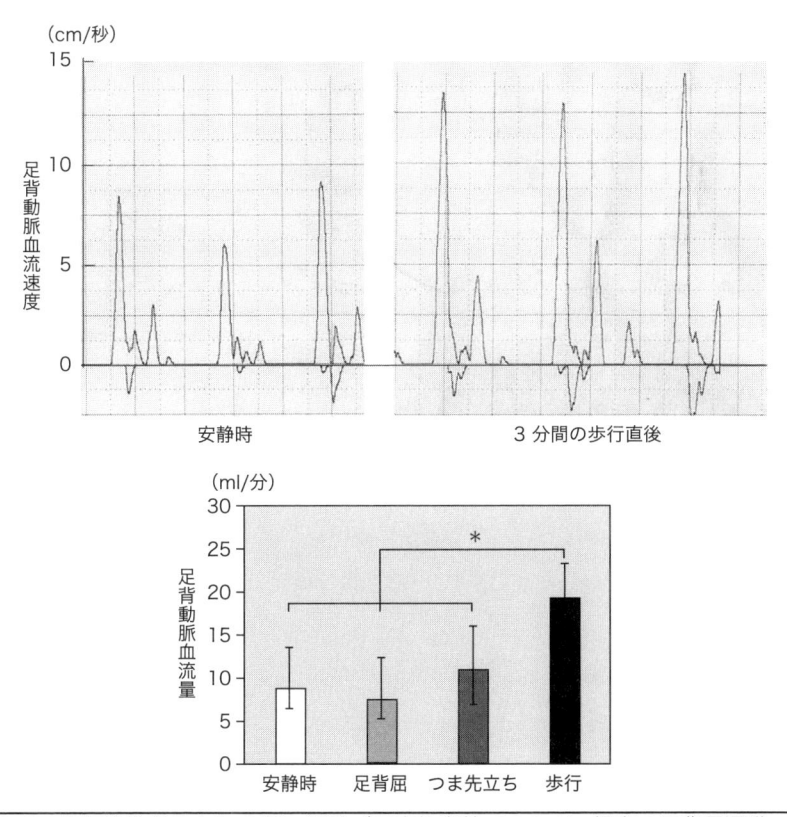

図10-6 若年健常者7名に3種の運動(長座位姿勢での1 Hz頻度の足背屈運動,立位姿勢から1 Hzの頻度でのつま先立ち運動および普通歩行)を3分間実施した後の足背動脈における血流速度曲線(上図:安静時と歩行終了後)と推定血流量(下図)(文献22より改変)
3.0 METsの普通歩行(平均70 m/分のトレッドミルでの歩行速度)において,安静時よりも明らかに最大血流速度は速く,足背屈やつま先立ち運動よりも有意に血流量が増加することを示している. * $p < 0.01$(ANOVAのpost-hoc test).

末梢神経障害患者の筋電図は運動神経系の異常がすでに現れていることを示しており,歩行の運動指導によって異常足圧の改善が可能であるか,今後慎重な検討を要することを示している.しかし医療現場で,肥満を伴う2型糖尿病患者に対する治療において,歩行による運動療法を導入することは重要であり[47],DNにおける歩行時の潰瘍発生リスクを評価し,病態に適した運動プログラムの呈示と,運動実施にあたってのきめ細かい指導ができるよう,多くの患者の歩容パターンを解明していくことが急務と考える.

2）歩行と足部の血行動態

　最近，DN 患者が，アキレス腱伸張のため足背屈運動を繰り返すことで潰瘍の再発を抑えられる[32]，あるいは歩行をはじめとする体重を負荷とした下肢の運動を継続したほうが潰瘍発生のリスクを低下させる[42] という運動療法の結果が報告されている．

　図 10-6 は，若年健常者 7 名に 3 種の運動（長座位姿勢での 1 Hz 頻度の足背屈運動，立位姿勢から 1 Hz の頻度でのつま先立ち運動および普通歩行）を 3 分間実施した後の足背動脈における血流速度曲線（上図：安静時と歩行終了後）と推定血流量の変化（下図）を示した図である[22]．血流速度は，非侵襲で簡易に測定できる超音波双方向血流計（株式会社 Hadeco，DVM-4300）を用い，経皮上のプローブを介し足背動脈から記録した．**図 10-6** のように，3.0 METs（安静時の何倍の強度であるかを示す，運動強度の単位）の普通歩行（平均 70 m/分のトレッドミルでの歩行速度）において，安静時よりも明らかに最大血流速度は速く，足背屈やつま先立ち運動よりも有意に血流量が増加することを示した．2 型糖尿病では，インスリン抵抗性のため血中コレステロールは脂肪組織に取り込まれず血管壁に沈着し動脈硬化を発症しやすい．動脈硬化による虚血が進んだ前足部の潰瘍は，血中から組織再生のための栄養分を運搬できず治癒が遅れたり，治癒しない可能性がある．これに関してレーザードプラー法による皮膚組織灌流圧（skin perfusion pressure：SPP）30 mmHg が，血行再建や安全な切断部位の決定，デブリドマン（感染，壊死組織を除去し創傷を清浄化することでほかの組織への影響を防ぐ外科処置）の時期の決定が可能な目安とされている[27]．足部手術の切断箇所の皮膚組織灌流圧が 30 mmHg 以上であれば治癒する見込みは 90 %あるが，30 mmHg 未満であれば75 %の確率で治癒しないという報告もある[2]．糖尿病性 DN 患者の歩行は，潰瘍を発症する危険性がきわめて高いという特徴を示すが，潰瘍部に負荷をかけないのであれば，歩行をはじめとする患部周辺の関節部位の運動は，潰瘍患部への血流を増加させる療法としての可能性を示しているといえる．すなわち，歩行は足病変のリスクを高めるプロモータとなりうるが，循環障害や創傷治癒能の低下による潰瘍の治りにくさを改善できる運動療法ともなりえる可能性がある．

文　献

1) Abboud RJ, et al.：Lower limb muscle dysfunction may contribute to foot ulceration in diabetic patients. Clin Biomech, 15：37-45, 2000.
2) Adera HM, et al.：Prediction of amputation would healing with skin perfusion pressure. J Vasc Surg, 21：823-828, 1995.

3) Akashi PMH, et al. : The effect of diabetic neuropathy and previous foot ulceration in EMG and ground reaction forces during gait. Clin Biomech, 23 : 584-592, 2008.
4) Allet L, et al. : Gait characteristics of diabetic patients: a systematic review. Diabetes Metab Res Rev, 24 : 173-191, 2008.
5) Andersen H, et al. : Muscular atrophy in diabetic neuropathy: a stereological magnetic resonance imaging study. Diabetologia, 40 : 1062-1069, 1997.
6) 馬場正之：糖尿病神経障害の検査と評価. 綜合臨牀, 57 : 1952-1957, 2008.
7) Bacarin TA, et al. : Plantar pressure distribution patterns during gait in diabetic neuropathy patients with a history of foot ulcers. Clinics, 64 : 113-120, 2009.
8) Bus SA, et al. : Elevated plantar pressures in neuropathic diabetic patients with claw/hammer toe deformity. J Biomech, 8 : 1918-1925, 2005.
9) Bus SA, et al. : Role of intrinsic muscle atrophy in the etiology of claw toe deformity in diabetic neuropathy may not be as straightforward as widely believed. Diabetes Care, 32 : 1063-1067, 2009.
10) Caselli A, et al. : The forefoot-to-rearfoot plantar pressure ratio is increased in severe diabetic neuropathy and can predict foot ulceration. Diabetes Care, 25 : 1066-1071, 2002.
11) Cavanagh PR, et al. : Neuropathic diabetic patients do not have reduced variability of plantar loading during gait. Gait Posture, 7 : 191-199, 1998.
12) Cavanagh PR, Bus SA : Off-loading the diabetic foot for ulcer prevention and healing. J Am Podiatr Med Assoc, 100 : 360-368, 2010.
13) Craik R : Changes in locomotion in the aging adult. In : Woollacott MH, Shumway-Cook A, eds. Development of Posture and Gait Across the Life Span. Columbia Univ, South Carolina Pr, pp. 176-198, 1989.
14) Delbridge L, et al. : Limited joint mobility in the diabetic foot: relationship to neuropathic ulceration. Diabet Med, 5 : 333-337, 1988.
15) Duckworth T, et al. : Plantar pressure measurements and the prevention of ulceration in the diabetic foot. J Bone Joint Surg Br, 67-B : 79-85, 1985.
16) Dyck PJ, Giannini C : Pathologic alterations in the diabetic neuropathies of humans : a review. J Neuropathol Exp Neurol, 55 : 1181-1193, 1996.
17) Frykberg RG, et al. : Role of neuropathy and high foot pressures in diabetic foot ulceration. Diabetes Care, 21 : 1714-1719, 1998.
18) 淵本隆文：高齢者の歩行能力を評価することの意義. 日本生理人類学会誌, 5 : 73-78, 2000.
19) 古名丈人, 島田裕之：高齢者の歩行と転倒－疫学的調査から－. バイオメカニズム学会誌, 30 : 132-137, 2006.
20) Gooding GAW, et al. : Sonography of the sole of the foot : evidence for loss of foot pad thickness in diabetes and its relationship to ulceration of the foot. Invest Radiol, 21 : 45-48, 1986.
21) 月城慶一 他訳：観察による歩行分析. 医学書院, 東京, pp. 9-15, 2005.
22) 伊東太郎：歩くことは何かを知ろう－歩行と足病変－. 臨牀看護, 35 : 1584-1590, 2009.
23) 伊東太郎 ：糖尿病性末梢神経障害患者の歩容の分析. 豊かな高齢社会の探求－高齢者の心・健康・生活－, ユニベール財団2009年度調査研究報告書, vol. 19 (CD-ROM), 2011.
24) 長島聖司, 岩堀修明 訳：分冊解剖学アトラス－神経系と感覚器－. 原著第5版, 文光堂, 東京, pp. 92-93, 2003.

25) 金森　晃：バイオメカニクスからみた糖尿病足病変. COMPLICATION；糖尿病と血管, 8：38-41, 2003.
26) Kapandji AI : The Physiology of the Joint : Volume 2, The Lower Limb, 6th ed. Elsevier, pp. 232-261, 2006.
27) 河合幹雄 他：皮膚灌流圧測定による虚血性下腿潰瘍の評価法. 臨床皮膚科, 61：67-70, 2007.
28) Kwon OY, et al. : Comparison of muscle activity during walking in subjects with and without diabetic neuropathy. Gait Posture, 18：105-113, 2003.
29) Levin ME : Diabetic foot ulcers : pathogenesis and management. J ET Nurs, 20：191-198, 1993.
30) Low PA, et al. : Nerve blood flow and oxygen delivery in normal, diabetic, and ischemic neuropathy. Int Rev Neurobiol, 31：355-438, 1989.
31) 宮辻和貴 他：高齢者の自由歩行における着地足の足向角および歩隔について. 日本生理人類学会誌, 12：165-170, 2007.
32) Mueller MJ, et al. : Effect of Achilles tendon lengthening on neuropathic plantar ulcers. A randomized clinical trial. J Bone Joint Surg Am, 85-A：1436-1445, 2003.
33) Murray MP, et al. : Walking patterns in healthy old men. J Gerontol, 24：169-178, 1969.
34) Murray MP, et al. : Normal postural stability and steadiness : quantitative assessment. J Bone Joint Surg Am, 57：510-516, 1975.
35) 西田壽代：フットケア－基礎の知識から専門的技術まで－. 日本フットケア学会 編, 医学書院, 東京, pp. 2-9, 2006.
36) Nurse MA, Nigg BM : The effect of changes in foot sensation on plantar pressure and muscle activity. Clin Biomech, 16：719-727, 2001.
37) Okada S, et al. : Age-related differences in postural control in humans in response to a sudden deceleration generated by postural disturbance. Eur J Appl Physiol, 85：10-18, 2001.
38) Payne C, et al. : Determinants of plantar pressures in the diabetic foot. J Diabetes Complications, 16：277-283, 2002.
39) 武田　功 統括監訳：ペリー歩行分析－正常歩行と異常歩行－. 医歯薬出版, 東京, pp. 2-126, 2007.
40) Sacco ICN, Amadio AC : Influence of the diabetic neuropathy on the behavior of electromyographic and sensorial responses in treadmill gait. Clin Biomech, 18：426-434, 2003.
41) Sacco ICN, et al. : Role of ankle mobility in foot rollover during gait in individuals with diabetic neuropathy. Clin Biomech, 24：687-692, 2009.
42) Saltzman CL, et al. : Effect of initial weight-bearing in a total contact cast on healing of diabetic foot ulcers. J Bone Joint Surg Am, 86-A：2714-2719, 2004.
43) Schmeichel AM, et al. : Oxidative injury and apoptosis of dorsal root ganglion neurons in chronic experimental diabetic neuropathy. Diabetes, 52：165-171, 2003.
44) Severinsen K, et al. : Atrophy of foot muscles in diabetic patients can be detected with ultrasonography. Diabetes Care, 30：3053-3057, 2007.
45) Shaffer SW, Harrison AL : Aging of the somatosensory system : a translational perspective. Phys Ther, 87：193-207, 2007.

46) 新城孝道：糖尿病のフットケア. 医歯薬出版, 東京, pp. 34-39, 2000.
47) 田中史朗：糖尿病運動療法の実際. 日本醫事新報, 3952：21-27, 2000.
48) 糖尿病性神経障害を考える会：糖尿病性多発神経障害の病期分類. 末梢神経, 15：93-94, 2004.
49) 植杉優一 他：糖尿病性末梢神経障害患者の歩行における足圧と下腿筋筋電図の特徴. 体力科学, 60：833, 2011.
50) Veves A, et al.：The risk of foot ulceration in diabetic patients with high foot pressure: a prospective study. Diabetologia, 35：660-663, 1992.
51) 安田　斎：糖尿病性ニューロパチーの病態と治療. 臨床神経, 49：149-157, 2009.
52) 吉澤正尹 他：加齢による歩容変化の動作筋電図学的研究. J J Sports Sci, 8：134-141, 1989.
53) Zehr EP, Stein RB：What functions do reflexes serve during human locomotion? Prog Neurobiol, 58：185-205, 1999.

〔伊東太郎〕

索　引

【あ行】

アキレス腱反射　210
アクチンフィラメント　24
アデノシン三リン酸　24, 204
アヒル足姿勢　167
α運動ニューロン　17, 50, 119, 145

閾値　44, 157, 192
Ia線維　17, 142, 144
Ib線維　17, 144
Ib抑制　61, 144
一関節筋　8, 30
一次運動野　45, 165
一軸性関節　12
一次終末　142
意図した運動　73
インパルス　47

運動感覚　141
運動器　1
運動神経　6, 20, 47, 210
運動成果　93, 163, 201
運動性健忘　43
運動前野　45
運動単位　48, 59, 97
運動ニューロンプール　62, 98
運動反射　64
運動プログラム　70, 93, 221
運動野　71
運動療法　222

液性調節　57
エネルギー伝達　52
遠位　26
遠心性収縮　28, 192

遠心性神経　20, 47
延髄　41, 71

横隔膜　10
横行小管　24
横断面　4
横紋筋　5
オステオン　13

【か行】

回外　13, 33
階層構造　58
外側広筋　7
外側縦アーチ　218
回内　13, 33
海馬　41
灰白質　41
解剖学的姿勢　4
潰瘍　209
外乱　182
開ループ制御システム　58
外肋間筋　10
鉤爪趾　210
核鎖線維　143
核袋線維　142
加重　24
荷重応答期　212
荷重受容体　146
可塑性　80, 91
下腿三頭筋　7, 217
肩関節　12
滑走説　24
活動電位　19, 24, 44
滑膜性関節　11
カリウム漏出　203

227

カルシウムイオン　24, 204
加齢　181
感覚　15, 141
感覚種　141, 158
感覚神経　20, 209
感覚性健忘　43
感覚統合　158
感覚野　71, 174, 175
眼振　151
関節　11
関節運動　29
関節包　17
間脳　41
γ運動ニューロン　50, 119, 145

記憶　43
機械的受容器　165
起始　6, 26
拮抗筋　8, 30, 86
拮抗筋抑制　56
機能的サブグループ　62
基本面　4
球関節　12
球形囊　113, 151
求心性収縮　28, 192
求心性神経　20, 17
橋　41
胸横筋　10
胸郭　10
胸鎖関節　3, 12
胸鎖乳突筋　10
強縮　24
共縮　174
胸神経　21
橋中心被蓋野背側部　95, 96
橋-中脳網様体　164
胸椎　14
共同運動不能症　74
共同筋　30, 86
共同筋作用　200
近位　26
筋萎縮　193
筋活動交替　199
筋緊張　95, 146

筋緊張異常　174
筋グリコーゲン貯留量　202
筋収縮　59
筋小胞体　24, 195, 204
筋線維　24, 47, 110
筋損傷　196
緊張性頸反射　66
緊張性振動反射　153
筋張力　59
筋電図　104, 199
筋電図周波数　199
筋電図反応時間　77, 94
筋トーヌス　95
筋肥大　192
筋疲労　181
筋紡錘　17, 61, 110, 119, 141, 142
筋放電量　34, 199

空間因子　212
空間認知　87
偶力　51
屈曲反射　66
鞍関節　12
グリア細胞　42
グリコシル化　210
クレアチンリン酸　203

脛骨　7
頸神経　21
頸長筋　143
頸椎　14
ゲーティング　174
血清クレアチンキナーゼ　195
腱　26
肩関節　12
肩甲骨　3
肩鎖関節　3, 12
腱反射　61
腱紡錘　17, 61, 142

口角下制筋　10
交感神経　20
広筋　53
広頸筋　10

索引

後脛骨筋　154
後シナプス電位　47
抗重力筋　110, 143
恒常性　57
後頭板状筋　154
後頭葉　41
興奮　46, 55
興奮-収縮連関　34, 50
口輪筋　10
呼吸筋　10
骨　13
骨化　14
骨格筋　5, 23
骨吸収　14
骨形成　14
骨再構築単位　13
骨端軟骨　14
固有感覚　141
固有受容器　61, 108, 148
ゴルジ腱器官　17, 61, 110, 119, 141, 142

【さ行】
サイズの原理　60, 192
最大筋力　193
最大随意筋収縮　124, 197
細胞体　19
細胞膜　45
鎖骨　3
錯覚　142
左右水平方向の先行随伴性姿勢調節　182
三角筋　26
三半規管　151

視覚　141
弛緩　23
時間因子　212
軸索　19, 41
刺激　44
自原抑制　61, 144
自己受容器　61
支持基底面　72, 119, 181, 209
視床　41

視床下部　41
視床後腹側核　175
視床腹後部　175
矢状面　4
視床網様核　175
姿勢　73, 141
姿勢共同筋群　200
姿勢筋共同作用　200, 201
姿勢調節　72, 73, 118
姿勢調節要求量　172
姿勢平衡　201
耳石　149
耳石器　151
自然歩行　211
膝蓋腱反射　65, 144
失行　43
失認　43
悉無律　24
自動運動　5
シナジー　71
シナプス　19, 42, 46
シナプス下膜　47
シナプス小頭　47
シナプス小胞　47
斜角筋　10
車軸関節　12
尺骨　7, 12
収縮　23
習熟過程　92
重心位置　169
重心動揺　119, 157, 168, 170, 213
収束　48
周辺抑制　56, 174
熟練　91
手根骨　12
樹状突起　19, 41
主動筋　8, 30, 86
受動的運動器　1
受容器　16, 44, 110
シュワン細胞　19
上位中枢機構　118
踵骨　7
上肢帯　3, 12
上唇挙筋　10

229

上橈尺関節　12
上頭頂小葉　87
小脳　41, 71
上腕骨　12
上腕三頭筋　7, 97
上腕二頭筋　7
初期重心位置　102, 162
初期接地　212
触覚　136, 141, 166
除脳ネコ　95
自律神経　6, 20, 209
侵害受容反射　65, 66
心筋　5
神経-筋コンパートメント　62, 96
神経筋接合部　48
神経筋単位　48
神経系　19
神経系の改善　192
神経細胞　19, 41
神経細胞体　41
神経支配比　48
神経鞘細胞　19
神経調節　57
神経伝達速度　144
神経伝達物質　47
神経突起　41
靱帯　17
身体位置　141
身体重心　101
身体重心位置　114, 181, 209
身体図式　142
伸張性収縮　28, 192
伸張反射　61, 65, 107, 144
振動覚　210
振動効果　156
振動刺激　142, 165
深部感覚　141
随意運動　5, 69
随意筋　5
錘外筋線維　50, 119
髄鞘　19, 47
錐体外路系　81
錐体路　47, 81

錘内筋線維　50, 119, 143
随伴発射　56
水平面　4
ステップ動作　95
ストライド長　211
摺足歩行　188

斉射　63
正中線　4
正中面　4
静的姿勢調節　119
制約関節　36
生理的振戦　199
生理的早産　91
精錬化　92
脊髄　46, 49, 71
脊髄神経　20
脊柱　14
脊柱起立筋　14
線維性関節　11
前角　46
前額面　4
全か無かの法則　24, 46
前脛骨筋　74, 106, 108, 172, 188, 217
先行随伴性姿勢調節　75, 76, 79, 101, 142
仙骨神経　21
潜時　93, 142
線条体　41
選択機構　56
仙椎　14
前庭器官　141
前庭脊髄系　153
前庭迷路系　76
前頭葉　41

走行　86
相互抑制　61
相互抑制現象　32
相反性神経支配　61
相反性抑制　56, 144
総腓骨神経　219
僧帽筋　154

足圧　210
足圧異常　217
足圧中心位置　114, 182
速順応型　166, 213
足底円蓋　218
側頭葉　41
足背動脈　222
速筋　24, 25, 60

【た行】
第1種のてこ　28
第1背側骨間筋　98
大頬骨筋　10
大径感覚線維ニューロパチー　152
第3種のてこ　28
帯状回　41
体性感覚　16, 141
体性感覚誘発電位　174
体性神経　20
体節　73
大腿筋膜張筋　36
大腿骨　7
大腿四頭筋　7
大腿直筋　7, 36
大腿二頭筋　35, 97
大殿筋　53
第2種のてこ　28
大脳　41
大脳基底核　41, 76
大脳半球　41
大脳皮質　41, 85
大脳辺縁系　41
タイプI線維　25, 60, 189, 194
タイプII線維　25, 189, 194
タイプIIa線維　25, 60
タイプIIb線維　25, 60, 198
タイプIIc線維　195
楕円関節　12
多関節運動　36, 51, 71, 200
多関節ニューロン　87
多軸性関節　12
タッチフットテスト　210
多裂筋　143
単一関節運動　71

単脚支持期　211
単シナプス反射　190
単収縮　24
短縮性収縮　28, 192
短掌筋　10
淡蒼球　41
短・長肋骨挙筋　10

知覚　141
遅筋　24, 25, 60, 189
遅順応型　166
遅発性筋肉痛　194
中間筋　60
中間広筋　7
中心線　4
中枢神経　20, 46
中枢パターン発生器　146, 164
中足骨骨頭部　216
中殿筋　106, 113
中脳　41
中脳歩行誘発野　164
超回復　196
長趾伸筋　219
長潜時反射　190
蝶番関節　12
長腓骨筋　154
跳躍伝導　47

つま先立ち動作　74

停止　6, 26
適刺激　16, 44
てこ　27
電気的・機械的遅延　50
伝達　47
転倒　181
伝導　47
転倒防止　137

動員　59, 199
橈骨　7, 12
橈骨手根関節　12
動作依存性活動　98
同時放電　92

等尺性収縮　28, 192
等張性収縮　28
頭頂葉　41
頭頂連合野　87
動的姿勢調節　119, 181
糖尿病性末梢神経障害　152, 209
動揺　118
特殊感覚　16

【な行】
内臓感覚　141
内臓筋　5
内側広筋　7
内側縦アーチ　218
内部表象　147
内肋間筋　10
軟骨性関節　11

二関節筋　7, 30, 32, 51, 62
二軸性関節　12
二次終末　143
II 線維　17, 143
2 足立位　85
乳酸　25, 203
ニューロン　19, 41

脳幹　41
脳幹網様体　41, 175
脳神経　20
能動的運動器　1

【は行】
パーキンソン病　81
廃用性萎縮　15
白質　41
パチニ小体　166
発散　48
発射頻度　59, 199
パフォーマンス　92, 118, 135, 163
ハムストリングス　9
半関節　12
半規管　113
半腱様筋　35, 97
反射　64, 142

反射運動　5
反射弓　65
反応　45
反応時間　79
反応時間課題　77
ハンマー足趾　210
半膜様筋　35

被殻　41
鼻筋　10
腓骨　7
脛骨神経　219
尾骨神経　21
尾状核　41
微小重力　149
尾椎　14
皮膚感覚　156
腓腹筋　7, 74, 194
皮膚組織灌流圧　222
表情筋　10
表面筋電図　106
ヒラメ筋　7, 74, 194
フィードバック機構　57, 71, 80, 149
フィードフォワード制御　58, 80, 106, 119, 149
不応期　46
複関節　13, 27
副交感神経　20
不随意運動　5
不随意筋　5
付着　26
フットケア　210
舞踏病　56
踏み出し反応　183

平滑筋　5
平衡　73, 76, 141
平衡感覚　141
平面関節　12
閉ループ制御システム　57
扁桃核　41

防御反射　65

縫工筋　9, 106, 114
歩隔　211
歩行開始動作　134
歩行周期　211
歩行周期の変動　214
歩行障害　209
歩行速度　211
歩行分析　211
歩行誘発野　164
歩行率　211
補償筋　90
補償作用　90
補足運動野　91
骨　13
歩幅　211
歩容　209

【ま行】
マイスナー小体　166
末梢神経　20, 46
麻痺　81

ミオグロビン　25
ミオシンATPアーゼ活性　25
ミオシンフィラメント　24
身構え　141
見越し放電時間　94
ミトコンドリア　25

無機リン酸　203
無髄神経線維　19
無動　81

メモリードラムセオリー　93
メルケル触盤　166

網膜　17
網様体脊髄路　164
モーメントアーム　37

【や行】
遊脚期　211

遊脚終期　212
遊脚初期　212
遊脚中期　212
有髄神経線維　19
床反力計　106

腰神経　21
腰椎　14
抑制　55

【ら行】
螺旋関節　12
卵形関節　12
卵形嚢　113, 151
ランビエの絞輪　47

立位姿勢　3
立脚期　211
立脚終期　212
立脚中期　212
利得　174
リミティングファクター　88
両脚支持期　211
臨床評価　209
隣接関節　90

ルフィニ終末　166

レジスタンスエクササイズ　190
連合野　71
攣縮　24
レンショウ細胞　49
レンズ核　41

ロールオーバー機構　214
肋下筋　10
肋骨　10
ロンベルグ姿勢　166

【わ行】
腕尺関節　12
腕橈骨筋　26

【A】

Achilles tendon reflex　210
acromioclavicular joint　3
actin filament　24
action potential　44
adenosine triphosphate (ATP)　24, 204
adequate stimulus　16, 44
adjacent joint　90
agnosia　43
agonist　30
akinesia　81
ALA (anticipatory locomotor adjustments)　186
all or nothing law　24
alpha-motor neuron　119, 145
alpha-gamma linkage　145
alternate muscle activity　199
amplitude　159
anatomical standing position　4
antagonist　8, 30, 86
antagonistic inhibition　56
anticipatory locomotor adjustments (ALA)　186
anticipatory postural adjustments (APA)　75, 76, 101, 142
antigravity muscle　143
APA (anticipatory postural adjustments)　75, 76, 101, 142
apraxia　43
ARV (average rectified value)　217
association area　71
asynergia　74
ATP (adenosine triphosphate)　24, 204
attitude　141
autonomic nerve　6
average rectified value (ARV)　217
axon　41

【B】

ballistic movement　74
basal ganglion　41, 76
base of support　72, 119
biarticular muscle　7

biceps brachii　7
biceps femoris　35
biped stance　85
body schema　142
brachioradialis　27
brain stem　41
brainstem reticular formation　175
busy line　158

【C】

cadence　211
calcaneus　7
cancellation theory　56
cardiac muscle　5
cardinal plane　4
carpal bones　12
caudate nucleus　41
cell body　41
center of body mass　101, 114
center of foot pressure　114
central nervous system (CNS)　20, 46, 118, 153
central pattern generator for locomotion (CPG)　164
cerebellum　41, 71
cerebral cortex　41, 85
cerebral hemisphere　41
cerebrum　41
cervical nerve　21
cervical vertebrae　14
chorea　56
cingulate gyrus　41
clavicle　3
CNS (central nervous system)　20, 46, 118, 153
coccygeal bone　14
coccygeal nerve　21
co-contraction　92, 174
compensatory stepping reactions　183
compound joint　13
concentric contraction　28, 192
conduction　47
conservative process　150
contraction　23

索 引

convergence　48
corollary discharge　56
CPG (central pattern generator for locomotion)　164
crossover strategy　182
cutaneous sensation　156

【D】

deafferentation　150
decerebrate cat　95
delayed muscle soreness　194
deltoid　26
dendrite　41
depressor anguli oris　10
diabetic peripheral neuropathy (DN)　209
diaphragm　10
distal　26
disturbance　118
disuse atrophy　15
divergence　48
DN (diabetic peripheral neuropathy)　209
dorsal tegmental field of caudal pons　95
double support phase　211
duck stance　167
duration　159
dystonia　174

【E】

eccentric contraction　28, 192
E-C coupling (excitation-contraction coupling)　34, 50
efferent nerve　47
electrical mechanical delay (EMD)　50
electromyogram　104
EMD (electrical mechanical delay)　50
EMG-RT　77, 94
enhanced physiological tremor　199
equilibrium　73, 141
erector muscles of spine　14

excitation　55
excitation-contraction coupling (E-C coupling)　34, 50
external intercostal　10
extrafusal muscle fiber　50, 119
extrapyramidal system　81

【F】

facial muscles　10
fast fatiguable type　59
fast fatigue-resistant type　59
fast twitch fiber　24
fast-twitch, glycolytic fiber　60
fast-twitch, oxidative glycolytic fiber　60
fastigial nucleus　164
femur　7
fibula　7
final common pathway　50
first dorsal interossei　98
flexion reflex　66
force couple　51
force platform　106
forefoot slap　217
frontal lobe　41
frontal plane　4

【G】

gait cycle　211
gait initiation　134
gait pattern　209
gait variability　214
gait velocity　211
galvanic vestibular stimulation (GVS)　151
gamma motor neuron　119, 145
gastrocnemius　7, 74
gating　174
geometry　159
glial cell　42
gluteus maximus　53
gluteus medius　106
glycosylation　210
gray matter　41

235

GVS (galvanic vestibular stimulation) 151

【H】
H波　81
hamstrings　9
hierarchy　58
hippocampus　41
homeostasis　57
horizontal plane　4
H-reflex　158, 193
humeroulnar joint　12
humerus　12
hypermetria　185
hypothalamus　41

【I】
illusory perception　142
impulse　93
inhibition　55
initial contact　212
initial swing　212
innervation ratio　48
insertion　26
intended movement　73
interbrain　41
internal intercostal　10
internal representation　147
intrafusal fibers　143
intrafusal muscle fiber　50, 119
involuntary movement　5
involuntary muscle　5
isometric contraction　28, 192
isotonic contraction　28

【J】
joints　11

【K】
kinesthesia　141
knee jerk　144

【L】
labyrinthine defective　154

labyrinthine sense　141
labyrinthine system　76
lactic acid　25
large-fibre sensory neuropathy　152
lateral inhibition　56
lateral instability　186
lentiform nucleus　41
levator labii superioris　10
levatores costarum　10
limbic system　41
load receptors　146
loading response　212
long latency reflex　190
long-term adaptation　150
longus colli　143
loss of potassium　203
lumbar nerve　21
lumbar vertebrae　14

【M】
mastoid processes　151
maximum voluntary contraction (MVC)　124, 197
mean power frequency (MPF)　199
mechanoreceptors　165
median line　4
median plane　4
mediolateral APA (ML-APA)　182
medulla oblongata　41, 71
Meissner corpuscle　166
Merkel disk receptor　166
mesencephalic locomotor region　164
mid brain　41
mid stance　212
mid swing　212
ML-APA (mediolateral APA)　182
modality　141
monosynaptic reflex　190
motor area　71
motor end plate　48
motor nerve　6
motor unit　48, 59
MPF (mean power frequency)　199
multifidus　143

muscle fiber 24, 47, 110
muscle or tendon vibration 142
muscle spindle 17, 110, 119, 141
muscle stiffness 146
muscle synergy 200
muscular atrophy 193
muscular hypertrophy 192
MVC (maximum voluntary contraction) 124, 197
myelin sheath 19, 47
myelinated nerve fiber 19
myosin filament 24
myotatic reflex 144

【N】
nasalis 11
neuromuscular unit (NMU) 48
neuron 19, 41
neurotransmitter 47
NMU (neuromuscular unit) 48
nociceptive reflex 66
node of Ranvier 47
nuclear bag fiber 142
nuclear chain fiber 143
nystagmus 151

【O】
occipital lobe 41
operative process 150
orbicularis oculi 154
orbicularis oris 10
origin 26
osteon 13
otoconium 149
otolithic organs 151

【P】
Pacinian corpuscle 166
pallidum 41
palmaris brevis 10
paralysis 81
parietal association area 87
parietal lobe 41
Parkinson disease 81

perception 141
performance 91
peripheral nerve 20, 46
peroneus communis nerve 219
peroneus lateralis 154
PET (positron emission tomography) 165
PFC比 202
plantar flexion 74
plantar pressure 210
plasticity 80
platysma 10
pons 41
pontomedullary reticular formation 164
position 141
positron emission tomography (PET) 165
postsynaptic potential (PSP) 47
postural adjustment 73, 119
postural requirement 172
postural sway 170
postural synergists 200
postural synergy 200
posture 73, 141
premotor area 45
primary ending 142
primary motor area 45
primary somatosensory cortex 175
prime mover 8, 30, 86
pronation 13
proprioception 141
proprioceptor 61, 108
proximal 26
PSP (postsynaptic potential) 47
putamen 41
pyramidal tract 47, 81

【Q】
quadriceps 7

【R】
radiocarpal joint 12
radius 7, 12

237

rapidly adapting receptors 166, 213
rate coding 59, 199
reaction-time task 77
receptor 110
reciprocal inhibition 56, 144
reciprocal innervation 61
recruitment 59, 199
rectus femoris 7, 36
reference 150
reflex 64
reflex movement 5
reflexologist servo-controlled conception 146
refractory period 46
regional cerebral blood flow 165
relaxation 23
repetition maximum (RM) 193
resistance exercise 190
respiratory muscles 10
reticular formation 41
reticular thalamic nucleus 175
retina 17
ribs 10
rising on the tiptoe 74
RM (repetition maximum) 193
Romberg tandem stance 166
Ruffini ending 166

【S】

saccule 151
sacral nerve 21
sacrum 14
safety margin 162
sagittal plane 4
saltatory conduction 47
sarcoplasmic reticulum (SR) 24, 195
sartorius 9, 106
scalenus 10
scapula 3
secondary ending 143
segment 73
semicircular canals 151
semimembranosus 35
semitendinosus 35

sensation 15, 141
sensory area 71
sensory overflow 174
SEP (somatosensory evoked potential) 174
serum creatine phosphokinase 195
short-term adaptation 150
shoulder girdle 3
side-stepping strategy 182
single support phase 211
size principle 60, 192
skeletal muscle 5, 23
skin perfusion pressure (SPP) 222
sliding theory 24
slow twitch fiber 24
slow type 59
slow-twitch, oxidative fiber 60
slowly adapting receptors 166
smooth muscle 5
soleus 7, 74
somatic sensation 16
somatosensory evoked potential (SEP) 174
somatosensory gating 175
somatosensory information 141
spasmodic torticollis 154
spatial perception 87
specific sensation 16
spinal cord 46, 71
splenius 154
SPP (skin perfusion pressure) 222
SR (sarcoplasmic reticulum) 24, 195
start hesitation 76
step length 211
step width 211
sternoclavicular joint 3
sternocleidomastoid 10
stretch reflex 61, 107, 144
striated muscle 5
striatum 41
stride length 211
subcostal 10
subsynaptic membrane 47
summation 24

superior parietal lobule 87
superior radioulnar joint 12
supination 13
supplementary motor area 91
surrounding inhibition 174
synapse 19, 42
synaptic boutone 47
synaptic vesicle 47
synergist 30, 86
synergy 71

【T】
T管 24
tactile cue 166
temporal lobe 41
tendon 26
tendon organ of Golgi 17, 110, 119, 141
tendon tap 158
tensor fasciae latae 36
terminal stance 212
terminal swing 212
tetanus 24
thalamus 41
thalamus ventral posterior nucleus 175
thoracic nerve 21
thoracic vertebrae 14
thorax 10
threshold 44
tibia 7
tibialis anterior 74, 106, 188
tibialis nerve 219
tibialis posterior 154
tonic neck reflex 66
tonic vibration reflex (TVR) 153
tonsillitis 41
tonus 95
touch foot test 210
transmission 47

transverse plane 4
transverse tubule 24
transversus thoracis 10
trapezius 154
triceps brachii 7
triceps surae 7
TVR (tonic vibration reflex) 153
twitch 24

【U】
ulna 7, 12
uniarticular muscle 8
unmyelinated nerve fiber 19
utricule 151

【V】
vasti muscles 53
vastus intermedius 7
vastus lateralis 7
vastus medialis 7
ventral horn 46
ventral tegmental field of caudal pons 96
ventroposterior thalamus 175
vertical reference 150
vestibular 148
vestibular system 76
vibration perception 210
visceral muscle 5
visual 148
volley 63
voluntary movement 5, 69
voluntary muscle 5

【W】
white matter 41

【Z】
zygomaticus major 10

故 山下謙智先生を偲んで

　多年にわたり身体活動に関する筋電図動作学的研究に取り組んでこられた山下謙智先生が2009年7月25日に65歳でご逝去されました．謹んで先生のご冥福をお祈り申し上げます．
　先生は，大阪学芸大学（現 大阪教育大学）教育専攻科（芸術体育専攻）に在学中だった1967年に，京都大学教養部助手に着任されました．まず，力の発現・伝達の機構に関する筋電図学的研究をはじめとして，運動制御の神経機構などの研究に取り組まれました．そして，ヒトの随意運動中にみられる筋活動電位の抑制現象に関する研究を手掛けられ，急速負荷解放に伴う活動電位休止の機構や，二関節同時運動時，二関節筋に現れる抑制現象について探求されました．1983年には，それらの研究をまとめられて関西医科大学より医学博士を取得されました．
　その後，1984年6月から1986年3月の間に，フランス国立健康医科学研究所（Pierre Rabischong教授）およびパリ11大学（Simon Bouisset教授）に留学されました．その中で，後の先生の御研究の柱となる静的姿勢制御に関する筋電図的研究や，動的姿勢制御における筋活動の対応に関する研究をはじめられ，動的姿勢制御については『新運動生理学』（宮村実晴 編：真興交易医書出版部，2001年）にまとめられました．
　また，大学生時代からの先生の専門競技種目である器械体操競技についての分析にも取り組まれ，1984年に『体操競技研究』（京都大学体操研究会編 タイムス）を出版されました．
　1992年からは，京都大学体育指導センター助教授として勤務され，文部省（当時）による大学設置基準の大綱化に伴う大学体育のあるべき姿の構築にむけて，多大な御尽力をされました．「"学生の源"からみた高等教育改革」についての論説を京都大学高等教育研究（2号）に寄稿されたのもこの頃です．学生の源はその学生の脳であるという立場から，人間の生涯にわたる教育の意義は，脳の可塑性と成熟・熟練にあり，その特徴を含めた"脳の特質"が，高等教育改革のありかたを考えるための基礎的資料の一つになり得ると指摘されました．これらの考えをもとに，子どもたちの根っこである脳を育てることについてわかりやすく説かれた『子供たちの脳を育てる』（同朋舎）を世に出されたのは1996年のことでした．
　1998年からは，京都工芸繊維大学繊維学部に教授として赴任され，2005年に退官されました．その後，運動科学研究所を立ち上げられて，所長をお務めになり，長年にわたる研究成果のご執筆に取り掛かられ，『多関節運動学入門』（山下謙智 編：ナップ，2007年）を出版されました．
　これからまだまだ，われわれ後輩に研究者としてのあり方やヒトの身体運動の捉え方などをお教えいただけると思っていた矢先に，先生の訃報が飛び込んできたのは，2009年の夏の暑い盛りのことでした．深い悲しみの中，先生の在りし日のお姿と御功績を偲び，あらためまして，ここに謹んで哀悼の意を表します．

德原　康彦

■編者および著者略歴（執筆順）

山下　謙智（やました　のりよし）（編者ならびに第1～6章担当）
- 1944年2月10日生（大阪府）
- 1962～1966年　大阪学芸大学保健体育学科
- 1966年　　　　大阪学芸大学教育専攻科（芸術体育専攻）
- 1967～1992年　京都大学教養部　助手
  - 学位：医学博士（1983年　関西医科大学）
  - この間，1984年～1986年フランス国立健康医科学研究所およびパリ11大学に留学．
- 1992～1998年　京都大学助教授（体育指導センター）
  - この間，1996年に旧文部省在外研究員（短期）として，
  - アメリカ合衆国オレゴン大学に留学．
- 1998～2005年　京都工芸繊維大学大学院工芸科学研究科　教授および京都工芸繊維大学繊維学部　教授
- 2005～2009年　運動科学研究所　所長．
- 2009年7月25日御逝去．享年65歳．

徳原　康彦（とくはら　やすひこ）（第1～2章担当）
- 1947年生，1970年大阪教育大学教育学部卒業．
- 現在：大阪国際大学人間科学部　特任教授　医学博士（2000年　関西医科大学）．
- 主な著作：「精神薄弱児の養護・訓練」（共著　創元社），「人間健康科学入門」（共著　信山社出版）．

東　隆史（あずま　たかし）（第7章担当）
- 1964年生，京都工芸繊維大学大学院工芸科学研究科　博士後期課程修了．
- 現在：四天王寺大学短期大学部　准教授　学術博士．

伊東　太郎（いとう　たろう）（第8～10章担当）
- 1962年生，大阪教育大学大学院教育学研究科　修士課程修了．英知大学文学部教授，大阪青山大学健康科学部教授を経る．博士（学術）［指導教官　山下謙智］．
- 現在：武庫川女子大学大学院　健康・スポーツ科学研究科，武庫川女子大学健康・スポーツ科学部および短期大学部教授．武庫川女子大学　陸上競技部　跳躍コーチ．

多関節運動学入門【第2版】

（検印省略）

2007年2月28日　第1版
2012年5月22日　第2版　第1刷

編著者	山　下　謙　智
発行者	長　島　宏　之
発行所	有限会社　ナップ

〒111-0056　東京都台東区小島1-7-13　NKビル
TEL 03-5820-7522／FAX 03-5820-7523
ホームページ http://www.nap-ltd.co.jp/
印　刷　　シナノ印刷株式会社

© 2012　Printed in Japan　　　　　　　　　　　　ISBN978-4-905168-17-1

JCOPY　〈（社）出版者著作権管理機構　委託出版物〉
本書の無断複写は著作権法上での例外を除き禁じられています．複写される場合は，そのつど事前に，（社）出版者著作権管理機構（電話 03-3513-6969，FAX 03-3513-6979，e-mail: info@jcopy.or.jp）の許諾を得てください．